KB068906

한글번역판

· 보정판 ·

판단력비판

- 부록: 판단력비판 제1서론 -

칸트 저 | 이석윤 역

박영사

임마누엘 칸트(1724 — 1804)

보정판 역자 서문

한글과 한자를 혼용한 이 책의 초판이 세상에 처음 나온 것은 40여 년 전의 일이다. 이제 다시 시류에 따른 한글 전용의 보정판이 출판사 여러분의 노고로 햇빛을 보게 되었다.

재판의 제작과정에서 초판의 오자와 탈자가 바로잡힌 것 외에는 내용이 크게 바뀐 것은 없다.

2017년 4월 26일

역자 적음

✒ 역자 서문 ✒

　　본서는 칸트의 『판단력비판』과 『판단력비판 제1서론』의 전역이다. 이 『제1
서론』은 『판단력비판』을 연구하는 데 있어서 뿐만 아니라, 칸트 비판철학의 전
체계를 이해하는 데에도 귀중한 문헌이면서도, 별도로 간행할 기회가 좀처럼
있을 듯 싶지 않아서, 여기에 부록으로 덧붙이기로 한 것이다. 대본으로는 두
가지 모두 철학총서판을 사용하였으니, 자세히는 아래와 같다:

　　Immanuel Kant, *Kritik der Urteilskraft*. (Der philosophischen Biblio-
thek Band 39) Herausgegeben von Karl Vorländer. 7. Auflage, 1924.

　　Immanuel Kant, *Erste Einleitung in die Kritik der Urteilskraft
nach der Handschrift*. (Der philosophischen Bibliothek Band 39b).
Herausgegeben von Gerhard Lehmann. 2. Auflage, 1970.

　　그리고 번역에 있어서는 영역본과 몇 가지의 일역본들을 참고하였으나(이것
은 역자의 해설에 적어 두었다), 역자로서는 난해한 문장의 섣부른 의역을 피
하고 가급적 원문에 충실하려고 노력하였다.

　　『판단력비판』이 『순수이성비판』 및 『실천이성비판』과 함께 칸트의 3비판서
중의 하나임은 널리 알려져 있는 일이거니와, 이 최후의 비판서에는 비판철학
의 전체계를 완결하려는 그의 만년의 사색이 집중적으로 표현되어 있을 뿐만
아니라, 또한 일견 서로 친근관계가 없는 듯한 두 부문——한편으로는 인식
비판이나 도덕철학을 중심으로 하는 철학 본래의 영역과는 거리가 멀다고 생각
되는 미학과, 또 한편으로는 악명 높았던 목적론이라는 두 부문이 자연의 합목
적성이라는 개념에 의하여 함께 결합되어 있기 때문에, 그만큼 본서의 전체적
통일적 이해는 곤란한 것이 사실이다. 따라서 이 제3비판의 연구에는 무엇보다
도 제1비판과 제2비판에 관한 예비적 지식이 전제되어야 할 것이요, 그 때 비
로소 우리는 본서에 있어서도 그 전편에 흐르고 있는 칸트 비판철학의 근본정
신에 감명을 받게 될 것이다.

　　그처럼 난해한 『판단력비판』의 번역에 착수하게 된 데에는 역자에게 그럴만

한 연유가 있었다. 이미 먼 과거의 이야기이지만, 졸업논문으로 칸트의 목적론의 부분을 다루었던 역자로서는 『판단력비판』과는 잊을 수 없는 인연을 가지고 있는 셈이다. 지금의 회상으로는 이 제3비판이 독일관념론의 전개, 아니 독일정신사에 미친 영향을 당시에 얼마나 알고 있었는지 기억이 희미하지만, 장차 독일관념론의 연구로 나아가려는 결의와 궁극목적의 개념에 대한 흥미에 이끌려, 칸트의 객관적 합목적성의 원리를 정리해 보았던 것 같다. 그 후로 미숙한 칸트의 이해를 일단 접어 둔 채로 헤겔을 읽으면서도 언제나 목적론적 사유에 부딪혀 왔고, 그 때마다 칸트의 합목적성의 원리의 통제적 사용이라는 것이 머리에서 떠나지 않았다. 이를테면 아득한 추억과도 같은 것이라고나 할까? 이러한 추억에 밀려 칸트를 다시 읽기로 한 것이 바로 이 번역이다. 번역에 착수한 것은 이미 여러해 전의 일이다. 출판의 기약도 없이 그저 틈틈이 읽고 우리말로 옮겨 왔을 뿐이다. 그 동안 이러한 사정을 아신 은사 최재희 박사께서는 영역본을 내려주시고 여러 가지 하교를 아끼지 않으셨으며 출판까지도 알선해 주셨다. 이 기회를 빌어 깊은 사은에 감사를 드리는 바이다.

　이렇게 해서 칸트를 다시 읽었다고는 하되, 아득했던 추억이 좀 더 분명해졌다는 느낌 뿐이요, 칸트의 이해가 얼마나 더 깊어졌는지는 역자 자신으로서는 헤아릴 길이 없다. 이 점 선배 동학제현의 가차 없는 비판과 편달을 바라는 마음이 간절하다.

　여러 가지로 어려운 시기에 이런 번역물의 출판을 맡아주신 박영사 안원옥 사장님과 교정에 수고해주신 편집부직원 여러분에게도 감사를 드린다.

1974년 5월

역자 적음

범　　례

1. 『판단력비판』의 여러 판은 해설에 밝혀 놓았다.
2. 본 역서의 난외의 숫자는 원판의 면을 표시한 것이다.
3. (　)는 원저자의 괄호이며, [　]는 역자가 보충한 부분임을 표시한다.
4. 대본의 고딕체는 역문에 있어서도 고딕체로 표시하였으나, 대본에 격자체로 되어 있는 부분은 역문에서도 그 위에 점을 찍어 표시하였다. 단『제1서론』에 있어서는 대본의 이탤릭체를 점으로 표시하였다.
5. 원저자의 주는 *로 표시하였다.
6. 간행자의 각주 중에서 중요한 것을 골라 1) 2)로 표시하였다. 이 가운데 에는 역자가 붙인 주도 포함되어 있으나, 간행자의 것과 역자의 것을 일 일이 구별하지는 않았다.

차   례

판단력비판

제1부 미감적 판단력의 비판

제2부 목적론적 판단력의 비판

부 록: 판단력비판 제1서론

판단력비판

임마누엘 칸트

서　언
서　론

🔹 서　언[1] 🔹

Ⅲ

　우리는 선천적 원리들에 의한 인식의 능력을 순수이성이라고 부르고, 이 순수이성 일반의 가능과 한계의 연구를 순수이성의 비판이라고 부를 수 있다. 다만 우리는 순수이성비판이라는 제명의 최초의 저작에 있어서도 그러했듯이, 이 능력을 단지 이론적 사용에 있어서의 이성을 의미하는 것으로 이해할 뿐이요, 아직 실천이성으로서의 이성의 능력을 그의 특수한 원리들에 따라 연구하고자 하는 것은 아니다. 그리하여 순수이성비판은 단지 사물을 선천적으로 인식하는 우리의 능력만을 따질 뿐이요, 따라서 쾌 불쾌의 감정과 욕구능력을 제외한 인식능력만을 다룰 뿐이다. 그리고 인식능력들 가운데에서도, 판단력과 이성(오성과 마찬가지로 이론적 인식에 속하는 능력으로서의)을 제외하고, 선천적 원리들에 따르는 오성만을 다루는 것이다. 왜냐하면, 앞으로 명백해지겠지만, 오 Ⅳ 성 이외의 다른 인식능력은 구성적인 선천적 인식원리들을 제공하지 못하기 때문이다. 그러므로 비판은, 오성 이외의 다른 두 인식능력이 각기 자기의 근원으로부터 확실히 소유하고 있다고 주장하는 인식의 몫에 따라서, 이들 인식능력을 남김 없이 검사하여, 오성이 현상(그의 형식도 마찬가지로 선천적으로 주어져 있다)의 총괄로서의 자연에 대하여 선천적으로 법칙으로서 지정하는 것 이외에는 아무 것도 남기지 않는다. 그러나 이 비판은 그 밖의 다른 모든 순수 개념들은 이를 이념 아래에 귀속시키는데, 이 이념들은 우리의 이론적 인식능력에 대해서는 초절적이지만, 그 때문에 반드시 무익하다든가 무용하다든가 한 것이 아니라, 통제적 원리로서 사용되는 것이다. 그처럼 이념이 통제적 원리로서 사용되는 것은, 한편으로서 오성의 염려스러운 월권을, 즉 마치 오성이 (오성은 그것이 인식할 수 있는 모든 사물의 가능의 조건들을 선천적으로 제시할 수 있으므로) 그 때문에 모든 사물 일반의 가능성까지도 이러한 한계 안에서 결정해 버리는 것처럼 생각하는 월권을 억제하기 위함이며, 또 한편으로는, 비록 오성은 완전성에는 결코 도달할 수가 없지만, 자연을 고찰함에 있어서 오성 Ⅴ

---

[1] 제2판과 제3판에는 "1790년의 초판에의 서언"으로 되어 있다.

자신을 완전성의 원리에 따라서 지도하고, 그렇게 함으로써 모든 인식의 궁극
의도를 촉진하기 위함이다.

그러므로 일반적으로 순수이성비판이라고 일컬어지는 비판이 그 밖의 다른
[인식능력이라는] 모든 경쟁자를 물리치고 확실하고 유일한1) 소유영역 안에 확
보해야만 했던 것은 본래 오성이었거니와, 이 오성은 그것이 구성적인 선천적
인식원리들을 포함하고 있는 한에서 자기의 고유한 영역을 가지는 것이요, 그것
도 인식능력에 있어서 가지는 것이다. 그와 마찬가지로 오로지 욕구능력에 관
해서만 구성적인 선천적 원리들을 포함하고 있는 이성에게는, 실천이성비판에
있어서 그 소유영역이 지정되었던 것이다.

그런데 우리들의 인식능력의 순서에 있어서 오성과 이성 사이의 중간항을
이루고 있는 판단력도 과연 그 자신만으로서 선천적 원리들을 가지고 있는가
어떤가, 그 원리는 구성적인가 아니면 단지 통제적인가(따라서 고유한 영역을
나타내지 못하는가), 그리고 또 판단력은 인식능력과 욕구능력과의 중간항으로
VI 서의 쾌 불쾌의 감정에 대하여 (오성은 인식능력에 대하여, 그리고 이성은 욕
구능력에 대하여 선천적으로 법칙을 지정하는 것과 마찬가지로) 선천적으로 규
칙을 부여하는가 어떤가, 이러한 것이 바로 이 판단력비판이 다루고 있는 문제
인 것이다.

판단력도 그 자신 인식능력으로서 선천적 원리들을 요구한다. 그러므로 비
록 이 판단력의 원리들은 순수철학의 한 체계에 있어서 이론철학과 실천철학의
중간의 특수한 부문을 형성하는 것이 아니라, 필요에 따라 그때 그때 양철학의
어느 것에도 병합될 수 있는 것이기는 하지만, 만일 그러한 판단력의 비판이
순수이성비판의 한 특수한 부문으로서 다루어지지 않는다면, 순수이성의 비판,
다시 말하면 선천적 원리들에 따라 판단하는 우리의 능력의 비판은 불완전한
것이 될 것이다. 왜냐하면, 그러한 체계가 형이상학이라고 하는 일반적 명칭
아래에 언젠가는 성립되어야만 한다면(그러한 체계를 아주 완전히 성취한다는
것은 가능한 일이요, 또 이성의 사용을 위해서는 모든 점에서 극히 중요한 일
이다), 비판은 이 [체계라는] 건물의 어느 한 부분이 기울어져서, 그것이 건물

---

1) Erdmann은 "유일한"으로, Windelband는 "독점적인"으로, Schöndörffer는 "제한된"으로 읽는다.

전체의 붕괴를 불가피하게 초래하는 일이 없도록, 미리 이 건물의 지반을 경험에 의존되지 않은 원리들의 능력의 최초의 기초가 놓여 있는 데까지 깊이 탐색해 두지 않으면 안되기 때문이다.

그러나 우리가 판단력(이 판단력의 올바른 사용은 필연적으로, 그리고 보편 **Ⅶ** 적으로 요구되는 것이며, 그 때문에 건전한 오성[상식]이라고 일컬어지는 것도 다름아닌 이 능력을 의미한다)의 본성으로부터 용이하게 추정할 수 있는 것은, 곧 이 판단력의 고유한 원리를 발견하는 데에는 (만일 판단력이 선천적 원리를 포유하고 있지 않다면, 그것은 하나의 특수한 인식능력으로서 가장 평범한 비판조차도 받지 못할 것이므로, 판단력은 어떠한 하나의 원리이든 선천적으로 자기 속에 포유하고 있지 않으면 안된다) 필시 크나큰 곤란이 따름에 틀림 없다고 하는 사실이다. 그럼에도 불구하고 이러한 판단력의 원리는 선천적 개념들로부터 도출된 것이어서는 안된다. 왜냐하면 선천적 개념들은 오성에 속하는 것이요, 판단력은 이 개념들의 적용에만 관계할 뿐이기 때문이다. 그러므로 판단력은 스스로 하나의 개념을 제시해야만 하지만, 그것을 통해서 본래 사물을 인식하는 것이 아니라, 그것을 단지 자기 자신에 대한 규칙으로서만 사용하는 것이다. 그리고 규칙이라고는 하나 그것은 판단력이 자기의 판단을 적용시킬 수 있는 객관적 규칙이 아니다. 왜냐하면 그러기 위해서는, 규칙에 적용되는 경우와 그렇지 않은 경우를 판별하기 위하여, 또 다시 별개의 판단력이 필요하게 되기 때문이다.

하나의 원리에 관한 (그것이 주관적 원리이든 또는 객관적 원리이든) 이러한 곤란은 미감적1)이라고 불리는 판정들, 즉 자연이나 예술의 미와 숭고에 관한

---

1) "미감적"(ästhetisch)이라는 말은 감관에 의하여 직접 지각한다는 의미의 그리스어 '*αισθάνομαι*'를 어원으로 한다. Baumgarten(1714-62)이 상급인식으로서의 오성적 인식과 하급인식으로서의 감성적 지각을 구별하고, 후자의 이론을 확립하려는 의도에서 *Aesthetica*(1750)를 저술, 진리가 논리적 완전성인 데 반하여, 미는 감성적 완전성이라고 주장한 후로, Ästhetik가 미학이라는 독립적 학문의 명칭으로 사용되었다. Kant는 처음에는 우리의 취미판단은 경험적이요 따라서 그 선천적 원리는 있을 수 없다고 보아, Ästhetik라는 말의 사용을 감성의 선천적 원리를 다루는 선험적 감성론을 위하여 보류한 바 있으나(『순수이성비판』 B 35 주 참조), 본서에서는 이를 미나 숭고에 관한 취미판단과의 관계에 있어서 술어화한다. 따라서 ästhetisch라는 말은 인식론적 측면에서는 "감성적" 또는 "직감적"이라는 의미가 강하다.

Ⅷ 판정들에 있어서 주로 일어난다. 그럼에도 불구하고 이러한 판정들에 있어서
의 판단력의 원리에 관한 비판적 연구는 이 능력[판단력]의 비판에서도 가장
중요한 부분인 것이다. 왜냐하면, 비록 그러한 판정들은 그 자신 단독으로는
사물의 인식에 대하여 전혀 기여하는 바가 없지만, 그러나 그것들은 오로지
이 인식능력에만 속하며, 또 이 능력이 어떤 하나의 선천적 원리에 따르는 쾌
또는 불쾌의 감정과 직접 관계하고 있음을 명시하고 있기 때문이다. 그리고 이
선천적 원리가 욕구능력의 규정근거가 될 수 있는 것과 혼동되지 않음은, 곧
욕구능력은 그의 선천적 원리들을 이성의 개념들에 있어서 가지는 까닭이다.
──그러나 자연의 논리적1) 판정에 관해서 보건대, 거기에서는 경험은 감성
적인 것에 관한 보편적 오성개념으로는 충분히 이해하고 설명할 수가 없는 하
나의 합법칙성을 사물들에 관하여 제시한다. 그리고 그 경우에는 판단력은 자
연사물을 불가인식적인 초감성적인 것과 관계시키는 원리를 자기 자신으로부
터 이끌어 낼 수가 있으나, 그 원리를 단지 자기 자신에 관해서만 자연의 인
Ⅸ 식에 사용하지 않으면 안된다. 그러므로 자연의 논리적 판정에 있어서는 그러
한 선천적 원리는 과연 세계존재자들의 인식에 적용될 수 있고, 또 적용되어
야만 함과 동시에, 또한 실천이성을 위해서도 유리한 여러 전망을 개시하기는
하지만, 그러나 이 원리는 쾌 불쾌의 감정에 대하여 직접적 관계를 가지는 것은
아니다. 이 관계야말로 판단력의 원리에 있어서의 수수께끼요, 이 수수께끼로
말미암아서 비판에 있어서 이 능력[판단력]에 관한 하나의 특별한 부문이 필요
하게 되는 것이다. 개념에 따르는 논리적 판정이라면 (개념으로부터는 결코
쾌와 불쾌의 감정에 대한 직접적 추론을 이끌어 낼 수가 없는 것이다) 결국 그
러한 판정의 비판적 한정과 함께 철학의 이론적 부문에 귀속될 수도 있었을
것이기 때문이다.

　　미감적 판단력으로서의 취미능력에 관한 연구는 본서에 있어서는 취미의 육
성과 도야를 목적으로 한 것이 아니라(왜냐하면 이것은 그러한 탐구가 전연 없
더라도, 과거에 있어서와 마찬가지로 미래에도 계속될 것이므로), 단지 선험적
견지에서 시도된 것인 만큼, 이 연구는 취미의 육성과 도야라는 목적이 결여되

---

1) Rosenkranz는 "논리적"을 "목적론적"으로 읽는다.

었다는 점에 관해서는 관대한 평가를 받으리라고, 나는 믿고 있다. 그러나 선험적 견지에 관해서는 이 연구는 가장 엄격한 검사를 각오해야 한다. 그렇지만 이 때에도 원리를 올바로 제시했다는 것이 십분 명확하게 입증되기만 했다면, 자연히 그토록 착잡하게 만들어 놓은 문제를 해결하기란 대단히 곤란한 일이라고 하는 것이, 그 문제를 해결하는 데 있어서 거의 피할 수 없는 약간의 불명 X 료에 대한 변해가 될 수 있으리라고, 나는 기대하고 있다. 물론 판단력의 현상을 그 원리로부터 도출하는 방식이, 우리가 다른 곳에서는, 즉 개념에 따르는 인식에 관해서는 당연히 요구할 수 있는 것과 같은 명석성을 전부 가지는 것은 아니요, 또 나는 본서의 제2장에 있어서는 그러한 명석성에 도달했다고 믿고 있기는 하지만.

그리하여 본서로써 나의 비판적 논구는 모두 끝나는 것이다. 이제 나는 가능한 한 나의 노령에서 아직 다소나마 그것을 할 수 있는 시간을 얻기 위하여, 주저하지 않고 이설적 논구에 착수하게 될 것이다. 물론 판단력에 관해서는 비판이 이론을 대신하기 때문에, 이설적 논구에는 판단력을 위한 특수부문은 없고, 이론철학과 실천철학으로 나누어지는 철학의 구분과 또 그와 꼭 같은 부문으로 나누어지는 순수철학의 구분에 따라서 자연의 형이상학과 도덕의 형이상학이 이설적 논구를 완결하리라는 것은 자명한 일이다.

XI

✒서   론✒

Ⅰ.
철학의 구분에 관하여.

철학이 (논리학처럼 객체의 구별을 떠나서 단지 사유 일반의 형식의 원리들만을[1]) 포함하고 있는 것이 아니라) 개념에 의한 사물의 이성적 인식의 원리들을 포함하고 있는 한, 보통 그렇게 하듯이 철학을 이론철학과 실천철학으로 구분하는 것은 아주 정당한 일이다. 그러나 그 경우에 이러한 이성적 인식의 원리들에 대하여 그 객체를 지시하여 주는 개념들도 종별적으로 상이한 것이 아니면 안된다. 왜냐하면 구분이란 한 학문의 상이한 부문에 속하는 이성적 인식의 원리들이 서로 대립적일 것을 항상 전제하는 것인데, 만일 그 개념들이 종별적으로 상이한 것이 아니라면, 그 개념들은 그와 같은 구분을 정당하게 할 수가 없을 것이기 때문이다.

그러나 그러한 개념은 오직 두 가지 뿐이며, 이것들이 그들의 대상들을 가능케 하는 두 가지의 상이한 원리를 허용하는 것이다. 즉, 그것은 자연개념과 자유개념이다. 그런데 전자는 선천적 원리에 의한 이론적 인식을 가능케 하는 XII 것이지만, 후자는 이미 그 개념상 이론적 인식에 관해서는 (단지 그와 대립한다고 하는) 하나의 소극적 원리를 의미함에 지나지 않으나, 그 반면에 의지규정에 대해서는 그 때문에 실천적이라고 불리는 확장적 원칙들을 확립하는 것이다. 그러므로 철학이 원리상 전연 상이한 두 부문, 즉 자연철학으로서의 이론철학과 도덕철학으로서의 실천철학(자유개념에 의한 이성의 실천적 입법은 도덕철학이라고 불리므로)으로 구분되는 것은 정당한 일이다. 그러나 종래에는 상이한 원리들을 구분하고, 또한 그 원리를 가지고 철학을 구분하는 데 있어서 이 용어들을 크게 오용하는 일이 지배적이었다. 즉, 자연개념들에 따르는 실천적인 것이 자유개념에 따르는 실천적인 것과 동일시되었으며, 그 때문에 이론

---

1) 초판에는 "논리학이 그러한 것처럼⋯⋯원리들을"로 되어 있다.

철학과 실천철학이라는 동일한 명칭하에 구분이 행해졌지만, (양부문은 한 가지의 원리를 공유할 수도 있었으므로) 실제로는 그러한 구분에 의해서 구분된 것이라고는 아무 것도 없었던 것이다.

요컨대 욕구능력으로서의 의지는 이 세계에 있어서의 여러 가지 자연원인 중의 하나, 즉 개념들에 따라 작용하는 자연원인이다. 그리고 어떤 의지에 의해서 가능한 (또는 필연적인) 것으로 표상되는 것은 모두가 실천적-가능적(또는 실천적-필연적)이라고 일컬어지며, 어떤 결과의 물리적 가능성 또는 필연성과 구별된다. 이러한 결과에 대한 원인은 개념에 의해서 인과성으로서 규정되는 것이 아니다(생명없는 물질에 있어서와 같이 기계적 조직에 의해서 규정되고, 또 동물에 있어서와 같이 본능에 의해서 규정되는 것이다). ──그러나 여기에서는 실천적인 것에 관한 문제, 즉 의지의 인과성에 대하여 규칙을 부여하는 개념이 자연개념인가 또는 자유개념인가 하는 문제는 미결로 남아 있는 것이다. XIII

그러나 이 후자의 구별[즉, 자연개념과 자유개념과의 구별]은 본질적인 것이다. 왜냐하면 인과성을 규정하는 개념이 자연개념인 경우에는 그 원리들은 기술적-실천적이지만, 그것이 자유개념인 경우에는 그 원리들은 도덕적-실천적이기 때문이다. 그리고 이성적인 학을 구분함에 있어서 그 구분을 전적으로 좌우하는 것은 상이한 원리에 의해서만 인식될 수 있는 대상들의 상이성이므로, 전자[기술적-실천적 원리]는 (자연학으로서의) 이론철학에 속하고, 후자[도덕적-실천적 원리]만이 제2부문, 즉 (도덕학으로서의) 실천철학을 구성하게 될 것이다.

모든 기술적-실천적 규칙(즉, 일반으로 기술과 숙련의 규칙이나 또는 인간과 인간의 의지에 영향을 미치는 숙련으로서의 영리의 규칙)은, 그 규칙의 원리가 개념에 기초를 두고 있는 한, 단지 계로서만 이론철학에 귀속되지 않으면 안된다. 왜냐하면 그러한 규칙들은 오직 자연개념들에 따라 사물들을 가능케 하는 데 관계하기 때문이다. 그리고 이 자연개념들에는, 사물의 가능을 위해서 자연 안에서 찾을 수 있는 수단뿐만 아니라, 또한 (욕구능력, 따라서 자연적 능력으로서의) 의지가 자연의 동기에 의하여 그 규칙들에 적합하게 규정될 수 있는 XIV 한, 의지까지도 속하는 것이다. 그러나 우리는 그러한 실천적 규칙들을 법칙(이를테면 물리적 법칙과 같은)이라고 부르지 않고 단지 준칙이라고 부른다.

그리고 그 까닭은 의지가 단지 자연개념 아래에만 예속되는 것이 아니라, 또한 자유개념 아래에도 예속되는 것이기 때문이다. 이 자유개념과 관계하는 의지의 원리들을 우리는 법칙이라고 부르거니와, 이것이 그의 귀결들을 가지고 단독으로 철학의 제2부문, 즉 실천적 부문을 구성하는 것이다.

그러므로 순수기하학의 문제들의 해결이 순수기하학의 특수한 부문에 속하는 것이 아니며, 혹은 측량술이 순수기하학과 구별되어 기하학 일반의 제2부문으로서의 실천적 기하학이라는 명칭에 값갈 만한 것도 아닌 것과 꼭 마찬가지로, 아니 그 이상으로, 실험이나 관찰의 기계적 내지 화학적 기술은 자연학의 실천적 부문으로 간주되어서는 안된다. 그리고 마지막으로 가정경제, 농업경제, 국가경제, 사교술, 섭생법이나 일반행복론조차도, 그리고 나아가서는 행복을 목적으로 하는 욕망의 억제와 격정의 제어조차도 실천철학에 귀속되어서는 안되며, 또는 이러한 것들이 철학 일반의 제2부문을 구성해서도 안되는 것이다. 왜냐하면 이러한 것들은 모두가 원인과 결과라는 자연개념들에 따라 가능한 하나의 결과를 산출하기 위한 숙련의 규칙들, 따라서 단지 기술적-실천적인 규칙들만을 포함하고 있거니와, 이들 자연개념은 이론철학에 속하므로, 이론철학(자연과학)에서 나온 한갓된 계로서의 이들 준칙들에 예속되며, 따라서[1] 실천철학이라고 하는 특수한 철학에 있어서는 어떠한 위치도 요구할 수가 없기 때문이다. 그에 반해서, 자연에 의한 의지의 규정근거를 완전히 배제하고, 전적으로 자유개념에 기초를 두고 있는 도덕적-실천적 준칙들은 전혀 특수한 종류의 준칙을 이룬다. 이 준칙들도 자연이 따르는 규칙들과 마찬가지로 단적으로 법칙이라고 불리기는 하지만, 그러나 그러한 규칙들처럼 감성적 조건에 의거하는 것이 아니라, 하나의 초감성적 원리에 의거하는 것이요, 전혀 독자적으로 철학의 이론적 부문과 병립하는 하나의 다른 부문을 실천철학이라는 명칭하에 요구하는 것이다.

이상의 설명에서 명백해진 바와 같이, 철학이 제시하는 실천적 준칙들의 총괄이 철학의 이론적 부문과 대등한 특수한 부문을 구성하는 것은, 그 준칙들이 실천적이기 때문이 아니라, ——왜냐하면 설사 그 준칙의 원리가 전적으로 자

---

1) 초판에는 "예속되며, 따라서"가 빠져 있다.

연의 이론적 인식으로부터 도출된 것(기술적-실천적 규칙들로서)일 경우에도,
그 준칙은 실천적일 수 있을 것이기 때문이다──오히려 준칙들의 원리가 언
제나 감성적으로 제약되어 있는 자연개념에서 도출된 것이 전연 아니며, 따라
서 자유개념의 형식적 법칙에 의해서만 인지되는 초감성적인 것에 기초를 둔
것이기 때문이다. 그리하여 그 준칙들이 도덕적-실천적이요, 다시 말하면 단　**XVI**
지 이러한 또는 저러한 의도에 있어서의 준칙과 규칙에 불과한 것이 아니라,
목적과 의도에 미리 관계함이 없이 법칙이기 때문이다. 그리고 [실천적 준칙들의
총괄이 철학의 특수한 부문을 구성하는 것은] 그러한 경우에 한하는 것이다.

II.
철학 일반의 영역에 관하여.

　원리들에 따르는 우리들의 인식능력의 사용이 도달하는 범위와, 그것을 사
용함으로써 철학이 도달하는 범위는, 선천적 개념들이 적용되는 범위와 같다.
　그러나 대상들의 인식을 가능한 한 성립시키기 위하여 이 선천적 개념들이
관계하는 모든 대상의 총괄은, 이러한 의도에 대하여 우리들의 능력이 충분한
가 또는 불충분한가에 따라서 여러 가지로 구분될 수 있다.
　개념들은, 대상의 인식이 가능한가 가능하지 않은가를 불문하고, 대상에 관
계하는 한, 자기의 분야를 가지거니와, 이 개념의 분야는 단지 개념의 객체가
우리들의 인식능력 일반에 대하여 가지는 관계에 의해서만 규정되는 것이다.
──이 개념의 분야 중에서도, 그 안에서 우리들에게 인식이 가능한 분야의 부
분은, 이 개념과 이 개념에 필요한 인식능력과의 지반(*territorium*)이다. 이
지반 중에서도, 그것에 대해서 이 개념들이 입법적인 지반의 부분은 이 개념들
과 이 개념들에 상응하는 인식능력과의 영역(*ditio*)이다. 그러므로 경험개념들
은 감관의 모든 대상의 총괄로서의 자연에 있어서 과연 자기의 지반을 가지지　**XVII**
만, 영역을 가지지는 못한다(단지 그 거주지 *domicilium*만을 가진다). 왜냐하면,
경험개념들은 물론 합법적으로 산출되기는 하지만, 입법적이 아니기 때문이며,
이 경험개념에 기인하는 규칙들은 경험적이요, 따라서 우연적이기 때문이다.
　우리들의 전인식능력은 자연개념들의 영역과 자유개념의 영역이라는 두 영

역을 가진다. 왜냐하면 이 두 개념에 의해서 인식능력은 선천적으로 입법적이 기 때문이다. 그리하여 철학도 이러한 인식능력의 영역에 따라서 이론철학과 실천철학으로 구분되는 것이다. 그러나 이 개념들의 영역이 확립되고 이 개념 들의 입법이 시행되는 지반은 언제나 모든 가능적 경험의 대상들──한갓된 현상으로만 간주되는 한에 있어서의──의 총괄에 지나지 않는다. 왜냐하면 그렇지 않다면 이들 대상들에 관한 오성의 입법이란 생각할 수가 없을 것이기 때문이다.

자연개념들에 의한 입법은 오성에 의해서 수행되며, 그것은 이론적이다. 자유 개념에 의한 입법은 이성에 의해서 수행되며, 그것은 단지 실천적이다. 오직 실천적인 것에 있어서만 이성은 입법적일 수 있고, (자연의) 이론적 인식에 관 해서는 이성은 단지 (오성을 매개로 하여 법칙을 인지하는 자로서) 주어진 법 칙들로부터 추론에 의하여 귀결들을 이끌어 낼 수 있을 뿐이다. 그리고 이 귀 XVIII 결들은 어디까지나 자연에 국한되어 있을 뿐이다. 그러나 반대로, 규칙들이 실 천적인 경우에는, 이성이 그 때문에 곧 입법적인 것은 아니다. 왜냐하면 규칙 은 기술적-실천적일 수도 있기 때문이다.

따라서 오성과 이성은 경험이라는 하나의 동일한 지반 위에서 두 가지의 상 이한 입법을 하지만, 양자는 서로 타자를 침해할 필요가 없는 것이다. 왜냐하 면 자연개념이 자유개념에 의한 입법에 대하여 영향을 미치지 않는 것과 마찬 가지로, 자유개념은 자연의 입법을 방해하지 않기 때문이다.──이 두 가지 입 법과 그것에 속하는 능력들이 동일한 주관에 공존한다고 함을 적어도 모순 없 이 생각할 수 있는 가능성은, 순수이성비판이 이미 증명하였다. 즉, 순수이성 비판은 이 가능성에 대한 이의를, 그러한 이의가 내포하고 있는 변증론적 가상 을 폭로함으로써, 분쇄하였던 것이다.

그러나 이들 상이한 두 영역이 그 입법에 있어서는 서로 제한하지 않지만, 감성계에서 가지는 그 결과에 있어서는 부단히 상호 제한하되, 하나가 되지 않 는 것은, 다음과 같은 이유에 기인하는 것이다: 즉, 자연개념은 그의 대상들을 직관에 있어서 표상하지만, 그것을 물자체로서가 아니라 한갓된 이상으로서 표 상하는 데 반하여, 자유개념은 그의 객체에 있어서 물자체를 표상하지만, 그것 을 직관에 있어서 표상할 수는 없다. 따라서 양자는 그 어느 것도 물자체로서

의 그의 객체에 관해서는 (또 사유하는 주관에 관해서조차도) 이론적 인식을
제공하지 못한다. 물자체는 초감성적인 것이므로, 우리는 물론 이 초감성적인
것의 이념을 경험의 모든 [표상으로서의] 대상의 가능의 근거에 놓지 않으면 안　**XIX**
되지만, 그러나 그 이념 그 자체를 결코 하나의 인식에까지 높이고 확장할 수
는 없는 것이다.

　그러므로 우리들의 전인식능력에 대해서는 무한정의, 그리고 또한 도달하기
어려운 분야가 있으니, 그것은 곧 초감성적인 것의 분야이다. 이 분야 안에는
우리들의 지반은 없으며, 따라서 거기에는 오성개념에 대해서도 이성개념에 대
해서도 우리들의 이론적 인식을 위한 영역이란 있을 수 없는 것이다. 이 분야
에 우리는 물론 이성의 이론적 사용과 아울러 실천적 사용을 위해서 이념들을
배치하지 않으면 안되지만, 그러나 우리가 자유개념에 기인하는 법칙과의 관계
에 있어서 이 이념에 대하여 허여할 수 있는 것은 실천적 실재성뿐이므로, 이
이념에 의해서는 우리들의 이론적 인식은 초감성적인 것을 향해서 조금도 확장
되지 않는 것이다.

　그런데 비록 자연개념의 감성적 영역과 자유개념의 초감성적 영역과의 사이
에는 거대한 심연이 가로 놓여 있기 때문에, 전자로부터 후자에로의 (따라서
이성의 이론적 사용을 매개로 한) 어떠한 이행도 불가능하여, 마치 양영역은
전자가 후자에 대하여 어떤 영향도 미칠 수 없는 두 개의 상이한 세계인 것 같
지만, 그러나 후자는 전자에 대하여 어떤 영향을 미쳐야만 한다. 즉, 자유개념
은 자기의 법칙에 의하여 부과된 목적을 감성계에 있어서 실현해야만 하며, 따
라서 자연도 그의 형식의 합법칙성이 적어도 자유[개념]의 법칙에 따라 자연에　**XX**
있어서 실현되어야 할 목적들의 [실현]가능성과 합치하는 것으로 생각될 수 있
지 않으면 안된다. ——그러므로 자연의 근저에 놓여 있는 초감성적인 것과 자
유개념이 실천적으로 포유하고 있는 것과의 통일의 근거가 하나 있지 않으면
안된다. 그리고 그러한 근거에 관한 개념은, 비록 이론적으로나 실천적으로나
그 근거의 인식에 도달하지는 못하며, 따라서 고유한 영역을 가지지는 못하지
만, 그러나 한 쪽의 원리들에 따르는 사유방식으로부터 다른 쪽의 원리들에 따
르는 사유방식에로의 이행을 가능케하는 것이다.

III.
철학의 두 부문을 하나의 전체로 결합시키는 매개로서의 판단력의 비판에 관하여.

인식능력들의 비판은 이 능력이 선천적으로 수행할 수 있는 일이 무엇인가에 관한 비판이거니와, 이러한 비판은 본래 객체에 관해서 아무런 영역도 가지지 못한다. 왜냐하면 비판은 이설이 아니라, 오직 우리들의 능력들이 처해 있는 사정으로 보아서 이 능력들에 의하여 이설이 과연 가능한가, 또 어떻게 하여 가능한가를 탐구하지 않으면 안되는 것이기 때문이다. 비판의 분야는, 인식능력을 그의 적법성의 한계 안에 유치하기 위하여, 이 인식능력들의 모든 월권에 미치는 것이다. 그러나 철학의 구분에서 제외된 것이라도, 만일 그것이 그 자신만으로서는 이론적 사용에도 실천적 사용에도 쓸모가 없는 원리들을 포함하고 있는 경우에는, 그것은 순수인식능력 일반의 비판에 한 주요부문으로서 들어갈 수 있다.

모든 선천적 이론적 인식을 위한 근거를 내포하고 있는 자연개념들은 오성의 입법 위에 기초를 둔 것이었다. ——감성적으로 제약되지 않은 모든 선천적 실천적 준칙을 위한 근거를 내포하고 있는 자유개념은 이성의 입법 위에 기초를 둔 것이었다. 따라서 이 두 능력은 논리적 형식상 원리들——그것이 어떠한 기원을 가진 것이든——에 적용될 수 있을 뿐만 아니라, 그 위에 또 각 능력은 내용상 각기 고유한 입법을 가지며, 그 이상은 다른 (선천적) 입법이 없다. 그러므로 이 입법은 철학을 이론철학과 실천철학으로 구분하는 것을 정당화하는 것이다.

그러나 상급의 인식능력들이라는 가족 안에는 오성과 이성과의 사이에 하나의 중간항이 또 있다. 이것이 곧 판단력인데, 이 판단력에 관해서도 우리는, 비록 그것이 하나의 고유한 입법을 포유하고 있지는 않을지라도, [오성이나 이성과] 마찬가지로 법칙을 탐구하기 위한 자기의 고유한 원리를——결국 그것은 단지 주관적인 원리에 지나지 않겠지만——선천적으로 포유하고 있으리라고 유비에 의하여 추측할만한 이유를 가지고 있는 것이다. 그리고 비록 이 원리에는 대상들의 분야가 그의 영역으로서 귀속되어 있지는 않지만, 그러나 이 원리는 어떤 하나의 지반과, 바로 이 원리만이 타당할 수 있는 그 지반의 일정한 성질을 가질 수는 있는 것이다.

그 뿐만 아니라 여기에는 (유비에 의하여 판단하건대) 판단력을 우리의 표상
능력들의 다른 서열과 연관시켜야 할 또 하나의 새로운 이유가 있다. 그리고 이
서열은 인식능력들[이성과 오성]이라는 일족과의 친근관계의 서열보다도 훨씬
더 중요한 것 같이 보인다. 왜냐하면 모든 심적 능력 또는 성능은 그 이상은
하나의 공통적 근거로부터 도출될 수 없는 세 가지의 능력, 즉 인식능력, 쾌 XXIII
불쾌의 감정, 욕구능력에로 환원될 수 있기 때문이다.* 인식능력이 (그것이 그

---

* 경험적 원리로서 사용되는 개념들이 순수한 선천적 인식능력과 친근관계에 있다고 추측할만한 이
유가 있는 경우에, 그러한 관계를 고려하여 이 개념들에 대하여 하나의 선험적 정의, 즉 순수범주들
이 단독으로 이미 문제의 개념과 다른 개념과의 구별을 충분히 지시할 수 있는 한에 있어서, 이 순수
범주에 의한 정의를 시도해 본다는 것은 유익한 일이다. 이러한 정의에 있어서 우리는 수학자의 예에
따르는 것이니, 수학자는 자기의 문제의 경험적 여건들은 미결로 남겨두고, 이 여건들의 순수종합에
있어서의 관계만을 순수산수학의 개념에 환원하고, 그렇게 함으로써 문제의 해결을 일반화하는 것이
다.――내가 이와 비슷한 절차를 취했다 하여 (실천이성비판 서언 16면) 그것을 비난하고, 또 내가
욕구능력을 정의하여, 자기의 표상에 의해서 이들 표상의 대상을 현실하는 원인이 될 수 있는 능력이
라고 한 것을 힐난한 사람이 있다. 그들의 이유인즉, 한갓된 원망도 역시 욕구이겠지만, 누구나 원망
만으로써는 원망의 객체를 산출할 수 없으리라는 것을 알고, 분수를 지킨다고 하는 데 있다. ――그
러나 이것은 인간에게는 인간으로 하여금 자기 자신과의 모순에 빠지도록 하는 욕구도 있다고 하는
것 이상의 아무 것도 증명하지 못하고 있는 것이다. 그 이유는 이 경우에 인간은 단지 자기의 표상만
으로 객체를 산출하고자 하지만, 그는 그 성공을 기대할 수가 없다는 데에 있다. 왜냐하면 인간은 그
표상에 의해서 규정되지 않으면 안될 자기의 기계적인 힘(심리적이 아닌 힘을 그렇게 불러야 한다면)
이 객체를 (따라서 간접적으로) 실현하기에는 충분치 못하든가, 그렇지 않으면 이 기계적인 힘이 전
연 불가능한 일을 꾀하고 있든가 하다는 것을 의식하고 있기 때문이다. 여기에서 불가능한 일이란,
예를 들면, 일어난 일을 원상으로 복귀시킨다든가(오, 쥬피터신이 흘러간 세월을 나에게 되돌려 주었
으면! O mihi praeteritos referat si Juppiter annos),[1] 또는 기다림에 지쳐서 대망의 순간이 오
기까지의 시간을 절감할 수 있다든가 하는 따위의 일이다. ――비록 우리들은 그러한 환상적 욕구에
있어서 우리들의 표상이 그 표상의 원인이 되기에는 불충분하다는 것을 (또는 무능하다는 것까지도)
의식하지만, 그러나 원인으로서의 그 표상의 [결과에 대한] 관계, 따라서 그 표상의 인과성의 표상은
어떠한 원망에도 모두 포함되어 있으며, 원망이 하나의 정서, 즉 동경일 경우에는 그것은 특히 뚜렷
하다. 왜냐하면, 그러한 원망과 동경이 마음을 부풀게도 하고 또 이울게도 하여 힘을 고갈시킨다고
하는 사실은, 힘은 표상에 의하여 긴장이 되풀이되지만, 심의는 그 불가능함을 고려하기 때문에 부단
히 반복하여 지쳐 떨어진다는 것을 증명하는 것이기 때문이다. 크나큰 재화, 우리가 통찰할 수 있는
한 불가피한 재화를 예방하기 위한 기도나, 자연적 방법으로는 도달할 수 없는 목적들에 도달하기 위
한 여러 가지 미신적 수단조차도, 표상이 그 객체에 대하여 가지는 인과관계를 증명하는 것이다. 그
리고 이러한 인과관계로 해서 표상이 결과를 산출하는 데 불충분하다는 것을 의식한다 할지라도, 그
결과를 얻기 위한 노력은 저지될 수가 없는 것이다. ――그러나 왜 우리의 자연적 본성 가운데에는

XXIV 자신 독자적으로, 즉 욕구능력과 혼동됨이 없이 고찰될 경우에는 반드시 그러한 것이지만) 이론적 인식의 능력으로서 자연에 관계할 경우에 이 인식능력에 대해서는 오성만이 입법적이요, 따라서 (현상으로서의) 자연에 관해서만 우리들은 원래 순수오성개념인 선천적인 자연개념들에 의하여 법칙을 부여할 수 있는 것이다. ──자유개념에 따르는 상급의 능력으로서의 욕구능력에 대해서는 이성만이 (자유개념은 이 이성에 있어서만 존립한다) 선천적으로 입법적이다. ──그런데 오성과 이성 사이에는 판단력이 들어가 있는 것과 마찬가지로, 인식능력과 욕구능력 사이에는 쾌의 감정이 들어가 있다. 그러므로, 판단력도 [오성이나 이성과] 마찬가지로 그 자신만으로서 선천적 원리를 포함하고 있으리라

XXV 고 하는 것과, 또 욕구능력에는 필연적으로 쾌 혹은 불쾌가 결부되어 있으므로 (그것은 쾌 불쾌가 하급의 욕구능력에 있어서와 같이 욕구능력의 원리에 선행하든, 또는 상급의 욕구능력에 있어서와 같이 단지 욕구능력이 도덕적 법칙에 의하여 규정되는 데에서 나오든 마찬가지이다), 판단력도 논리적 사용에 있어서 오성으로부터 이성에로의 이행을 가능케 하는 것과 마찬가지로, 순수인식능력으로부터, 즉 자연개념의 영역으로부터 자유개념의 영역에로의 이행을 실현하리라고 하는 것이, 적어도 잠정적으로나마 예상될 수 있는 것이다.

그러므로 철학은 오직 두 주요부문, 즉 이론철학과 실천철학으로 구분될 수 있음에도 불구하고, 그리고 우리가 판단력의 고유한 원리들에 관하여 논술해야만 할 모든 것은 철학에 있어서 이론적 부문, 다시 말하면 자연개념들에 의한 이성인식에 귀속되지 않으면 안됨에도 불구하고, 상술한 체계구성에 착수하기 전에 체계의 가능을 위해서 이러한 모든 문제를 확정하지 않으면 안되는 순수이성의 비판은, 세 개의 부문, 즉 순수오성의 비판, 순수판단력의 비판, 그리

욕구가 공허함을 의식하고도 그 욕구를 추구하려는 성향이 주어져 있는가 하는 것은, 하나의 인간학적-목적론적 문제이다. 만일 우리들이 하나의 객체를 산출하기에 우리의 능력이 충분하다는 것을 확인하기 전에는 우리의 힘을 사용해서는 안된다고 한다면, 아마도 우리의 힘은 그 대부분이 사용되지 못하고 말 것이다. 왜냐하면 보통 우리들은 우리의 힘을 시험해 봄으로써만 비로소 그것을 알게 되기 때문이다. 그러므로 공허한 원망에 있어서의 이러한 미망은 우리의 자연적 본성에 주어진 하나의 자비로운 배려에서 나온 결과에 지나지 않는 것이다.

1) Vergilius(70~19 B.C.)와 Aenēis Ⅷ 560에서 인용한 시구.

고 순수이성의 비판으로 성립되는 것이다. 그리고 이 세 능력은 선천적으로 입법적이기 때문에 순수하다고 불리는 것이다.

IV.
선천적으로 입법적인 능력으로서의 판단력에 관하여.

판단력 일반은 특수를 보편 아래에 포함된 것으로서 사유하는 능력이다. 보편(규칙, 원리, 법칙)이 주어져 있는 경우에는, 특수를 이 보편 아래에 포섭하 XXVI 는 판단력은 (판단력이 선험적 판단력으로서 이 보편에의 포섭을 가능케 하는 조건들만을 선천적으로 지시할 경우에도) 규정적이다. 그러나 오직 특수만이 주어져 있고, 판단력이 특수에 대하여 보편을 찾아내야 할 경우에는, 판단력은 단지 반성적이다.

오성이 부여하는 보편적인 선험적 법칙들 아래에 있는 규정적 판단력은 포섭만을 할 뿐이다. 규정적 판단력에 대해서는 법칙은 선천적으로 제시되어 있으며, 따라서 규정적 판단력은 자연에 있어서의 특수를 보편에 예속시킬 수 있도록 하기 위하여, 스스로 법칙을 고안해낼 필요가 없다. ——그러나 자연의 형식들은 매우 다양하며, 보편적인 선천적 자연개념들에도 말하자면 매우 많은 변양이 있을 것이니, 이러한 다양한 형식과 변양은 순수오성이 선천적으로 부여하는 법칙들에 의해서는 ——이 법칙들은 오직 자연 (감관의 대상으로서의) 일반의 가능에만 관계하는 것이기 때문에—— 규정되지 않은 채 남게 되므로, 이 다양한 형식들과 변양을 위해서도 또한 법칙들이 있지 않으면 안된다. 그리고 이 법칙들은 물론 경험적인 것이므로 우리들의 오성이 통찰할 수 있는 한에 있어서는 우연적인 것일는지도 모르나, 그러나 그것들도 (자연의 개념이 또한 그것을 요구하고 있는 바와 같이) 법칙이라고 불리어야만 하는 이상, 그 법칙들도 다양의 통일의 한 원리——비록 그것은 우리들에게는 미지의 것이지만 ——에서 나온 필연적인 것이라고 간주되지 않으면 안된다. ——그러므로 자 XXVII 연에 있어서의 특수로부터 보편에로 거슬러 올라가야 할 임무를 띠고 있는 반성적 판단력은 하나의 원리를 필요로 하는데, 이 원리를 반성적 판단력은 경험으로부터 이끌어 낼 수는 없다. 왜냐하면 이 원리는 바로 모든 경험적 원리를 역시 경험적이기는 하나, 보다 고차적인 원리 아래에 통일하고, 따라서 이 경험적 원리들 상호간에 체계적 종속관계를 가능케 하는 기초가 되어야만 하는 것이기 때문이다. 그러므로 반성적 판단력은 그와 같은 선험적 원리를 오직 자기 자신에게만 법칙으로서 부여할 수 있을 뿐이요, 이것을 딴 곳에서 도출할 수도 없고(왜냐하면 그렇게 되면 판단력은 규정적 판단력일 것이므로), 또 이것을 자연에 대하여 지정할 수도 없다. 왜냐하면 자연의 법칙들에 관한 반성이 자연에 따르는 것이지, 자연이 [우리가 정하는] 조건들에 따르는 것이 아니기 때문이다. 우리는 이러한 조건에 따라 자연의 개념을 얻고자 노력하지만, 자연의 개념은 이 조건에 관해서는 전혀 우연적인 것이다.

그런데 이 원리란 다음과 같은 것일 수밖에 없다: 즉, 오성이 자연(단지 자연이라는 보편적 개념에서 본 자연으로서의)에 대하여 지정하는 보편적인 자연법칙들은 그 근거를 우리들의 오성 속에 가지고 있다. 그런데 [자연의] 특수한 경험적 법칙에는 보편적 자연법칙에 의해서는 규정되지 않는 것이 남는다. 이렇게 보편적 자연법칙에 의해서 규정되지 않는 것에 관해서는 특수한 경험적 법칙들은 어떤 하나의 통일에 의하여 고찰되지 않으면 안된다. 즉, 마치 어떤 오성이 (비록 이것은 우리의 오성이 아니지만) 특수한 자연법칙에 따르는 경험의 체계를 가능케 할 목적으로 우리의 인식능력을 위하여 부여하기나 한 것 같은 그러한 통일에 의하여 고찰되지 않으면 안된다. 그러나 이것은 그렇다고 해서 현실적으로 그와 같은 하나의 오성이 상정되지 않으면 안된다고 함을 의미하는 것이 아니다(왜냐하면 이러한 오성의 이념은 반성적 판단력만이 원리로서 사용하되, 규정을 위해서가 아니라 반성을 위해서 사용하기 때문이다). 오히려 이 XXVⅢ [반성적 판단력의] 능력은 그러한 오성의 이념에 의해서 자연에 대해서가 아니라, 단지 자기 자신에 대해서만 하나의 법칙을 부여하는 것이다.

그런데 하나의 객체에 관한 개념은, 그 개념이 동시에 이 객체의 현실성의 근거를 포유하고 있는 한에 있어서, 목적이라고 일컬어지며, 또 하나의 사물이 목적에 따라서만 가능한 사물들의 성질과 합치하면, 그것은 그 사물들의[1] 형식의 합목적성이라고 일컬어지므로, 판단력의 원리는 경험적 법칙들 일반 아래

---

1) Windelband는 "그 사물의"(단수)로 읽는다.

에 있는 자연의 사물들의 형식에 관해서는 다양한 자연의 합목적성인 것이다. 다시 말하면 자연은 이 [합목적성의] 개념에 의해서, 마치 어떤 하나의 오성이 다양한 자연의 경험적 법칙들을 통일하는 근거를 포유하고 있는 것처럼, 표상되는 것이다.

그러므로 자연의 합목적성은 단지 반성적 판단력에만 그 근원을 가지고 있는 하나의 특수한 선천적 개념이다. 왜냐하면 우리는 자연산물들에 있어서 자연이 목적에 대하여 가지는 관계와 같은 것을 이 자연산물들에게 귀속시킬 수가 없고, 경험적 법칙들에 따라 부여된 자연에 있어서의 현상들의 결합에 관하여 자연산물들을 반성하기 위해서만 이 [합목적성의] 개념을 사용할 수 있을 뿐이기 때문이다. 또한 이 개념은, 비록 실천적 합목적성(인간의 기술의 합목적성과 또한 도덕의 합목적성)과의 유비에 의하여 사유되기는 하지만, 그것과는 전연 구별되는 것이다.

V.   XXIX

자연의 형식적 합목적성의 원리는 판단력의 선험적 원리이다.

선험적 원리란, 사물들로 하여금 우리들의 인식 일반의 객체가 될 수 있도록 하는 선천적 보편적 조건을 표시하는 원리이다. 그에 반해서, 하나의 원리가 그 개념이 경험적으로 주어져 있지 않으면 안되는 객체로 하여금 선천적으로 더욱 규정될 수 있도록 하는 선천적 조건을 표시하는 경우에는, 그 원리는 형이상학적이라고 한다. 그리하여 물체를 실체로서, 그리고 가변적 실체로서 인식하는 원리가 물체의 변화는 어떤 원인을 가지지 않으면 안된다고 함을 진술하는 것이면, 그 원리는 선험적이지만, 그것이 물체의 변화는 어떤 외적 원인을 가지지 않으면 안된다고 함을 진술하는 것이면, 형이상학적이다. 왜냐하면 전자의 경우에 있어서는 그 명제를 선천적으로 인식하기 위해서는, 우리는 물체를 오직 존재론적 술어들(순수오성개념)에 의해서만, 예를 들면 실체로서만 사유하면 되지만, 후자의 경우에 있어서는 하나의 물체(공간에 있어서의 가동적 사물로서의)의 경험적 개념이 그 명제의 기초에 놓여있지 않으면 안되며, 또 그럴 때에 이 물체에는 후자의 술어(오직 외적 원인에 의해서만 일어나는

XXX   운동이라는)가 속한다고 함이 완전히 선천적으로 통찰될 수 있기 때문이다. ─
그리하여 이제 곧 명백하게 되겠지만, 자연의 합목적성의 원리(그의 다양한 경
험적 법칙들에 있어서의)는 하나의 선험적 원리이다. 왜냐하면 객체들이 이 원
리하에 들어와 있는 것으로서 사유되는 한, 객체들의 개념은 단지 가능적 경험
인식 일반의 대상들이라는 순수개념에 지나지 않으며, 아무런 경험적인 것도
포유하고 있지 않기 때문이다. 그에 반해서, 하나의 자유의지의 규정이라는 이
념에 있어서 사유되지 않으면 안되는 실천적 합목적성의 원리는 하나의 형이상
학적 원리일 것이다. 왜냐하면 의지로서의 욕구능력이라는 개념은 반드시 경험
적으로 주어지지 않으면 안되기 (선험적 술어들에는 속하지 않기) 때문이다.
그럼에도 불구하고 이 두 원리는 경험적인 것이 아니라, 선천적 원리인 것이
다. 왜냐하면, 이 양원리의 판단의 주어인 경험적 개념에 술어를 결합시키기
위해서는, 그 이상의 아무런 경험도 필요치 않고, 오히려 이 결합은 오로지 선
천적으로 통찰될 수 있기 때문이다.

　자연의 합목적성이라는 개념이 선험적 원리에 속한다는 사실을 우리는 판단
력의 격률들에서 충분히 알 수 있다. 이 판단력의 격률들이란 자연을 탐구함에
있어서 선천적으로 그 기초가 되는 것이기는 하나, 그럼에도 불구하고 그것은
경험의 가능, 따라서 자연의──그러나 단지 자연 일반으로서가 아니라, 다양
한 특수적 법칙들에 의해서 규정된 자연으로서의──인식의 가능에만 관계하

XXXI   는 것이다. ──이러한 격률들은 형이상학적 지혜의 경구로서, 우리가 그 필연
성을 개념으로부터는 입증할 수 없는 여러 규칙이 세워질 때에는, 이 [자연]학
의 과정에 아주 빈번히, 그러나 산발적으로만 나타나곤 하는 것이다. "자연은
최단 행로를 취한다(절약의 법칙 *lex parsimoniae*), 그러나 자연은 그 변화가
계속될 때에도 또 종별적으로 상이한 여러 형식이 병존할 때에도 결코 비약을
하지 않는다(자연에 있어서의 연속의 법칙 *lex continui in natura*), 그럼에도
불구하고 경험적 법칙들 가운데에 나타나는 극히 다양한 자연은 소수의 원리
하에 통일되어 있다(원리는 필요 외에 증가되지 않는다 *principia praeter
necessitatem non sunt multiplicanda*)" 등등이 곧 그것이다.

　그러나 이러한 원칙들의 근원을 제시하려고 생각하고, 그것을 심리학적 방
법으로 시도한다면, 그것은 이 원칙들의 의미에 전혀 위배되는 일이다. 왜냐하

면 이 원칙들이 언명하고 있는 것은, 무엇이 생기하는가, 다시 말하면 어떠한 규칙에 따라 우리의 인식력들은 실제로 활동을 하는가, 또 어떻게 판단이 내려지는가 하는 것이 아니라, 어떻게 판단이 내려져야 하는가 하는 것이기 때문이다. 그리하여 이 때, 원리들이 단지 경험적일 경우에는, 이러한 논리적 객관적 필연성은 나오지 않는다. 그러므로 이 원칙들로부터 명료하게 나타나는, 우리들의 인식능력과 이 인식능력의 사용에 대한 자연의 합목적성은 판단의 선험적 원리요, 따라서 선험적 연역을 필요로 한다. 그리하여 이 선험적 연역을 매개로 하여, 그렇게 판단하는 근거가 선천적인 인식의 원천에 있어서 탐구되지 않으면 안되는 것이다.

요컨대 우리들이 어떤 경험의 가능의 근거들 가운데에서 맨먼저 발견하는 것은 물론 어떤 필연적인 것, 즉 보편적 법칙들이요, 이 보편적 법칙이 없이는 **XXXII** 자연 일반(감관의 대상으로서의)은 사유될 수 없다. 그리고 이러한 법칙들은 범주들에, 즉 우리들에게 가능한 모든 직관이 또한 선천적으로 주어져 있는 한에 있어서, 이러한 직관의 형식적 조건에 적용된 범주들에 기초를 두고 있는 것이다. 그런데 이러한 법칙들 아래에 있어서는 판단력은 규정적이다. 왜냐하면 이 판단력은 주어진 법칙들 아래에 포섭하는 것 이외에는 할 일이 없기 때문이다. 예를 들어서, 오성이 '모든 변화는 그 원인을 가진다'(보편적 자연법칙)고 언명한다면, 선험적 판단력은 제시되어 있는 선천적 오성개념 아래에 포섭하기 위한 조건을 지적하는 것 이상의 아무 일도 할 필요가 없다. 그리고 그것은 하나의 동일한 사물의 규정들의 계기인 것이다. 그런데 자연 일반(가능적 경험의 대상으로서의)에 대해서는 그 법칙은 절대적으로 필연적인 것으로서 인식된다. ──그러나 경험적 인식의 대상들은 그러한 [계기라는] 형식적 시간조건에 의해서 규정되는 이외에도 또 여러 가지로 규정되어 있거나, 혹은 우리들이 선천적으로 판단을 할 수 있는 한에 있어서는, 여러 가지로 규정될 수 있는 것이다. 그러므로 종별적으로 상이한 자연들은, 그것들이 자연 일반에 속하는 것으로서 공유하고 있는 것이 될 뿐만 아니라, 또 무한히 다양한 방식으로 원인이 될 수 있는 것이다. 그리고 이러한 방식들은 각각 (원인 일반이라는 개념상) 그 자신의 규칙을 가지지 않으면 안되는데, 이 규칙이 곧 법칙이요, 따라서 이 규칙은 필연성을 지니는 것이다. 비록 우리는 우리의 인식능력의 성질과

XXXIII 제한으로 말미암아 이 필연성을 전혀 통찰하지는 못하지만. 그러므로 우리는 자연의 단지 경험적인 법칙들을 볼 때, 자연에는 무한히 다양한 경험적 법칙들이 가능하지만, 그러나 이 경험적 법칙들은 우리의 통찰에 대해서는 우연적이라(선천적으로 인식될 수 없다)고 생각하지 않을 수 없다. 그리하여 이 경험적 법칙들에 관해서 우리들은 경험적 법칙에 따른 자연의 통일과 (경험적 법칙에 따른 체계로서의) 경험의 통일의 가능을 우연적이라고 판정하는 것이다. 그러나 그러한 통일은 반드시 전제되고 상정되지 않으면 안된다. 만일 그렇지 않으면, 경험적 인식들이 철저히 연관지어져서 경험이라는 하나의 전체가 되는 일은 없을 것이다. 보편적 자연법칙들은 물론 자연사물 일반으로서의 사물들의 류에 따라 사물들 사이의 그러한 연관은 부여하겠지만, 그러나 사물들을 개개의 특수한 자연존재자들로 보아 종별적으로 사물들 사이의 연관을 부여하지는 않을 것이기 때문이다. 그처럼 하나의 통일이 전제되고 상정되어야 하기 때문에, 판단력은 그 자신의 사용을 위해서 다음과 같은 것을 선천적 원리로서 상정하지 않으면 안된다: 즉, 특수한 (경험적) 자연법칙들에는 인간의 통찰에 대해서 우연적인 것이 있으나, 이 우연적인 것도 다양한 이 자연법칙들을 결합하여 그 자신 가능한 하나의 경험을 이루는 법칙적 통일을 내포하고 있다. 이러한 법칙적 통일은 우리들에게는 물론 구명되지는 않지만, 그러나 사유될 수는 있는 것이다.[1] 그 결과 우리가 오성의 필연적 의도(요구)에 따라 인식하지만, 그러나 동시에 그 자신 우연적인 것으로서 인식하는 [다양한 자연법칙들의] 하나

XXXIV 의 결합에 있어서의 이 법칙적 통일은, 객체의 (즉, 여기에서는 자연의) 합목적성으로서 표상되기 때문에, 가능적 (이제 발견되어야 할) 경험적 법칙들 아래에 있는 사물들에 관해서는 판단력은 단지 반성적이요, 따라서 이러한 판단력은 경험적 법칙들과의 관계에 있는 자연을 우리들의 인식능력에 대한 합목적성의 원리에 따라 사유하지 않으면 안된다. 그렇다면 이 원리는 곧 상술한 판단력의 격률들에 있어서 표현되어 있는 것이다. 그런데 자연의 합목적성이라는

---

1) 이것이 곧 판단력의 선천적 원리이거니와, 이를 부연하면 다음과 같은 의미이다: 특수한 경험적 자연법칙들에 있어서 인간의 오성이 우연적인 것으로 보는 것도 기실 인간이 그 근원을 알 수 없는 하나의 법칙적 통일(통일의 원리)을 포유하고 있어서, 그 법칙적 통일에 의하여 다양한 자연법칙들이 하나의 가능적 경험에로 종합될 수 있는 것처럼, 우리는 생각해야 한다.

이 선험적 개념은 자연개념도 아니요 자유개념도 아니다. 왜냐하면 이 개념은 객체(자연)에 대하여 전혀 아무 것도 부가하지 않고, 단지 우리가 철저히 연관 지어진 하나의 경험에 도달할 목적으로 자연의 대상들을 반성함에 있어서 취해야 할 유일한 방식을 표시할 뿐이요, 따라서 그것은 판단력의 주관적 원리(격률)이기 때문이다. 그런 까닭에, 우리가 단지 경험적인 법칙들 아래에 그러한 체계적 통일이 있음을 발견하는 경우에는, 비록 우리는 그러한 통일이 있어야만 한다는 것을 필연적으로 상정하지 않을 수 없었을 뿐이요, 결코 그러한 통일을 통찰하고 증명할 수 있었던 것은 아니지만, 마치 그것이 우리의 의도에 유리한 행운의 우연이거나 한 것처럼, 우리도 또한 기뻐하는 것이다(엄밀히 말하면 하나의 요구를 수행한 것이지만).

이 [합목적성의] 개념을 그와 같이 연역하는 것이 정당하며, 또 이 개념을 선험적 인식원리로서 상정하는 것이 필연적임을 확신하기 위해서는, 우리는 아마도 무한히 다양한 경험적 법칙들을 포유하고 있는 자연의 주어진 지각들을 종합하여 하나의 경험을 구성하는 과제가 증대하다는 것만을 고려해보면 될 것이다. 이 과제는 선천적으로 우리의 오성 안에 자리 잡고 있는 것이다. 과연 오성은 자연의 보편적 법칙들을 선천적으로 소유하고 있다. 만일 그 법칙들이 없다면, 자연은 전혀 경험의 대상이 될 수 없을 것이다. 그러나 그 밖에도 또 오성에게는 단지 경험적으로만 알려질 수 있는, 따라서 오성에 관한 한 우연적인 자연의 특수한 규칙들에도 자연의 어떤 질서가 있음을 오성은 요구한다. 이러한 규칙들이 없다면, 가능적 경험 일반의 보편적 유비로부터 특수한 경험으로 나아갈 수가 없을 것이므로, 오성은 이러한 규칙들을 법칙으로 (즉, 필연적인 것으로) 생각하지 않으면 안된다. 왜냐하면, 비록 오성은 이 규칙들의 필연성을 인식하거나 또는 결코 통찰할 수는 없겠지만, 이 규칙들은 만일 그것이 필연적 법칙이 아니라고 한다면 자연의 질서가 되지도 못할 것이기 때문이다. 그러므로 비록 오성은 자연의 질서(객체)에 관해서 선천적으로 아무런 규정도 할 수가 없지만, 그러나 오성은 이 경험적인 소위 법칙들을 추구하기 위해서, 하나의 선천적 원리를, 즉 이 경험적 법칙들에 따라 자연의 하나의 인식할 수 있는 질서가 가능하다고 하는 선천적 원리를, 자연에 관한 모든 반성의 기초로 삼지 않을 수 없다. 그리고 이러한 원리는 다음과 같은 명제들에 의하여 표현

XXXV

되는 것이다: 즉, '자연에는 우리가 알 수 있는 류와 종과의 종속관계가 있다', '류는 각각 다시 하나의 공통적 원리에 따라 상호 접근하여, 하나의 류에서 다른 류에로의 이행이 가능하고, 또 그로 해서 보다 높은 류에로의 이행이 가능하다', 'XXXVI 종별적으로 상이한 여러 가지 자연의 결과에 대해서 같은 수만큼의 상이한 인과성의 종류를 상정하지 않으면 안된다는 것은 처음에는 우리의 오성에게 불가피한 것으로 보이지만, 그러나 이 인과성의 종류는 소수의 원리에로 환원될 수도 있을 것이므로, 이 소수의 원리를 찾아 내는 것이 우리가 해야 할 일이다' 등등의 명제가 그것이다. 이처럼 자연이 우리들의 인식능력에 합치한다고 함을 판단력은 자연의 경험적 법칙들에 따라 자연을 반성하기 위해서 선천적으로 전제한다. 그러나 그와 동시에 오성은 그러한 합치를 객관적으로는 우연적인 것으로서 승인하고, 단지 판단력만이 그것을 선험적 합목적성(주관의 인식능력에 관한)으로서 자연에 부여하는 것이다. 왜냐하면 우리는 이 합목적성을 전제하지 않고서는 경험적 법칙들에 따르는 자연의 어떠한 질서도 파악하지 못할 것이며, 따라서 이 경험적 법칙들을 가지고 이 다양한 모든 법칙에 따라 수행해야 할 자연의 경험과 탐구를 위하여 아무런 실마리도 얻지 못할 것이기 때문이다.

왜냐하면, 보편적 법칙들에 따르는 자연사물들은 모두 동일한 형식[제일성]을 가지며, 따라서 이 보편적 법칙들이 없다면 경험인식 일반의 형식은 전혀 있을 수 없겠지만, 그러나 그럼에도 불구하고 자연의 경험적 법칙들 및 이 법칙의 결과들의 종별적 차이는 대단히 크므로, 자연에 있어서 하나의 이해할 수 있는 질서를 발견하고, 자연의 산물들을 류와 종으로 분류하여, 류의 설명과 이해의 XXXVII 원리를 종의 설명과 파악을 위해서도 사용하고, 또 우리들에게는 아주 혼란한 (엄밀히 말하면 무한히 다양하기만 하고, 또 우리들의 이해력에는 적합지 않은) 소재로부터 하나의 종합적 경험을 구성한다는 것은, 우리들의 오성에게는 불가능한 일일지 모른다고도, 충분히 생각될 수 있기 때문이다.

그러므로 판단력도 또한, 단지 주관적인 점에 있어서이기는 하지만, 자연의 가능을 위한 하나의 선천적 원리를 자기 속에 가진다. 그리고 판단력은 이 원리에 의해서 자연에 대해서(자율로서)가 아니라, 자연을 반성하기 위하여 자기 자신에 대해서 (자기자율로서) 하나의 법칙을 지정하는 것이다. 우리는 이 법칙을 자연의 경험적 법칙들과의 관계에서 보아 자연의 특수화[종별화]의 법칙이

라고 부를 수 있거니와, 판단력은 이 법칙을 자연에서 선천적으로 인식하는 것
이 아니라, 판단력이 자연의 보편적 법칙들을 분류하고, 다양한 특수적 법칙들
을 이 보편적 법칙 아래에 종속시키고자 할 때에, 우리들의 오성이 인식할 수
있는 자연의 질서를 찾기 위하여 이 법칙을 상정하는 것이다. 그러므로 자연은
우리들의 인식능력에 대한 합목적성의 원리에 따라 자연의 보편적 법칙들을 특
수화한다고 말할 때에, 다시 말하면 지각이 오성에게 제시해 주는 특수에 대하
여 보편을 찾아내고, 또 잡다한 것(이것도 각각의 종에 대해서는 물론 보편이
지만)에 대하여 다시 원리의 통일에 있어서의 결합을 찾아낸다고 하는 필연적
인 임무를 맡고 있는 인간의 오성에 알맞도록 하기 위하여, 자연의 보편적 법
칙들을 특수화한다고 말할 때에, 우리는 그로써 자연에 대하여 하나의 법칙을
지정하는 것도 아니며, 자연으로부터 관찰에 의하여 법칙을 배우는 것도 아니
다(비록 이 원리는 관찰에 의하여 확증될 수는 있지만), 왜냐하면 이 [합목적성
의] 원리는 규정적 판단력의 원리가 아니라, 단지 반성적 판단력의 원리이기   **XXXVIII**
때문이다. 우리가 주장하려는 것은 단지, 자연은 그의 보편적 법칙들에서 보면
어떠한 질서를 가진 것이든간에, 우리는 자연의 경험적 법칙들을 철두철미 이
원리와 이 원리 위에 정초된 격률들에 따라 탐색하지 않으면 안된다고 하는 것
뿐이다. 왜냐하면 우리는 이 원리가 성립하는 한에 있어서만, 경험에 있어서
우리의 오성을 사용하여, 인식을 획득할 수 있기 때문이다.

VI.

쾌의 감정과 자연의 합목적성의 개념과의 결합에 관하여.

자연의 다양한 특수적 법칙들에 있어서 자연이 자연에 대한 원리들의 보편
성을 발견하려는 우리들의 요구에 상술한 바와 같이 합치한다는 것은, 우리가
아무리 통찰한다 하더라도 우연적인 것으로 판정될 수밖에 없지만, 그럼에도
불구하고 우리의 오성의 요구에 대해서는 그것은 불가결한 것으로서, 따라서
합목적성으로서 판정되지 않으면 안된다. 그리고 이 합목적성에 의하여 자연은
우리의 의도와, 그러나 단지 인식만을 노리는 의도와 합치하는 것이다. ──오
성의 보편적 법칙들은 동시에 자연의 법칙들이다. 그리고 이 보편적 법칙들은

(비록 자발성에서 나온 것이기는 하지만) 자연에 대해서는 물질의 운동법칙들과 마찬가지로 필연적이다. 그리고 이러한 보편적 법칙의 산출에는 우리의 인식능력들의 아무런 의도도 전제되어 있지 않다. 왜냐하면 우리들은 이 보편적
XXXIX 법칙들에 의해서만 비로소 (자연의) 사물들의 인식이 무엇인가를 알며, 또 이 법칙들은 우리의 인식 일반의 객체로서의 자연에 필연적으로 귀속되는 것이기 때문이다. 그러나 특수한 법칙들에 따르는 자연의 질서가, 우리의 이해력을 초월한, 그러나 적어도 가능한 모든 다양성과 이종성을 띠고 있음에도 불구하고, 우리들의 이해력에 실제로는 부합한다고 함은, 우리들이 통찰할 수 있는 한에 있어서는 우연적인 일이다. 그리고 그러한 자연의 질서를 발견하는 것은 오성의 한 직무이거니와, 오성은 이 직무를 그의 필연적 목적, 즉 원리들의 통일을 자연에 도입하려는 목적을 위하여 의도적으로 수행하는 것이다. 그리하여 이 목적을 판단력이 자연에 대하여 부여하지 않으면 안된다. 왜냐하면 오성은 이 점에 관해서는 자연에 대하여 어떠한 법칙도 지정할 수가 없기 때문이다.

모든[1] 의도의 달성은 쾌의 감정과 결합되어 있다. 그리고 의도의 달성의 조건이, 여기에서 말하는 반성적 판단력 일반에 대한 원리처럼, 선천적 표상인 경우에는, 쾌의 감정도 역시 선천적 근거에 의해서 그리고 모든 사람에게 타당하도록 규정되어 있는 것이다. 그러나 그것은 물론 단지 객체가 인식능력에 대하여 가지는 관계에 의해서만 규정되어 있을 뿐이요, 이 경우에 합목적성의 개념은 조금도 욕구능력을 고려하지 않으므로, 자연의 모든 실천적 합목적성과는 전적으로 구별되는 것이다.

사실상, 지각들과 보편적 자연개념(범주들)에 따르는 법칙들이 합치한다고 해서, 그것이 우리의 내부의 쾌의 감정에 영향을 미치는 일은 조금도 없으며,
XL 또 있을 수도 없다. 왜냐하면 오성은 범주를 아무 의도 없이 자기의 본성대로 필연적으로 처리하기 때문이다. 그러나 그에 반해서 둘 또는 그 이상의 경험적 이질적인 자연법칙들이 그것들을 포괄하는 하나의 원리 아래에 결합될 수 있음을 발견한다는 것은, 곧 상당한 쾌뿐만 아니라 흔히는 감탄조차 일으키는 근거가 되며, 그러한 감탄은 그 감탄의 대상이 충분히 숙지되어 있다 할지라도 사

---

1) Hartenstein은 "그러한"으로 읽는다.

라지지 않는 것이다. 과연 우리들은 자연을 이해할 수 있다는 데에, 그리고 자
연을 류와 종에로 분류——이러한 분류에 의해서만 우리들로 하여금 자연을
그 특수한 법칙들에 따라 인식하도록 하는 경험적 개념들은 가능하다——하여
통일한다는 데에 이미 아무런 쾌감도 뚜렷이 감지하지는 못하지만, 그러나 그
러한 쾌감이 일찍이 있었다는 것은 확실하다. 다만 아무리 평범한 경험이라도
그러한 쾌감이 없이는 가능하지 않을 것이기 때문에, 이 쾌감은 점차 한갓된
인식과 혼합되어, 이미 특별한 주의를 끌지 못하게 되었다 뿐이다.——그러므
로 자연을 판정함에 있어서는 우리의 오성에 대하여 자연의 합목적성에 주의를
환기시켜주는 어떤 것이 필요하다. 즉, 자연의 이종적 법칙들을 가능한 한, 비
록 연구가 경험적이기는 하지만 보다 고차적인 법칙들 아래에 통합하려는 하나
의 연구가 필요하다. 그리하여 이러한 연구가 성공하게 되면, 우리는 우리의
인식능력과 고차적 법칙들과의 그러한 합치에서, 즉 우리가 단지 우연적인 것
으로만 간주하는 합치에서 쾌감을 느끼게 되는 것이다. 그에 반해서 자연에 관
한 어떤 표상이 우리들에게 다음과 같이 예고하는 일이 있다면, 그러한 표상은 　XLI
우리들에게 어디까지나 불만을 줄 것이다: 즉, 우리는 극히 평범한 경험을 조
금이라도 넘어서서 [자연을] 탐구하려고 해도 곧 자연의 법칙들의 이질성에 부
딪치게 될 것이며, 이 이질성으로 말미암아 우리의 오성은 자연의 특수한 법칙
들을 보편적 경험적 법칙들 아래에 통합할 수가 없으리라고 하는 예고가 그것
이다. 이것은 자연의 류에 있어서의 주관적-합목적적 특수화[종별화]의 원리와
자연의 특수화를 의도하는 우리의 반성적 판단력의 원리에 위배되기 때문이다.

　그럼에도 불구하고 판단력의 이러한 전제는, 우리의 인식능력에 대한 자연
의 상술한 바와 같은 관념적 합목적성이 얼마만큼의 범위에까지 확장되어야 할
것인가 하는 문제에 관해서는, 확정되어 있지 않다. 그러므로 관찰에 의하여
보다 심오하게 또는 보다 광범하게 자연을 알게 되면, 필경 우리는 인간적 오
성이 하나의 원리로 환원할 수 없는 다양한 법칙들에 부딪치게 되리라고 주
장하는 사람이 있다면, 우리는 그러한 주장에도 만족은 한다. 그러나 만일 다
른 사람들이, 우리가 자연을 속속들이 더 많이 알게 되면 될수록, 또는 자연을
아직도 우리에게는 미지인 외면적인 부분들과 비교할 수 있게 되면 될수록, 우
리는 자연이 그의 원리들에 있어서 더욱 단순하다는 것을 알게 될 것이며, 또

자연의 경험적 법칙들은 외관상 이질적인 것 같이 보이지만, 우리의 경험이 진전됨에 따라서 더욱 통일적인 것임을 알게 될 것이라고 하는 희망을 우리에게 준다면, 우리는 그 말을 더 즐겨 경청하려고 할 것이다. 우리의 인식능력과 자연과의 적합성의 원리가 미치는 범위까지는 이 원리에 의거해서 나아가도록 하라는 것이 우리의 판단력의 하나의 지시요, 이 원리가 어디엔가에 그 한계를 XLII 가지는 것인가 아닌가 하는 것은 (우리에게 이 규칙을 부여하는 것은 규정적 판단력이 아니므로) 확정되지 않는 것이다. 왜냐하면 우리는 우리의 인식능력들의 합리적 사용에 관해서는 한계를 규정할 수 있지만, 경험적 분야에 있어서는 한계의 규정은 가능하지 않기 때문이다.

VII.
자연의 합목적성의 미감적 표상에 관하여.

어떤 하나의 객체의 표상에 있어서 단지 주관적인 것, 다시 말하면 그 표상이 대상에 대해서가 아니라 주관에 대해서 가지는 관계를 결정하는 것은, 그 표상의 미감적 성질이다. 그러나 그러한 표상에 있어서 (인식을 위하여) 대상을 규정하는 데 도움이 되거나 또는 사용될 수 있는 것은, 그 표상의 논리적 타당성이다. 감관의 대상의 인식에는 이 두 가지 관계가 함께 결합되어 나타난다. 우리는 외부의 사물들을 공간에 있어서 직관하거니와, 이러한 외부의 사물들의 감관표상에 있어서는 공간의 성질은 그 사물에 관한 나의 표상의 단지 주관적인 요소요(그리고 이러한 나의 표상에 의해서는 사물들이 객체 자체로서는 무엇인가 하는 것은 결정되지 않고 남는다), 또 그러한 관계 때문에 공간에 있어서 직관되는 대상은 또한 단지 현상으로서만 사유되는 것이다. 그러나 공간은 단지 주관적인 그의 성질에도 불구하고 현상으로서의 사물들에 관한 하나의 XLIII 인식요소이다. 공간이 사물의 직관을 가능케 하는 한갓된 선천적 형식인 것과 마찬가지로, 감각(여기에서는 외적 감각)도 외부의 사물들에 관한 우리의 표상의 단지 주관적인 요소를 의미하는 것이지만, 그러나 그것은 본래 표상의 질료적 (실재적) 요소(이 요소에 의해서 어떤 현존하는 것이 [우리에게] 주어지는 것이다)를 의미하는 것이다. 그리하여 감각도 그처럼 주관적인 요소를 의미함에도 불구하고, 외부의 객체의 인식을 위해서 사용되는 것이다.

그러나 하나의 표상에 있어서 전혀 인식요소가 될 수 없는 주관적 요소는 이 표상과 결합된 쾌 또는 불쾌이다. 비록 쾌 불쾌는 어떤 하나의 인식의 결과일 수는 있지만, 나는 이 쾌 불쾌에 의해서는 표상의 대상에 관하여 아무것도 인식하는 것이 없기 때문이다. 그런데 어떤 사물의 합목적성은, 설사 그것이 사물의 인식으로부터 추론될 수 있는 것이라 할지라도, 그것이 지각에 있어서 표상되는 한, 객체 자체의 성질은 아니다(왜냐하면 그러한 성질은 지각될 수 있는 것이 아니기 때문이다). 따라서 합목적성은 어떤 객체의 인식에 선행하며, 아니 그 뿐만 아니라 그 객체의 표상을 어떤 인식을 위해서 사용하려고 하지 않음에도 불구하고 그 표상과 직접 결합되거니와, 이러한 합목적성은 표상의 주관적 요소이지만, 그러나 전혀 인식요소가 될 수 없는 주관적 요소인 것이다. 그러므로 그러한 경우에 대상이 합목적성이라고 불리는 것은, 단지 그 대상의 표상이 직접 쾌의 감정과 결합되어 있기 때문이다. 그리고 이러한 표상이야말로 바로 합목적성의 미감적 표상이다.──다만 문제는 도대체 그러한 XLIV 합목적성의 표상이 있는가 없는가 하는 것뿐이다.

직관의 대상의 형식의 한갓된 포착(*apprehensio*)에 쾌가 결합되어 있고, 직관이 일정한 인식을 위하여 어떤 개념에 관계하지 않을 경우에는, 그로 인해서 표상은 객체에 관계하는 것이 아니라, 오로지 주관에만 관계하는 것이다. 그리고 [그 경우에] 쾌가 표현할 수 있는 것은, 반성적 판단력에 있어서 유동하고 있는 인식능력들[오성과 구상력]에 대한, 그리고 반성적 판단력 안에 있는 한에 있어서의 인식능력들에 대한 객체의 적합성에 지나지 않으며, 따라서 단지 객체의 주관적 형식적 합목적성뿐이다. 왜냐하면 그처럼 [객체의] 형식들을 구상력에로 포착한다고 하는 것은, 반성적 판단력이 비록 무의도적으로나마 적어도 그 형식들을 자기의 능력과, 즉 직관을 개념에 관계시키는 자기의 능력과 비교하지 않는다면, 결코 일어날 수 없는 일이기 때문이다. 그런데 만일 이러한 비교에 있어서 (선천적 직관능력으로서의) 구상력이 어떤 주어진 표상에 의하여 무의도적으로 (개념의 능력으로서의) 오성에 일치되고, 그로 인해서 쾌의 감정이 일어난다면, 그 경우에 대상은 반성적 판단력에 대하여 합목적적이라고 간주되지 않으면 안 된다. 그러한 판단이 곧 객체의 합목적성에 관한 미감적 판단이거니와, 이 미감적 판단은 대상에 관한 어떤 기존개념에 기초를 둔 것도 아니며, 대상에 관한 어떤 개념을 제공하는 것도 아니다. 대상의 형식(대상에 관

XLV 한 표상의 질료적 측면, 즉 감각이 아니라)을 한갓 반성함에 있어서(대상에 관하여 획득될 개념을 고려하지 않고), 그 형식이 그러한 객체의 표상에 있어서 일어나는 쾌의 근거라고 판정되면, 이 쾌는 또한 그러한 객체의 표상과 필연적으로 결합된 것으로 판단되는 것이며, 따라서 이 형식을 파악하는 주관에 대해서 뿐만이 아니라 모든 판단자 일반에 대해서 그렇게[1] 판단되는 것이다. 그 경우에 대상은 아름답다고 하며, 그러한 쾌에 의하여 (따라서 또한 보편타당하게) 판단하는 능력은 취미라고 한다. 왜냐하면 쾌의 근거는 단지 반성일반에 대한 대상의 형식 속에 있을 뿐이요, 따라서 대상의 감각에 있는 것도 아니며, 어떤 하나의 의도를 내포하고 있는 개념에 관계하는 것도 아니므로, 반성——그 조건들이 선천적 보편적으로 타당하는——에 있어서 객체의 표상과 일치하는 것은, 오직 주관에 있어서 판단력 일반이 경험적으로 사용될 때의 합법칙성 (구상력과 오성과의 통일) 뿐이기 때문이다. 그리고 대상이 주관의 능력과 이처럼 합치하는 것은 우연적인 일이므로, 이러한 합치는 주관의 인식능력들에 관하여 대상의 합목적성이라는 표상을 낳아 놓는 것이다.

그런데 이 경우에 쾌란 자유개념에 의해서 (다시 말하면 순수이성에 의하여 상급의 욕구능력을 미리 규정함으로써) 일어나는 것이 아닌 모든 쾌 또는 불쾌와 마찬가지이어서, 우리는 이 쾌가 하나의 대상의 표상과 필연적으로 결합된

XLVI 것임을 결코 개념으로부터는 통찰할 수가 없고, 대상의 표상과 결부된 것임을 언제나 단지 반성된 지각에 의해서만 인식하지 않으면 안된다. 따라서 이 쾌는 모든 경험적 판단과 마찬가지로, 객관적 필연성을 나타낼 수도 없으며, 선천적 타당성을 요구할 수도 없다. 그러나 취미판단도 다른 모든 경험적 판단과 마찬가지로 누구에게나 타당하다는 것만은 요구하며, 또 이것은 취미판단의 내적 우연성에도 불구하고 언제나 가능한 일이다. 기이하면서도 [경험적 판단과] 다른 점은, 마치 객체의 인식과 결합된 하나의 술어인 것처럼 취미판단에 의하여 누

---

1) "그렇게"는 "객체의 표상과 필연적으로 결합된 것으로"라는 의미이나, Erdmann은 이것을 "타당한 것으로"로 읽는다.

구에게나 요구되고 객체의 표상과 결부되어야 하는 것이, 경험적 개념이 아니라 쾌의 감정(따라서 전혀 개념이 아닌)이라고 하는 사실뿐이다.

개별적 경험판단, 예를 들면 수정에서 물방울이 움직이는 것을 지각하고 있는 사람이 내리는 개별적 경험판단은, 다른 사람도 누구나 그것을 똑같이 인지하지 않으면 안된다는 것을 당연히 요구한다. 왜냐하면 그는 이 판단을 규정적 판단력의 보편적 조건들에 따라 가능적 경험 일반의 법칙들 아래에서 내렸기 때문이다. 그와 마찬가지로 개념은 고려하지 않고 하나의 대상의 형식을 단지 반성만 하는 데에서 쾌를 느끼는 사람은, 비록 이 판단이 경험적이며 하나의[1] XLVII 개별적 판단이기는 하지만, 당연히 모든 사람의 동의를 요구하는 것이다. 왜냐하면 이러한 쾌의 근거는 반성적 판단의, 주관적이기는 하지만 그러나 보편적인 조건 가운데에, 즉 하나의 대상(그것이 자연의 산물이든 예술의 산물이든)이 어떠한 경험적 인식에도 요구되는 인식능력들(구상력과 오성)의 상호관계와 합목적적으로 합치하는 데에 있기 때문이다. 그러므로 취미판단에 있어서는 쾌는 물론 경험적 표상에 의존하며, 어떠한 개념과도 선천적으로 결합될 수 없는 것이다(우리는 어떠한 대상이 취미에 맞을 것인가 또는 어떠한 대상이 취미에 맞지 않을 것인가를 선천적으로 규정할 수는 없다, 우리는 대상을 시험해 볼 수 밖에 없다). 그러나 쾌가 취미판단의 규정근거가 되는 것은, 단지 쾌가 반성에만, 그리고 반성과 객체의 인식 일반과의 합치의 단지 주관적이기는 하지만 그러나 보편적인 조건들에만 기인하는 것임을 우리가 의식하고 있기 때문이요, 이러한 반성에 대하여 객체의 형식은 합목적적인 것이다.

이것이 곧 왜 취미의 판단도 그 가능성에 관하여 비판을 받아야 하는가의 이유가 된다. 취미판단의 가능성도 하나의 선천적 원리를 전제하고 있기 때문이다. 비록 이 선천적 원리는 오성에 대한 인식원리도 아니요, 의지에 대한 실천적 원리도 아니며, 따라서 선천적으로 전혀 규정적이 아니지만.

그러나 (자연이나 예술의) 사상들의 형식에 관한 반성에서 일어나는 쾌의 감 XLVIII 수성은, 반성적 판단력과 관계하는 객체의 합목적성을 자연개념에 의거하여 주관에 있어서 표시할 뿐만이 아니라, 반대로 대상에 관한 주관의 합목적성을 대

---

1) "하나의"는 제3판에는 빠져 있다.

상의 형식에서 보아서, 아니 나아가서는 그 무형식에서 보아서 자유개념에 의
거하여 표시하기도 한다. 그리고 그 때문에 미감적 판단은 단지 취미판단으로
서 아름다운 것에 관계할 뿐만 아니라, 또한 일종의 정신적 감정에서 나온 판
단으로서 숭고한 것에도 관계하는 것이요, 따라서 상술한 미감적 판단력의 비
판은 이 아름다운 것과 숭고한 것에 따라 두 개의 주요부문으로 나누어지지 않
으면 안되는 것이다.

VIII.
자연의 합목적성의 논리적 표상에 관하여.

경험에 있어서 주어진 대상에서 합목적성이 표상될 수 있는 것은 두 가지
경우가 있다. 즉, 단지 주관적인 근거에서 표상되거나, 또는 객관적인 근거에서
표상되거나 한다. 전자의 경우에는 합목적성은 일체의 개념에 앞서서 대상이
포착(*apprehensio*)될 때의 그 대상의 형식과 인식능력과의 합치로서 표상된
다. 그 결과 직관은 개념과 결합하여 인식 일반이 된다. 또 후자의 경우에는
합목적성은 대상의 형식과 사물 자신의 가능성과의 합치로서 표상된다. 이러한
합치는 그 사물에 선행하고 그 사물의 형식의 근거를 내포하고 있는 그 사물의
XLIX 개념에 따르는 것이다. 우리가 이미 고찰한 바와 같이, 전자의 종류의 합목적
성의 표상은 단지 대상의 형식을 반성할 때에 그 형식에 관해서 느껴지는 직접
적 쾌감에 기인하는 것이다. 그러나 후자의 종류의 합목적성의 표상은, 객체의
형식을 그것을 포착하는 주관의 인식능력들에 관련시키는 것이 아니라, 어떤
주어진 개념 아래에서의 대상의 일정한 인식에 관련시키는 것이므로, 사물들에
관한 쾌의 감정과는 아무 관계가 없고, 사물을 판정하는 오성에 관계할 뿐이
다. 대상의 개념이 주어져 있는 경우에는, 이 개념을 인식을 위하여 사용함에
있어서 판단력이 하는 일은 [이 개념의] 현시(*exhibitio*), 다시 말하면 이 개념
에 그것과 대응하는 직관을 병치시키는 일이다. 이러한 일은, 예술에 있어서처
럼 우리가 어떤 대상에 관하여 미리 파악하고 있는 개념, 즉 우리들에게 있어
서 목적인 개념을 실현하는 경우에는, 우리들 자신의 구상력에 의하여 수행되
기도 하며, 또는 자연의 기교에 있어서 (유기체에 있어서처럼) 우리가 자연의

산물을 판정하기 위하여 우리의 목적의 개념을 자연의 근저에 부가하는 경우에
는, 자연에 의하여 수행되기도 한다. 그런데 이 후자의 경우에는 단지 사물의
형식에 있어서의 자연의 합목적성만이 표상되는 것이 아니라, 이러한 자연의
산물이 자연목적으로서 표상되는 것이다. —— 비록 경험적 법칙들에 따르는
자연의 형식들에 있어서의 자연의 주관적 합목적성에 관한 우리의 개념은 전혀 L
객체에 관한 개념이 아니고, 단지 너무나도 다양한 자연에 있어서 개념들을 얻
기 위한 (다양한 자연 안에서 방향을 잡을 수 있도록) 판단력의 원리에 불과하
지만, 그러나 우리는 이 원리에 의하여 말하자면 어떤 목적의 유비에 따라 자
연이 우리의 인식능력을 고려하고 있다고 생각하는 것이다. 그리하여 우리는
자연미를 형식적인 (단지 주관적인) 합목적성의 개념의 현시라고 볼 수가 있으
며, 자연목적들을 실재적인 (객관적인) 합목적성의 개념의 현시라고 볼 수가
있다. 그리고 전자를 우리는 취미에 의하여 (미감적으로, 쾌의 감정을 매개로
하여) 판정하며, 후자를 오성과 이성에 의하여 (논리적으로, 개념들에 따라) 판
정하는 것이다.

판단력의 비판이 미감적 판단력의 비판과 목적론적 판단력의 비판으로 구분
되는 것은 이러한 점에 근거를 둔 것이다. 전자는 형식적 합목적성(또는 주관
적 합목적성이라고도 불리는)을 쾌 불쾌의 감정에 의하여 판정하는 능력을 의
미하며, 후자는 자연의 실재적 합목적성(객관적 합목적성)을 오성과 이성에 의
하여 판정하는 능력을 의미한다.

판단력의 비판에 있어서 이 비판에 본질적으로 속하는 것은 미감적 판단력
을 내포하고 있는 부문이다. 왜냐하면 판단력이 전혀 선천적으로 자연에 관한
그의 반성의 기초로 삼고 있는 원리, 즉 자연이 그의 특수한 (경험적) 법칙들에
따라 우리들의 인식능력에 대하여 가지는 형식적 합목적성의 원리를 포함하고
있는 것은 오직 미감적 판단력뿐이요, 이 형식적 합목적성이 아니면 오성은 자 LI
연을 이해할 수가 없을 것이기 때문이다. 그러나 자연의 객관적 목적이 있지
않으면 안된다고 하는 데 관해서는, 다시 말하면 자연목적으로서만 가능한 사
물들이 있지 않으면 안된다고 하는 데 관해서는, 어떠한 근거로 선천적으로 지
적될 수가 없을 뿐더러, 그 가능성조차도 일반적 경험이나 특수적 경험의 대상
으로서의 자연의 개념으로부터는 밝혀질 수가 없고, 오직 판단력만이 그에 대

한 원리를 선천적으로 자기 속에 내포하고 있지 않으면서도, 필요한 경우에는 (어떤 [자연]산물들이 나타나는 경우에는) 이성을 위하여 목적의 개념을 사용하기 위한 규칙을 내포하고 있는 것이다. 물론 이것은 상술한 [주관적 형식적 합목적성의] 선험적 원리가 오성으로 하여금 목적의 개념을 자연에 (적어도 그 형식에 관해서) 적용하도록 미리 준비를 시킨 다음의 일이지만.

그러나 이러한 선험적 원칙은 우리의 인식능력에 대한 주관적 관계에 있어서 성립하는, 어떤 사물의 형식에 관한, 자연의 합목적성을, 자연을 판정하는 하나의 원리로서 표시하는 것이지만, 그러한 선험적 원칙은 내가 어디에서 그리고 어떠한 경우에 하나의 [자연]산물의 판정을 합목적성의 원리에 따른 판정으로서 내려야 하고, 오히려 단지 보편적 자연법칙에만 따른 판정으로서 내려서는 안되는가 하는 것은, 전혀 결정짓지 못하며, 자연산물(그 형식)이 우리의 인식능력에 적합한가를 취미에 있어서 결정하는 일을 미감적 판단력에 (이 미감적 판단력이 개념과의 합치에 의해서가 아니라 [쾌 불쾌의] 감정에 의해서 결정하는 한에 있어서) 위임하는 것이다. 그에 반해서 목적론적으로 사용된 판단 LII 력은 어떤 것이 (예를 들면 하나의 유기체가) 자연의 목적이라는 이념에 따라 판정될 수 있는 조건들을 명확하게 지시하지만, 그러나 이 판단력도 자연에 대하여 목적과의 관계를 선천적으로 귀속시키고, 이 관계를 비록 불명확하게나마 그러한 [자연]산물에 관한 현실적 경험으로부터 상정할 수 있는 기능을 위하여, 어떠한 원칙을 경험의 대상으로서의 자연의 개념으로부터 원용할 수는 없는 것이다. 그 이유는, 객관적 합목적성을 일정한 대상에 있어서 단지 경험적으로나마 인식할 수 있기 위해서는, 많은 특수한 경험들이 있어야 하며, 또 이 많은 경험들이 그의 원리의 통일하에서 고찰되어야 한다는 데에 있다. ──그러므로 미감적 판단력은 사물들을 개념에 따라 판정하는 것이 아니라, 규칙에 따라 판정하는 특수한 능력이다. 목적론적 판단력은 특수한 능력이 아니라, 일반으로 이론적 인식에 있어서와 같이, 개념에 따라 활동은 하지만, 자연의 어떤 대상들에 관해서는 특수한 원리들, 즉 객체를 규정하지 않는, 단지 반성적인 판단력의 원리들에 따라 활동하는 한에 있어서, 단지 반성적 판단력 일반에 지나지 않는다. 따라서 목적론적 판단력은 그 적용에서 보면 철학의 이론적 부문에 속하며, 이설에 있어서는 원리는 규정적이어야만 하지만, 이 원리는 규정적이 아닌 특수한 원리이므로, 이 판단력은 또한 비판의 특수한 부문을 구성하지 않으면 안된다. 그에 반해서 미감적 판단력은 그의 대상들의 인식에는 아무 것도 기여하는 바가 없으며, 따라서 인식능력들이 선천적 원리——이 원리가 어떻 LIII 게 사용되든 (이론적으로 사용되든 실천적으로 사용되든)——를 가질 수 있는 한에 있어서, 단지 판단하는 주관과 주관의 인식능력들과의 비판에만, 즉 모든 철학의 예비학인 비판에만 귀속되지 않으면 안되는 것이다.

IX.
오성의 입법과 이성의 입법과의 판단력에 의한 결합에 관하여.

오성은 감관의 객체로서의 자연에 대하여 선천적으로 입법적이요, 가능적 경험에 있어서의 자연의 이론적 인식을 성립시킨다. 이성은 주관에 있어서의 초감성적인 것으로서의 자유와 자유의 고유한 인과성에 대하여 선천적으로 입법적이요, 무조건적－실천적 인식을 성립시킨다. 오성의 입법하에 있는 자연개념의 영역과 이성의 입법하에 있는 자유개념의 영역과는 (각자 자기의 원칙에 따라) 상호 영향을 미칠 수 있음에도 불구하고, 초감성적인 것과 현상들을 분리시키는 커다란 심연에 의하여 완전히 단절되어 있다. 자유개념은 자연의 이론적 인식에 관해서는 아무 것도 규정하지 못하며, 자연개념은 또한 자유의 실천적 법칙들에 관해서는 아무 것도 규정하지 못한다. 그리고 그러한 한에 있어 LIV 서 한 영역에서 다른 영역으로 다리를 놓는다는 것은 불가능한 일이다. —— 그러나 비록 자유개념에 따르는 (그리고 자유개념이 내포하고 있는 실천적 규칙에 따르는) 인과성의 규정근거가 자연 안에 있지 않으며, 또 감성적인 것이 주관내의 초감성적인 것을 규정할 수는 없지만, 그러나 그 역은 가능하며(물론 자연의 [이론적] 인식에 관해서가 아니라, 자유개념에서 자연에 미치는 영향들에 관해서이지만), 또 그것은 자유에 의한 인과성의 개념 속에 이미 포함되어 있는 것이다. 따라서 이러한 인과성의 결과는 이러한 자유의 형식적 법칙에 따라 이 세계에 일어나지 않으면 안된다. 물론 원인이라는 말이 초감성적인 것에 관하여 사용될 때에는, 그것은 자연사물들의 인과성을 규정하여 이 자연사물에 특유한 자연법칙에 따라 하나의 결과를 일으키되, 또 동시에 이 인과성이 이성

법칙의 형식적 원리와도 일치하도록 하는 근거를 의미할 뿐이다. 그리고 이것
이 어떻게 해서 가능한가는 통찰할 수 없지만, 그러나 거기에 모순이 있다고
주장하는 비난은 충분히 논박할 수가 있는 것이다.* ──자유개념에 따른 결
LV 과란 궁극목적이요, 이 궁극목적(또는 감성계에 있어서의 이 궁극목적의 현상)
은 현존해야만 한다. 그리고 그러기 위해서는 이 궁극목적을 가능케 하는 조건
이 (감성적 존재자로서의, 즉 인간으로서의 주관의) 자연적 본성 안에 전제되
는 것이다. 이러한 조건을 선천적으로, 그리고 실천적인 것을 고려함이 없이,
전제하고 있는 것이 곧 판단력이며, 판단력은 자연개념과 자유개념을 매개하는
개념을 자연의 합목적성의 개념에 있어서 제공한다. 그리고 이 매개적 개념은
순수이론이성에서 순수실천이성에로의 이행, 자연개념에 의한 합법칙성에서
자유개념에 의한 궁극목적에로의 이행을 가능케 하는 것이다. 왜냐하면 자연에
있어서만, 그리고 자연의 법칙들과 조화함으로써만 실현될 수 있는 궁극목적의
가능은 이 매개적 개념에 의해서 인식되기 때문이다.

　　오성은 그것이 자연에 대하여 선천적으로 법칙을 부여할 수 있다는 가능성
에 의해서 자연이 우리들에게 단지 현상으로서만 인식될 수 있다고 함을 증명
LVI 하고, 따라서 동시에 자연이 하나의 초감성적 기체를 가진다고 함을 지시하지
만, 그러나 이 기체가 무엇인가 하는 것은 전혀 규정하지 않은 채 남겨둔다.
판단력은 그의 가능적 특수적 법칙들에 따라 자연을 판정하는 자기의 선천적

---

　　* 이처럼 자연의 인과성과 자유에 의한 인과성을 완전히 구별하는 데에는 여러 가지 모순이 있다고
　　주장하고, 이에 대하여 비난을 하는 사람이 있거니와, 그러한 모순 중의 하나는, 내가 자연이 자유의
　　법칙들(도덕적 법칙들)에 따르는 인과성에 대하여 가하는 방해라든가 또는 자연에 의한 이 인과성의
　　촉진이라든가에 관해서 운위하는 것은, 내가 필경 자연이 자유에 대하여 어떤 영향을 미친다고 함을
　　용인하고 있기 때문이라고 하는 모순이다. 그러나 상술한 바를 이해하려고만 한다면, 이러한 오해는
　　아주 용이하게 피할 수 있는 것이다. 저항이나 촉진은 자연과 자유와의 사이에 있는 것이 아니라, 현
　　상으로서의 자연과 감성계에 있어서 현상으로서 나타나는 자유의 결과들과의 사이에 있는 것이다.
　　그리고 자유의 (순수하고 실천적인 이성1)의) 인과성이라 할지라도 그것은 결국 자유에 종속되어 있
　　는 자연원인의 (인간으로서, 따라서 현상으로서 고찰된 주관의) 인과성이요, 이러한 자연인과의 규정
　　의 근거를 자유라고 생각되는 가상적인 것이 그 밖에 더 설명할 수 없는 방식으로 (자연의 초감성적
　　기체를 이루고 있는 것과 꼭 마찬가지로) 내포하고 있는 것이다.

　　1) 초판에는 "순수실천적 이성"으로 되어 있다.

원리에 의해서, 자연의 초감성적 기체(우리들의 내부와 외부에 있는)를 지적 능력을 통해서 규정할 수 있도록 한다. 그러나 이성은 그의 선천적인 실천적 법칙에 의하여 바로 이 초감성적 기체에 규정을 부여한다. 그리하여 판단력은 자연개념의 영역으로부터 자유개념의 영역에로의 이행을 가능케 하는 것이다.

정신능력들이 상급능력으로서, 다시 말하면 자율성을 포유하고 있는 능력으로서 고찰되는 한에서 그러한 정신능력들 일반에 관해서 말한다면, 인식능력(자연의 이론적 인식능력)에 대해서는 선천적인 구성적 원리들을 내포하고 있는 정신능력은 오성이며, 쾌와 불쾌의 감정에 대해서는 그것은 판단력이다. 그러나 판단력은 욕구능력의 규정에 관계하는, 따라서 직접 실천적일 수 있는 개념들과 감각들에 의존하는 것이 아니다. 또 욕구능력에 대해서는 그것은 이성이다. 이성은 어떠한 쾌——그 쾌가 무엇에 유래된 것이든——에도 매개됨이 없이 실천적이요, 또 상급능력으로서의 욕구능력에 대하여 궁극목적을 규정하거니와, 이 궁극목적은 객체에 관한 순수한 지적 만족을 동시에 수반하는 것이다. ——자연의 합목적성이라는 판단력의 개념은 아직 자연개념에 속하기는 LVII 하지만, 그러나 단지 인식능력의 통제적 원리로서만 그것에 속한다. 그러나 이 개념을 성립시키는 기연이 되는 것은 (자연이나 예술의) 어떤 대상들에 관한 미감적 판단이거니와, 이 미감적 판단은 쾌 또는 불쾌의 감정에 관해서는 구성적 원리인 것이다. 인식능력들의 조화가 이러한 쾌의 근거를 내포하고 있으며, 이 인식능력들의 유동에 있어서의 자발성은 동시에 도덕적 감정에 대한 심의의 감수성을 촉진함으로써, 상기한 [자연의 합목적성의] 개념으로 하여금 자연개념의 영역과 자유개념의 영역을 그 결과에 있어서 연결하여 매개할 수 있도록 해 주는 것이다. ——다음의 표는 모든 상급의 능력들을 그 체계적 통일에 있어서 개관하는 데에 편리할 것이다. *

---

* 순수철학에 있어서의 나의 구분이 거의 언제나 삼분법이 되는 것을 기이하게 생각하는 사람이 있다. 그러나 그것은 사태의 본성에 기인된 것이다. 구분이 선천적인 것이어야 한다면, 그것은 분석적이거나 종합적이다. 분석적 구분은 모순률에 의한 것이요, 그 경우 구분은 항상 이분법이다(어떠한 것이나 A이거나 비A이거나다. *quodlibet ens est aut A aut non A*). 또 종합적 구분의 경우에 구분이 선천적인 개념들로부터 수학에 있어서와 같이 선천적으로 개념에 대응하는 직관으로부터가 아니라 이끌어내져야만 한다면, 종합적 통일 일반에 필요한 것, 즉 1) 제약, 2) 피제약자, 3) 피제약자와 그의 제약과의 통합에서부터 나오는 개념에 따라 구분은 필연적으로 삼분법이 되지 않을 수 없다.

심의의 전능력	인식능력	선천적 원리	적용범위
인식능력	오성	합법칙성	자연
쾌·불쾌의 감정	판단력	합목적성	예술
욕구능력	이성	궁극목적	자유

LVIII

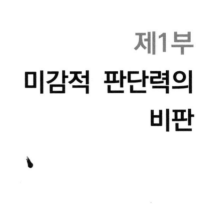

제1부
미감적 판단력의
비판

제1편   미감적 판단력의 분석론

제1장   미의 분석론

취미판단*의 제1계기: 성질

§1.
취미판단은 미[직]감적이다.

어떤 것이 아름다운가 아름답지 않은가를 판별하기 위해서는, 우리는 인식을 위하여 그 표상을 오성에 의해서 객체에 관련시키는 것이 아니라, 그 표상을 구상력(아마도 오성과 결합되어 있는)에 의해서 주관과 주관의 쾌 불쾌의   4 감정에 관련시키는 것이다. 그러므로 취미판단은 인식판단이 아니요, 따라서 논리적이 아니라 미[직]감적이다. 그리고 미[직]감적이라 함은 그 규정근거가 주관적일 수밖에 없는 판단임을 의미한다. 그러나 표상들의 모든 관계는, 아니 감각들의 관계조차도 객관적일 수가 있으나(그리고 이 경우에 관계란 하나의 경험적 표상에 있어서의 실재적인 것을 의미한다), 유독 표상과 쾌 불쾌의 감정과의 관계만은 객관적일 수가 없다. 이 쾌 불쾌의 감정에 대한 관계는 전혀 객체에 있어서의 어떤 것을 지시하는 것이 아니다. 오히려 이 관계에 있어서는 주관은 표상에 의하여 촉발되는 그대로 자기 자신을 느끼는 것이다.

규칙적이며 합목적적인 건물을 인식능력을 가지고 파악하는 것은(표상의 방

＊ 여기에서 기초가 되는 취미의 정의는, '취미란 미를 판정하는 능력이다'라고 하는 것이다. 그러나 하나의 대상을 아름답다고 부르기 위해서는 무엇이 필요한가 하는 것은 취미의 판단의 분석이 이를 발견해내지 않으면 안된다. 이 [미감적] 판단력이 그의 반성에 있어서 주의하는 계기들을 나는 판단 작용의 논리적 기능을 좇음으로써 찾아내었다(왜냐하면 취미판단에도 언제나 오성에 대한 관계가 포함되어 있기 때문이다). 내가 성질의 계기를 맨 먼저 고찰한 것은,[1] 미에 관한 미감적 판단이 이 계기를 맨 먼저 고려하는 까닭이다.

1) 『순수이성비판』의 범주표에 있어서는 분량이 성질보다 먼저 나온다. 『순수이성비판』 B 106 참조.

식이야 판명하든 또는 혼란하든), 이 건물의 표상을 만족의 감각을 가지고 의
식하는 것과는 전연 다른 일이다. 후자의 경우에는 표상은 전적으로 주관에만,
더 정확히 말하면 쾌 또는 불쾌의 감정이라는 이름으로 불리는 주관의 생명감
정에만 관계하여, 이것이 하나의 오로지 특수한 특별능력과 판정능력을 확립하
5 게 되는 것이다. 그리고 이 능력은 인식에는 아무 것도 기여하는 바가 없고,
단지 주관 안에 주어진 표상을 전표상능력에 대하여 대치시킬 뿐이요, 심의는
이 전표상능력을 자기의 상태에 관한 감정에 있어서 의식하는 것이다. 판단에
있어서 주어진 표상들은 경험적(따라서 미[직]감적)일 수도 있다. 그러나 그 표
상이 판단에 있어서 단지 객체에만 관계할 경우에는 그 표상에 의해서 내려지
는 판단은 논리적이다. 그러나 그와 반대로 주어진 표상들이 전혀 합리적인 것
일지라도, 판단에 있어서 오로지 주관(주관의 감정)에만 관계한다면, 그러한
한에 있어서 판단은 언제나 미[직]감적이다.

§2.
취미판단을 규정하는 만족은 일체의 관심과 무관하다.

관심이란 어떤 대상의 현존의 표상과 결합되어 있는 만족을 말한다. 그러므로
그러한 만족은 언제나 동시에 욕구능력의 규정근거로서나 그렇지 않으면 적어도
욕구능력의 규정근거와 필연적으로 결부된 것으로서, 욕구능력에 대한 관계를
가진다. 그런데 어떤 것이 아름다운지 어떤지가 문제일 경우에, 우리가 알고자
하는 것은 그 사상의 현존이 우리에게나 또는 다른 어떤 사람에게 있어서 어떤
중요성을 가진 것인가, 또는 어떤 중요성을 가질 수는 있는 것인가 어떤가 하는
것이 아니라, 우리가 그 사상을 단지 고찰(직관 또는 반성)하면서 어떻게 판정하
6 고 있는가 하는 것이다. 어떤 사람이 나에게 '눈 앞에 보이는 궁전이 아름답다고
생각하느냐'고 묻는다면, 나는 물론 '단지 입을 벌리고 바라보도록 하기 위해서
만들어진 그와 같은 사물들을 좋아하지 않는다'고 대답해도 좋을 것이며, 혹은
'파리에는 요리점보다 더 마음에 드는 것이 없더라'고 말한 저 이로퀴이족[1]의

---

1) Irokese: 아메리칸 인디안의 한 종족.

추장과 같은 어조로 대답해도 좋을 것이다. 또 더 나아가서 나는 꼭 루소와 같은 투로 인민의 고혈을 그처럼 무용한 것에 낭비하는 왕후들의 허영을 매도할 수도 있는 것이다. 그리고 최후로, 만일 내가 두 번 다시 사람들을 만날 수 있다는 희망도 없이 어느 무인도에 살고 있으며, 또 내가 원하기만 한다면 그러한 호화로운 건물을 마법으로 당장에 만들어 낼 수 있다고 하더라도, 내가 살기에 알맞은 오두막 집을 이미 가지고 있다면, 나는 결코 호화로운 건물을 만들기 위하여 그러한 노고를 하지 않으리라고 함을, 나는 아주 용이하게 확신할 수가 있는 것이다. 사람들은 나의 이러한 말을 모두 승인하고 시인하여 주겠지만, 그러나 지금은 그러한 것이 문제인 것은 아니다. 우리가 알고자 하는 것은, 내가 표상의 대상의 현존에 관해서 아무리 냉담하다 할지라도, 대상의 이러한 한갓된 표상은 나의 내부에 만족을 수반하는가 어떤가 하는 것뿐이다. [그러므로] 대상이 아름답다고 말하고, 내가 취미를 가지고 있다는 것을 증명하기 위해서 중요한 것은, 나로 하여금 대상의 현존에 좌우되도록 하는 요인이 아니라, 내가 나 자신의 내부에 있어서 이러한 표상에 대하여 부여할 수 있는 의미라고 함은 아주 명확한 것이다. 미에 관한 판단에 조금이라도 관심이 섞여 있으면, 그 판단은 매우 편파적이며 또 순수한 취미판단이 아니라고 함은 누구나 승인하지 않으면 안된다. 취미의 문제에 있어서 심판관의 역할을 하자면, 7 우리는 사상의 현존에는 조금도 마음이 끌려서는 안되고, 이 점에 있어서는 전혀 냉담하지 않으면 안되는 것이다.

　그런데 극히 중요한 이 명제는, 우리가 취미판단에 있어서의 순수한 무관심적* 만족에 대하여 관심과 결합되어 있는 만족을 대립시켜 볼 때에, 그리고 특히 그와 동시에 관심의 종류는 이제 바로 열거하게 될 종류보다 더는 없다고 하는 것을 확신할 수 있을 때에, 가장 잘 해명될 수 있을 것이다.

＊ 만족의 대상에 관한 판단은 전연 무관심적이지만, 그러나 또 매우 관심을 끄는 것일 수 있다. 다시 말하면 그러한 판단은 관심에 기초를 둔 것이 아니면서도 관심을 환기하는 것이요, 순수한 도덕적 판단은 모두 그러한 판단인 것이다. 그러나 취미판단은 그 자체로서는 전혀 어떠한 관심도 정초하는 것이 아니다. 오직 사회에 있어서만은 취미를 가진다고 하는 것이 관심을 끌게 되는데, 그 이유는 다음에 지적하기로 한다.

§3.

쾌적한 것에 관한 만족은 관심과 결합되어 있다.

쾌적하다고 함은 감각에 있어서 감관에 만족을 주는 것을 말한다. 그런데 이 기회에 곧 감각이라는 말이 가질 수 있는 이중적 의미가 흔히 혼동되고 있음을 나무라고 그 점에 대하여 주의를 환기해 두고자 한다. 만족이란 모두가 그 자
8 신이 (쾌의) 감각이다(라고 사람들은 말하거나 또는 생각한다). 따라서 만족을 주는 것은 무엇이나 그것이 만족을 준다는 바로 그 점에 있어서 모두가 쾌적한 것이다(그리고 그 여러 가지 정도나 또한 다른 쾌적한 감각에 대한 관계에 따라서 우아하다, 사랑스럽다, 흥겹다, 즐겁다 등등 여러 가지로 불린다). 그러나 이것이 용인된다면, 경향성을 규정하는 감관의 인상들이나, 의지를 규정하는 이성의 원칙들이나, 또는 판단력을 규정하는 직관의 한갓 반성된 형식들은, 쾌의 감정에 미치는 효과에 관한 한, 전적으로 동일한 것이다. 왜냐하면 그 효과란 감정의 상태를 감각함에 있어서 느끼는 쾌적함일 것이기 때문이다. 그리고 결국 우리의 [심의의] 능력들의 모든 활동은 실천적인 것에 귀착되고, 그 목표로서의 이 실천적인 것에 있어서 합일되지 않으면 안되므로, 우리가 우리의 능력들에 대하여 요구할 수 있는 사물과 사물의 가치와의 평가란, 이 사물들이 약속하는 쾌락에 있어서 성립하는 평가 이외의 것일 수는 없을 것이다. 결국 우리의 능력들이 어떻게 해서 쾌락에 도달하는가 하는 그 방식은 전혀 문제가 안된다. 그리고 여기에서는 단지 수단의 선택만이 다를 수 있으므로, 사람들은 서로 상대방을 우둔하고 무지하다고 비난할 수는 있을는지 모르나, 비열하고 사악하다고 허물할 수는 결코 없을 것이다. 왜냐하면 사람들은 모두가 각자 자기 나름으로 사상을 보는 방식에 따라, 누구에게나 쾌락이 되는 하나의 목표를 추구하고 있기 때문이다.

쾌나 불쾌의 감정의 어떤 규정을 감각이라고 부를 경우에, 이 말의 의미는 내가 어떤 사상의 표상(인식능력1)에 속하는 수용성으로서의 감관에 의한)을
9 감각이라고 부를 경우와는 전혀 다르다. 왜냐하면 후자의 경우에는 표상은 객

---

1) 초판에는 "인식"이라고 되어 있다.

체에 관계하지만, 전자의 경우에는 표상은 단지 주관에만 관계할 뿐이요, 어떠한 인식을 위해서도, 또한 주관이 자기 자신을 인식하는 인식을 위해서도 전혀 도움이 되지 않는 까닭이다.

그러나 우리는 위의 정의에서 감각이라는 말을 감관의 객관적 표상이라는 의미로 이해한다. 그리고 언제나 오해를 받을 위험을 피하기 위해서, 항상 단지 주관적이 아니면 안되고 절대로 어떤 대상의 표상이 될 수 없는 것을, 우리는 감정이라는 그와는 다른 관용적인 명칭으로 부르고자 한다. 초원의 녹색은 감관의 대상의 지각으로서는 객관적 감각에 속하지만, 그러나 이 녹색의 쾌적함은 대상을 표상시켜주지 못하는 주관적 감각에, 다시 말하면 감정에 속하며, 이 감정을 통해서 대상은 만족(이것은 대상의 인식이 아니다)의 객체로 간주되는 것이다.

그런데 내가 어떤 대상에 관하여 그것이 쾌적하다고 언명하는 판단을 내린다면, 이러한 나의[1] 판단이 그 대상에 관한 어떤 관심을 표현하고 있다고 함은, 그 판단이 감각에 의해서 그와 같은 대상[2]에 대한 욕망을 자극한다는 사실로 보아서, 따라서 만족이란 그 대상에 관한 한갓된 판단을 전제하고 있는 것이 아니라, 그러한 객체에 의해서 감촉되는 한에 있어서의 나의 상태에 대하여 이 대상의 현존이 가지는 관계를 전제하고 있다는 사실로 보아서도, 이미 명백한 일이다. 그러므로 우리는 쾌적한 것에 관하여 단지 '그것은 만족을 준다'고 10 말하지 않고, '그것은 쾌락을 준다'고 말하는 것이다. 쾌적한 것에 대하여 나는 [아무런 관심도 없는] 한갓된 찬동을 표하는 것이 아니라, 오히려 이 쾌적한 것이 경향성을 낳아 놓는 것이다. 그리고 가장 강렬하게 쾌적한 것에는 객체의 성질에 관한 어떠한 판단도 전혀 필요치 않으므로, 항상 향락만을 (이 말은 강렬한 쾌락을 표시하는 말이다) 노리는 사람들은 즐겨 일체의 판단작용[3]에서부터 벗어나려고 하는 것이다.

---

1) Hartenstein은 "나의"를 "하나의"로 읽는다.
2) "대상들"로 되어 있는 것을 Erdmann이 고쳤다.
3) Hartenstein은 "판단"으로 읽는다.

§4.
선에 관한 만족은 관심과 결합되어 있다.

　선하다고 함은 이성을 매개로 해서 한갓된 개념에 의하여 만족을 주는 것을 말한다. [그 가운데에서] 우리는 수단으로서만 만족을 주는 것을 무엇을 위하여 선하다(유용한 것)고 부르고, 또 그 자체만으로서 만족을 주는 것을 그 자체에 있어서 선하다고 부른다. 이 양자에는 언제나 목적의 개념이, 즉 이성과 (적어도 가능적인) 의욕과의 관계가, 따라서 어떤 객체 또는 어떤 행위의 현존에 관한 만족, 다시 말하면 어떤 관심이 내포되어 있다.

　어떤 것이 선하다는 것을 알기 위해서는, 나는 언제나 그 대상이 어떠한 사물이어야 하는가를 알고 있지 않으면 안된다. 다시 말하면 그 대상에 관한 개념을 가지고 있지 않으면 안된다. [그에 반해서] 대상에서 미를 찾아내기 위해서는, 나는 그럴 필요가 없다. 꽃들, 자유로운 도안들, 잎꼴 무늬라고 불리는 11 아무런 의도 없이 서로 얽어맨 선형의 무늬들은 아무 의미도 없으며, 일정한 개념에 의거하는 것도 아니지만, 그럼에도 불구하고 만족을 주는 것이다. 아름다운 것에 관한 만족은 어떤 하나의 개념(그것이 어떠한 개념인가는 미규정이지만)에 이르는, 대상에 관한 반성에 의거하지 않으면 안되는 것이요, 그 때문에 또한 전연 감각에 기인하는 쾌적한 것과도 구별되는 것이다.

　물론 많은 경우에 있어서 쾌적한 것은 선한 것과 동일한 듯이 보인다. 그리하여 사람들은 일반으로 '모든 (특히 지속적인) 쾌락은 그 자체에 있어서 선하다'고 말할 것이다. 그리고 이것은 '지속적으로 쾌적한 것과 선한 것과는 동일하다'고 하는 것과 거의 같은 의미이다. 그러나 이 두 용어에 특유하게 속해 있는 개념들은 결코 서로 교환될 수 없는 것이므로, 그것이 그릇된 말의 혼동에 지나지 않는다는 것을 우리는 곧 알 수 있다. 쾌적한 것은 본래 단지 감관과의 관계에 있어서만 대상을 표상하거니와, 그것이 의지의 대상으로서 선한 것이라고 불리려면, 그것은 먼저 목적의 개념에 의해서 이성의 원리 아래에 놓여지지 않으면 안된다. 그러나 그렇게 되면 쾌락을 주는 것은 동시에 선한 것이라고 할 때와는 만족에 대한 관계가 전연 달라지게 되는데, 이러한 사실은 다음과 같은 점으로 미루어 알 수 있는 것이다: 즉, 선의 경우에는 언제나 그것이 단

지 간접적 선인가 아니면 직접적 선인가 (유용한가 아니면 그 자체에 있어서
선인가) 하는 것이 문제이지만, 그에 반해서 쾌적한 것의 경우에는, 쾌적이라 12
는 말이 언제나 직접적으로 만족을 주는 것을 의미하므로, 그러한 것이 전연
문제가 될 수 없는 것이다. (내가 아름답다고 부르는 것도 사정은 꼭 마찬가지
이다.)

　극히 평범한 일상적 담론에 있어서조차도 우리는 쾌적한 것과 선한 것을 구
별하고 있다. 향료와 다른 조미료에 의하여 미각을 돋우는 요리에 관해서 우리
는 주저없이 '그것은 쾌적하다'고 말하는가 하면, 또 동시에 '그것은 선하지 않
다'고 하는 것을 승인한다. 왜냐하면 그러한 요리는 물론 직접적으로는 감관에
쾌감을 주지만, 그러나 간접적으로는, 환언하면 그 결과를 내다보는 이성에 의
해서 고찰해 보면, 만족을 주지 못하기 때문이다. 건강을 판정함에 있어서도
우리는 이러한 구별을 알 수 있다. 건강은 그것을 소유하고 있는 사람이면 어
떤 사람에게나 직접적으로는 쾌적한 것이다(적어도 소극적으로는, 환언하면 일
체의 신체적 고통의 부재로서는). 그러나 건강이 선한 것이라고 말하려면, 우
리는 건강을 또한 이성에 의해서 목적들에 맞추어 보지 않으면 안된다. 그리하
여 결국 건강이란 우리들로 하여금 자기의 모든 직무에 전념할 수 있도록 하는
하나의 상태인 것이다. 마지막으로 행복이라는 점에서는[1] 누구나 생의 쾌적의
최대량(수에 있어서나 지속에 있어서나)을 진정한 선이라고, 아니 그 뿐만 아
니라 최고선이라고 부를 수 있다고 생각한다. 그러나 이성은 이에 대해서도 반
발한다. 쾌적이란 향락이다. 그러나 향락만이 [인생의] 유일한 목적이라면, 그
것이 수동적으로 관대한 자연으로부터 얻어진 것이거나, 그렇지 않으면 능동적
으로 우리들 자신의 활동에 의해서 얻어진 것이거나, 그것을 우리에게 가져다
주는 수단에 관해서 세심하게 생각한다는 것은 어리석은 일일 것이다. 그러나
단지 향락하기 위해서만 살고 있는 인간이 (그리고 이 점에 있어서는 아무리 13
근면하다 할지라도) 비록 그렇게 살음으로써 그와 마찬가지로 향락만을 추구하
는 다른 모든 사람들에게 향락을 위한 수단이 되어 가장 잘 공헌한다 할지라
도, 더욱이 동감을 통해서 모든 쾌락을 그들과 함께 향락한다는 이유로 그렇게

1) 초판에는 "행복이라는 점에서는" 대신 "그러나 행복에 관해서는"으로 되어 있다.

한다 할지라도, 그런 인간의 현존이 그 자체에 있어서[1] 어떤 가치를 가진다고
하는 것을 이성은 결코 납득하지 못할 것이다. 인간은 향락을 돌보지 않고, 완
전히 자유롭게, 그리고 자연으로부터 수동적으로도 받을 수 있는 것에 의존함
이 없이, 오로지 자기가 하는 일에 의해서만 하나의 인격적 존재로서의 자기의
현존재에 대하여 하나의 절대적[2] 가치를 부여하는 것이다. 그리고 행복은 아
무리 쾌적이 충만된 것이라 할지라도 무조건적 선이라고는 도저히 할 수 없는
것이다. *

　그러나 쾌적한 것과 선한 것과는 이처럼 전연 상이함에도 불구하고, 양자는
언제나 그 대상에 관한 관심과 결합되어 있다고 하는 점에 있어서는 일치한다.
이 점에 있어서는 쾌적한 것(§ 3)과 어떤 쾌적을 얻기 위한 수단으로서 만족을
주는 간접적으로 선한 것 (유용한 것) 뿐만 아니라, 또한 절대적으로 그리고 모
든 점에서 선한 것, 즉 도덕적 선도 마찬가지이다. 그리고 이 도덕적 선은 최
14 고의 관심을 수반하는 것이다. 왜냐하면 선은 의지의 (다시 말하면 이성에 의
하여 규정된 욕구능력의) 객체이기 때문이다. 그러나 어떤 것을 의욕한다는 것
과 그것의 현존재에서 만족을 얻는다는 것, 다시 말하면 그것에 관심을 가진다
는 것과는 동일한 것이다.

§ 5.

종별적으로 상이한 세 가지의 만족의 비교.

　쾌적한 것과 선한 것과는 양자가 모두 욕구능력에 관계하고 있으며, 그런 한
에 있어서 만족을 수반하는데, 전자는 감수적으로 제약된 (자극, *stimulos*에
의한) 만족을 수반하며, 후자는 순수한 실천적 만족을 수반한다. 그런데 이 실

---

* 향락해야 할 책임이 있다고 하는 것은 명백한 불합리이다. 따라서 단지 향락만을 목표로 하는 일
체의 행위에 대한 책임이라고 하는 것도 또한 불합리한 것이 아닐 수 없다. 이 향락이 아무리 정신적
으로 세련된 (또는 미화된) 것이라 하더라도, 그리고 또 설사 그것이 일종의 신비로운, 소위 천상의
향락이라 하더라도 마찬가지이다.

---

1) 초판에는 "그 자체에 있어서"가 빠져 있다.
2) 초판에는 "절대적"이 빠져 있다.

천적 만족은 대상의 표상에 의해서 규정될 뿐만 아니라, 또 동시에 주관이 대상의 현존과 결부되어 있다고 하는 표상에 의해서도 규정되는 것이다. [그러므로] 대상뿐만이 아니라 대상의 현존도 또한 만족을 주는 것이다.[1] 그에 반해서[2] 취미판단은 단지 관조적이다. 다시 말하면 취미판단은 대상의 현존재에 관해서는 무관심하고, 오직 대상의 성질을 쾌 불쾌의 감정과 결부시키는 데 지나지 않는 판단이다. 그러나 이러한 관조 자체가 또한 개념을 목표로 하는 것도 아니다. 왜냐하면 취미판단은 인식판단이 아니요(이론적 판단도 실천적 판단도 아니요),[3] 따라서 개념에 기초를 둔 것도 아니며, 개념을 목표로 삼고 있는 것도 아니기 때문이다.

  그러므로 쾌적한 것, 아름다운 것, 선한 것은 표상들과 쾌 불쾌의 감정과의 세 가지 상이한 관계를 나타내는 것이요, 우리는 이 쾌 불쾌의 감정에 대한 관계에 입각해서 대상들이나 표상방식들을 서로 구별하는 것이다. 따라서 이 삼자의 경우에 있어서 우리의 만족감을 각각 적합하게 표현하는 말도 동일한 것이 아니다. 쾌적하다고 함은 어떤 사람에게 **쾌락을 주는** 것을 말하며, 아름답다고 함은 그에게 단지 **만족을 주는** 것을 말하고, 또 선하다고 함은 **존중되고** 시인되는[4] 것, 다시 말하면 그가 어떤 객관적 가치를 부여하고 있는 것을 말한다. 쾌적은 이성이 없는 동물에게도 타당하지만, 미는 인간에게만, 즉 동물적이면서 또 이성적인 존재자에게만, 다시 말하면 단지 이성적 존재자(예컨대 정신)일 뿐만 아니라 또 동시에 동물적 존재자이기도 한 인간에게만[5] 타당한다. 그러나 선은 모든 이성적 존재자 일반에게 타당한다. [그러나] 이 명제의 완전한 확증과 설명은 뒤에 가서야 비로소 얻을 수 있을 것이다. 만족의 이러한 세 가지 종류 중에서 미에 관한 취미의 만족만이 유독 무관심적인 자유로운 만족이라고 말할 수 있겠는데, 그 까닭은 [이 취미의 만족에 있어서는] 어떠한 관심도, 즉 감관의 관심도 이성의 관심도 찬동을 강요하는 일이 없기 때문이다.[6] 그러므로 만족은

15

---

1) "대상뿐만이 아니라……만족을 주는 것이다"는 제2판의 추가이다.
2) Kant는 "그러므로"라고 쓴 것을 Rosenkranz가 고쳤다.
3) 초판에는 "인식판단(이론적 판단)이 아니요"로 되어 있다.
4) "시인되는"은 제2판의 추가이다.
5) "다시 말하면 단지 이성적……인간에게만"은 초판에는 없다.
6) 초판에는 "어떤 관심, 즉 감관의 관심과 이성의 관심은 찬동을 강요하기 때문이다."라고 되어 있다.

상술한게 세 가지 경우에 있어서 각각 혹은 경향성에 혹은 은혜에 혹은 경외에 관계하는 것이라고 말해도 좋을 것이다. 왜냐하면 **은혜**야말로 유일한[1] 자유로운 만족이기 때문이다. 경향성의 대상도 또 이성법칙에 의해서 우리의 욕구에 과해지는 대상도 우리가 임의로 어떤 무엇이나를 쾌의 대상으로 삼을 수 있는 자유를 우리들에게 허용하지 않는다. 모든 관심은 필요를 전제로 하거나, 그렇지 않으면 필요를 불러일으키는 것이다. 그리고 관심이 찬동을 규정하는 근거가 되면, 관심은 이미 대상에 관한 판단으로부터 자유를 박탈하고 마는 것이다.

16

쾌적한 것에는 경향성의 관심이 따른다고 하는 데 관해서는, 공복은 가장 훌륭한 요리사요[시장이 반찬이요], 식욕이 왕성한 사람들에게는 먹을 수 있는 것이면 무엇이나 맛이 있다고 누구나 말하고 있듯이, 그와 같은 만족은 취미에 따른 선택을 표시하는 것이 아니다. 필요가 충족되고나야만 비로소 많은 사람들 가운데에서 누가 취미를 가지고 있으며 누가 가지고 있지 못한가 하는 것이 판별될 수 있는 것이다. 그와 마찬가지로 덕없는 예절(행실), 호의없는 공손, 성실없는 품위 등도 있다. 요는 도덕률이 명령하는 범위에서는, 무엇을 해야 할 것인가에 관해서 그 이상 어떠한 자유로운 선택의 여지도 객관적으로는[2] 없으며, 또 자기의 거지에 있어서 (또는 타인의 거지를 판정함에 있어서) 취미를 보인다는 것은 자기의 도덕적 성향을 나타낸다는 것과는 전혀 다른 일인 것이다. 왜냐하면 도덕적 성향은 명령을 포유하고 있으며 필요를 불러 일으키지만, 그에 반해서 도덕상의 취미는 만족의 대상들을 희롱할 뿐이요, 어떤 하나의 대상에 집착하는 일이 없기 때문이다.

제1계기로부터 추론되는 미의 설명

취미란 어떤 대상 또는 어떤 표상방식을 일체의 관심을 떠나서 만족 또는 불만족에 의하여 판정하는 능력이다. [그리고] 그와 같은 만족의 대상이 아름답다고 일컬어진다.

---

1) 제3판에는 "유일하게"로 되어 있다.
2) 초판에는 "객관적으로는" 대신에 "또한"으로 되어 있다.

취미판단의 제2계기: 분량　　　　　　　　　　　17

§6.
미란 개념을 떠나서 보편적 만족의 객체로서 표상되는 것이다.

　미의 이러한 설명은 그것을 일체의 관심을 떠난 만족의 대상이라고 한 앞의
설명으로부터 추론될 수가 있다. 왜냐하면, 어떤 사람이 어떤 대상에 관한 만
족이 자기 자신에게 있어서 일체의 관심과 무관하다는 것을 의식하고 있을 경
우에, 그는 그 대상은 모든 사람들에게 대하여 만족의 근거를 내포하고 있지
않으면 안된다고 판정할 수밖에 없기 때문이다. 즉, 이 만족은 주관의 어떤 하
나의 경향성에 (또 어떤 다른 숙고된 관심에도) 기인하는 것이 아니므로, 그리고
판단자는 자기가 대상에 바치는 만족에 관하여 [경향성이나 관심으로부터] 완전히
자유롭다는 것을 자각하고 있으므로, 그는 자기의 주관만이 의거하고 있는 개
인적 조건들을 만족의 근거라고 생각할 수가 없으며, 또 그 때문에 그는 만족
은 다른 모든 사람들에게 있어서도 전제될 수 있는 것에 기초를 둔 것이라고
보지 않을 수 없는 것이다. 따라서 그는 [자기와] 비슷한 만족을 누구에게나 요
구할 수 있는 이유를 가지고 있다고 믿지 않을 수 없는 것이다. 그러므로 그는
아름다운 것에 관해서 이야기할 때에, 마치 미란 대상의 성질인 것처럼 말할 　18
것이며, 또 그 판단은 미[직]감적 판단에 지나지 않으며 단지 대상의 표상과 주
관과의 관계만을 내포하고 있음에도 불구하고, 마치 그 판단은 논리적 판단인
(객체의 개념에 의해서 객체의 인식을 구성하는) 것처럼 말할 것이다. 그 까닭
은 미감적 판단도 우리가 그 판단의 타당성을 누구에게 대해서나 전제할 수 있
다는 점에서 논리적 판단과 유사성을 가지고 있기 때문인 것이다. 그러나 이러
한 [미감적 판단의] 보편성은 개념으로부터 나오는 것일 수는 없다. 왜냐하면 개
념으로부터 쾌 혹은 불쾌의 감정에로의 이행이란 불가능한 것이기 때문이다(단
순수한 실천적 법칙들의 경우는 예외이다. 그러나 순수한 실천적 법칙들도 관
심을 수반하지만, 그러한 관심은 순수한 취미판단과 결합된 것은 아니다). 따
라서 취미판단에는 객체에 의거하는 보편성은 없지만, 일체의 관심으로부터 떠
났다고 하는 의식과 함께, 모든 사람들에 대한 타당성의 요구가 따르지 않으면

안된다. 다시 말하면 취미판단에는 주관적 보편성에 대한 요구가 결부되어 있지 않으면 안되는 것이다.

§7.
상술한 특징에 의한 미와 쾌적 및 선과의 비교.

　쾌적한 것에 관해서는 누구나 자기의 판단이 하나의 개인감정에 기초를 두고 있는 것이요, 또 어떤 대상에 관하여 그것이 자기에게 만족을 준다고 언명
19 하는 것이므로, 그 판단[의 타당범위]은 또한 단지 자기 개인에게만 국한된 것임을 용인한다. 그러므로 그가 '카나리아군도산의 포도주는 쾌적하다'고 말할 때에, 다른 사람이 그 표현을 정정하여, '그것은 나에게 쾌적하다'고 말해야 한다고 주의를 해도, 그것을 기꺼이 받아들인다. 그리고 이것은 혀, 구개, 인후의 취미[미각]에 있어서만 그러한 것이 아니라, 눈과 귀에 대해서 누구에게나 쾌적한 것의 경우에 있어서도 마찬가지인 것이다. 보라빛은 어떤 사람에게는 부드럽고 귀엽지만, 다른 사람에게는 칙칙하고 차게 느껴진다. 어떤 사람은 관악기의 소리를 좋아하는가 하면, 다른 사람은 현악기의 소리를 좋아한다. 그러한 점에 관하여 다른 사람들의 판단이 우리들의 판단과 다르다고 해서, 마치 다른 사람들의 판단이 우리들의 판단과 논리적으로 대립된 것처럼 생각하여, 그것을 옳지 못하다고 비난하기 위한 의도에서 논쟁을 한다면, 그것은 어리석은 일일 것이다. 그러므로1) 쾌적한 것에 관해서는 '누구나 자기 나름의 고유한2) 취미(감관의)를 가지고 있다'고 하는 원칙이 타당하다.

　아름다운 것에 관해서는 사정은 전연 다르다. 만일 자기의 취미를 자만하고 있는 어떤 사람이 자기의 정당함을 자세히 밝히려고 생각하고, '이 대상(우리가 보고 있는 건물, 그가 입고 있는 의복, 우리가 듣고 있는 연주, 비평을 받으려고 내놓은 시 등)은 나에게 있어서 아름답다'고 주장한다면, 그것은 (쾌적한 것의 경우와는 꼭 반대로) 우스운 일일 것이다. 왜냐하면, 만일 그것이 단지

---

1) 초판에는 "그러므로" 대신에 "그리고"로 되어 있다.
2) 초판에는 "고유한" 대신에 "특수한"으로 되어 있다.

그에게만 만족을 주는 것이라면, 그는 그것을 아름답다고 불러서는 안되기 때문이다. 그에게 자극[1]과 쾌적을 주는 것은 많이 있겠지만, 그것에 아랑곳할 사람은 아무도 없다. 그러나 그가 어떤 것을 아름답다고 부를 경우에는, 그는 다른 사람들에게도 똑같은 만족을 요구하고 있는 것이다. [그 경우에] 그는 자기 자신으로서만 판단을 하고 있는 것이 아니라, 모든 사람들을 대신해서 판단을 하고 있는 것이요, 그리하여 그는 미에 관해서는 마치 미란 사물들의 한 특성인 20 것처럼 이야기하는 것이다. 그러므로 그는 '이 물건은 아름답다'고 말하고, 또 이를테면 전에도 여러번 다른 사람들이 자기의 판단에 일치하는 것을 발견했다는 이유로 이 만족에 관한 자기의 판단에 다른 사람들이 동의할 것을 기대하는 것이 아니라, 오히려 다른 사람들에게 그것을 요구하는 것이다. [그리하여] 다른 사람들이 자기와 달리 판단을 하면, 그는 그들을 비난하고 그들이 마땅히 가지고 있어야만 할 취미를 가지지 못했다고 단정하는 것이다. 그리고 그러한 한에 있어서 우리는 '누구나 자기 나름의 특수한[2] 취미를 가지고 있다'고 주장할 수가 없는 것이다. 그러한 주장은 '취미란 전혀 없다, 다시 말하면 모든 사람들의 동의를 정당하게 요구할 수 있는 미감적 판단이란 없다'고 말하는 것과 같을 것이다.

　　그럼에도 불구하고 쾌적한 것에 관해서도 그것의 판정이 여러 사람들 사이에 일치를 보여주는 일이 있다. 우리는 그러한 일치를 염두에 두고 어떤 사람들에게는 취미를 부인하고 또 어떤 사람들에게는 그것을 인정하는 것이다. 그러나 이 때 취미란 감관적 감각이라는 의미에 있어서가 아니라 쾌적한 것 일반에 관한 판정능력이라는 의미에 있어서의 취미인 것이다. 그리하여 내객들에게 모두 만족을 줄 수 있도록 그들을 쾌적하게 (모든 감관에 의한 향락의 쾌적) 접대할 줄 아는 사람을 가리켜서 우리는 '그는 취미를 가지고 있다'고 말한다. 그러나 이 경우에 [쾌적의] 보편성은 단지 상대적 의미에 있어서 이해되고 있으며, 또 여기에 있는 것은 단지 일반적 규칙(경험적 규칙은 모두 일반적 규칙이다)[3]일 뿐이요, 보편적 규칙이 아니다. 그러나 아름다운 것에 관한 취미판단이

---

1) 초판에는 "하나의 자극"으로 되어 있다.
2) Erdmann은 "특수한"을 "고유한"으로 바꾸었다(52면의 각주 2) 참조).
3) "(경험적 규칙은 모두 일반적 규칙이다)"는 초판에는 없다.

21 확립하려는, 또는 요구하는 것은 후자다. [그러므로 쾌적한 것에 관한] 이러한 판
    단은, 사교성이 경험적 규칙에 기초를 두고 있는 한에 있어서, 사교성에 관한
    판단인 것이다. 선에 관해서도 또한 판단들이 모든 사람들에 대한 타당성을 요
    구한다는 것은 물론 당연한 일이지만, 그러나 선은 개념에 의해서만 보편적 만
    족의 객체로서 표상된다. 그러나 쾌적과 미에 있어서는 그렇지가 않은 것이다.

§ 8.
취미판단에 있어서 표상되는 만족의 보편성은 단지 주관적인 것이다.

    취미판단에 있어서 볼 수 있는 미감적 판단의 보편성이 이러한 특수한 규정
    을 가지고 있다는 것은 논리학자에게는 그렇지 않겠지만 선험철학자에게는 주
    의할만한 일이다. 그리하여 선험철학자는 그러한 보편성의 근원을 발견하기 위
    해서 적지 않은 노력을 해야만 하지만, 그러나 그 대신 또 이러한 분석이 없으
    면 알려지지 않을 우리의 인식능력의 하나의 특성을 밝혀내게 되는 것이다.
    먼저 우리가 확실히 명심해 두지 않으면 안될 것은, (미에 관한) 취미판단은
    어떤 대상에 관한 만족을 모든 사람들에게 요구하지만, 그러나 이것은 결코 개
    념에 기초를 둔 것이 아니라(왜냐하면 개념에 기초를 둔다면 만족은 선이 될
    것이므로)고 하는 점과, 또 보편타당성에 대한 이러한 요구는 어떤 것이 아름
22 답다고 언명하는 우리의 판단에 본질적으로 속하는 것이므로, 그 판단에 있어
    서 이러한 보편타당성을 생각하지 않는다면 미라는 용어를 사용한다는 것조차
    누구의 머리에도 떠오르지 않은 것이요, 오히려 개념에 관계 없이 만족을 주는
    것은 모두가 쾌적한 것 속에 산입되고 말 것이라고 하는 점이다. 그리고 쾌적
    한 것에 관해서는 누구나 각기 자기의 의견을 고집할 수가 있으며, 아무도 다
    른 사람에게 자기의 취미판단에 동의해 줄 것을 요구하지 않지만, 미에 관한
    취미판단에 있어서는 언제나 그러한 요구가 일어나는 것이다. 쾌적에 관한 취
    미는 단지 개인적 판단을 내리고, 미에 관한 취미는 이른바 일반타당적 (공적)
    판단을 내리는 것이지만, 그러나 양자가 다같이 대상의 표상과 쾌 불쾌의 감정
    과의 관계만을 고려하여 대상에 관한 미[직]감적 (실천적이 아닌) 판단을 내리
    는 것인 한, 나는 전자를 감관적 취미라고 부르고 후자를 반성적 취미라고 불

러도 좋을 것이다. 그런데 아무래도 기이하게 생각되는 것은, 감관적 취미에 관해서는 그 판단(어떤 무엇에 관한 쾌 또는 불쾌의)이 보편적으로 타당한 것이 아니라고 함은 경험이 이를 보여줄 뿐만 아니라, 또 누구나 그러한 일치를 다른 사람에게 요구하기를 스스로 삼가는 데 (비록 실제로는 대단히 광범위한 일치가 이 감관적 취미의 판단에 있어서도 자주 발견되지만) 반해서, 반성적 취미에 관해서는 그 판단(아름다운 것에 관한)이 모든 사람들에게 대하여 보편적으로 타당할 것을 요구하지만, 그 요구가 또한 경험이 가르쳐주는 바와 같이 흔히 거부됨에도 불구하고, 반성적 취미는 이러한 일치를 보편적으로 요구할 수 있는 판단들을 표상하는 것이 가능하다고 생각할 수가 있다(반성적 취미는 실제로 또 그렇게 생각하고 있다)고 하는 점이요, 그리고 또 반성적 취미는 사   23 실상 그 취미판단의 하나 하나에 관하여 이러한 일치를 모든 사람들에게 요구하고 있으나, 판단자들은 그러한 요구의 가능에 관해서는 논쟁하는 일이 없고, 단지 특수한 여러 경우에 있어서 이 [반성적 취미의] 능력의 올바른 사용에 관해서만 의견이 합치되지 않는 수가 있다고 하는 점이다.

그런데 여기에서 무엇보다도 먼저 주의하지 않으면 안될 것은, 객체의 개념 (그것이 비록 단지 경험적 개념에 지나지 않는다 하더라도)에 기초를 두고 있지 않은 보편성이란 전혀 논리적인 것이 아니라 미[직]감적인 것이라고 하는 점, 다시 말하면 그러한 보편성이란 판단의 객관적 양을 내포하고 있는 것이 아니라 단지 주관적 양만을 내포하고 있다고 하는 점이다. 이러한 보편성에 대해서는 나는 일반타당성이라는 말을 사용한다. 그러나 이 말은 어떤 표상과 인식능력과의 관계가 타당함을 표시하는 것이 아니라, 표상과 쾌 불쾌의 감정과의 관계가 모든 주관에 대하여 타당함을 표시하는 것이다. (그러나 우리는 여기에 객관적이라는 말을 부가하여 객관적 보편타당성이라고 하고, 단지 주관적인 보편타당성, 즉 언제나 미[직]감적인 보편타당성과 구별하기만 한다면, 이 일반타당성이라는 말을 판단의 논리적 양에도 사용할 수가 있다.)

그런데 객관적으로 보편타당한 판단은 또한 언제나 주관적으로도 타당한 것이다. 다시 말하면 판단이 주어진 개념하에 포함되어 있는 일체의 것에 대하여 타당한 것이면, 그 판단은 어떤 대상을 이 개념에 의하여 표상하는 모든 사람들에 대해서도 타당한 것이다. 그러나 주관적 보편타당성으로부터는, 다시 말

24 하면 개념에 기초를 두고 있지 않은 미감적 보편타당성으로부터는 논리적 보편
타당성은 추론될 수 없다. 왜냐하면 그러한 종류의 판단[미감적 판단]은 전혀 객
체에 관계하는 것이 아니기 때문이다. 그러나 바로 그 때문에 어떤 판단에 부
여되는 미감적 보편성은 특수한 성질의 것이 아닐 수 없다. 왜냐하면 이 미감
적 보편성은 미라는 술어를 논리적[1] 범위 전체에 있어서 본 객체의 개념과 결
부시키는 것은 아니지만, 그러나 이 술어를 판단자들의 범위 전체에 확장시키
는 것이기 때문이다.[2]

논리적 양에서 본다면 모든 취미판단은 단칭판단이다. 왜냐하면 나는 대상
을 나의 쾌 불쾌의 감정에서 직접 파악하지 않으면 안되고, 개념에 의해서 파
악해서는 안되므로, 취미판단은 객관적—일반타당적 판단들의[3] 양을 가질 수
가 없기 때문이다. 그러나 취미판단의 객체의 하나 하나의 표상을 그 취미판단
을 규정하는 조건들에 따라 비교함으로써 하나의 개념으로 변화시키면, 거기에
서 논리적으로 보편적인 판단이 나올 수는 있다. 예를 들어서 내가 바라보고
있는 장미를 나는 취미판단에 의해서 아름답다고 언명한다. 그에 반해서 여러
개별적 장미들을 비교함으로써 성립되는 판단, 즉 '장미들은 일반으로 아름답
다'라고 하는 판단은 이미 단지 미감적 판단으로서 진술된 것이 아니라, 미감
적 판단에 기초를 둔 논리적 판단으로서 진술된 것이다. 그런데 '장미는 (향기
가)[4] 쾌적하다'고 하는 판단은 물론 미[직]감적 단칭판단이기는 하지만, 취미판
25 단이 아니라 감관적 판단이다. 왜냐하면 취미판단은 보편성의 미감적 양, 즉
모든 사람들에 대한 타당성이라는 양을 가지나, 쾌적한 것에 관한 판단에 있어
서는 그러한 양을 찾아 볼 수 없다고 하는 점에서, 감관적 판단은 취미판단과
구별되기 때문이다. 선에 관한 판단도 비록 대상에 관한 만족을 규정하는 것이
기는 하지만, 그러나 오로지 이 판단만이 단지 미감적 보편성이 아니라 논리적
보편성을 가지는 것이다. 왜냐하면 그것은 객체의 인식으로서 객체에 관하여

---

1) 초판에는 "논리적"이 빠져 있다.
2) 제2판과 제3판에는 이 문장이 "왜냐하면 미라는 술어는……객체의 개념과 결부되는 것은 아니지만,
   그러나 이 술어는……범위 전체에 확장되는 것이기 때문이다"로 되어 있다.
3) 초판과 제2판에는 "하나의 객관적—일반타당적 판단의"로 되어 있다.
4) Kant는 "(사용중에)"라고 쓴 것을 Erdmann이 고쳤다.

타당하고, 또한 그런 까닭으로 모든 사람들에게 타당하기 때문이다.

객체를 단지 개념에 의해서만 판정한다면, 미의 표상은 모두 사라지고 만다. 그러므로 어떤 것이 아름답다고 승인하지 않을 수 없도록 하는 규칙도 있을 수 없다. 옷이나 집이나 꽃이 아름다운가 어떤가 하는 데 대한 자기의 판단을 어떤 근거나 원칙을 가지고 따져서 곧이 듣도록 하는 사람은 없다. 사람들은 마치 자기의 만족이 감각에 의존하고 있기라도 한 것처럼, 객체를 자기 자신의 눈으로 보려고 한다. 그럼에도 불구하고 그 때 대상을 아름답다고 부른다면, 스스로 보편적인 찬동을 얻고 있다고 믿고, 모든 사람들의 찬성을 요구하는 것이다. 그러나 그에 반해서 모든 사적 감각은 관찰자만을[1] 위해서 그리고 관찰자만의 만족을 결정하는 데 지나지 않을 것이다.

여기에서 이제 우리가 알 수 있는 것은, 취미의 판단에 있어서 요청되는 것은 개념을 매개로 하지 않은 만족에 관한 그와 같은 보편적 찬동 이외의 아무 것도 아니요, 따라서 [미감적임과] 동시에 모든 사람들에 대하여 타당하다고 간주될 수 있는 미감적 판단이 가능하다는 것 이외의 아무 것도 아니라고 하는 사실이다. 취미판단 자체가 모든 사람들의 동의를 요청하는 것은 아니다(이것을 할 수 있는 것은 이유를 제시할 수 있는 논리적 전칭판단뿐이다). 취미판단은 이러한 동의를 규칙의 한 사례로서 모든 사람들에게 요구할 뿐이요, 이 사례에 관한 확증을 취미판단[2]은 개념에서 기대하는 것이 아니라 다른 사람들의 찬성에서 기대하는 것이다. 그러므로 보편적 찬동이란 하나의 이념에 지나지 않는다(이 이념이 어떠한 기초 위에 서 있는 것인가 하는 점은 여기에서는 아직 구명하지 않기로 한다). 하나의 취미판단을 내리고 있다고 믿고 있는 사람이 실제로 이 이념에 좇아서 판단을 하고 있다는 것은 불확실한 일일는지도 모른다. 그러나 그가 판단을 이 이념과 관련시키고 있다는 것, 따라서 그 판단이 하나의 취미판단이어야만 한다는 것을 그는 미라는 말을 사용함으로써 [이미] 밝히고 있는 것이다. 또 그는 자기 자신으로서도 자기에게 아직 남아 있는 만족으로부터 쾌적과 선에 속하는 모든 것을 분리했다고 하는 의식만을 통해서도

26

---

1) 초판과 제2판에는 "관찰자만을"이 "그 사람만을"로 되어 있다.
2) 초판과 제2판에는 "취미판단은" 대신에 "모든 사람들은"으로 되어 있다.

그것을 확신할 수가 있는 것이다. 그리고 이것이 바로 그가 모든 사람들의 동의를 기대할 수 있는 조건의 전부요, 또 만일 그가 자주 이러한 조건을 위배하고 또 그 때문에 잘못된 취미판단을 내리는 일이 없다고만 한다면, 그러한 조건하에서는 마땅히 그 권리를 가지고 있다고 할 하나의 요구인 것이다.[1]

27
§9.
취미판단에 있어서 쾌의 감정이 대상의 판정에 선행하는가, 또는 대상의 판정이 쾌감에 선행하는가 하는 문제의 구명.

이 문제의 해결은 취미의 비판의 관건이요, 따라서 온갖 주의를 기울일만한 가치가 있는 것이다.

만일 주어진 대상에 관한 쾌감이 선행한다고 가정하고, 또 취미판단에 있어서 대상의 표상이 승인을 받는 것은 오직 이러한 쾌감을 [모든 사람들에게] 보편적으로 전달할 수 있다고 하는 점뿐이라고 가정한다면, 그러한 생각은 자기모순에 빠지게 될 것이다. 왜냐하면 대상은 표상에 의해서 주어지며, 쾌감은 이 표상에 직접 의존되어 있을 것이므로, 그러한 쾌감이란 감관적 감각에 있어서 일어나는 한갓된 쾌적 이외의 것이 아닐 것이며, 따라서 그 본성상 사적 타당성 밖에는 가질 수가 없을 것이기 때문이다.

그러므로 취미판단의 주관적 조건으로서 취미판단의 기초가 되지 않으면 안되며, 대상에 관한 쾌감을 그 결과로서 반드시 초래하는 것은, 바로 주어진 표상에 의하여 일어나는 심적 상태의 보편적 전달가능성인 것이다. 그러나 보편적으로 전달될 수 있는 것은 인식과 인식에 속하는 한에 있어서의 표상 이외에는 없다. 왜냐하면 표상은 인식에 속하는 한에 있어서만 객관적이며, 또 객관
28 적임으로 해서만 모든 사람의 표상력이 반드시 합치되지 않을 수 없는 하나의 보편적인 관계점을 가지기 때문이다. 그런데 표상의 이러한 보편적 전달가능성에 관한 판단의 규정근거가 단지 주관적인 것으로, 즉 대상의 개념과 무관한

---

1) 초판에는 "또 만일 그가…… 하나의 요구인 것이다."는 "또 그러한 조건하에서는 마땅히 그 권리를 가지고 있다고 할 하나의 요구이지만, 그러나 그는 자주 이러한 조건을 위배하고 또 그 때문에 잘못된 취미판단을 내리게 될 것이다."로 되어 있다.

것으로 생각된다면, 이 가정근거는, 표상력들이 주어진 표상을 인식 일반에 관계시키는 한에 있어서, 이러한 표상력들의 상호관계에 있어서 나타나는 심적 상태 이외의 것일 수가 없다.

이러한 표상에 의하여 인식력들은 활동을 시작하게 되는데, 이 경우에 일정한 개념이 인식력들을 제한하여 특수한[1] 인식규칙에 따르도록 하는 일이 없기 때문에, 인식력들은 자유로운 유동을 할 수가 있다. 그러므로 이러한 표상에 있어서 일어나는 심적 상태란 곧 표상력들이 주어진 표상에 있어서[2] 인식 일반을 목표로 하여 자유롭게 유동한다고 하는 감정의 상태인 것이다. 그런데 대상은 표상에 의하여 주어지거니와, 일반으로 이 표상으로부터 인식이 성립되기 위해서는, 표상에는 직관의 다양을 결합하는 구상력과 그 다양의 표상들을 개념에 의하여 통일하는 오성이 필요하다. [그리고] 대상이 표상에 의하여 주어질 때에 표상에 있어서 이 인식능력들이 이렇게 자유롭게 유동하는 상태는 보편적으로 전달될 수 있지 않으면 안된다. 왜냐하면 인식이란 객체의 규정이요, 또 주어진 표상들은 (어떠한 주관에 있어서이든) 이 규정과 합치해야만 하는 만 29 큼, 인식은 모든 사람들에게 타당한 유일의 표상방식이기 때문이다.

취미판단에 있어서 표상방식이 가지는 이 주관적인 보편적 전달가능성은 일정한 개념을 전제함이 없이 성립되어야 하는 것이므로, 그것은 곧 구상력과 오성과의 (인식 일반의 성문에 필요한대로 이 양자가 상호 합치하는 한에 있어서) 자유로운 유동에 있어서 나타나는 심적 상태 이외의 것일 수가 없다. 우리는, 인식 일반[의 성립]에 적합한 이 주관적 관계가 모든 사람들에게 타당하며 따라서 보편적으로 전달될 수 있지 않으면 안된다는 것은, 언제나 이 관계를 주관적 조건으로 하고 그 위에 기초를 두고 있는 모든 규정적 인식이 모든 사람들에게 타당하며 또 보편적으로 전달될 수 있는 것과 꼭 마찬가지라고 함을, 의식하고 있기 때문이다.

그런데 대상이나 대상을 주어지게끔 하는 대상의 표상의 이러한 단지 주관적(미감적)인 판정은 대상에 관한 쾌감에 선행하며, 또 두 인식능력의 조화에

---

1) Hartenstein은 "특수한"을 "일정한"으로 읽는다.
2) 초판과 제2판에는 "있어서"가 "관하여"로 되어 있다.

관한 이러한 쾌감의 근거인 것이다. 그러나 우리가 아름답다고 부르는 대상의 표상과 결부되어 있는 만족이 이러한 보편적인 주관적 타당성을 가지는 것은, 오로지 대상들을 판정하는 데 있어서의 주관적 조건들이 그와 같은 보편성을 가지고 있다는 데에 기인하는 것이다.

자기의 심적 상태를 비록 인식능력에 관계되는 점에 있어서나마 전달할 수 있다는 것이 일종의 쾌감을 수반한다고 함은, 인간의 자연적인 사교적 경향에 의해서 (경험적으로나 심리학적으로) 용이하게 설명할 수 있을 것이다. 그러나 그것만으로는 아직 우리의 의도에 충분하지 못하다. 우리가 어떤 것을 아름답다고 부르는 경우에, 우리는 우리가 느끼는 쾌감을 취미판단에 있어서 다른 모든 사람들에게도 필연적인 것으로서 요구하여, 마치 그것이 대상에 관하여 개념상으로 규정된, 그 대상의 성질로 간주되어야만 하는 것처럼 생각한다. 하지만 미란 주관의 감정에 대한 관계를 떠나서 그 자체만으로서는 아무 것도 아니다. 그러나 이 문제의 구명을 우리는 '과연 선천적 미감적 판단은 가능한가, 또 어떻게 하여 가능한가' 하는 문제에 해답할 수 있을 때까지 보유해 둘 수밖에 없다.

지금 우리가 구명하고 있는 것은 그보다 훨씬 작은 문제, 즉 어떠한 방법으로 우리는 취미판단에 있어서 인식력들이 상호간에 주관적으로 합치되는 것을 의식하는가, 직감적으로, 즉 한갓된 내감과 감각에 의해서인가, 그렇지 않으면 지적으로, 즉 우리가 의도를 가지고 이 인식력들을 유동시키고 있다고 하는 의식에 의해서인가 하는 문제인 것이다.

만일 취미판단을 유발하는 주어진 표상이 대상의 판정에 있어서 오성과 구상력을 결합시켜서 객체의 인식을 성립시키는 하나의 개념이라고 한다면, 이 관계의 의식은 지적일 것이다([순수이성]비판에서 다루어진 판단력의 객관적 도식론에 있어서와 같이). 그러나 그 경우에는 판단은 쾌 불쾌에 관해서 내려진 것이 아닐 것이며, 따라서 취미판단이 아닐 것이다. 그런데 또 취미판단은 객체를 개념에 의존함이 없이 만족과 미라는 술어에 관해서 규정하는 것이다. 그러므로 이 관계의 상술한 바와 같은 주관적 통일은 감각에 의해서만 알려질 수 있는 것이다. 이 양능력(구상력과 오성)을 고무하여 불명확하기는[1] 하지만 그

---

1) 제3판에는 "명확하기는"으로 되어 있다.

러나 주어진 표상을 기연으로 한 조화된 활동을 하도록 하는 것, 즉 인식 일반 [의 성립]에 필요한 활동을 하도록 하는 것이 곧 감각이요, 취미판단은 이러한 감각이 보편적으로 전달될 수 있다는 것을 요청하는 것이다. 물론 객관적 관계 가 사유될 수는 있으나, 이 관계도 그 조건들로 보아서는 주관적인 것인 한, 역시 심의에 미치는 결과에 있어서 감지될 수 있는 것이다. 그리고 개념을 기 초로 하고 있지 않는 관계(인식능력 일반에 대한 표상력들의 관계와 같이)의 경우에 있어서는, 그 관계의 의식은 또한 그러한 결과가 감각됨에 의해서만, 즉 상호 합치에 의하여 고무된 두 심의력(구상력과 오성)의 경쾌한 유동에 있 어서 성립하는 결과가 감각됨에 의해서만 가능할 뿐이다. 어떤 표상이 단독적 이며 다른 표상과 비교되지도 않으나, 그럼에도 불구하고 일반으로 오성 일반 의 관심사인 보편성의 조건들에 합치한다면, 그러한 표상은 인식능력들을 균형 이 맞게 조화시켜준다. 그리고 우리는 이러한 균형이 잡힌 조화를 모든 인식에 대하여 요구하며, 따라서 그것을 또한 오성과 감관들이 결합되어야만 판단을 32 내릴 수 있도록 운명지어진 모든 사람들에게 (모든 인간에게) 타당한 것으로 생각하는 것이다.

제2계기로부터 추론되는 미의 설명

미란 개념을 떠나서 보편적으로 만족을 주는 것이다.

취미판단의 제3계기: 취미판단에 있어서 고찰되는 목적의 관계

§ 10.

합목적성 일반에 관하여.

목적이란 무엇인가를 그 선험적 규정에 따라 (쾌의 감정과 같은 어떤 경험적 인 것을 전제하지 않고) 정의하자면, 목적이란 어떤 개념이 대상의 원인(그 대 상을 가능케 하는 실재적 근거)으로 간주되는 한에 있어서 그 개념의 대상이다 [라고 말할 수 있을 것이다]. 그리고 어떤 개념이 그 객체에 관해서 가지는 인과

성이 합목적성(목적태 *forma finalis*)이다. 그러므로 단지 대상의 인식만이 아
니라 대상 그 자체(대상의 형식 또는 현존)가 결과로서 오직 그 결과의 개념에
33 의해서만 가능한 것으로 생각될 때에, 우리는 하나의 목적을 생각하고 있는 것
이다. 이 경우에 결과의 표상은 그 결과의 원인을 규정하는 근거요, 그 원인에
선행하는 것이다. 그리고 이 경우에 주관을 동일한 상태에 지속시키려고 하는,
주관의 상태에 관한 표상의 인과성의 의식이 곧 우리가 쾌라고 부르는 것을 일
반적으로 가리키는 것이라고 할 수 있다. 그에 반해서 불쾌란 [주관의 상태에 관
한] 표상의 상태를 그 표상과 반대되는 것으로 규정하는 [변환시키는] (그 표상
들을 저지하거나 배제하는)1) 근거를 포유하고 있는 표상인 것이다.

　욕구능력은, 그것이 단지 개념에 의해서만 규정될 수 있는 한, 다시 말하면
어떤 목적의 표상을 좇아 행위하도록 규정될 수 있는 한, 의지라고 할 수 있을
것이다. 그러나 비록 어떤 객체나 심적 상태나 또는 어떤 행위 등의 가능이 반
드시 어떤 목적의 표상을 전제하고 있지 않다 할지라도, 우리가 목적에 의한
하나의 인과성을 환언하면, 어떤 규칙의 표상에 따라 그 객체 내지 행위 등을
그처럼 정해 놓은 하나의 의지를 그 근저에 상정할 경우에만, 비로소 그 가능
은 우리에게 설명될 수 있고 이해될 수 있다고 하는 이유만으로도, 그러한 객
체 내지 행위는 합목적적이라고 할 수 있다. 그러므로 우리가 이러한 형식의
원인들을2) 하나의 의지 안에 세워두지는 않더라도 그것을 하나의 의지로부터
이끌어냄으로써 비로소 그 가능의 설명을 이해할 수 있는 한, 합목적성은 목적
을 떠나서도 있을 수 있다. 그런데 우리는 우리가 관찰하는 것을 언제나 반드
시 이성에 의해서 (그 가능에 관해서) 통찰해야 할 필요는 없다. 따라서 우리는
34 합목적성의 근저에 어떤 목적(목적인적 결합 *nexus finalis*의 질료로서의)이
놓여 있지 않다 하더라도, 합목적성을 형식상으로 적어도 관찰할 수는 있으며,
또 그것을——비록 반성에 의해서 할 수밖에는 없지만——대상들에 즉해서
확인할 수가 있는 것이다.

---

1) "(그 표상들을 저지하거나 배제하는)"은 제2판과 제3판의 추가이다.
2) 초판에는 "원인을"로 되어 있다.

§ 11.
취미판단의 기초는 대상의 (또는 대상의 표상방식의) 합목적성의 형식뿐이다.

목적을 만족의 근거라고 볼 때에는, 언제나 목적은 모두가 쾌감의 대상에 관한 판단을 규정하는 근거로서의 관심을 수반한다. 그러므로 어떠한 주관적 목적도 취미판단의 기초가 될 수 없다. 그러나 객관적 목적의 표상도, 다시 말하면 목적결합의 원리에 따라 대상 그 자체가 가능하다는 표상도, 따라서 선의 개념도 취미판단을 규정하지는 못한다. 왜냐하면 취미판단은 인식판단이 아니라 미[직]감적 판단이며, 따라서 대상의 성질에 관한 개념과 이러한 또는 저러한 원인에 의하여 대상이 내적으로 또는 외적으로 가능하다는 데 관한 개념을 다루는 것이 아니라, 어떤 표상에 의하여 규정되는 한에 있어서의 표상력들의 상호 관계만을 다루는 것이기 때문이다.

그런데 어떤 대상을 아름다운 대상이라고 규정할 때에 나타나는 이러한 관 35 계는 쾌의 감정과 결합되어 있으며, 취미판단은 이 쾌가 동시에 모든 사람에게 타당하다고 언명하는 것이다. 따라서 표상에 부수되는 쾌적은 대상의 완전성에 관한 표상이나 선의 개념과 마찬가지로 [취미판단의] 규정근거를 내포한 것일 수가 없다. 그러므로 일체의 목적을 (객관적 목적도 주관적 목적도) 떠나 대상을 표상할 때의 주관적 합목적성만이, 따라서 우리에게 대상을 주어지게 하는 표상에 있어서의, 우리가 그것을 인식하는 한에 있어서의, 합목적성의 한갓된 형식만이, 개념을 떠나서 보편적으로 전달될 수 있다고 판정되는 만족을 성립시킬 수 있으며, 따라서 취미판단을 규정하는 근거가 될 수 있는 것이다.

§ 12.
취미판단은 선천적 근거 위에 기초를 둔 것이다.

하나의 결과로서의 쾌 불쾌의 감정과 이 쾌 불쾌의 원인으로서의 어떤 표상 (감각 또는 개념)과의 결합을 선천적으로 결정한다는 것은 절대로 불가능하다. 왜냐하면 그것은 (경험의 대상들 사이에서는) 언제나 오직 후천적으로만, 그리

고 경험 그 자체의 매개에 의해서만 인식될 수 있는 하나의 인과관계[1]일 것이
36 기 때문이다. 물론 우리는 실천이성비판에 있어서[2] 실제로 경외의 감정(우리
가 경험적 대상들로부터 받는 쾌나 불쾌와는 전연 일치할 수 없는 이러한 감정
의 특수하고 독특한 변양으로서의)을 보편적인 도덕적 개념으로부터 선천적으
로 이끌어냈다. 그러나 거기에서는 우리는 경험의 한계를 넘어서서, 주관의 초
감성적 성질에 기인하는 인과성, 즉 자유의 인과성을 끌어들일 수가 있었다.
그렇지만 그 때에도 우리는 원리 도덕적인 것의 이념을 원인으로 하여 거기에
서 이 [경외의] 감정을 이끌어낸 것이 아니라, 단지 의지의 규정만을 거기에서
이끌어냈던 것이다. 그러나 어떤 무엇인가에 의해서 의지가 규정될 때에 나타
나는 심적 상태는 그 자체가 이미 쾌의 감정이요, 쾌의 감정과 동일한 것이다.
그러므로 그러한 심적 상태는 쾌의 감정으로부터 결과로서 나오는 것이 아니
다. 후자는 [즉, 그러한 심적 상태가 쾌의 감정으로부터 나온 결과라고 함은], 하나
의 선이라는 도덕적인 것의 개념이 법칙에 의한 의지의 규정에 선행한다고 할
수 있는 경우가 아니면, 상정되어서는 안될 것이다. 왜냐하면 그 경우에 이 개
념과 결합되어 있는 쾌를 한갓된 인식으로서의 이 개념으로부터 이끌어내려고
함은 헛된 일일 것이기 때문이다.

그런데 미감적 판단에 있어서의 쾌는 사정이 그와 비슷하다. 다만 이 쾌가
미감적 판단에 있어서는 단지 관조적이요 객체에 관한 관심을 일으키지 않으
나, 그에 반해서 도덕적 판단에 있어서는 쾌는 실천적이라고 하는 점이 다를
37 뿐이다. 대상이 표상에 의하여 주어질 때에 주관의 인식력들의 유동에 있어서
성립하는 한갓 형식적 합목적성의 의식이 다름아닌 쾌다. 왜냐하면 이 의식은
주관의 인식력들에 생기를 준다는 점에서 주관의 활동을 규정하는 근거를, 즉
특정한 인식에 국한된 것이 아니라 인식 일반에 관해서 성립하는 (합목적적인)
하나의 내적 인과성을 내포하고 있는 것이요, 따라서 미감적 판단에 있어서의
표상의 주관적 합목적성의 한갓된 형식만을 내포하고 있기 때문이다. 이 쾌도
또한 결코 실천적인 것이 아니다. 즉, 쾌적이라는 감수적 근거에서 일어나는

---

1) 초판에는 "하나의 특수한 인과관계"로 되어 있다.
2) 『실천이성비판』 130면 참조.

쾌와도 또 표상된 선이라는 지적 근거에 기인하는 쾌와도 같은 것이 아니다. 그럼에도 불구하고 이 쾌는 인과성, 즉 표상 그 자체의 상태와 인식력들의 활동을 그 이상의 아무런 의도도 없이 지속시키는 인과성을 내포하고 있는 것이다. 우리는 아름다운 것을 관조할 때에 거기에 오래 머물러 있게 되는데, 그것은 이러한 관조가 관조 그 자체를 강화하고 재생시키는 까닭이다. 그리고 그것은, 대상을 표상함에 있어서 어떤 자극이 수동적 상태에 있는 심의의 주의를 반복해서 환기할 때에, 거기에서 좀체로 떠나지 못하는 것과 (동일하지는 않지만) 비슷한 것이다.

§ 13.
순수한 취미판단은 자극과 감동에 무관하다.

일체의 관심은 취미판단을 그르치고 그 공정성을 잃게 한다. 관심이 이성의 관심처럼 합목적성을 쾌의 감정에 앞세우는 것이 아니라, 오히려 쾌의 감정 38 을[1] 합목적성의 기초로 할 경우에, 특히 그러하다. 그리고 후자의 경우란 쾌락을 주거나 고통을 주는 어떤 것에 관하여 미감적 판단을 내릴 때에는 언제나 일어나는 일이다. 그러므로 그처럼 [쾌락이나 고통에 의해서] 좌우되는 판단은 보편타당한 만족을 전연 요구할 수 없거나, 그렇지 않으면 상기한 종류의 감각이 취미를 규정하는 근거들 가운데에 섞여 있는 만큼 그 요구를 감쇄하지 않으면 안된다. 취미가 만족을 위해서 자극과 감동의 혼입을 필요로 한다면, 아니 그뿐만 아니라 자극과 감동을 그 찬동의 표준으로 삼는다면, 그러한 취미는 언제나 아직도 야잠적임을 벗어나지 못한 것이다.

그럼에도 불구하고 흔히 자극은 미감적 보편적 만족에 기여한다고 해서 미 (미는 원래 단지 형식에만 관계하여야 하는 것이겠지만)에 산입될 뿐만 아니라, 그 자체가 바로 미라고 칭해지고, 따라서 만족의 질료가 그 형식이라고 일컬어지기까지 한다. 그러나 이것은 오해다. 이러한 오해는 그래도 아직 어떤 진실성을 그 기초에 가지고 있는 다른 많은 오해와 마찬가지로 이러한 개념들

---

1) Kant는 "쾌를"이라고 쓴 것을 Windelband가 "쾌의 감정을"로 고쳤다.

을 면밀히 규정함으로써 제거될 수 있는 것이다.

자극과 감동의 영향을 받지 않는 (비록 자극과 감동이 미에 관한 만족과 결합될 수 있는 것이라 하더라도) 취미판단, 따라서 단지 형식의 합목적성만을 그 규정근거로서 가지는 취미판단이 곧 순수한 취미판단이다.

39   § 14.
                        사례에 의한 해설.

미감적 판단도 이론적 (논리적) 판단과 마찬가지로 경험적 판단과 순수한 판단으로 구분할 수 있다. 전자는 어떤 대상이나 대상의 표상방식에 관하여 쾌적 또는 불쾌적을 진술하는 것이요, 후자는 그에 관하여 미를 진술하는 것이다. 전자는 감관판단(실질적 미감적 판단)이요, 후자만이 (형식적 미감적 판단으로서)1) 본래의 취미판단이다.

그러므로 취미판단은 그 규정근거에 단지 경험적인 만족이 혼입되지 않는 한에 있어서만 순수하다. 그러나 어떤 것이 아름답다고 언명해야 할 판단에 자극과 감동이 관여하는 경우에는, 언제나 그러한 혼입이 일어나는 것이다.

그런데 여기에 또다시 여러 가지 이론이 나타나는데, 그 이론들은 결국 자극은 미의 필연적 구성요소일 뿐만 아니라, 심지어는 그 자체만으로도 아름답다고 불리기에 충분한 것이라고까지 속이려는 것이다. 예를 들어서 잔디밭의 녹색과 같은 단순한 색이나 바이올린의 소리와 같은 단순한 악음(음향이나 소음과는 구별되는)은, 양자가 모두 표상들의 질료만을, 즉 단지 감각만을 기초로 하고 있는 것 같이 보이며, 또 그 때문에 오직 쾌적하다고만 불려야 마땅함에
40 도 불구하고, 대다수의 사람들은 그 자체가 아름답다고 언명한다. 그러나 사람들은 그와 동시에 색이나 악음의 감각은 양자가 모두 순수한 한에 있어서만 아름답다고 간주될 수 있는 자격을 가진다고 함을 틀림없이 알게 될 것이다. 그리고 그것들이 순수하다고 함은 이미 형식에 관한 규정이요, 또한 이 표상들에 관해서 확실하게 보편적으로 전달될 수 있는 유일한 것이기도 하다. 왜냐하면

---

1) "(형식적 미감적 판단으로서)"는 제2판과 제3판의 추가이다.

우리는 감각들의 성질 자체가 모든 주관에 있어서 일치한다고 생각할 수도 없으며, 또 어떤 색이 다른 색보다 월등하게 쾌적하다든가, 또는 어떤 악기의 악음이 다른 악기의 악음보다 월등하게 쾌적하다고 모든 사람들이 그렇게[1] 판정한다고 상정하기도 어렵기 때문이다.

만일 우리가 오일러[2]의 말대로 색은 에에텔이 등시적으로 상호 계기하는 진동(맥동 *pulsus*)이요, 악음은 음향으로 흔들린 공기의 진동이라고 생각하고, 또——이것이 가장 중요한 점이지만——심의는 단지 이러한 진동이 기관을 고무하는 데에 미치는 효과를 감관에 의해서 지각할 뿐만이 아니라, 또한 인상의 규칙적 활동을 (따라서 여러 가지 표상들이 결합되는 형식을) 반성에 의해서 지각한다고——이 점에 관해서 나는 전연 의심을 하지 않지만[3]——생각한다면, 색과 악음은 한갓된 감각이 아니라, 이미 감각의 다양의 통일이라는 형식적 규정일 것이며, 또 그러고 보면 색과 악음은 그 자체로서도 미라고 생각할 수 있을 것이다.

그러나 어떤 단순한 감각방식에 있어서의 순수성이란 그 감각방식이 한결같아서 어떠한 이종적 감각에 의해서도 교란되고 중단되지 않음을 의미한다. 그리고 이러한 순수성은 단지 그 형식에만 속하는 것이다. 왜냐하면 그 경우에　41
우리는 그 감각방식의 성질(그 감각이 색을 표상하는가 또 어떠한 색을 표상하는가, 혹은 악음을 표상하는가 또 어떠한 악음을 표상하는가 하는)은 사상할 수가 있기 때문이다. 그러므로 모든 단순한 색[원색]은 그것이 순수한 한 아름답다고 여겨진다. 혼합색은 이러한 특장을 가지지 못하는데, 그 이유는 바로 혼합색은 단순하지 않으므로, 그것을 순수하다고 불러야 할 것인지 또는 불순하다고 불러야 할 것인지를 판정할 표준이 없다고 하는 데에 있는 것이다.

그러나 대상이 그 형식으로 말미암아서 미라고 불리고 또 그 미가 자극에

---

1) 초판과 제2판에는 "그렇게"가 "똑같이"로 되어 있다.
2) Leonhard Euler(1707-83): 스위스 태생의 독일 수학자이며 물리학자. 페테르스부르크와 베를린의 아카데미 회원으로 활약했으며, 그 연구는 오일러적분, 등주문제, 삼각법, 급수론, 광학, 천체역학 등 다방면에 걸쳤고, 특히 광학에 있어서는 에에텔가설에 입각한 빛의 파동설을 주장하였다.
3) 초판과 제2판에는 "나는 몹시 의심을 품고 있지만"으로 되어 있다. Windelband는 제3판과 같이 읽는 것이 Kant의 실제의 견해와 어긋나지 않는다는 것을 Kant의 다른 여러 저작을 인용하여 밝히고 있다(아카데미판 527면 이하 참조).

의해서 확실히 증대될 수 있다고 생각하는 것은 일반적인 오류이요, 또 진정한 그리고 청신하고 근본적인 취미에 매우 유해한 오류인 것이다. 물론 무미건조한 만족 이외에도 대상의 표상에 의하여 심의의 관심을 환기시키고, 그렇게 함으로써 특히 취미가 아직도 조야하고 세련되지 않은 경우에는 그러한 취미와 취미의 함양을 추장하는 데 도움이 되도록 하기 위하여, 미에 자극들이 첨가되기도 한다. 그러나 그러한 자극들이 미를 판정하는 근거가 되어 [우리의] 주의를 끌게 되면, 그러한 자극들은 실제로는 취미판단을 저해하게 된다. 왜냐하면 자극은 취미판단에 기여하기는커녕 오히려 이물로서, 그것이 오직 상술한 아름다운 형식을 교란하지 않는 한에 있어서만, 취미가 아직도 빈약하고 세련되어 있지 않은 경우에 관대히 받아들여지지 않으면 안되기 때문이다.

42 회화와 조각술에 있어서, 아니 모든 조형예술에 있어서, 따라서 건축예술과 생원예술에 있어서도 그것이 미적 예술인 한, 본질적인 것은 도안이다. 그리고 도안에 있어서 취미에 맞는 일체의 구도의 기초를 결정하는 것은 감각에 있어서 즐거움을 주는 것이라기 보다도 단지 그 형식에 의해서 만족을 주는 것이라 하겠다. 윤곽을 채식하는 색채들은 자극에 속한다. 이러한 색채들은 과연 감각에 대하여 대상 자체를 생생하게 해줄 수는 있으나, 그것을 관조할만한 가치가 있게 하고 아름답게 해주지는 못한다. 오히려 색채는 아름다운 형식이 요구하는 바에 의해서 몹시 제한을 받는 일이 많으며, 자극의 부가가 허용되어 있는 경우에 있어서조차도, 오직 이 아름다운 형식에 의해서만 순화되는 것이다.

감관의 (외적 감관과 또한 간접적으로는 내적 감관의) 대상들의 일체의 형식은 형태이거나 그렇지 않으면 유희이다. 그리고 후자의 경우에는 그것은 형태의 유희(공간에 있어서의 유희, 즉 몸짓과 무용)이거나 그렇지 않으면 감각의 한갓된[1] 유희(시간에 있어서의 유희)이다. 색채나 혹은 악기의 쾌적한 악음의 자극이 여기에 부가되는 수도 있겠지만, 그러나 순수한 취미판단의 본래의 대상이 되는 것은 형태의 유희에 있어서는 도안이요, 감각의 유희에 있어서는 작곡이다. 그리고 색채와 악음의 순수성이나 또는 그 다양성과 대조도 미에 기여하는 것같이 보인다고 하는 것은, 결코 색채와 악음이 그 자신만으로서도 쾌적

---

1) "한갓된"은 초판에는 빠져 있다.

하기 때문에, 형식에 관한 만족에 대하여 말하자면 어떤 동종의 부가물을 덧붙
인다고 함을 의미하는 것이 아니라, 오히려 그것은 색채와 악음이 다만 이 형　43
식을 더욱 엄밀하게 또 더욱 명확하고 더욱 완전하게 직관할 수 있도록 하며,
또 그 위에 대상 그 자체에 대하여 [우리의] 주의를 환기하고 지속시킴으로써,
그것들이 가지는 자극에 의하여 표상을 생생하게 해주기 때문이라고 함을 의미
하는 것이다.1)

　이른바 장식(부가물)2)이라고 하는 것조차도, 다시 말하면 대상의 전표상에
그 구성요소로서 내적으로 속해 있는 것이 아니라 단지 외적으로 부가물로서
속하여 취미의 만족을 증대시켜 주는 것조차도, 실은 그 형식에 의해서만 그렇
게 할 수 있는 것이다. 이를테면 회화의 테두리라든가 또는3) 조상에 입히는
의복이라든가 장려한 건물의 주랑이 그러하다. 그러나 장식이 그 자신 아름다
운 형식이 되지 못하는 경우에는, 즉 장식이 황금의 테두리와 같이 단지 그것
이 가지는 자극에 의해서 회화가 갈채를 받도록 하기 위해서만 만들어졌을 경
우에는, 그러한 장식은 허식이라고 하며, 또 그것은 진정한 미를 해치게 되는
것이다.

　감동이란 곧 생명력이 순간적으로 저지되었다가 곧 이어서 더욱 강렬하게
넘쳐 흐름으로써만 일어나는 쾌적의 감각이거니와, 이러한 감동은 전혀 미에
속하는 것이 아니다. 그러나 숭고(여기에는 감동의 감정이 결부되어 있지만)4)
는 취미가 그 기초로 삼고 있는 것과는 다른 판정의 기준을 필요로 한다. 그리
하여 순수한 취미판단은 자극도 감동도, 한마디로 말하면 미감적 판단의 질료
로서의 어떠한 감각도 그 규정근거로 가지는 것이 아니다.

---

1) 초판에는 "또 그 위에 ……의미하는 것이다."가 "또 그 위에 그것들이 가지는 자극에 의하여 대상
　그 자체에 대하여 주의를 환기하고 높여주기 때문이라고 함을 의미하는 것이다."로 되어 있다.
2) "(부가물)"은 제2판과 제3판의 추가이다.
3) "회화의 테두리라든가 또는"은 제2판과 제3판의 추가이다.
4) "(여기에는…… 있지만)"은 제2판과 제3판의 추가이다.

44   § 15.
              취미판단은 완전성의 개념에는 전혀 무관하다.

  객관적 합목적성은 다양한 것을 일정한 목적에 관계시킴으로써만, 따라서
어떤 개념에 의해서만 인식될 수 있다. 이 점만으로도 이미 명백한 것처럼, 미
는 단지 형식적인 합목적성, 즉 목적 없는 합목적성을 그 판정근거로서 가지는
것인 만큼, 선의 표상과는 전혀 무관한 것이다. 왜냐하면 선은 객관적 합목적
성, 다시 말하면 대상과 일정한 목적과의 관계를 전제하고 있기 때문이다.
  객관적 합목적성은 외적 객관적 합목적성, 즉 대상의 유용성이거나, 그렇지
않으면 내적 객관적 합목적성, 즉 대상의 완전성이다. 우리가 대상을 아름답다
고 부르게 되는 것은 대상에 관한 만족 때문이거니와, 그러한 만족이 대상의
유용성의 표상에 기인하는 것일 수 없다고 함은, 앞의 두 장에서[1] 충분히 알
수 있는 것이다. 왜냐하면, 만일 대상에 관한 만족이 대상의 유용성의 표상에
기인하는 것이라고 한다면, 그러한 만족은 대상에 관한 직접적 만족이 아닐 것
이기 때문이다. 그런데 대상에 관한 직접적 만족이야말로 미에 관한 판단의 본
질적 조건인 것이다. 그러나 객관적 내적 합목적성, 즉 완전성은 [유용성보다는]
이미 미라는 술어에 더 가까우며, 그 때문에 저명한 철학자들도 비록 '완전성이
45 불분명하게 사유될 경우에는'이라고 하는 단서는 붙였지만 완전성을 미와 동일
시했던 것이다. [그러므로] 미가 과연 실제로 완전성의 개념 속에 해소되는 것인
가 어떤가를 취미의 비판에 있어서 결정하는 것은 극히 중요한 일이다.
  객관적 합목적성을 판정하기 위해서는 우리는 언제나 어떤 목적의 개념을 필
요로 한다. 그리고 그것은 (이 객관적 합목적성이 외적 객관적 합목적성[유용성]
이 아니라, 내적 객관적 합목적성인 경우에는) 대상을 내적으로 가능케 하는 근
거를 내포하고 있는 어떤 내적 목적의 개념이 아니면 안된다. 그런데 목적이란
일반으로 어떤 것의 개념이 대상 그 자체를 가능케 하는 근거로 간주될 수 있을
때 그 어떤 것을 의미하는 것이므로, 어떤 사물에 관하여 객관적 합목적성을 표
상하려면, '그것이 어떠한 사물이어야 하는가' 하는 그 사물의 개념이 선행되어

―――――――――――――――
  1) "앞의 두 장에서"라 함은 취미판단의 제1계기와 제2계기를 가리킨다.

야 할 것이다. 그리고 사물에 있어서의 다양이 이러한 개념(이 개념이 사물에 있어서의 다양을 통합하는 규칙을 부여하는 것이다)에 합치함이 곧 한 사물의 질적 완전성이라고 하는 것이다. 양적 완전성은 이와는 전연 구별된다. 양적 완전성이란 곧 각 사물이 각기 그 종류에 따라 갖추어야 할 모든 것을 갖추고 있음[즉, 완비성]을 의미하는 것이요, 따라서 (전체성이라는) 양의 개념에 불과한 것이다. 그리고 이 경우에는 '사물이 무엇이어야 하는가' 하는 것은 이미 미리 규정된 것으로서 사유되고, 단지 그 사물에 필요한 모든 것이 거기에 완비되어 있는가 하는 것만이 문제가 될 뿐이다. 한 사물의 표상에 있어서의 형식적인 요소는, 환언하면 다양한 것과 어떤 일자(그것이 무엇이어야만 하는가는 미규정이지만)와의 합치 **46** 는, 그 자체만으로서는 전연 객관적 합목적성을 인식할 수 있도록 해주지 못한다. 왜냐하면 [이 경우에] 목적(그 사물이 무엇이어야만 하는가 하는)으로서의 이러한 일자는 사상되므로, 직관하는 자의 심의에 남는 것은 표상의 주관적 합목적성 밖에는 없으며, 이 주관적 합목적성은 물론 주관에 있어서의 표상상태의 일정한 합목적성을 지시하고, 또 어떤 주어진 형식을 구상력 속에 포착해 들이려고 노력하는 주관이 이러한 표상상태에 있어서 느끼는 만족감을 지시하지만, 그러나 이 경우에 어떠한 객체도 목적의 개념에 의해서 사유되고 있지 않으므로, 주관적 합목적성은 어떠한 객체의 완전성도 지시하고 있지는 않기 때문이다. 예를 들어서, 만일 내가 수풀 속에서 그 주위에 나무들이 둘러서 있는 잔디밭을 발견하고도, 그 때 내가 하나의 목적을, 즉 그 잔디밭이 말하자면 마을 사람들의 무도에 사용됨직하다고 함을 표상하지 못한다면, 그 한갓된 형식에 의해서만은 완전성의 개념은 조금도 주어지지 않는 것이다. 그러나 목적 없는 형식적 객관적 합목적성, 즉 완전성의 한갓된 형식을 (일체의 질료를 떠나서, 그리고 합치가 이루어지는 것——비록 그것이 합법칙성 일반이라는 이념에 지나지 않는다 할지라도[1]——의 개념을 떠나서) 표상한다는 것은 틀림 없는 모순이다.

　　그런데 취미판단은 미감적 판단이요, 다시 말하면 주관적 근거에 기인하는 판단이므로, 이 판단을 규정하는 근거는 개념일 수가 없고, 따라서 일정한 목적의 개념일 수도 없다. 그러므로 형식적 주관적 합목적성으로서의 미에 의해서

---

1) "비록 그것이…… 않는다 할지라도"는 제2판과 제3판의 추가이다.

47 는 대상의 완전성은, 즉 형식적이라고 일컬어지기는 하지만 실은 객관적인 합
목적성은 결코 사유되지 않는다. 그리고 미의 개념과 선의 개념을 구별하되,
마치 이 양자는 오지 논리적 형식상으로만 구별되어, 전자는 완전성의 혼란한
개념에 지나지 않으나 후자는 완전성의 판명한 개념이지만, 그 이외의 점에 있
어서는 내용상으로나 기원상으로나 동일한 것처럼 생각한다면, 그러한 구별은
헛된 것이다. 왜냐하면 그처럼 생각한다면 양 개념 사이에는 아무런 종별적 구
별도 없고, 취미판단은 어떤 것을 선하다고 언명하는 판단과 꼭 마찬가지로 인
식판단일 것이기 때문이다. 그것은 마치 이를테면 보통 사람이 사기는 부정이
라고 말할 때, 그는 자기의 판단의 기초를 혼란한 이성원리 위에 두고 있으며,
철학자는 그 기초를 판명한 이성원리 위에 두고 있지만, 근본적으로는 양자가
모두 동일한 이성원리 위에 기초를 두고 있는 것이라고 하는 것과도 같은 것이
다. 그러나 나는 이미 미감적 판단은 독특한 종류의 것이며, 객체에 관한 어떠
한 인식도 (혼란한 인식조차도) 절대로 제공하지 않는다고 함을 언급하였다. 객
체에 관한 인식은 논리적 판단에 의해서만 제공될 뿐이다. 거기에 반해서 미감
적 판단은 어떤 객체가 표상에 의하여 주어질 경우에 그 표상을 오로지 주관에
관계시킬 뿐이요, 대상의 성질을 알려주는 것이 아니라, 대상과 관계하는 표상
력이 대상을 규정할 때의[1] 합목적적 형식만을 알려줄 뿐이다. 이 판단이 미감
적이라고 불리는 이유도, 바로 이 판단을 규정하는 근거가 개념이 아니라 심의
력[구상력과 오성]의 유동에 있어서의 전술한 조화의 감정(내적 감관의)이며, 이
조화가 감각될 수만은 있다고 하는 데에 있는 것이다. 그에 반해서 만일 우리가
48 혼란한 개념과 이 혼란한 개념을 기초로 삼고 있는 객관적 판단을 미감적이라
고 부르고자 한다면, 우리는 결국 감성적으로 판단하는 오성이라든가 또는 개
념에 의하여 그 객체를 표상하는 감관이라든가 하는 것을 가지게 될 것이다. 그
러나 이러한 것은 모두가 자기모순이다.[2] 개념이 혼란한 것이든 판명한 것이
든, 어쨌든 개념의 능력은 오성이다. 그리고 미감적 판단으로서의 취미판단에는
(모든 판단에 있어서와 마찬가지로) 오성도 필요하기는 하지만, 그러나 오성은

---

1) "표상력이 대상을 규정할 때의"는 초판에는 "표상력의"로 되어 있다.
2) "그러나 이러한 것은 모두가 자기모순이다."는 제2판과 제3판의 추가이다.

대상을 인식하는 능력으로서 취미판단에 필요한 것이 아니라, 판단과 대상의
표상을 (개념을 떠나서) 이 표상이 주관과 주관의 내적 감정에 대하여 가지는
관계에 따라 규정하는 능력으로서 취미판단에 필요한 것이요, 더욱이 이 취미
판단이 하나의 보편적 규칙에 따라 가능한 한에 있어서 그러한 것이다.

§ 16.
어떤 대상을 일정한 개념의 조건하에서
아름답다고 언명하는 취미판단은 순수하지 않다.

  미에는 두 가지 종류, 즉 자유미(*pulchritudo vaga*)와 한갓된 부용미
(*pulchritudo adhaerens*)가 있다. 전자는 대상이 무엇이어야만 하는가에 관
한 개념을 전제하지 않으나, 후자는 그와 같은 개념과 그 개념에 따른 대상의
완전성과를 전제한다. 전자의 종류의 미는 이 사물 또는 저 사물의 (그 자체만
으로서 존립하는) 미를 말하며, 후자의 종류의 미는 어떤 개념에 종속되는 미 49
(제약된 미)로서 어떤 특수한 목적의 개념하에 있는 객체에 귀속되는 것이다.
  꽃들은 자유로운 자연미들이다. 꽃이란 어떠한 사물이어야 하는가는 식물학
자 이외에는 거의 아무도 알지 못한다. 그러므로 꽃이 식물의 생식기관임을 아
는 식물학자마저도, 취미에 의하여 꽃에 관한 판단을 내릴 때에는, 이러한 자
연목적은 고려하지 않는다. 그러므로 이 [취미]판단의 근저에 있는 것은 어떠한
종류의 완전성도, 즉 다양한 것의 결합이 관련을 가지는 어떠한 내적 합목적성
도 아니다. 많은 조류(앵무새, 벌새, 극락조 등)와 바다의 많은 갑각류는 그 자
체로서 미이거니와, 이 미는 전혀 그 목적이 개념에 의하여 규정되어 있는 대
상에 귀속되는 것이 아니라, 자유로이 그리고 그 자체로서 만족을 주는 것이
다. 그와 마찬가지로 희랍풍의 도안과 액자테나 벽지의 잎무늬 등은 그 자체로
서는 아무런 의미도 없다. 그것은 아무 것도 나타내는 것이 없으며, 일정한 개
념하에 있는 어떤 객체를 나타내는 것도 아니다. 그것은 자유로운 미이다. 우
리는 또한 음악에 있어서 소위 환상곡(주제가 없는)이라고 하는 것과, 나아가
서는 가사가 없는 전악곡도 이러한 종류의 미에 넣을 수 있다.
  자유미를 (한갓된 형식에 보아서) 판정할 때에 그 취미판단은 순수한 취미판

단이다. [이 경우에는] 어떠한 목적의 개념은, 즉 다양한 것이 주어진 객체에 있
50 어서 무슨 목적에 소용이 되는가, 따라서 이 객체가 무슨 목적을 표현해야 하
는가 하는 목적의 개념은 전제되어 있지 않다. 그러한 목적이 전제되어 있으
면, 형태를 관조하면서 말하자면 유동하는 구상력의 자유는 그 때문에 제한을
받게만 될 것이다.

그러나 인간의 미(이 미의 종류에는 남자의 미 또는 여자의 미 또는 어린아
이의 미가 들어간다), 말의 미, 건축물(예컨대 교회, 궁전, 병기창 또는 정자)
의 미는 그 사물이 무엇이어야만 하는가를 규정하는 목적의 개념을, 따라서 그
사물의 완전성의 개념을 전제하는 것이요, 그 때문에 그것은 부용미이다. 그런
데 쾌적한 것(감각의)이 본래 형식에만 관계하는 미와 결합되면 취미판단의 순
수성이 저해되었던 것과 마찬가지로, 선(즉, 사물의 다양이 그 목적으로 보아
그 사물 자체에 좋다고 하는 것)이 미와 결합되어도 취미판단의 순수성은 파괴
되는 것이다.

어떤 하나의 건물이 교회가 아니라고만 한다면, 그것을 바라볼 때 직접 만족
을 주는 것을 많이 그 건물에 설치해도 좋을 것이다. 어떤 하나의 형태가 인간
이 아니라고만 한다면, 마치 뉴질랜드인들이 문신으로 그렇게 하듯이, 여러 가
지 당초무늬와 경쾌하면서도 규칙적인 선으로 그 형태를 미화해도 좋을 것이
다. 그리고 또 그가 남자만 아니라면, 더구나 군인만 아니라면, 그는 더 우아
한 용모와 더 친절하고 온유한 용태를 가지고 있어도 좋을 것이다.

51   그런데 어떤 사물을 그것의 가능을 규정하는 내적 목적에 관련시킬 때 그
사물에 있어서의 다양에 관해서 느끼는 만족은, 개념에 근거를 둔 만족이다.
그러나 미에 관한 만족은 개념을 전제하고 있는 만족이 아니라, 표상——이 표
상에 의해서 대상은 주어지는 것이다(그것에 의해서 대상이 사유되는 것이 아
니다)——과 직접 결합되어 있는 만족이다. 그러므로 만일 후자의 만족에 관한
취미판단을 이성판단으로서의 전자의 만족에 포함되어 있는 목적에 의존하도
록 하고, 그렇게 함으로써 제한을 받도록 하면, 그러한 취미판단은 이미 자유
롭고 순수한 취미판단이 아니다.

물론 미감적 만족과 지적 만족이 이렇게 결합됨으로써 취미는 다음과 같은
점에서 얻는 바가 있는 것은 사실이다: 즉, 그렇게 됨으로써 취미는 고정되며,

또 물론 보편성을 띠게 되지는 않지만, 그러나 취미에 합목적적으로 규정된 어떤 객체에 관한 규칙이 지정될 수 있게 되는 것이다.[1] 그러나 그 경우에도 이 규칙은 취미의 규칙이 아니라, 단지 취미와 이성, 환언하면 미와 선과의 합치의 규칙에 지나지 않으며, 그러한 규칙에 의해서 미는 선에 관한 의도를 실현하기 위한 도구로서 사용할 수 있게 되는 것이다. 그리하여 자존적이며 주관적 보편타당성을 가지는 심의상태가, 객관적 보편타당성은 가지고 있지만 고심스러운 결의에 의해서만 유지될 수 있는 사유방식 밑에 종속하게 된다. 그러나 엄밀히 말하면 완전성이 미에 의해서 얻는 바가 있는 것도 아니요, 미가 완전 52 성에 의해서 얻는 바가 있는 것도 아니다. 오히려 어떤 대상이 표상에 의해서 우리에게 주어질 때 우리가 그 표상을 개념에 의해서 객체와 (그 객체가 무엇이어야만 하는가에 관하여) 비교할 경우에는, 그와 동시에 이 표상을 주관에 있어서의 감각과도 대조해 보지 않을 수 없으므로, 이 양심의상태가 합치될 때에 이득을 보는 것은 표상력의 능력 전체인 것이다.

규정된 내적 목적을 가진 대상에 관해서 취미판단이 순수한 것은, 오직 판단자가 이 내적 목적에 관하여 아무런 개념도 가지고 있지 않거나 또는 그가 그의 판단에 있어서 이 목적을 사상할 경우에 한한 일일 것이다. 그러나 그와 같은 경우에는 이 판단자가 대상을 자유미라고 판정하여 올바른 취미판단을 내린다 할지라도, 그는 그 대상에 있어서의 미를 단지 부수적 성질이라고만 보는 (대상의 목적에 주의를 기울이고 있는) 다른 판단자에게 비난을 받고, 그릇된 취미라고 힐책을 받게 될 것이다. 그러나 두 사람은 모두 자기 나름으로 올바른 판단을 내리고 있는 것이다. 즉, 전자는 감관에 나타나는 것에 따라 판단을 내리고 있고, 후자는 사고 안에 있는 것에 따라 판단을 내리고 있는 것이다. 우리는 이러한 구별을 함으로써, 전자는 자유미를 고집하고 있고, 후자는 부용미를 고집하고 있으며, 전자는 순수한 취미판단을 내리고 있고, 후자는 응용된 취미판단을 내리고 있다는 것을 지적해 주어, 취미의 판단자들의 미에 관한 많은 논쟁을 조정할 수가 있는 것이다.

---

1) 이 문장은 초판에는 "물론 미감적 만족과 지적 만족이 결합됨으로써 취미는 그것이 고정된다는 점에서 얻는 바가 있고, 또 물론 보편성을 띠게 되지는 않지만, 그러나 취미에 합목적적으로 규정된 어떤 객체에 관한 규칙이 지정될 수 있다."로 되어 있다.

53

§ 17.

미의 이상에 관하여.

　무엇이 아름다운 것인가를 개념에 의해서 결정할 취미의 객관적 규칙이란 있을 수 없다. 왜냐하면 이 원천[취미]으로부터 나오는 모든 판단은 미감적이기 때문이다. 다시 말하면 그 판단의 규정근거는 주관의 감정이요, 객체의 개념이 아니기 때문이다. 미의 보편적 표지를 일정한 개념에 의하여 제시해 주는 취미의 원리 같은 것을 찾고자 함은 헛된 수고다. 왜냐하면 찾아지고 있는 것[그러한 원리]은 불가능한 것, 그 자체가 모순되는 것이기 때문이다. 감각(만족이나 불만족의)이 보편적으로 전달될 수 있다고 하는 것, 더구나 그러한 보편적 전달가능성이 개념을 떠나서 성립한다고 하는 것, 즉 일정한 대상의 표상에 있어서의 이러한 감정에 관하여 모든 시대와 모든 민족이 가능한 한 일치한다고 하는 것——이것이 곧 그처럼 실례들을 통하여 확증된 취미가 깊이 은폐된, 그러나 모든 사람에게 공통적인 근거에서, 즉 대상이 사람들에게 주어질 때의 형식들을 판정함에 있어서의 일치라고 하는 근거에서 유래하는 것임을 보여주는 경험적인——비록 박약하고 그러한 억측을 하기에는 거의 불충분하지만——표식인 것이다.

　그 때문에 우리는 취미의 약간의 산물들을 범례적인 것으로 간주하는데, 그러나 그것은 취미란 다른 사람을 모방함으로써 습득될 수 있다는 의미는 아니다. 왜냐하면 취미는 하나의 독자적인 능력임에 틀림 없기 때문이다. 어떤 전형을 모

54 방하는 사람은 그 모방에 성공하는 한, 물론 숙련은 보여주지만, 그러나 그가 취미를 보여 주는 것은 이 전형을 스스로 판정할 수 있는 한에 있어서의 일이다. *

---

　* 언어예술1)에 관한 취미의 전형은 사어와 고전어로 쓰여진 것이 아니면 안된다. 사어로 쓰여져야만 한다고 함은, 현대어에 있어서는 불가피하게 일어나는 변화, 2) 즉 고상한 어구들이 진부해지고, 상용 어구들이 시대에 뒤떨어지게 되고, 또 신조어들이 단기간 밖에는 통용되지 않는다고 하는 변화3)를 받지 않도록 하기 위함이요, 고전어로 쓰여져야만 한다고 함은, 그 언어가 유행의 변덕스러운 변천에 좌우되는 것이 아니라 불변적인 규칙을 간직하고 있는 문법을 가지도록 하기 위함이다.

　1) 이념과 이상과의 구별에 관해서는 『순수이성비판』 B 596 이하 참조.
　2) 언어예술이란 언어를 표현수단으로 하는 예술을 의미하므로, 여기에는 문예 이외에도 변론술 수사학 등이 포함된다.
　3) "변화"는 초판과 제2판에는 "변화들"로 되어 있다.

그러나 여기에서 귀결되는 것은, 취미의 최고의 전형, 즉 그 원형은 누구나 각자 자기 자신 속에서 스스로 만들어내지 않으면 안되는 한갓된 이념에 지나지 않으며, 이 이념에 의하여 각자 취미의 객체가 되는, 그리고 취미에 의한 판정의 실례가 되는 일체의 것을 판정하고, 또 다른 모든 사람들의 취미까지도 판정하지 않으면 안된다고 하는 사실이다. 이념이란 본래 하나의 이성개념을 의미하며, 이상이란 어떤 이념에 적합한 존재자로서의 개별적 존재자의 표상을 의미한다.[1] 그러므로 취미의 그러한 원형은 물론 최고도라고 하는 이성의 부정적 이념에 기초를 둔 것이기는 하지만, 그러나 개념에 의해서 표상될 수 있는 것이 아니라, 오직 개별적 현시에 있어서만 표상될 수 있는 것인 만큼, 이러한 취미의 원형은 미의 이상이라고 부르는 것이 더 적절할 것이다. 그리고 그러한 이상을 우리는 비록 소유하고 있지는 않지만, 그러나 우리의 내부에서 만들어 내려고 노력하는 것이다. 그러나 그것은 개념에 기인하는 것이 아니라 현시에 기인하는 것이라고 하는 바로 그 이유로 해서, 단지 구상력의 이상에 지나지 않을 것이다. 현시의 능력이 곧 구상력이기 때문이다. ——그러면 우리 55 는 어떻게 하여 그러한 미의 이상에 도달하는 것인가? 선천적으로인가 또는 경험적으로인가? 또한 어떠한 종류의 미가 이상에 알맞은 것인가?

　무엇보다도 먼저 주의해야 할 것은, 미에 대하여 이상을 찾아내야 할 경우에, 그 미는 막연한 미가 아니라 객관적 합목적성의 개념에 의해서 고정된 미가 아니면 안되며, 따라서 그 미는 전연 순수한 취미판단의 객체에 속하는 것이 아니라 일부 지성화된 취미판단의 객체에 속하는 것이 아니면 안된다고 하는 점이다. 다시 말하면 이상이 어떠한 종류의 판정근거에 있어서 성립하여야만 하는 것이든, 거기에는 대상을 내적으로 가능케 하는 목적을 선천적으로 규정하는 어떤 하나의 이성의 이념——일정한 개념에 의거하는——이 기초에 있지 않으면 안된다. 아름다운 꽃이라든가 아름다운 가구라든가 아름다운 경치라든가 하는 것의 이상이란 생각할 수 없는 것이다. 그러나 또한 일정한 목적에 종속된 미, 예를 들면 아름다운 주택, 아름다운 수목, 아름다운 정원 등에 관해서도 이상이란 표상될 수 없다. 아마도 그 이유는 이러한 목적들이 그 개념에

---

1) 이념과 이상과의 구별에 관해서는 『순수이성비판』 B 596 이하 참조.

의해서 충분히 확정되고 고정되어 있지 않으며, 따라서 그 합목적성이 막연한 미의 경우에 있어서와 거의 마찬가지로 자유로운 것이라고 하는 데에 있을 것이다. 오직 자기의 현존의 목적을 자기 자신 안에 가지고 있는 자, 즉 인간만이 이성에 의하여 자기의 목적을 스스로 규정할 수 있으며, 혹은 자기의 목적을 외

56　적 지각으로부터 이끌어낼 수밖에 없는 경우에도, 그것을 [인간의] 본질적 보편적 목적과 비교하여 이 목적과의 합치를 또한 미감적으로 판정할 수도 있거니와, 그 때문에 이러한 인간만이 미의 이상을 가질 수 있는 것이다. 그리고 이것은 이 세계의 모든 대상 중에서 유독 예지로서의 그의 인격 가운데에 있는 인간성만이 완전성의 이상을 가질 수 있는 것과 꼭 마찬가지인 것이다.

　　그러나 여기에는 두 가지 것이 속해 있다: 첫째로는 미감적 규준이념인데, 이것은 우리가 인간을 하나의 특수한 동물의 종에 속하는 것으로 판정할 경우의 판정의 표준을 나타내는 (구상력의) 개별적 직관이다. 둘째로는 이성이념인데, 이것은 감성적으로는 표상될 수 없는 한에 있어서의 인간성의 목적들을 인간의[1) 형태를 판정하기 위한 원리로 삼는다. 그런데 인간의 형태는 현상계에 있어서 [실현된] 인간성의 목적들의 결과이므로, 이 형태를 통해서 인간성의 목적들은 개시되는 것이다. 규준이념은 특수한 류에 속하는 어떤 동물[인간]의 형태를 구성하는데 필요한 요소들을 경험으로부터 얻을 수밖에 없다. 그러나 이 형태의 구성에 있어서의 최대의 합목적성은 이 류에 속하는 각 개체의 미감적 판정을 위한 보편적 규준으로 사용될 수 있을 것이므로, 이 합목적성은 말하자면 어떤 의도를 가지고 자연의 기교의 근저에 놓여 있는 형상이라 하겠다. 그리고 이 형상에는 오직 류가 전체로서만 적합할 뿐이요, 개체가 개별적으로 적합한 것이 아니므로, 어쨌든 이러한 형상은 단지 판정자2)의 이념에 자리잡고 있을 뿐이다. 그러나 이 이념은 미감적 이념으로서 그 균형을 이루고, 어떤 전형적 형상에 있어서 완전히

57　구체적으로 현시될 수 있는 것이다. 이러한 일이 어떻게 하여 일어나는가를 다소나마 이해할 수 있도록 하기 위하여(누가 자연으로부터 그 비밀을 완전히 알아낼 수 있단 말인가?), 우리는 심리학적 설명을 시도하고자 한다.

---

1) Kant는 "하나의"라고 쓴 것을 Erdmann이 "인간의"로 고쳤다.
2) 제2판에는 "판정자들의"로 되어 있다.

우선 다음과 같은 점을 주의해 두지 않으면 안된다: 구상력은 우리가 전연 알
수 없는 방식으로 개념에 대한 부호를 오랜 시간이 경과한 후에라도 수시로 상기
해낼 줄 알 뿐만 아니라, 대상의 형상과 형태를 상이한 종류나 또는 동일한 종류
의 무수한 대상들로부터 재생할 줄도 안다. 그 뿐만 아니라 또 심의가 비교에 뜻
을 두고 있을 때에는, 비록 [그 비교의 과정이] 충분히 의식에 떠오르지는 않지만,
구상력은 아마도 실제로는 말하자면 하나의 형상을 다른 형상 위에 포개어 놓고,
동일한 종류에 속하는 많은 형상을 합치시킴으로써 이 모든 형상에 공통적인 척
도가 되는 하나의 평균적인 것을 이끌어낼 줄도 알 것이다. [예를 들어서] 어떤 사
람이 천 명의 성년 남자를 보았다고 하자. 이제 그가 비교에 의하여 어림잡을 수
있는 [성년 남자의] 표준적인 크기에 관하여 판단을 내리려고 한다면, (나의 의견
으로는) 구상력은 다수의 형상을 (아마도 그 천 개 전부를) 서로 포개어 놓는 것
이다. 그리하여──이 경우에 내가 시각적 현시의 유비를 적용해도 좋다면──
가장 많은 형상이 합치되는 공간에 있어서, 그리고 또 가장 진하게 착색된 부분의
윤곽 안에 있어서 평균적 크기가 알려지게 되는 것이다. 그리고 이러한 평균적
크기는 신장으로 보아서나 폭으로 보아서나 가장 큰 체격과 가장 작은 체격과의
양극단에서 같은 거리에 있는 것이다. 그리고 이것이 곧 아름다운 남자의 체격인
것이다. (만일 천 명 전체를 측정하여, 그들의 신장과 신폭과(몸집과)를 각각 합계　58
하고, 그 총화를 천으로 나눈다면, 우리는 그와 똑같은 결과를 기계적으로 얻을
수 있을 것이다. 그러나 구상력은 그러한 형태들을 여러번 포착함으로써 내감의
기관에 일어나는 역학적 효과에 의하여 바로 그와 똑같은 일을 하는 것이다.) 이
번에는 다시 그와 비슷한 방식으로 이 평균적인 남자에 대하여 평균적인 두부를
구하고, 또 평균적인 두부에 대하여 평균적인 코를 구하고, 이렇게 계속해가면,
우리는 이러한 비교가 시행되고 있는 나라에 있어서의 아름다운 남자의 규준이념
의 기초가 되는 형태에 도달하게 된다.[1] 그러므로 이러한 경험적 조건하에 있어
서는[2] 필연적으로 흑인은 형태의 미에 관하여 백인과는 다른 규준이념[3])을 가질

---

1) "우리는…… 도달하게 된다."는 초판에는 "이 형태가 이러한 비교가…… 남자의 규준이념이다"로
  되어 있다.
2) "이러한 경험적 조건하에 있어서는"은 제2판과 제3판의 추가이다.
3) "규준이념"이 초판에서는 "이상"으로 되어 있다.

수밖에 없으며, 중국인은 구라파인과는 다른 규준이념을 가질 수밖에 없는 것이다. 아름다운 말이나 개(일정한 품종의)의 전형도 그와 꼭 마찬가지일 것이다. ——이러한 규준이념은 경험에서 얻은, 일정한 규칙으로서의 균형으로부터 이끌어낸 것이 아니다. 그보다는 오히려 이 규준이념에 의해서 비로소 판정의 규칙이 가능하게 되는 것이다. 규준이념은 개체에 관한 모든 개개의 직관들, 즉 여러 가지로 상이한 직관들 사이를 부동하고 있는, 그 류 전체에 대한 형상이요, 자연은 이 형상을 동일한 종류에 속하는 자연의 산물들의 원형으로서[1] 근저에 두었으나, 어떠한 개체에 있어서도 이 형상을 완전히 실현하지는 못한 것같이 보인다.

59 그러나 규준이념은 결코 이 류에 있어서의 미의 완전한[2] 원형이 아니라, 단지 모든 미의 불가결한 조건이 되는 형식에 지나지 않으며, 따라서 류를 현시하는 데 있어서의 적정성에 지나지 않는다. 이 규준이념은 폴류클레이토스[3]의 유명한 『창을 멘 사람』이 규칙이라고 불렸던 것과 같은 의미에서 규칙인 것이다(뮤론[4]의 『암소』도 그 류에 있어서 규칙으로 사용될 수 있었다). 바로 그 때문에 규준이념은 아무런 종별적—특성적인 것을 포유할 수가 없다. 왜냐하면 만일 그러할 수 있다고 한다면, 그것은 류에 대한 규준이념이 아닐 것이기 때문이다. 이 규준이념의 현시가 만족을 주는 것도 미 때문이 아니라, 단지 그 현시가 이 류에 속하는 어떤 사물이 아름다운 것일 수 있는 조건과 모순되지 않기 때문이다. [따라서] 그 현시는 격식에 맞는다 뿐이다.＊

＊ 화가가 모델이 되어 주기를 바라는 아주 반듯한 얼굴이란 대개 무표정한 것임을 사람들은 알게 될 것이다. 이는 그러한 얼굴이 아무런 특성적인 것도 가지고 있지 않으며, 따라서 일개인의 특수성보다도 오히려 류의 이념을 표현하고 있기 때문인 것이다. 이와 같은 특징이 과장되면, 다시 말하면 규준이념 (류의 합목적성) 자체를 파괴하게 되면, 그것을 희화라고 한다. 또한 경험이 보여주는 바로는, 그러한 아주 반듯한 얼굴들이란 내면적으로는 하나의 평범한 인간에 지나지 않음을 알려주는 것이 보

1) "동일한 종류에 속하는 자연의 산물들의 원형으로서"는 초판과 제2판에는 "원형으로서 동일한 종류에 속하는 자연의 산물들의"로 되어 있다.
2) 초판에는 "완전한"은 빠져 있다.
3) Polykleitos(B.C. 460?–423?): 희랍의 조각가. Pheidias와 함께 B.C. 5세기의 전기 클래식의 쌍벽이다. 청동상작가로서 뛰어났고, *Kanon* 『규범』이라는 저술도 남겼다. 이 이론을 작품에 나타낸 것이 *Doryphoros* 『창을 멘 사람』이라고 한다.
4) Myron(B.C. 480–440): 희랍의 조각가. 청동상작가로서 그 대표작이 *Diskobolos* 『원반을 던지는 사람』이다. 경기자의 상, 신상을 주로 다루었으나, 동물의 조각에도 뛰어났다.

그러나 미의 이상은 미의 규준이념과는 구별된다. 미의 이상은 이미 언급된 이유로 해서 오로지 인간의 형태에 있어서만 기대될 수 있는 것이다. 그런데 이 인간의 형태에 관해서는 이상은 도덕적인 것의 표현에 있어서 성립한다. 도덕적인 것을 떠나서는 이 대상은 보편적으로도 또 적극적으로도 (단지 격식에 60 맞는 현시에 있어서 소극적으로만이 아니라) 만족을 주지는 못할 것이다. 인간을 내면적으로 지배하는 도덕적 이념들의 가시적인 표현은 물론 경험에서만 얻을 수 있는 것이다. 그러나 이 도덕적 이념들과, 우리의 이성이 최고의 합목적성의 이념에 있어서 도덕적 선에 결부시키는 일체의 것과의 결합을, 즉 자선심이나 순결이나 강직이나 평정 등을 신체적 표출(내면적인 것의 결과로서의)에 있어서 말하자면 가시적이게끔 하기 위해서는, 그러한 것들을 현시하고자 하는 자는 더 말할 것도 없고, 그러한 것들을 단지 판정만 하고자 하는 자에게 있어서도, 반드시 이성의 순수이념과 구상력의 강력한 힘이 결합되어 있어야만 한다. 미의 그와 같은 이상의 적정성은, 그러한 이상이 그 객체에 관한 만족 속에 감관의 자극이 혼입되는 것을 허용하지 않지만, 그럼에도 불구하고 [우리들로 하여금] 객체에 관하여 큰 관심을 가지도록 해 준다고 하는 점에서 입증되는 것이다. 그리고 이러한 사실은 또 그와 같은 표준에 의한 판정이 결코 순수한 미감적 판정일 수 없다고 하는 것과, 미의 이상에 의한 판정이 한갓된 취미의 판단 61 이 아니라고 하는 것을 증명하는 것이다.

이 제3계기로부터 추론되는 미의 설명.

미는, 합목적성이 목적의 표상을 떠나서 어떤 대상에 있어서 지각되는 한에 있어서의, 그 대상의 합목적성의 형식이다.**

통이다. 그 이유는 아마도 (자연은 내면의 균형을 외면에 표현한다고 가정해도 좋다면) 단지 결함이 없는 한 인간을 형성하는 데에 필요한 균형 이상으로 탁월한 심의의 소질이 하나도 없을 경우에는, 소위 천재라고 하는 것을 기대해서는 안된다고 하는 데에 있을 것이다. 천재라고 하는 것에 있어서는 자연은 단 하나의 심의력을 위하여 모든 심의력의 평상적인 균형에서 떠나버리는 것 같이 보인다.
** 이러한 설명에 반대하여 다음과 같은 것을 실례로 드는 사람이 있을는지도 모른다: 즉, 우리가 거기에서 하나의 합목적적인 형식은 볼 수 있으나 목적은 인식할 수 없는 사물들이 있으니, 예를 들면 가끔 고탑에서 발굴되는 석기류에는 손잡이를 끼우기 위한 것으로 보이는 구멍이 있는데, 이러한

62   취미판단의 제4계기: 대상들1)에 관한 만족의 양상

§ 18.
취미판단의 양상이란 무엇인가.

어떠한 표상에 관해서나 나는 그 표상(인식으로서의)이 쾌감과 결합되어 있다는 것은 적어도 가능한 일이라고 말할 수 있다. 내가 쾌적하다고 부르는 것에 관해서는 나는 그것이 나의 내부에서 현실적으로 쾌감을 일으킨다고 말한다. 그러나 아름다운 것에 관해서는 우리는 그것은 만족과의 필연적 관계를 가진다고 생각한다. 그런데 이 필연성은 특수한 종류의 것이다. 즉, 그것은 이론적 객관적 필연성이 아니다. 다시 말하면, 내가 아름답다고 부르는 대상에 관하여 느끼는 이러한 만족을 누구나 느끼게 되리라는 것이 선천적으로 인식될 수 있다고 하는 필연성이 아니다. 또한 그것은 실천적 필연성도 아니다. 그것이 실천적 필연성이라고 한다면, 이 만족은 곧 자유롭게 행위하는 존재자에게 규칙이 되는 순수한 이성의지의 개념에 의해서 하나의 객관적 법칙에서 나온 필연적 결과라 할 것이며, 또 이 만족은 우리는 절대적으로 (그 이상의 아무런 의도도 없이) 일정한 방식으로 행위해야만 한다고 하는 것 이외에는 아무것도 의미하지 않는다고 할 것이다. 그러나 그런 것이 아니라 오히려 이 필연성은 미감적 판단에 있어서 문제되고 있는 필연성인 만큼, 단지 범례적 필연성이라

석기류는 그 형태에 있어서는 분명히 하나의 합목적성을 보여주고 있고, 우리는 그 목적을 알지 못하지만, 그럼에도 불구하고 우리는 그 때문에 이 석기류를 아름답다고 언명하지는 않는다[고 하는 이의가 곧 그것이다]. 그러나 우리가 이러한 석기류를 하나의 기술작품으로 간주한다고 하는 사실만으로도 이미, 우리가 그것의 형상을 어떤 하나의 의도와 일정한 목적에 관련시키고 있다고 함을 승인하지 않을 수 없게 하는 데에 충분하다. 이 석기류의 관조에 직접적인 만족이 전연 없는 것도 그 때문이다. 그에 반해서 한송이의 꽃, 예를 들면 튤립이 아름답다고 간주되는 것은, 그것을 지각할 때에 우리는 어떤 합목적성에 마주치게 되지만, 그 합목적성은 우리가 그 꽃을 판정할 때와 마찬가지로 어떠한 목적에도 관련을 가지고 있지 않기 때문인 것이다.

1) 초판과 제2판에는 "대상"으로 되어 있다.

고나 부를 수 있을 것이다. 다시 말하면 이 필연성은 우리가 명시할 수 없는
어떤 보편적 규칙의 하나의 실례처럼[1] 간주되는 하나의 판단에 대하여 모든 63
사람이 동의한다고 하는 필연성이다. 미감적 판단은 객관적 판단도 인식판단도
아니므로, 이 필연성은 일정한 개념으로부터 도출될 수 있는 것이 아니요, 따
라서 확연적인 것이 아니다. 하물며 이 필연성을 (일정한 대상의 미에 관한 판
단들이 완전히 일치한다고 하는) 경험의 보편성으로부터 추론할 수는 더욱 없
다. 왜냐하면, 경험이 그것을 위하여 충분할 만큼 많은 증거를 대기는 곤란하
리라고 하는 사실은 그만두고라도, 경험적 판단 위에 이러한 [미감적] 판단의
필연성이라는 개념이 정초될 수는 없기 때문이다.

§ 19.
우리가 취미판단에 부여하는 주관적 필연성은 제약된 필연성이다.

취미판단은 누구에게나 동의를 요구한다. 그리고 어떤 것을 아름답다고 언
명하는 사람은 모든 사람들이 바로 그 대상에 찬동을 보내고, 자기와 같이 그
대상을 아름답다고 언명해야만 한다고 주장한다. 그러므로 미감적 판단에 있어
서의 당위는 아무리 판정에 필요한 모든 여건에 따라서 진술된다 할지라도, 그
것은 실은 조건부로 진술되는 것에 지나지 않는다. 우리가 다른 모든 사람들의
동의를 구하여 마지 않는 것은, 우리가 그러한 동의에 대한, 모든 사람에게 공
통적인 근거를 가지고 있기 때문이다. 그리하여 그 사례가 찬동의 규칙으로서
의 그 근거 아래에 올바로 포섭되어 있다는 것이 확실하기만 하다면, 우리는 64
그러한 동의를 기대할 수도 있을 것이다.

---

1) "하나의 실례처럼"에서 "하나의"는 Erdmann이 부가한 것이요, Wnidelband는 이것을 "실례로
서"라고 읽는다.

§ 20.
취미판단이 주장하는 필연성의 조건은 공통감의 이념이다.

만일 취미판단이 (인식판단과 마찬가지로) 일정한 객관적 원리를 가지고 있다면, 그러한 원리에 따라 취미판단을 내리는 사람은 자기의 판단의 무조건적 필연성을 요구할 것이다. 또 만일 취미판단이 한갓된 감관취미의 판단처럼 아무런 원리도 가지고 있지 않다면, 취미판단의 필연성이란 전혀 생각할 수도 없을 것이다. 그러므로 취미판단은 무엇이 만족을 주는가 또는 무엇이 불만족을 주는가를 개념에 의해서가 아니라 단지 감정에 의해서 규정하는, 그러면서도 보편타당하게 규정하는, 하나의 주관적 원리를 가지고 있지 않으면 안된다. 그러나 그와 같은 원리는 하나의 공통감이라고 밖에 볼 수 없을 것이다. 그런데 우리는 때로 공통적 오성[상식]도 또한 공통감(*sensus communis* [상식])이라고 부르고 있지만, 이 공통감은 그러한 공통적 오성과는 본질적으로 다른 것이다. 후자는 감정에 따라 판단을 내리는 것이 아니라, 언제나 개념——비록 대개는 불분명하게 표상된 원리로서의 개념에 지나지 않지만——에 따라 판단을 내리는 것이기 때문이다.

그러므로 공통감이라는 것이 (그러나 이 공통감이란 외감을 의미하는 것이 아니라, 우리의 인식력들[오성과 구상력]의 자유로운 유동에서 나오는 결과를 의미하는 것이다) 있다고 하는 전제하에서만, 즉 거듭 말하자면 그러한 공통감의 전제하에서만, 취미판단은 내릴 수가 있는 것이다.

65

§ 21.
우리는 공통감을 전제할 수 있는 근거를 가지고 있는가.

인식과 판단은 거기에 수반되는 확신과 함께 보편적으로 전달될 수 있는 것이 아니면 안된다. 왜냐하면, 만일 그렇지 않다고 한다면, 인식과 판단에는 객체와의 합치란 성립되지 않을 것이며, 또 인식과 판단은 모두, 회의론이 주장하는 바와 꼭 마찬가지로, 표상력들의 한갓된 주관적 유동에 지나지 않을 것이기 때문이다. 그러나 인식이 전달될 수 있는 것이어야만 한다면, 심의상태도,

환언하면 인식 일반의 성립을 위한 인식력들 사이의 조화도, 뿐만 아니라 표상
(이 표상에 의하여 우리에게 대상이 주어진다)으로부터 인식을 만들어내기 위
하여 이 표상에 알맞은 [인식력들의] 균형도 또한 보편적으로 전달될 수 있지 않
으면 안된다. 왜냐하면 이러한 균형은 인식작용의 주관적 조건인 만큼, 이 균
형이 없이는 결과로서의 인식은 나올 수 없을 것이기 때문이다. 그리고 이러한
일은, 주어진 대상이 감관을 매개로 하여 구상력을 활동시켜서 [직관]의 다양을
종합하도록 하고, 또 구상력은 오성을 활동시켜서 이 다양을 개념에 있어서 통
일하도록 할 때에, 언제나 실제로 일어나는 것이다. 그러나 두 인식력의 이러
한 조화는 주어지는 객체가 다름에 따라서 다른 균형을 가진다. 그럼에도 불구 66
하고 어떤 하나의 조화가, 즉 (한 심의력[오성]이 다른 심의력[구상력]에 의하여)
고무되기에 적합한 이 내면적 관계가 (주어진 대상들의) 인식 일반에 대한 의
도에서 보아 이 양심의력에 가장 유리한 관계라고 할 수 있는 그러한 조화가
하나가 반드시 있지 않으면 안된다. 그리고 이러한 조화는 감정에 의해서 (개
념에 의해서가 아니라) 밖에는 규정될 수 없는 것이다. 그런데 이 조화 자체가
보편적으로 전달될 수 있는 것이 아니면 안되며, 따라서 이 조화의 감정(주어
진 표상에 있어서의)도 또한 보편적으로 전달될 수 있는 것이 아니면 안되지
만, 그러나 감정의 보편적 전달가능성은 하나의 공통감을 전제하는 것이므로,
여기에 우리가 공통감을 상정할 수 있는 근거가 있다고 할 것이다. 그리고 또
우리는 그 경우에 이 공통감을 심리학적 관찰에 입각해서 상정하는 것이 아니
라, 우리의 인식의 보편적 전달가능성의 필연적 조건으로서 상정하는 것이요,
이러한 필연적 조건은 어떠한 논리학에 있어서나, 그리고 회의적이 아닌 어떠
한 인식의 원리에 있어서나 전제되지 않으면 안되는 것이다.

§ 22.

취미판단에 있어서 사유되는 보편적 동의의 필연성은 주관적 필연성이지만,
공통감의 전제하에 있어서는 객관적 필연성으로서 표상된다.

우리가 어떤 것을 아름답다고 언명하는 모든 판단에 있어서, 우리는 그 누구
도 다른 의견을 가지는 것을 허용하지 않는다. 그러나 그럼에도 불구하고 우리

67 는 우리의 판단의 기초를 개념에 두고 있는 것이 아니라, 감정에 두고 있을 뿐
이다. 그러므로 우리는 이 감정을 사적 감정으로서가 아니라 하나의 공통적 감
정으로서 [판단의] 기초에 두고 있는 것이다. 그런데 이 공통감은 이를 위해서
는 경험에 기초를 둔 것일 수가 없다. 왜냐하면 이 공통감은 일종의 당위를 내
포하고 있는 판단의 정당성을 확립하려는 것이요, 그것은 모든 사람들이 우리
의 판단과 일치할 것이라고 함을 의미하는 것이 아니라 우리의 판단과 합치해
야만 한다고 함을 의미하는 것이기 때문이다. 그러므로 여기에서 나는 나의 취
미판단을 이 공통감에 의한 판단의 한 실례로서 제시하고, 또 그 때문에 나는
이 취미판단에 대하여 범례적 타당성을 부여하거니와, 이 공통감은 하나의 한
갓된 이상적 규범에 지나지 않는 것이요. 이러한 규범을 전제할 때에만 우리는
그 규범에 합치되는 판단과 그 판단에 표현되는, 어떤 객체에 관한, 만족과를
모든 사람들에게 대한 규칙으로 삼을 수 있는 권리를 가지게 될 것이다. 왜냐
하면 물론 이 원리는 단지 주관적인 것에 지나지 않지만, 그러나 주관적—보편
적 원리(모든 사람들에게 필연적인 이념)로서 상정된 것인 만큼, 여러 판단자
들의 일치에 관해서는, 우리가 [그들의 판단을] 이 원리 아래에 올바로 포섭했다
고 확신만 한다면, 이 원리도 객관적 원리와 같이 보편적 동의를 요구할 수가
있을 것이기 때문이다.

　일종의 공통감이라는 이 모호한 규범은 우리가 실제로 전제하고 있는 것이
다. 우리가 서슴없이 취미판단을 내린다고 하는 사실이 이것을 입증한다. 그러
나 그러한 공통감이 경험을 가능케 하는 구성적 원리로서 사실상 존재하는가,
그렇지 않으면 이성의 더욱 높은 원리가 더 높은 목적을 위하여 먼저 우리의
68 안에 공통감을 만들어 놓고자 하여 그것을 우리의 통제적 원리로 삼음에 지나
지 않는 것인가, 따라서 취미란 근원적 자연적 능력인가, 아니면 단지 습득되
어야 할 인위적 능력의 이념에 불과한 것인가, 그리하여 취미판단은 보편적 동
의를 요구하면서도 사실은 감각방식을 일치시키려는 이성의 요구에 지나지 않
는 것인가, 그리고 당위는, 환언하면 모든 사람들의 감정이 다른 모든 사람들
의 특수한 감정과 융합한다고 하는 객관적 필연성은 곧 그러한 감정에 있어서
합치에 도달할 가능성을 의미하는 데 불과하며, 또 취미판단은 이 원리가 적용
된 하나의 실례를 드는 것에 불과한 것인가——이러한 문제를 우리는 여기에

서는 아직 구명하려고 하지 않으며, 또 구명할 수도 없다. 지금은 우리는 취미 능력을 그 요소로 분해하고, 그것을 결국 하나의 공통감의 이념에 있어서 통합하기만 하면 되는 것이다.

제4계기로부터 추론되는 미의 설명

미란 개념을 떠나서 필연적 만족의 대상으로서 인식되어지는 것이다.

분석론 제1장에 대한 총주.

이상의 분석에서 그 결과를 이끌어내보면, 모든 것이 다음과 같은 취미의 개념에 귀착한다는 것을 알 수 있다: 취미란 대상을 구상력의 자유로운 합법칙성 69 과 관련하여 판정하는 능력이다. 그런데 취미판단에 있어서는 구상력은 그의 자유에 있어서 고찰되지 않으면 안된다고 한다면, 구상력은 무엇보다도 먼저 연상법칙의 지배하에 있는 구상력처럼 재생적 구상력이 아니라, 생산적 자발적 구상력으로서 (가능적 직관의 임의의 형식의 창시자로서) 상정되는 것이다. 그리고 비록 구상력은 감관의 주어진 대상을 포착할 때에 이 객체의 일정한 형식에 속박되어 있으며, 그런 한에 있어서 자유로운 유동을 (시작에 있어서처럼) 하지는 못하지만, 그러나 대상이 구상력에 대하여 [직관의] 다양의 종합을 포유하고 있는 형식을 제공할 수 있다는 것은 충분히 이해될 수 있는 일이다. 그리고 이 형식은 마치 구상력이 자유롭게 방임되어 있기라도 하다면 오성의 합법칙성 일반과 조화되도록 만들기라도 할 것 같은 형식인 것이다. 그러나 구상력이 자유로우면서도 또 저절로 합법칙적이라고 함은, 다시 말하면 구상력이 자율성을 지닌다고 함은 모순이다. 법칙을 부여하는 것은 오성뿐이다. 그러나 구상력이 일정한 법칙에 따라 활동하지 않을 수 없는 경우에는, 그 산물이 어떠한 것이어야만 하는가는 형식상 개념에 의해서 규정되는 것이다. 그러나 그 경우에는 만족은, 위에서 지적한 바와 같이, 미에 관한 만족이 아니라 선에 관한 (완전성, 기껏해야 단지 형식적 완전성에 관한) 만족이요, 또 그 판단은 취미에 의한 판단이 아니다. 그러므로 일종의 법칙 없는 합법칙성과, 표상이 대상의 일정한 개념에 관계하는 경우의 객관적 합치가 없는, 구상력과 오성과의 일종의 주관적 합치만이, 오성의 자유로운 합법칙성(이것은 목적 없는 합목적성이라고도 불린다)이나 취미판단의 독자성과 양립할 수 있을 것이다.

70   그런데 기하학적—규칙적인 형태들, 즉 원형, 정방형, 정사면체 등을 취미의 비판자들은 흔히 미의 가장 단순하고 가장 명백한 실례로서 든다. 그러나 이러한 도형들이 규칙적이라고 일컬어지는 이유는, 바로 그것들이 그 형태에 규칙을 지정하는 (이 규칙에 의해서만 그 형태는 가능하다) 일정한 개념의 한갓된 현시로 간주되지 않고서는 달리 표상될 수가 없다고 하는 데에 있다. 그러므로 상술한 형태들에 미를 인정하려는 비판자들의 판단과, 개념을 떠난 합목적성을 미에 필수적인 것이라고 보는 우리들의 판단과의 양자는 어느 하나가 반드시 오류임에 틀림없다.

서투르게 그린 윤곽에서보다는 원형에서 더 만족을 느끼고, 경사진 불등변의, 말하자면 일그러진 사각형에서보다는 등변 등각 사각형에서 더 만족을 느끼자면 취미를 가진 사람이 필요하다고는 아마 아무도 생각하지 않을 것이다. 왜냐하면 거기에 필요한 것은 상식뿐이요, 취미는 전연 필요하지 않기 때문이다. [그러나] 예를 들어서 어떤 장소의 크기를 판정하려고 한다든가, 또는 이것을 분할할 때 그 부분 상호간의 비율과 전체에 대한 비율을 알기 쉽게 하려고 한다든가 하는 하나의 의도가 인지되는 경우에는,1) 규칙적인 형태가, 더구나 가장 단순한 종류의 형태가 필요하게 된다. 그리하여 이 경우 만족은 직접 형태를 바라보는 데에 기인하는 것이 아니라, 여러 가지의 가능적 의도에 대한 그 형태의 유효성에 기인하는 것이다. 벽과 벽이 사각을 이루고 있는 방, 그와 같은 잔디밭이, 또 동물의 형태에 있어서나 건물과 화단의 형태에 있어서의 좌우상칭의 어떠한 훼손(예를 들면 애꾸눈이라고 하는)조차도 불만족을 주는 것은, 그것이 실제적으로 이러한 사물들의 일정한 사용에서 보아서 반목적적일
71 뿐만 아니라, 또한 온갖 가능적 의도에 관한 판정에 대해서도 반목적적이기 때문이다. 그러나 취미판단에 있어서는 사정은 그와 다르다. 취미판단이 순수한 것이면, 그것은 만족이나 불만족을 사용이나 목적을 고려함이 없이 대상의 한

---

1) 여기는 초판에는 "예를 들어서…… 전체에 대한 비율을 판정하려고 한다든가 하는 하나의 의도가 있는 경우에는,"으로 되어 있다.

갖된 관조와 직접 결부시키는 것이다.

　어떤 대상의 개념에까지 이르는 합규칙성은 과연 대상을 단일표상 속에 파
악해들이고 그 [표상의] 다양을 대상의 형식으로 규정하기 위한 불가결한 조건
(*conditio sine qua non*)이기는 하다. 이러한 규정은 인식에서 보면 하나의
목적이며, 또 인식과의 관계에 있어서는 이러한 규정도 언제나 만족과 결부되
어 있는 것이다(단지 개연적인 의도를 포함한 어떠한 의도의 실현에도 만족은
따른다). 그러나 그 경우에 만족은 어떤 문제를 충분히 해결했음을 시인하는
것에 지나지 않을 뿐이요, 심의력들이 우리가 아름답다고 부르는 것을 가지고
자유롭게 그리고 무규정적—합목적적으로 즐기는 것은 아니다. 후자의 경우에
는 오성의 구상력에 봉사하는 것이요, 구상력이 오성에 봉사하는 것이 아니다.

　어떤 의도에 의해서만 가능한 사물에 있어서는, [예컨대] 건물에 있어서나 동
물에 있어서조차도, 좌우상칭에 있어서 성립하는 합규칙성은 목적의 개념에 수
반되는 직관의 통일을 표현하는 것이 아니면 안되며, 또 직관의 통일과 함께
인식에 속하는 것이다. 그러나 표상력들의 자유로운 유동만이 (단, 그 경우 오
성이 어떠한 장애도 받지 않는다는 조건하에서) 유지되어야 할 경우에는, 즉
유원이나 실내장식 또는 여러 가지 취미를 살린 가구액 등에 있어서는 우리는
속박으로 보이는 합규칙성은 가능한 한 피한다. 그 때문에 정원에 있어서의 영
국취미, 가구에 있어서의 바로크취미는 구상력의 자유를 강조한 나머지 오히려
그로테스크한 것에 접근해 갈 정도이며, 그처럼 규칙의 모든 속박으로부터 벗
어날 경우에야말로 바로 취미가 구상력의 설계에 있어서 그의 최대의 완전성을　72
발휘할 수 있다고 생각하는 것이다.

　생경한 합규칙적인 것(수학적 합규칙성에 가까운 것)에는 모두 반취미적인 점
이 있다. 즉, 그러한 것은 오랜 관조의 즐거움을 주기는커녕, 그것이 분명히 인식
이나 일정한 실용적 목적을 의도로 하는 것이 아닌 한, 권태를 일으켜 준다. 그
에 반하여 구상력이 어떤 것에 대하여 꾸밈 없이 그리고 합목적적으로 유동할
수 있을 경우에는, 그러한 것은 우리들에게 항상 신선하여, 우리는 그것을 바라
보는 데에 싫증나는 일이 없다. 마아스텐[1]은 스마트라에 관한 그의 저술에서,

---

1) William Marsden(1754-1836): 미국의 언어학자이며 인종학자. 『수마트라사』(*The History of*

스마트라에는 어디에나 자연의 자유로운 미가 관광객을 둘러싸고 있어서, 그 때문에 오히려 관광객에게는 거의 매력을 가지지 못하나, 그에 반해서 그가 어느 숲속 한가운데에서 후추밭을 발견했을 때, 이 재배물이 휘감고 올라가는 장대가 양편에 평행선으로 줄지어 서서 가로수 길을 이루고 있는 이 후추밭이 그에게는 많은 매력이 있었다고 기록하고, 또 그는 이러한 사실로부터 자연 그대로의, 겉보기에 무규칙적인, 미는 규칙적인 미를 실컷 본 사람에게만 기분전환으로 만족을 줄 뿐이라고 추단하고 있다. 그러나 그가 하루만 이 후추밭에 체류해 보았더라면, 그는 다음 사실을 깨달았을 것이다: 즉, 오성이 일단 합규칙성에 의해서 오성이 늘 필요로 하는 질서에 합치하고 나면, 대상은 이미 오성을 즐겁게 하는 것이 아니라, 오히려 구상력에 대하여 하나의 괴로운 속박을 가한다는 사실, 또 그에 반해서 아무런 인위적 규칙의 속박도 받지 않고 다양한 것들이 넘쳐 흐를 정도로 풍만한 그곳의 자연은 그의 취미에 대하여 끊임 없이 영양을 공급할 수 있다는 사실을, 그는 깨달았을 것이다. —— 우리는 새들의 노래 소리를 어떠한 음악의 규칙에도 환원할 수 없지만, 그러한 새소리조차도 음악의 모든 규칙에 맞추어 부르는 인간의 노래보다 훨씬 더 자유를 가지고 있으며, 또 그 때문에 취미에 대해서도 더 많은 것을 내포하고 있는 것 같다. 왜냐하면, 인간의 노래는 자주 그리고 장시간 반복되면, [새소리보다] 훨씬 더 빨리 압증을 느끼게 하기 때문이다. 그러나 이 경우에는 아마도 우리는 사랑스러운 소동물의 흥겨움에 대하여 우리가 느끼는 동감을 그 노래 소리의 아름다움과 혼동하고 있는 것이요, 그 새소리는 인간이 (밤 꾀꼬리의 울음소리를 흔히 흉내내듯이) 아주 정확하게 흉내낸다 해도 우리의 귀에는 전연 무취미한 것으로 들리는 것이다.

또한 아름다운 대상과 대상(이 대상들은 흔히는 멀리 떨어져 있기 때문에, 판명하게 인식될 수 없는 일이 많다)에 대한 아름다운 조망과는 구별되어야 한다. 후자에 있어서는 취미는 구상력이 그 시야 안에서 포착하는 것에 집착한다기보다는, 오히려 구상력이 그로 해서 창작할 기연을 가지게 되는 것, 즉 본래의 환상[본래 상상에 의하여 만들어진 것]에 집착하는 것 같이 보인다. 그리하여 심의는 눈에 비쳐드는 다양한 것의 자극을 계속해서 받으면서, 이 본래의 환상

Sumatra, London, 1811)를 저술. Kant는 『도덕형이상학』에서도 이 책을 이용했다.

을 스스로 즐기는 것이다. 이를테면 벽난로의 불이나 졸졸 흐르는 시냇물의 변화불측한 형태들을 바라보는 경우가 그러하다. 이 양자는 미는 아니지만, 그러나 구상력의 자유로운 유동을 지속시켜주는 것이므로, 구상력에 대해서는 역시 하나의 매력을 지니고 있는 것이다.

제2장   숭고의 분석론

74
§ 23.
미의 판정능력으로부터 숭고의 판정능력에로의 이행.

아름다운 것과 숭고한 것과는 양자가 모두 그 자체로서 만족을 준다는 점에서 일치한다. 또 더 나아가서 양자가 모두 감관적 판단이나 논리적-규정적 판단을 전제하는 것이 아니라 반성판단을 전제한다는 점에서 일치하며, 따라서 그 만족은 쾌적한 것의 감각처럼 감각에 의존하는 것도 아니요, 또 선에 관한 만족처럼 일정한 개념에 의존하는 것도 아니다. 그러나 그럼에도 불구하고 그 만족은 역시 개념――그것이 어떠한 개념인가는 부정이지만――에 관계되어 있으며, 따라서 그 만족은 한갓된 현시 또는 현시능력과 결합되어 있어서, 그 때문에 이 현시능력, 즉 구상력은 직관이 주어지면 오성의 개념능력이나 또는 이 오성개념을 촉진하는 것으로서의 이성의 개념능력과 조화하는 것으로 간주되는 것이다. 그러므로 이 두 가지 판단은 단칭판단이며, 또한 이 양 판단의 요구하는 바가 쾌의 감정에 그칠 뿐이요, 대상의 인식이 아님에도 불구하고, 이 양 판단은 모든 주관에 대하여 보편타당적임을 선언하는 판단인 것이다.

75   그러나 양 판단 사이에는 현저한 차이가 있음도 명백하다. 자연의 미는 대상의 형식에 관계하는 것이요, 대상의 형식은 한정에 있어서 성립한다. 그에 반해서 숭고는 몰형식적 대상에 있어서도 찾아볼 수 있다. 그러나 이 경우에는 무한정성이 대상에 있어서나 또는 대상을 기연으로 해서 표상되며, 또한 그 무한정성의 총체가 덧붙여 사유되는 것이다. 그리하여 미는 부정적인 오성개념의 현시이지만, 숭고는 부정적인 이성개념의 현시라고 볼 수 있을 것 같다. 그러므로 만족은 미에 있어서는 성질의 표상과 결부되어 있으나, 숭고에 있어서는 분량의 표상과 결부되어 있다. 또한 후자의 만족은 그 종류로 보아서도 전자의 만족과 아주 다르다. 후자(미)[1]는 생을 촉진하는 감정을 직접 directe 지니고

---

1) "(미)"는 제2판과 제3판의 추가이다.

있으며, 그 때문에 자극이나 유동하는 구상력과 결합할 수 있으나, 전자(숭고
의 감정)1)는 오직 간접적으로 indirecte만 일어나는 쾌감이다. 즉, 이 쾌감은
생명력들이 일순간 저지되었다가 곧 뒤이어 한층 더 강력하게 창일한다는 감정
으로 인해서 발생되는 것이며, 따라서 그것은 감동으로서 구상력의 유동이라기
보다 구상력의 엄숙한 활동인 것 같이 보인다. 그러므로 그것은 자극과 결합될
수 없다. 그리고 심의는 대상에게 끌려갈 뿐만 아니라 부단히 대상으로부터 반
발되기도 하기 때문에, 숭고한 것에 관한 감정은 적극적인 쾌감보다는 오히려
감탄이나 또는 경외를 내포하고 있으며,2) 다시 말하면 소극적 쾌감이라고 불   76
러야 마땅한 것이다.

그러나 숭고와 미와의 가장 중요한 내면적 차이는 아마도 다음과 같은 차이
일 것이다: 즉, 우리가 당연한 일이지만 여기에서 우선 자연물들에 있어서의
숭고만을 고찰해보면(예술의 숭고는 언제나 자연과 합치한다는 조건에 제한되
므로), 자연미(독립적인 미)는 그 형식상 일종의 합목적성을 지니고 있어서, 이
합목적성으로 말미암아 대상이 우리의 판단력에 알맞도록 이를테면 미리 규정
되어 있는 듯이 보이며, 그리하여 자연미는 그 자체가 만족의 대상이 되는 것
이다. 그러나 이와는 반대로 우리가 사변을 일삼지 않고 단지 그것을 포착할
때에 우리의 내부에 숭고의 감정을 일으켜 주는 것은 형식상 우리의 판단력에
대해서는 물론3) 반목적적이며, 우리의 현시능력에는 부적합하며, 구상력에 대
해서는 말하자면 난폭한 것 같이 보일는지도 모르나, 그러나4) 그것은 그 때문
에 한층 더 숭고하다고 판단되는 것이다.

그러나 이러한 사실로부터 곧 알 수 있는 것은, 우리들이 자연의 많은 대상
들을 아름답다고 부르는 것은 전혀 정당하지만, 자연의 그 어떤 대상을 숭고하
다고 부르는 것은 일반으로 부당한 표현이라고 하는 점이다. 그 자체가 반목적
적인 것으로 포착되는 것이 어떻게 해서 찬동의 표현으로 불릴 수 있을 것인
가? 우리는 '그 대상은 우리의 심의 속에서만 찾아볼 수 있는 숭고성을 현시하

---

1) "(숭고의 감정)"은 제2판과 제3판의 추가이다.
2) "를 내포하고 있으며"는 초판에는 없다.
3) 초판에는 "물론" 대신 "전혀"로 되어 있다.
4) "그러나"는 초판에는 없다.

는 데 적당하다'고 밖에는 더 이상 말할 수가 없는 것이다. 왜냐하면 본래의 숭
77 고란 감성적 형식에 포함될 수 있는 것이 아니라, 이성의 이념들에만 관계하는
것이기 때문이다. 그런데 비록 이념에 적합한 현시는 가능치 않지만, 바로 이
부적합성이 감성적으로 현시됨으로 해서 이성의 이념들은 환기되고 심의 속으
로 소환되는 것이다. 그리하여 폭풍우로 파도 높은 넓은 대양은 숭고하다고 부
를 수가 없다. 그것을 보고 있으면 무섭다. 그리고 그와 같은 직관에 의해서
심의가 감성을 버리고 보다 높은 합목적성을 내포하고 있는 이념에 관계하도록
자극을 받음으로써 숭고한 감정을 가지게 되자면, 우리는 심의를 미리 여러 가
지 이념으로 가득 채워두지 않으면 안 되는 것이다.

독립적인 자연미는 우리에게 자연의 기교를 보여준다. 그리고 이 자연의 기
교는 우리로 하여금 자연을 법칙들에 따르는 하나의 체계로서 표상하게 하지
만, 우리는 이 법칙의 원리를 우리의 전오성능력 중 어디에서도 찾을 수가 없
는 것이다. 즉, 이 원리는 판단력을 현상에 대하여 사용함에 관한 하나의 합목
적성의 원리인 것이다. 그리하여 현상은 단지 자연의 몰목적적 기계적 조직에
속하는 것으로서만이 아니라, 또한 예술과의 유비에 속하는 것으로서도1) 판정
되지 않으면 안 된다. 그러므로 자연미는 과연 자연물에 관한 우리의 인식을
실제로 확장하지는 않지만, 그러나 한갓된 기계적 조직으로서의 자연에 관한
우리의 개념을 예술로서의 자연의 개념에로 확장하며, 이러한 확장으로 해서
우리는 그러한 자연형식[자연미]의 가능에 관한 깊은 연구에 끌려 들어가는 것
이다. 그러나 자연에 관해서 우리가 흔히 숭고하다고 부르는 것 속에는 특수한
78 객관적 원리들과 이러한 원리들에 적합한 자연의 형식들에 이르는 것이라고는
전혀 없으므로, 자연은 오히려 그 혼돈에 있어서 또는 가장 난폭하고 가장 불
규칙적인 그 무질서와 황폐에 있어서——크기와 위력만이 보인다면2)—— 숭고
의 이념을 가장 많이 일으키는 것이다. 이로부터 우리가 알 수 있는 것은, 자
연의 숭고의 개념은 자연에 있어서의 미의 개념보다 훨씬 중요치도 않으며, 또
그 결과가 풍부하지도 않다는 사실과, 일반으로 숭고의 개념은 자연 그 자체에

---

1) "또한 예술과의 유비에 속하는 것으로서도"는 초판에는 "또한 예술에 속하는 것으로서도"로 되어
있다.
2) "크기와 위력만이 보인다면"은 초판에는 "자연이 크기와 위력만을 보인다면"으로 되어 있다.

있어서의 합목적적인 것을 지시하는 것이 아니라, 자연과는 전혀 독립된 합목
적성을 우리들 자신의 내부에서 감지할 수 있도록 자연에 관한 직관을 사용할
수 있을 때에만 합목적적인 것을 지시하는 데 지나지 않는다고 하는 사실이다.
자연의 미에 대해서는 우리는 그 근거를 우리의 외부에서 찾지 않으면 안 되지
만, 숭고에 대해서는 단지 우리의 내부에서만, 그리고 자연의 표상에 숭고성을
끌어넣는 우리의 심적 태도에서만 그 근거를 찾지 않으면 안 된다. 이것은 아
주 긴요한 예비적 주의요, 이 때문에 숭고의 이념은 자연의 합목적성의 이념과
완전히 분리되어, 숭고의 이론은 자연의 합목적성의 미감적 판정의 한갓된 부
록을 이루는 데 지나지 않는 것이다. 왜냐하면 숭고에 의해서는 자연에 있어서
의 어떠한 특수한 형식도 표상되지 않고, 오직 구상력에 의한 자연의 표상의
합목적적 사용만이 전개될 뿐이기 때문이다.

§ 24.

숭고의 감정의 연구의 구분에 관하여.

79

　숭고의 감정과 관련하여 대상들을 미감적으로 판정하는 계기들을 구분할 때
에는, 그 분석론은 취미판단의 분석에 있어서와 동일한 원리에 따라 진행될 수
있을 것이다. 왜냐하면 숭고에 관한 만족도 미감적 반성적 판단력의 판단이므
로, 미에 관한 만족과 마찬가지로 분량으로 보면 보편타당적이며, 성질에서 보
면 무관심적이며, 관계에서 보면 주관적 합목적성이며, 또 양상에서 보면 이
주관적 합목적성을 필연적인 것으로 표상시키는 것일 수밖에 없기 때문이다.
그러므로 이러한 점에서 그 방법도 전장[미의 분석론]에 있어서의 방법과 다르
지 않을 것이다. 단 다음과 같은 차이는 고려하지 않으면 안 될 것이다: 즉,
전장에서는 미감적 판단은 객체의 형식에 관계하는 것이었으므로, 우리는 성질
의 연구에서부터 출발했지만, 본장에서는 우리가 숭고하다고 부르는 것에는 몰
형식성이 속하므로, 우리는 숭고에 관한 미감적 판단의 제1계기로서 분량에서
부터 출발하게 되리라는 점이다. 이러한 차이의 이유는 전절의 서술로 명백하
게 알 수 있는 일이다.

　그러나 숭고의 분석은 미의 분석에는 불필요했던 구분을 필요로 한다. 즉,

수학적 숭고와 역학적 숭고와의 구분이 그것이다.

80   미에 관한 취미는 평정한 관조에 들어가 있는 심의를 전제하고 그것을 유지하는 데 반해서, 숭고의 감정은 대상의 판정과 결부된 심의의 동요를 그 특성으로서 가진다. 그러나 이 동요는 주관적 합목적적인 것으로 판정되어야만 한다(숭고는 만족을 주는 것이므로). 그러므로 구상력은 이 동요를 인식능력에 관련시키거나, 또는 욕구능력에 관련시키거나, 두 가지 중의 하나이다. 그러나 어느 관련에 있어서나 주어진 표상의 합목적성은 오직 이 능력들에 관해서만 (목적이나 관심을 떠나서) 판정되는 것이다. 따라서 이 경우에 전자 [인식능력에 관계하는 합목적성]는 구상력의 수학적 정조로서, 그리고 후자[욕구능력에 관계하는 합목적성]는 구상력의 역학적 정조로서 객체에 덧붙여지며, 또 그 때문에 객체는 상술한 두 가지 방식으로 숭고한 것으로 표상되는 것이다.

A. 수학적 숭고에 관하여.

§ 25.
숭고의 어의.

단적으로 큰 것을 우리는 숭고하다고 부른다. 그러나 크다고 하는 것과 어떤 크기이다라고 하는 것과는 전연 다른 개념이다(큼 *magnitudo*과 크기 *quantitas*). 마찬가지로 어떤 것이 크다고 단적으로 (단순하게 *simpliciter*) 말하는 것도 그

81 것이 단적으로 크다(비교적으로가 아니라 절대적으로 크다 *absolute, non comparative magnum*)고 말하는 것과 전연 다르다. 후자는 일체의 비교를 넘어서서 큰 것이다.──그렇다면 어떤 것이 크다거나 작다거나 중간이라고 하는 표현은 무엇을 의미하는 것일까? 이 표현이 나타내는 것은[1] 순수오성개념이 아닐 뿐더러, 감관의 직관은 더욱 아니다. 또 그것은 이성개념도 아니다. 왜냐하면 그것은 아무런 인식의 원리도 가지고 있지 않기 때문이다. 따라서 그

---

1) "이 표현이 나타내는 것은"은 초판에는 "이 표현은"으로 되어 있다.

것은 판단력의 개념이든가, 혹은 그러한 판단력의 개념에서 유래하여 판단력과
의 관계에 있어서의 표상의 주관적 합목적성을 그 근저로 하고 있는 것일 수밖
에 없다. 어떤 것이 일정한 크기(양 *quantum*)라고 하는 것은 다른 것과 비교
하지 않더라도 사물 그 자체로부터 인식된다. 즉, 동종적인 것의 다가 모여서
일을 구성하고 있는 경우가 그러하다. 그러나 그것이 얼마나 큰가를 결정하려
면, 역시 크기를 가지고 있는 다른 어떤 것이 그 척도로서 항상 필요한 것이
다. 크기를 판정함에 있어서 중요한 것은 단지 다수성(수) 뿐만이 아니라, 또한
단위(척도)의 크기이며, 또 이 단위의 크기는 다시 그것을 비교할 수 있는 척도
로서 다른 어떤 것을 필요로 하므로, 현상의 일체의 양규정은 어떤 크기에 관
한 절대적 개념을 부여할 수가 결코 없고, 언제나 단지 하나의 비교개념을 부
여할 수 있을 뿐이라고 하는 사실을 우리는 알 수 있다.

　그런데 내가 어떤 것이 크다고 단적으로 말할 경우에, 대상이 얼마나 큰가
하는 것이 비교에 의해서 규정되고 있는 것은 전연 아니므로, 나는 어떠한 비
교도, 적어도 어떠한 객관적 척도와의 비교도 염두에 두고 있지 않은 것 같다. 82
그러나 이 비교의 척도가 단지 주관적인 것에 지나지 않을지라도, 그 판단은
보편적 동의1)를 요구하는 것이다. 즉, '이 사람은 아름답다'고 하는 판단과 '그
는 크다'고 하는 판단은 단지 판단하는 주관에만 국한된 것이 아니라, 이론적
판단이나 마찬가지로 모든 사람들의 동의를 요구하는 것이다.

　그러나 어떤 것을 단적으로 크다고 표현하는 판단을 내릴 경우에, 그러한 판
단은 대상이 어떤 크기를 가지고 있다고 함을 주장할 뿐만 아니라, 또 동시에
이 크기가 동 종류의 다른 많은 대상들에게보다도 월등하게 이 대상에게 부여
되어 있다고 함을── 물론 이러한 우월을 명확하게 진술하고 있지는 않지만
──주장하는 것이므로, 그러한 판단의 기초에는 누구에게 대해서나 동일한
것이라고 상정할 수 있다고 함이 전제되는 하나의 척도가 반드시 놓여있는 것
이다. 그러나 이 척도는 크기에 관한 반성적 판단의 기초에 단지 주관적으로만
놓여 있는 척도이기 때문에, 크기의 논리적 (수학적으로 규정된) 판정에 사용
할 수 있는 것이 아니라, 그 미[직]감적 판정에만 사용할 수 있는 것이다. 더욱

---

1) "동의"는 "규정"이라고 되어 있는 것을 Hartenstein과 Rosenkranz가 고친 것이다.

이 이 척도는 경험적일 수도 있다. 이를테면 기지의 인간이나 어떤 종류의 동물들, 나무, 집, 산악 등의 평균적인 크기가 그렇다. 또는 선천적으로 주어진 척도일 수도 있다. 이러한 척도는 판정하는[1] 주관의 결함 때문에 구체적 *in*

83 *concreto* 현시에 있어서의 주관적 조건들에 제한되어 있는 것이니, 예를 들면 실천적 영역에 있어서는 어떤 덕의 크기[양]나 한 나라의 공적 자유와 정의의 크기, 이론적 영역에 있어서는 어떤 관찰이나 측정의 정확성 부정확성의 크기 등이 그러한 것이다.

그런데 여기에서 주의할 만한 것은 다음과 같은 사실이다: 즉, 비록 우리가 객체에 관하여 전연 관심을 가지지 않는다 할지라도, 환언하면 객체의 현존이 우리에게 아무래도 좋은 것이라 할지라도, 객체의 한갓된 크기는 그것이 몰형식적인 것으로 간주되는 경우에 있어서조차도 하나의 만족을 수반할 수 있으며, 이 만족은 보편적으로 전달할 수 있는 것이요, 따라서 우리의 인식능력들의 사용에 있어서의 주관적 합목적성의 의식을 내포하고 있는 것이다. 그러나 이 만족은, 반성적 판단력이 인식 일반과 관계하여 합목적적으로 조화되어 있는 미의 경우에 있어서와 같이, 말하자면 객체에 관한 만족이 아니라(왜냐하면 객체는 몰형식적일 수 있으므로), 구상력 그 자체의 확장에 관한 만족이다.

우리가 (상술한 제한하에서) 어떤 대상에 관하여 '그것은 크다'고 단적으로 말할 경우에는, 그것은 수학적–규정적 판단이 아니라, 그 대상의 표상이 크기의 평가에 있어서의 우리의 인식력들의 일정한 사용에 대하여 주관적 합목적성을 가진다는 데에 관한 한갓된 반성적 판단이다. 그리고 그 경우에 우리는 언제나 이 표상에 일종의 경외의 염을 결부시키는데, 그것은 우리가 단적으로 작다고 부르는 것에 경멸의 염을 결부시키는 것과 마찬가지이다. 더욱이 사물의 대소의 판정은 모든 것에 미치는 것이요, 또 사물의 모든 상태에까지도 미치는

84 것이다. 그렇기 때문에 우리는 미조차도 크다거나 작다고 부르는데, 그 근거는 우리가 판단력의 준칙에 따라 직관에 있어서 현시(따라서 미[직]감적으로 표상)할 수 있는 것이면 무엇이나 모두 현상이요, 따라서 또한 하나의 양이라고 하는 사실에서 찾지 않으면 안 된다.

---

1) "판정하는"은 제2판과 제3판의 추가이다.

그러나 우리가 어떤 것을 단지 크다고 부를 뿐만 아니라, 단적으로, 절대적
으로 모든 점에 있어서 (일체의 비교를 넘어서) 크다, 다시 말하면 숭고하다고
부를 경우에는, 우리는 그것에 적합한 척도를 그것의 밖에서 찾을 것이 아니
라, 단지 그것의 안에서만 찾아야 한다는 것을 곧 이해할 수 있다. 절대적으로
큰 것이란 그 자신에만 동일한 [그 자신 이외의 다른 무엇과도 비교할 수 없는] 하
나의 크기[양]인 것이다. 그러므로 숭고는 자연의 사물들에서 찾을 수 있는 것
이 아니라, 오직 우리의 이념에서만 찾을 수 있다고 하는 결론이 이로부터 나
온다. 그러나 그것이 어떠한 이념 안에 있는가 하는 문제는 연역론1)을 위하여
보류해 두지 않으면 안 된다.

위의 설명은 또한 이렇게 표현할 수도 있다: 숭고란 그것과 비교해서 다른
모든 것이 작은 것을 말한다. 여기에서 우리는 자연에 주어진 것에는 비록 우
리에게 아무리 크다고 판정될지라도 어떤 다른 관계에 있어서 고찰하면 무한소
에까지 낮추어질 수 없는 것이라고는 있을 수 없다고 하는 것과, 또 반대로 아
무리 작은 것이라도 한층 더 작은 척도와 비교하면 우리의 구상력에 대하여 세
계의 크기에까지 확대되지 않는 것이라고는 있을 수 없다고 하는 것을 용이하
게 알 수 있다. 망원경은 전자의 소견을, 현미경은 후자의 소견을 진술하기에
충분한 소재를 우리에게 제공해 왔다. 그러므로 이러한 견지에서 고찰하면 감
관의 대상이 될 수 있는 것은 아무 것도 숭고하다고 부를 수 없다. 그러나 우 85
리의 구상력에는 무한히 진전하려는 노력이 있으나, 우리의 이성에는 실재적
이념으로서의 절대적 총체성에 대한 요구가 있다. 그리고 바로 그 때문에 감성
계의 사물의 크기를 평가하는 우리의 능력이 이 이념에 대하여 그처럼 부적합
하다는 것 자체가 우리의 내부에 하나의 초감성적 능력의 감정을 환기하는 것
이다. 그리고 단적으로 큰 것은 판단력이 이 후자(감정)를 위하여 어떤 대상들
을 자연적으로 사용할 경우의 이 사용이요, 감관의 대상이 아니다. 또 이 사용
에 비하여 다른 모든 사용은 작다. 따라서 반성적 판단력을 활동시키는 어떤
표상에 의해서 야기된 정신상태가 숭고하다고 불릴 수 있는 것이지, 객체가 그
러한 것이 아니다.

---

1) 여기에서 연역론이라 함은 뒤에 나오는 "순수한 미감적 판단의 연역론"(본서 §30-§54)을 말한다.

그러므로 우리는 숭고를 설명하는 상술한 정식에 대하여 또 다음과 같이 부가할 수가 있다: 숭고란 그것을 단지 사유할 수 있다는 것만으로도 감관의 모든 척도를 초월하는 어떤 심의능력이 있다는 증거가 되는 것을 말한다.

§26.
숭고의 이념에 필요한 자연사물의 크기의 평가에 관하여.

수 개념(혹은 대수학에 있어서의 수의 기호)에 의한 크기[양]의 평가는 수학적이지만 한갓된 직관에 있어서의 (목측에 의한) 크기의 평가는 미[직]감적이다. 그런데 과연 우리는 어떤 것이 얼마나 큰가 하는 데에 관한 명확한 개념을 단지[1] 수(어쨌든 무한히 진행하는 수 계열에 의한 접근)를 통해서만 얻을 수 있는데, 이 수의 단위가 곧 척도요, 그런 한에 있어서 크기의 모든 논리적 평가는 수학적이다. 그러나 척도의 크기는 반드시 기지의 것으로 상정되지 않으면 안 되므로, 만일 이 척도의 크기가 이제 또다시 [먼저와] 다른 척도를 그 단위로서 가지지 않으면 안 되는 수에 의해서만, 따라서 수학적으로만 평가된다면, 우리는 결코 제일의 척도, 즉 기본적 척도에 도달할 수가 없을 것이요, 따라서 주어진 크기에 관하여 명확한 개념도 가질 수가 없을 것이다. 그러므로 기본적 척도의 크기의 평가는 오로지 우리가 그 크기를 직관에 있어서 직접 포착하여 그것을 구상력이 수 개념을 명시하기 위하여 사용할 수 있다고 하는 데에 성립하는 것이 아니면 안 된다. 다시 말하면 자연의 대상들의 크기의 평가는 모두가 결국은 미[직]감적인 것이다(즉, 주관적으로 규정된 것이지 객관적으로 규정된 것이 아니다).

그런데 수학적인 크기의 평가에 대해서는 최대의 것이란 물론 없지만(왜냐하면 수의 위력은 무한히 진행하기 때문이다), 그러나 미감적인 크기의 평가에 대해서는 틀림 없이 최대의 것이 있다. 그리고 나는 이 최대의 것에 관하여 다음과 같이 말한다: 이 최대의 것이 절대적 척도로서 그 이상 더 큰 것은 주관적으로 (판정하는 주관에게) 가능치 않다고 판정되는 경우에, 이 최대의 것은

---

1) "단지"는 초판에는 없다.

86

숭고의 이념을 수반하며, 수에 의한 크기의 수학적 평가가 (이때 미감적인 기 87
본적 척도가 구상력에 생생하게 보존되어 있지 않은 한) 일으킬 수 없는 감동
을 야기한다고. 왜냐하면 후자[수학적 평가]는 언제나 동 종류의 다른 것들과의
비교에 의해서 상대적인 크기만을 현시할 뿐이지만, 전자[미감적 평가]는 심의가
크기를 직관에 있어서 포착할 수 있는 한 그 크기를 절대적으로 현시하기 때문
이다.

어떤 양을 직관적으로 구상력 속에 받아들여서 그 양을 수에 의한 크기의 평
가를 위한 척도나 또는 단위로 사용할 수 있도록 하는 데에는 이 능력[구상력]의
두 가지 작용, 즉 포착(*apprehensio*)과 총괄(*comprehensio aesthetica*)이 필
요하다. 포착에는 아무런 곤란도 없다. 왜냐하면 포착은 무한히 진행할 수 있
기 때문이다. 그러나 총괄은 포착이 전진하면 할수록 더욱 더 곤란해져서, 곧
그 최대한도에, 즉 크기의 평가의 미감적으로 가장 큰 기본적 척도에 도달한
다. 왜냐하면 구상력이 더 많은 것을 포착하려고 전진함으로써, 포착이 최초에
포착된 감성적 직관의 부분표상이 구상력 안에서 이미 소멸하기 시작하는 데에
까지 도달하고 나면, 구상력은 한편으로 얻는 것만큼 또 한편으로는 잃게 되어,
총괄에는 구상력이 그 이상 넘어설 수 없는 최대의 것이 있게 되기 때문이다.

싸봐리[1]는 이집트에 관한 그의 보고 가운데에서, 피라미드의 크기에서 완전
한 감동을 얻으려면 피라미드에 너무 가까이 가도 안 되고, 거기에서 너무 멀
리 떨어져도 안 된다고 말하고 있거니와, 이러한 그의 말도 상술한 것으로부터 88
설명이 될 수 있다. 너무 멀리 떨어질 경우에는, 포착되는 부분들(쌓아올린 피
라미드의 석괴들)이 희미하게만 표상되어, 그 표상은 주관의 미감적 판단에 대
하여 아무런 효과도 주지 못한다. 그러나 너무 가까이 다가설 경우에는, 눈이
그 저면에서 정상까지 완전히 포착하자면 약간의 시간을 요하게 되어, 이러한
포착에 있어서는 언제나 구상력이 다음 부분들을 받아들이기 전에 처음 부분들
이 부분적으로 소멸되고, 따라서 총괄은 완성되지 못한다. ——로마의 성베드
로 성당에 방문하는 사람은 처음 들어설 때에 경악 또는 일종의 당혹에 사로잡

---

1) Anne Jean Marie René Savary, duc de Rovigo(1774-1833): 나폴레옹 1세 폐하의 장군이며
경무대신, 나폴레옹 1세의 이집트 원정(1798-99)에 수행했다. 『이집트 서한』(*Lettres sur Egypte*,
1787)이라는 저서가 있다.

힌다고 하는데, 이것도 똑같은 사정이 충분히 설명할 수 있을 것이다. 왜냐하
면, 이 경우에는 그의 구상력이 하나의 전체적인 것의 이념들[1]을 현시하려고
해도, 그 이념에 대하여 부적합하다는 감정이 일어나, 이 감정에 있어서 구상
력은 자기의 최대한도에 도달하여, 그것을 확대하려고 노력해도 자기 자신 속
에 위축되지만, 그러나 구상력은 그로 말미암아서 하나의 감동적인 만족의 상
태에 놓이게 되기 때문이다.

　나는 이러한 만족의 근거에 관해서는 지금은 아직 아무 것도 말하지 않으려
고 한다. 이러한 만족은 우리가 그러한 만족을 기대하기 어려운 표상과 결합되
어 있다. 즉, 이 표상은 크기의 평가에 있어서 구상력에 대하여 이 표상이 적
합하지 않음을, 따라서 또한 주관적으로 합목적적이 아님을 우리에게 알려주는
표상이다. 그 대신 나는 다음과 같은 점만을 주의하여 둔다: 미감적 판단이 순
수하게 (이성판단으로서의 목적론적 판단과 혼합되지 않고) 주어지고, 또 그
위에 미감적 판단력의 비판에 꼭 적절한 사례가 주어져야 할 경우에는, 우리는
인간의 목적에 의해서 그 형식과 크기가 결정되는 기술의 산물들(예를 들면 건
축물, 원주 등)에 있어서나 또는 그 개념상 이미 일정한 목적을 가지고 있는
자연산물들(예를 들면 타고난 직분이 잘 알려져 있는 동물들)에 있어서 숭고를
지적할 것이 아니라, 오히려 단지 크기를 내포하고 있을 뿐인 한에 있어서의
천연 그대로의 자연에 있어서 (또 그러한 자연에 있어서조차도 단지 그것이 그
자체만으로서는 아무런 매력도 실제의 위험에서 오는 아무런 감동도 지니고 있
지 않은 한에 있어서만) 그것을 지적하지 않으면 안 되는 것이다. 왜냐하면 이
러한 종류의 표상에는 자연은 괴대한 것은 (장려한 것이나 잔혹한 것도) 포함
하고 있지 않기 때문이다. [이 경우에] 포착되는 크기는, 그것이 구상력에 의해
서 하나의 전체 속에 총괄될 수만 있다면, 아무리 증대되어도 좋은 것이다. 어
떤 대상이 괴대하다고 하는 것은, 그 대상이 그 크기 때문에 그 대상의 개념을
구성하는 목적을 파기하는 경우이다. 그러나 어떤 개념이[2] 현시되기에 거의

---

1) Windelband는 "이념"으로 읽는다.
2) "어떤 개념이"는 Kant의 원문에는 "어떤 개념의 현시가"로 읽게 되어 있으나, Kant는 초판의 정
오표에서 그것을 위와 같이 읽도록 고쳐놓았다. 그러나 제2판과 제3판에는 이 오식이 고쳐지지 않고
있다.

지나치게 크면(상대적인 괴대에 근접된 것이면), 그 개념의 한갓된 현시는 거대하다고 불린다. 왜냐하면 [이 경우에는] 하나의 개념을 현시함으로써 도달될 목적은 대상의 직관이 우리의 포착능력에 대해서는 거의 지나치게 큼으로 말미암아서 그 실현이 더 곤란해지기 때문이다. ——그러나 숭고에 관한 순수한 판단이 미감적 판단이요, 어떠한 오성판단이나 이성판단과도 혼합되어서는 안 된다고 한다면, 그러한 판단은 객체에 속하는 어떠한 목적도 그 규정근거로서 가 90 져서는 안 되는 것이다.

＊　　＊　　＊

관심을 떠나서 단지 반성적인 판단력에 대하여 만족을 준다고 하는 모든 것은 그 표상에 있어서 주관적인, 그리고 주관적인 것으로서 보편타당적인 합목적성을 지니고 있지 않으면 안 되기 때문에, 그럼에도 불구하고 이 경우에 있어서는 대상의 형식의 합목적성이 (미의 경우에 있어서와 같이) 그 판정의 기초에 있지 않기 때문에, 다음과 같은 문제가 제기된다: 이러한 주관적 합목적성은 어떠한 것인가? 또 이러한 주관적 합목적성은 무엇에 의하여 규범으로서 지정되어, 한갓된 크기의 평가에 있어서 보편타당적인 만족에 대한 근거를 부여하는 것인가? 더욱이 이러한 크기의 평가는 우리의 구상력의 능력이 어떤 크기의 개념을 현시하기에 부적합한 데까지도 이르렀던 것이다.

구상력은 크기의 표상에 필요한 총괄[1])에 있어서 아무런 방해도 받지 않고 저절로 무한히 진행한다. 그러나 오성은 구상력을 수 개념에 의해서 지도하거니와, 이 수 개념에 대해서 구상력은 도식을 제공하지 않으면 안 된다. 그리고 이러한 활동은 크기의 논리적 평가에 필요한 것이므로, 이러한 활동에는 어떤 목적(모든 측정은 그러한 목적이다)의 개념에 따르는 객관적 합목적적인 것이 물론 있지만, 그러나 미감적 판단력에 대하여 합목적적이며 만족을 주는 것이라고는 아무 것도 없다. 또한 이러한 의도적 합목적성에는 척도의 크기를, 따 91 라서 많은 것을 하나의 직관 속에 총괄하는 작용의 크기를, 구상력의 능력의 극한에까지, 그리고 이 구상력이 현시에 있어서 어쨌든 도달할 수 있는 데까지

---

1) Kant는 "합성"이라고 쓴 것을 Erdmann이 고쳤다.

밀고 나가지 않을 수 없게 하는 것이라고는 아무 것도 없다. 왜냐하면 크기의 오성적 평가(산술학)에 있어서는 그 단위의 총괄을 10의 수에까지 해나가든(십진법에 있어서처럼), 또는 4까지만 해나가고(사진법에 있어서처럼), 그 이상의 크기[양]의 산출은 [단위의 계속적인] 누적[1])에 의해서나, 또는 그 양이 직관에 주어져 있는 경우에는 포착에 의해서 어떤 하나의 채택된 진행원리에 따라 단지 점진적으로 (총괄적으로가 아니라) 이를 수행해가든, 우리가 도달하는 결과는 똑같기 때문이다. 크기의 이러한 수학적 평가에 있어서는, 구상력이 그 단위로서 우리가 한 눈으로 파악할 수 있는 크기, 예를 들어서 1피이트나 1루테[2]) 를 선택하든, 또는 그 포착은 물론 가능하지만 그러나 구상력의 하나의 직관 속에 총괄한다는 것은 불가능한(하나의 수 개념에의 논리적 총괄 *comprehensio logica*에 의해서는 충분히 가능하지만, 미[직]감적 총괄 *comprehensio aesthetica*에 의해서는 가능치 않은) 1독일마일[3])이나 지구의 직경을 선택하든, 오성은 어느 경우에나 똑같이 사용되고 만족을 얻는다. 이 두 경우에 모두 크기의 논리적 평가는 방해를 받지 않고 무한히 진행하는 것이다.

그러나 이제 심의는 자기의 내부에 일어나는 이성의 소리에 귀를 기울인다. 이 이성의 소리는 모든 주어진 크기에 대하여, 그 뿐만 아니라 완전히 포착될 수가 없지만 그러나 (감성적 표상에 있어서) 전부 주어진 것으로 판정되는 크기에 대해서도 총체성을 요구하며, 따라서 [이 크기를] 하나의 직관에로 총괄할 것과 전진적으로 증대하는 수계열의 모든 항에 알맞은 현시를 할 것을 요구한다. 그리고 그 소리는 무한한 것(공간과 흘러간 시간)까지도 이러한 요구에서 제외하지 않고, 오히려 이 무한한 것을 (보통의 이성의 판단에 있어서) 전부 (그 총체성에 있어서) 주어진 것으로 사유하지 않을 수 없도록 하는 것이다.

그러나 무한한 것은 절대적으로 (단지 비교적으로가 아니라) 크다. 이와 비교하면, 다른 모든 것(같은 종류의 크기의)은 작다. 그러나 가장 중요한 점은, 무한한 것을 하나의 전체로서 사유할 수 있다는 것만으로도 감관의 모든 척도를 초월하는 하나의 심의능력이 있음을 알 수 있다는 사실이다. 왜냐하면 그처

---

1) "누적"을 Erdmann은 "총괄"로 읽는다.
2) Rute: 옛날의 길이의 단위로 3.77m.
3) 약 7,500m.

럼 무한한 것을 하나의 전체로서 사유하기 위해서는 무한한 것에 대하여 수로
표시된 일정한 관계를 가지고 있는 하나의 척도를 단위로 하는 총괄이 필요하
게 되겠는데, 그러나 그것은 불가능한 일이기 때문이다. 그러나 그럼에도 불구
하고 주어진[1] 무한한 것을 모순 없이 사유만이라도 할 수 있기 위해서는, 그
자신 초감성적인 능력이 인간의 심의에 있을 것이 요구된다. 왜냐하면 이 초감
성적인 능력에 의해서만, 그리고 그 자신은 어떠한 직관도 허용하지 않으나 그
러면서도 한갓된 현상으로서의 세계의 직관의 근저에 그 기체로서 놓여있는 가
상체에 관해서 이 능력이 가지는 이념에 의해서만, 감성계의 무한한 것은 크기
에 관한 순수한 지적 평가에 있어서 하나의 개념 아래에 완전히 총괄되기 때문 93
이다. 비록 수 개념에 의한 수학적 평가에 있어서는 그것은 완전히 사유될 수
없지만, 초감성적 직관의 무한한 것을 (그 가상적 기체에 있어서) 주어진 것으
로서 사유할 수 있는 능력조차도 감성의 일체의 척도를 초월하고 있는 것이며,
또 수학적 평가의 능력과의 비교를 위시한 일체의 비교를 넘어서 큰 것이다.
물론 이것은 인식능력을 위한 이론적 견지에서 그러한 것은 아니지만, 그러나
다른 (실천적) 견지에서 감성의 제한을 초월할 수 있는 능력이 있음을 인지하
는 심의의 확장인 것이다.

　그러므로 자연의 현상의 직관이 그 현상의 무한성이라는 이념을 수반할 경
우에, 자연은 그러한 자연의 현상에 있어서 숭고한 것이다. 그런데 이처럼 현
상의 직관이 무한성이 이념을 수반한다고 하는 것은, 한 대상의 크기의 평가에
있어서 우리의 구상력이 최대의 노력을 해도 그 노력이 [그 대상의 평가에] 적합
하지 못하기 때문에만 일어날 수 있는 것이다. 그러나 오성의 수 개념은 전진
에 의하여 모든 주어진[2] 크기에 어떠한 척도라도 적합하게 할 수 있기 때문
에, 크기의 수학적 평가에 있어서는 구상력은 어떠한 대상이라도 감당하여, 그
평가를 위한 충분한 척도를 제공할 수가 있다. 따라서 총괄에의 노력이 구상력
의 능력을 넘어서서, 전진적인 포착을 하나의 전체적 직관에 포괄하려고 함이
감지되고, 또 그와 동시에 오성의 조그만 수고로도 크기의 평가에 쓰여질 수 94

---

1) 초판에는 "주어진"이 없다.
2) 초판에는 "주어진"이 없다.

있는 기본적 척도를 파악하며 그것을 크기의 평가에 사용하는 데에 한없이 진
행하는 이 능력이 부적합함이 지각되는 것은, 크기의 미감적 평가에 있어서의
일일 수밖에 없다. 그런데 자연의 진정한 불변적 기본적 척도는 자연의 절대적
전체요, 이 전체는 현상으로서의 자연에 있어서는 총괄된 무한성이다. 그러나
이러한 기본적 척도란 하나의 자기모순적 개념(끝없는 진행의 절대적 총체성이
란 불가능한 것이기 때문에)이므로, 구상력이 자기의 전능력을 경주해도 총괄
할 수 없는 자연물의 크기는 자연에 관한 개념을 이끌고 하나의 초감성적 기체
(자연과 또 동시에 우리의 사유능력과의 근저에 놓여 있는)에로 나가지 않을
수 없는데, 이러한 기체는 감관의 모든 척도 이상으로 큰 것이며, 따라서 대상
보다는 오히려 대상을 평가함에 있어서의 우리의 심의상태를 숭고한 것으로 판
정하게 하는 것이다.

　요컨대 미를 판정할 경우에 미감적 판단력이 자유롭게 유동하는 구상력을
오성에 관련시켜서, 오성의 개념들 일반과 (그 개념을 규정하지 않고) 합치하
도록 하는 것과 꼭 마찬가지로, 어떤 사물을 숭고한 것으로 판정할 경우에는
미감적 판단력은 구상력을 이성에 관련시켜서,1) 그 이념들과 (어떠한 이념인
가는 규정하지 않고) 주관적으로 일치하도록 하는 것이다. 다시 말하면 일정한
95 이념들(실천적인)의 영향이 감정상에 야기하게 될 심의상태와 알맞고 또 그것
과 조화되는 하나의 심의상태를 산출하도록 하는 것이다.

　우리가 이로부터 또한 명백하게 알 수 있는 것은, 참된 숭고성은 오직 판단
자의 심의에서만 찾아야 하는 것이요, 자연물의 판정이 심의의 그러한 상태를
유발한다고 해서 자연물에서 찾아야 하는 것은 아니라고 하는 사실이다. 얼음
에 뒤덮힌 봉우리가 황량 무질서하게 중첩된 볼품없는 산악군이나, 어둠에 싸
여 미친 듯 파도치는 바다와 같은 것들을 그래도 누가 숭고하다고 부르려고 할
것인가? 그러나 심의가 그러한 것들을 고찰함에 있어서 그 형식은 고려하지
않고, 구상력에 대하여, 그리고 전혀 명확한 목적은 없지만 구상력과 결합되어
구상력을 단지 확장하는 데 지나지 않는 이성에 대하여, 자기를 내맡길 때, 심

---

1) "어떤 사물을······ 이성에 관련시켜서"는 초판대로이고, 제2판과 제3판에는 "어떤 사물을 숭고한
것으로 판정할 경우에는 구상력은 이성과 관련하여"로 되어 있다.

의는 구상력이 전력을 다 해도 아직 이성의 이념들에 적합지 못함을[1] 발견하게 되고,[2] 그 때 심의는 자기 자신의 판정에 있어서 자신이 고양됨을 느끼는 것이다.

한갓된 직관에 있어서의 자연의 수학적 숭고의 실례를 우리에게 보여주는 것은 모두가 어떤 큰 수 개념이 아니라, 오히려 어떤 큰 단위가 우리의 구상력에 대하여 척도로서 (수 계열을 단축하기 위하여) 주어지는 사례들이다. 나무의 높이는 성인의 신장에 의하여 측정되지만, 나무는 필요하면 산의 높이를 측정하기 위한 척도가 된다. 또 산의 높이가 대략 1마일쯤 된다면, 그것은 지구의 직경을 직관할 수 있도록 하기 위하여 그 직경을 표시하는 수에 대한 단위로 쓰여질 수 있으며, 지구의 직경은 우리에게 알려져 있는 유성계에 대한 단 96 위가 되고, 유성계는 은하계에 대한 단위가 된다. 그리고 또 성운이라는 명칭의 그러한 은하계의 무수한 집합은 서로 모여서 또다시 하나의 그와 같은 계통을 형성한다고 추측되므로, 우리로 하여금 그 한계를 기대할 수 없게 한다. 그런데 그처럼 헤아릴 수 없는 전체의 미감적 판정에 있어서 숭고한 것은 수의 크기에 있는 것이 아니라, 우리가 진행함에 따라서 더욱 더 큰 단위에 도달한다는 사실에 있는 것이다. 여기에 기여하는 것이 우주의 체계적 구분이다. 이러한 구분은 우리에게 자연에 있는 일체의 큰 것을 다시금 작은 것으로 표시하지만, 그러나 원래는 구상력이 이성의 이념들에 적합한 현시를 해야만 할 경우에 무제한적인 우리의 구상력과 아울러 자연을 이성의 이념들에 비하여 미소한 것으로 표시하는 것이다.

§ 27.
숭고의 판정에 있어서의 만족의 성질에 관하여.

우리에게 대하여 법칙인 어떤 이념에 도달하는 데에 우리의 능력이 부적합하다고 하는 감정이 곧 **경외**이다. 그런데 우리에게 주어질 수 있는 모든 현상

---

1) 제3판에는 "적합함을"으로 되어 있으나 오식이다.
2) "자기를 내맡길 때, ……발견하게 되고"는 초판에는 "자기를 내맡기고, 구상력이 전력을 다해도 아직 심의가 이성의 이념들에 적합지 못할 때에"로 되어 있다.

을 하나의 전체의 직관 속에 총괄한다고 하는 이념은, 이성의 법칙에 의하여
97 우리에게 부과된 이념이며, 이성은 절대적 전체 이외에는 다른 일정불변한,[1]
그리고 누구에게나 타당한 척도를 인정하지 않는다. 그러나 우리의 구상력은
주어진 대상을 하나의 전체의 직관에 총괄하라는 이성의 요구에 관하여 (따라
서 이성의 이념을 현시하기 위하여) 최대의 노력을 다 해도, 자기의 제한과 부
적합성을 드러낼 뿐이지만, 그러나 또 동시에 하나의 법칙으로서의 이러한 이
념과의 적합을 성취해야 할 자기의 사명을 표명하는 것이다. 그러므로 자연에
있어서의 숭고한 것에 관한 감정은 우리들 자신의 사명에 대한 경외의 염이요,
우리는 이 경외를 일종의 치환(우리의 주관에 있는 인간성의 이념에 대한 경외
대신에 객체에 대한 경외로 뒤바꿈하는 것)에 의해서 자연의 객체에게 표시하
는 것이다. 그리고 이로써 우리는 우리의 인식능력들의 이성적 규정이 감성의
최대의 능력보다 우월함을 다소나마 명백하게 알 수 있다.

　그러므로 숭고의 감정은 크기의 미감적 평가에 있어서 구상력이 이성에 의
한 평가에 부적합한 데에서 일어나는 불쾌의 감정임과 동시에, 또한 이성이념
에 도달하려는 노력이 우리들에게 법칙인 한에 있어서 최대의 감성적 능력도
[이 이념에] 부적합하다는 바로 이러한 판단이 이성이념들과[2] 일치하는 데에서
일어나는 쾌감이다. 다시 말하면 감관의 대상으로서의 자연이 포유하고 있는,
98 우리들에게 큰, 일체의 것을 이성의 이념과 비교하여 작다고 평가함은, 우리들
에게 있어서 (이성의) 법칙이며, 우리들의 사명에 속하는 일이다. 그리고 이 초
감성적 사명의 감정을 우리의 내부에 환기하는 것은 그 법칙에[3] 합치한다. 그
런데 크기의 평가를 위한 단위를 현시함에 있어서 구상력이 하는 최대의 노력
은 어떤 절대적으로 큰 것에 관계함이요, 따라서 또한 이 절대적으로 큰 것만
을 크기에 대한 최고의 척도로 채용하는 이성의 법칙에 관계함이다. 그러므로
이성에 의한 크기의 평가에 모든 감성적 척도가 부적합하다는 것을 내면적으로
지각함은 곧 이성의 법칙과 합치함이요, 또 우리의 내부에 우리의 초감성적 사
명의 감정을 환기하는 하나의 불쾌감인 것이다. 그러나 이 초감성적 사명에서

1) "일정불변한"은 초판에는 "일정한 가변적인"으로 되어 있다.
2) 초판에는 "이성이념들에"로 되어 있다.
3) "법칙에"를 Erdmann은 "법칙과"로 고친다.

보면 감성의 모든 척도가 이성의1) 이념들에 부적합하다2)는 것을 발견함은 곧
합목적적인 일이요, 따라서 쾌감인 것이다.

자연의 미에 관한 미감적 판단에 있어서는 심의는 평정한 관조에 잠겨 있으
나, 자연의 숭고의 표상에 있어서는 심의는 동요됨을 느낀다. 이러한 동요는
(특히 그 시초에는) 하나의 진동과, 다시 말하면 동일한 객체에 의해서 일어나
는 반발과 견인과의 급속한 교체와 비교될 수 있다. 구상력에 대하여 초절적인
것은 (직관의 포착에 있어서 구상력은 이 초절적인 것에까지 추진된다) 말하자
면 구상력이 그 속에 빠져버릴까 두려워하는 심연이다. 그러나 초감성적인 것
에 관한 이성의 이념에 대해서는 그것은 초절적이 아니라 합법칙적이요, 구상
력의 그러한 노력을 일으키는 것이다. 따라서 그것이 한갓된 감성에 대해서 반
발적이었던 것과 똑같은 정도로 다시 견인적이다. 그러나 이 경우에 판단 그 99
자체는 의연히 미감적인 데 그친다. 왜냐하면 그 판단은 객체에 관한 일정한
개념을 그 근거로 하지 않고, 단지 심의력들 (구상력과 이성) 자신의 주관적 유
동을 그것들을 대조함으로써 조화적인 것으로 나타낼 뿐이기 때문이다. 미의
판정에 있어서는 구상력과 오성이 양자의 합치에 의하여 심의력들의 주관적 합
목적성을 산출하는 것과 꼭 마찬가지로, 여기에서는3) [숭고의 판정에 있어서는]
구상력과 이성이 양자의 충돌에 의하여 심의력들의 주관적 합목적성을 산출하
는 것이다. 다시 말하면 우리는 순수한 독립적 이성, 즉 크기를 평가하는 능력
을 가지고 있다는 감정을 산출하는 것이다. 그런데 이 크기를 평가하는 능력의
탁월한 점은 (감성적 대상들의) 크기를 현시함에 있어서 무한한 능력이 오히려
불충분하다는 사실에 의해서만 직관적으로 밝혀질 수 있을 뿐이다.

어떤 공간의 측정(포착으로서의)은 동시에 그 공간의 기술이요, 따라서 상상
에 있어서의 객관적 운동이며 하나의 전진이다. 그에 반해서 많은 것을 사유의
통일이 아니라 직관의 통일 속에 총괄함은, 따라서 계속적으로 포착된 것을 하
나의 순간 속에 총괄함은, 구상력의 전진에 있어서의 시간의 제약을 다시 폐기
하고 동시적 존재를 직관화하는 하나의 역진이다. 그러므로 총괄은 (시간의 계 100

---

1) Kant는 "오성의"라고 쓴 것을 Erdmann이 고쳤다.
2) 제3판에는 "적합하다"로 되어 있으나 오식이다.
3) "여기에서는"은 제2판과 제3판의 추가이다.

기는 내관과 어떤[1] 직관의 조건이므로) 구상력이 내관에 강제를 가하는 하나
의 주관적 운동이요, 이 강제는 구상력이 하나의 직관 속에 총괄하는 양이 크
면 클수록 더욱 더 현저해질 수밖에 없는 것이다. 따라서 포착하기에 상당한
시간이 소요되는 크기에 대하여 하나의 척도를 개별적인 직관 속에 받아들이려
는 노력은, 주관적으로 보면 반목적적이지만 그러나 객관적으로는 크기의 평가
에 필요하며, 따라서 합목적적인 표상방식이다. 그럼에도 불구하고 이 경우에
구상력에 의하여 주관에 가해지는 바로 동일한 그 강제가 심의의 전 규정에 대
해서는 합목적적이라고 판정되는 것이다.

숭고의 감정의 성질은 그 감정이[2] 어떤 대상에 대한 미감적 판정능력에 관
해서 일어나는 불쾌의 감정이지만, 그러나 그 불쾌는 동시에 그 점에서 합목적
적인 것으로 표상된다고 하는 것이다. 그리고 이러한 것이 가능한 것은, 주관
자신의 무능력이 바로 동일한 주관의 하나의 무제한한 능력의 의식을 드러내
며, 또 심의는 그 무제한한 능력을 오직 자신의 무능력에 의해서만 미감적으로
판정할 수 있다는 사실에 말미암은 것이다.

크기의 논리적 평가에 있어서는 시간과 공간 안에 있는 감성계의 사물들의
측정이 전진에 의해서 언젠가는 절대적 총체성에 도달한다는 것은 불가능하다
고 함은, 객관적인 일로서, 다시 말하면 무한한 것을 전체적으로 주어진 것으
로서[3] 사유하기란 불가능하다는 것으로서 인식되었고, 단지 주관적인 일로서,
다시 말하면 무한한 것을 파악할 능력이 없다는 것으로서 인식되었던 것은 아
니다. 왜냐하면 크기의 논리적 평가에 있어서는 [크기를] 하나의 직관에로 총괄
하는 정도가 척도로서 주목되는 것이 아니라, 모든 문제가 수 개념에 달려 있
기 때문이다. 그러나 크기의 미감적 평가에 있어서는 수 개념은 탈락되거나 변
경되지 않으면 안 된다. 그리고 척도의 단위를 위한 구상력의 총괄만이 (따라
서 크기의 개념의 계속적 산출의 법칙이라는 개념을 회피하고) 이 미감적 평가
에 대해서는 합목적적인 것이다. ──이제 만일 어떤 크기가 [그것을] 하나의

101

---

1) Erdmann은 "어떤"을 "모든"으로 읽는다.
2) "그 성질이"라고 읽어야 할 것을 Vorländer는 "그 감정이"라고 고쳐 읽는 편이 좋겠다고 한다.
3) "전체적으로 주어진 것으로서"는 제2판과 제3판에는 "단지 주어진 것으로서"로 되어 있고,
Windelband는 "주어진 것으로서"로 읽는다.

직관 속에 총괄하는 우리의 능력의 극한에 거의 달했으나, 수의 크기(수의 크
기에 대해서는 우리는 우리의 능력이 무제한하다는 것을 의식하고 있다)가 구
상력에 대하여 그것을 더 큰 단위에 미감적으로 총괄할 것을 촉구한다면, 그
경우에는 우리는 심의에 있어서 우리가 미감적으로는 한계 안에 유폐되어 있음
을 느끼는 것이다. 그러나 이러한 불쾌는 우리의 이성의 능력에 있어서 무제한
한 것과의 적합, 다시 말하면 절대적 전체의 이념과의 적합에까지 구상력이 필
연적으로 확장된다는 점을 고려하면 합목적적인 것으로 표상되며, 따라서 구상
력의 능력의 비합목적성은 이성이념과 그 이념의 환기에 대해서는 오히려 합목
적적인 것으로 표상된다. 그리고 바로 이 때문에 미감적 판단 자체도 이념의
원천, 다시 말하면 모든 미감적 총괄보다도 큰 그러한 지적 총괄의 원천으로서 102
의 이성에 대하여 주관적으로 합목적적인 것이 되며, 또 그 대상은 오직 불쾌
감을 매개로 해서만 가능한 하나의 쾌감을 가지고 숭고한 것으로서 받아들여지
는 것이다.

B. 자연의 역학적 숭고에 관하여.

§ 28.
위력으로서의 자연에 관하여.

위력이란 큰 장애를 압도하는 능력이다. 동일한 위력이 또 그 자신의 위력을
소유하고 있는 것의 저항에 대해서도 압도적일 경우에는, 그 위력은 강제력이
라고 한다. 미감적 판단에 있어서 자연이 우리들에게 강제력을 가지지 않은 위
력으로서 고찰될 때, 그러한 자연이 곧 역학적으로 숭고한 것이다.

우리가 자연을 역학적으로 숭고하다고 판정하자면, 자연은 공포를 일으키는
것으로서 표상되지 않으면 안 된다(비록 그와 반대로 공포를 일으키는 대상이
모두 우리의 미감적 판단에 있어서 숭고하다고 생각되지는 않지만), 왜냐하면
(개념을 떠난) 미감적 판정에 있어서는 장애에 대한 우세는 단지 저항의 크기
에 따라서만 판정될 수 있기 때문이다. 그런데 우리가 저항하려고 노력하는 대

상이 되는 것은 해악이며, 또 우리가 우리의 능력이 그것을 감당할 수 없음을 알 때에는, 그것은 공포의 대상이다. 그러므로 미감적 판단력에 대해서 자연은 103 공포의 대상으로서 고찰되는 한에 있어서만 위력으로 간주될 수 있으며, 따라서 역학적으로 숭고하다고 간주될 수 있다.

그러나 우리는 어떤 대상에 대하여 공포를 느끼지 않고도, 그 대상을 두려운 것으로 간주할 수가 있다. 즉, 우리는 대상을 판정하되, 단지 우리가 그 대상에 대하여 저항이라도 하려고 하는 경우를 생각해보고, 또 그 경우에 모든 저항이 완전히 허사가 되리라고 상상해 보도록 하면 된다. 그리하여 유덕한 사람은 신을 두려워하지만 신에 대하여 공포를 느끼지는 않는다. 왜냐하면 그는 신과 신의 명령에 저항하려고 하는 경우란 자기에게만은 일어날 걱정이 없다고 생각하기 때문이다. 그러나 그는 그러한 경우가 그 자체로서 불가능하지는 않은 것으로 생각하고, 그러한 모든 경우를 예기해서 그는 신을 두려운 것으로 알고 있는 것이다.

공포를 느끼는 사람은 자연의 숭고한 것에 관하여 전혀 판단을 내릴 수가 없는데, 그것은 욕망과 기호에 사로잡혀 있는 사람이 미에 관하여 판단을 내릴 수 없는 것과 마찬가지이다. 그러한 사람은 자기에게 겁을 넣어주는 대상을 주시하기를 회피한다. 또 경악이라는 것을 진지하게 생각해 본다면, 그러한 경악에서 만족을 느낀다는 것은 불가능한 일이다. 따라서 어떤 불안의 소멸에서 오는 쾌적함이란 기쁨이다. 그러나 이것은 어떤 위험으로부터의 해방에 말미암은 것이므로, 다시는 그러한 위험에 몸을 내맡기지 않겠다는 결의가 따르는 기쁨이다. 그 뿐만 아니라 우리는 그러한 위험감을 회상조차 하고 싶어 하지 않으며, 그런 위험을 다시 경험하기 위한 기회를 스스로 찾는 일은 더욱 없다.

104   높이 솟아 방금이라도 내려앉을 듯한 험한 절벽, 번개와 우뢰를 품고 유유히 다가오는 하늘 높이 피어오른 먹구름, 온통 파괴력을 자랑하는 화산, 황폐를 남기고 지나가는 태풍, 파도가 치솟는 끝없는 대양, 힘차게 흘러내리는 높은 폭포와 같은 것들은 우리들의 저항하는 능력을 그러한 것들이 가지는 위력과 비교해서 보잘 것 없이 작은 것으로 만들고 만다. 그러나 우리가 안전한 곳에 있기만 한다면, 그 광경은 두려우면 두려울수록 더욱 우리의 마음을 끄는 것이 될 뿐이다. 그리하여 우리가 이러한 대상들을 거리낌 없이 숭고하다고 부르는

것은, 그 대상들이 정신력을 일상적인 범용 이상으로 높여주며, 또 우리의 내부에 전혀 다른 종류의 저항능력이 있어서, 그러한 저항능력이 우리에게 자연의 외관상의 절대력에 도전할 수 있는 용기를 일으켜 준다는 것을 알려주기 때문이다.

우리는 과연 자연이 헤아릴 수 없이 광대하다는 데 있어서는, 또 자연의 영역의 크기에 관한 미감적 평가에 알맞은 척도를 받아들이기에는 우리의 능력이 불충분하다는 데 있어서는, 우리들 자신의 제한을 보았으나, 그럼에도 불구하고 그와 동시에 우리의 이성능력에는 또 하나의 다른 비감성적 척도가 있다는 것도 알았다. 이 척도는 자연의 무한성 자체를 단위로서 자기 밑에 가지는 것이요, 따라서 이 척도에 비하면 자연 안에 있는 일체의 것은 작다. 따라서 우리는 우리의 심의에는 헤아릴 수 없이 광대한 자연 그 자체를 능가하는 우월성이 있음을 알았다. 그와 꼭 마찬가지로 자연의 위력의 불가저항성도 우리를 자연존재자라고 볼 때 과연 우리가 육체적으로[1] 무력한 것임을 우리들로 하여금 105 인식하도록 해주지만, 또 동시에 우리를 그 위력에서 독립된 것으로 판정하는 능력과 자연을 능가하는 우월성을 우리들에게 알려주는 것이다. 이러한 우월성은 우리의 외부의 자연으로부터 침해를 받고 위험 속에 끌려들어가는 일이 있는 자기보존과는 전연 다른 종류의 자기보존의 근거가 되는 것이다. 그리고 그러한 위험에 처했을 때, 비록 인간은 그러한 자연의 강제력에 굴복하지 않을 수 없지만, 우리의 인격 안에 있는 인간성은 손상을 입지 않고 있는 것이다. 그와 같이 하여 자연이 우리의 미감적 판단에 있어서 숭고하다고 판정되는 것은, 그것이 공포를 일으키는 한에 있어서가 아니라, 오히려 그것이 우리의 내부에 우리의 힘(이 힘은 자연이 아니다)을 불러 일으키기 때문인 것이다. 이 힘은 우리들이 배려하고 있는 것(재산과 건강과 생명)을 작은 것으로 간주하는 힘이며, 따라서 자연의 위력을 (우리는 상기한 사항들에 관해서는 물론 이 위력의 지배를 받고 있지만, 그럼에도 불구하고) 우리들에 대해서는 그리고 우리들의 인격에 대해서는, 우리들의 최고원칙과 이 최고원칙의 고수냐 포기냐가 문제될 경우에는, 우리가 굴복하지 않으면 안될 강제력이 아니라고 간주하는

---

1) "육체적으로"는 제2판과 제3판의 추가이다.

힘인 것이다. 그러므로 여기에서 자연이 숭고하다고 불리는 이유는, 단지 자연이 구상력을 고양하여, 심의가 자기의 사명의 고유한 숭고성이 자연보다도 우월함을 스스로 감지할 수 있는 여러 사례들을 현시하도록 구상력을 고무하여 준다고 하는 데에 있는 것이다.

　　우리가 이러한 감격적인 만족을 느끼기 위해서는, 우리들 자신이 안전하다는 것을 알지 않으면 안 된다고 하는 사실로 말미암아서, 따라서 [우리들 자신이 안전하다면] 위험이 진지한 것이 아니기 때문에, 우리의 정신능력의 숭고성도 106 아마(그렇게 생각될는지도 모르지만) 진지한 것이 아닐는지 모른다고 하는 사정으로 말미암아서, 상술한 자기존중이 조금이라도 손상을 입는 것은 아니다. 왜냐하면 여기에서 만족이 관계하는 것은 단지 그러한 경우에 드러나는 우리의 능력의 사명 뿐이기 때문이다. 그리고 그러한 능력에 대한 소질은 우리의 자연적 본성 속에 있지만, 그러나 그 능력의 발전과 수련은 우리에게 맡겨진 의무인 것이다. 그리고 인간이 자기의 반성을 거기에까지 확장할 때, 아무리 자기가 현재 실제로 무력하다는 것을 의식한다고 할지라도, 이 점에는 진리가 담겨 있는 것이다.

　　이러한 원리는 과연 너무나 견강부회요 궤변이며, 따라서 미감적 판단에 대해서는 너무 지나친 듯도 하다. 그러나 인간을 관찰해보면 그와는 반대요, 비록 우리가 언제나 그 원리를 의식하고 있지는 않지만, 그 원리가 가장 평범한 판정의 기초에도 있을 수 있다는 것이 증명되는 것이다. 미개인에게조차 가장 큰 감탄의 대상이 되는 것은 무엇인가? 그것은 겁내지 않고, 공포를 느끼지 않고, 따라서 위험을 피하지 않으나, 또 동시에 아주 신중하고도 민첩하게 일에 임하는 인간이다. 가장 문화가 발달한 곳에도 군인에 대한 이러한 특별한 존경은 남아 있다. 다만 우리는 그 위에 또 군인이 동시에 모든 평화의 덕, 즉 온순과 동정과 자기자신의 인격에 대한 알맞은 배려까지도 보여 줄 것을 요구한다는 점이 다를 뿐이다. 이것은 바로 위험을 뚫고나가는 그의 불요불굴의 심의가 107 그러한 것에서 인지되는 까닭이다. 그러므로 우리가 정치가와 장군을 비교하여, 어느 편이 월등한 존경을 받아 마땅한가를 아무리 논란할지라도, 미감적 판단은 후자에 찬성하는 결정을 내리는 것이다. 전쟁조차도, 만일 그것이 질서 있게 그리고 시민의 권리를 신성시하면서 수행된다면, 그 자체에 있어서 어떤 숭고한 것을 가지는 것이며, 또 동시에 그와 같이 전쟁을 수행하는 국민이 보다 많은 위험에 처했었고 그 위험하에서 용감하게 견디어 낼 수 있었다면, 그럴수록 전쟁은 그 국민의 심적 자세를 한층 더 숭고하게 하는 것이다. 그에 반해서 장구한 평화는 한갓된 상인기질만을 왕성케 하고, 그와 아울러 천박한 이기심과 비겁과 문약을 만연시켜, 국민의 심적 자세를 저열하게 만드는 것이 보통이다.

숭고가 위력에 귀속되는 한, 숭고의 개념을 이와 같이 해명하는 데 대해서 다음과 같은 반론이 일어날 것으로 생각된다: 즉, 우리는 뇌우와 폭풍우 지진 등이 일어날 때에, 신은 분노한 모습으로 나타나나, 또 동시에 숭고한 모습으로도 나타난다고 표상하는 것이 상례이지만, 그러나 그 경우에 그러한 위력의 작용보다도, 나아가서는 마치 그러한 위력의 의도처럼 보이는 것보다도 우리의 심의가 우월하다고 상상한다면, 그것은 어리석은 일임과 동시에 또 모독일 것이다. 이러한 경우에는 우리들 자신의 자연적 본성이 숭고하다는 감정보다는 오히려 굴복과 비굴과 그리고 완전한 무력의 감정이 그러한 대상[신]의 출현에 어울리는 심의상태요, 또한 통상 그와 같은 자연사건에 있어서는 그러한 대상의 이념과 결부되기를 잘하는 심의상태인 것 같다. 종교에 있어서는 일반으로 108 부복하는 것, 머리를 숙이고 불안에 차서 뉘우치는 태도와 음성으로 예배하는 것이 신 앞에서의 유일의 온당한 거동인듯 하며, 따라서 대다수의 민족들이 이것을 받아들여서 아직도 이것을 준수하고 있다. 그러나 이러한 심의상태도 어떤 종교와 그 대상과의 숭고성의 이념과 그 자체에 있어서, 그리고 필연적으로 결부되어 있는 것은 결코 아니다. 자기의 내부에 그럴만한 이유가 있어서 실제로 공포를 느끼는 사람, 즉 저항할 수도 없으며 또 동시에 정의로운 의지를 가진 위력에 대하여 호악한 마음씨를 가지고 거슬리고 있다는 것을 스스로 의식하기 때문에 공포를 느끼는 사람은 전혀 신의 위대함을 감탄할 수 있는 심의상태에 있지 않다. 그것을 위해서는 평정한 관조의 기분과 완전한 자유로운[1] 판단이 필요한 것이다. 오직 그가 정직하고도 신의 뜻에 맞는 자기의 마음씨를 의식할 때에만, 그리고 그가 신의 의지에 맞는 마음씨의 숭고성을 자기 자신에

---

1) "자유로운"은 초판에는 "속박 없는"으로 되어 있다.

게서 인지하고.[1] 또 그렇게 함으로써 자연의 그러한 작용을 신의 분노의 폭발이라고 보지 않고 그것에 대한 공포를 넘어서는 한에 있어서만, 그러한 위력의 작용은 이 존재자[신]의 숭고성의 이념을 그의 내부에 환기할 수가 있다. 겸허란 여느 때 같으면 선량한 마음씨를 의식하여 인간성의 연약함을 들어 용이하게 호도할 수도 있는 자기의 결함을 가차 없이 판정하는 것인데, 이러한 겸허조차도 자기가책의 원인을 점차 근절하기 위하여 이 자기가책의 고통을 자발적으로 감수하려는 하나의 숭고한 심의상태인 것이다. 그와 같이 해서만 종교는 미신과 내면적으로 구별된다. 이 후자가 심의 속에 확립하는 것은 숭고한 것에 대한 외구가 아니라, 강대한 위력을 가진 존재자에 대한 공포와 불안이다. 그리고 무서움에 떠는 인간은 이 강대한 존재자의 의지를 존중하는 것이 아니라, 그 존재자의 의지에 스스로 굴복하고 있는 것이다. 이러한 미신으로부터 나올 수 있는 것은 선량한 품행의 종교 대신에 은총의 갈구와 아첨뿐임은 말할 것도 없다.

109 그러므로 우리가 우리의 내부에 있는 자연보다 우월하며, 따라서 우리의 외부의 자연 (그것이 우리들에게 영향을 미치는 한에 있어서) 보다 우월하다는 것을 의식할 수 있는 한, 숭고성은 자연의 사물 가운데에 있는 것이 아니라, 오직 우리의 심의 가운데에 있는 것이다. 우리의 힘[심의력]을 도발하는 자연의 위력을 포함해서 우리의 내부에 이러한 감정을 일으켜주는 것은 모두가 그 경우에 (비본래적인 의미에 있어서이긴 하지만) 숭고하다고 일컬어진다. 우리의 내부에 이 이념을 전제하고서만, 그리고 그 이념과의 관계에 있어서만, 우리는 우리의 내부에 심심한 경외의 염(念)을 일으켜주는 존재자의 숭고성의 이념에 도달할 수 있는 것이다. 그리고 이러한 존재자는 단지 그것이 자연 가운데에 표시하는 그 위력에 의해서가 아니라, 그보다는 오히려 그러한 위력을 공포 없이 판정하고 또 우리의 사명을 그 위력 이상으로 숭고하다고 생각할 수 있는 우리의 내부에 있는 능력에 의해서, 우리의 내부에 그러한 경외의 염을 일으켜주는 것이다.

---

1) "인지하고"는 초판에는 "의식하고"로 되어 있다.

§ 29.　　　　　　　　　　　　　110

자연의 숭고에 대한 판단의 양상에 관하여.

　아름다운 자연의 사물은 무수히 존재한다. 우리는 그에 관한 판단이 우리의 판단과 일치할 것을 누구에게나 거리낌 없이 요구할 수 있으며, 또한 크게 잘 못이 없으면 그러한 일치를 기대할 수도 있다. 그러나 자연에 있어서의 숭고에 관한 우리의 판단의 경우에는 우리는 그렇게 용이하게 타인에게서 승인을 기대 할 수가 없다. 왜냐하면 자연대상들의 이러한 탁월성[숭고성이라는]에 관하여 판 단을 내릴 수 있기 위해서는, 단지 미감적 판단력뿐만 아니라 또한 이 미감적 판단력의 근저에 있는 인식능력들도 [미의 경우보다] 훨씬 더 도야될 필요가 있 는 것 같이 보이기 때문이다.

　심의가 숭고의 감정에 조화되자면 이념을 받아들이는 심의의 감수성이 필요 하다. 왜냐하면 바로 자연이 이념에 적합지 않다고 하는 데에, 따라서 이념이 전제되고 또 자연을 이념에 대한 도식으로 다루려는 구상력이 긴장되는 데에 만, 감성에 대하여 위협적인 것이 성립하는데, 그러나 이 위협적인 것은 동시 에 우리의 마음을 끄는 것이기도 하기 때문이다. 그것이 우리의 마음을 끄는 것은, 그것이 오직 감성을 이성의 고유한 영역(실천적 영역)에 적합하도록 확 장하여 감성으로 하여금 감성에 대해서는 심연과 다름없는 무한자를 전망하도 록 하기 위해서만 이성이 감성에 대하여 행사하는 하나의 강제력인 까닭이다. 사실상 문화의 혜택을 받고 자라난 우리가 숭고하다고 부르는 것은 도덕적 이　111 념이 발달되지 않은 야만인에게는 단지 위협적인 것으로만 생각될 것이다. 야 만인에게는 파괴를 일삼는 자연의 강제력의 형적이나, 거기에 비하면 자기의 힘은 무와 다름없을 만큼 크나큰 규모의 자연의 위력은, 인간이 거기에 버려져 있기라도 하면 그 인간을 에워싸버릴 간난과 위험과 곤궁으로밖에는 보이지 않 을 것이다. 그리하여 저 선량한, 그리고 다른 점에서는 총명한 쏴봐아[1])의 농 부는 (쏘오쒸르 씨[2])가 이야기하고 있는 것처럼) 모든 빙산 애호가들을 가리켜

---

1) Savoie: 스위스에 인접한 프랑스의 주의 이름.
2) Horace Bénédict de Saussure(1709-99): 주네부 출신의 유명한 지질학자, 지리학자, 최초의 몽블랑 등반자의 한 사람(1787. 따라서 이것은 그가 78세 때다). 그의 『알프스 여행기』(*Voyages*

서슴지 않고 바보라고 불렀던 것이다. 만일 이 탐험가가 빙산에서 몸을 내맡겼던 위험들을, 대부분의 여행가들이 흔히 그렇게 하듯이, 단지 도락에서나 혹은 후일에 그에 관한 감동적인 기록을 내놓을 수 있다는 목적에서 기도했었다고 한다면, 그 농부의 말이 전연 부당했는지 어떠했는지를 과연 누가 알 수 있겠는가? 그러나 이 탐험가의 의도는 사람들을 가르치려는 것이었으며, 또 이 훌륭한 인사는 심령을 고양하는 감각을 느껴 보았을 뿐만 아니라, 그 위에 또 이것을 그의 여행기의 독자들에게는 덤으로 전해 주었던 것이다.

  그러나 자연의 숭고에 관한 판단은 (미에 관한 판단보다도 더) 도야를 필요로 하지만, 그 때문에 반드시 이 판단이 바로 이 도야로부터 비로소 산출되거나, 이를테면 단지 협약에 의해서 이 사회에서 받아들여지는 것은 아니다. 오히려 이 판단은 인간의 본성 가운데에 그 기초를 가지고 있는 것이다. 더 정확히 말하면, 이 판단의 기초는 우리가 상식과 동시에 누구에게나 기대할 수 있
112 고 누구에게나 요구할 수 있는 것 가운데에, 즉 (실천적) 이념들에 대한 감정에의 소질, 다시 말하면 도덕적 감정에의 소질[1) 가운데에 있는 것이다.

  그런데 이 점에 숭고에 관한 타인의 판단이 우리의 판단에 합치한다는 필연성의 근거가 있다. 그리고 우리는 이 필연성을 우리의 판단에 동시에 포함시키는 것이다. 우리가 아름답다고 보는 자연의 어떤 대상을 판정함에 있어서 무관심한 사람에 대해서 우리는 취미의 결여를 비난하는 것과 마찬가지로, 우리가 숭고하다고 판단하는 것에 감동하지 않는 사람에 관해서는 우리는 그는 감정이 없다고 말한다. 그러나 우리는 이 양자를 누구에게나 다 요구하고, 또한 다소의 교양을 가진 사람이면 누구나 그것을 가진 것으로 전제한다. 다만 서로 다른 것은, 전자의 경우에는 판단력이 구상력을 단지 개념의 능력으로서의 오성에만 관계시키므로 우리는 취미를 그대로 모든 사람에게 요구하는 데 반해서, 후자의 경우에는 판단력이 구상력을 이념의 능력으로서의 이성에 관계시키므로, 우리는 감정을 오직 하나의 주관적 전제(그러나 우리는 그러한 전제를 모든 사람에게 요구할 수 있는 정당한 권리가 있다고 믿는다)하에서만, 환언하면

---

dans les Alpes, 4 Bde. 1779-96)는 오늘날에도 아직 훌륭한 관찰의 보고로 간주되고 있다. Wyttenbach의 독일어역(Leipzig. 1781 ff.)이 있다.
  1) "도덕적 감정에의 소질"이 초판에는 "도덕적 이념들에의 소질"로 되어 있다.

인간에게는1) 도덕적 감정이 있다고 하는 전제하에서만 요구하며, 또 그렇게 함으로써 우리는 이러한 미감적 판단에 대해서도2) 필연성을 부여한다고 하는 점이다.

미감적 판단의 이러한 양상에, 즉 미감적 판단이 참칭하는 필연성에 판단력의 비판에 대하여 가장 중요한 계기가 있다. 왜냐하면 이 필연성이야말로 바로 미감적 판단에 하나의 선천적 원리가 있음을 알려주는 것이며, 또 미감적 판단을 경험적 심리학——이 필연성이 없다면 미감적 판단은 경험적 심리학에서 (다만 섬세한 감정이라는 무의미한 형용사가 붙어서) 쾌락과 고통의 감정 사이 113 에 묻혀 있을 것이다 ——으로부터 끌어올려, 이 미감적 판단과 또 그것을 매개로 하여 판단력과 선천적 원리들을 그 근저에 가지고 있는 판단들의 부류 속에 넣으며, 다시 이 미감적 판단을 그와 같은 것으로서 선험철학에로 끌어넣는 것이기 때문이다.

미감적 반성적 판단의 해명에 대한 총주.

쾌의 감정과의 관계에 있어서 보면 하나의 대상은 쾌적한 것이나 아름다운 것이나 숭고한 것이나 또는 (단적으로) 선한 것 중의 어느 하나에 속하지 않으면 안된다(*iucundum*, *pulchrum*, *sublime*, *honestum*).

쾌적한 것은 그것이 어디에서 유래하는 것이건, 또 그 표상(객관적으로 고찰된 감관과 감각의)이 어떠한 종별적 차이가 있건, 욕망의 동기로서는 어디까지나 같은 종류의 것이다. 따라서 쾌적한 것이 심의에 미치는 영향을 판정함에 있어서 문제가 되는 것은 그 자극(동시적이거나 계기적인)의 다소뿐이요, 말하자면 쾌적한 감각의 분량뿐이다. 그러므로 쾌적한 감각은 양 이외의 것에 의해서는 이해될 수가 없다. 또한 쾌적한 것은 [심의를] 도야하는 것이 아니라, 한갓된 향락에 속하는 것이다. ——그에 반해서 아름다운 것은 객체의 일정한 질의

---

1) "인간에게는"은 제2판과 제3판의 추가이다.
2) "이러한 미감적 판단에 대해서도"는 초판에는 "미감적 판단에 대해서"로 되어 있다.

표상을 필요로 하며, 이 질의 표상은 이해되어 개념에로 환원되기도 한다(아름다운 것은 미감적 판단에 있어서 개념에로 환원되지 않지만). 또 아름다운 것은 동시에 [우리에게] 쾌의 감정에 있어서의 합목적성에 주의할 것을 가르침으
114 로써 [우리의 심의를] 도야한다. —— 숭고한 것은 자연의 표상에 있어서의 감성적인 것이 그것의 가능적인 초감성적 사용에도 알맞은 것으로 판정될 때에 나타나는 관계에 있어서만 성립할 뿐이다. ——단적으로 선한 것은 그것이 일으키는 감정의 면에서 주관적으로 판정하면(즉, 도덕적 감정의 객체이면), 단적으로 강제적인 법칙의 표상에 의하여 주관의 힘을 규정할 수 있는 것으로서, 선천적 개념에 기인하는 필연성의 양상에 의해서 특히 구별이 되거니와, 이 필연성은 모든 사람들에 대한 동의의 요구뿐만 아니라 그 명령까지도 내포하고 있는 것이다. 그리고 이 단적으로 선한 것은 그 자체에 있어서 물론 미감적 판단력에 속하는 것이 아니라 순수한 지적 판단력에 속하는 것이며, 또한 한갓된 반성적 판단에 있어서가 아니라 규정적 판단에 있어서, 자연이 아니라 자유에 귀속되는 것이다. 그러나 이 [단적으로 선한 것의] 이념에 의한 주관의 규정가능성, 정확히 말하면 이 때 주관이란 자기의 내부에서 감성을 장애로 느끼면서도 또 동시에 그 장애를 극복함으로써 감성에 대한 우월을 자기의 상태의 변양으로서 느낄 수 있는 주관인데, 이러한 주관이 이 이념에 의하여 규정될 수 있다고 함은 곧 도덕적 감정이요, 이 도덕적 감정은 자기의 순수성을 상실함이 없이 의무에서 하는 행위의 합법칙성을 동시에 미감적인 것으로서, 즉 숭고한 것으로서나 또는 아름다운 것으로서도 표상시켜주는 데에 이바지할 수 있는 한에 있어서, 확실히 미감적 판단력이나 미감적 판단력의 형식적 조건들과 유사한 것이다. 그러나 이와 같은 일은 도덕적 감정을 쾌적의 감정과 자연스럽게 결합시키려고 하면 일어나지 않는 일이다.

　이 두 종류의 미감적 판단에 관한 지금까지의 해명에서 결론을 이끌어 낸다면, 거기에서 다음과 같은 간명한 설명이 나올 것이다:

　미란 한갓된 판정에 있어서 (따라서 감관의 감각을 매개로 하여 오성의 개념
115 에 의해서가 아니라) 만족을 주는 것이다. 여기에서 미란 일체의 관심을 떠나서 만족을 주는 것이 아니면 안된다고 함이 저절로 귀결된다.

　숭고란 감관의 관심에 대하여 저항함으로써 직접적으로 만족을 주는 것이다.

이 양자는 모두 보편타당한 미감적 판정의 설명으로서 주관적 근거에 관계
하고 있다. 즉, 한 쪽은 관조적 오성에게 유리한 한에 있어서의 감성의 주관적
근거에 관계하며, 또 한 쪽은 감성에는 거슬리지만, 그에 반해서 실천이성의
목적들에는 알맞는[1] 주관적 근거에 관계한다. 그러나 이 양자가 동일한 주관
내에서 합일되면 도덕적 감정과의 관계에 있어서 합목적적이다. 미는 우리에게
어떤 것을, 자연까지도, 관심을 떠나서 사랑하도록 마음의 준비를 시키고, 숭
고는 그것을 우리의 (감성적) 관심에 거슬릴지라도 존중하도록 마음의 준비를
시킨다.

우리는 숭고를 이렇게 서술할 수 있다: 즉, 숭고란, (자연의) 어떤 대상의
표상이 심의를 규정하여 자연의 불가도달성을 이념의 현시라고 생각하도록 할
경우에, 그러한 대상을 말한다.

글자 그대로 해석하고 논리적으로 고찰하면, 이념들은 현시될 수 있는 것이
아니다. 그러나 우리가 자연을 직관하기 위하여 우리의 경험적 표상능력을 (수
학적으로나 또는 역학적으로) 확장하게 되면, 거기에 절대적 총체성의 독립성
[이념]의 능력으로서의 이성이 불가피하게 개입해서, 감관의 표상을 이 이념
들[2]에 적합하게 하려는 심의의 노력——비록 보람 없는 노력이지만—— 을 불
러 일으키는 것이다. 이러한 노력이, 그리고 구상력에 의해서는 이념에 도달할
수 없다는 감정이 바로, 구상력을 심의의 초감성적 사명을 위하여 사용할 경우
의 우리의 심의의 주관적 합목적성을 현시하는 것이며, 또 그러한 현시를 객관
적으로 성립시킬 수는 없지만, 우리들로 하여금 자연의 총체성 자체를 어떤 초   116
감성적인 것의 현시라고 주관적으로 사유하지 않을 수 없게 하는 것이다.

왜냐하면 공간과 시간 가운데 있는 자연에는 무제약자는 없으며, 따라서 가
장 평범한 이성[상식]조차도 요구하고 있는 절대적인 크기도 전연 없다는 사실
은 우리가 쉽사리 알 수 있는 것이기 때문이다. 바로 그 때문에 우리는 또한
우리가 관계하는 것은 현상으로서의 자연뿐이며, 이 현상으로서의 자연은 그
자체가 자연 자체(이성이 그 이념 속에 가지고 있는)의 한갓된 현시에 지나지

---

1) "감성에는 거슬리지만…… 목적들에는 알맞은"은 초판에는 "실천이성의 목적들에는 거슬리는"으
로 되어 있다.
2) Windelband는 "이념"이라고 읽는다.

않는 것으로 간주되지 않으면 안된다고 하는 사실도 알고 있다. 초감성적인 것의 이러한 이념은 물론 우리가 그 이상 더 규정할 수 없는 것이요, 따라서 그러한 이념의 현시로서의 자연은 우리가 인식할 수 있는 것이 아니라 단지 사유할 수 있을 뿐이다. 그러나 이러한 이념은, 어떤 대상의 미감적 판정이 구상력을 그 극한에까지──그것이 확장의 극한이든 (수학적으로) 또는 심의에 미치는 구상력의 위력의 극한이든 (역학적으로)──긴장시킬 경우에, 그러한 대상에 의해서 우리의 내부에 환기되는 것이다. 그리고 그 경우에 그러한 대상의 미감적 판정은 자연의 영역을 완전히 넘어선 심의의 사명에 관한 감정 (도덕적 감정) 위에 기초를 둔 것이며, 이러한 감정에서 보아서 그 대상의 표상은 주관적-합목적적이라고 판정되는 것이다.

실제로 자연의 숭고에 대한 감정은, 도덕적인 것에 대한 심의상태와 비슷한 심의상태가 그 감정과 결합되지 않으면, 아마 생각할 수가 없을 것이다. 그리고 자연의 미에 관한 직접적 쾌감도 마찬가지로 심적 태도의 어떤 자유성, 다시 말하면 이 만족이 단순한 감관적 향락에 의존하지 않는다는 독립성을 전제로 하고 또 그것을 계발하는 것이기는 하지만, 그러나 이 미(美)에 관한 쾌감에 의해서 표상되는 것은 [이성의] 법칙에 따라 활동하는 자유라기보다는 오히려 유동에 있어서의 자유인 것이다. 법칙에 따르는 활동이야말로 인간의 도덕성의 진정한 성질이요, 따라서 이러한 도덕성에 있어서는 이성은 감성에 대하여 강
117 제력을 가하지 않으면 안되지만, 그러나 숭고에 관한 미감적 판단에 있어서는 이러한 강제력은 이성의 도구로서의 구상력 자신에 의해서 행사되는 것으로 표상된다.

그러므로 자연의 숭고에 관한 만족은 또한 단지 소극적이다(그에 반해서 미에 관한 만족은 적극적이지만). 즉, 그것은 구상력이 그 경험적 사용의 법칙과는 다른 법칙에 의하여 합목적적으로 규정됨으로 해서 구상력의 자유가 구상력 자신에 의하여 박탈된다고 하는 감정인 것이다. 그처럼 자유가 박탈됨으로써 구상력은 자기가 희생하는 것보다 더 큰 확장과 위력을 획득하지만, 그러나 그 근거는 구상력 자신에게도 은폐되어 있고, 그 대신 구상력은 희생이나 박탈과 동시에 그 원인을 느끼고 그 원인에 굴복하는 것이다. 하늘 높이 솟아오른 산악, 깊은 협곡과 그 협곡을 흘러내리는 분류, 우울한 명상에 잠기게 하는 그늘

덮인 황무지와 같은 광경들을 바라볼 때, 경악에 가까운 경탄과 전율과 엄숙한 외포감이 보는 이를 사로잡는데, 이것은 그가 안전한 곳에 있다는 것을 스스로 알고 있을 경우에는 현실적인 공포가 아니라, 구상력을 활동시켜서 우리를 그 공포에 참가시켜보려는 시도에 지나지 않는 것이다. 그리고 이러한 시도의 목적은 그렇게 해서 일어나는 심의의 동요를 심의의 평정한 상태와 결합시키는 구상력의 위력을 감지하고, 또 그렇게 하여 우리들 자신의 내부에 있는 자연보다도, 따라서 우리가 무사하다고 하는 감정에 대하여 영향을 미칠 수 있는 한에 있어서 또한 우리의 외부의 자연보다도 우월한 구상력의 위력을 감지하려는 데 있는 것이다. 왜냐하면 연상법칙에 따르는 구상력은 우리의 자족한 상태를 물질적 조건에 의존시키는 것이지만, 동일한 구상력이 판단력의 도식의 원리에 따르게 되면 (따라서 자유에 예속되는 한에 있어서는) 그것은 이성과 이성의 이념의 도구요, 또한 그러한 도구로서 자연의 영향에 대한 우리들의 독립성을 주장하고, 자연의 영향에서 보면[1] 큰 것도 작다고 낮추어 평가하여, 단적으로   118 큰 것을 오직 자기 자신의 (주관의) 사명에 있어서만 용인하려는 하나의 위력인 것이다. 이처럼 미감적 판단력이 자기를[2] 고양하여 이성과의 적합성에 이르려는 (다만[3] 이성의 일정한 개념을 떠나서) 반성은 구상력이 아무리 크게 확장되어도 (이념의 능력으로서의) 이성에 대하여 객관적으로는 적합지 않다고 하는 사실에 의해서 대상을 도리어 주관적-합목적적인 것으로 표상하는 것이다.

위에서도 이미 주의해 두었지만,[4] 여기에서도 우리는 일반으로 다음 사항을 유의하지 않으면 안된다: 즉, 판단력의 선험적 미학에 있어서는 순수한 미감적 판단만이 문제되어야 하며, 따라서 실례를 아름답거나 또는 숭고한 자연의 대상들로부터 이끌어 내되 그 대상이 어떤 목적의 개념을 전제하고 있는 것이어서는 안된다. 왜냐하면 그럴 경우에는 그것은 목적론적 합목적성이거나 또는 대상의 한갓된 감각(쾌락이나 고통)에 기인하는 합목적성이거나 할 것이요, 따

---

1) "자연의 영향에서 보면"은 초판과 제2판에는 "전자[연상법칙에 따르는 구상력]에서 보면"으로 되어 있다.
2) "자기를"은 Windelband가 추가한 것이다. Erdmann은 "자연을"이라고 읽는다.
3) "다만"은 초판과 제2판에는 "그러나"로 되어 있다.
4) §11.을 참조.

라서 전자의 경우에는 미감적 합목적성이 아니며 후자의 경우에는 한갓된 형식적 합목적성이 아닐 것이기 때문이다. 그러므로 우리가 별빛 찬연한 하늘의 광경을 가리켜 숭고하다고 부를 경우에, 우리는 그 광경의 판정의 기초에 이성적 존재자들이 살고 있는 세계들이라는 개념이나, 또는 우리의 머리 위의 공간에 충만한 밝은 점들이 그 세계들에 대하여 아주 합목적적으로 설정된 궤도를 운동하는 그 세계들의 태양들이라고 하는 개념을 놓아서는 안되고, 오히려 그것을 단지 보이는 그대로 모든 것을 포괄하는 하나의 광대한 궁륭으로만 보지 않으면 안된다. 그리고 우리는 단지 이러한 표상하에만 순수한 미감적 판단이 이러한 대상에 귀속시키는 숭고성을 배치하지 않으면 안된다. 마찬가지로 우리는 대양의 광경도 우리가 온갖 지식(그러나 직접적 직관에는 포함되어 있지 않은)을 풍부하게 가지고 그것을 사유하듯이 보아서는 안된다. 즉, 이를테면 수서생
119 물의 넓은 왕국이라든가, 육지를 위해서 대기를 구름으로 포화시키는 수증기를 위한 대저수지라든가, 또는 각 대륙들을 서로 분리하지만 그러나 그 대륙간의 극히 중대한 교통을 가능케 하는 요소라고 보아서는 안된다.¹⁾ 왜냐하면 그러한 것은 오직 목적론적 판단만을 부여하는 데 지나지 않기 때문이다. 오히려 우리는 시인들이 하듯이 대양을 단지 외관이 보여준 대로, 이를테면 그것이 잔잔할 때에는 단지 하늘과 경계한 맑은 수경으로 보고, 또 그것이 거칠 때에는 모든 것을 삼켜버릴 것 같은 심연으로 보되, 그러나 그것이 숭고함을 볼 줄 알지 않으면 안된다. 바로 이와 똑같은 것은 인간의 형태에 있어서의 숭고와 미에 관해서도 말할 수 있다. 여기에서도 우리는 인간의 모든 사지가 어떤 목적을 위하여 존재한다고 보아 그러한 목적의 개념을 판단의 규정근거로서 고려해서는 안되며, 또 비록 인간의 사지가 목적의 개념에 모순되지 않는다고 함은 물론 미감적 만족의 필연적 조건이기도 하지만, 우리는 그러한 목적의 개념과의 합치가 우리의 미감적 판단에 영향을 미치도록 해서도 안된다(그래서 그 판단은 이미 순수한 것이 아니다). 미감적 합목적성은 자유로운 판단력의 합법칙성이다. 대상에 관한 만족은 [주관과 대상과의] 관계에 의존하는 것인데, 우리는 이 관계 속에 구상력을 배치하려는 것이다. 다만 구상력은 그 자신만으로서 심

---

1) 초판에는 "생각해서는 안된다"로 되어 있다.

의를 자유로운 활동 가운데에 유지하여야 한다. 그에 반해서 감관의 감각이든
또는 오성개념이든 어떤 다른 것이 판단을 규정하는 경우에는, 그 판단은 물론
합법칙적이기는 하지만 자유로운 판단력의 판단은 아니다.

　그러므로 지적 미라든가 또는 지적 숭고라는 것을 운위하는 일이 있다면, 첫
째로 이러한 표현들은 아주 올바른 것은 못된다. 왜냐하면 미와 숭고는 미감적
표상방식인데, 이러한 미감적 표상방식은, 만일 우리가 단지 순수한 지성적 존
재에 지나지 않는다고 한다면(혹은 우리들을 사고상으로 그러한 성질에 놓고
생각하더라도), 우리의 내부에 있어서는 전연 발견될 수 없을 것이기 때문이
다. 둘째로, 비록 지적 미와 지적 숭고의 양자는 지적 (도덕적) 만족의 대상이 　120
라고 볼 때, 이 양자가 모두 관심에 기인하는 것이 아닌 한에 있어서는 과연
미감적 만족과 일치하지만, 그러나 이 양자는 관심을 일으키는 것이어야만 하
기 때문에, 그 점에 있어서는 다시 미감적 만족과 일치하기 어렵다. 그리고 [양
자의] 현시가 미감적 판정에 있어서의 만족과 합치해야 한다면, 그러한 관심은
그 현시에 있어서 미감적 판정과 결부되는 감관의 관심에 의해서 밖에는 달리
미감적 판정에 있어서 일어날 수가 없을 것이다. 그러나 그렇게 해서는 지적
합목적성은 깨어지고 불순해지는 것이다.

　순수하고 무조건적인 지적 만족의 대상은 위력을 갖추고 있는 도덕적 법칙
이요, 이 도덕적 법칙은 우리의 내부에서 그 법칙에 선행하는 모든 심의의 동
기에 대하여 그 위력을 행사하는 것이다. 그리고 이 위력은 본래 오직 희생을
통해서만 미감적으로 알려지는 것이므로(이것은 비록 내면적 자유를 위한 것이
기는 하지만 하나의 박탈이요, 또 그 반면에 이 초감성적 능력의 헤아릴 수 없
는 깊이와 그 깊이의 무한한 결과를 우리의 내부에 드러내는 일이다), 그 만족
은 미감적 측면에서 (감성과의 관계에서) 보면 소극적이요, 환언하면 이러한
[감성적] 관심에 반하는 것이지만, 그러나 지적 측면에서 보면 적극적이며 하나
의 관심과 결부되어 있는 것이다. 그러므로 여기에서부터, 지적인 그리고 그
자체에 있어서 합목적적인 선(도덕적 선)은 이것을 미감적으로 판정하면 아름
답다기보다는 오히려 숭고하다고 표상되지 않으면 안되며, 따라서 그것은 사랑
과 애착의 감정보다도 오히려 경외의 감정(매력을 경멸하는)을 환기하는 것이
라고 하는 귀결이 나온다. 왜냐하면 인간의 자연적 본성은 그처럼 저절로는 그

러한 선에 합치하는 것이 아니고, 이성이 감성에게 강제력을 가함으로써만 그
러한 선에 합치하는 것이기 때문이다. 그와는 반대로 또한 우리의 외부의 자연
121 에 있어서, 또는 우리의 내부의 자연에 있어서도 (예를 들면 어떤 정서) 숭고하
다고 불리는 것은 감성의 어떤[1] 장애를 도덕적[2] 원칙에 의하여 극복할 수 있
는 심의의 위력이라고만 표상되고, 또 그 때문에 관심을 끄는 것이 될 것이다.

　나는 이 후자[우리의 내부의 자연에 있어서의 숭고]에 관해서 약간 설명을 하고
자 한다. 정서가 딸린 선의 이념은 열정이라고 일컬어진다. 이 심의상태는 그
것이 없으면 어떠한 위대한 일도 성취될 수 없다고 일반으로 주장될 정도로 숭
고한 것 같이 보인다. 그러나 어떠한 정서*나 모두 그 목적을 선택하는 데 있
어서 맹목적이거나, 또는 목적이 이성에 의하여 주어져 있다 할지라도 그 목적
을 실현하는 데 있어서 맹목적이다. 왜냐하면 정서란 자기를 규정하기 위한 원
칙들을 자유롭게 숙고할 수 없도록 하는[3] 심의의 동요이기 때문이다. 따라서
정서는 아무리 해도 이성의 만족을 얻을 수가 없다. 그럼에도 불구하고 열정은
미감적 관점에서 보면 숭고한 것이다. 왜냐하면 열정은 감관의 표상에 의한 충
동보다 훨씬 더 강력하게 그리고 더 지속적으로 작용하는 활기를 심의에 넣어
주는 이념들에 의해서 일어나는 힘의 긴장이기 때문이다. 그러나 (이것은 의아
하게 생각되겠지만) 자기의 확고부동한 원칙을 철저히 고수하여 마지 않는 심
정의 몰정서성(무감동 *apatheia*, 좋은 의미에 있어서의 점액질 *phlegma in*
122 *significatu bono*)도 역시 숭고하다. 더욱이 그것은 동시에 순수이성의 만족도
자기 편에 가지기 때문에 [열정보다도] 훨씬 더 월등하게 숭고한 것이다. 그와

＊ 정서는 격정과 종별적으로 구별된다. 전자는 단지 감정에만 관계하나, 후자는 욕구능력에 속하며,
자의가 원칙에 의하여 규정되는 것을 모두 저해하거나 불가능하게 하는 경향성이다. 전자는 저돌적
이요 무계획적이지만, 후자는 지속적이요 사려깊다. 그리하여 원망은 분노라고 보면 정서이지만, 증
오(복수욕)라고 보면 격정이다. 후자는 결코, 그리고 어떠한 사정에 있어서도, 숭고하다고 불릴 수
없다. 왜냐하면 정서에 있어서는 심의의 자유는 억압되지만, 격정에 있어서는 파기되기 때문이다.

---

1) "어떤"은 초판에는 없다.
2) Kant는 "인간의"라고 쓴 것을 Hartenstein이 "도덕적"이라고 고쳤다.
3) "자기를 규정하기…… 없도록 하는"은 초판에는 "자유로운 숙고에 따라 원칙들에 의하여 자기를
규정할 수 없도록 하는"으로 되어 있다.

같은 심의의 자세만이 유독 고상하다고 일컬어지는 것이지만, 뒤이어서 이 표현은 물건들에까지도, 예를 들면 건축물, 의복, 문체, 단정한 몸가짐 등과 같은 것들에까지도 전용되는데, 그것은 이러한 것들이 경탄 (기대 이상으로 참신함을 표상할 때에 일어나는 정서) 보다는 오히려 감탄(참신함이 사라져도 그치지 않는 경탄)을 환기할 경우에 그러한 것이다. 그리고 이러한 일은 이념들이 현시될 때에 그 이념들이 아무런 의도도 없이 그리고 기교를 가하지 않아도 미감적 만족과 합치할 때에 일어나는 것이다.

　강장한 성질의 정서(즉, 어떠한 저항이라도 극복하려는 우리의 힘의 의식을 환기시켜주는 정서[강인한 기질 *animus strenuus*])는 어느 것이나 미감적으로 숭고하다. 예를 들면 분노가 그렇고, 절망(즉, 의기소침한 절망이 아니라 격분한 절망)조차도 그렇다. 그러나 **연약한** 성질의 정서(저항하려는 노력 자체를 불쾌의 대상으로 삼는 정서[유약한 기질 *animus languidus*])는 아무런 고상한 것도 그 자체에 있어서 가지고 있지는 않으나, 마음씨의 아름다움에 산입될 수는 있다. 그러므로 강렬해지면 정서가 될 수 있는 감동도 또한 아주 여러 가지이다. 대담한 감동이 있는가 하면 우아한 감동도 있다. 후자는 그것이 정서에까지 올라가면 아무 쓸모도 없다. 그러한 감동에 기울어지는 성향이 곧 감상성이다. 동정적인 고통이 아무래도 위로를 받을 것 같지가 않다든가, 또는 그 고통이 가공적인 불행에 관한 것이라도 공상에 의해서 그것이 마치 현실적인 불행인 것처럼 착각할 정도로 고의로 그 고통을 느껴본다든가 하는 것은, 유화하지만 동시에 허약한 혼의 증거가 되며 그 원인이 되는 것이다. 이러한 혼은 아름다운 일면을 보여주며, 공상적이라고는 할 수 있으나 열정적이라고는 할 수가 없다. 이른바 고상한 (짐짓 속여서 그렇게 부르는 것이지만) 마음씨를 농하면서 123 도, 실제로는 심정으로 하여금 위축하게 만들고, 의무의 엄격한 준칙에 대하여 둔감하게 만들고, 우리의 인격 안에 있는 인간성의 존엄과 사람들의 권리(이것은 그들의 행복과는 전연 다른 것이다)에 대한 아무런 경외의 염도 가질 수 없게 만들며, 또 일반으로 아무런 확고한 원칙도 받아들일 수 없게 만드는 소설과, 눈물을 자아내는 연극과, 진부한 도덕적 훈계, 심지어는, 우리는 연약하기 짝이 없지만 그래도 아직 우리에게 남아 있는 힘을 경향성의 극복을 위하여 다해 보겠다는 굳센 결의 대신에, 우리의 내부의 악에 저항하는 자기 자신의 능력에 대한 일체의 신뢰를 포기케 하는 비굴하고도 저열한 은총의 갈구와 아첨을 권장하는 종교적 설교, 자기모멸과 울음 섞인 가면적 회개와 단지 수동적인 심의의 태도만이 최고의 존재자의 호의를 얻을 수 있는 유일한 방법이라고 생각하는 그릇된 겸허——이러한 모든 것은 성정의 미에 산입될 수 있는 것과도 조화되지 않지만, 성정의 숭고에 속하는 것과는 더욱 조화되지 않는 것이다.

그러나 저돌적인 심의의 동요[감동]라 할지라도 그것이 교화라는 미명하에 종교의 이념과 결합되는 것이건, 또는 단지 문화에 속하는 것으로서 사회적 관심을 내포하고 있는 이념과 결합되는 것이건, 만일 그것이 순수한 지적 합목적성을 지니는 것(초감성적인 것)에 이르러서는 자기의 힘과 결의의 의식에 대하여 비록 간접적으로나마 영향을 미치는 심의상태를 뒤에 남겨두지 않는다면, 그것이 아무리 구상력을 긴장시킨다 하더라도, 결코 숭고한 현시라는 영예를 요구할 수는 없는 것이다. 왜냐하면 그러한 심의상태가 없으면 이러한 감동은 124 모두가 우리가 건강을 위해서 즐기는 운동에 지나지 않기 때문이다. 정서의 유희에 의한 그와 같은 동요의 다음에 오는 쾌적한 피로는 우리의 내부의 여러 가지 생명력의 균형이 회복된 데에서 오는 건강의 향락이며, 이러한 향락은 결국 근동지방의 관능주의자들이 자기의 육체를 말하자면 안마라도 하게 하고 근육과 관절들을 모두 부드럽게 누르고 꾸부리게 하여 기분좋게 느끼는 향락과 동일한 것이다. 다만 운동을 일으키는 원리가 전자에 있어서는 대부분 우리의 내부에 있는 데 반하여, 후자에 있어서는 전혀 우리의 외부에 있다는 점이 다를 뿐이다. 그런데 자기의 마음 속에는 아무 것도 확립된 것이 (선의 격률의 체계도) 없으면서도, 설교를 들어서 교화를 받았다고 믿거나, 또는 다행히 권태를 모면한 것을 기뻐하는 데 지나지 않으면서도, 비극을 보고서 개심한 듯이 생각하는 사람들이 많다. 그러므로 숭고는 언제나 심적 태도에 관계를 가지는 것이 아니면 안된다. 다시 말하면 지적인 것과 이성의 이념들에 대하여 감성을 지배하는 지상권을 부여하는 격률에 관계하는 것이 아니면 안된다.

우리는 감성적인 것에 관해서는 전연 소극적인 그와 같은 추상적 현시방법 때문에 숭고의 감정이 상실되지나 않을까 염려할 필요는 없다. 왜냐하면 구상력은 과연 감성적인 것을 초월해서는 자기가 의지할 수 있는 아무것도 발견하지 못하지만, 그러나 자기의 제한을 그처럼 제거함으로써 또한 자기가 무한함을 감지하게 되기 때문이다. 따라서 그러한 분리[구상력의 제한을 제거하여 그것을 감성적인 것으로부터 유리시키는 것]는 무한한 것의 현시요, 이 현시는 바로 그 때문에 단지 소극적 현시일 수밖에 없는 것이지만, 그럼에도 불구하고 그것은 정신을 확장시키는 것이다. 아마도 유태인의 율법서에서 다음의 계명보다도 더 숭고한 구절은 없을 것이다: '너를 위하여 새긴 우상을 만들지 말고, 또 하늘에 있는 것이나 땅에 있는 것이나 땅 아래 있는 것의 아무 형상이든지 만들지 말며 운운.'1) 이 계명 하나만으로도 유태민족이 그들의 도덕적 성기에 다른 민족과 비교하여 자기의 종교에 대하여 느꼈던 열정이나, 또는 횟수가 고취하는 125 자존심을 이해할 수 있다. 이와 똑같은 것이 우리의 내부에 있는 도덕적 법칙의 표상과 도덕성에의 소질의 표상에 관해서도 적용된다. 만일 그러한 표상으로부터 감관에 맡겨둘 수 있는 것을 모두 박탈해버린다면, 그 표상에는 냉정하고 생기 없는 시인만이 남을 것이요, 마음을 움직이는 힘도 감동도 남지 않을 것이라고 함은 전혀 기우다. 사실은 바로 그와 반대다. 왜냐하면 감관의 앞에 이미 보이는 것이 없어도, 아직 의심할 여지가 없는 불멸의 도덕의 이념이 남아 있는 경우에는, 이 이념이 무력해질까 두려워한 나머지 형상이나 유치한 장치를 빌어서 그 이념을 구하려고 하기보다는, 오히려 무한한 구상력의 활기를 열정에까지 올라가지 못하도록 경감하는 것이 더 필요할 것이기 때문이다. 이런 이유로 정부들도 종교에 그러한 어리석은 부속물을 풍부히 갖추어 주도록 쾌히 허용했으며, 그렇게 하여 신하에게 자의로 제한을 설정하고, 그 제한으로 해서 신하를 단지 수동적으로 만들어 한층 다루기 쉽도록 하기 위하여, 자기의 정신력을 이 제한 이상으로 신장하려는 노고를 신하에게서 덜어주되, 또 동시에 그 능력도 **빼앗**으려고 했던 것이다.

　그에 반해서 도덕성의 이러한 순수한, 심령을 고양하는, 그리고 단지 소극적인 현시는 열광의 위험을 초래하는 일이 없다. 열광이란 감성의2) 모든 한계를 초월하여 무엇인가를 **보려고** 하는, 환언하면 원칙에 좇아서 몽상하려고 하는 (이성을 가지고 미쳐 날뛰려고 하는) 하나의 망상이다. 그리고 그것이 열광의

---

1) 출애굽기 20: 4.
2) 초판에는 "감성의" 대신 "도덕성의"로 되어 있다.

위험을 초래하지 않는 이유는, 바로 그 경우에는 현시가 단지 소극적인 데 지나지 않는다는 점에 있다. 왜냐하면 자유의 이념은 그 이상 근원을 캐낼 수 없으므로, 적극적 현시의 길은 모두 완전히 차단되어 있지만, 그러나 도덕적 법칙은 그 자체가 우리의 내부에 있어서 충족적이며 근원적으로 규정적인 것이요, 따라서 도덕적 법칙은 우리가 도덕적 법칙의 밖에서 규정근거를 찾는 것을
126 결코 허용하지 않기 때문이다. 열정이 광기와 비교될 수 있다면, 열광은 초광과 비교될 수 있다. 이 양자 가운데에서도 후자는 무엇보다도 숭고와 조화되지 않는데, 그것은 천착적이어서 우스꽝스럽기 때문이다. 정서로서의 열정에 있어서는 구상력은 무구속적이지만, 뿌리 깊고 끈질긴 격정으로서의 열광에 있어서는 구상력은 무규칙적이다. 전자는 가장 건전한 오성에게도 이따금 일어날 수 있는 일시적 우발사이지만, 후자는 오성을 착란시키는 일종의 질병이다.

단순성(기교없는 합목적성)은 이를테면 숭고에 있어서의 자연의 양식이요, 따라서 그것은 제2의 (초감성적) 자연인 도덕성의 양식이기도 하다. 그러나 우리는 이에 관해서는 그 법칙만을 알 뿐이요, 이 입법의 근거를 내포하고 있는 우리들 자신의 내부의 초감성적 능력에 직관을 통해서 도달할 수는 없다.

또 하나 주의해두지 않으면 안 될 것이 있다. 비록 미에 관한 만족도 숭고에 관한 만족도 보편적으로 전달될 수 있다는 성질 때문에 다른 미감적 판정들 가운데에서 명백하게 구별될 뿐만 아니라, 또한 이러한 특성 때문에 사회(사회 안에서 만족은 전달될 수 있다)와의 관계에 있어서 하나의 관심을 획득하게 되지만, 그럼에도 불구하고 일체의 사회로부터 격리고립된다는 것도, 만일 그러한 고립이 모든 감성적 관심에 기연한 이념 위에 기초를 둔 것이면, 역시 무엇인가 숭고한 것으로 간주되는 것이다. 자족적이요 따라서 사회를 필요로 하지는 않으나, 그렇다고 비사교적인 것은 아니다, 즉, 사회를 도피하는 것은 아니다라고 함은, 모든 욕구로부터의 초탈이나 마찬가지로 무엇인가 숭고에 가까운 것이다. 그에 반해서 인간혐오증에서 인간을 도피하는 것은 인간을 적대시하는 것이므로, 또는 공인증(인간공포)에서 인간을 도피하는 것은 인간을 적으로서 무서워하는 것이므로, 모두 한편으로는 증오할 일이며 한편으로는 경멸할 일이
127 다. 그러나 또 하나의 다른 (극히 비본래적인 의미에 있어서 그렇게 불리는) 인간혐오증이 있다. 이에 대한 소질은 나이가 들음에 따라서 많은 선량한 사람들

의 심의에도 나타나는 것이 상례인데, 이는 물론 호의라는 점에서는 박애적이
지만, 오랫동안의 비통한 경험 때문에 인간에 관한 만족에서는 멀어진 것이다.
은둔을 즐기려는 성벽, 두메 산골의 별장에서 살았으면 하는 공상적 소원, 또
는 (젊은 사람의 경우에는) 남은 세상에는 알려지지 않은 어느 고도에 가서 소
수의 가족과 함께 자기의 일생을 보낼 수 있다는 행복의 몽상, 요컨대 소설가
들이나 로빈슨풍의 기담작가들이 잘 이용할만한 소재가 됨직한 것들, ──이
러한 것들이 모두 그러한 인간혐오증의 증거인 것이다. 허위, 망은, 부정, 우
리가 중대하다고 생각하는 목적을 추구함에 있어서 인간들 자신이 상호간에 생
각할 수 있는 온갖 해악을 가하고 있는 어린애 같은 짓──이러한 모든 것은
인간이 되고자 하면 될 수 있을 인간의 이념과는 너무나 모순되며, 인간을 보
다 좋게 보려는 절실한 원망과는 너무나 상반되기 때문에, 우리가 인간을 사랑
할 수 없는 바엔 인간을 미워하지 않기 위하여, 모든 사교적인 즐거움을 단념
하는 것쯤은 작은 희생에 불과하다고 생각된다. 이러한 비애는 운명이 다른 사
람들에게 내리는 재화에 관해서 느끼는 비애가 아니라(이러한 비애의 원인은
동감이다), 사람들이 상호간에 가하는 해악에 관해서 느끼는 비애요(이것은 원
칙상의 반감에 기인하는 비애이다), 이념에 기인하는 것이므로, 전자[동감에서
나오는 비애]가 기껏해야 단지 아름답다고만 볼 수 있는 것인 데 반하여, 이러한
비애는 숭고한 것이다. ──재기가 발랄하고 학식이 깊은 쏘오쒸르1)는 그의
알프스 여행기 가운데에서 싸봐아의 연봉중의 하나인 보노옴2)에 관하여 이렇
게 말하고 있다: "이 곳에는 일종의 무미건조한 비애감이 감돌고 있다." 그러
므로 사람들이 이 세상의 아무 것도 더 듣지도 않고 보지도 않기 위해서 이주
하고 싶어하는 황야, 그러나 사실은 사람들에게 극히 고통스러운 주거밖에는   128
제공하지 못할 정도로 아주 황량해야만 한다는 것도 아닌 황야를 바라보고 있
으면, 그것이 어떤 관심을 끄는 비애감을 불러일으킨다는 것도 그는 틀림없이
알고 있었던 것이다. ──내가 이러한 주해를 붙여두는 것은, 다만 우수(풀이
죽은 비애가 아니라)도 그것이 도덕적 이념에 그 근거를 두고 있는 경우에는

---

1) H. B. de Saussure: 133면 각주 2) 참조.
2) Bonhomme: 서알프스에 있는 2329m의 고개. 여기에는 Mont-Blanc을 비롯한 여러 고봉이 모
여 있다.

억센 정서로 생각할 수 있으나, 그것이 동감에 기초를 두고 있으며 또한 그러한 것으로서 사랑스러운 것이기도 한 경우에는, 그것은 단지 연약한 정서에만 속한다는 것을 상기시키고자 하는 의도에서이며, 그렇게 함으로써 전자의 경우에 있어서만 심의상태는 숭고하다는 것을 주의해 두고자 하는 의도에서이다.

___

지금 끝마친 미감적 판단의 선험적 해명과 버어크[1]와 같은 사람이나 또 우리나라의 다수의 명민한 인사들이 논술한 생리학적[2] 해명을 비교해 보면, 숭고와 미에 관한 단지 경험적인 해명이 결국 어디에 귀착하는가를 알 수 있을 것이다. 버어크*는 이러한 종류의 연구에 있어서 가장 탁월한 저자라고 마땅히 불릴만한 사람이거니와, 그는 이 방법으로 다음과 같이 추론하고 있다(그의 저서 223면): "숭고의 감정은 자기보존의 본능과 공포, 즉 일종의 고통에 기인하는 것이나, 이 고통은 신체의 각 부분을 실제로 파괴하는 데에까지는 이르지 않기 때문에, 이 고통이 일으키는 운동은 가늘고 굵은 여러 혈관으로부터 위험하거나 괴로운 폐색을 제거하여 쾌적한 감각을 환기할 수가 있는 것이다. 이
129 감각은 물론 쾌감이 아니라 만족을 주는 외포감의 일종이요, 경악이 섞여 있는 일종의 평정이다." 또 그는 미를 사랑에 정초시키고(그러나 그는 사랑으로부터 욕망이 분리될 것을 주장한다), 이 미를 "신체의 섬유의 완화, 이완, 위축에, 따라서 쾌락으로 인한 연화, 해체, 쇠약, 침체, 쇠멸, 융해에" 환원시키고 있다(251면~252면). 그리고 그는 이러한 설명방식을 확증하는 데에, 구상력이 오성과 결합하여 우리의 내부에 미와 숭고의 감정을 야기할 수 있는 경우뿐만 아니라, 그 위에 또 구상력이 감관의 감각과 결합하여 그러한 감정을 환기할 수

___

* 그의 저서 "우리의 미와 숭고의 개념의 기원에 관한 철학적 연구"의 독일어역, 리가, 하르트크노호서점, 1773에 의거함.

___

1) Edmund Burke(1729~1797): 유명한 영국의 정치가. 젊었을 때(1757) Kant가 인용한 이 미학적 논문에 의해서 특히 Lessing, Mendelssohn, Schiler에게 영향을 주었다. 독일어 역자는 Chr. Garve이었다. Kant가 그를 열심히 연구하였다는 사실은 Schlapp의 색인에 표시되어 있다. 같은 책 451면.
   이 저서의 원명은 *A Philosophical Inquiry into the Origin of our Ideas on the Sublime and Beautiful*, 1756이다.
2) 초판에는 "생리학적"이 "심리학적"으로 되어 있다.

있는 경우까지도 들고 있다. ──우리의 심의의 현상의 이러한 분석은 심리학
적 기술로서는 극히 훌륭한 것이며, 경험적 인간학의 가장 인기 있는 탐구에
풍부한 재료를 제공하는 것이다. 또한 우리의 내부의 모든 표상은, 그것이 객
관적으로는 단지 감성적인 것이거나 또는 전혀 지적인 것이거나 간에, 주관적
으로는, 비록 쾌락과 고통이 아무리 인지하기 어렵다 할지라도, 이 쾌락이나
고통과 결합될 수 있다고 하는 것은 부정할 수가 없다(왜냐하면 모든 표상은
생명감을 촉발하는 것이며, 또 어떠한 표상도 그것이 주관의 변양인 한 이 생
명감에 무관심한 것일 수는 없기 때문이다). 그뿐만 아니라 또 에피쿠로스가
주장한 것처럼, 쾌락과 고통은, 그것이 상상에서 발단되는 것이든 아니면 오성
의 표상에서 발단되는 것이든, 언제나[1] 결국은 신체적인 것이라고 하는 것도
부정할 수 없다. 왜냐하면 신체적 기관에 대한 감정이 없다면 생명은 단지 자
기의 현존의 의식이기는 하나, 건재 불건재의 감정, 즉 생명력의 촉진 또는 저
지의 감정은 아닐 것이기 때문이다. 그리고 이는 심의가 그 자체만으로서 단독
으로 전적 생명(생명원리 자체)이며, 이에 대한 저해 또는 촉진은 심의의 밖에
서, 그러나 인간 자신의 내부에서, 따라서 그의 신체와의 결합에 있어서 찾아
지지 않으면 안되는 까닭이다.

　그러나 만일 우리가 대상에 관한 만족을 철두철미 대상이 자극에 의해서나   130
또는 감동에 의해서 쾌락을 준다고 하는 점에 귀착시킨다면, 우리는 우리가 내
리는 미감적 판단에 동의할 것을 다른 사람에게 요구하지도 말아야 할 것이다.
왜냐하면 이러한 문제에 관해서는 누구나 각자 자기의 개인적 감관에만 물어서
결정하는 것이 당연한 일이기 때문이다. 그러나 그럴 경우에는 취미의 모든 검
열도 완전히 없어진다. 그렇지 않다면 다른 사람들이 자기들의 판단이 우연히
도 일치했다는 사실을 통해서 보여주는 사례가 우리들에 대해서는 찬동하라는
명령이 되지 않을 수 없을 것이다. 그러나 우리는 아마 그러한 원리에 대해서
는 반대하고, 자신의 건재에 관한 직접적인 감정에 기인하는 판단을 다른 사람
들의 감관에 예속시키기 보다는 자기 자신의 감관에 예속시키는 당연한 권리에
호소할 것이다.

---

1) 초판에는 "언제나"가 "모두가"로 되어 있다.

그러므로 취미판단이 자기본위적인 것으로 간주되어야 하는 것이 아니라, 그 내면적 본성으로 보아서, 다시 말하면 다른 사람들이 자기의 취미에 관해서 보여주는 실례 때문이 아니고 그 판단 자체 때문에 필연적으로 다원적인 것으로 간주되어야 하는 것이라면, 또 취미판단이 모든 사람들이 그것에 반드시 찬동할 것을 동시에 요구할 수 있는 판단이라고 평가된다면, 취미판단의 기초에는 어떤 하나의 (그것이 객관적인 것이든 주관적인 것이든) 선천적 원리가 있지 않으면 안된다. 그러나 이러한 원리는 심의의 변화의 경험적 법칙들을 탐색함에 의해서는 결코 도달될 수 없는 것이다. 왜냐하면 이러한 경험적 법칙들은 어떻게 판단이 내려지는가 하는 것을 인식하게끔 해줄 뿐이요, 어떻게 판단이 내려져야 하는가를 명령하는 것은 아니며, 더욱이 그 명령이 무조건적일 정도로 명령하는 것은 아니기 때문이다. 그러나 취미판단은 그러한 명령을 전제하고 있다. 취미판단은 만족이 표상과 직접 결합되기를 요구하는 것이기 때문이다. 따라서 미감적 판단의 경험적 해명은 보다 더 고차적인 연구에 대한 재료를 수집하기 위한 제1보가 될는지는 모른다. 그러나 이 능력에 관한 하나의 선험적 구명이 가능하며, 이것은 취미의 비판의 본질적인 부분을 이루는 것이다. 왜냐하면 만일 취미가 선천적 원리를 가지고 있지 않다면, 취미는 다른 사람들의 판단을 판가름할 수도 없을 것이며, 또 다소나마 권능을 가장하고라도 다른 사람들의 판단에 대하여 찬부의 판결을 내릴 수도 없을 것이기 때문이다.

131

미감적 판단력의 분석론에 속하는 나머지 부분에는 우선 다음의 순수한 미감적 판단의 연역이 포함된다.[1]

---

1) 이 구절은 초판에는 없다. 그 반면에 초판에서는 다음의 순수한 미감적 판단의 연역이 "제3장"이라고 표시되어 있다. 이러한 표제는 Kiesewetter가 Kant가 잘못 쓴 "미감적 판단력의 분석론 제3부"라는 표제 대신으로 넣은 것이다(Kiesewetter가 Kant에게 보낸 서한 1790년 3월 3일). Kant는 이러한 개정이 "아주 적절하다"고 생각했으나, 그 표제를 완전히 삭제하는 것이 가장 좋겠다고 생각하고, 아직 시간이 있으면 그것을 정오표에 적어 넣으라고 부탁하여(Kiesewetter에게 보낸 서한 1790년 4월 20일), 그렇게 함에 이르렀다. (『칸트 서한집』 Ⅱ 136면 또는 152면 참조.)

순수한[1] 미감적 판단의 연역.

§ 30.

**자연의 대상들에 관한 미감적 판단의 연역은 우리가 자연에 있어서
숭고하다고 부르는 것에 적응될 것이 아니라, 단지 미에만 적응되면 된다.**

미감적 판단이 모든 주관에 대하여 가지는 보편타당성의 요구는, 그 판단이 어떤 하나의 선천적 원리에 토대를 둔 것이 아니면 안되는 만큼, 하나의 연역 (즉, 미감적 판단의 참칭의 정당성의 증명)을 필요로 한다. 그리고 미감적 판단이 요컨대 객체의 형식에 관한 만족 또는 불만족에 관계하는 경우에는, 이 연역이 그 판단의 해명 위에 또 부가되지 않으면 안된다. 자연의 미에 관한 취미판단이 곧 그와 같은 판단이다. 왜냐하면, 비록 미에 관한 취미판단의 경우에 있어서 합목적성은 객체와 다른 대상들과의 관계를 개념에 의해서 (인식판단을 목적으로) 알려주는 것이 아니라, 그 형식이 심의에 있어서의 개념의 능력[오성]과도 또 개념을 현시하는 능력[구상력](이것은 포착의 능력과 동일한 것이다)과도 적합함을 보여주는 한에 있어서,[2] 일반으로 단지 이 형식의 포착에만 관계하는 것이지만, 그러나 그 경우의 합목적성은 어디까지나 객체와 객체의 형태에 그 근거를 가지고 있는 것이기 때문이다. 그러므로 자연의 미에 관해서도 자연의 형식의 이러한 합목적성의 원인에 관한 여러 가지 문제가 제기될 수 있다. 예를 들면 왜 자연은 미를 그다지도 헤프게 어디에나, 인간의 눈(자연의 형식은 인간의 눈에 대해서만 합목적적이다)이 미치는 일이 아주 드문 대해의 밑바닥에까지도, 살포했는가를 우리가 설명하고자 하는 것과 같은 것들이다. 132

그러나 자연의 숭고는——그에 관해서 우리가 객관적 합목적성으로서의 완전성의 개념이 섞여 있지 않은 순수한 미감적 판단을 내릴 경우에는 (그러한 개념이 섞여 있는 경우에는 그 판단은 목적론적 판단일 것이다)——전혀 몰형

---

1) "순수한"은 초판에는 없다.
2) "적합함을 보여주는 한에 있어서"는 초판에는 "적합한 한에 있어서"로 되어 있다.

식적인 것 또는 무형태적인 것이지만, 그럼에도 불구하고 역시 순수한 만족의 대상으로 간주될 수 있으며, 또 주어진 표상의 주관적 합목적성을 나타낼 수가 있다. 그리하여 이제 여기에, 이러한 종류의 미감적 판단에도 그 판단에 있어서 사유되는 것에 관한 해명 이외에, 그 판단이 주장하는 그 어떤 (주관적) 선천적 원리에 대한 권리의 연역이 또 요구될 수 있는가 어떤가 하는 문제가 일어나는 것이다.

이 문제에 대해서는 이렇게 대답하면 된다: 즉, 자연이 숭고하다 함은 단지 비본래적 의미에 있어서만 그렇게 불린 것이요, 본래적인 의미에 있어서는 숭고는 단지 심적 태도에만, 또는 차라리 인간의 자연적 본성에 있어서 심적 태도에 대한 기초 구실을 하는 어떤 것에만 부여되지 않으면 안된다고, 대상은 숭고하다는 것을 떠나서 다른 점에서 보면 본시 몰형식적이며 비합목적적인 것

133 이므로, 이러한 대상을 포착하면 그와 같은 심적 태도의 기초를 의식할 수 있는 기연이 주어질 뿐이다. 그러나 그렇게 해서 대상은 주관적-합목적적으로 사용되는 것이요, 대상 그 자체만으로서 그리고 그 형식 때문에 주관적-합목적적인 것으로 판정되는 것은 아니다(말하자면 이것은 주어진 것이 아니라 용인된 합목적성 *species finalis accepta, non data*이다). 그러므로 자연의 숭고에 관한 판단의 해명은 동시에 그 연역이었던 것이다. 왜냐하면, 그러한 판단에 있어서의 판단력의 반성을 분석했을 때에, 우리는 그러한 판단에는 인식능력[구상력과 이성]간의 합목적적인 관계가 있음을 발견하였거니와, 이러한 관계는 목적의 능력(의지)의 기초에 선천적으로 놓여 있지 않으면 안되는 관계요, 따라서 선천적으로 합목적적인 만큼, 이러한 것이 곧 그 연역을, 다시 말하면 그러한 판단이 주장하는 보편적-필연적 타당성에 대한 요구의 시인을 내용으로 하고 있기1) 때문이다.

그러므로 우리는 취미판단, 다시 말하면 자연사물의 미에 관한 판단의 연역만을 찾으면 될 것이며, 그렇게 하면 전미감적 판단력에 관한 과제를 남김없이 만족하게 해결할 것이다.

---

1) "시인을 내용으로 하고 있기"는 초판에는 "시인이기"로 되어 있다.

§ 31.
취미판단의 연역의 방법에 관하여.

어떤 종류의 판단을 연역하여야 할, 즉 그 적법성을 보증하여야 할 책임은 그 판단이 필연성을 요구하는 경우에만 일어난다. 판단이 주관적 보편성, 즉 모든 사람들의 동의를 요구하는 경우에도, 사정은 마찬가지이다. 그러나 그러 134 한 판단은 인식판단이 아니라, 단지 주어진 대상에 관한 쾌 또는 불쾌의 판단에 지나지 않는다. 다시 말하면 그것은 취미판단이기 때문에, 사상의 개념에 근거를 둔 것이어서는 안되는, 그러나 모든 사람들에게 대하여 남김없이 타당한 주관적 합목적성을 주장하는 판단에 지나지 않는다.

이 후자의 경우에 우리가 직면하고 있는 것은 오성에 의한 자연 일반의 개념을 기초로 하는 이론적 인식판단도 아니요, 또 이성에 의하여 선천적으로 주어진 것으로서의 자유의 이념을 기초로 하는 (순수한) 실천적 인식판단도 아니다. 따라서 우리는 어떤 사상의 본질을 밝히는 판단이나, 또는 내가 그 사상을 야기시키자면 어떤 일을 실행해야만 한다고 함을 밝히는 판단의 정당성을 그 판단의 타당성에 의해서 선천적으로 입증해야 하는 것도 아니다. 그러므로 이 경우에는 대상의 형식에 관한 경험적 표상의 주관적 합목적성을 표현하는 하나의 단칭판단이 판단력 일반에 대하여 보편타당성을 가지고 있다는 것만을 확증될 수 있다면, 어떤 것이 단지 판정만 될 때에 (감관의 감각이나 개념을 떠나서) 그것이 만족을 줄 수 있다고 하는 것은 어떻게 하여 가능한가, 또 어떤 대상이 인식 일반을 위하여 판정되는 데에는 보편적 규칙들이 있는 것과 꼭 마찬가지로, 어떤 한 사람의 만족이 다른 모든 사람들에게 규칙이라고 공언될 수 135 있다고 하는 것은 어떻게 하여 가능한가를 설명하기 위해서는 충분할 것이다.

그런데 이 보편타당성이 다른 사람들에게 그들이 느끼는 방식에 관해서 투표를 시키고 질문을 하고 하는 데에 근거를 둔 것이 아니라, 말하자면 (주어진 표상에 관한) 쾌의 감정을 판단하는 주관의 자율성에, 환언하면 이 주관 자신의 취미에 기초를 둔 것이지만, 그럼에도 불구하고 개념으로부터 도출되어서는 안되는 것이라고 한다면, 그러한 판단은 ——취미판단은 사실상 그러한 판단이다 ——이중적인 그러면서도 논리적인 특성을 가질 것이다: 즉, 첫째로 그것은

선천적 보편타당성을 가진다. 그러나 이것은 개념에 따르는 논리적 보편성이
아니라, 하나의 단칭판단이 가지는 보편성이다. 둘째로 그것은 필연성(언제나
선천적인 근거 위에 기초를 두고 있지 않으면 안되는)을 가진다. 그러나 이 필
연성은 어떤 선천적인 증명근거에 의존하고 있는 것이 아니다. 그리하여 취미
판단이 누구에게나 요구하는 찬동은 이 선천적 증명근거가 표상됨으로써 강요
될 수 있는 것이 아니다.

　여기에서 우리가 처음에 취미판단의 모든 내용, 즉 쾌의 감정을 사상하고,
단지 그 미감적 형식만을 논리학이 지정하는 객관적 판단의 형식과 비교해보
면, 그러한 논리적 특성에 있어서 취미판단은 모든 인식판단과 구별되는 만큼,
이러한 논리적 특성의 해명은 그것만으로도 이 기묘한 능력[취미라는 능력]을 연
136 역하는 데 충분할 것이다. 그러므로 우리는 먼저 취미의 이러한 특이한 성질들
을 실례를 통해서 설명하면서 밝히고자 한다.

§ 32.
취미판단의 제1 특성.

　취미판단은, 마치 그것이 객관적 판단인 것처럼, 모든 사람들의 동의를 요구
해가면서, 그 대상을 만족과의 관계에 있어서 (미로서) 규정하는 것이다.

　'이 꽃은 아름답다'고 말하는 것은 그 꽃 자신이 모든 사람들의 만족을 요구
한다고 말하는 것과 똑같다. 꽃은 그 향기가 쾌적하다는 것으로써는 전연 아무
요구도 하지 않고 있는 것이다. 이 향기는 어떤 사람은 즐겁게 하지만, 또 다
른 사람에게는 두통을 일으킨다. 그러니 이제 우리는 이 사실로부터 다음과 같
이 추단하는 수밖에는 없지 않을까? 즉, 미란 꽃 자체의 하나의 속성으로 간주
될 수밖에 없으며, 이 속성에 관하여 판단하려고 할 경우에는, 이 속성이 각인
각색의 많은 감관에 순응하는 것이 아니라, 오히려 각인각색의 많은 감관이 이
속성에 순응하지 않으면 안 된다고. 그러나 사실은 결코 그렇지가 않다. 왜냐
하면, 하나의 사물이 어떤 성질에 있어서 그 사물을 받아들이는 우리의 방식에
순응할 때, 다름아닌 그 성질에 의해서만 취미판단은 그 사물을 아름답다고 부
른다고 하는 것이 바로 취미판단의 본질이기 때문이다.

그 위에 또 주관의 취미를 표명해야 하는 판단에 관해서는, 주관은 경험에
의하여 다른 사람들의 판단을 탐색하여, 동일한 대상에 관하여 다른 사람들이
만족을 느끼는가 불만족을 느끼는가를 미리 알 필요가 없이, 자신이 단독으로   137
판단을 내려야 한다는 것이 요구되며, 따라서 어떤 사물이 실제로 보편적으로
만족을 준다고 해서, 자기의 판단을 모방으로서 언명해야 하는 것이 아니라,
선천적으로 언명해야 한다는 것이 요구된다.[1] 그렇다면 선천적 판단은 객체의
개념을 포함하고 있지 않으면 안 되고, 또 이 객체의 인식을 위한 원리를 포함
하고 있다고 생각하는 사람이 있을 것이다. 그러나 취미판단은 전혀 개념에 기
초를 둔 것이 아니다. 따라서 그것은 결코 인식판단[2]이 아니라, 단지 미감적
판단에 지나지 않는다.

그렇기 때문에 젊은 시인은 자기의 시가 아름답다고 하는 확신을 독자들이
나 친우들의 판단에 의해서 굽히려고 하지 않는다. 그리고 만일 그가 독자들이
나 친우들의 말에 귀를 기울인다면, 그것은 그가 이제는 자기의 시를 달리 판
정하기 때문이 아니라, 오히려 그가, 비록 전독서계는 (적어도 자기의 시에 관
해서는) 그릇된 취미를 가지고 있지만, 그러나 갈채를 받고 싶다는 자기의 욕
망 안에는 (자기의 판단에 반해서라도) 일반의 그릇된 견해에 영합해야 할 이
유가 있다고 생각하기 때문인 것이다. 후일에 가서 그의 판단력이 연마됨으로
써 더 예민해지면, 비로소 그는 자진해서 자기의 이전의 판단을 버리게 되는
데, 그것은 마치 그가 전혀 이성에 근거를 둔 판단에 가담하는 것과 마찬가지
인 것이다. 취미는 단지[3] 자율성만을 요구하는 것이다. 다른 사람들의 판단을
자기 자신의 판단의 규정근거로 삼는다면, 그것은 타율성일 것이다.

우리가 고대인의 작품들을 당연히 모범으로서 천거하며, 또 그 저자들을 고   138
전적이라고 불러서, 마치 작가들 중에서도 자기의 수범에 의해서 민중에게 법
칙들을 보여주는 일종의 귀족인 것처럼 생각한다는 사실은, 취미의 원천이 후

---

1) "자신이 단독으로…… 선천적으로 언명해야 한다는 것이 요구된다"가 초판에는 "자신이 단독으로
언명되어야 한다는 것이 요구되며, 따라서 어떤 것이 실제로 보편적으로 만족을 주므로 모방으로서
언명되어야 하는 것이 아니며, 따라서 선천적으로 언명되어야 한다는 것이 요구된다"로 되어 있다.
2) "인식판단"은 "인식"으로 되어 있는 것을 Erdmann이 고쳤다.
3) "단지"는 제2판과 제3판의 추가이다.

천적임을 암시하는 것 같이 보이며, 각 주관에 있어서의 취미의 자율성을 부정
하는 것 같이 보인다. 그러나 만일 그렇다면, 우리는 또한 고대의 수학자들이
오늘날까지 종합적 방법의 최고의 철저성과 세련됨의 거의 불가결한 전형으로
간주된다는 것도 우리의 이성이 모방적 이성임을 입증하는 것이며, 이성이 자
기 자신으로부터 최대의 직관을 가지고도 개념의 구성에 의하여 엄밀한 증명을
이끌어 낼 수 없음을 입증하는 것이라고 말해도 좋을 것이다. 만약 각 주관이
언제나 전적으로 자기의 천연 그대로의 소질에서부터 새로이 착수해야만 한다
고 가정한다면, 또 만약 뒤에 오는 사람들을 한갓된 모방자로 만들기 위해서라
기보다는, 오히려 자기들의 방법을 보여줌으로써 다른 사람들이 자기 자신의
내부에서 원리를 찾고, 그렇게 하여 자기 자신의 독자적인 길, 흔히는 보다 나
은 길을 밟도록 암시를 주기 위해서, 다른 사람들이 그들 자신의 시도를 각 주
관에 앞장서서 보여준 일이 없다고 가정한다면, 우리의 힘이 아무리 자유롭게
사용된다고 할지라도, 그 사용이, 또한 이성(자기의 모든 판단을 공통적인 선
천적 원천으로부터 끌어내지 않으면 안 되는)의 사용조차도, 잘못된 시도에 빠
지지 않는 일은 전혀 없을 것이다. 종교에 있어서는, 누구나가 다 자기의 행동
에 대하여 자신이 책임을 지고 있으며, 자기의 범행의 죄를 교사거나 선행자거
139 나 다른 사람에게 전가할 수가 없기 때문에, 각자가 반드시 자기의 행동의 규
칙을 자기 자신으로부터 이끌어내지 않으면 안 되는데, 이러한 종교에 있어서
조차도 보편적 준칙들은 그것이 성직자들이나 철학자들로부터 배운 것이든 또
는 자기 자신으로부터 이끌어낸 것이든, 덕이나 신성성의 실례만큼의 효과를
결코 거두지 못한다. 역사상에 드러난 그러한 실례는 도덕성의 고유한 그리고
근원적인 (선천적) 이념에 연유하는 덕의 자율성을 무용화하거나, 또는 그것을
기계적인 모방으로 바꾸어 버리는 일이 없다. 어떤 모범적인 창시자의 산물들
이 다른 사람들에게 미칠 수 있는 모든 영향에 대해서는, 모방이 아니라 선례
에 관계를 가지는 계승이라고 함이 정확한 표현인 것이다. 그리고 이것은 창시
자 자신이 길어냈던 것과 동일한 [창조의] 원천으로부터 길어낸다는 것, 그리고
선행자에게서는 단지 그 때 취할 행동의 방식만을 배운다는 것과 같은 의미에
지나지 않는다. 그런데 취미판단은 개념과 준칙에 의하여 규정될 수 있는 것이
아니기 때문에, 모든 능력과 재능 가운데에서 취미야말로 문화의 진보에 있어

서 가장 오래 찬동을 받아온 것의 실례들을 가장 많이 필요로 하는 능력인 것
이다. 이는 취미가 곧 다시 천해지고 그 최고의 시도가 지녔던 조야한 상태로
되돌아가지 않도록 하기 위함이다.

§ 33.　　　　　　　　　　　　　　　　　　140
취미판단의 제2 특성.

　취미판단은, 마치 한갓된 주관적 판단인 것처럼, 증명근거들에 의해서 전혀
규정될 수 없는 것이다.

　어떤 사람이 건물이나 경치나 시를 아름답다고 생각하지 않는다고 한다면,
첫째로 그는 백 명의 사람이 다같이 입을 모아 그것을 높이 찬양해도 내심으로
는 찬동을 거부한다. 물론 그는 몰취미하다는 인정을 받지 않으려고, 그것이
자기에게도 만족을 주는 것처럼 가장할는지도 모른다. 또 그뿐만 아니라 그는
일정한 종류의 대상을 충분히 많이 알음으로써 자기의 취미도 충분히 함양되었
던가를 의심하기 시작할는지도 모른다(마치 멀리에 보이는 것을 다른 모든 사
람들은 도시라고 보지만, 자기는 숲으로 여긴다고 믿고 있는 사람이 자기 자신
의 시각의 판단에 의심을 품는 것과도 같이). 그러나 그는 다른 사람들의 찬동
이 미의 판정에 대하여 타당한 증명이 되지 못한다고 하는 것을 명확하게 통찰
하고 있는 것이다. 또 그는 다른 사람들이 필요한 경우에는 자기를 대신해서
보고 관찰할 수도 있다고 하는 것,[1] 그리고 많은 사람들이 똑같이 본 것은 그
것을 달리 보았다고 믿고 있는 자기에 대해서도 이론적 판단의, 따라서 논리적
판단의[2] 충분한 증명근거가 될 수는 있으나, 그러나 다른 사람들에게 만족을
준 것이 미감적 판단의 근거가 될 수는 결코 없다고 하는 것도 통찰하고 있다. 141
우리들에게 불리한 다른 사람들의 판단이 우리들 자신의 판단에 관해서 숙고케
하는 수가 있다는 것은 물론 당연한 일이지만, 그러나 그것이 우리들의 판단의
부당함을 우리에게 확신시켜 줄 수는 결코 없다. 그러므로 취미판단을 어떤 사

---

1) 초판에는 "관찰한다고 하는 것"으로 되어 있다.
2) 초판에는 "따라서 논리적 판단의"가 없다.

람에게 강요할 수 있는 경험적 증명근거란 없다.

둘째로 일정한 규칙에 의한 선천적 증명은 더욱 미에 관한 판단을 규정할 수가 없다. 어떤 사람이 나에게 자기의 시를 읽어준다거나 또는 나를 연극에 데리고 갔으나, 그것이 결국 나의 취미에 맞지 않는다고 한다면, 그가 바뙤1)나 렛씽,2) 또는 그보다도 더 옛날의 더 유명한 취미의 비평가들과 그들이 세워놓은 모든 규칙들을 자기의 시가 아름답다고 하는 논거로 인용한다고 할지라도, 또 바로 나에게 만족스럽지 못한 어떤 구절들이 미의 규칙들(취미의 비평가들의 저서에 제시되어 있으며, 또 일반으로 승인되고 있는)과 잘 합치된다고할지라도, 나는 나의 귀를 막고, 어떠한 논거와 어떠한 논의도 들으려고 하지않고, 나의 판단이 선천적인 증명근거에 의해서 규정되어야 한다기보다는 차라리 비평가들의 그러한 규칙들이 잘못된 것이거나 적어도 지금의 경우에는 적용되지 않는다고 생각할 것이다. 왜냐하면 나의 판단은 취미의 판단이어야 하고, 오성이나 이성의 판단이어서는 안 되기 때문이다.

이것이 그러한 미감적 판정능력에 바로 취미라는 이름을 붙이게 된 주요한 이유인 것 같이 보인다. 누군가가 나에게 어떤 요리의 전성분을 열거하고, 그 142 각 성분에 관해서 그것이 각각 평상시에 내가 좋아하는 것임을 주의하고, 또 그 위에 이 음식이 건강에 유익함을 당연히 찬양한다 해도, 나는 이러한 모든 논거에 대해서는 귀머거리가 되어, 나의 혀와 나의 입으로 그 요리를 시식하고, 그것에 의해서 (보편적 원리에 의해서가 아니라) 나의 판단을 내리는 것이다.

실제로 취미판단은 언제나 반드시 객체에 관한 단칭판단으로서 내려지는 것이다. 오성 같으면 객체를 만족을 준다고 하는 점에서 다른 사람들의 판단과 비교하여, 예를 들면 '모든 튤립은 아름답다'와 같은 하나의 전칭판단을 내릴 수가 있다. 그러나 그 경우에 그러한 판단은 취미판단이 아니라, 객체와 취미

---

1) Charles Batteux (1713–80): 불란서의 미학자, 철학자. 계몽시대의 철학자로서 예술의 본질은 자연의 모방에 있다는 견해를 가지고, 독일의 예술에 심대한 영향을 끼쳤다. 주저 *Les beaux arts réduits à un seul principe*, 1746. *Les quatres poétiques d'Aristote, d'Horace, de Vidast de Boileau*, 1771.
2) Gotthold Ephraim Lessing (1729–81): 독일의 극작가, 비평가. 주저 *Erziehung des Menschengeschlechts*, 1780.

와의 관계를 일정한 종류의 사물 일반의 술어로 하는 하나의 논리적 판단인 것
이다. 그에 반해서 내가 하나 하나의 주어진 튤립을 아름답다고 생각하게 되는
판단, 즉 그 튤립에 관해서 느끼는 나의 만족을 보편타당적이라고 생각하게 되
는 판단만이 취미판단이다. 그리고 이러한 취미판단의 특성은, 그것은 비록 단
지 주관적 타당성만을 가짐에도 불구하고, 모든 주관에 대하여 그 권리를 요구
한다고 하는 점에 있는 것이다. 이러한 권리의 요구는, 마치 그 판단이 인식근
거에 기초를 둔, 그리고 하나의 증명에 의해서 강제될 수 있는 객관적 판단이
라고나 할 경우에만, 반드시 일어날 수 있을 권리의 요구와도 같은 것이다.

§ 34.
취미의 객관적 원리란 있을 수 없다.

143

취미의 원리라고 하면 사람들은 하나의 원칙이라고 이해하여, 그 원칙의 조
건하에 어떤 대상의 개념을 포섭한 다음, 하나의 추론에 의하여 그 대상은 아
름답다고 하는 것을 도출할 수 있다고 생각할 것이다. 그러나 그것은 절대로
불가능한 일이다. 왜냐하면 나는 이 대상의 표상에 있어서 직접 쾌감을 느끼지
않을 수 없으며, 또 쾌감은 어떠한 증명근거에 의해서도 나에게 강제로 떠맡겨
질 수 없는 것이기 때문이다. 그리하여 비평가들은 모두, 흄의 말과 같이,[1] 요
리사들보다는 더 그럴싸한 논의를 할 수 있지만, 그러나 요리사들과 같은 운명
을 가지는 것이다. 그들은 자기네들의 판단의 규정근거를 증명근거의 힘에서
기대할 수 있는 것이 아니라, 모든 준칙과 규칙을 물리치고 자기 자신의 상태
(쾌 또는 불쾌의)에 관한 주관의 반성에서만 기대할 수 있을 뿐이다.

그럼에도 불구하고 비평가들이 우리들의 취미판단을 바로잡고 확장하는 데
도움이 되도록, 논의를 할 수 있고 또 논의를 해야만 할 일이 있다. 그러나 그
것은 이러한 종류의 미감적 판단의 규정근거를 보편적으로 사용할 수 있는 정 144
식으로 표현한다고 하는 불가능한 일이 아니라, 이 미감적 판단에 있어서의 인
식능력[구상력과 오성]과 그 활동에 관하여 연구를 하고, 또 [이 인식능력 사이에

---

1) Hume; *Essays, Moral, Political and Literary.* "XVII 회의가" 참조.

성립하는] 상호적 주관적 합목적성——이에 관해서는, 주어진 표상에 있어서의 이 주관적 합목적성의 형식이 곧 그 표상의 대상의 미라고 함을 위에서 이미 말했다——을 여러 실례를 들어 설명하는 일이다. 따라서 취미 그 자체의 비판은, 표상을 통해서 객체가 우리에게 주어지는 경우의 그 표상에 관해서는, 단지 주관적인 것에 지나지 않는다. 즉, 취미의 비판은 주어진 표상에 있어서의 오성과 구상력의 상호관계를 (선행하는 감각이나 개념과 관계함이 없이) 규칙에 맞추어 보고, 따라서 양인식능력의 일치 또는 불일치를 규칙에 맞추어, 이 인식능력을 그 조건에 관하여 규정하는 기술 또는 학이다. 비판이 이러한 것을 단지 실례에 있어서만 밝힌다면 그것은 기술이요, 또 비판이 그러한 판정의 가능을 인식능력 일반으로서의 이 두 능력의 본성으로부터 도출한다면 그것은 학이다. 우리가 여기에서 다루는 것은 전적으로 선험적 비판으로서의 이 후자뿐이다. 이 학으로서의 비판은 취미의 주관적 원리를 판단력의 선천적 원리로서 전개하고 정당화하여야만 한다. 기술로서의 비판은 단지 취미가 실제로 활동할 때에 따르는 생리학적 (여기에서는 심리학적) 규칙들, 따라서 경험적 규칙들을 (그 규칙들의 가능에 관해서는 고찰함이 없이) 취미의 대상의 판정에 적용하려고 할 뿐이다. 그리고 또 그것은 미적 예술의 산물을 비판하는데, 이는 전자[학으로서의 비판]가 미적 예술의 산물을 판정하는 능력 그 자신을 비판하는 것과 마찬가지이다.

145

§35.
취미의 원리는 판단력 일반의 주관적 원리이다.

취미판단이 논리적 판단과 구별되는 것은, 후자는 어떤 표상을 그 객체의 개념 밑에 포섭하지만, 전자는 그것을 전혀 어떤 개념 밑에 포섭하는 일이 없다는 점에 있다. 왜냐하면, 만일 취미판단이 표상을 어떤 개념 밑에 포섭한다면, 필연적 보편적 찬동이 증명에 의해서 강제될 수 있을 것이기 때문이다. 그럼에도 불구하고 취미판단은 일종의 보편성과 필연성을 요구한다는 점에 있어서는 논리적 판단과 비슷하다. 그러나 그것이 요구하는 보편성과 필연성은 객체의 개념에 따르는 것이 아니요, 따라서 단지 주관적인 보편성과 필연성이다. 그런

데 하나의 판단 안에 있는 개념들은 그 판단의 내용(객체의 인식에 속하는 것)
을 이루는 것이지만, 취미판단은 개념에 의해서 규정될 수 있는 것이 아니기
때문에, 취미판단은 단지 판단 일반의 주관적 형식적 조건에 기초를 둘 수밖에
없다. 모든 판단의 주관적 조건은 곧 판단하는 능력 그 자체, 즉 판단력이다.
이 판단력이 어느 표상에 의해서 하나의 대상이 주어지는 경우의 그 표상에 관
해서 사용될 때에, 이 판단력은 두 가지의 표상력의 합치를 요구한다. 즉, 구상
력(직관과 직관의 다양의 통합1)에 대해서는)과 오성(이 총괄의 통일의 표상으
로서의 개념에 대해서는)과의 합치가 곧 그것이다. 그런데 이 경우에는 판단의
근저에 어떠한 객체의 개념도 없기 때문에, 이 판단은 단지 구상력 그 자체를
(대상을 주어지도록 하는 표상에 있어서) 오성이 일반으로 직관으로부터 개념   146
에 도달할 수 있도록 하는 조건들2) 아래에 포섭하는 데에 있어서만 성립할 수
있다. 다시 말하면 바로 구상력이 개념 없이 도식화한다고 하는 점에 구상력의
자유가 성립하기 때문에, 취미판단은 자유로운 상태에 있는 구상력과 합법칙성
을 지니는 오성이 서로 활기를 넣어주는 활동에 단지 감각하는 데에 기인하는
것일 수밖에 없다. 따라서 취미판단은 대상이 자유롭게 유동하는 인식능력들3)
을 촉진하는가를 표상(표상에 의해서 대상은 주어진다)의 합목적성에 따라 판
정하게 하는 하나의 감정에 기인하는 것일 수밖에 없다. 그리고 취미는 주관적
판단력으로서 포섭의 원리를 포유하고 있으나, 그것은 직관을 개념 아래에 포
섭하는 원리가 아니라, 자유롭게 활동하는 구상력이 합법칙적으로 활동하는 오
성과 합치하는 한에 있어서 직관 또는 현시의 능력(즉, 구상력)을 개념의 능력
(즉, 오성) 아래에 포섭하는 원리인 것이다.

　이제 이러한 권리근거를 취미판단의 연역에 의하여 발견하기 위해서는, 이
러한 종류의 판단의 형식적 특성만이, 따라서 그 판단의 논리적 형식의 고찰만
이 우리를 이끌어 주는 길잡이가 될 수 있다.

---

1) "통합"(Zusammensetzung)을 Erdmann은 "총괄"(Zusammenfassung)로 읽는다.
2) Kant는 "오성이 일반으로 직관으로부터 개념에 도달한다는 조건……"이라고 하였고, Windelband
　는 이것을 "……도달한다는 조건……"으로 고쳤으나, 여기에서는 Erdmann의 수정에 따랐다.
3) Kant는 "인식능력"이라고 쓴 것을 Erdmann이 고쳤다.

147   § 36.
                        취미판단의 연역의 과제에 관하여.

　　대상의 지각은 객체의 경험적 술어들을 포유하고 있으므로, 대상의 지각에
객체 일반의 개념이 직접 결합되면 인식판단이 될 수 있으며, 그렇게 하여 경
험판단이 만들어질 수 있는 것이다. 그런데 이 경험판단의 기초에는 직관의 다
양을 종합적으로 통일하는 선천적 개념들이 있어서, 직관의 다양을 하나의 객
체의 규정으로서 사유될 수 있도록 한다. 그리고 이 개념들(범주)은 하나의 연
역을 필요로 하여, 이러한 연역도 순수이성비판에 있어서 이미 논술되었거니
와, 참으로 이 연역에 의해서 '선천적 종합적 인식판단은 어떻게 해서 가능한
가?'라는 과제의 해결도 성취될 수 있었던 것이다. 그러므로 이 과제는 순수오
성과 그 이론적 해결도 성취될 수 있었던 것이다. 그러므로 이 과제는 순수오
성과 그 이론적 판단의 선천적 원리들에 관한 것이었다.

　　그러나 지각에는 또한 쾌(또는 불쾌)의 감정과, 객체의 표상에 수반되어 이
표상에 대하여 술어 대신의 구실을 하는 만족도 직접 결합될 수 있으며, 그렇게
하여 인식판단이 아닌 미감적 판단이 나올 수가 있다. 이 미감적 판단이 한갓된
감각판단이 아니고, 이러한 만족을 누구에게나 필연적인 것으로서 요구하는 하
148 나의 형식적 반성판단이라면, 그러한 판단의 기초에는 선천적 원리로서의 어떤
것이 있지 않으면 안 된다. 그것은 기껏해야 단지 주관적인 원리에 지나지 않겠
지만(그러한 종류의 판단에는 객관적 원리란 불가능하다고 한다면), 그러나 그
것은, '어떻게 해서 미감적 판단은 필연성을 요구할 수 있는가?' 하는 것이 이
해되기 위해서는, 그러한 주관적 원리로서도 연역을 필요로 한다. 이러한 점에
우리가 지금 다루고 있는 과제, 즉 '어떻게 해서 취미판단은 가능한가?'라는 과
제는 기초를 둔 것이요, 따라서 그러한 과제는 미감적 판단에 있어서의 순수한
판단력의 선천적 원리들에 관한 것이다. 이 미감적 판단에 있어서는 판단력은
(이론적 판단에 있어서처럼) 객관적 오성개념 아래에 단지 포섭만 하면 되는 것
도 아니며, 또 어떤 법칙의 지배를 받는 것도 아니다. 오히려 미감적 판단에 있
어서는 판단력은 자기 자신이 주관적으로 대상임과 동시에 법칙인 것이다.

　　이 과제는 또 이렇게 표현할 수도 있다: 어떤 판단이, 대상의 개념에는 의존

하지 않고, 단지 그 대상에 관해서 느끼는 자기 자신의 쾌감을 이유로 해서만,
이 쾌감이 다른 모든 주관에 있어서도 동일한 객체의 표상에 딸린 것이라고 선
천적으로, 다시 말하면 타인의 동의를 기다릴 필요 없이 판정한다면, 그러한
판단은 어떻게 해서 가능한가?

　취미판단이 종합판단임은 용이하게 알 수 있다. 왜냐하면 취미판단은 객체
의 개념은 물론 그 직관까지도 넘어서서, 전연 인식이 아닌 어떤 것, 즉 쾌(또
는 불쾌)의 감정을 술어로서 직관에 덧붙이는 것이기 때문이다. 그러나 비록
그 술어(표상과 결부되어 있는 자기 자신의 쾌라는)는 경험적이지만, 그럼에도 149
불구하고 취미판단은 모든 사람들의 동의가 요구된다는 점에서 보아 선천적 판
단이거나, 또는 선천적 판단으로 간주되기를 요구한다고 하는 사실도, 마찬가
지로 이미 취미판단의 권리의 요구의 표현 속에 포함되어 있는 것이다. 그리하
여 판단력 비판의 이 과제는 '선천적 종합판단은 어떻게 해서 가능한가?' 하는
선험철학의 일반적 문제에 종속되는 것이다.

§ 37.
취미판단에 있어서 본래 대상에 관하여 선천적으로 주장되는 것은 무엇인가.

　어떤 대상의 표상이 직접 쾌감과 결합되어 있다고 하는 사실은 단지 내면적
으로만 지각될 수 있을 뿐이며, 만일 우리가 이러한 사실 이상은 아무것도 지
적하려고 하지 않는다면, 이러한 사실은 단지 경험적 판단만을 부여할 것이다.
왜냐하면 나는 일정한 감정(쾌 또는 불쾌의)을 어떠한 표상과도 선천적으로는
결합시킬 수가 없기 때문이다. 단 이성에 있어서의 의지를 규정하는 선천적 원
리가 기초가 되어 있는 경우를 제외하고는, 그 경우에는 필경 쾌감(도덕적 감
정에 있어서의)은 그러한 선천적 원리에 의하여 의지를 규정한 결과이기는 하
지만, 그러나 이 쾌감은 취미에 있어서의 쾌감과는 전혀 비교될 수가 없는 것
이다. 이는 바로 도덕적 감점에 있어서의 쾌감이 법칙의 일정한 개념을 요구하
는 것인 데 반하여, 취미에 있어서의 쾌감은 일체의 개념에 앞서서 한갓된 판
정과 직접 결합되어 있어야만 하는 것이기 때문이다. 그러므로 취미판단은 그
만족의 술어를 개념과 결합하는 것이 아니라, 하나의 주어진 개별적 경험적 표 150

상과 결합하는 것이기 때문에, 모든 취미판단은 또한 단칭판단인 것이다.

따라서 하나의 취미판단에 있어서 판단력에 대한 보편적 규칙으로서, 누구에 대해서나 타당한 것으로서, 선천적으로 표상되는 것은, 쾌감이 아니라, 이 쾌감의 보편타당성이요, 이 보편타당성은 심의에 있어서 어떤 대상의 한갓된 판정과 결합되어 있는 것으로서 지각된다. '나는 어떤 대상을 쾌감을 가지고 지각하고 판정한다'고 하는 것은 하나의 경험적 판단이다. 그러나 '나는 그 대상을 아름답다고 생각한다. 다시 말하면 나는 그러한 만족을 누구에게나 필연적인 것으로서 요구할 수 있다'고 하는 것은 하나의 선천적 판단이다.

§ 38.
취미판단의 연역.

순수한 취미판단에 있어서는 대상에 관한 만족은 대상의 형식의 한갓된 판정과 결부되어 있다고 하는 것이 시인된다면, 우리가 심의에 있어서 이 대상의 표상과 결부된 것으로 느끼는 것은 판단력에 대한 그 형식의 주관적 합목적성 이외의 아무것도 아니다. 그런데 판단력은 판정의 형식적 규칙들에 관해서는, 일체의 질료를 (감관의 감각도 개념도) 떠나서, 판단력 일반(특수한 감관양식 에도 또 특수한 오성개념에도 적합하지[1] 않은)의 사용의 주관적 조건들에만 그 방향을 둘 수 있을 뿐이므로, 따라서 우리가 모든 인간에게 있어서 (가능적 인식 일반에 필요한 것으로서) 전제할 수 있는 주관적인 것에 그 방향을 둘 수 있을 뿐이므로, 어떤 표상과 판단력의 이러한 조건들과의 일치는 누구에게나 타당한 것으로서 선천적으로 상정될 수 있지 않으면 안 된다. 다시 말하면 어떤 감성적 대상 일반의 판정에 있어서의 쾌, 즉 인식능력들의 관계에 대한 표상의 주관적 합목적성은 누구에게나 당연히 요구될 수 있을 것이다.＊

151

＊ 미감적 판단력의 단지 주관적 근거에 기인하는 판단에 대해서 보편적 동의를 요구하는 것이 정당화되기 위해서는, 다음과 같은 것을 승인하는 것으로 충분하다: 1) 이 능력의 주관적 조건들은, 이 판단에 있어서 활동하는 인식력들[구상력과 오성]과 인식일반과의 관계에 관한 한, 모든 인간에게 있어서 동일하다. 만일 그렇지 않으면 인간들은 자기의 표상을, 그리고 인식조차도 서로 전달할 수가

---

1) 초판에는 "국한되지"로 되어 있다.

주　해.

상술한 바와 같은 연역은, 어떤 개념의 객관적 실재성을 입증할 필요가 없기 때문에, 매우 용이한 것이다. 미란 객체의 개념이 아니며, 취미판단은 인식판단이 아니기 때문이다. 취미판단이 주장하는 바는, 우리의 내부에 있어서 발견하는 것과 똑같은 판단력의 주관적 조건들을 어떤 인간에게 있어서나 보편적으로 전제할 수 있는 권리가 있다고 하는 것뿐이며, 또한 우리는 주어진 객체를 이러한 조건 아래에 올바로 포섭했다고 하는 것뿐이다. 그런데 이 후자의 주장에는[1] 논리적 판단력에는 부수되지 않는 불가피한 곤란이 있기는 하지만(왜냐하면 우리는 이 논리적 판단력에 있어서는 [주어진 객체를] 개념 아래에 포섭하지만, 미감적 판단력에 있어서는 객체의 표상된 형식에 관하여 상호 조화를 이루는 구상력과 오성과의 단지 감각적인 관계 아래에 포섭하는데, 이 경우에는 포섭이 잘못되기가 쉽기 때문이다), 그러나 보편적 동의를 기대하는 판단력의 요구의 합법성이 그러한 곤란 때문에 조금이라도 훼손되는 것은 아니다. 그리하여 이 요구는 결국 주관적인 근거에서 누구에게나 타당하도록 판단할 수 있는 원리의 정당성에 귀착하는 것에 지나지 않는다. 그러한 원리 아래에 포섭한다는 것이 정당하냐 하는 데에 관해서 일어나는 곤란과 의혹으로 말하면, 그러한 포섭이 미감적 판단 일반의 이러한 타당성에 대한 요구의 합법성을, 따라서 원리 그 자체를 의심스럽게 만들지는 않기 때문이다. 이는 마치 논리적 판단력이 그의 원리 아래에서 하는 포섭이 그와 똑같이 착오를 일으키는 일이 있지만(그러나 그렇게 자주 그리고 쉽사리 일어나는 것은 아니지만), 그러한 포섭이 객관적인 그 원리를 의심스럽게 만들 수 없는 것과 마찬가지이다. 그러나 만일 '자연을 취미의 대상들의 총괄로서 선천적으로 상정하는 것은 어떻게 해서 가

없을 것이므로, 이것은 참이 아니면 안 된다. 2) 이 미감적 판단은 단지 이러한 관계(따라서 판단력의 형식적 조건)만을 고려한 것이요, 따라서 순수한 것, 다시 말하면 그 규정근거로서 객체의 개념과도 또 감각과도 혼합되어 있지 않은 것이다. 설사 이 후자의 점에 관해 빠지는 것이 있다 할지라도, 그것은 단지 법칙이 우리에게 주는 권능을 어떤 특수한 경우에 잘못 적용했다고 하는 데 관계되는 것뿐이요, 그로 말미암아서 권능 일반이 폐기되는 것은 아니다.

---

1) 초판에는 "주장에는 물론"으로 되어 있다.

능한가?' 하는 것이 문제가 된다면, 이러한 과제는 목적론과 연관되는 것이다.

153 왜냐하면 우리의 판단력에 대해서 합목적적인 형식들을 제시한다는 것은 곧 자연의 개념에 본질적으로 부수되는 자연의 목적이라고 간주되지 않으면 안 될 것이기 때문이다. 그러나 자연미의 현실성[1]은 경험에 대하여 명백하게 드러나 있지만, 이러한 상정의 정당성은 아직은 심히 의심이 되지 않을 수 없다.

§ 39.
감각의 전달가능성에 관하여.

감각이 지각의 실재적인 것으로서 인식에 관계될 때에, 이것을 감관의 감각이라고 한다. 그리고 누구나가 우리들의 감관과 같은 감관을 가지고 있다고 하는 가정이 성립된다면, 감각의 특정한 성질은 동일한 방식으로 완전히 전달될 수 있는 것으로 생각되겠지만, 그러나 이것은 감관의 감각에 관해서는 절대로 가정될 수 없는 일이다. 그리하여 후각의 감관이 없는 사람에게는 이 종류의 감각은 전달될 수가 없으며, 또 그에게 후각이 결여되어 있지 않다고 할지라도, 우리는 그가 한 송이의 꽃에 관해서 우리가 그 꽃에 관해서 가지는 것과 꼭 같은 감각을 가지는지를 확실히 알 수가 없다. 그러나 우리는 감관의 동일한 대상을 감각함에 있어서 느끼는 쾌적 또는 불쾌적에 관해서는 사람들에 따라 한층 더 다르다고 생각하지 않으면 안 된다. 그리고 그러한 대상들에 관한 쾌감이 누구에게나 승인된다고 하는 것은 절대로 요구될 수 없는 일이다. 이러한 종류의 쾌감은 감관을 통해서 심의에 들어오는 것이며, 따라서 그 때 우리는 수동적이므로, 우리는 그것을 향수의 쾌감이라고 부를 수가 있다.

154 그에 반해서 어떤 행위에 관해서 그 행위의 도덕적 성질 때문에 느끼는 만족은 향수의 쾌감이 아니라, 자기활동의 쾌감이며 또 이 자기활동이 자기의 사명의 이념에 적합하다는 데에 관한 쾌감이다. 그러나 도덕적 감정이라고 일컬어지는 이러한 감정은 개념을 요구하는 것이며, 또 자유로운 합목적성이 아니라 법칙적인 합목적성을 현시하는 것이요, 따라서 그것은 오직 이성을 매개로

---

1) Hartenstein은 "현실성"을 "효력"이라고 읽는다.

해서만 전달될 수 있되, 또 그 쾌감이 누구에게 있어서나 동종의 것이면, 그것은 아주 명확한 실천적 이성개념에 의해서 보편적으로 전달될 수 있는 것이다.

이성적 논의가 들어 있는 관조의 쾌감으로서의 자연의 숭고에 관한 쾌감도 물론 보편적 관여에 대한 권리를 주장하지만, 그러나 그것은 이미 하나의 다른 감정, 즉 그 사람의 초감성적 사명의 감정을 전제하고 있다. 그리고 이 감정은 아무리 모호할지라도, 하나의 도덕적 기초를 가지고 있는 것이다. 그러나 다른 사람들이 이 감정을 고려하여, 자연의 황막한 크기를 바라보면서 만족을 느끼리라는 것을 (오히려 위협을 주는 그러한 광경 때문에 실제로 만족이 일어날 리는 없다) 나는 단적으로 전제할 권리가 없다. 그럼에도 불구하고 나는, 적당한 기회가 있을 때마다 그러한 도덕적 소질이 고려되어야 한다는 관점에서, 그 만족도 누구에게나 요구할 수 있는 것이다. 그러나 나는 다시 이성의 개념 위에 정초되어 있는 도덕적 법칙을 매개로 해서만 그러한 요구를 할 수 있는 것이다.

그에 반해서 미에 관한 쾌감은 향수의 쾌감도 아니고, 법칙적 활동의 쾌감도 아니고, 또한 이념에 의한 이성적 논의가 들어 있는 관조의 쾌감도 아니고, 오히려 한갓된 반성의 쾌감인 것이다. 이 쾌감은 그 어떤 목적이나 원칙을 지침으로 하는 것이 아니라, 직관의 능력으로서의 구상력에 의하여, 개념의 능력으로서의 오성과 관련하여, 판단력의 절차를 거쳐서[1] 대상을 통상적으로 포착할 때에 따라 일어나는 것이다. 그리고 이러한 절차는 판단력이 아무리 통상적인 경험을 위해서라도 밟지 않으면 안 되는 절차이다. 다만 이 경우[통상적인 경험의 경우]에는 판단력은 경험적 객관적 개념을 지각하기 위해서 그러한 절차를 밟지 않을 수 없는 것이나, 전자의 경우에는 (미감적 판정에 있어서는) 단지 표상이 자유로운 상태에 있는 양인식능력의 조화 있는 (주관적―합목적적인) 활동에 적합함을 지각하기 위해서, 다시 말하면 그 표상 상태를 쾌감을 가지고 감각하기 위해서, 그러한 절차를 밟지 않을 수 없다고 하는 것이 다를 뿐이다. 이러한 쾌감은 필연적으로 누구에게 있어서나 동일한 조건들에 기인하는 것이 아니면 안 된다. 왜냐하면 이 조건들은 인식 일반을 가능케 하는 주관적 조건들이며, 또 취미에 필요한 이러한 두 인식능력의 균형은 우리가 누구에게 있어

155

---

1) 초판에는 "거쳐서"가 "통해서"로 되어 있다.

서나 전제할 수 있는 보통의 건전한 오성에게도 역시 필요한 것이기 때문이다.
바로 이러한 이유로 취미를 가지고 판단하는 사람도 (그가 이러한 의식을 착각
하지 않고, 또 질료를 형식으로, 자극을 미로 오인하지만 않는다면) 역시 주관
156 적 합목적성을, 다시 말하면 객체에 관한 자기의 만족을 다른 모든 사람들에게
요구하고, 또 자기의 감정을 보편적으로 전달할 수 있는 것으로, 더욱이 개념
의 매개 없이도 전달할 수 있는 것으로 상정해도 좋은 것이다.

§ 40.
공통감(*sensus communis*)의 일종으로서의 취미에 관하여.

　판단력의 반성작용보다도 오히려 단지 그 반성의 결과만이 주의를 끄는 경우
에는, 우리는 흔히 판단력에 대하여 어떤 감관의 명칭을 붙여서, 진리감이라든
가, 예절감, 정의감 등이라는 말을 한다. 그러나 이 경우에, 이러한 개념들이
자리잡을 수 있는 곳은 감관이 아니라는 것, 더욱이 감관은 보편적 규칙을 언명
할 수 있는 능력이란 조금도 없다는 것, 오히려 만일 우리들이 감관을 넘어서서
보다 상급의 인식능력들에로 올라갈 수가 없다면, 진리, 예의바름, 미, 또는 정
의에 관한 이러한 종류의 표상이 우리의 머릿속에 떠오를 리는 만무하다는 것
을, 우리는 물론 알고 있으며, 또 적어도 당연히 알고 있어야만 한다. 보통의
인간오성[상식]은 한갓 건전한 (아직도 도치되지 않은) 오성으로서, 인간이라는
칭호를 요구하는 자에게 우리가 언제나 기대할 수 있는 최소한의 것으로 간주
되거니와, 그 때문에 이러한 인간오성은 보통감(*sensus communis*)이라는 명
칭이 붙여진다고 하는 달갑지 않은 영예도 가지게 되는 것이다. 그리하여 우리
157 는 보통이라는 말을(이 말의 경우에는 실제로 애매한 의미를 지니고 있는 독일
어에 있어서 뿐만 아니라, 다른 여러 언어에 있어서도), 우리가 어디에서나 부
딪히는, 따라서 그것을 소유한다고 해서 절대로 공적이 된다거나 장점이 되는
것이 아닌 범속한 것(das *vulgare*)이나 다름 없는 의미로 이해하는 것이다.
　그러나 우리는 *sensus communis*를 공통적 감각의 이념의 의미로 이해하
지 않으면 안 된다. 다시 말하면 이를테면 전인간이성에 자기의 판단을 견주어
보고, 또 그렇게 함으로써 자칫하면 객관적이라고 오인되기 쉬운 주관적인 사

적 조건들로 말미암아 그 판단에 해로운 영향을 줄는지도 모르는 착각을 벗어
나기 위해서, 자기의 반성작용에 있어서 다른 모든 사람들의 표상방식을 사고
가운데에서 (선천적으로) 고려하는 하나의 판정능력의 이념의 의미로 이해하지
않으면 안 된다. 그런데 이러한 일은, 오직 우리가 그 판단을 다른 사람들의
현실적이라기보다는 오히려 단지 가능적인 판단에 견주어 보고, 또 우리들 자
신의 판정에 우연적으로 수반되는 제한들을 단지 사상하여, 스스로 다른 모든
사람들의 입장에 서봄으로써만 수행된다. 그리고 또 우리의 제한들을 사상하는
일은, 우리가 표상상태에 있어서의[1] 질료, 즉 감각의 요소를 가능한 한 제거
하고, 단지 자기의 표상이나 표상상태의 형식적 특이성에만 주의를 함으로써,
성취되는 것이다. 그런데 이러한 반성의 조작은 아마도 지나치게 기교적이어
서, 그러한 조작을 우리가 공통감[상식]이라고 부르는 능력에 귀속시킬 수는 없
는 것 같이 보일는지도 모른다. 그러나 이 조작이 그렇게 보이는 것은 오직 우   158
리가 그것을 추상적인 정식으로 표현하는 경우에 한한 일이요, 우리가 보편적
규칙이 될 만한 판단을 찾는 경우에는 자극과 감동을 사상하는 것보다도 더 그
자체에 있어서 자연스러운 일은 없다.

　다음과 같은 보통의 인간오성의 격률들은 물론 취미비판의 부분으로서 이
자리에 들어와야 마땅한 것은 아니지만, 그러나 취미비판의 원칙들을 해명하는
데에는 이바지할 수 있을 것이다. 그것은 다음과 같은 것이다: 1. 스스로 사유
할 것, 2. 다른 모든 사람들의 입장에 서서 사유할 것, 3. 언제나 자기 자신과
일치하도록 [자기모순이 없도록] 사유할 것, 첫째 것은 편견에 사로잡히지 않은
사유방식의 격률이고, 둘째 것은 활달한 사유방식의 격률이며, 셋째 것은 일관성
있는 사유방식의 격률이다. 첫째 것은 결코 수동적이 아닌 이성의 격률이다.
수동적인 이성에, 따라서 이성의 타율성에 기울어지는 경향을 가리켜서 편견이
라고 한다. 그리고 모든 편견중에서[2] 가장 큰 편견은 오성이 자기 자신의[3] 본
질적인 법칙에 의해서 자연의 근저에 설정하는 규칙들에 자연이 따르지 않는다

---

1) "표상상태에 있어서의"는 초판에는 "우리의 표상상태에 있어서의"로 되어 있다.
2) 초판에는 "이러한 편견중에서"로 되어 있다.
3) "자기 자신의"는 오성을 가리킨다. 그러나 제2판과 제3판에는 "자연 자신의"로 되어 있는 것을
Erdmann이 고쳤다.

고 생각하는 것, 즉 미신이다. 이러한 미신으로부터의 해방을 계몽*이라고 일
컫는다. 왜냐하면 이 계몽이라는 명칭은 편견 일반으로부터의 해방에도 알맞은
159 명칭이기는 하지만, 그러나 미신은 [우리를] 맹목에 빠뜨리고, 나아가서는 [우리
에게] 맹목을 의무로서 요구하며, 또 이러한 맹목은 타인들에게 인도를 받으려
는 욕구, 따라서 수동적 이성의 상태를 특히 명백하게 드러내는 것인만큼, 이
미신이야말로 특별히 (빼어난 의미에 있어서 *in sensu eminenti*) 편견이라고
불려 마땅하기 때문이다. 사유방식의 둘째 격률에 관해서는, 우리는 보통 그
재능이 족히 크게 (특히 강도 있게) 사용될 수 없는 사람을 가리켜서 편협하다
(고루하다, 활달하다의 반대)고 부르는 것이 통례이다. 그러나 여기에서 문제
되고 있는 것은 인식의 능력이 아니라 인식의 능력을 합목적적으로 사용하는
의사방식이다. 따라서 그 사람의 천분이 도달할 수 있는 범위와 정도가 아무리
작다고 할지라도, 만일 그가 다른 많은 사람들이 마치 괄호에 묶이듯이 속박되
어 있는 판단의 주관적인 사적 조건들을 벗어날 수 있어서, 보편적 입장(이 보

---

* 우리는 계몽이란 물론 이론상으로는 (in Thesi) 용이하지만 실제상으로는 (in Hypothesi)[1] 곤란
하여 서서히 실현될 수 있는 일이라는 것을 쉽사리 알 수 있다. 왜냐하면 자기의 이성이 수동적이 아
니라 항상 자기 자신에게 입법적이고자 함은, 물론 단지 자기의 본질적인 목적에만 순응하려고 하고,
자기의 오성을 넘어선 것은 알고자 하지 않는 사람에게는 아주 용이한 일이지만, 그러나 오성을 넘어
선 것을 알고자 하는 노력은 거의 막을 수 없으며, 또 다른 사람들이 이러한 지식욕을 만족시킬 수
있다고 자신있게 약속하는 일도 결코 없어지지 않을 것이므로, 이러한 한갓 소극적인 태도[상술한 노
력을 막는 태도](이것이 본래적인 의미의 계몽이 된다)를 사유방식(특히 공중의 사유방식) 가운데
보존하거나 회복시키기란 매우 곤란한 일일 수밖에 없기 때문이다.

---

1) in Thesi와 in Hypothesi는 Kant의 즐겨 쓰는 용어로, 전자는 "일반적 명제로서는", "일반론으
로서는", "이론상으로는"의 의미이며, 후자는 "구체적 경우에 적용하면", "구체론으로서는" "실제상
으로는"의 의미이다. 『이론상으로는 옳을지 모르지만 실천에는 적합치 않다고 하는 속언에 관하여』
(*Über den Gemeinspruch: Das mag in der Theorie riching sein, taugt aber nicht fü, die
Praxis*, 1793)에는 "한마디로 말하면, 이론상으로는 in der Theorie 옳게 들리는 것이 실천에 대해
서는 für die Praxis 타당성을 가지지 못한다. (우리는 그것을 흔히 이렇게도 표현한다: 이러한 또는
저러한 명제는 과연 이론상으로는 *in thesi* 타당하지만, 실제상으로는 *in hypothesi* 타당하지 않는
다)" (*Kleinere Schriften zur Geschichtsphilosophie, Ethik und Politik*, Philosophische
Bibliothek Bd. 47I, 70면)라는 구절이 보이는가 하면, 또 『영원평화론』(*Zum ewigen Frieden*,
1795)에도 "그러나 그들은 그들의 국제법의 이념에 따라 이렇게 되기를 전연 원하지 않으며, 따라서
일반론으로서는 *in thesi* 올바른 것을 구체론으로서는 *in hypothesi* 부인하므로 ……"(상게서, 134
면)라는 용례가 보인다.

편적 입장을 그는 자기가 다른 사람들의 입장에 바꿔 서봄으로써만 결정할 수
있다)에서 자기 자신의 판단을 반성한다면, 그러한 사유방식은 그가 활달한 사
유방식을 가진 사람임을 지시하는 것이다. 셋째 격률, 즉 일관성 있는 사유방 160
식의 격률은 도달하기가 가장 곤란한 것이며, 또한 전기한 두 가지 격률이 결
합됨으로써만, 그리고 이 두 격률을 되풀이하여 준수하여 능숙하게 된 후에야
비로소 도달될 수 있는 것이다. 우리는 이 격률들의 첫째 것은 오성의 격률이
요, 둘째 것은 판단력의 격률이요, 셋째 것은 이성의 격률이라고 말할 수 있을
것이다. ──

　나는 이상의 여담으로 중단된 논술의 실마리를 다시 이어서, 다음과 같이 주
장한다: 즉, 취미가 공통감 *sensus communis*라고 불릴 수 있는 것은 건전한
오성[상식]이 그렇게 불릴 수 있는 것보다도 더 정당하다. 그리고 우리가 감각
이라는 말을 한갓된 반성이 심의에 미치는 효과에 관해서 사용하고자 한다면,
그 때에는 감각은 쾌감을 의미하므로, 지적 판단력보다는 오히려 미감적 판단
력이 공통적 감각*이라는 명칭을 가질 수 있을 것이다. 뿐만 아니라 우리는 취
미를, 주어진 표상에 관하여 우리가 느끼는 감정을 개념의 매개 없이 보편적으
로 전달할 수 있도록 하는 것을 판정하는 능력이라고 정의하여도 좋을 것이다.

　인간이 자기의 사상을 전달할 수 있는 기능도, 개념에 직관을 결합시키고 또
직관에 다시1) 개념을 결합시켜서 그것이 하나의 인식에로 융합하기 위해서, 161
구상력과 오성과의 관계를 필요로 한다. 그러나 그 경우에 두 의심력의 합치는
법칙적이며, 일정한 개념의 구속을 받는다. 다만 자유로운 상태에 있는 구상력
이 오성을 일깨우고, 또 오성이 개념을 떠나서 구상력으로 하여금 합규칙적인
유동을 하도록 할 때에만, 비로소 그 표상이 사상으로서가 아니라, 심의의 합
목적성 상태의 내적 감정으로서 전달되는 것이다.

　그러므로 취미는 주어진 표상과 (개념의 매개 없이) 결합되어 있는 감정들의
전달가능성을 선천적으로 판정하는 능력이다.

＊ 우리는 취미를 미감적 공통감 *sensus communis aestheticus*이라고 부르고, 보통의 인간오성
[상식]을 공통감 *sensus communis logicus*이라고 불러도 좋을 것이다.

---

1) "다시"는 제2판과 제3판의 추가이다.

만일 우리가 자기의 감정의 한갓된 보편적 전달가능성 그 자체가 이미 우리에게 대하여 하나의 관심을 지니는 것이 아닐 수 없다고 하는 점을 (그러나 우리는 이것을 단지 반성적인 판단력의 성질로부터 추론할 수 있는 권리는 없다) 용인해도 좋다면, 우리는 취미판단에 있어서의 감정이 이를테면 의무로서 누구에게나 요구되는 소이를 설명할 수 있을 것이다.

§ 41.
미에 대한 경제적 관심에 관하여.

어떤 것을 아름답다고 언명하는 취미판단이 관심을 그 규정근거로서 가져서는 안 된다고 함은 위에서 이미 충분히 밝혀졌다. 그러나 그로부터, 일단 취미
162 판단이 순수한 미감적 판단으로서 주어진 후에는, 그 판단에 어떠한 관심도 결합될 수 없다고 하는 결론은 나오지 않는다. 그렇지만 이 결합은 언제나 단지 간접적일 수밖에 없다. 다시 말하면 어떤 대상에 관한 한갓된 반성에 따르는 만족에 또 그 대상의 현존에 관한 쾌감(일체의 관심의 본질이 되는 것으로서의)이 결부될 수 있기 위해서는, 취미는 무엇보다도 먼저 어떤 다른 것과 결합된 것으로 표상되지 않으면 안 된다. 왜냐하면 인식판단(사물 일반에 관한)에 있어서 주장되는 것, 즉 가능에서 존재에로의 귀결은 유효하지 않다 *a posse ad esse non valet consequentia*라고 하는 것이 여기에서는 미감적 판단에 적용되기 때문이다. 그런데 이 다른 것은 어떤 경험적인 것, 즉 인간의 자연적 본성에 고유한 하나의 경향성일 수도 있고, 또는 어떤 지적인 것, 즉 이성에 의해서 선천적으로 규정될 수 있는 의지의 특성과 같은 것일 수도 있다. 이 양자는 어떤 객체의 현존재에 관한 만족을 내포하고 있으며, 그리하여 그것들은 그 자체로서 그리고 그 어떤 관심도 고려함이 없이 이미 만족을 준 것에 대한 하나의 관심의 기초가 될 수 있는 것이다.

경험적으로는 미는 오직 사회에 있어서만 관심을 일으킨다. 그리고 만일 우리가 사회에 대한 본능이 인간에게 있어서 본연적인 것임을 용인하고, 또 사회에 대한 적응성과 집착, 즉 사교성은 사회를 만들도록 이미 정해져 있는 피조물로서의 인간의 요건에, 따라서 인간성에 속하는 특성임을 시인한다면, 우리는 취미를

우리의 감정조차 다른 모든 사람들에게 전달할 수 있도록 해주는 일체의 것을 판　163
정하는 능력으로 간주하여야 하며, 따라서 모든 사람들의 자연적 경향성이 요구
하는 것을 촉진하는 수단으로 간주하여야 한다는 것은 불가피한 일이다.

　무인고도에 버려진 사람은 자기 혼자서라면 자기의 움집이나 자기의 몸을
꾸미는 일도 없을 것이며, 꽃을 찾거나 더구나 그것을 심어서, 그것으로 몸을
단장하려고 하는 일도 없을 것이다. 오히려 단지 인간일 뿐만 아니라 또한 자
기 나름으로 기품 있는 인간이고자 하는 생각(문명의 시초)은 오직 사회에 있
어서만 그에게 떠오르는 것이다. 자기의 쾌감을 다른 사람들에게 전달하기를
좋아하며 또 그것이 능숙한 자, 그리고 어떤 객체에 관한 만족을 다른 사람들
과 공동으로 느낄 수 없는 경우에는 그 객체에 만족하지 않는 자를 우리는 그
러한 기품 있는 인간이라고 판정하기 때문이다. 또한 누구나가 보편적 전달에
대한 고려를, 마치 그것이 인간성 그 자체에 의해서 지령된 근원적인 계약에서
나오는 것처럼, 모든 사람들에게 기대하며 요구한다. 그리하여 최초에는 물론,
예컨대 자기 몸에 바르기 위한 채료(카리브족[1])에 있어서의 로꾸[2])와 이로콰이
족[3])에 있어서의 주사)라든가 꽃이나 조개껍질이나 고운 빛깔의 새깃과 같은
자극물들만이 사회에 있어서 중요시되지만, 시대가 바뀜에 따라 점차 쾌락을,
즉 향수의 만족을 지니지 않은 아름다운 형식들(통나무 배, 의복 등에 관한 형
식과 같은)도 중요시되어 다대한 관심과 결부되고, 마침내 문명이 최고점에 도　164
달하면 이러한 형식들은 거의 순화된 경향성의 주요한 산물이 되다시피 하고,
감각은 보편적으로 전달될 수 있는 만큼만 가치를 가진다고 간주됨에 이른다.
그리고 그 경우에는 비록 누구나가 그와 같은 대상에 관하여 가지는 쾌감이 보
잘것없고, 또 그것만으로는 현저한 관심도 가지지 못한다 할지라도, 사실은 그
쾌를 보편적으로 전달할 수 있다고 하는 이념이 그 쾌의 가치를 거의 무한히
증대하는 것이다.

　그러나 이처럼 사회에 대한 경향성을 통해서 간접적으로 미에 부수되는 관심,
따라서 경험적인 관심은 여기에서 우리들에게는 중요한 의의를 가지지 못한다.

---

1) Karibe, Carib: 서인도제도의 남부와 남미주 북동부에 사는 토인종.
2) Rocou: 아나토(Annato) 나무의 열매에서 채취되는 대황적색염료.
3) Irokese, Iroquoia: 북미 뉴욕주에 살았던 토인의 종족.

우리는 취미판단에 대하여, 비록 간접적으로나마, 선천적으로 관계를 가질 수 있는 것만을 주목하지 않으면 안 된다. 설사 이러한 형식에도 취미판단과 결부된 관심이 발견된다고 할지라도, 취미는 우리의 판정능력이 감관적 향수로부터 도덕적 감정에로 이행함을 드러낼 것이기 때문이다. 그리고 우리는 그로 해서 취미를 합목적적으로 발휘하도록 보다 효과적인 지도를 받게 될 뿐만 아니라, 또한 모든 입법이 의존하지 않으면 안 되는 인간의 선천적 능력들의 연쇄의 중간항[판단력]이 하나의 중간항으로서 [진정한 모습으로] 밝혀질 것이다. 우리는 취미의 대상과 취미 그 자체에 대한 경험적 관심에 관해서 아마 다음과 같은 정도의 말은 할 수 있을 것이다: 경향성이 아무리 순화되었다 할지라도, 취미는 이 경향성에 165 지배 당하는 것이므로, 이 경험적 관심은 역시 사회에 있어서 최대의 다양성과 최고의 단계에 달하는 모든 경향성이나 격정과 융합되기 쉬우며, 또 미가 경험적 관심을 기초로 하고 있는 경우에는, 미에 관한 관심은 쾌적으로부터 선으로 극히 애매한 이행 밖에는 보여주지 못한다고. 그러나 취미가 그 순수성에 있어서 이해된다면, 그러한 이행은 이 순수한 취미에 의해서 어쨌든 촉진될 수 있지 않을까 하는 것을 다음에 연구해야 할 이유가 우리에게는 있는 것이다.

§ 42.
미에 대한 지적 관심에 관하여.

인간의 내면적인 자질이 인간들에게 종사시키는 모든 활동을 즐겨 인간성의 최종목적, 즉 도덕적 선에 지향시키고자 한 사람들이, 미 일반에 관하여 관심을 가지는 것을 하나의 선한 도덕적 성질의 표징이라고 보았던 것은, 선량한 의도에서 한 일이었다. 그러나 그들에 대해서 다른 사람들이 다음과 같은 경험에 입각하여 반대한 것은 근거가 없는 일도 아니었다: 즉, 취미의 명수라는 사람들은 단지 자주 그렇다고 하기보다는 오히려 통상 그렇다고 할 수 있을 정도로 허영심이 있고, 고집불통이고, 좋지 못한 격정에 빠지므로, 도덕적 원칙에 뛰어나게 충실하다는 점은 아마도 다른 사람들보다 훨씬 더 주장할 수가 없으리라는 것이, 그들의 경험 내용일 것이다. 그리하여 미에 대한 감정은 단지 (실제로도 그러하지만) 도덕적 감정과 종별상으로 구별될 뿐만 아니라, 또한

우리가 미에 결부시킬 수 있는 관심도 도덕적 관심과는 결합되기 어려우며, 도   166
저히 내면적 친화성에 의해서 결합될 수 없는 것 같이 보인다.

그런데 예술의 미(자연미를 장식을 위해서, 따라서 허식을 위해서 인공적으
로 사용하는 것도 나는 여기에 넣는다)에 대한 관심이 전혀 도덕적 선에 충실
하다든가 또는 단지 그것을 애호한다든가 하는 심적 태도를 증명하는 것이 아
님은, 나도 물론 거리낌 없이 승인하는 바이다. 그러나 그에 반해서 자연의 미
에 대하여 직접적인 관심을 가진다는 것은 (단지 자연의 미를 판정하기 위한
취미를 가질 뿐만 아니라) 언제나 선한 심령의 표징이요, 또 이러한 관심이 습
관적이며, 자연의 정관과 흔히 결부되는 것이면, 그러한 관심은 적어도 도덕적
감정에 호감을 가지는 심적 상태를 나타내는 것이라고, 나는 주장한다. 그러나
내가 여기에서 말하려고 하는 것은 본래 자연의 아름다운 형식들이요, 그에 반
해서 자연이 이러한 형식들과도 아주 풍부하게 결합시키는 것이 통례인 자극들
은 내가 아직 도외시하고 있다는 것을 우리는 충분히 기억해 두지 않으면 안
된다. 왜냐하면 그러한 자극에 대한 관심도 물론 직접적이기는 하지만, 그러나
그것은 경험적이기 때문이다.

들에 피어 있는 꽃, 새, 곤충 등의 아름다운 형태를 홀로 (그리고 자기의 소
견을 다른 사람들에게 전달하고자 하는 의도도 없이) 바라보면서, 그것을 감탄
하고, 그것을 사랑하며, 또 설사 그것들 때문에 다소의 손해를 입는다든지, 그
것들로부터 자기에게 어떤 이익이 나올 가망은 더욱 없다고 할지라도, 그것들
이 널리 자연에서 사라진다면 애석하게 생각할 사람은, 자연의 미에 대해서 직
접적이며 또한 지적인 관심을 가지는 사람이다. 다시 말하면 자연의 산물은 형   167
식의 면에서만 그에게[1] 만족을 줄 뿐 아니라 그 현존재도 그에게 만족을 주는
것이요, 이 때 감관적 자극이 거기에 참여한다든가, 또는 그가 어떤 목적을 그
것과 결부시킨다든가 하는 일은 없는 것이다.

그러나 이 경우에 다음의 사실은 주의할 만하다: 즉, 만일 우리가 이러한 미
의 애호가를 남몰래 기만하여, 조화(생화와 꼭같이 만들 수 있는)를 땅에 꽂아
두든가, 또는 인공적으로 조각한 새를 나뭇가지 위에 올려 놓았는데, 그 후에

---

1) "그에게"는 초판에는 없다.

바로 그가 이 기만을 발견했다고 한다면, 그가 전에 그러한 것들에 대해서 가졌던 직접적인 관심은 곧 사라지고, 아마 다른 관심, 즉 남의 눈을 위하여 그것을 가지고 자기의 실내를 장식하려는 허영의 관심이 먼저의 직접적인 관심을 대신해서 일어날 것이라고 하는 사실이다. 자연이 그러한 미를 만들어냈다고 하는 상념은 반드시 직관과 반성에 수반되지 않으면 안 되며, 또 우리가 자연의 미에 대해서 가지는 직접적 관심은 오로지 이러한 상념에만 기초를 둔 것이다. 만일 그렇지 않다면, 일체의 관심을 떠난 한갓된 취미판단만이 남거나, 또는 단지 간접적인 관심, 즉 사회에 관련된 관심과 결부되어 있는 취미판단만이 남게 되는데, 이 후자는 도덕적으로 선한 심적 태도를 확실히 지시하지 못하는 것이다.

168　(비록 형식의 면에서는 예술미가 자연미를 능가하는 일조차 있지만,1) 그러나 그처럼 자연미만이 직접적인 관심을 환기할 수 있다는 점에서2) 자연미가 예술미보다 우월하다 함은, 자기의 도덕적 감정을 도야한 모든 사람의 순화된 그리고 철저한 심적 태도와 합치하는 것이다. 만일 미적 예술의 생산물들을 극히 정확하고 정치하게 판단할 수 있는 취미를 충분히 가지고 있는 어떤 사람이, 허식과 적어도 사회적인 즐거움을 간직하고 있는 아름다운 것들이 있는 방을 떠나서 자연의 미에로 나아가, 이 자연의 미에서 말하자면 자기가 완전히 전개할 수 없는 사유과정을 더듬고 있는 자기의 정신에 대하여 환락을 발견한다면, 우리는 그의 이러한 선택 그 자체를 존경을 가지고 볼 것이며, 또 그의 내부에 일종의 아름다운 혼을 전제할 것이다. 이러한 아름다운 혼은 어떠한 예술통과 예술애호가도 그 대상에 관해서 관심을 가지고 있다고 해서 요구할 수 있는 것이 아니다. —— 두 가지 객체[자연미와 예술미]가 한갓된 취미의 판단에 있어서는 서로 그 우열을 거의 다툴 수 없다고 한다면, 이 두 가지 객체가 그처럼 상이하게 평가되는 차이점은 도대체 무엇인가?

우리는 한갓된 미감적 판단력이라는 하나의 능력을 가지고 있다. 이것은 개념을 떠나서 형식을 판단하는 능력이며, 또 형식의 한갓된 판정에 있어서 일종의 만족을 발견하는 능력이다. 그리고 이러한 판단은 어떤 관심에 기초를 둔

---

1) 이 괄호는 Vorländer가 붙인 것이다.
2) 초판에는 "그러나 자연미에 대해서만 직접적인 관심을 가질 수 있다는 점에서"로 되어 있다.

것도 아니며 관심을 야기하는 것도 아니지만, 우리는 그러한 만족을 누구에게 대해서나 동시에 규칙으로 삼는 것이다.——또 측면에 있어서는 우리는 지적 판단력이라는 능력도 가지고 있다. 이것은 실천적 격률(이 격률 자신이 스스로 보편적으로 입법할 수 있는 자격을 가지는 한에 있어서)의 한갓된 형식에 대하 169 여 일종의 만족을 선천적으로 규정하는 능력이다. 그리고 우리는 그러한 만족을 누구에게 대해서나 법칙으로 삼는다. 이 경우에는 우리의 판단은 어떤 관심에 기초를 둔 것은 아니지만, 그러나 어떤 관심을 야기하기는 한다. 전자의 판단에 있어서의 쾌 불쾌는 취미의 쾌 불쾌라고 일컫고, 후자의 그것은 도덕적 감정의 쾌 불쾌라고 일컫는다.

그러나 이념(이성은 도덕적 감정에 있어서 이 이념에 대하여 직접적 관심을 일으킨다)은 객관적 실재성도 가진다고 하는 사실, 다시 말하면 자연은 적어도 자연의 산물이 일체의 관심에서 독립된 우리의 만족(우리는 이 만족을 선천적으로 모든 사람들에 대한 법칙으로서 인식하되, 이것을 증명 위에 정초할 수는 없다)과 합법칙적으로 일치한다고 상정할만한 그 어떤 근거를 자기속에 포유하고 있다는 어떤 흔적을 보인다거나 또는 어떤 암시를 준다고 하는 사실은 이성의 관심을 끄는 일이기도 하다. 그러므로 이성은 자연이 나타내는 그와 유사한 일치에는 모두 관심을 가짐에 틀림없다. 따라서 심의는 자연의 미에 동시에 관심이 끌리지 않고서는, 이것을 숙고할 수가 없다. 그러나 이 관심은 친근관계에서 보면 도덕적이요, 자연의 미에 대하여 관심을 가지는 사람은, 그가 먼저 도덕적 선에 대한 자기의 관심의 기초를 충분히 확립한 한에 있어서만, 자연의 미에 대하여 그러한 관심을 가질 수 있는 것이다. 그러므로 자연의 미가 직접적인 관심사가 되는 사람에게는 적어도 선한 도덕적 심성에의 소질이 있다고 추정할만한 이유가 있는 것이다. 170

이처럼 미감적 판단을 도덕적 감정과의 친근관계에 입각해서 해석함은, 그것을 자연이 그의 아름다운 형식들에 있어서 상징적으로 우리에게 말해주는 암호문의 진정한 해석이라고 생각하기에는 지나치게 현학적인 것 같이 보인다고, 말하는 사람이 있을 것이다. 그러나 첫째로 자연의 미에 대한 이러한 직접적 관심은 실제로는 누구에게나 흔히 있는 것이 아니라, 그 심적 태도가 선에 대하여 이미 수련을 쌓았거나 그렇지 않으면 이러한 수련을 특히 잘 받을 수 있는 사람들에게만 특유한 것이다. 그리고 다음에는 순수한 취미판단과 도덕적 판단을 대비해 보면, 전자는 어떤 관심에 의존함이 없이 만족을 느끼도록 하고, 또 동시에 그 만족을 인류 일반에게 상응하는 것으로서 선천적으로 표상하는 것이요, 후자도 그와 동일한 일을 개념에 의해서 하는 것인 만큼, 우리는 명석하고 치밀한 숙고를 일부러 하지 않더라도 전자의 대상에 대해서나 후자의 대상에 대해서나 똑같은 직접적 관심에 이르게 되는 것이다. 다만 전자는 자유로운 관심이요, 후자는 객관적 법칙에 기초를 둔 관심이라는 것이 다를 뿐이다. 그 위에 또 자연에 대한 감탄이 있다. 자연은 그의 아름다운 산물에 있어서 우연적으로가 아니라 이를테면 의도적으로, 합법칙적 질서에 따라 자신을 예술로서 그리고 목적 없는 합목적성으로서 나타내는 것이다. 그리고 이 목적
171 을 우리는 외부에서는 어디에서도 찾을 수 없으므로, 우리는 그것을 당연히 우리들 자신의 내부에서, 더 정확히 말하면 우리의 현존재의 최종목적이 되는 것 속에서, 즉 도덕적 사명에 있어서 찾는 것이다(그러나 그와 같은 자연의 합목적성의 가능의 근거에 관한 문제는 목적론에서 비로소 논급될 것이다).

순수한 취미판단에 있어서 미적 예술에 관한 만족이 아름다운 자연에 관한 만족과 마찬가지로 직접적 관심과 결부되어 있지 않다고 하는 것도 용이하게 설명할 수가 있다. 왜냐하면 미적 예술은 우리를 기만하는 데까지 이르는 자연의 모방이거나, 그렇지 않으면 분명하게 우리의 만족을 의도에 두고 있는 기술이거나인데, 전자의 경우에는 미적 예술은 (그렇다고 간주된) 자연미로서의 효과를 가지며, 또 후자의 경우에는 미적 예술의 산물에 관한 만족은 물론 직접 취미를 통해서 일어날는지 모르지만, 이 만족은 그 근저에 있는 원인에 대한, 즉 오직 자기의 목적에 의해서만 관심을 일으킬 수 있을 뿐이요 결코 그 자체에 있어서 관심을 일으킬 수는 없는 하나의 기술에 대한, 간접적 관심 이외에는 다른 관심을 환기하지 않을 것이기 때문이다. 이와 같은 것은 자연의 객체가, 그 객체의 미에 어떤 도덕적 이념이 가담되는 한에 있어서만, 그 미에 의해서 관심을 끈다고 할 경우에도 마찬가지라고 말할 사람이 아마 있을 것이다. 그러나 직접적으로 관심을 끄는 것은 이러한 도덕적 이념이 가담된다는 사실이 아니라, 오히려 객체의 미가 그러한 가담의 자격을 가진다고 하는 성질 자체, 따라서 미에 내면적으로 속하는 성질 자체인 것이다.

아름다운 자연에 있어서의 자극들은 흔히 아름다운 형식과 이를테면 한데
융합되어 있는 일이 많거니와, 이러한 자극들은 빛의 변양(채색에 있어서의)에 172
속하거나, 또는 음향의 변양(조음에 있어서의)에 속하는 것이다. 왜냐하면 이
러한 변양들은 감관적 감정뿐만 아니라 또한 감관의 이러한 변양의 형식에 관
한 반성까지도 허용하는 유일한 감각이며, 그리하여 이를테면 자연이 우리에게
건네는 언어, 보다 높은 의미를 가지고 있는 것 같이 보이는 언어를 체현하고
있는 유일한 감각이기 때문이다. 그리하여 백합의 흰 색은 심의로 하여금 순결
의 이념을 가지게 하고, 또 적색으로부터 자색에 이르기까지의 일곱 가지의
색1)도 그 순서에 따라 1. 숭고성, 2. 용감, 3. 공명정대, 4. 친절, 5. 겸손, 6.
직강, 7. 유화의 이념을 가지게 하는 듯이 보인다. 새들의 노래소리는 즐거움
과 그2) 생존의 만족을 알려준다. 자연의 의도가 그러하건 그렇지 않건, 적어
도 우리는 자연을 그렇게 해석하는 것이다. 그러나 이 경우에 우리가 미에 관
해서 가지는 이러한 관심은 철두철미 그것이 자연의 미이어야 할 것을 요하며,
우리가 속았다는 것과 그것이 한낱 인공에 불과하다는 것을 깨닫자마자 관심은
완전히 사라지고, 또 그렇게 되면 취미도 거기에서 아무런 아름다운 것을 발견
하지 못하고 시각도 거기에서 아무런 매력적인 것을 발견하지 못하는 것이다.
고요한 여름 저녁에 보드라운 달빛이 비치는데 적막한 숲 속에서 우는 밤꾀꼬
리의 호리는 듯 아름다운 울음소리보다도 더 높이 시인들의 찬양을 받는 것이
무엇이 있을까? 그렇지만 그러한 새소리가 없는 곳에서, 어느 익살맞은 주인이 173
이 밤꾀꼬리의 울음소리를 (갈대나 피리를 입에 물고) 실물과 똑같이 흉내낼
줄 아는 장난꾸러기를 숲속에 숨겨 둠으로써, 전원의 공기를 향락하기 위하여
자기 집에 투숙한 객들을 기만하여 그들을 크게 만족시켰다고 하는 실례가 있
다. 그러나 그것이 사기임을 알면, 아무도 전에는 그렇게도 매혹적이라고 생각
했던 이 노래 소리를 더 참고 듣지 못할 것이다. 이것은 다른 모든 새 소리에
있어서도 마찬가지이다. 우리가 미 그 자체에 대하여 직접적인 관심을 가질 수
있자면, 그것은 자연 그대로이거나 또는 우리가 자연 그대로라고 생각하는 것

---

1) 칠색: 적 등 황 록 청 남 자.
2) Erdmann은 "그들의"로 읽는다.

이 아니면 안된다. 하물며 우리가 다른 사람들도 그것에 대하여 관심을 가져야 한다고 요구할 수 있는 경우에는, 더구나 그렇다. 그리고 이러한 요구는, 우리가 아름다운 자연에 대하여 아무런 감정(우리는 자연의 관조에 대한 관심의 감수성을 이렇게 부른다)도 가지지 않은 사람들과, 먹고 마실 때에는 한갓된 감관적 감각의 향락에만 집념하는 사람들과의 심적 태도를 조야하고 비천하다고 생각할 때에, 실제로 일어나고 있는 일이다.

§ 43.
기술 일반에 관하여.

1. 행위(*facere*)가 동작이나 작용 일반(*agere*)과 구별되듯이, 기술은 자연과
174 구별되며, 작품(*opus*)으로서의 기술의 산물 또는 성과는 결과(*effectus*)로서의 자연의 산물과 구별된다.

공정하게 말하자면, 우리는 자유에 의한 생산, 다시 말하면 이성을 그 행위의 기초에 두고 있는 선택의지에 의한 생산만을 기술이라고 불러야 할 것이다. 비록 우리는 꿀벌들의 산물(규칙적으로 지어진 봉소)을 기술의 작품이라고 즐겨 부르기는 하지만, 그러나 이러한 일은 기술과의 유비 때문에만 일어나는 것이다. 다시 말하면 벌꿀들의 노동이란 자신의 이성적 숙려에 기초를 둔 것이 아니라고 함을 상기하게 되면, 우리는 곧 그것은 벌꿀들의 자연적 본성(본능)의 산물이요, 기술로서는 그것은 오로지 벌꿀들의 창조자에게만 귀속된다고 주장하는 것이다.

때때로 있었던 일이지만, 소택지를 탐색할 때에 잘 다듬어진 나무 조각이 발견되면, 우리는 그것이 자연의 산물이라고 주장하지 않고, 기술의 산물이라고 주장한다. 즉, 그 산물을[1] 만들어낸 원인[그 산물의 제작자]은 하나의 목적을 마음에 그리고 있었던 것이요, 이 목적에 따라 이 나무 조각은 그 형식을 받은 것이다. 그렇지 않다면 아마도 우리는, 무엇이나 그 결과가 그것의 원인[제작자]에 의해서 반드시 사고[예상]되었어야 할 필요까지는 없지만, 그것의[2] 원인

---

1) Kant의 문장으로는 "그 기술을"인 것을 Vorländer가 고쳤다.
2) Kant의 문장으로는 "그것의"는 "표상"을 받고, Windelband가 고친 바에 따르면 "산물"을 받는다.

에 있어서 그것의 표상이 그것의 현실성보다 선행되어 있음에 틀림없는 것이면
(꿀벌의 경우에 있어서조차 그러하듯이), 그러한 것들까지도 모두 기술로 보게
될 것이다. 그러나 어떤 것을 자연결과와 구별하기 위하여 그것을 단적으로 기
술작품이라고 부르는 경우에는, 우리는 언제나 그것을 인간들의 작품이라는 의
미로 이해하는 것이다.

　2. 기술은 인간의 숙련으로서 또한 학과도 구별되며(할 수 있다는 것[능력]과　175
안다는 것[지식]이 구별되듯이), 또 그것은 실천적 능력으로서 이론적 능력과
구별되고, 기교로서 이론과 구별된다(측량술이 기하학과 구별되듯이). 그리하
여 우리는 무엇이 수행되어야 할 것인가를 알기만 하면 곧, 따라서 욕구된 결
과를 충분히 인지하기만 하면 곧 수행할 수 있는 일도 역시 기술이라고는 부르
지 않는다. 우리가 어떤 것에 관하여 가장 완벽한 지식을 가지고 있다 하더라
도, 그렇다고 해서 그것을 만들 수 있는 기능을 즉시 가지지는 못한다면, 그러
한 것만이 그런 한에 있어서 기술에 속하는 것이다. 캄페르[1]는 가장 좋은 구
두는 어떻게 만들어진 것이 아니면 안되는가를 아주 정확하게 기술하고 있으
나, 그는 틀림 없이 구두를 하나도 만들 수는 없었던 것이다.＊

　3. 기술은 또한 수세공과도 구별된다. 전자는 자유로운 기술이라고 일컬어
지며, 후자는 노임기술이라고도 일컬어질 수가 있다. 우리는 전자는 마치 유
희, 즉 그 자체만으로도 쾌적한 활동으로서만 합목적적인 성과를 올릴 (성공
할) 수 있는 것처럼 생각하고, 후자는 노동, 즉 그 자체만으로는 불쾌적하고
(수고스럽고) 오직 그 결과 (예컨대 보수) 때문에만 우리의 마음을 끄는 활동으
로서, 따라서 강제적으로 과해질 수 있는 것으로 생각한다. 직업조합의 순위표　176
에 있어서 시계공은 기술자로 간주되어야 하나, 그에 반해서 대장장이는 수공

＊ 나의 지방에서는, 컬럼버스의 달걀과 같은 문제를 내 놓으면, 보통사람은 '그것은 기술이 아니다.
그것은 일종의 지식에 지나지 않는다'고 말한다. 즉, 누구나 그것을 알고 나면, 할 수 있다는 것이다.
그리고 그는 마술사의 기술이라고 자칭하는 것들에 관해서도 모두 이와 "똑같이 주장한다. 그러나
그와는 반대로 그는 줄타기 곡예사의 기술을 기술이라고 부르는 것은 조금도 부인하지 않을 것이다.

1) Pieter Camper (1722–89): 홀랜드의 비교해부학자, 의학자. 고생물학, 지질학에 관해서도 새로
운 견해를 발표한 바 있으며, 주저로는 『병리해부학도보』(*Demonstrationes Anatomico-Pathologicae*,
1760)가 있다. Kant는 『학부의 싸움』(*Der Streit der Fakultäten*, 1798)에서도 그를 인용한 바 있다.

업자로 간주되어야 할 것인가를 판정하기 위해서는, 우리들이 여기에서 취하고 있는 것과는 다른 관점이 필요한데, 그것은 곧 이들 각 직업의 기초에 반드시 있지 않으면 안되는 재능의 비율관계인 것이다. 또한 이른바 자유칠과[1] 가운데에도 학문 속에 넣어야 할 것이 몇가지가 들어가지 못하고 있지는 않은가, 또 수공업[2]과 비교될 수 있는 것도 많이 들어가 있지는 않은가, 이러한 점에 관해서는 나는 이 자리에서는 논의하지 않기로 한다. 그러나 자유로운 기술에도 또한 어떤 구속적인 것, 즉 이른바 일종의 기계적인 것[3]이 필요하다는 점과, 정신은 이러한 기술에 있어서는 자유롭지 않으면 안되며 또 정신만이 작품에 생기를 넣어주는 것이지만, 이러한 기계적인 것이 결여되면 정신은 전혀 형체를 가지지 못하고 완전히 증발해 버리리라는 점을 지적해 둠은 무용한 일은 아닐 것이다(예를 들면 시예술에 있어서는 용어의 정확성과 풍부성, 또한 시형과 운율). 왜냐하면, 현대의 많은 교육자들은 자유로운 기술로부터 모든 구속을 제거하고, 그것을 노동에서 한갓된 유희에로 전화하면, 자유로운 기술을 가장 잘 육성할 수 있다고 믿고 있기 때문이다.

§ 44.
미적 예술에 관하여.

177   미의 학이란 없고 오직 그 비판만이 있으며, 또 미적인 학도 없고 오직 미적 예술만이 있을 뿐이다. 미의 학이 있다면, 그러한 학에 있어서는 어떤 것이 아름답다고 간주될 수 있느냐 없느냐 하는 것이 학적으로, 다시 말하면 증명근거에 의해서 결정되어야 할 것이요, 따라서 미에 관한 판단은, 만일 그것이 학에 속한다고 한다면, 취미판단이 아닐 것이기 때문이다. 또 미적인 학에 관해서도, 하나의 학이 학으로서 아름다워야 한다고 함은 무의미한 일이다. 만일 우

---

1) artes liberalis sieben freie Künste: 중세기에 자유민이 학문적 교양을 위하여 이수해야 했던 필수과목으로 문법학, 수사학, 변증법(논리학), 산술, 기하학, 음악, 천문학의 일곱 가지 과목. 이 과목은 바쁘고 부자유한 직업생활을 위한 훈련에서 인간을 해방하고 학문 예술의 교양을 높여 인간을 자유로이 하기 위한 교육내용으로서 채용되었다.
2) 제3판에는 "수공업자들"로 되어 있다.
3) 예술에 있어서의 기교의 면을 말한다.

리가 그것을 학으로 보고, 그러한 학에 있어서 근거와 증명을 문제삼는다면, 우리는 아취 있는 말(재담)로 일축 당하고 말 것이기 때문이다. ──미적 학이라는 관용어구가 생긴 유래는 틀림없이 이러하다: 즉, 완전무결한 미적 예술에는 여러 가지 학문, 예를 들면 고대어의 지식, 고전작가라고 할 수 있는 작가들의 섭렵, 역사, 고대유물의 지식 등이 필요하다는 것을 사람들은 올바로 깨닫게 되었던 것이며, 또 이러한 역사적 학문들이 미적 예술에 대한 필수적인 준비와 기초가 됨으로 해서, 또한 일부는 이러한 역사적 학문들 가운데에는 미적 예술의 산물들(웅변술과 시예술)의 지식까지도 포함되어 있음으로 해서, 용어의 혼동이 일어나 사람들은 이러한 역사적 학문들을 미적 학이라고 부르게 되었던 것이다.

기술이 어떤 가능적 대상의 인식에 적합하도록 단지 그 대상을 현실화하기 위하여 필요한 행위만을 수행하는 경우에는, 그 기술은 기계적 기술이다. 그러나 기술이 쾌의 감정을 직접적인 의도로 삼고 있는 경우에는, 그 기술은 미감적 기술이라고 일컬어진다. 이 미감적 기술은 쾌적한 기술이거나 미적 예술이 **178** 다. 쾌가 한갓된 감각으로서의 표상에 수반되어야 한다는 것이 미감적 기술의 목적인 경우에는, 그러한 미감적 기술은 쾌적한 기술이고, 또 쾌가 인식방식으로서의 표상에 수반되어야 한다는 것이 그 목적인 경우에는, 그것은 미적 예술이다.

쾌적한 기술들은 단지 향락만을 목표로 삼는 기술이요, 한 식탁에 앉은 사람들을 즐겁게 할 수 있는 모든 매력, 예컨대 유쾌하게 이야기를 한다든가, 동료들을 기탄 없고 쾌활한 대화 속에 끌어 넣는다든가, 해학과 웃음으로 동료들을 일종의 흥겨운 기분에 젖어들게 한다든가 하는 것이 곧 그러한 것이다. 이러한 경우에는, 흔히들 말하듯이, 여러 가지 것을 되는대로 지껄이는 수가 많고, 또 아무도 자기가 말하는 것에 관하여 책임을 지려고 하지도 않는데, 이는 곧 그것이 노리는 바가 단지 일시적인 환담에 있다 뿐이요, 나중에 반성하고 되풀이하여 논의하기 위한 지속적인 제재에 있지 않기 때문이다. (향락을 위한 식탁을 꾸미는 방식이나 또는 대연회 때의 식사 중의 음악도 결국 여기에 속한다. 이 음악은 기묘한 것이어서, 하나의 쾌적한 소음으로서만 사람들의 기분을 즐겁도록 유지해야만 하고, 또 누구도 그 악곡에 조금이라도 주의를 기울이는 일이 없는 만큼, 그것은 이웃 사람 상호간의 자유로운 대화를 조장해 줄 뿐이다.) 그 밖에 또 모르는 사이에 시간을 흘러 보낸다는 것 이외에는 아무런 관심도 지니지 않은 모든 유희도 이것에 속한다.

179　　그에 반해서 미적 예술은 하나의 표상방식이거니와, 이 표상방식은 그 자체만으로서 합목적적이며, 비록 목적은 없지만 그러나 사회적 전달을 위한 심의력들의 도야를 촉진하는 것이다.

쾌의 보편적 전달가능성은 이미 그 개념 속에, 이 쾌가 한갓된 감각에 말미암은 향락의 쾌가 아니라, 반성의 쾌가 아니면 안된다고 함을 함축하고 있다. 그리하여 미적 예술로서의 미감적 기술은 감관의 감각을 규준으로 삼고 있는 것이 아니라, 반성적 판단력을 규준으로 삼고 있는 기술인 것이다.

§ 45.
미적 예술은, 그것이 동시에 자연인 것처럼 보이는 한에 있어서, 예술이다.

미적 예술의 산물에 있어서는 우리는 그것이 예술이요 자연이 아니라고 함을 의식하지 않으면 안된다. 그러나 예술의 산물의 형식에 있어서의 합목적성은 임의의 규칙들의 일절의 속박으로부터 자유롭게 벗어나 있어서, 마치 예술의 산물은 한갓된 자연의 산물인 것처럼 보이지 않으면 안된다. 그처럼 우리의 인식능력들[구상력과 오성]의 유동은 자유로우면서도 동시에 합목적적이 아니면 안되거니와, 이러한 인식능력의 유동에 있어서의 그와 같은 자유의 감정이 곧 개념에 의거하지 않고도 단독으로 보편적 전달이 가능한 쾌감의 기초인 것이다. 자연은, 그것이 동시에 예술처럼 보일 때에, 아름다운 것이었다. 그런데 예술은, 우리가 그것이 예술이라고 함을 의식하고 있으면서도, 그것이 우리에게 자연처럼 보일 때에만, 아름답다고 일컬어질 수 있는 것이다.

180　　왜냐하면 우리는 자연미에 관해서나 또는 예술미에 관해서나 '한갓된 판정에 있어서 (감관의 감각에 있어서도 아니며, 또한 개념에 의해서도 아니고) 만족을 주는 것은 아름답다'고 일반으로 말할 수가 있기 때문이다. 그런데 예술은 언제나 무엇인가를 만들어내려는 일정한 의도를 가지고 있다. 그러나 만일 이 무엇인가가 쾌를 수반하는 한갓된 감각(단지 주관적인 어떤 것)이라고 한다면,

이러한 산물은 판정에 있어서 감관적 감정을 매개로 해서만 만족을 주게 될 것이다. 만일 그 의도가 일정한 객체를 산출하려는 데에 목표를 둔 것이라고 한다면, 그 의도가 예술에 의해서 달성될 때에, 그 객체는 개념에 의해서만 만족을 주게 될 것이다. 그러나 어느 경우에도 예술은 한갓된 판정에 있어서 만족을 주는 것이 아니라, 다시 말하면 미적 예술로서 만족을 주는 것이 아니라, 기계적 기술로서 만족을 주게 될 것이다.

그러므로 미적 예술의 산물에 있어서의 합목적성은, 비록 의도적이기는 하지만, 그러나 의도적인 것으로 보여서는 안된다. 다시 말하면 미적 예술은, 비록 우리가 그것을 예술로서 의식하고 있다고 할지라도, 자연으로 간주될 수 있지 않으면 안된다. 그러나 예술의 산물이 자연으로 보이는 소이는, 예술의 산물은 규칙들에 의거함으로써만 의도된 산물이 될 수 있는 만큼, 물론 이러한 규칙들과는 아주 정확하게 합치되지만, 그러나 거기에는 고심의 흔적이 없고, 격식에 구애되는 형식이 엿보이는 일이 없으며,[1] 다시 말하면 규칙이 예술가의 눈 앞에 아른거려서 그의 심의력들을 속박했다는 자취를 보이는 일이 없다고 하는 데에 있다.

§ 46.

미적 예술은 천재의 예술이다.

181

천재란 예술에 규칙을 부여하는 재능(천분)이다. 이 재능은 예술가의 생득적인 생산적 능력으로서 그 자신 자연에 속하는 것이므로, 우리는 또 다음과 같이 표현할 수도 있을 것이다: 천재란 생득적인 심의의 소질(기질 *ingenium*)이요, 이것을 통해서 자연은 예술에 규칙을 부여하는 것이다.

이러한 정의에 어떠한 사정이 있건, 그리고 이러한 정의가 단지 자의적인 것이든, 또는 천재라는 말과 통상 결합되어 있는 개념에 적합한 것이든 아니든(이러한 것은 다음 절에서 구명되어야 할 점이지만), 우리는, 여기에서 상정된 천재라는 말의 의미에 따른다면, 미적 예술은 필연적으로 천재의 예술로 간주

---

1) "격식에 구애되는 형식이 엿보이는 일이 없으며"는 제2판과 제3판의 추가이다.

되지 않으면 안된다고 함을, 미리 증명할 수가 있다.

왜냐하면 어떠한 예술도 규칙들을 전제하고 있거니와, 어떤 산물이 예술적이라고 불릴 경우에, 그 산물은 무엇보다도 우선 이러한 규칙들을 기초로 해서만 가능한 것으로 표상되기 때문이다. 그러나 미적 예술의 개념은 그의 산물의 미에 관한 판단이 그 어떤 규칙으로부터, 즉 하나의 개념을 규정 근거로서 가지고 있는, 따라서 그 산물이 가능하게 되는 방식의 개념을 기초로 삼고 있는 그 어떤 규칙으로부터 이끌어 내지는 것을 허용하지 않는다.1) 그러므로 미적 예술은 그 산물을 성립시키기 위해서는 반드시 따르지 않으면 안되는 규칙을 182 스스로가 생각해 낼 수는 없다. 그럼에도 불구하고 선행하는 규칙이 없으면 하나의 산물은 결코 예술이라고 일컬어질 수가 없으므로, 주관의 안에 있는 자연이 (그리고 그 주관의 능력들[구상력과 오성]의 조화에 의하여) 예술에 대하여 규칙을 부여하지 않으면 안된다. 다시 말하면 미적 예술은 오직 천재의 산물로서만 가능한 것이다.

여기에서 우리는 다음의 사실을 알 수 있다: 1. 천재란 아무런 특정한 규칙도 부여될 수 없는 것을 산출하는 하나의 재능이다. 즉, 그것은 그 어떤 규칙에 좇아서 습득될 수 있는 것에 대한 숙련의 소질이 아니다. 따라서 독창성이 천재의 제1의 특성이 아니면 안된다. 2. 독창적이지만 무의미한 것도 있을 수 있으므로, 천재의 산물은 동시에 모범, 다시 말하면 범형적이 아니면 안된다. 따라서 그 자신은 모방에 의해서 나온 것이 아니지만, 다른 사람들에게 대해서는 모방할 수 있는 것, 다시 말하면 판정의 규준이나 규칙이 될 수 있는 것이 아니면 안된다. 3. 천재는 자기가 어떻게 하여 자기의 산물을 성립시키는가를 스스로 기술하거나 또는2) 학적으로 밝힐 수는 없고, 오히려 천재는 자연으로서 규칙을 부여하는 것이다. 그러므로 하나의 산물을 만든 창작자는 그 산물을 만드는 데 자기의 천재에 힘입고 있지만, 어떻게 하여 그 산물에 대한 이념들

---

1) "그러나 미적 예술의 개념은…… 허용하지 않는다."는 초판에는 "그러나 미적 예술의 개념은 그의 산물의 미에 관한 판단이 그 어떤 규칙으로부터, 즉 하나의 개념을 규정근거로서 가지고 있는 그 어떤 규칙으로부터 이끌어 내지는 것을 허용하지 않으며, 따라서 그 산물이 가능하게 되는 방식의 개념을 기초로 삼지도 않는다."로 되어 있다.
2) "기술하거나 또는"은 제2판과 제3판의 추가이다.

이 자기 머리에 떠오르게 되는가를 스스로 알지 못하며, 또한 그러한 이념들을 임의로나 또는 계획적으로 안출하여, 그것을 다른 사람들로 하여금 동일한 산물들을 만들어 낼 수 있도록 해주는 준칙으로 만들어, 다른 사람들에게 전달한다는 것도 창작자의 할 수 있는 일이 못된다. (그러므로 아마도 천재 Genie라는 말은 수호신 *genius*에서 유래되었을 것이다. 이것은 곧 인간에게 탄생할 때 부여된 수호적이며 지도적인 특유한 정령이며, 상술한 독창적 이념들도 이러한 정령의 영감에서 생기는 것이라 하겠다.) 4. 자연은 천재를 통해서 학문 183 에 대하여 규칙을 지정하는 것이 아니라, 예술에 대하여 규칙을 지정한다. 그리고 또한 이것은 후자가 미적 예술이어야 하는 한에 있어서만 그러한 것이다.

§ 47.
천재에 관한 위의 설명의 해명과 확증.

　천재가 모방정신에 전적으로 대립된다는 점에 누구나가 의견이 일치한다. 그런데 학습이란 다름아닌 모방이므로, 최대의 능력이라 할지라도 그것이 학재 (역량)에 그친다면 결코 천재라고 할 수 없다. 그러나 설사 스스로 사고하고 또는 구상하며, 다른 사람들이 사고한 것을 이해할 뿐만 아니라, 나아가서는 예술과 학문을 위하여 많은 것을 발견한다고 할지라도, 이것도 또한 그러한 (흔히는 위대한) 두뇌(단지 학습하고 모방하는 것 이상은 결코 아무것도 할 수 없기 때문에, 바보라고 일컬어지는 두뇌와는 반대되는[1])를 천재라고 부르기 위한 정당한 이유가 되지는 못한다. 왜냐하면 그러한 것도 역시 학습하면 학습될 수가 있었을 일이기 때문이며, 따라서 규칙들에 의거한 탐구와 사색이라는 평상적인 방법에 의존하는 것이요, 모방에 의한 근면을 통해서 습득될 수 있는 것과 종별상으로 구별되는 것이 아니기 때문이다. 그리하여 뉴턴이 자연철학의 원리에 관한 그의 불후의 저작[2] 속에서 논술한 것을 발견하기 위해서는 아무 184

---

1) 칸트의 원고에는 "(단지 학습하고 모방하는 것 이상은 결코 아무 것도 할 수 없는 사람, 즉 바보라고 일컬어지는 사람과는 반대되는)"으로 되어 있는 것을 초판의 교정을 맡았던 Kiesewetter가 고쳤다. Vorländer는 Kant의 원고에 따라 복원했으나 그 밖의 판에는 Kiesewetter의 수정에 따랐다.
2) Newton의 『자연철학의 수학적 원리』(*Philosophiae naturalis principia mathematica*, 1687)

리 위대한 두뇌가 필요했던 할지라도, 우리는 물론 그것을 모두 학습할 수가 있으나, 그러나 시예술을 위한 모든 준칙이 아무리 상세하고 또 그 모범이 아무리 훌륭하다 할지라도, 우리는 재기발랄하게 시작하는 것을 학습할 수는 없는 것이다. 그 이유는, 뉴턴은 그가 기하학의 초보적 원리로부터 그의 위대하고 심원한 발견에 이르기까지 밟아가지 않으면 안되었던 모든 단계를, 자기 자신에게 뿐만이 아니라 다른 모든 사람에게도 아주 명백하게, 그리고 추종할 수 있도록 명확하게 보여 줄 수가 있겠지만, 그러나 호메로스[1]나 뷔일란트[2]와 같은 시인은, 상상이 넘치는, 그러나 동시에 사상이 풍부한 그의 이념들이 어떻게 하여 그의 뇌리에 떠올라서 정리가 되는가 하는 것을 밝힐 수가 없다고 하는 데에 있다. 그것은 시인 자신도 알지 못하는 것이며, 따라서 다른 사람들에게 가르쳐 줄 수도 없는 것이기 때문이다. 그러므로 학문적인 영역에 있어서 가장 위대한 발견자라 할지라도 그가 고심참담하는 모방자나 제자와 구별되는 것은 단지 정도상의 차이에 지나지 않지만, 그에 반해서 그는 자연으로부터 미적 예술에 대한 천부의 재능을 받은 사람과는 종별상으로 구별되는 것이다. 그러나 그렇다고 해서 이 점에, 인류가 그토록 많은 도움을 입고 있는 저 위대한 학자들을, 미적 예술에 대한 그들의 재능 때문에 자연의 총아가 된 사람들에 비하여, 폄하할 이유가 있는 것은 아니다. 학자의 재능은 인식과 인식에 의존하는 모든 이익이 끊임 없이 진보하여 보다 큰 완성을 기하기 위하여, 또 동시에 똑같은 지식을 다른 사람들에게 가르치기 위하여 형성된 것이거니와, 바로 그 점에 학자들이 천재라고 불리는 영예를 받아 마땅한 사람들보다 더 우월한

185 장점이 있는 것이다. 왜냐하면 예술에는 하나의 한계가 그어져 있으므로, 천재에게 있어서 예술은 어딘가에서 정지하게 마련이기 때문이다. 이 한계는 예술이 그 이상 넘어 갈 수가 없는 것이며, 또한 이 한계는 아마도 이미 오래 전부터 도달되어 있는 것이요, 더 확장될 수도 없는 것이다. 그 위에 또한 그러한

를 가리킴.
1) Homerus, Homer(B. C. 9세기): 희랍최고의 시인. *Ilias, Odysseia*의 2대서술시의 작자.
2) Christoph Martin Wieland (1733–1813): 독일의 시인. Erfurt 대학교수, Lessing와 함께 독일 고전파문학의 전기를 대표한다. 사상적 소설, Shakespeare의 번역, 잡지의 편집 등 많은 분야에 걸쳐 활약, 소설로는 『Agathon의 이야기』가 있고, 서사시 *Oberon*이 있다.

[예술의] 기교는 전달될 수 있는 것이 아니라, 자연의 손으로부터 각 개인에게 직접 부여되지 않으면 안되는 것이요, 따라서 그러한 기교는 그 개인과 더불어 사멸하여, 자연이 후일에 다시 다른 개인에게 똑같은 천분을 부여할 때까지 기다리는 것이기 때문이다. 그리하여 그 사람은 자기가 자각하고 있는 재능을 [먼저 사람과] 유사하게 발휘하기 위해서는 하나의 범례만을 필요로 하는 것이다.

천부의 재능이 예술(미적 예술로서의)에 대하여 규칙을 부여하지 않으면 안된다고 한다면, 이 규칙이란 대체 어떠한 종류의 것인가? 그것은 하나의 정식[1])으로 요약해서 준칙으로 사용할 수 있는 것이 아니다. 그 규칙이 그러한 것이라고 한다면, 미에 관한 판단은 개념에 의하여 규정될 수 있을 것이다. 오히려 이 규칙은 [예술가의] 업적, 즉 그 산물에서부터 이끌어 내지는 것이 아니면 안된다. 그리하여 다른 사람들은 그 산물을 모조의 모범이 아니라 모방[2])의 모범으로 삼기 위하여 그 산물에 비추어 자기 자신의 재능을 시험해 볼 수 있는 것이다. 이러한 일이 어떻게 해서 가능한가 하는 것은 설명하기가 곤란하다. 예술가의 이념들은, 자연이 그 제자에게도 동일한 비율의 심의력들을 베풀어 주었다면, 그에게도 동일한 이념들을 환기시켜 주는 것이다. 그러므로 미적 예술의 모범은 이러한 이념들을 후진에게 전하는 유일의 전달수단이다. 이러한 전달은 한갓된 기술에 의해서만은 성취될 수가 없을 것이며(특히 언어예술의 분야에 있어서 그렇다), 또한 이 언어예술에 있어서도 오늘날에는 단지 학술어로서만 보존되어 있는 고대의 사어로 쓰여진 모범만이 고전적인 것이 될 수 있을 뿐이다. 186

기계적 기술과 미적 예술과는, 전자는 한갓된 근면과 습득의 기술로서, 또 후자는 천재의 기술로서, 서로 아주 다르지만, 그러나 어떠한 미적 예술에 있어서도 규칙들에 따라 파악될 수 있고 준수될 수 있는 어떤 기계적인 요소가, 따라서 어떤 격식적인 요소가 그 예술의 본질적 조건이 되어 있고, 그렇지 않은 미적 예술이란 없다. 왜냐하면 예술에 있어서는 반드시 무엇인가가 목적으

---

1) "정식"(Formel)을 Erdmann은 "형식"(Form)으로 읽는다.
2) Kant의 원고에는 "모방의……모방의"로 되어 있으나, Kiesewetter가 "구조의……모방의"로 고친 것이다. 그러나 Vorländer는 원판 200면의 서술로 미루어 보아 Kant는 "모방의……계승의"라고 쓰려고 했을 것이라고 주장한다.

로서 고려되어야만 하기 때문이다. 그렇지 않다면 우리는 그 산물을 어떠한 예술에도 귀속시킬 수가 없으며, 그것은 단지 우연의 산물에 지나지 않을 것이다. 그러나 하나의 목적을 실현하기 위해서는 일정한 규칙들이 필요한데, 우리는 그 규칙에서 벗어나서는 안된다. 그런데 재능의 독창성은 천재의 특질의 하나의 (유일한 것은 아니지만) 본질적 요건이 되는 것이므로, 천박한 사람들은 일체의 규칙이 과하는 속박에서 떠날 때에, 자기의 피어오르는 천재를 가장 잘 과시할 수 있다고 믿으며, 또 잘 훈련된 말에 타는 것보다는 광폭한 말에 타는 것이 더욱 두각을 자랑할 수 있는 것이라고 생각한다. 천재는 단지 미적 예술의 산물을 위한 풍부한 소재를 제공할 수 있을 뿐이다. 그 소재를 가공하여 형식을 부여하는 데에는 훈련을 통해서 도야된 재능이 필요하다. 이러한 재능이
187 라야 그 소재를 판단력의 판정에 합격할 수 있도록 사용하는 것이다. 그러나 어디까지나 면밀한 이성적 연구를 요하는 문제에 있어서조차 마치 천재인양 말하고 결정을 내리는 사람이 있다면, 그것이야말로 참으로 가소로운 일이다. 마술사는 자기의 주위에 몽롱한 연막을 펴서, 사람들이 아무 것도 명료하게 판정할 수가 없고, 그럴수록 더욱 더 공상에 잠길 수 있게 한다. 또 일반대중은, 그들이 걸출의 동견을 명확하게 인식하고 파악하지 못함은 새로운 진리가 그들에게 대량으로 밀려들고 있다는 데에 기인하는 것이나, 그에 반해서 그 세부적인 점을 (원칙들을 정확하게 설명하고 엄격하게 음미함으로써) 천착한다는 것은 그들에게는 어설픈 일에 지나지 않는 것 같이 보인다고, 솔직하게 생각하고 있다. 그렇다면 우리는 마술사를 더 조소해야 할 것인지, 또는 일반대중을 더 조소해야 할 것인지, 잘 알 수 없는 일이다.

§ 48.
천재와 취미와의 관계에 관하여.

아름다운 대상을 아름다운 대상으로 판정하기 위해서는 취미가 필요하나, 미적 예술 그 자체를 위해서는, 다시 말하면 그러한 대상을 산출하기 위해서는 천재가 필요하다.

우리가 천재를 미적 예술에 대한 재능으로 간주하고(이러한 것은 천재라는

말의 특유한 의미가 함축하고 있는 일이지만), 또 이러한 의도에서 천재를 한데
뭉쳐져서 그러한 재능을 형성하고 있음에 틀림없는 능력들로 분석하려고 한다
면, 우선 자연미와 예술미와의 상위를 상세히 규정하는 것이 긴요한 일이다. 자
연미의 판정에는 취미만이 필요하나, 예술미의 가능에는 (이와 같은 대상을 판 188
정할 때에는 이러한 가능의 면도 고려되지 않으면 안된다) 천재가 필요하다.

　자연미란 하나의 아름다운 사물이며, 예술미는 하나의 사물에 관한 아름다
운 표상이다.

　하나의 자연미를 자연미로서 판정하기 위해서는, 나는 그 대상이 어떠한 사
물이어야만 하는가에 관한 개념을 미리 가지고 있을 필요는 없다. 다시 말하면
나는 실질적 합목적성(목적)을 알아야 할 필요가 없고, 오히려 그러한 판정에
있어서는 목적의 지식을 떠난 한갓된 형식이 그 자체만으로서 만족을 주는 것
이다. 그러나 대상이 예술의 산물로서 주어져 있으며, 또 그러한 것으로서 아
름답다고 언명되어야 할 경우에는, 예술은 언제나 그 원인 (또 그 인과성) 속에
하나의 목적을 전제하고 있기 때문에, 그 사물이 무엇이어야만 하는가에 관한
개념이 먼저 그 기초에 있지 않으면 안된다. 그리고 어떤 사물에 있어서의 다
양이 그 사물의 내적 규정과, 즉 목적과 합치한다는 것이 곧 그 사물의 완전성
이므로, 예술미를 판정할 때에는 그 사물의 완전성이 동시에 고려되지 않으면
안되겠지만, 자연미를 (자연미로서) 판정할 때에는 이 점은 전혀 문제가 되지
않는다. ──더욱이 특히 자연의 생명 있는 대상들, 예를 들면 인간이나 말을
판정할 때에는, 그러한 것들의 미에 관하여 판단을 내리기 위하여, 객관적 합 189
목적성도 일반으로 함께 고려되기는 하지만, 그러나 그럴 경우에는 그 판단도
이미 순수한 미감적 판단, 즉 한갓된 취미판단은 아니다. 즉, 자연은 이미 예
술처럼 보이는 것으로서 판정되는 것이 아니라, 그것이 실제로 예술(비록 초인
간적인 예술이기는 하지만)인 한에 있어서 판정되는 것이다. 그리하여 목적론
적 판단이 미감적 판단의 기초가 되고 조건이 되므로, 미감적 판단은 그러한
기초와 조건을 고려하지 않을 수 없게 되는 것이다. 그러한 경우에, 예를 들어
서 "저 분은 아름다운 여자다"라고 할 때, 우리가 실제로 생각하는 것은, '자연
이 그 여자의 용모에 있어서 여성의 체격상의 목적을 아름답게 나타내고 있다'
는 것 이외의 아무 것도 아니다. 왜냐하면 대상을 그러한 식으로 논리적으로

제약된 미감적 판단에 의하여 사고하기 위해서는, 우리는 한갓된 형식을 넘어서서 하나의 개념을 내다 보지 않으면 안되기 때문이다.

미적 예술은 자연에 있어서는 추하거나 또는 불쾌한 사물들을 아름답게 묘사한다는 점에 그 특장이 있다. 광폭, 질병, 전화 등은 재화이지만[1] 매우 아름답게 묘사할 수가 있으며, 뿐만 아니라 회화에 있어서조차 표현할 수가 있다. 그러나 단 한 가지의 추만은 자연 그대로 표현하면, 반드시 일절의 미감적 만족, 따라서 예술미가 무너지고 마는데, 즉 구토를 일으키는 추 그것이다. 이 감각은 오로지 상상에만 기인하거니와, 이러한 기묘한 감각에 있어서는 대상은 이를테면, 우리들이 그 대상의 형수를 극력 거부함에도 불구하고, 마치 그 대
190 상의 형수를 강요하는 것처럼 표상되기 때문에, 그 대상의 기교적 표현과 그 대상 자신의 본성과는 우리의 감각에 있어서는 이미 구별되지가 않으며, 따라서 그 경우에 그러한 기교적 표현은 아름답다고 생각될 수가 없는 것이다. 또한 조각예술의 산물에 있어서도 예술이 자연과 거의 혼동되기 때문에, 조각예술도 추한 대상들의 직접적 표현을 그 조형물에서 배제하고, 그 대신 예를 들면 죽음이나 (어떤 아름다운 정령에 있어서) 또는 상무적 기상을(마르스[2]에 있어서), 각별히 만족을 주는 어떤 우의나 상징을 통해서 표현하는 것, 따라서 한갓 미감적 판단력에 대해서가 아니라 이성의 해석을 매개로 해서 간접적으로 표현하는 것만을 허용해 왔다.

어떤 대상의 아름다운 표현이란 원래 하나의 개념을 현시하는 형식에 지나지 않으며, 개념은 이 형식에 의하여 보편적으로 전달되거니와, 이러한 대상의 아름다운 표현에 관해서는 이만큼만 언급해 둔다.——그러나 미적 예술의 산물에 대하여 이러한 형식을 부여하기 위해서는, 단지 취미만이 필요하다. 예술가는 취미를 예술과 자연의 여러 가지 범례에 의해서 훈련시키고 시정한 후에, 이 취미에 비추어 자기의 작품을 검토하게 되며, 또 취미를 만족시키기 위한 수고로운 시도를 여러번 되풀이한 다음에, 자기에게 흡족한 형식을 발견하게 되는 것이다. 그러므로 이러한 형식은 이를테면 영감이나 또는 심의력들의 자

---

1) "재화이지만"은 제2판과 제3판의 추가이다.
2) Mars: 로마신화에 나오는 군신.

유분방한 약동에서 일어나는 일이 아니라, 오히려 그 형식을 사상에 맞추되 심
의력들의 유동에 있어서의 자유를 훼손하는 일이 없도록, 서서히 그러나 고심   191
하여 개선해가야 할 문제인 것이다.

　그러나 취미는 단지 판정능력일 뿐이요, 생산적 능력은 아니다. 그런데 취미
에 맞는 것은 그 때문에 반드시 미적 예술의 작품인 것은 아니다. 그것은 학습
될 수 있으며 정확하게 준수되지 않으면 안되는 규칙들에 의거하는 산물, 즉
유용한 기계적 기술에 속하거나 또는 학문에조차 속하는 산물일 수도 있다. 그
러나 우리는 만족을 주는 형식을 이러한 산물에 대해서도 부여하는데, 이 형식
은 어디까지나 전달의 매개물에 지나지 않으며, 말하자면 진술의 한 수법과 같
은 것이다. 그리고 우리는 다른 점에 있어서는 일정한 목적에 얽매어져 있지
만, 이 진술의 점에 있어서는 어느 정도 자유롭다. 그리하여 우리는 식기나 또
는 도덕상의 논문, 나아가서는 설교조차도, 물론 그것이 짐짓 꾸민 것 같이 보
여서는 안되지만, 어쨌든 미적 예술의 이러한 형식을 갖추고 있지 않으면 안된
다고 요구하는 것이다. 그러나 우리는 그렇다고 해서 그러한 것들을 미적 예술
의 작품이라고는 부르지 않을 것이다. 그렇지만 시, 음악, 화랑 등은 미적 예
술의 작품에 들어간다. 그런데 우리는 마땅히 미적 예술의 작품이어야만 할 어
떤 작품에 있어서 자주 취미가 없는 천재를 간취할 수가 있는가 하면, 또 다른
어떤 작품에 있어서는 천재가 없는 취미를 인지할 수가 있다.

§ 49.

천재를 이루는 심의의 능력들에 관하여.

192

　적어도 부분적으로나마 미적 예술임이 분명할 것으로 기대되는 어떤 작품들
에 관하여, 설사 거기에 취미의 점에서는 아무 것도 비난할만한 것이 없다고
하더라도, 우리는 '그것이 정신을 결여하고 있다'고 말하는 일이 있다. 어떤 시
는 매우 곱고 우아할는지는 모르나, 정신이 결여되어 있는 것이 있다. 어떤 설
화는 세밀하고 조리가 있으나, 정신이 결여된 것이 있다. 어떤 장중한 연설은
심원함과 동시에 고상하지만, 그러나 정신이 결여된 것이 있다. 회화도 재미가
없지는 않지만, 그러나 정신이 결여된 것이 많다. 우리는 아마 어떤 부인에 관

해서조차도, '그 여자는 예쁘고 사근사근하며 얌전하지만 정신이 결여되어 있다'고 말하는 수가 있을 것이다. 그렇다면 이 경우에 정신이라는 말이 의미하고 있는 것은 도대체 무엇인가?

정신이란 미감적 의미로는 심의에 있어서의 생기를 넣어주는 원리를 말하는 것이다. 그러나 이 원리가 심령에 생기를 넣어주기 위하여 사용하는 것, 즉 이 원리가 그러한 목적을 위하여 사용하는 소재는, 곧 심의력들로 하여금 합목적적으로 약동케 하는 것, 다시 말하면 저절로 지속되며, 또 그러한 지속을 위한 힘을 스스로 증강해 가는 유동을 하게끔 하는 것이다.

그런데 이 원리는 다름아닌 미감적 이념들을 현시하는 능력이라고 나는 주장하는 바이다. 그러나 내가 미감적 이념이라고 하는 것은 구상력의 표상을 의미하는 것으로, 이 표상은 많은 사유를 유발하지만, 그러나 어떠한 특정한 사상, 즉 개념도 이 표상을 감당할 수가 없으며, 따라서 어떠한 언어도 이 표상에 완전히 도달하여, 그것을 설명할 수가 없는 것이다. ──이러한 미감적 이념이 이성이념의 대립물(대칭물)임은 우리가 용이하게 알 수 있는 일이거니와, 이 이성이념은 반대로 어떠한 직관(구상력의 표상)도 감당할 수가 없는 개념인 것이다.

요컨대 구상력(생산적 인식능력으로서의)은 현실의 자연이 그에게 부여하는 소재로부터 이를테면 하나의 다른 자연을 창조해내는 데 있어서 대단히 강력한 힘을 가지고 있다. 경험이 우리들에게 너무나 진부하게 여겨지는 경우에는, 우리들은 구상력에 의해서 스스로 즐기며, 또한 이러한 경험을 개조하기도 한다. 이 때 우리는 물론 여전히 [경험과의] 유비적인 법칙에 따르기는 하지만, 또한 보다 높이 이성에 자리잡고 있는 원리에도 따른다(그리고 이 원리는 오성이 경험적 자연을 파악할 때에 따르는 원리와 마찬가지로 우리들에게는 자연적인 것이다). 그리고 이 경우에 우리들은 연상의 법칙(이 법칙이 구상력의 경험적 사용에는 결부되어 있다)에서 해방된 자유를 느끼게 된다. 그러므로 물론 소재는 이 연상의 법칙에 의하여 자연으로부터 우리들에게 주어지지만, 그러나 우리들은 이 소재를 가공하여 다른 어떤 것, 즉 자연을 능가하는 것으로1) 개조할 수

---

1) "다른 어떤 것, 즉 자연을 능가하는 것으로"는 초판에는 "전혀 다른 어떤 것과 그리고 자연을 능

가 있는 것이다.

우리는 구상력의 그와 같은 표상들을 이념이라고 부를 수 있는데, 그 이유는
일면으로는 이러한 표상들이 경험의 한계를 넘어서 있는 어떤 것에 도달하려고
적어도 노력하고, 그리하여 이성개념들(지적 이념들)을 현시하는 데 접근하려 194
고 하여, 이러한 노력이 이 이성개념으로 하여금 객관적 실재성을 가진 것처럼
보이도록 하기 때문이며, 또 타면에 있어서는, 더욱이 주된 이유는 내적 직관
으로서의 그러한 표상을 어떠한 개념도 충분히 감당할 수가 없기 때문이다. 시
인은 눈에 보이지 않는 존재자의 이성이념, 즉 천국, 지옥계, 영원, 창조 등을
감히 감성화하려고 시도하며, 혹은 경험에 있어서 실례를 찾을 수 있는 것, 예
컨대 죽음과 질투와 모든 죄악, 또한 사랑, 명예와 같은 것들도 또한, 경험의
제한을 넘어서서 최고점에 도달하려고 열심히 이성의 선례를 모방하는 구상력
을 매개로 하여, 자연에서는 유례를 찾을 수 없을 만큼 완전무결하게 감성화하
려고 시도한다. 그리하여 미감적 이념의 능력이 유감없이 발휘될 수 있는 것은
원래 시 예술이다. 그러나 이 능력은, 그것만을 단독으로 고찰하면, 본래 하나
의 재능(구상력의)에 지나지 않는다.

그런데 어떤 개념 아래에 구상력의 한 표상이 놓이게 되면, 이 표상은 그 개
념을 현시하게 되지만, 그 자체로서 단독으로 보면 도저히 하나의 특정한 개념
속에 총괄될 수 없을 만큼 많은 것을 사유케 하는 기연이 되며, 따라서 그 개
념 자체를 무제한으로 미감적으로 확장하게 되는데, 이런 경우에는 구상력은
창조적이요, 지적 이념의 능력(이성)을 활동시켜서, 결국 하나의 표상을 기연
으로 해서, 그 표상에 있어서 포착될 수 있고 판명될[1] 수 있는 것 이상의 것을
사고하도록 (이러한 일은 물론 대상의 개념에 속하는 것이지만) 하는 것이다. 195
어떤 주어진 개념 그 자체를 현시하는 것이 아니라, 단지 구상력의 부차적
표상으로서, 이 개념과 결부되어 있는 결과 및 이 개념과 다른 개념과의 친근
성을 표현하는 데 지나지 않는 형식들을 우리는 하나의 대상의 상징 Attribut
(미감적)이라고 부르거니와, 이러한 대상의 개념은 이성이념이므로 충분히 현

가하는 것으로"로 되어 있다.
1) 초판에는 "판명하게 사유될"로 되어 있다.

시될 수 없는 것이다. 그리하여 발톱에 번갯불을 쥐고 있는 쥬피터신의 독수리
는 위력있는 천제의 상징이요, 또 공작은 화려한 천비[1]의 상징이다. 이러한
미감적 상징은 논리적 속성 die logische Attribute와 같이 창조의 숭고함과
장엄함에 관한 우리들의 개념 속에 들어 있는 것을 나타내는 것이 아니라, 그
와는 다른 어떤 것, 즉 구상력으로 하여금 다수의 유사한 표상들 위에로 확장
될 수 있도록 하는 기연을 부여하는 그런 어떤 것을 나타내는 것이다. 그리고
이러한 유사한 표상들은 구상력으로 하여금 언어에 의하여 규정된 어떤 개념으
로 표현될 수 있는 것 이상의 것을 사유케 하는 것이다. 그리하여 미감적 상징
은 그러한 이성이념에게 있어서 논리적 현시의 대용이 되는 미감적 이념을 부
여하는데, 이는 원래 이 미감적 이념이 심의에 대하여 유사한 표상들의 광대한
분야에의 전망을 열어줌으로써, 심의에 생기를 넣어주기 위한 것이다. 그러나
미적 예술이 그처럼 생기를 넣어주는 일을 하는 것은 단지 회화나 조각예술(상
징이라는 명칭은 보통 여기에서 사용된다)에 있어서만은 아니다. 시예술과 웅
196 변술도 역시 그 작품에 생기를 넣어주는 정신을 오로지 대상의 미감적 상징으
로부터 얻는데, 이 미감적 상징은 논리적 속성과 제휴하여 구상력에 대하여 활
기를 넣어주어, 구상력으로 하여금 하나의 개념 속에, 따라서 하나의 규정된
언어적 표현 속에 총괄될 수 있는 것 이상의 것을, 비록 미발전적인 방식으로
나마, 사유하도록 하는 것이다. ──나는 간략을 기하기 위하여 약간의 실례만
을 드는 데 그칠 수밖에 없다.

　　대왕은 그의 시의 한 편에서 그 심회를 이렇게 읊고 있다: "불평 없이 생에
서 물러가자, 그리고 아무런 후회도 없이, 그 때에도 아직 우리의 선행으로 가
득 찬 세상을 남겨두고, 그처럼 태양은 하루의 운행을 마친 후에도, 아직 온화
한 빛을 하늘에 펴고, 공중에 던지는 최후의 광선은 이 세상의 복지를 비는 그
녀의 마지막 탄식이다."[2] 이 때 그는 생애의 마지막에 가서도 하나의 상징을

---

1) Jupiter신의 아내 Juno를 가리킨다.
2) 대왕이라 함은 프리드리히 2세(Friedrich Ⅱ)를 말한다. 그는 학문과 예술에 조예가 깊었으나 모
국어가 서툴렀기 때문에 불란서어로 저술하였다. 이 시도 불란서어로 쓰여진 것을 Kant가 독역한 것
이다. 원문은 다음과 같다(Oeuvres de Frédéric le Grand X 203):
Oui, finissons sans trouble, et mourons sans regrets,

통해서 세계시민적 심정에 관한 그의 이성이념에 생기를 넣어주고 있는 것이다. 그리고 이 상징은 구상력이 (맑게 개인 하루의 여름해가 저문 다음에, 어느 청명한 황혼이 우리들의 마음 속에 불러 일으켜주는 이날의 온갖 쾌적한 일들을 상기시키면서) 그러한 표상에 덧붙여주는 것이며, 또 이 상징은 어떠한 말로도 표현할 수 없는 다수의 감각과 부차적 표상을 환기시켜 주는 것이다. 또 타면에 있어서는 반대로 지적 개념조차도 감관의 표상에 대하여 상징이 될 수가 있으며, 그리하여 초감성적인 것의 이념에 의하여 이 감관의 표상에 생기를 넣어줄 수가 있다. 그러나 단 이것은 미감적 요소가 초감성적인 것의 의식에 주관적으로 부수되어, 그러한 목적에 사용되는 경우에 한한 일이다. 그리하여 예를 197 들면 어떤 시인은 어느 아름다운 아침을 묘사하여, "태양이 솟아 올랐다, 평화가 덕에서 흘러나오듯이"[1]라고 말하고 있다. 우리가 단지 머리 속에서 어느 유덕한 사람의 자리에 서보기만 해도, 덕의 의식은 심의 속에 숭고하고 차분한 여러 감정과 즐거운 미래에의 무한한 전망을 펼쳐 주는 것이다. 그러나 이러한 것은 특정한 개념에 상응하는 어떠한 말로도 충분히 표현할 수가 없는 것이다.*

---

* 아마도 이시스[2](어머니인 자연)의 신전 위에 걸린 명문보다도 더 숭고한 어구는 없었을 것이며, 하나의 사상이 그보다 더 숭고하게 표현된 일도 없었을 것이다. 그 명문은 이러하다: "나는 현존하며, 현존했으며, 현존하게 될 일절의 것이니, 죽음을 면치 못하는 어떠한 인간도 나의 베일을 벗겨본 일이 없노라." 제그너[3]는 그의 자연학의 권두에 붙인 재치 있는 하나의 삽화를 통해서 이 이념을 이용한 바 있는데, 그것은 그가 이 신전[자연학]에 인도하기로 한 그의 제자의 마음을 미리 신성한 외포감으로 가득 채워서 엄숙한 주의를 일으키게 하기 위함이었던 것이다.

En laissant l'Univers comblé de nos bienfaits,
Ainsi l'Astre du jour, au bout de sa carrière,
Repand sur l'horizon une douce lumière,
Et les derniers rayons qu'il darde dans les airs,
Sont ses derniers soupirs qu'il donne à l'Univers.

1) 이 시는 브이트호프(J. Ph. Withof)의 *Akademische Gedichte* (Leipzig, 1782) I. 70면에 있는 것이다. 그런데 원문에는 "덕"(Tugend) 대신 "선의"(Güte)로 되어 있다. 브이트호프(1725–89)는 Duisburg 대학의 도덕철학, 수사학, 의학 교수.
2) Isis: 이집트의 여신. 게브(Geb, 땅)와 누트(Nut, 하늘)의 딸이며 오시리스(Osiris)의 충실한 아내이다. 그 아들 호루스(Horus)를 신비스러운 보호력으로 길러, 모성의 이상형으로 숭앙을 받았다. 필라에(Philae)섬에 세워졌던 그의 신전은 아스완 댐(Aswan dam)공사로 인하여 수몰되었다.
3) Johann Andreas von Segner(1704–77): Kant의 동시대인으로 독일의 의학자, 물리학자, 수학자. Kant는 『순수이성비판』과 『프롤레고메나』에서도 이 사람에 관하여 언급한 바 있다.

한마디로 말하면 미감적 이념이란 어떤 주어진 개념에 부수된 구상력의 표상이다. 이 표상은 구상력이 자유롭게 사용될 때에는 매우 다양한 부분표상과 결합되어 있기 때문에, 그것은 규정된 개념을 표시하는 말로는 표현될 수가 없다. 따라서 그러한 구상력의 표상1)은 언표할 수 없는 많은 것을 하나의 개념에 대하여 덧붙여 사유하게 하며, 이 언표할 수 없는 것에 대한 감정이 인식능력들[구상력과 오성]에 활기를 넣어주고, 한갓된 문자로서의 언어에 정신을 결합시켜 주게 되는 것이다.

198   그러므로 심의력들이 서로 (일정한 비율로) 합쳐져서 천재를 이루게 되는데, 이 심의력이란 곧 구상력과 오성이다. 그런데 구상력이 인식을 위하여 사용되는 경우에는, 구상력은 오성의 구속을 받아 오성의 개념에 합치되어야 한다는 제한에 따라야 한다. 그에 반하여 미감적 관점에 있어서는 구상력은 자유로워서, 오히려 개념과의 그러한 합치를 넘어서되 그러나 꾸밈 없이, 풍부한 미전개의 소재를 오성에 대하여 제공한다. 이러한 소재는 오성이 그의 개념에 있어서 고려하지 않았던 것이다. 그러나 오성은 그러한 소재를 객관적으로 인식을 위하여 사용하기보다는 주관적으로 인식능력에 활기를 넣어주기 위하여 사용하는 것이요, 따라서 간접적으로는 인식을 위하여서도 사용하게 되는 것이다. 그러므로 본래 천재의 본질은 어떠한 학문도 가르쳐 줄 수 없고, 또 어떠한 면학도 배울 수 없는 미묘한 관계, 즉 어떤 주어진 개념에 대하여 이념들을 찾아내는 한편, 또 이 이념들을 적절히 표현한다고 하는 행운의 관계에 있어서 성립하는 것이다. 그리고 이 이념에 의하여 야기된 주관적 심의상태는 하나의 개념을 수반하는 것인 만큼, 이러한 표현을 통해서 다른 사람들에게 전달될 수가 있는 것이다. 이 후자의 재능[이러한 이념을 표현하는 재능]이야말로 본래 정신이라고 불리는 것이다. 왜냐하면 일정한 표상으로 말미암아 심의상태 가운데에 일어나는 언표할 수 없는 것을 표현하여, 그것을 보편적으로 전달할 수 있게 하기 위해서는, 그 표현이 언어이든 회화이든 또는 조소이든, 급속히 사라져가는 구상력의 유동을 포착하여, 그것을 규칙들의2) 구속없이 전달되는 하나

---

1) "구상력의 표상"은 초판과 제2판에는 "구상력의 사용"으로 되어 있다.
2) "규칙들의"는 초판에는 없다.

의 개념 (이 개념은 바로 그 때문에 독창적이며, 또 동시에 선행하는 원리나   199
실례로부터 추론될 수 없었던 새로운 규칙을 개시하는 것이다) 속에 통합하는
능력을 필요로 하기 때문이다.

───────────────

이러한 분석을 한 다음에, 소위 천재라고 하는 것에 관한 상술한 설명을 회
고해 보면, 우리는 다음과 같은 사실을 알게 된다: 첫째로, 천재는 예술에 대
한 재능이요, 학문에 대한 재능이 아니다. 학문에 있어서는 명확하게 알려진
규칙들이 선행하고, 그것이 학문상의 방법을 규정하지 않으면 안된다. 둘째로
천재는 예술의 재능인 만큼, 목적으로서의 산물에 관한 일정한 개념을, 따라서
오성을 전제하지만, 또한 이 개념을 현시하기 위한 소재, 즉 직관에 관한 하나
의 표상(비록 미규정적 표상이지만)도 전제한다. 따라서 천재는 구상력과 오성
과의 관계를 전제하는 것이다. 셋째로 천재는 일정한 개념을 현시하여 소기의
목적을 실현하는 데 있어서 발휘되기보다는, 오히려 그러한 의도를 수행하기
위한 풍부한 소재를 내포하고 있는 미감적 이념들을 제시하거나 표현하는 데
있어서 발휘된다. 따라서 천재에게는 구상력은 규칙들의 어떠한 지도도 벗어나
있지만, 그러나 주어진 개념을 현시함에 있어서는 합목적적인 것으로서 표상된
다. 끝으로 넷째로는 구상력이 오성의 법칙성과 자유롭게 화합할 때에 절로 이   200
루어지는 무의도적인 주관적 합목적성은 이 양능력의 균형과 조화를 전제한다.
그러나 그러한 균형과 조화는 규칙들──그것이 학문의 규칙이든 또는 기계적
모방의 규칙이든──을 준수함으로써 성취될 수 있는 것이 아니라, 주관의
자연적 본성만이 산출할 수 있는 것이다.

이러한 전제들에 의하면, 천재란 곧 하나의 주관이 그의 인식능력들[구상력과
오성]을 자유롭게 사용할 때에 발휘되는 그 주관의 천부적 재능의 모범적 독창
성이다. 그리하여 한 천재의 산물은 (그 산물에 있어서 가능한 습득이나 학습
에 연유되는 것이 아니라, 바로 천재에 연유된다고 할 수 있는 부분으로 보아
서) 다른 천재에게는 모방의 범례가 아니라(왜냐하면 그 경우에는 그 산물에
있어서 천재적인 요소와 그 작품의 정신을 이루는 요소는 사라져 버릴 것이니
까), 계승의 범례인 것이다. 이 천재는 그러한 범례의 고무를 받고 자기 자신
의 독창성의 감정을 불러 일으켜, 규칙들의 속박으로부터 해방된 자유를 예술

속에서 행사하거니와, 그 결과 예술은 그 자신 하나의 새로운 규칙을 획득하게
되고, 이 새로운 규칙을 통해서 재능은 모범적인 것으로서 발휘되는 것이다.
그러나 천재는 자연의 총아요, 그러한 것을 우리는 단지 희귀한 현상이라고 보
지 않으면 안되기 때문에, 천재의 범례는 우수한 두뇌를 가진 다른 사람들에
대하여 하나의 유파를 낳아 놓는다. 다시 말하면 그러한 [천재의] 정신의 산물
과 그 산물의 특성으로부터 이끌어 내질 수 있는 한에 있어서의 규칙들에 따른
방법적 교도를 낳아 주게 된다. 그리고 그러한 한에 있어서 이 사람들에게는
미적 예술은 자연이 하나의 천재를 통해서 규칙을 부여한 모방인 것이다.

201   그러나 천재가 이념을 약화시키지 않고서는 필시 제거할 수가 없었기 때문
에 부득이 기형으로서 허용하지 않으면 안되었던 것에 이르기까지, 제자가 남
김 없이 본뜨는 경우에는, 이러한 모방은 모의가 된다. 이러한 [기형을 허용하
는] 용기는 천재에게 있어서만 공적이 되는 것이다. 그리고 표현상의 일종의
대담성이나 또는 일반으로 보통의 규칙으로부터 여러 가지로 일탈함은 천재에
게는 어울리지만, 그러나 결코 모방할만한 일이 못되고, 오히려 언제나 그 자
체로서는 우리가 제거하려고 노력해야만 하는 과오인 것이다. 그러나 이러한
과오에 대해서도 천재는 이를테면 특권을 받았다고 하겠는데, 이는 그의 정신
적 약동만이 지니고 있는 모방할 수 없는 특수성이 지나치게 소심한 주의로 인
해서 오히려 해를 입을 것이기 때문이다. 기교만을 농하는 것[매너리즘에 떨어지
는 것]도 또 한 가지의 모의이다. 즉, 그것은 모방자들로부터 가능한 한 멀리
떨어지기 위하여, 그러나 그렇다고 해서 동시에 모범이 될만한 재능을 소유하
고 있는 것도 아니면서, 한갓된 특유성 (독창성) 일반만을 흉내내는 것이다.
——물론 자기의 사상을 정리하여 개진하는 데에는 일반으로 두 가지 방식
(*modus*)이 있다. 그 하나는 수법(Manier, 미감적 방식 *modus aestheticus*)
이라 하고, 다른 하나는 방법(Methode, 논리적 방식 *modus logicus*)이라 하
거니와, 전자는 현시에 있어서 통일의 감정 이외에는 다른 규준을 가지지 않으
나, 후자는 그 경우에 일정한 원리들을 준수한다는 점에서 양자는 서로 구별된
다. 그러므로 미적 예술에 대해서 유효한 것은 전자뿐이다. 그러나 어떤 예술
202 작품이 기교만을 농한 것[매너리즘에 떨어진 것]이라고 일컬어지는 것은, 그 작품
속에서 자기의 이념을 개진하되, 그 개진이 기이한 것만을 노리고, 그 이념에

적합하게 행해지지 않은 경우에 한한다. 단지 자기를 보통사람(그러나 정신은
결여된)과 구별하기 위하여, 화려하게 꾸민다거나(부자연스럽게 꾸민다거나),
과장한다거나, 젠체하는 것은, 자신이 하는 이야기에 자신의 귀를 기울인다고
하는 평을 듣는 사람이나, 또는 마치 남의 시선을 끌기 위해서 무대 위에 올라
가 있는 것처럼 행동하는 사람의 거조와 비슷한 것이요, 이러한 것은 언제나
자신이 미숙한 사람임을 드러내주는 것이다.

§ 50.
미적 예술의 산물에 있어서의 취미와 천재와의 결합에 관하여.

　미적 예술의 문제에 있어서, 거기에 천재가 나타나는 것과 취미가 나타나는
것과는 어느 것이 더 긴요한가 하는 물음이 일어난다면, 그것은 미적 예술에
있어서 구상력이 판단력보다도 더 중요한가 어떤가를 묻는 것과 똑같은 것이
다. 그런데 예술은 전자[천재가 나타난 경우]로 보면 오히려 재기발랄한 예술이
라고 일컬어질 수 있으나, 후자[취미가 나타난 경우]로 보아서만 미적 예술이라
고 일컬어질 수 있으므로, 후자[취미]는 적어도 불가결적 조건(*conditio sine
qua non*)으로서, 우리가 미적 예술로서의 예술을 규정함에 있어서 중시하지
않으면 안되는 가장 중요한 것이다. 미를 위해서 필수적으로 요구되는 것은,
이념이 풍부하고 독창적이어야 한다는 것보다는 오히려 구상력이 자유롭게 활
동하는 가운데 오성의 합법칙성에 합치된다는 것이다. 왜냐하면 전자[구상력]가 　203
아무리 풍부하더라도, 그것이 무법칙적인 자유 가운데에 있다면 무의미한 것
밖에는 아무 것도 낳아놓지 못하지만, 그에 반해서[1] 판단력은 구상력을 오성
에 순응시키는 능력이기 때문이다.
　취미는 판단력 일반이나 마찬가지로 천재의 훈련(또는 교정)이며, 천재의 날
개를 자르고, 그것을 교화 내지 연마시키는 것이다. 그러나 그와 동시에 취미
는 천재가[2] 언제까지나 합목적적이기 위해서는 어디에 그리고 어디까지 자기

---

　1) 초판과 제2판에는 "그에 반해서"가 "그러나"로 되어 있다.
　2) 초판에는 "취미가"로 되어 있다.

를 확장하여야 옳을 것인가를 천재에게 지도한다. 그리고 취미는 풍부한 사상을 명료하고 질서정연하게 함으로써, 이념을 확고하게 만들고, 또 이념으로 하여금 영속적임과 동시에 또한 보편적인 찬동과 타인들의 계승과 부단히 전진하는 문화를 감당할 수 있도록 만드는 것이다. 그러므로 어떤 작품에 있어서 이두 가지 성질[취미와 천재]이 충돌하여 어떤 것이 희생되어야 할 경우에는, 그 희생은 차라리 천재의 편에 일어나지 않으면 안될 것이다. 그리고 미적 예술의 문제에 있어서 자기 자신의 원리들에 의하여 판결을 내리는 판단력은 오성을 파괴하기보다는 차라리 구상력의 자유와 풍부를 파괴하는 것을 허용할 것이다.

그러므로 미적 예술에는 구상력, 오성, 정신 그리고 취미가 필요하다고 할 것이다.*

204

§ 51.
미적 예술의 구분에 관하여.

우리는 일반으로 미(그것이 자연미이든 또는 예술미이든)란 미감적 이념의 표현이라고 부를 수 있다. 다만 미적 예술에 있어서는 이 이념은 객체에 관한 하나의 개념에 의하여 유발되지 않으면 안되지만, 아름다운 자연에 있어서는 대상의 본질에 관한 개념이 없어도 주어진 직관에 관한 한갓된 반성만 있으면, 이념——그 객체는 곧 이 이념의 표현이라고 간주된다——을 환기하고 전달하는 데에 충분하다고 함이 다를 뿐이다.

그러므로 미적 예술들을 구분하고자 할 경우에, 그러한 구분을 위해서 우리가 적어도 시험적으로 선택할 수 있는 가장 편리한 원리는 예술과 사람들이 담화에 있어서 사용하는 표현의 종류와의 유비관계뿐이다. 이 표현이란 사람들이

---

* 처음의 세 능력은 네 번째의 능력에 의하여 비로소 통합된다. 흄은 그의 역사1)에서 영국인들에게 다음의 사실을 알려주고 있다: 즉, 영국인들은 그들의 작품에 있어서 처음의 세 성질들을 따로 따로 고찰하면 그러한 성질들을 가지고 있다는 증거의 점에서 세계의 어느 국민에 비해서도 손색이 없겠지만, 그러나 이 세 성질들을 통합하는 성질에 있어서는 그들의 이웃나라 사람들인 불란서인들에게 뒤떨어짐에 틀림 없을 것이라고.

---

1) 『영국사』(*History of England*, London, 1773); 두쉬(Dusch)의 독일어역, 6권, 1767-71.

상호간에 가능한 한 완전하게, 다시 말하면 자기의 개념에 의해서 뿐만 아니라 감각에 의해서도, 자기의 뜻을 전달하기 위하여 사용하는 것이다.*——— 이러한 표현은 말, 거동, 어조(음절, 표정, 억양)이다. 이러한 세 가지 종류의 표현이 205 결합됨으로써만 화자의 뜻이 완전하게 전달된다. 왜냐하면 사상과 직관과 감각은 이러한 결합에 의해서 동시에 그리고 하나로 뭉쳐져서 다른 사람들에게 옮겨지기 때문이다.

그러므로 미적 예술에는 다음의 세 가지 종류가 있을 뿐이다: 언어예술, 조형예술 및 감각(외적인 감관인상으로서의)의 유동의 예술이 그것이다. 우리는 이것을 이분법으로도 구분할 수가 있을 것이다. 그렇게 하면 미적 예술은 사상표현의 예술과 직관표현의 예술로 구분될 것이며, 다시 직관표현의 예술은 단지 직관의 형식 또는 직관의 질료(감각)에 따라 구분될 것이다. 그러나 그 경우에는 구분은 너무 추상적이요, 보통의 개념에 그다지 적합하지 않게 보일 것이다.

1. **언어**예술은 웅변술과 시예술이다. 웅변술은 오성의 일을 마치 구상력의 자유로운 유동인 것처럼 추진하는 예술이며, 시예술은 구상력의 자유로운 유동을 마치 오성의 일인 것처럼 수행하는 예술이다.

그러므로 웅변가는 어떤 일을 내걸고, 마치 그 일이 이념과의 유동에 지나지 않는 것처럼, 그 일을 수행하여 청중들을1) 즐겁게 한다. 시인은 단지 이념과의 즐거운 유동을 알려줄 뿐이지만, 그러나 결국 오성에 대해서는 마치 그가 오성의 일에만 종사하려는 의도를 가졌었던 것과 똑같은 효과가 나타난다. 감성과 오성이라는 두 인식능력은 과연 상호 불가결한 것이지만, 그러나 또한 속 206 박과 상호간의 침해가 없이는 물론 합일될 수가 없다. 그러나 이 두 인식능력의 결합과 조화는 무의도적인 것처럼 보이고, 저절로 그렇게 된 것처럼 보이지 않으면 안된다. 그렇지 않으면 그것은 미적 예술이 아니다. 그렇기 때문에 미적 예술에 있어서는 일체의 꾸밈과 고심의 흔적은 이를 피하지 않으면 안된다. 왜냐하면 미적 예술은 다음의 이중의 의미에 있어서 자유로운 예술이 아니면

---

* 독자는 미적 예술의 가능적 구분에 대한 이러한 구상을 확정적인 이론이라고 판정하지는 않을 것이다. 그것은 그 밖에도 게시될 수 있고 제시되어야 할 여러 가지 시안들 가운데의 하나에 지나지 않는다.

---

1) 제2판과 제3판에는 "관중들을"로 되어 있다.

안되기 때문이다: 즉, 미적 예술은 보수를 받는 일로서 그 양이 일정한 척도에 의하여 판정되고 강제되고 또는 지불될 수 있는 노동이 아니라고 하는 의미와, 또한 심의는 일에 몰두하지만, 그러나 그 경우에 어떤 다른 목적을 바라다 보지 않고 (보수와 관계 없이) 스스로 만족과 고무를 느낀다고 하는 의미에 있어서 그러한 것이다.

그러므로 웅변가는 과연 그가 약속하지 않는 어떤 것, 즉 구상력의 즐거운 유동은 일으켜 주지만, 그러나 그는 또한 그가 약속하는 것과, 그가 내거는 일, 즉 오성을 합목적적으로 활동시키는 일은 이를 다소 저버린다. 그에 반하여 시인은 약속하는 바가 거의 없고, 단지 이념과의 유동을 내거는 데 지나지 않지만, 그러나 일다운 일, 즉 유동하면서 오성에게 영양을 공급하고 구상력을 통해서 오성의 개념에 생기를 주는 일을 수행한다. 따라서 실제로는 웅변가는 자기가 약속하는 것보다 더 적은 일을 하고, 시인은 자기가 약속하는 것보다 더 많은 일을 하는 것이다.[1]

207   2. **조형**예술, 즉 이념들을 감관적 직관에 있어서 (언어에 의하여 환기되는, 한갓된 구상력의 표상들에 의하지 않고) 표현하는 예술은 감관적 진실의 예술이든가 또는 감관적 가상의 예술이다. 전자는 조소라 하고, 후자는 회화라 한다. 양자는 모두 공간에 있어서의 형태들을 이념에 대한 표현으로 삼는다. [양자는 모두 이념을 표현하기 위하여 공간에 있어서의 형태들을 사용한다.] 즉, 조소는 형태를 시각과 촉각의 두 감관에 대해서 인지할 수 있게 하며(비록 촉각에 대해서는 미에 관하여 그렇게 하는 것이 아니지만), 회화는 형태를 오직 시각에 대해서만 인지할 수 있게 한다. 미감적 이념(Archetypon, 원형)은 구상력에 있어서 조소와 회화의 양자의 근저에 놓여 있다. 그러나 이 미감적 이념의 표현인 형태(Ektypon, 모형)는 그것의 입체적 연장에 있어서(대상 자신이 현존하는 있는 그대로) 주어지거나, 또는 이 형태가 눈에 나타나는 그대로 (평면상의 그것의 외관에 따라) 주어지거나 한다. 또 혹은 전자[즉, 형태가 입체적 연장에 있어서 주어지는 조소]의 경우에도 현실적 목적에 대한 관계가 반성의 조건이 되기도 하고, 또는 단지 그러한 목적의 가장이 반성의 조건이 되기도 한다.

---

1) "따라서 실제로…… 많은 일을 하는 것이다"는 제2판과 제3판의 추가이다.

미적 조형예술의 제일의 종류인 조소에는 조각예술과 건축예술이 속한다. 전자는 자연 가운데에 현존할 수 있는 그대로의 사물들의 개념을 입체적으로 (그러나 미적 예술인 만큼 미감적 합목적성을 고려하면서) 현시하는 예술이요, 후자는 단지 인공에 의해서만 가능한 사물들——따라서 이 사물들의 형식을 규정하는 근거는 자연이 아니라 임의의 목적이다——의 개념을 이러한 [입체적 　208 현시의] 의도를 위하여, 그러나 또 동시에 미감적-합목적적으로도 현시하려는 예술이다. 건축예술에 있어서는 인공적 대상의 일정한 사용이 주안점이요, 미감적 이념들은 이 주안점을 조건으로 하여 이 주안점에 한정된다. 조각예술에 있어서는 미감적 이념들의 한갓된 표현만이 주의도이다. 그리하여 인간, 신, 동물 등의 조상은 조각예술의 종류에 속하지만, 신전이나 공공집회를 위한 전당, 또는 주택, 개선문, 원주, 명예의 기념을 위해서 세워진 석비 등은 건축예술에 속한다. 그 뿐만 아니라 모든 가구류(가구사의 제작품이나 그 밖에 사용하기 위한 사물들)도 건축예술에 넣을[1] 수 있다. 왜냐하면 작품이 일정한 사용에 적합하다는 것이 건축물의 본질이기 때문이다. 그에 반해서 오로지 관조를 위하여 만들어졌고, 그것 자체만으로서 만족을 주어야 하는 한갓된 조형물은 입체적 현시로서 자연의 한갓된 모방이지만, 그러나 미감적 이념이 고려되고 있다. 그러므로 조형물의 경우에는 그것이 예술과 자의의 산물로 보이지 않을 정도로 감관적 진실이 지나치게 두드러져서는 안된다.

　조형예술의 제2의 종류인 회화예술은 감관적 가상을 인위적으로 이념과 결합시켜서 현시하는 것인데, 나는 이 회화예술을 자연의 미적 묘사의 예술과 자연의 산물의 미적 배치의 예술로 구분하려고 한다. 전자는 본래적인 회화요,　209 후자는 조원술이라 할 것이다. 왜냐하면 전자는 입체적 연장의 가상을 나타내는 데 지나지 않으며, 후자는 입체적 연장을 진실 그대로 나타내기는 하지만, 그러나 단지 그 형식을 관조할 때의 구상력의 유동이라는 목적뿐만이 아니라 그 밖의 다른 목적을 위한 이용과 사용에 관한 가상을 나타내는 데 지나지 않기 때문이다.* 자연은 우리의 관조에 대하여 대지를 다양하게 현시하고 있거니

---

* 조원술이 그 형식을 입체적으로 현시하는 것임에도 불구하고, 일종의 회화예술로 간주될 수 있다는

---

1) 제2판에는 "선정될"로 되어 있다.

와, 그와 똑같은 다양성(풀, 꽃, 관목, 수목, 또 그 위에 하천, 구릉, 계곡)을
가지고 대지를 장식하되, 다만 자연과는 다르게, 그리고 일정한 이념에 적합하
게 지배하는 것 이외의 다른 아무 것도 아니다. 그러나 입체적 사물의 미적 배
210 치도 회화와 마찬가지로 눈에만 나타날 뿐이요, 촉각은 그러한 형식에 관하여
아무런 직접적 표상도 제공하지 못한다. 그 밖에 융단과 장식물, 그리고 단지
관람에만 쓰이는 일체의 아름다운 집기에 의한 실내장식도 나는 넓은 의미의
회화에 넣었으면 한다. 또 취미에 따른 장신(반지, 담배 갑 등)의 예술도 마찬
가지이다. 왜냐하면 온갖 꽃들이 피어 있는 화단, 갖가지 장식품(부인의 성장
까지도 그 가운데 포함시켜서)으로 꾸며진 실내는 화려한 축제 때에는 일종의
회화를 이루게 되거니와, 이 회화는 본래의 의미의 회화(역사나 자연의 지식을
가르친다는 의도를 가지지 않은)와 마찬가지로 단지 관조를 위해서만 존재하
여, 구상력으로 하여금 이념과의 자유로운 유동 가운데에서 즐기게 하며, 미감
적 판단력으로 하여금 특정한 목적을 떠나서 활동케 하기 때문이다. 이러한 모
든 장식에 있어서의 세공은 기계적인 측면에서는 아주 다르고, 또 여러 가지의
예술가들을 필요로 할는지 모른다. 그러나 취미판단은, 그것이 이러한 예술에
있어서 아름다운 것에 관한 판단인 한, 동일하게 규정되고 있다. 즉, 그것은
단지 형식들만을 (목적을 고려하지 않고), 그 형식들이 눈 앞에 나타나는 그대
로, 그리고 그 형식들이 구상력에 대하여 미치는 효과에 따라서, 하나씩 하나
씩 판정하거나 또는 한꺼번에 판정하는 것이다. ──그러나 어떻게 해서 조형
211 예술이 담화할 때의 몸짓에 (유비상으로) 들어 갈 수가 있는가 하는 것은 다음
의 사실에 의하여 시인된다: 즉, 예술가의 정신은 이러한 형태들을 통해서 그
의 사상과 사고방식에 관하여 형체적인 표현을 보여주며, 사상 그 자체로 하여

사실은 의아스럽게 생각된다. 그러나 조원술은 그것의 형식을 실제로는 자연으로부터 가져오는 것이요
(나무, 관목, 풀, 꽃을 적어도 맨 처음에는 숲과 들에서 가져온다), 그런 한에 있어서 예컨대 조소와 같
은 예술[인공]이 아니며, 또한 조원술의 배치의 조건도 대상 및 대상의 목적에 관한 개념이 (이를테면
건축예술과 같이) 아니라, 단지 관조에 있어서의 구상력의 자유로운 유동이기 때문에, 조원술은 특정
한 주제를 가지지 않은 단지 미감적인 회화(대기, 토지, 물을 명암에 의해서 즐거움을 주도록 배치하
는)와 그런 한에 있어서 일치한다. ──아무튼 독자는 이것을 단지 여러 미적 예술들을 하나의 원리──
──이 경우에는 미감적 이념을 (언어와의 유비에 의하여) 표현하는 원리이어야 한다──아래에 결합하
려는 시도로만 판정하고, 이러한 결합의 결정적이라고 생각되는 연역으로는 간주하지 않았으면 한다.

금 이를테면 의태적으로 말하게 한다는 사실이다. 이것은 생명이 없는 사물들에게 그것의 형식에 따라 하나의 정신을 부여하고, 정신으로 하여금 이 사물들을 통해서 말을 하게 하는 우리의 환상의 극히 통상적인 유희인 것이다.

3. **감각의 미적 유동**의 예술(이 감각들은 외부[의 자극]에 의하여 야기되지만, 그럼에도 불구하고 그것의 미적 유동은 보편적으로 전달될 수 있지 않으면 안 된다)은 그 감각이 속하는 감관의 여러 가지 정도의 정조(긴장)의 균형, 다시 말하면 감관의 조화된 상태 이외에는 아무 것에도 관계할 수가 없다. 그리고 이러한 넓은 어의에 있어서는 이 예술은 총감각의 인위적 유동과 시감각의 그 것으로, 따라서 음악과 색채예술로 구분할 수 있다. ——여기에서 주목할 만한 일은 [첫째로] 이 두 가지 감관은 인상을 매개로 하여 외적 대상들에 관한 개념을 얻기 위하여 필요한 만큼의 인상을 매개로 하여 외적 대상들에 관한 개념을 얻기 위하여 필요한 만큼의 인상에 대한 수용력뿐만 아니라, 또 이 수용력과 결부되어 있는 특수한 감각의 능력도 가지고 있으나, 우리는 이 감각에 관하여 그것이 감관에 기초를 둔 것인지 또는 반성에 기초를 둔 것인지를 정확하게 결정할 수가 없다고 하는 점과, [둘째로] 그러나 비록 감관은 객체의 인식을 위한 사용에 관해서는 전혀 다른 결함이 없고, 오히려 아주 뛰어나게 예민하지만, 이 [특수한 감각의] 감수성은 때때로 결여되는 수가 있다고 하는 점이다. 다시 212 말하면, 어떤 색채나 음향(악음)이 단지 쾌적한 감각에 지나지 않는 것인지, 또는 그 자체가 이미 감각의 미적 유동이요, 또 그러한 미적 유동으로서 미감적 판정에 있어서 형식에 관한 만족을 수반하는 것인지를, 우리는 확실하게 말할 수가 없다. 만일 우리가 빛이 진동의 속도나 또는 후자[음향]의 경우에는 공기의 진동의 속도를 고려한다면, 이 속도는 우리의 일체의 판정능력을 아마도 훨씬 넘어서 있어서, 이 진동에 의하여 생기는 시간구분의 균형을 직접 지각하면서 판정할 수가 없으므로, 우리는 이러한 진동이 우리의 신체의 탄력 있는 부분들에 대하여 미치는 효과만이 감각될 뿐이요, 이 진동에 의하여 생기는 시간구분은 인지되지도 않고 판정 속에 들어오지도 않으며, 따라서 색채나 음향과 결부된 것은 그것들의 구성의 미가 아니라 단지 쾌적뿐이라고 믿어야 할 것이다. 그러나 그에 반해서 첫째로 만일 우리가 음악에 있어서의 이러한 진동의 균형과 그 판정에 관하여 주장될 수 있는 수학적 특성을 고려하고, 또 당연한

일이지만 색채의 대조를 음악과의 유비에 의하여 판정한다면, 그리고 둘째로 만일 우리가 비록 드문 예이기는 하지만 세상에서 가장 훌륭한 시각을 가지고도 색채들을 식별하지 못하고 또 가장 예리한 청각을 가지고도 음향들을 구별하지 못했던 사람들의 예를 참고로 하고,[1] 또 마찬가지로 이러한 구별을 할 수 있는 사람들에게는 색도와 음계상의 여러 가지 강도에 따라 변화된 질의 지각(단지 감각의 정도의 지각뿐만이 아니라)이 있고, 나아가서는[2] 이들 색도와 음계의 수가 명백하게 구별될 수 있도록 규정되어 있다고 함을 고려한다면, 우리는 색채와 음향의 두 감각을 한갓된 감관인상으로 간주할 것이 아니라, 여러 감각의 유동에 있어서의 형식을 판정한 결과로 간주하지 않을 수 없을 것이다. 그러나 이 양견해가 음악의 기초를 판정함에 있어서 보여주는 상위는 그 정의를 다음과 같이 변경시키는 데 그칠 것이다: 즉, 우리는 음악을 우리가 이미 한 것처럼 (청각에 의한) 감각의 아름다운 유동이라고 설명하든가, 또는 쾌적한 감각의 유동이라고 설명하든가 할 것이다. 전자의 설명방식에 따를 때에만 음악은 완전히 미적 예술로 생각되고, 후자의 설명방식에 따르면 그것은 쾌적한 예술(적어도 부분적으로는)로 생각된다.

213

§ 52.
동일작품에 있어서의 여러 미적 예술의 결합에 관하여.

응변술은 연극에 있어서 그 주제 및 대상의 회화적 현시와 결합되고, 시는 노래에 있어서 음악과 결합되고, 또 노래는 동시에 가극에 있어서 회화적 (연극적) 현시와 결합되며, 음악에 있어서의 감각의 유동은 무용에 있어서 형태의 유동과 결합되는 등 여러 가지로 결합될 수 있다. 또한 숭고한 것의 현시도, 그것이 미적 예술에 속하는 한, 운문의 비극, 교훈시, 성악극에 있어서 미와 합일될 수 있다. 그리고 이렇게 결합될 때에 미적 예술은 한층 더 인위적인 것이 되지만, 그러나 또한 더 아름답게 되기도 하는가 어떤가는 (그처럼 다양한

214

---

1) "참고로 하고"는 제2판과 제3판의 추가이다. 따라서 초판에서는 "예를 들고"로 읽게 된다.
2) 초판과 제2판에는 "나아가서는"이 "마찬가지로"로 되어 있다.

여러 종류의 만족이 서로 교착되기 때문에) 이들 가운데의 몇몇 경우에 있어서
는 의심의 여지가 있다. 하지만 일체의 미적 예술에 있어서 본질적인 것은 관
찰과 판정에 대하여 합목적적인 형식에 있거니와, 이 경우에 쾌는 동시에 도야
이며, 정신을 이념에 맞추어 정신으로 하여금 그러한 쾌와 즐거움을 더욱 많이
감수할 수 있게 하는 것이다. [따라서] 일체의 미적 예술에 있어서 본질적인 것
은 감각의 질료(자극이나 또는 감동)에 있는 것이 아니다. 그런 경우에는 향락
만이 목표가 되거니와, 이 향락은 아무 것도 이념에 남기는 것이 없으며, 정신
을 우둔하게 만들고, 대상을 차츰1) 싫증나게 만들고, 또 심의로 하여금 이성
의 판단에 있어서 반목적적인 자기의 기분을 의식함으로써 자기 자신에 불만을
느끼게 하고 언짢아지게 한다.

유독 도덕적 이념만이 독립적인 불만을 수반하거니와, 만일 미적 예술이 직
접적으로나 또는 간접적으로나 이러한 도덕적 이념과 결합되지 않는다면, 상술
한 후자의 경우가 미적 예술의 최후의 운명인 것이다. 그 경우에는 미적 예술
은 오락을 위해서만 이바지될 뿐이요, 자기 자신에 대한 심의의 불만을 그것에
의하여 불식하기 위해서 이러한 미적 예술을 이용하면 할수록, 이러한 오락을
더욱 필요로 하게 되고, 그 결과 우리는 더욱 쓸모없는 사람이 되며 자기 자신
에 대하여 더욱 불만을 느끼게 된다. [그러나] 우리가 자연의 미를 관찰하고 판
정하고 감탄하는 데에 일찍이 익숙해진다면, 일반으로 이 자연의 미야말로 전
자의 [미적 예술의 본질적인] 의도에 대하여 가장 유익한 것이다.   215

§ 53.
여러 미적 예술 상호간의 미감적 가치의 비교.

모든 예술 가운데에서 시예술(이것은 그 근원이 거의 전적으로 천재에 말미
암는 것이며, 준칙이나 범례의 지도를 가장 적게 받으려고 하는 것이다)이 최상
의 위치를 주장한다. 시예술은 구상력을 자유롭게 함으로써, 그리고 어떤 주어
진 개념이라는 제한 안에서, 이 개념과 조화되는 무한히 다양한 가능적 형식들

---

1) "차츰"은 제2판과 제3판의 추가이다.

가운데에서, 이 개념의 현시를 어떠한 언어로도 완전히 표현될 수 없는 풍부한 사상과 결합시키는 형식, 그리하여 미감적으로 이념에로 고양되는 형식을 제시함으로써, 심의를 넓혀준다. 또 시예술은 심의로 하여금 자유롭고 자발적이며 자연규정에 의속되지 않는 자신의 능력을 감지케 함으로써 심의의 힘을 북돋아준다. 그리고 이 심의의 능력이란, 현상으로서의 자연이 경험에 있어서는 감관에 대해서도 오성에 대해서도 스스로 제시해 주지 않는 어떤 견해에 따라 이러한 자연을 고찰하고 판정하며, 그리하여 자연을 초감성적인 것을 위하여, 그리고 말하자면 초감성적인 것의 도식으로 사용하는 능력이다. 시예술은 그것이 임의로 만들어내는 가상과 더불어 유동하되, 그러나 이 가상에 의하여 기만하는 일이 없다. 왜냐하면 시예술은 자신이 종사하는 일 자체를 한갓된 유동이라

216 고 공언하지만, 그러나 이 유동은 오성에게 그리고 오성의 하는 일을 위하여 합목적적으로 사용될 수 있기 때문이다. ── 웅변술은, 그것이 설득하는 기술, 다시 말하면 아름다운 가상에 의해서 기만하는 기술(변론술 *ars oratoria*로서의)로 이해되고, 한갓된 능변(달변과 화술)으로 이해되지 않는 한, 일종의 변증술이요, 이 변증술은 사람들의 판정에 앞서서 웅변가의 이익을 도모하기 위하여 사람들의 마음을 사로잡아 그들로부터 자유를 빼앗는 데에 필요한 만큼의 것을 시예술로부터 원용하는 것이다. 따라서 이것은 법정에 대해서도 설교단에 대해서도 권장할만한 것이 못된다. 왜냐하면, 시민의 법률이나 개인의 권리가 문제된다든가, 또는 그들의 의무를 올바로 알고 양심적으로 준수하도록 사람들의 심의를 지속적으로 교화하고 규정하는 것이 문제될 경우에는, 넘쳐흐르는 기지와 구상력의 흔적을 보이는 것만도 그러한데, 그 위에 더구나 [다른 사람들을] 설득시키고 누군가의[1] 이익을 도모하기 위하여 현혹시키는 기술의 흔적을 보인다는 것은, 그처럼 중대한 업무의 존엄을 손상하는 일이기 때문이다. 설사 웅변술이 때로는 그 자신 합법적이며 상찬할만한 의도를 위해서 사용되는 수가 있다고 할지라도, 그 행위는 객관적으로는 합법칙적이지만, 그로 해서 격률과 심정은 주관적으로 퇴폐되기 때문에, 그래도 웅변술은 배척해야만 하는 것이 된다. 정당한 일은 그저 행하기만 하면 족한 것이 아니라, 또한 그것이 왜 정당한

───────────

1) 초판에는 "누군가의"가 "자기의"로 되어 있다.

것인가 하는 그 근거에서만 그것을 실행해야 하는 까닭이다. 또한 이러한 종류 217
의 인간의 관심사에 관한 단지 명확한 개념이 실례에 있어서의 생생한 현시와
결합되고, 또 언어의 화음의 규칙이라든가 이성의 이념에 알맞는 표현의 품위
의 규칙(이것이 다 함께 능변을 이룬다)에 위배되지만 않는다면, 그러한 개념은
이미 그 자체로서[1] 충분한 영향을 사람들의 심의에 미치므로, 여기에 또 설득
의 획책을 더할 필요는 없다. 이러한 획책은 악덕과 오류의 변명이나 은폐에도
똑같이 사용될 수 있기 때문에, 인위적인 책략으로 인한 은밀한 의혹을 완전히
근절할 수는 없는 것이다. 시예술에 있어서는 모든 것이 성실하고 정직한 법이
다. 시예술은 단지 구상력과의 즐거운 유동만을, 그것도 형식상으로 보아 오성
의 법칙과 일치하도록 영위하고자 함을 선언하는 것이요, 감성적 현시에 의해
서 오성을 급습하여 함정에 빠뜨리고자 하는 것이 아니다.*
  심의의 자극과 감동이 문제가 된다면, 시예술 다음에 나는 언어예술 가운데 218
에서 시예술에 가장 가깝고 또한 시예술과는 아주 자연스럽게 결합될 수 있는
예술, 즉 음악을 놓았으면 한다. 왜냐하면, 비록 음악은 개념을 떠나서 오로지

* 한 편의 아름다운 시는 나에게 언제나 순수한 흥겨움을 일으켜 주었으나, 그에 반해서 로마 시대
의 민중연설가나 현금의 의회 또는 시교단의 연설가의 가장 훌륭한 연설을 읽어 보아도, 거기에는 언
제나 사기적인 술책에 대한 불유쾌한 불찬성감이 혼입되어 있었음을, 나는 고백하지 않을 수 없다.
그리고 이러한 기만적인 술책이란 중대한 일에 있어서 사람들을 마치 기계와도 같이 다루어, 냉정히
반성해 볼 때 그 일의 의의는 모두 놓쳐버리고 마는 판단으로 몰고 갈 줄을 아는 것이다. 웅변과 능
변(이것들이 합쳐져서 수사술이 된다)은 미적 예술에 속한다. 그러나 변론술(*ars ora toria*)은 사람
들의 약점을 자기의 의도를 위하여 (이 의도가 아무리 선의의 것이거나 또는 실제로 선하다 할지라
도) 이용하는 기술이므로, 전혀 존경을 받을만한 것이 못된다. 뿐만 아니라 이 변론술은 아테네에 있
어서나 로마에 있어서나 국가가 파멸일로에 있고 진정한 애국심이 소멸되었던 시대에 최고조에 달했
던 데 불과하다. 사태를 명석하게 통찰하여, 풍부하고 순수한 언어를 마음대로 구사할 수 있으며, 자
기의 이념을 능히 현시할 수 있는 풍부한 구상력을 갖추고, 진정한 선에 대하여 마음에서 우러나오는
왕성한 관심을 가지는 사람이야말로, 바로 연설에 능숙한 선한 사람 *vir bonus dicendi peritus*,[2]
즉 기교는 없으나 감명이 넘치는 연설가이다. 이러한 연설가는 키케로가 가지고 싶어 했던 것이지만,
그러나 그 자신이 이 이상에 언제나 충실했던 것은 아니다.

1) 초판에는 "그 자체만으로도"로 되어 있다.
2) 이 표현은 사실은 Cicero의 것이 아니라 Cato의 것이라 한다(*M. Catonis fragmenta* ed.
  Jordan 1860. 80면 참조). Marcus Porcius Cato(B.C. 234-149)는 로마의 정치가요, 라틴 산문
  문학의 시조로 유명하다.

감각을 통해서만 말을 하는 것이요, 따라서 시와 같이 숙고하기 위한 것을 남겨놓지는 않지만, 그러나 음악은 심의를 보다 다양하게 그리고 단지 일시적이기는 하지만 보다 내면적으로 움직이게 하는 것이기 때문이다. 그러나 음악은 물론 도야이기보다는 오히려 향락이요(물론 음악에 의해서 부차적으로 일어나는 사상의 유동은 단지 이를테면 기계적인 연상의 결과에 지나지 않는다), 이성에 의해서 판정한다면, 다른 여러 미적 예술보다도 더 적은 가치를 가진다. 그렇기 때문에 음악은 다른 모든 향락과 마찬가지로 보다 더 빈번한 변화를 요구하며, 여러번의 반복을 견디어 내자면 반드시 권태를 일으켜준다. 그렇게 보

219 편적으로 전달될 수 있는 이 예술의 자극은 다음 사실에 기인하는 것 같이 생각된다: 즉, 연관된 언어의 표현은 그 표현의 의미에 적합한 음조를 가진다는 사실, 이 음조는 많든 적든간에 화자의 정서를 표시함과 동시에, 또한 상관적으로 청자의 마음 속에도 그러한 정서를 야기시켜, 이 정서가 거꾸로 청자의 마음 속에 그러한 음조를 가진 언어로 표현되는 이념도 환기한다는 사실, 그리고 변조는 말하자면 어떤 사람에게나 이해되는 보편적인 감각의 언어이거니와, 음악은 이러한 변조를 그것만으로 고립시켜 전면적으로 강조하여, 다시 말하면 정서의 언어로서 구사하고, 그렇게 하여 연상의 법칙에 따라 이 변조와 자연스럽게 결합되어 있는 미감적 이념들을 보편적으로 전달한다는 사실, 그러나 또 그러한 미감적 이념들은 개념도 규정된 사상도 아니므로, 언어의 형식 대신에, 이러한 여러 감각을 결합하는[1] 형식(화음과 선율)만이, 그러한 감각들의 균형잡힌 조화(여러 음조가 동시적으로나 또는 계기적으로 결합되어 있는 한, 이 조화는 음조의 경우에는 동일한 시간에 있어서의 공기의 진동수의 비례에 기인되는 것이므로, 이 조화는 수학적으로 일정한 규칙에로 환원될 수 있다)를 매개로 하여, 형언할 수 없이 풍부한 사상의 하나의 연관 있는 전체라는 미감적 이념을, 악곡에 있어서 지배적인 정서를 이루고 있는 일정한 주제에 맞도록 표현하는 데에 사용될 뿐이라고 하는 사실 등이다. 이러한 수학적 형식은 비록

220 규정된 개념에 의해서 표상되는 것은 아니지만, 만족은 오로지 이러한 수학적 형식에 달려 있으며, 서로 동반되거나 또는 연속되는 그처럼 많은 감각들에 관

---

1) "결합하는"을 Erdmann은 "총괄하는"으로 읽는다.

한 한갓된 반성은 이 만족을 이러한 감각들의 유동과 결부시켜, 누구에게나 타당한 이 유동의 미의 조건으로 삼는 것이다. 그리고 이러한 수학적 형식이야말로 바로 그것에 의거해서 취미가 모든 사람들의 판단에 관해서 미리 발언할 권리를 주장할 수 있는 소이의 것이다.

그러나 음악이 일으키는 자극과 심의의 동요에 대하여 수학은 물론 추호도 관여하지 않는다. 오히려 수학은 인상의 결합과 인상의 변화에 있어서의 이들 인상의 균형의 불가결적 조건(*conditio sine qua non*)에 지나지 않는다. 그리고 이 균형에 의해서, 이 인상들을 총괄하는 것도, 그리고 이 인상들이 서로 충돌하지 않도록 저지하여, 이 인상들과 합치되는 정서에 의해서 심의의 연속적인 동요와 고무에 조화되도록 하며, 그와 동시에 상쾌한 자기향수에 조화되도록 하는 것도 가능한 것이다.

그에 반해서 여러 미적 예술의 가치를 그것들이 가져다 주는 심의의 계발에 따라 평가하고, 인식을 위해서는 판단력에 있어서 합쳐져야만 하는 여러 능력들의 확장을 척도로 삼는다면, 음악은 단지 감각과 더불어 유동하는 것에 지나지 않기 때문에, 그런 한에 있어서 그것은 여러 미적 예술 가운데에서 가장 낮은 (또 동시에 그것의 쾌적함에 따라 평가되는 여러 예술 가운데에서는 아마도 가장 높은) 위치를 점한다. 그러므로 조형예술은 이러한 관점에서 음악보다 훨 221 씬 우월하다. 왜냐하면 조형예술은 구상력으로 하여금 자유로운, 그러나 동시에 오성에 적합한 유동을 하게 함으로써, 동시에 하나의 업무를 수행하기 때문이다. 그리고 이는 또 조형예술이 하나의 작품을 완성하기 때문인데, 이 작품은 영속적이며 그 자신만으로서도[1] 훌륭한 하나의 매개물로서 오성개념에 이바지하여, 오성개념과 감성과의 합일을 촉진하고, 겸하여 이를테면 상급의 인식능력들의 우아한 품위를 촉진하는 것이다. 이 두 가지 예술들[음악과 조형예술]은 전혀 다른 길을 걷는 것이다. 즉, 전자는 감각에서부터 미규정적인 이념에로의 길을 걷지만, 후자는 규정된 이념에서부터 감각에로의 길을 걷는 것이다. 후자는 영속적인 인상의 예술이요, 전자는 단지 일시적인 인상의 예술이다. 구상력은 조형예술의 인상을 다시 불러서 그것을 쾌적하게 즐길 수 있으

---

1) "그 자신만으로서도"를 Windelband는 "오성개념 자신에 대해서도"로 읽는다.

나, 음악의 인상은 완전히 소멸되거나, 아니면 부지중에 구상력에 의하여 되풀
이되어도, 그것은 우리에게 쾌적하기는커녕 오히려 귀찮다. 그 뿐만 아니라 음
악에는 어느 정도의 우아한 품위의 결여가 따라다닌다. 즉, 음악은 특히 악기
의 성질상 그 영향을 우리가 바라는 이상으로 (이웃 사람들에게까지) 멀리 퍼
뜨려서, 이를테면 자기를 강요하는 나머지, 음악적 집회 이외의 다른 사람들의
자유를 침해하는 것이다. 이러한 것은 눈에 호소하는 예술들은 하지 않는 짓이
다. 왜냐하면 우리는 그러한 예술의 인상을 받아들이고 싶지 않으면, 눈을 돌
려버리기만 하면 되기 때문이다. 이러한 음악의 경우는 널리 퍼지는 향기에 의
222 해서 즐겨하는 것과 사정이 거의 같다. 향수를 뿌린 손수건을 주머니에서 꺼내
는 사람은 자기의 주위와 가까이에 있는 모든 사람들을 그들의 의지를 거슬려
서 대접하고, 그들이 호흡을 하려고 하면, 그들에게 동시에 냄새를 향수하도록
강요한다. 그 때문에 이러한 짓은 유행에도 뒤떨어지게 된 것이다.*1)

　조형예술 가운데에서는 나는 회화에 우선권을 주었으면 하는데, 이는 한편
으로 회화는 소묘술로서 다른 모든 조형예술의 기초가 되기 때문이며, 또 한편
으로 회화는 다른 예술들에게 허용되어 있는 것보다도 훨씬 더 이념의 영역에
로 파고 들어가서, 직관의 분야까지도 이 이념에 맞도록 더욱 확장할 수가 있
기 때문이다.

[§ 54.]2)

주 　 석.

　단지 판정에 있어서 만족을 주는 것과 쾌락을 주는 (감각에 있어서 만족을

＊ 가정의 예배에서 찬송가를 부르는 것을 권장한 사람들은, 그들이 이웃 사람들에게 합창할 것을 강
요하거나, 아니면 사색하는 일을 포기할 것을 강요하는 것이기 때문에, 그들이 그러한 시끄러운 (바
로 그 때문에 보통은 위선적인) 예배로 말미암아 공중에게 큰 괴로움을 끼친다는 사실을 고려하지 않
았던 것이다.

---

1) "그 뿐만 아니라 음악에는…… 뒤떨어지게 된 것이다."와 여기에 따르는 주는 제2판과 제3판의
추가이다.
2) "§54."는 Hartenstein이 붙인 것이다.

주는) 것과의 사이에는, 우리가 자주 지적했듯이, 하나의 본질적인 구별이 있다. 후자는 전자와 같이 누구에게나 요구할 수가 없는 어떤 것이다. 쾌락은 (설사 그 원인은 이념 안에 있다고 할지라도) 언제나 인간의 전체적 생의 촉진의 감정, 따라서 신체적 건재, 즉 건강의 감정에 있는 것 같이 보인다. 그러므로 일체의 쾌락은 근본에 있어서 신체적 감각이라고 말한 에피쿠로스는 그러한 한에 있어서 아마도 틀린 것이 아닐 것이며, 다만 그가 지적인 만족과 그리고 실천적인 만족까지도 쾌락에 넣었던 한에 있어서만 그는 스스로 오해를 하였던 것이다. 이 후자의 구별[만족과 쾌락과의 구별]을 염두에 둘 때에, 우리는 다음과 같은 사례들을 설명할 수가 있는 것이다: 즉, 어떤 쾌락은 그것을 느끼는 사람에게 불만족을 주는 수도 있다든가(가난하지만 마음씨가 착한 사람이 자기를 사랑은 하지만 인색한 아버지의 유산을 받고 느끼는 기쁨과 같이), 또는 심한 비통은 그것을 느끼는 사람에게 오히려 만족을 주는 수가 있다든가(미망인이 공로가 많은 자기의 남편의 죽음에 대해서 느끼는 슬픔과 같이), 또는 어떤 쾌락은 그 위에 또 불만족을 주기도 한다든가 (우리가 종사하고 있는 학문에 있어서 느끼는 쾌락과 같이), 또는 어떤 고통(예를 들면 증오, 질투, 복수욕)은 그 위에 또 만족을 주기도 한다든가 하는 사례들이 그것이다. 이 경우에는 만족이라든가 불만족은 이성에 기인하는 것이요, 시인이나 부인과 동일한 것이다. 그러나 쾌락과 고통은 단지 감정에, 즉 (어떠한 근거에서 나온 것이든) 가능적인 건재나 불건재의 기대에 기인하는 것에 지나지 않는다.

　감각들(그 근저에 아무런 의도도 가지지 않은)의 교체되는 자유로운 유동은 모두 쾌락을 주는데, 이는 그러한 유동이 건강의 감정을 촉진하기 때문이다. 그런데 이성의 판정에 있어서는 우리는 이 유동의 대상에 대해서, 그리고 이러한 쾌락에 대해서조차 만족을 느끼는 수도 있고 느끼지 않는 수도 있다. 그리고 이러한 쾌락은 정서에까지 올라갈 수 있는데, 그것은 우리가 그 대상 자체에 아무런 관심을 가지지 않으며, 적어도 그러한 정서의 정도에 비례할 만큼의 관심을 가지지 않는다 할지라도 그렇다. 우리는 그러한 유동들을 사행유희[도박], 음악유희[연주], 사상유희[기지]로 구분할 수가 있다. 첫째 것은 허영심의 관심이든 이기심의 관심이든간에 하나의 관심을 필요로 하지만, 그러나 이 관심은 우리가 그 행운을 얻으려고 노력하는 방식에 관한 관심에 비하면 훨씬 크

224 지가 않다. 둘째 것은 단지 감각의 교체만을 필요로 하며, 이 감각들은 각각
정서와의 관계를 가지지만, 그러나 정서의 정도에 이르지 못한체 미감적 이념
을 환기한다. 셋째 것은 단지 판단력에 있어서 표상이 교체됨으로써 일어나는
데, 이 교체에 의해서 어떤 관심을 수반하는 사상은 물론 산출되지 않지만, 그
러나 심의는 활기를 얻는다.

　이러한 유희에 있어서 우리는 관심이 있는 의도를 그 근저에 둘 필요가 없
음에도 불구하고, 유희가 얼마나 쾌락을 주는 것임에 틀림 없는가 함은, 우리
의 모든 야회가 보여주는 바다. 왜냐하면 유희가 없으면 거의 어떠한 야회도
즐거울 수가 없기 때문이다. 그러나 이 경우에는 희망, 공포, 환희, 분노, 경멸
등의 정서들이 각 순간마다 그 역할을 바꾸어 가면서[1] 유동한다. 그리고 이러
한 정서들은 매우 발랄하므로, 그것이 일종의 내부 운동으로서 신체에 있어서
의 전체적 생명활동을 촉진하는 것 같이 보이는데, 이것은 비록 무엇인가 얻은
것도 없고 배운 것도 없기는 하지만, 그렇게 해서 생긴 심의 활기가 입증하
는 바와 같다. 그러나 사행유희는 미적 유희가 아니므로, 우리는 여기에서 그
것을 제외하려고 한다. 그에 반해서 음악과 웃음거리는 미감적 이념이나 또는
오성표상을 수반하는 유희의 두 가지 종류인데, 이 오성표상에 의해서는 결국
아무 것도 사유되지 않으며, 따라서 오성표상은 단지 그의 교체에 의해서만,
그러나[2] 발랄하게 쾌락을 줄 수 있는 것이다. 이로써 이 유희들은 다음과 같
은 사실을 상당히 명료하게 인식시켜주게 된다: 즉, 그것은 이 양 유희에 있어
서의 생기는, 비록 그것이 심의 이념에 의하여 환기되는 것이기는 하지만,
단지 신체적인 것에 지나지 않는다고 하는 사실과, 그리고 그 유희에 대응하는
내장의 운동으로 말미암아 일어나는 건강의 감정은 활발한 집회에서 대단히 세
련되고 재기발랄하다고 하여 절찬을 받는 쾌락의 전체를 이룬다고 하는 사실이
다. 음조나 기지의 착상에 있어서의 조화의 판정은 이것들의 미를 데리고 가는
데에 필요한 수레로서의 역할을 할 뿐이요, 그러한 판정이 곧 쾌락을 이루는
것은 아니다. 오히려 신체에 있어서 촉진된 생명활동, 내장과 횡격막을 운동시

---

1) "그 역할을 바꾸어 가면서"는 초판에는 "교체되면서"로 되어 있다.
2) "그러나"는 제2판과 제3판의 추가이다.

키는 정서, 한마디로 말해서 건강의 감정(이 감정은 그러한 기연이 없으면 보 225
통은 느껴질 수 없는 것이다)이 쾌락을 이루는 것이다. 그리고 이러한 쾌락은,
우리가 심령을 통해서도 신체를 지배할 수 있으며, 또 심령을 신체의 의사로서
사용할 수 있다는 데에서 느껴지는 것이다.

　음악에 있어서는 이 유희는 신체의 감각에서 미감적 이념(정서의 객체)에로
나아가며, 다음에 다시 이 미감적 이념으로부터 되돌아서, 그러나 하나로 결합
된 힘을 가지고, 신체에로 돌아간다. 해학(이것은 음악과 마찬가지로 미적 예
술에 보다는 오히려 쾌적한 예술에 넣어 마땅하다)에 있어서는 유희는 사상에
서부터 시작되지만, 이 사상은, 그것이 감성적으로 표현되려고 하는 한, 신체
까지도 다함께 활동시킨다. 그리고 오성은 이러한 [감성적] 현시에 있어서 오성
이 기대했던 것을 발견하지 못하면 갑자기 이완하기 때문에, 우리는 이러한 이
완의 결과를 기관들의 진동을 통해서 신체에 있어서 느끼는데, 이 진동이 기관
들의 평형의 회복을 촉진하여, 건강에 유익한 영향을 미치는 것이다.

　활기 있고 포복절도케 하는 웃음을 일으키는 것 가운데에는 반드시 무엇인
가 불합리한 것이 있지 않으면 안된다(그리하여 이 불합리한 것에서 오성 그
자체는 만족을 찾을 수가 없는 것이다). 웃음은 하나의 긴장된 기대가 갑자기
무에로 전화하는 데에서 일어나는 정서이다. 이 전화는 오성에게는 물론 즐거
운 것이 아니지만, 그러나 바로 이러한 전화가 간접적으로 일순간 극히 활기
있는 즐거움을 주는 것이다. 그러므로 웃음의 원인은 표상이 신체에 미치는 영
향과 신체가 심의에 미치는 교호작용에 있음에 틀림없다. 더욱이 이것은[1] 표
상이 객관적으로 쾌락의 대상인 한에 있어서 그러하다는 것이 아니라(어긋난
기대가 어떻게 해서 쾌락을 줄 수 있을 것인가?), 오로지 그러한 전화가 표상 226
의 한갓된 유희로서 신체에 있어서의 생명력의 평형[2]을 가져오기 때문에 그러
하다는 것 뿐이다.

　누군가가 다음과 같은 이야기를 한다고 하자: 어느 인도인이 수라트[3]에서

---

1) 초판에는 여기에 다음의 말이 계속된다: "이를테면 큰 매상고를 올렸다는 보고에 의한 사람의 경
우에 있어서처럼"
2) 초판에는 "평형" 대신 "유동"이다.
3) Surat: 인도 Bombay주의 도시명.

사는 영국인의 식탁에 초대되어, 맥주병을 여니까 이 맥주가 모두 거품으로 변하여 솟아나오는 것을 보고, 함성을 올려가며 크게 경탄하였다. 그리고 "대체 무엇을 그렇게 놀라느냐?"고 하는 영국인의 물음에 그 인도인은 "나는 맥주가 솟아나오는 것에 놀라는 것이 아니라, 당신이 어떻게 해서 맥주를 그 안에 잡아넣을 수가 있었을까 하여 놀라는 것이다"라고 대답하였다. 이런 이야기를 들으면, 우리는 웃는다. 그리고 이것은 우리들에게 마음 속에서 우러나오는 쾌감을 느끼게 한다. 그러나 그것은 우리가 이 무지한 사람보다도 아마 더 현명하다는 것을 알게 되기 때문이라든가, 그렇지 않으면 오성이 우리들에게 이 점에서 무엇인가 만족스러운 것을 알려주기 때문이 아니라, 우리의 기대가 긴장되어 있었으나, 그것이 갑자기 무에로 사라지기 때문인 것이다. 혹은 어느 부유한 친척의 유산상속인이 이 고인을 위하여 그의 장례식을 아주 장엄하게 거행하고 싶어하나, 자기에게는 그것이 잘 되지 않는다고 하소연하며, (말하기를) "내가 나의 상인들에게 슬픈 모습을 보여달라고 돈을 많이 주면 줄수록, 그들은 더욱 기쁜 모습을 보인다"고 한다면, 이 이야기를 듣고 우리는 소리내어 웃는다. 그리고 그 이유는 하나의 기대가 갑자기 무에로 전화한다는 데에 있다. [여기에서] 우리가 반드시 주의하지 않으면 안될 것은, 이 시기는 기대되었던 어떤 대상의 적극적[1] 반대물에로 전화해서는 안되고——적극적 반대물은 언제나 무엇인가이며, 흔히 슬픔을 줄 수도 있기 때문이다——무에로 전화하지 않으면 안된다고 하는 점이다. 왜냐하면 어떤 사람이 우리에게 어떤 이야기를 들려주어 큰 기대를 환기하되, 우리가 결말에 가서 그 이야기의 거짓됨을 바로 통찰한다면, 그것은 우리에게 불만족을 주기 때문이다. 예를 들면 크게 상심한 나머지 하루 밤 사이에 백발이 되었다고 하는 사람들의 이야기와 같은 것이 그러하다. 그에 반해서, 그와 같은 이야기에 대한 응답으로서 다른 익살꾼이 어느 상인의 상심을 자못 상세히 들려준다고 하자. 그 상인은 상품으로 된 그의 227 전재산을 싣고 인도로부터 구라파로 돌아오는 도중, 맹렬한 폭풍을 만나 부득이 모든 것을 물 속에 던져버리지 않으면 안되게 되어, 그는 그로 해서 그날밤 안으로 그의 가발이 백발이 될 정도로 상심을 했다고 한다면, 우리는 웃는다.

---

1) 초판에는 "적극적"이 빠졌다.

그리고 그것은 우리에게 쾌락을 주는데, 그 까닭은 우리가 다른 점에서는 우리에게 무관한 대상을 잘못 파악한 우리들 자신의 실책이나, 또는 오히려 우리가 추급한 이념을, 마치 공을 다루듯이, 그것을 잡아서 고수하려고만 생각하면서, 한동안 이리 저리 치고 있기 때문이다. 이 경우에 쾌락을 환기하는 것은 거짓말쟁이나 어리석은 사람의 말을 거절하는 일이 아니다. 왜냐하면 진지한 태도로 들려주는 후자의 이야기는 그 자체만으로도 좌중의 사람들을 명쾌한 웃음으로 몰아 넣겠지만, 그러나 전자의 이야기는 보통은 주의[1]도 할만한 것이 못될 것이기 때문이다.

그와 같은 모든 경우에 익살은 일순간 우리를 속일 수 있는 어떤 것을 항상 자신 속에 간직하고 있지 않으면 안된다는 사실은 주목할만한 일이다. 그러므로 가상이 무에로 사라지면, 심의는 이 가상을 한번 더 시험해 보기 위하여 그것을 다시 회고한다. 그렇게 하여 긴장과 해이가 급속히 상호 계기됨으로써 심의는 끌려갔다 당겨졌다 하여, 동요상태에 놓이게 된다. 그리고 이를테면 현을 당기고 있던 것이 갑자기 (점차적인 이완에 의해서가 아니라) 벗겨졌기 때문에, 그러한 동요상태는 일종의 심의의 운동[감동]과 또 이 운동과 조화하는 내부적인 신체의 운동을 유발하지 않을 수 없는데, 이 신체의 운동이 자기도 모르게 지속되어 피로를 낳지만, 그러나 그 때 또한 명랑한 기분(건강에 기여하는 운동의 효과)도 야기하는 것이다.

왜냐하면, 만일 우리가 우리들의 모든 사상에는 동시에 신체의 기관들에 있어서의 어떤 하나의 운동이 조화있게 결부되어 있다고 상정한다면, 심의가 그의 대상을 관찰하기 위하여 혹은 이러한 관점에로 혹은 저러한 관점에로 그처럼 급격하게 전환하는 데에는, 우리들의 내장의 탄력있는 부분들의 긴장과 해이의 상호교체——이것은 횡격막에 전달된다——가, 어떻게 해서 대응할 수 있는가(간지러운 사람들이 느끼는 긴장과 해이의 교체처럼)를, 우리는 상당히 잘 이해할 수 있을 것이기 때문이다. 그 때 폐는[2] 빠른 간격으로 계속해서 공

228

---

1) 초판에는 "노력"으로 되어 있다.
2) "어떻게 해서 대응할……이기 때문이다. 그 때 폐는" 이 초판에는 "어떻게 해서 대응할 수 있는가를, 우리는 상당히 잘 이해할 수 있을 것이기 때문이다. 그리고 이러한 긴장과 해이의 상호교체는 (간지러운 사람들이 느끼는 긴장과 해이의 교체처럼)"으로 되어 있다.

기를 내뱉으며, 그렇게 하여 건강에 유익한 운동을 일으킨다. 그리고 심의 가운데에서 일어나는 일이 아니라, 바로 이러한 운동만이, 실제로는 아무 것도 표상시키는 것이라고는 없는 하나의 사상에 관해서 우리가 느끼는 쾌락의 본래의 원인인 것이다. —— 볼테르는, '하늘은 인생의 허다한 고난에 대하여 균형을 맞추기 위하여 우리에게 두 가지의 것을 주었으니, 그것은 곧 희망과 수면이다'라고 말하였다.[1] 그는 거기에 또 웃음을 덧붙일 수가 있었으리라. 만일 이성적인 사람들에게서 웃음을 일으킬 수 있는 수단이 아주 용이하게 마련되기만 한다면, 그리고 또 신비적 명상가들처럼 머리를 앓아가면서, 천재들처럼 목숨을 내걸면서, 또는 감상적 소설가들처럼 (아마 감상적 도덕가들도 마찬가지이겠지만) 가슴을 앓아가면서 창작하는 재능이 흔한 데에 비하여, 웃음을 일으키는 데에 필요한 기지나 또는 익살의 독창성이 드물지만 않다면.

그러므로 나의 생각으로는, 일체의 쾌락은, 비록 그것이 미감적 이념들을 환기하는 개념에 의하여 유발되는 것이라 할지라도, 모두가 동물적 감각, 다시 말하면 신체적 감각이라고 하는 에피쿠로스의 말은 충분히 용인될 수 있을 것이다. 그러나 그것이 용인된다고 해서 도덕적 이념들에 대한 경외의 정신적 감정이 손상되는 일은 조금도 없다. 그러한 감정[2]은 쾌락이 아니라, 우리들로 하여금 쾌락의 욕구를 초월케 하는 일종의 자기존중(우리들의 내부에 있는 인간성의)인 것이다. 아니 그 뿐만 아니라 그보다는 덜 고귀한 취미의 감정조차도 조금도 훼손되는 일이 없는 것이다.

이 두 감정의 합성물은 소박성을 띠고 나타난다. 그리고 이 소박성이란, 제2의 천성이 된 위장술에 대항해서 나타나는, 인간성이 근원적으로 타고난 솔직성의 발로인 것이다. 우리는 아직 자신을 위장할 줄 모르는 단순성을 비웃지만, 그러나 또한 그러한 위장술을 여기에서 저지하는 자연[천성]의 단순성에 기뻐하기도 한다. 우리가 기대했던 것은, 아름답게 보이려고 조심스럽게[3] 꾸민 허식적 언사라는 일상적 예절이었다. 그러나 보라. 우리 앞에 나타나는 것은 더럽혀지지 않은 무구한 자연이다. 우리는 그러한 자연을 발견하리라고는 전연

---

1) Voltaire, *Henriade, Chant* 7. 참조.
2) 초판에는 "경외"로 되어 있다.
3) Erdmann은 "세심하게"로 고쳤다.

예기치 못했으며, 또 그것을 보여준 당사자도 그것을 드러내 보일 생각은 전연 없었던 것이다. 아름다우나 거짓된 외관은 보통 우리들의 판단에 있어서 대단히 중대한 의의를 가지지만, 이 경우에 그러한 외관이 갑자기 무에로 전화한다는 사실은, 그리고 이를테면 우리들 자신의 내부에 있는 악한이 적나라하게 드러난다는 사실은, 심의를 상반되는 두 방향에로 차례로 감동시킨다. 그리고 이 감동은 동시에 신체를 건강에 유익하게 진동시킨다. 그러나 일절의 가장된 예절보다도 무한히 더 훌륭한 어떤 것이, 즉 심성의 순결성(적어도 그에 대한 소질)이 인간의 자연적 본성에 있어서 완전히 소멸되지는 않았다고 하는 사실은, 판단력의 이러한 유동 속에 엄숙과 존경을 혼입시키는 것이다. 그렇지만 그것은 잠깐 동안 나타나는 현상에 불과하며,[1] 위장술의 덮개가 곧 다시 내려지기 때문에, 거기에는 동시에 정이 어린 감동인 연민이 섞이게 된다. 그리고 이 감동은 유동으로서 그러한 선의의 웃음과 대단히 잘 결합될 수 있으며, 또한 실제로도 보통 그것과 결합되어 있음과 동시에, 또한 그러한 웃음의 소재를 제공하는 사람에게 대하여 그가 아직도 인정세태에 따라 영리해지지 못하고 있다는 데 관해서 느끼는 당혹을 보상해 주는 것이 상례이다. ——그러므로 소박해지려는 기술이란 하나의 모순이다. 그러나 어떤 가구적인 인물을 빌어서 소박성을 나타내는 것은 충분히 가능하며, 그것은 희귀하기는 하지만 미적인 예술이다. 단지 사교술의 본질에 정통하지 못하다는 이유만으로 자연적 본성을 그르 230 치지 않고 있는 솔직한 단순성이 소박성과 혼동되어서는 안된다.

　기분을 돋우어주며, 웃음에서 나오는 쾌락과 가깝고, 정신의 독창성에 속하지만, 그러나 바로 미적 예술의 재능에는 속하지 않는 것으로, 익살스런 태도도 꼽을 수가 있다. 좋은 의미에서 익살이란 결국 임의로 일정한 심의의 경향에 들어갈 수 있는 재능을 의미하는데, 거기에서는 모든 사물이 보통과는 전혀 달리 (뿐만 아니라 거꾸로도) 판정되지만, 그러나 그러한 기분 가운데에 있는 일정한 이성원리에 따라서 판정되는 것이다. 자기도 모르게 그러한 [기분의] 변화에 지배되고 있는 사람은 변덕스럽다고 일컬어지지만,[2] 그러나 그러한 변화

---

1) 초판에는 "그것은 잠깐의 현상에 불과하며,"이다.
2) 초판과 제2판에는 "변덕스럽지만,"이다.

를 임의로 그리고 합목적적으로 (웃음을 일으키는 대조를 이용하여 생생하게 현시하기 위하여) 받아들일 수 있는 사람과 그런 사람의 말솜씨는 익살스럽다고 일컬어진다. 그러나 이 [익살스러운] 수법은 미적 예술에 속한다기보다는 오히려 쾌적한 예술에 속하는 것이다. 왜냐하면 미적 예술의 대상은 언제나 그 자신 약간의 품위를 나타내지 않으면 안되며, 따라서 취미가 [그것을] 판정함에 있어서 엄숙을 요구하는 것과 마찬가지로, [그것을] 현시함에 있어서도 일정한 엄숙을 요구하기 때문이다.

제1부　미감적 판단력의 비판 　　231

＠ 제2편　미감적 판단력의 변증론＠

§ 55.

판단력이 변증론적이기 위해서는 그것은 무엇보다도 먼저 이성적 논의를 하는 것이 아니면 안된다. 다시 말하면 그러한 판단력의 판단들은 보편성을 요구하되, 그것도 선천적으로 요구하는 것이 아니면 안된다.＊ 그러한 판단들의 대립이 변증론의 내용을 이루는 것이기 때문이다. 따라서 미감적 감관판단들(쾌적한 것과 불쾌적한 것에 관한)의 불일치는 변증론적인 것이 아니다. 또한 취 　232 미판단들의 충돌도, 각자가 자기 자신의 취미에만 호소하는 한, 취미의 변증론이 되는 것이 아니다. 왜냐하면 아무도 자기의 판단을 보편적 규칙으로 삼으려고는 생각하지 않기 때문이다. 그러므로 변증론이 취미에 관계할 수 있다면, 그러한 변증론 개념으로는, 취미의 비판의——이 비판의 원리들에 관한——변증론(취미 자신의 변증론이 아니라)이라는 개념 이외에는 남지 않게 된다. 이는 요컨대 취미판단 일반의 가능의 근거에 관해서 상반되는 개념들이 자연히 그리고 불가피하게 나타나기 때문이다. 그러므로 미감적 판단력의 원리들 사이에 어떤 이율배반이 발견되고, 그로 인해서 취미의 합법칙성이 의심스럽게 되며, 따라서 취미의 내적 가능성도 또한 의심스럽게 되는 한에 있어서만, 취미의 선험적 비판은 미감적 판단력의 변증론이라는 이름을 가질 수 있는 하나의 부문을 내포하게 될 것이다.

＊ 스스로 보편적임을 표방하는 판단은 어느 것이나 이성적 논의가 들어 있는 판단(*iudicium ratiocinans*)이라고 일컬을 수 있다. 그러한 판단은 보편적인 것인 한, 이성적 추론[삼단논법]에 있어서 대전제가 될 수 있기 때문이다. 그에 반해서 이성적 판단(*iudicium ratiocinatum*)이라고 불릴 수 있는 것은, 이성적 추론의 결론으로서, 따라서 선천적인 근거를 가지는 것으로서 사유되는 판단뿐이다.

§56.
취미의 이율배반의 제시.

취미에 관한 첫 번째의 상투어는, '누구나 각자 자기 자신의 취미를 가지고 있다'고 하는 명제 가운데에 포함되어 있다. 그리하여 누구나 몰취미한 사람은 이 명제를 가지고 비난에 대하여 자기를 방어하려고 생각한다. 그것이 의미하는 바는, 이러한 취미판단의 규정근거는 단지 주관적(쾌락이나 또는 고통)인데 지나지 않으며, 또 이 판단은 다른 사람들의 필연적 동의를 요구할 권리를 가지지 못한다고 하는 것과 똑같은 것이다.

취미에 관한 두 번째의 상투어는, '취미에 관해서는 논의를 할 수가 없다'고 하는 것인데, 이러한 상투어는 취미판단에 대하여 그것이 누구에게나 타당하다고 언명할 수 있는 권리를 용인하는 사람들조차도 사용하는 것이다. 그것이 의미하는 바는, 취미판단의 규정근거는 과연 객관적인 것일지도 모르나, 그러나 이 규정근거는 규정된 개념에로 환원될 수 없는 것이요, 따라서 우리는 비록 취미판단에 관하여 얼마든지 논쟁을 할 수는 있으며 또 그것이 당연하지만, 그러나 취미판단 자체에 관하여 증명에 의하여 결정할 수 있는 것이란 아무 것도 없다고 하는 것과 똑같은 것이다. 왜냐하면 논쟁한다는 것과 논의한다는 것과는, 양자가 모두 판단의 상호대립을 통해서 이들 판단을 일치시키려고 노력한다는 점에서는 동일한 것이지만, 그러나 후자[논의한다는 것]는 증명근거로서의 규정된 개념에 따라 이러한 일을 성취하려고 하며, 따라서 객관적 개념들을 판단의 근거로 삼는다는 점에서는 서로 다르기 때문이다. 그러나 이러한 일[객관적 개념들을 판단의 근거로 삼는 일]이 실행 불가능하다고 간주되는 경우에는, 논의한다는 것도 마찬가지로 실행불가능하다고 판정되는 것이다.

이들 두 상투어 사이에는 하나의 명제, 즉 '취미에 관해서는 논쟁할 수가 있다(비록 논의할 수는 없지만)'고 하는 명제가 빠져 있다고 하는 사실을 우리는 용이하게 알 수 있다. 이 명제는 물론 속담처럼 널리 유포되어 있지는 않으나, 누구나가 마음 속에 품고 있는 것이다. 그러나 이 명제는 맨 처음의 명제와 반대되는 것을 내포하고 있다. 왜냐하면 어떤 것에 관하여 논쟁한다는 것이 허용되어야 한다면, 거기에는 상호간에 의견이 합치할 수 있다는 희망이 있지 않으면 안되며, 따라서 우리는 단지 사적 타당성만을 가지는 데 그치지 않는, 그리고 또한 단지 주관적인 것에 그치지 않는 판단의 근거를 기대할 수 있지 않으면 안되기 때문이다. 그럼에도 불구하고 이에 대해서 상기한 원칙, 즉 '누구나 각자 자기 자신의 취미를 가지고 있다'고 하는 원칙은 정면으로 대립한다.

그러므로 취미의 원리에 관해서는 다음과 같은 이율배반이 제시된다: 234

1. 정립. 취미판단은 개념에 근거를 둔 것이 아니다. 왜냐하면 개념에 근거를 둔 것이라면, 취미판단에 관해서 논의를 할 (증명에 의하여 결정을 내릴) 수가 있을 것이기 때문이다.

2. 반정립. 취미판단은 개념에 근거를 둔 것이다. 왜냐하면 개념에 근거를 둔 것이 아니라면, 취미판단이 다르다고 할지라도, 이 취미판단에 관해서는 논쟁을 할 (다른 사람들이 이 판단에 필연적으로 찬동할 것을 요구할) 수조차도 없을 것이기 때문이다.

§ 57.
취미의 이율배반의 해결.

각 취미판단의 근저에 있는 상기한 원리들 (이 원리들은 앞서 분석론에서 제시된 취미판단의 두 가지 특이성 이외의 다른 아무 것도 아니다) 사이의 충돌을 배제할 수 있는 가능성은, 우리가 다음과 같은 사실을 지적하는 것 밖에는 없다: 즉, 이러한 종류의 판단에 있어서 객체와 관련지어지는 개념이 미감적 판단력의 양격률에 있어서 동일한 의미로 이해되지 않고 있다는 사실, 판정의 이러한 이중적인 의미 또는 관점은 우리들의 선험적 판단력에게는 필연적인 것이지만, 그러나 이것을 서로 혼동하는 데에서 일어나는 가상도 또한 자연적 착각으로서 불가피한 것이라고 하는 사실이 그것이다.

취미판단은 어떤 하나의 개념과 관련을 맺고 있지 않으면 안된다. 그렇지 않으면 취미판단은 모든 사람들에 대한 필연적 타당성을 요구할 수가 절대로 없을 것이기 때문이다. 그러나 그 때문에 바로 취미판단은 하나의 개념으로부터 235 증명될 수 있어야 하는 것은 아니다. 왜냐하면 개념이란 규정될 수 있는 것일 수도 있고, 또는 그 자신 무규정적임과 동시에 규정될 수 없는 것일 수도 있기 때문이다. 전자의 종류에 속하는 것은 오성개념인데, 이것은 이 개념에 대응할 수 있는 감성적 직관의 술어들에 의해서 규정될 수 있는 것이다. 그러나 후자의 종류에 속하는 것은 일체의 감성적 직관의 근저에 있는 초감성적인 것에 관한 선험적 이성개념인데, 이 이성개념은 그렇기 때문에 그 이상 이론적으로[1] 규정될 수가 없는 것이다.

그런데 취미판단은 감관의 대상들에 관계하지만, 그러나 그것은 대상들의 개념을 오성에 대하여 규정하기 위함이 아니다. 취미판단은 인식판단이 아니기 때문이다. 그러므로 취미판단은 쾌의 감정과 관련지어진 직관적인 개별적 표상으로서 단지 사적 판단에 불과하다. 그리고 그러한 한에 있어서 취미판단은 그 타당성으로 보아 판단하는 개인에만 국한될 것이며, 그 대상은 나에게는 만족의 대상이지만, 다른 사람들에게는 사정이 다를는지도 모른다. ── 누구나 각자 자기의 취미를 가지는 것이다.

그럼에도 불구하고 취미판단 속에는 객체의 (동시에 또한 주관의) 표상의 확대된 관계가 포함되어 있음을 의심할 여지가 없다. 그리고 우리는 이 관계를 근거로 하여 이러한 종류의 판단을 누구에게나 필연적인 것으로서 확장하는 것이요, 따라서 이러한 확장의 근저에는 필연적으로 어떤 하나의 개념이 있지 않 236 으면 안된다. 그러나 그것은 전혀 직관에 의해서 규정되지 않는 개념이요, 이 개념에 의해서는 아무 것도 인식될 수가 없고, 따라서 취미판단에 대하여 어떠한 증명도 할 수가 없는 것이다. 그러나 이와 같은 개념은 감관의 객체로서의, 따라서 현상으로서의 대상의 (그리고 또한 판단하는 주관의) 근저에 있는 초감성적인 것에 관한 한갓된 순수이성개념이다. 왜냐하면, 만일 우리가 그러한 것을 고려하지 않는다면, 취미판단이 보편적 타당성을 요구할 수 있는 권리는 구제될 수가 없을 것이기 때문이다. 또 만일 취미판단의 근거가 되는 개념이 예컨대 완전성에 관한 단지 혼란된 개념에 불과하고, 우리가 이 개념에 대하여 아름다운 것의 감성적 직관을 대응시킬 수 있다고 한다면, 취미판단을 증명 위에 정초하다는 것은 적어도 그 자체로서는 가능한 일이겠지만, 그러나 이것은 정립에 모순된다.

---

1) "이론적으로"는 초판에는 없다.

그러나 내가 다음과 같이 말한다면, 일체의 모순은 사라진다: 즉, '취미판단은 하나의 개념(판단력에 대한 자연의 주관적 합목적성의 근거 일반의)에 근거를 둔 것이기는 하지만, 그러나 그 개념은 그 자체에 있어서 규정될 수도 없으며 인식에 도움이 되는 것도 아니기 때문에, 그 개념에 의해서는 객체에 관하여 아무 것도 인식될 수 없고 증명될 수 없다고. 그러나 취미판단은 바로 그 개념에 의하여 동시에 모든 사람들에 대한 타당성(물론 모든 사람들에게 있어서 직관에 직접 수반하는 단칭판단으로서이지만)을 획득하거니와, 이는 취미판단의 규정근거가 아마도 인간성의 초감성적 기체라고 간주될 수 있는 것에 관한 개념 가운데에 있기 때문이다'라고.

237

이율배반을 해결함에 있어서 중요한 것은, 외관상으로는 서로 모순되는 듯한 두 명제가 사실상으로는 서로 모순되는 것이 아니라 오히려 서로 병존할 수 있다고 하는 가능성뿐이다. 이 경우에 비록 이들 두 명제의 개념의 가능을 설명한다는 것은 우리의 인식능력을 넘어선 일이기는 하지만. 이러한 외관[가상]이 자연적이며 인간의 이성에게는 불가피하다고 하는 사실, 그리고 또한 비록 이러한 외관상의 [가상적] 모순이 일단 해결된 후에는 그것은 우리를 속이는 일이 없지만, 그것이 의연히 가상에 지나지 않는 이유도 그러한 점에서 이해될 수가 있을 것이다.

요컨대 우리는 어떤 판단의 보편타당성의 근거가 되지 않으면 안되는 개념을 두 개의 모순되는 판단에 있어서 동일한 의미로 취하면서, 그 개념에 관하여 두 개의 대립적인 술어를 진술하고 있는 것이다. 그러므로 정립에 있어서는 '취미판단은 규정된 개념 위에 근거를 둔 것이 아니다'라고 해야 했을 것이고, 반정립에 있어서는 '취미판단은, 무규정적 개념이기는 하지만, 어쨌든 하나의 개념 (즉, 현상의 초감성적 기체의 개념) 위에 근거를 둔 것이다'라고 해야 했을 것이다. 그리고 그럴 경우에는 이들 정립과 반정립 사이에는 아무런 모순도 없게 될 것이다.

취미의 요구와 반대요구에 있어서의 이러한 모순을 지양하는 것 이상의 일을 우리는 할 수가 없다. 취미의 판단을 지도하고 음미하고 증명할 수 있는 취미의 어떤 규정된 객관적 원리를 부여한다는 것은 절대로 불가능한 일이다. 왜냐하면 그럴 경우에는 그것은 취미판단이 아닐 것이기 때문이다. 주관적 원리,

238

즉 우리의 내부에 있는 초감성적인 것의 무규정적 이념은, 우리들 자신에게도 그 원천이 알려져 있지 않은 이 [취미의] 능력의 수수께끼를 풀 수 있는 유일한 열쇠로서만 지시될 수 있을 뿐이요, 무엇에 의해서도 그 이상 더 설명될 수는 없다.

여기에 제시되었다가 조정된 이율배반의 근저에 놓여 있는 것은, 취미의 올바른 개념, 즉 단지 반성적 미감적인 판단력으로서의 취미의 개념이다. 그리고 거기에서는 외관상 모순되는 두 원칙이 서로 합일되었거니와, 그것은 양자가 다같이 참일 수 있음으로 해서 그러했던 것이요, 그로써 충분한 이유가 되는 것이다. 그에 반해서, 만일 일부의 사람들이 하고 있듯이 취미의 규정근거로서 (취미판단의 근저에 있는 표상의 개별성을 이유로 하여) 쾌적을 상정하든가, 또는 다른 사람들이 하려고 하듯이 (취미판단의 보편타당성을 이유로 하여) 완전성의 원리를 채용하여, 취미의 정의를 거기에 맞춘다면, 거기에서 이율배반이 나온다. 그리고 이 이율배반은 (단지[1] 모순대당일 뿐만 아니라) 반대대당인 두 명제가 모두 거짓임을 지적함으로써만 조정될 수 있을 뿐이요, 그 때 각 명제가 근거하고 있는 개념은 자기모순임이 증명되는 것이다. 그러므로 우리가 알 수 239 있는 것은, 미감적 판단력의 이율배반의 지양은 비판이 순수이론이성의 이율배반을 해결할 때에 따랐던 것과 똑같은 길을 밟는다는 사실과, 그리고 이 경우에도 또한 실천이성의 비판에 있어서도 이율배반은 우리로 하여금 싫든 좋든 감성적인 것을 넘어선 데에로 눈을 돌려, 초감성적인 것 속에서 우리의 모든 선천적 능력의 합일점을 찾지 않을 수 없도록 한다는 사실이다. 왜냐하면 이성을 이성 자신과 조화시키자면, 그 밖에 다른 방도는 남아 있지 않기 때문이다.

주   해 I.

선험철학에 있어서는 이념을 오성개념과 구별해야 할 기회가 매우 자주 있으므로, 그 구별을 표현할 적합한 술어를 도입한다는 것은 유익한 일이 될 것이다. 내가 몇몇개의 술어를 제안한다 해도, 그에 대한 반대는 일어나지 않으리라

---

1) Schöndörffer는 "단지" 다음에 "외관상으로"를 넣는다.

고 나는 믿는다. ──가장 일반적인 의미에 있어서의 이념이란 일정한 (주관적
또는 객관적) 원리에 따라 어떤 대상에 관계하는 표상이지만, 그러나 그 표상은
결코 그 대상의 인식이 될 수는 없다. 이러한 이념은 인식능력들 상호의 (구상
력과 오성의) 합치의 단지 주관적인 원리에 따라 어떤 직관에 관계하여 미감적
이념이라고 일컬어지거나, 또는 객관적 원리에 따라 어떤 개념에 관계하지만
그러나 결코 대상의 인식을 부여하지는 못하여 이성이념이라고 일컬어지거나,
두 가지 중의 하나이다. 후자의 경우에는 그 개념은 초월적 개념이요, 이 초월 240
적 개념은 오성개념과는 구별된다. 오성개념은 언제나 그것에 충분히 대응하는
경험이 그 기초가 될 수 있으며, 그 때문에 내재적이라고 일컬어진다.

미감적 이념은 인식이 될 수가 없다. 왜냐하면 이 이념은 (구상력의) 직관이
지만, 이 직관에 합당한 개념은 결코 찾아낼 수가 없기 때문이다. 이성이념도
인식이 될 수가 없다. 왜냐하면 이 이념은 (초감성적인 것의) 개념을 내포하고
있지만, 이 개념에 적합한 직관은 결코 주어질 수가 없기 때문이다.

그런데 미감적 이념은 [개념에 의하여] 설명할 수 없는 구상력의 표상이라고
부를 수 있으며, 이성이념은 [직관에 의하여] 증시할 수 없는 이성의 개념이라고
부를 수 있으리라고 나는 생각한다. 그리고 이 두 이념에 관해서는 양자가 모
두 전혀 근거없이 산출된 것이 아니라, (이념 일반의 상술한 설명에 의하면) 양
이념이 속하고 있는 인식능력들의 일정한 원리에 따라서 (전자는 주관적 원리
에 따라서, 또 후자는 객관적 원리에 따라서) 산출되었다고 하는 사실이 전제
되고 있다.

오성개념은 그 자체로서 언제나 [직관에 의하여] 증시할 수 있는 것이 아니면
안된다([직관에 의하여] 증시한다는 말이 해부학에 있어서처럼 단지 현시한다는
것을 의미한다면).[1] 환언하면 오성개념에 대응하는 대상이 언제나 직관(순수
직관이든 또는 경험적 직관이든)에 있어서 주어질 수 있지 않으면 안된다. 그
래야만 오성개념은 인식이 될 수가 있기 때문이다. 크기의 개념은 선천적인 공
간직관에 있어서, 예를 들면 직선 등에 있어서 주어질 수 있으며, 원인의 개념
은 불가입성이나 물체의 충돌 등에 있어서 주어질 수 있다. 따라서 이 두 개념

[1] "([직관에 의하여] 증시한다……현시한다는 것을 의미한다면)"은 제2판과 제3판의 추가이다.

은 경험적 직관에 의하여 입증될 수 있다. 다시 말하면 이 양자에 관한 사상은 실례에 있어서 지시(증시, 제시)될 수가 있다. 그리고 이러한 일은 실제로 가능한 것이 아니면 안된다. 그렇지 않으면 우리는 그러한 사상이 공허한 것이나 아닌가 어떤가, 다시 말하면 어떠한 객체도 없는 것이나 아닌가 어떤가를 확실히 알 수가 없을 것이기 때문이다.

241   논리학에 있어서는 증시할 수 있다든가 증시할 수 없다든가 하는 말은 명제에 관해서만 사용되는 것이 보통이다. 그러나 그 곳에서는 전자는 단지 간접적으로만 확실한 명제, 후자는 직접적으로 확실한 명제라는 명칭으로 부르는 것이 더 좋을 것이다. 왜냐하면 그러한 말이 증명가능한 참된 명제와 증명불가능한 참된 명제를 의미하는 것이라면, 순수철학도 이 두 종류의 명제를 가지고 있기 때문이다. 그러나 우리가 증시한다는 말의 어의를 완전히 버리지 않는다면, 순수철학도 철학인 만큼 선천적인 근거에서 증명할 수는 있지만, 증시할 수는 없다. 이 말의 어의에 의하면 증시한다(*ostendere, exhibere*)는 것은 (증명에 있어서든 또는 단지 정의에 있어서든) 그 개념을 동시에 직관에 있어서 현시한다는 것과 똑같은 의미이다. 그리고 직관이 선천적 직관인 경우에는, 그 직관은[1] 개념을 구성한다는 것을 의미한다. 그러나 직관이 경험적인 경우에라도, 의연히 객체가 정시되고, 이 정시에 의해서 개념에 객관적 실재성이 보증되는 것이다. 그리하여 우리는 해부학자에 관해서 다음과 같이 말하는 것이다: '그가 인간의 눈에 관해서 미리 논증적[2]으로 논술한 개념을 이 기관을 해부함으로써 직관적으로 밝힐 때에, 그는 인간의 눈을 증시하는 것이다.'

그러므로 모든 현상 일반의 초감성적 기체라는 이성개념, 또는 도덕적 법칙에 관한 우리의 선택의지의 기초에 놓여 있지 않으면 안되는 것, 즉 선험적 자유라는 이성개념은 이미 종별로 보면 증시할 수 없는 개념이요, 이성이념이다. 그러나 덕은 정도로 보아 이성이념이다. 왜냐하면 전자에게는 그 자체로서 성질상 경험에 있어서 대응하는 것이라고는 아무 것도 주어질 수 없으나, 후자에 있어서는 자유라는 인과성에 의한 어떠한 경험적 산물도 이성이념이 법칙으로

---

1) "그 직관은"을 Windelband는 "이러한 일은" [즉, 그 개념을 직관에 있어서 현시하는 일은]으로 읽는다.
2) "논증적"(diskursiv)은 "직관적"(intuitiv)에 대한 말.

지정하는 정도에 도달하지 못하기 때문이다.

이성이념에 있어서는 구상력이 그의 직관을 가지고 주어진 개념에 도달하지 242
못하는 것과 꼭 마찬가지로, 미감적 이념에 있어서의 오성이 그의 개념에 의하
여 구상력의 내적 직관 전체에 도달하지 못하며, 구상력은 그러한 내적 직관을
어떤 주어진 표상과 결부시킬 뿐이다. 그런데 구상력의 표상을 개념으로 환원
한다는 것은 그것을 [개념에 의하여] 설명한다는 것과 같은 뜻이므로, 미감적 이
념은 구상력(자유롭게 유동하는)의 설명할 수 없는 표상이라고 불릴 수가 있
다. 나는 이러한 종류의 이념에 관해서는 앞으로 또 약간의 것을 상론할 기회
를 가지게 될 것이요, 지금은 다만 다음과 같은 주의를 해두는 데 그친다: 이
두 가지의 이념은 이성이념이나 미감적 이념이나 모두 그 원리들을 가지고 있
지 않으면 안되며, 그것도 양자가 다 그것을 이성 가운데에 가지고 있지 않으
면 안된다. 즉, 전자는 이성사용의 객관적 원리 가운데에, 그리고 후자는 이성
사용의 주관적 원리 가운데에 가지고 있지 않으면 안된다.

이 결과 우리는 **천재**를 미감적 이념의 능력이라고도 설명할 수가 있다. 그리
고 그렇게 함으로써 동시에, 왜 천재의 산물들에 있어서는 예술(아름다운 것의
제작)에 규칙을 부여하는 것이 숙려된 목적이 아니고 (주관의) 자연인가 하는
이유도 밝혀진다. 아름다운 것은 개념에 따라 판정되어서는 안되고, 개념 일반
의 능력[오성]과 합치하기 위한 구상력의 합목적적 조화에 따라 판정되지 않으
면 안되므로, 누구에게나 만족을 주지 않으면 안된다고 하는 정당한 요구를 해
야 할 미적 예술에 있어서 그러한 미감적인, 그러나 무조건적인 합목적성의 주
관적 규칙이 될 수 있는 것은, 규칙이나 준칙이 아니라 주관 속에 있는 한갓된
자연에 지나지 않는다. 그러나 이것은 규칙이나 개념하에서 포착될 수는 없는
것이요, 다시 말하면 주관의 모든 능력의 초감성적 기체(어떠한 오성개념도 도 243
달하지 못하는)이다. 따라서 이것과의 관련에 있어서 우리의 모든 인식능력을
조화시키는 것이 곧 우리의 자연적 본성의 가상적인 것에 의하여 과해진 최종
의 목적인 것이다. 우리가 어떠한 객관적 원리도 지정할 수 없는 이러한 미감
적 합목적성의 근저에 하나의 주관적인 그러나 보편타당한 선천적 원리가 있는
것도 이렇게 해서만 가능하다.

주   해 Ⅱ.

　여기에서 다음과 같은 중요한 주의가 저절로 나오게 된다: 즉, 순수이성의 이율배반에는 세 가지 종류가 있으나, 이들은 이성으로 하여금, 감관의 대상을 그대로 물자체라고 보는 보통은 매우 자연스러운 전제를 버리게 하고, 오히려 대상을 표상으로만 간주하게 하며, 이러한 대상의 근저에 하나의 가상적 기체(이는 초감성적인 어떤 것이요, 그에 관한 개념은 이념에 지나지 않으며, 본래의 인식을 허용하지 않는다)를 놓도록 한다는 점에서는, 이 세 가지 이율배반은 모두가 일치한다고 하는 것이다. 그와 같은 이율배반이 없다면, 이성은 결코 자신의 사변의 범위를 그토록 좁히는 그와 같은 원리[가상적 기체]를 받아들이고, 그렇지 않으면 매우 찬연한 그토록 많은 희망을 전적으로 멸각하지 않을 수 없는 희생을 하려고 결심할 수가 없을 것이다. 왜냐하면, 이러한 손실의 보상을 위해서 실천적인 점에서 그 만큼 더 큰 [이성의] 사용의 길이 이성에게 열려져 있는 지금에 있어서조차, 이성은 고통 없이 그러한 희망을 버리고 옛날의 애착에서 벗어날 수는 없는 것 같이 보이기 때문이다.

　세 종류의 이율배반이 있다고 함은, 각각 (상급의 인식능력으로서) 선천적 원리들을 가지고 있지 않으면 안되는 세 개의 인식능력, 즉 오성과 판단력과 이성이 있다는 데에 그 근거가 있다. 왜냐하면, 이성이 이러한 원리들 그 자체 244 와 이 원리들의 사용에 관하여 판단하는 한, 이성은 이 원리들 전부에 관하여 주어진 피제약자에 대하여 어디까지나 무제약자를 요구하지만, 그러나 만일 우리가 감성적인 것을 물자체에 속하는 것으로 간주하고, 오히려 한갓된 현상으로서의 이 감성적인 것의 근저에 어떤 초감성적인 것(우리의 외부와 우리의 내부에 있는 자연의 가상적 기체)을 사상 자체로서 놓지 않는다면, 그러한 무제약자는 결코 발견되지 않기 때문이다. 그리하여 여기에 1. 인식능력에 대해서는 무제약자에까지 이르는 오성의 이론적 사용에 관한 이성의 이율배반, 2. 쾌 불쾌의 감정에 대해서는 판단력의 미감적 사용에 관한 이성의 이율배반, 3. 욕구능력에 대해서는 그 자신 입법적인 이성의 실천적 사용에 관한 이율배반이 있다. 즉, 이러한 모든 능력이 자신의 상급의 선천적 원리들을 가지며, 이성의 불가피한 요구에 따라 이러한 원리들에 의하여 역시 무조건적으로 판단하고 그

객체를 규정할 수 있지 않으면 안되는 한에 있어서, 그와 같은 세 가지의 이율
배반이 성립하는 것이다.

두 개의 이율배반, 즉 그러한 상급의 인식능력의 이론적 사용의 이율배반과
실천적 사용의 이율배반에 관해서는, 그러한 판단들이 현상으로서의 주어진 객
체의 초감성적 기체를 고려하지 않을 경우에는, 그러한 이율배반은 불가피하지
만, 그에 반해서 그것을 고려하게 되면, 곧 그러한 이율배반은 해결된다는 점
을 우리는 이미 다른 곳에서[1] 지적한 바 있다. 그런데 이성의 요구에 따라 판
단력을 사용하는 경우의 이율배반과 여기에서 주어진 그 해결에 관해서 말한다
면, 이 이율배반을 피하는 방도는 다음의 두 가지 중의 하나 밖에는 없다: 첫
째로는 미감적 취미판단의 기초에 어떤 선천적 원리가 있다는 것을 부정하는
것이다. 그렇게 되면 보편적 동의의 필연성에 대한 일체의 요구는 근거 없는
공허한 망상일 것이며, 많은 사람들이 어떤 취미판단에 관해서 의견이 일치하
는 일이 일어나기 때문에, 그런 한에서만 그 취미판단은 바르다고 간주될만한   245
다는 데 지나지 않을 것이다. 그리고 이런 일이 일어나는 것도 본래 이 일치의
배후에 하나의 선천적 원리가 추정되기 때문이 아니라, (미각에 있어서처럼)
주관들이 우연히도 같은 모양의 조직을 가지고 있기 때문일 것이다.[2] 그렇지
않으면 둘째로는 우리는, 취미판단은 본래 어떤 사물에 있어서 발견되는 완전
성, 그리고 그 사물 속에 있는 다양한 것과 어떤 목적과의 관계에 있어서 드러
나는 완전성에 관한 하나의 위장된 이성판단이요, 따라서 취미판단은 근본에
있어서는 목적론적 판단임에도 불구하고, 단지 이러한 반성에 부수되는 혼란
때문에 미감적 판단이라고 불린다고 상정하는 수밖에 없을 것이다. 그러한 경
우에는 우리는 선험적 이념에 의해서 이율배반을 해결하려고 함은 무용하고 무
의미한 짓이라고 선언할 수 있을 것이며, 한갓된 표상으로서가 아니라 물자체
로서의 감관의 객체와 그러한 취미의 법칙을 합일시킬 수도 있을 것이다. 그러
나 이 두 회피책이 어느 것이나 얼마나 무력한가 하는 것은 취미판단을 해명하

---

1) 『순수이성비판』과 『실천이성비판』.
2) "그렇게 되면 보편적 동의의…… 때문일 것이다"를 Kirchmann은 "그리고 보편적 동의의……때
   문일 것이라고 주장하는 것이다"로, Erdmann은 "다시 말하면 보편적 동의의……때문일 것이라고
   주장하는 것이다"로, Vorländer는 "보편적 동의의……때문일 것이라고 주장하는 것이다"로 고쳤다.

면서 여러 곳에서 밝힌 바와 같다.

그러나 우리의 연역이, 비록 모든 점에서 아직도 충분히 밝혀지지는 않았지만, 적어도 올바로 행해졌다는 것만이라도 시인된다면, 여기에 세 개의 이념이 나타난다. 즉, 첫째로 자연의 기체로서의, 그 이상의 규정을 가지지 않은, 초감성적인 것 일반의 이념이요, 둘째로 우리의 인식능력에 대한 자연의 주관적 합목적성의 원리로서의 초감성적인 것의 이념이며, 셋째로 도덕적 영역에 있어서의 자유의 목적의 원리, 및 자유와 자연과의 합치의 원리로서의 초감성적인 것의 이념이다.

246

§ 58.

미감적 판단력의 유일한 원리로서의 자연 및 예술의 합목적성의 관념론에 관하여.

우리는 우선 취미의 원리에 관하여, 취미는 언제나 경험적 규정근거에 따라, 즉 단지 후천적으로 감관을 통하여 주어지는 규정근거에 따라 판단을 내린다고 생각할 수도 있고, 또는 취미는 어떤 선천적 근거에서 판단을 내린다고 함을 용인할 수도 있다. 전자는 취미의 비판의 경험론이요, 후자는 취미의 비판의 이성론일 것이다. 전자에 따르면 우리의 만족의 객체는 쾌적한 것과 구별되지 않을 것이며, 후자에 따르면, 그 [취미의] 판단이 특정한 개념들에 기인하는 것인 한, 만족의 객체는 선한 것과 구별되지 않을 것이다. 그리하여 일체의 미는 이 세계에서 부정되어 버리고, 그 대신에 아마도 상술한 두 종류의 만족의 어떤 혼합물을 표현하는 특수한 명칭만이 남게 될 것이다. 그러나 우리는 만족의 선천적 근거도 또한 있으며, 따라서 그러한 근거는 규정된 개념 속에 포착될 수 없음에도 불구하고, 이성론의 원리와 양립할 수 있다는 것을 밝혀 놓았다.

그에 반해서 취미의 원리의 이성론은 합목적성의 실재론의 형태를 취하든가, 합목적성의 관념론의 형태를 취하든가, 두 가지 중의 하나이다. 그런데 취
247 미판단은 인식판단이 아니며, 미는 그 자체로서 보면 객체의 성질이 아니기 때문에, 취미의 원리의 이성론은, 이 판단에 있어서의 합목적성이 객관적인 것으로 사유된다는 점에, 다시 말하면 이 판단이 이론적으로, 따라서 논리적으로도 (비록 단지 혼란한 판정에 있어서이지만) 객체의 완전성에 관계한다는 점에 성

립할 수 있는 것이 아니라, 단지 미감적으로 구상력에 있어서의 객체의 표상과 판단력 일반의 본질적 원리와의 주관에 있어서의 합치에 관계한다는 점에 성립하는 것이다. 따라서 이성론의 원리에 따른다 해도, 취미판단이나 취미판단의 실재론과 관념론과의 구별은 오직 다음과 같은 점에 성립할 수 있을 뿐이다: 즉, 그러한 주관적 합목적성이 전자의 경우[취미판단의 실재론]에는 우리의 판단력과 합치하는 자연 (또는 예술)의 현실적(의도적) 목적으로서 상정되거나, 또는 후자의 경우[취미판단의 관념론]에는[1] 단지 자연과 특수한 법칙들에 따라 산출된 자연의 형식에 관해서 판단력의 요구와의 합목적적 합치가 목적없이 저절로 그리고 우연적으로 출현하는 것으로서 상정되거나, 두 가지 중의 하나이다.

자연의 미감적 합목적성의 실재론은 유기적 자연계의 아름다운 형성물들이 이를 충분히 변호한다. 즉, 우리는 아름다운 것을 산출하는 데에는 그 근저에 그것을 산출하는 원인으로서의 그것의 이념이, 다시 말하면 우리의 구상력을 248 위한 목적이 있다고 상정하고 싶어하기 때문이다. 이러한 아름다운 형성물로는 조화, 꽃, 아니 온갖 식물의 형태들, 그리고 모든 종류의 동물의 사랑스러운 형태들이 있거니와, 이러한 동물의 형태의 사랑스러움이란 그 자신의 용도를 위해서는 불필요하지만 우리들의 취미를 위해서는 마치 정선된 것인 듯 하다. 특히 우리들의 눈에 그토록 만족과 자극을 주는 색채의 다양성과 조화 있는 배합(꿩, 갑각류, 곤충 그리고 보잘 것 없는 화초에 있어서 볼 수 있는)은 이러한 피조물들의 표면에만 관계할 뿐이요, 또 표면에 있어서도 이러한 피조물들의 내적 목적에 꼭 필요할는지도 모를 형상에는 전연 관계하지 않으므로, 그러한 색채의 다양성과 배합은 전적으로 외적 관조를 목적으로 하고 있는 것처럼 보인다. 그리하여 이러한 모든 것은 우리들의 미감적 판단력을 위하여 자연의 현실적 목적을 상정하는 설명방식을 매우 유력하게 해주는 것이다.

그에 반해서 이러한 상정에 대해서는 이성은 그의 격률,[2] 즉 어느 경우에나 원리의 불필요한 증가를 가능한 한 피해야 한다고 하는 격률에 의하여 반대한다. 그뿐만 아니라 자연의 형식들은 우리들의 판단력의 미감적 사용을 위해서

---

1) "후자의 경우에는"은 제2판과 제3판의 추가이다.
2) Kant는 "격률들"이라고 쓴 것을 Schöndörffer가 고쳤다.

마치 만들어지기나 한 것처럼 보이지만, 자연은 어디에서나 그의 자유로운 형성작용에 있어서 그러한 형식들을 기계적으로 산출하는 경향을 매우 많이 보여준다. 그러므로 자연은 거기에 단지 자연으로서의 그 기계적 조직 이상의 어떤 것이 필요하다고 추측할 수 있는 조금의 근거도 암시하지 않지만, 그러나 그러한 기계적 조직에서 보면 자연의 형식들은 그 근저에 이념이 있지 않더라도 우리의 판정에 대해서는 합목적적일 수 있는 것이다. 그런데 내가 자연의 자유로운 형성작용이라고 함은 정지상태에 있는 어떤 액체의 일부분이 (때로는 열물질의 부분만이) 증발 혹은 분리함으로써 남은 부분이 응고하여 일정한 형태 또는 조직(형상 또는 구조)을 가지게 되는 형성작용을 의미하거니와, 이러한 형태나 조직은 물질의 종별적 차이에 따라 다르지만, 동일한 물질에 있어서는 엄밀하게 동일하다. 그러나 그러기 위해서는 액체가 언제나 참된 액체를 의미한다는 것, 즉 물질이 액체 속에 완전히 용해되어 있다는 것, 다시 말하면 물질이 액체 속에 떠도는 고체의 부분의 한갓된 혼합물로 간주되어서는 안된다고 하는 것이 전제되는 것이다.

그리하여 형성작용은 응집에 의해서, 다시 말하면 급격한 응고에 의해서 일어나며, 유동적 상태로부터 고체의 상태에로의 점차적 이행에 의해서가 아니라, 이를테면 하나의 비약에 의해서 일어난다. 그리고 이러한 이행은 결정화라고도 불린다. 이러한 종류의 형성작용의 가장 비근한 예는 물의 빙결이다. 이때 물 속에는 먼저 60도의 각으로 서로 접합된 반듯한 빙선이 생기고, 이 빙선의 각점에 다른 빙선이 부착하여, 마침내 전체가 얼음이 된다. 그러므로 이 동안에 빙선들 사이에 있는 물은 서서히 굳어지는 것이 아니라, 완전히 얼음만큼 차면서도 그 보다 훨씬 더 뜨거운 온도에 있는 것처럼 완전히 액체로 있는 것이다. 응고되는 순간에 돌연히 발산되는 분리물질은 상당한 양의 열소이지만, 그것은 물이 액체상으로 있기 위해서만 필요했던 것이므로, 그만한 양의 열소가 소실되어도 지금 생긴 이 얼음은 조금 전에 얼음 속에 있던 액체상의 물보다 조금도 더 차지는 않은 것이다.

결정형을 가지는 많은 염류나 광석류도 마찬가지로 물 속에——어떠한 매질에 의해서인지는 모르지만——용해된 토질에서 나온다. 그와 마찬가지로 정육면체의 방연광, 홍은광 등등 많은 광물의 결정형상도 추측컨대 수중에서, 그리

고 각 부분의 응집에 의해서 형성될 것이다. 즉, 그 각 부분이 어떤 원인에 의
해서 물이라는 이 매질을 버리고 서로 결합하여 일정한 외적 형태를 취하지 않
을 수 없게 될 것이다.

그러나 단지 열에 의해서 액체가 되고 냉각에 의해서 고체가 된 물질도 모
두가 그 단층을 보면 내적으로 일정한 구조를 나타내고 있다. 그리하여 거기에
서, 만일 그러한 물질 자신의 중량이나 공기의 접촉이 그것을 방해하지 않았더
라면, 그러한 물질들은 외적으로도 그 자신의 종별상 특유한 형태를 보여주었
으리라고 추정되는 것이다. 그와 같은 일은 약간은 금속에 있어서 관찰되어 왔
다. 즉, 어떤 금속이 융해된 다음에 외부는 굳어 있으나 내부는 아직 액체상일
때에, 아직도 액체상인 이 내부의 부분을 유출시키고, 이번에는 내부에 잔류하
는 그 밖의 부분을 서서히 응집시키면 된다. 섬광광석, 적철광, 산석과 같은   251
다수의 광물의 결정은 예술이 언제나 안출하고 싶어 할 만한 매우 아름다운 형
태들을 흔히 보여준다. 그리고 안티파로스도[1]의 동굴에 있는 장관도 석고층을
뚫고 스며나오는 물의 산물에 지나지 않는 것이다.

액체상태는 아무리 보아도 일반으로 고체상태보다 더 오래된 것이다. 그리
고 식물이나 동물체도, 액체상의 영양물질이 정지상태에 있어서 어떤 형태를
취하는 한에 있어서, 이러한 액체상의 영양물질로 형성된다. 이러한 영양물질
은 물론 동물체에 있어서는 우선 목적을 향한 어떤 근원적인 소질(이 소질은,
본서 제2부에서 밝혀지겠지만, 미감적으로가 아니라 목적론적으로 실재론의
원리에 따라 판정되지 않으면 안된다)에 따라 형성되는 것이기는 하지만, 그러
나 그와 아울러서 아마도 물질간의 친근성의 일반적 법칙에 따라 응집하고 자
유로이 형성되는 것이기도 하다. 그런데 여러 가지 기체가 혼합되어 있는 대기
중에 용해된 수분이 열의 소실로 말미암아 대기에서 분리되는 경우에는, 여러
가지 모양의 눈이 나오거니와, 이 눈은 그 때의 공기의 혼합의 차이에 따라 흔
히 인공적인 것처럼 보이는 매우 아름다운 모양을 띤다. 그와 꼭 마찬가지로
우리는 유기체를 판정하는 목적론적 원리를 조금도 훼손하지 않고도, 다음과
같이 생각할 수가 있다: 꽃, 새털, 조개의 형태와 색채의 미는 이를 자연과 자

---

1) Antiparos도: 에에게해의 작은 섬으로 종유동으로 유명하다.

252 연의 능력에 돌릴 수 있다고. 그리고 이러한 자연의 능력이란 그러한 미를 향한 특수한 목적이 없이 자유로이, 화학적 법칙에 따라, 유기체에 필요한 물질의 침전에 의하여, 미감적-합목적적으로도 자신을 형성하는 능력이라고.

그러나 자연의 아름다운 것에 있어서의 합목적성의 관념성이라는 원리는 우리가 미감적 판단 그 자체에 있어서 언제나 근저에 놓고 있는 원리요, 따라서 자연의 목적의 실재론을 우리가 우리의 표상력에 대한 설명근거로서 사용하는 것을 허용치 않는 원리이거니와, 이 원리가 분명하게 증명하고 있는 바는 바로 다음의 사실이다: 즉, 우리는 미를 판정함에 있어서 일반으로 판정의 선천적 규준을 우리들 자신의 내부에서 찾으며, 미감적 판단력은 어떤 것이 아름다운가 아름답지 않은가 하는 판단에 관해서 그 자신 입법적이라고 하는 사실이다. 이러한 것은 자연의 합목적성의 실재론을 채용할 경우에는 성립될 수 없는 일이다. 왜냐하면 그 경우에는 우리는 우리가 무엇을 아름답다고 보아야 할 것인가를 자연으로부터 배우지 않으면 안될 것이며, 따라서 취미판단은 경험적 원리들에 예속될 것이기 때문이다. 요컨대 그러한 판정에 있어서는 문제는 자연이 무엇인가, 또는 자연의 목적이 우리에게 무엇인가 하는 데에 있는 것이 아니라, 우리가 자연을 어떻게 받아들이는가 하는 데에 있는 것이다. 만일 자연이 우리의 만족을 위해서 그의 형식들을 만들었다고 한다면, 그것은 언제나 자연의 객관적 합목적성일 것이요, 자유로운 구상력의 유동에 기인하는 주관적

253 합목적성이 아닐 것이다. 주관적 합목적성의 경우에 있어서는 우리가 호의를 가지고 자연을 받아들이는 것이지, 자연이 우리에게 호의를 보여주는 것이 아니다. 우리가 자연의 어떤 산물을 판정할 때에 우리의 심의력들[구상력과 오성]의 관계에서 내적 합목적성을 지각할 수 있는 기회를, 그것도 어떤 초감성적 근거에서 필연적이며 보편타당적이라고 단언되어야 할 합목적성으로서 지각할 수 있는 기회를, 자연은 우리를 위해서 간직하고 있다. 그러나 이러한 자연의 특성이 자연목적일 수는 없으며, 더구나 우리가 그것을 자연목적이라고 판정할 수는 없는 것이다. 왜냐하면, 만일 그것이 자연목적이라면, 그러한 자연목적에 의하여 규정되는 판단은 타율성을 근저에 가지는 것이 되고, 취미판단답게 자유로운 것도 아닐 것이요, 자율성을 근저에 가지는 것도 아닐 것이기 때문이다.

미적 예술에 있어서는 합목적성의 관념론의 원리는 한층 더 명확하게 인식

된다. 왜냐하면 미적 예술에 있어서는 합목적성의 미감적 실재론이 감각을 통해서 (그 경우에는 미적 예술은 미적 예술이 아니라, 단지 쾌적한 예술에 지나지 않을 것이다) 상정될 수 없다는 것은 아름다운 자연의 경우와 공통된 점이기 때문이다. 그러나 미감적 이념들에 의한 만족은 특정한 목적의 달성에 (기계적 의도적 기술과 같이) 의존하는 것이어서는 안되며, 따라서 [합목적성의] 원리의 이성론에 있어서조차 그 근저에 있는 것은 목적의 관념성이요 목적의 실재성이 아니라고 함은, 이미 다음의 사실에 의해서도 명백한 일이다: 즉, 미적 예술 그 자체는 오성이나 지식의 산물이 아니라 천재의 산물이라고 보아야 하며, 따라서 그것은 특정한 목적의 이성이념과는 본질적으로 구별되는 미감적 254 이념들을 통해서 그 규칙을 획득하는 것이다.

현상으로서의 감관의 대상의 관념성이 이 대상의 형식들은 선천적으로 규정될 수 있다는 가능성을 설명하는 유일한 방식인 것과 꼭 마찬가지로, 자연과 예술과의 미를 판정할 때에는 합목적성의 관념론도 또한 유일한 전제요, 이 전제하에서만 비판은 누구에게 대해서나 타당성을 선천적으로 요구하는 (그러나 합목적성이 객체에 있어서 표상된다고 해서, 그 기초를 개념에 두는 것은 아니다) 취미판단의 가능성을 설명할 수가 있는 것이다.

§59.
도덕성의 상징으로서의 미에 관하여.

우리의 개념의 실재성을 명시하기 위해서는 언제나 직관이 필요하다. 그것이 경험적 개념인 경우에는, 직관은 실례라고 일컬어진다. 또 그것이 순수오성개념인 경우에는, 직관은 도식이라고 불린다. 그러나 만일 이성개념의, 다시 말하면 이념의 객관적 실재성을 명시할 것을, 그것도 이념의 이론적 인식을 위해서 명시할 것을 요구한다면, 그것은 불가능한 일을 바라는 것이 된다. 왜냐하면 이념에 적합한 직관은 절대로 주어질 수가 없기 때문이다.

감성화로서의 일체의 표현(현시, *subiectio sub adspectum*)은 도식적이든 255 가 상징적이든가 두 가지 중의 하나이다. 전자의 경우에는 오성이 파악하는 개념에 대하여 그에 대응하는 직관이 선천적으로 주어진다. 그러나 후자의 경우

에는 개념은 단지 이성만이 사유할 수 있으며, 따라서 그 개념에는 어떠한 감
성적 직관도 적합하지 않으므로, 그러한 개념에 대하여 주어지는 직관에 관한
판단력의 활동은 판단력이 도식화에 있어서 준수하는 활동과 단지 유사한 데
지나지 않는다. 다시 말하면 판단력의 활동은 [이성의] 개념과 단지 이러한 활
동의 규칙으로 보아서 합치할 뿐이요, 직관 그 자체로 보아서 합치하는 것이
아니며, 따라서 단지 반성의 형식상 합치할 뿐이요, 내용상 합치하는 것이 아
니다.

　상징적이라는 말을 직관적인 표상방식에 대립시킨다면, 그것은 근대의 논리
학자들에 의해서도 물론 채용되고는 있지만 그러나 이 말의 진의에 어긋나는
부당한 용어사용이다. 왜냐하면 상징적 표상방식은 직관적 표상방식의 일종에
지나지 않기 때문이다. 즉, 후자(직관적 표상방식)가 도식적 직관방식과 상징적
직관방식으로 구분될 수 있는 것이다. 양자는 모두 표현, 다시 말하면 현시
(*exhibitiones*)이요, 한갓된 표징이 아니다. 다시 말하면 개념을 그 개념에 수
반하는 감성적 기호에 의하여 표시하는 것이 아니다. 그러한 감성적 기호는 객
체의 직관에 속하는 것이라고는 아무 것도 포함하고 있지 않고, 단지 구상력의
연상법칙에 의해서, 따라서 주관적 의도에 있어서, 개념을 재생하는 수단으로
256 쓰일 뿐이다. 그와 같은 감성적 기호는 말이든가, 또는 개념에 대한 한갓된 표
현으로서의 가시적 기호(대수학적 기호나 몸짓의 기호)이든가이다.*

　그러므로 선천적 개념의 근저에 놓여 있는 모든 직관은 도식이든가 상징이
든가 둘 중의 하나이거니와, 그 중에서 도식은 개념의 직접적 현시를 내용으로
하고 있으며, 상징은 개념의 간접적 현시를 내용으로 하고 있는 것이다. 전자
는 이러한 개념의 현시를 증시에 의하여 행하며, 후자는 유비(이 유비를 위해
서는 경험적 직관도 이용된다)에 의하여 그것을 행하거니와, 이러한 유비에 있
어서 판단력은 이중적인 일을 수행한다. 즉, 첫째로 개념을 감성적 직관의 대
상에 적용하고, 다음에 둘째로 그 직관에 관한 반성의 한갓된 규칙을 전혀 다
른 어떤 대상——최초의 대상은 이 대상의 상징에 불과하다 ——에 적용하는

---

　* 인식의 직관적 요소는 논증적 요소(상징적 요소가 아니라)에 대립시키지 않으면 안된다. 그런데
　전자는 증시에 의하여 도식적이든가, 또는 한갓된 유비에 따르는 표상으로서 상징적이든가 둘 중의
　하나이다.

일이다. 그리하여 가령 군주제국가는 그것이 헌법에 의하여 통치되는 경우에는 생명 있는 신체로서 표상되는 데 반하여, 그것이 단독적인 절대적 의지에 의하여 통치되는 경우에는 한갓된 기계(이를테면 맷돌과도 같은)로서 표상되지만, 그러나 어느 경우에 있어서나 단지 상징적으로 표상되는 데 지나지 않는 것이다. 왜냐하면 하나의 전제국가와 하나의 맷돌과의 사이에는 과연 아무런 유사성도 없지만, 그러나 이들 양자와 이들의 인과성과를 반성하는 규칙들 사이에는 유사성이 있기 때문이다. 이러한 문제는 더욱 깊이 탐구할 가치가 있음에도 257 불구하고, 지금까지는 아직 별로 해명되지 않고 있다. 그러나 지금은 이 문제를 상론할 자리가 아니다. 우리의 언어[독일어]에는 유비에 의한 그와 같은 간접적 현시가 얼마든지 있거니와, 이 간접적 현시에 의해서 그 표현이 내포하는 것은 개념에 대한 본래의 도식이 아니라, 단지 반성에 대한 상징뿐이다. 그리하여 기초(지주, 토대), 의존한다(위로부터 지지된다), 무엇으로부터 유출한다(결론이 나온다 대신에), 실체(로크가 표현하고 있듯이 우유성들의 담지자)라는 말들과 그 밖에도 무수한 다른 말들은 도식적 표현이 아니라 상징적 표현이며, 직접적 직관에 의해서가 아니라 단지 그러한 직접적 직관과의 유비에 의해서 개념들을 나타내는 표현이다. 다시 말하면 직관의 대상에 관한 반성을 전혀 다른 개념, 즉 아마 어떠한 직관도 직접 대응할 수가 없는 개념으로 번역함으로써 개념들을 나타내는 표현인 것이다. 그런데 만일 한갓된 표상방식이 이미 인식이라고 불려도 좋다면(이와 같은 일은, 표상방식이 대상이 그 자체에 있어서 무엇인가를 이론적으로 규정하는 원리가 아니라, 대상의 이념이 우리들에게 대하여, 그리고 그 이념의 합목적적 사용에 대하여 무엇이어야만 하는가를 실천적으로 규정하는 원리인 경우에는, 충분히 허용된다), 신에 관한 우리의 일체의 인식은 단지 상징적이다. 그리고 그러한 신에 관한 인식을 오성, 의지 등의 특성들, 즉 오로지 현세의 존재자들에 있어서만 그 객관적 실재성을 입증할 수 있는 특성들과 함께 도식적이라고 생각하는 사람은 의인관에 떨어지는 것이니, 이는 마치 그가 일체의 직접적 요소를 배제하는 경우에는 이신론에 떨어지는 것과 마찬가지이다. 그리고 이러한 이신론에 의해서는 실천적 견지에 있어서조 258 차 인식되는 것이라고는 전혀 아무것도 없다.

그런데 나는 아름다운 것은 도덕적으로 선한 것의 상징이라고 주장하는 바

이다. 그리고 또한 이러한 관점(이것은 누구에게나 자연스러운 관점이요, 누구
나가 다른 사람에게 의무로서 요구하는 관점이다)에서만 아름다운 것은 우리에
게 만족을 주며, 다른 모든 사람들의 동의를 요구하는 것이다. 이 때 우리의
심의는 동시에 감관의 인상에 의한 쾌의 한갓된 감수를 넘어선 어떤 순화와 고
양을 의식하며, 다른 사람들의 가치도 그들의 판단력의 비슷한 격률에 따라 평
가하는 것이다. 이것이야말로, 앞의 절에서 지적된 바와 같이,1) 취미가 지향하
고 가상적인 것이니, 결국 우리의 상급의 인식능력들조차도 이 가상적인 것과
조화하며, 이 가상적인 것이 없다면 이 상급의 인식능력들의 본성 사이에는 취
미가 제기하는 요구와 비교할 때 순전한 모순만이 일어날 것이다. 이 [취미의]
능력에 있어서는 판단력은, 경험적 판정에 있어서와는 달리, 스스로가 경험적
법칙의 타율성에 굴복하고 있다고는 생각하지 않는다. 즉, 판단력은 그처럼 순
수한 만족의 대상에 관해서 자기 자신에게 법칙을 부여하거니와, 이는 이성이
욕구능력에 관해서 법칙을 부여하는 것과 꼭 마찬가지이다. 그리고 판단력은
주관에 있어서의 이러한 내적 가능성 때문에도, 또한 그것과 합치하는 자연의
259 외적 가능성 때문에도, 주관 그 자신의 안과 밖에 있는 어떤 것에, 자연도 아
니며 자유도 아니지만 그러나 자유의 근거와, 즉 초감성적인 것과 결부되어 있
는 어떤 것에 스스로가 관계하고 있음을 안다. 그리고 이 초감성적인 것에 있어
서 이론적 능력은 실천적 능력과 우리가 알지 못하는 어떤 공통적인 방식으로
결합되어 통일을 이루는 것이다. 우리는 [아름다운 것과 도덕적으로 선한 것과의]
이러한 유비의 몇 가지 점을 들되, 그 차이에도 동시에 주의해 두고자 한다.

　1. 아름다운 것은 직접적으로 만족을 준다(그러나 단지 반성적 직관에 있어
서만 그러한 것이요, 도덕과 같이 개념에 있어서 그러한 것이 아니다). 2. 아
름다운 것은 일체의 관심을 떠나서 만족을 준다(도덕적으로 선한 것은 물론
필연적으로 어떤 관심과 결부되어 있지만, 그러나 그것은 만족에 관한 판단에
선행하는 관심이 아니라, 그러한 판단에 의해서 비로소 일어나는 관심이다).
3. 구상력의 (따라서 우리의 능력의 감성의)2) 자유는 아름다운 것을 판정함에

---

1) Windelband는 이것은 앞의 절이 아니라 §57의 "주해 I"이라고 주의하고 있다.
2) Vorländer는 "(우리의 감성의 능력의)"일 것이라고 한다.

있어서 오성의 합법칙성과 합치하는 것으로서 표상된다(도덕적 판단에 있어서
는 의지의 자유는 보편적 이성법칙에 따르는 의지의 자기 자신과의 일치라고
생각된다). 4. 아름다운 것을 판정하는 주관적 원리는 보편적인 것으로서, 다
시 말하면 누구에게나 타당한 것으로서 표상되지만, 그러나 어떠한 보편적 개
념에 의해서도 인지되지 않는 것으로서 표상된다(도덕의 객관적 원리도 보편적
인 것으로서, 다시 말하면 모든 주관에 대해서, 동시에 동일한 주관의 모든 행
위에 대해서도 보편적인 것으로서 설명되며, 또한 그 경우에 어떤 보편적 개념　260
에 의하여 인지되는 것으로서 설명된다). 그러므로 도덕적 판단은 일정한 구성
적 원리들을 받아들일 수 있을 뿐만 아니라, 격률의 근거를 그러한 구성적 원
리와 그 보편성 위에 둠으로써만 가능한 것이다.

이러한 유비에 대한 고려는 상식도 통상하는 바이요, 또 우리가 자연이나 예
술의 아름다운 대상들을 명명하는 데에, 도덕적 판정을 근저에 놓고 있는 듯이
보이는 명칭들을 사용하는 것도 흔히 있는 일이다. 우리는 건축물과 수목을 장
엄하고 화려하다고 부르는가 하면, 광야를 가리켜 웃고 있으며 즐거워하고 있
다고 일컫기도 한다. 색채조차도 무구하고 겸손하고 귀엽다고 일컬어지는데,
이는 색채가 도덕적 판단에 의하여 일으켜진 심의상태의 의식과 유사한 것을
내포하고 있는 감각을 유발하기 때문이다. 취미는 자유롭게 활동하는 구상력조
차도 오성에 대하여 합목적적인 것으로서 규정할 수 있다고 생각할 뿐만 아니
라, 그 위에 또 감관의 자극이 없이도 감관의 대상에 있어서 자유로운 만족을
발견할 것을 가르쳐 줌으로써, 이를테면 감관의 자극으로부터 습관적인 도덕적
관심에로의 이행을 지나치게 무리한 비약이 없이 가능케 하는 것이다.

---

§ 60.　261

부록.

취미의 방법론에 관하여.

학에 선행하는 비판을 원리론과 방법론으로 구분함은 취미의 비판에는 적용
되지 않는다. 왜냐하면 아름다운 것에 관한 학이란 있지도 않고 또 있을 수도

없으며, 따라서 취미의 판단은 원리에 의하여 규정될 수 있는 것이 아니기 때문이다. 모든 예술에 있어서의 학적 요소는 그 객체를 현시함에 있어서 진리성을 목표로 하거니와, 이러한 학적 요소에 관해서 말하자면, 그것은 과연 미적 예술의 불가결한 조건(*conditio sine qua non*)이기는 하지만, 미적 예술 그 자체는 아니다. 그러므로 미적 예술에 대해서는 수법(*modus*)만이 있고 교수법(*methodus*)은 없다. 사장은 제자가 무엇을 어떻게 완성해야 옳은가를 시범하지 않으면 안 된다. 그리고 사장이 최후에 자기가 한 방식을 정리하여 보편적 규칙들을 세운다면, 그 규칙은 자기가 한 방식의 주요계기를 제자에게 지시해 주기보다는, 오히려 그것을 수시로 상기시켜주는 역할을 할 수 있을 것이다. 그럼에도 불구하고 이 경우에 어떤 이상이 고려되지 않으면 안되는데, 예술은 비록 그 제작에 있어서 이 이상에 완전히 도달하지는 못한다 할지라도, 이 이상을 염두에 두지 않으면 안되는 것이다. [이를 위해서는] 제자의 구상력을 주어
262 진 개념에 적합하도록 일깨워 주어야만 한다. 이 때 이념은 미감적 이념이기 때문에, 개념 그 자체가 도달할 수 없으며, 따라서 그러한 이념에 대한 표현의 불충분함을 제자에게 지적해 주어야만 한다. 그리고 예리한 비판을 가해야만 한다. 그래야만 제자가 자기에게 제시되는 범례를 곧 원형이라고 간주한다든지, 한층 더 높은 규범이나 자신의 판정에는 따를 필요 없는 모방의 본보기라고 간주하는 일이 방지될 수 있으며, 또 그래야만 천재도, 또 천재와 함께 구상력 그 자신의 자유도, 자신의 합법칙성 때문에 질식하는 일이 없을 것이다. 구상력의 이러한 자유가 없으면 미적 예술은 가능치 않으며, 미적 예술을 판정하는 올바른 독자적 취미도 결코 가능치 않은 것이다.

　미적 예술의 최고도의 완전성이 목표인 한, 일체의 미적 예술에 대한 예비학은 준칙들에 있는 것이 아니라, 인문적 학예 *humaniora*라고 불리는 소양에 의하여 심의력들을 도야하는 데에 있는 것으로 생각된다. 추측컨대 그 이유는 인간성이란 한편으로는 보편적인 관여의 감정[동감]을 의미하며, 또 한편으로는 자신을 가장 성실하게 그리고 보편적으로 전달할 수 있는 능력을 의미하기 때문이다. 그리고 이러한 특성들이 함께 뭉쳐서 인간성에 알맞은 사교성1)을 이루

---

1) "사교성"이 제2판과 제3판에는 "행복"으로 되어 있다.

며, 이 사교성으로 말미암아서 인간성은 동물의 편협성과 구별되는 것이다. 민족이란 합법적인 사회생활을 영위하려는 왕성한 충동에 의하여 하나의 영속적 공동체를 형성하거니와, 그러한 충동이 자유(따라서 또한 평등도)와 속박1)(공포보다는 오히려 의무에서 나오는 경외와 복종)을 합일시키려는 지난한 과제를 위요한 크나큰 곤란과 싸웠던 시대와 민족들이 있었다. 그와 같은 시대와 그와 같은 민족은 가장 교양 있는 부류의 이념과 비교적 미개한 부류의 이념을 상호 전달하는 기술을 맨 먼저 발견하고, 전자의 넓고 세련된 교양을 후자의 자연적인 소박성과 독창성에 조화시키고, 그렇게 하여 보다 높은 문화와 자족적인 자연과의 사이를 매개하는 수단을 찾아내지 않으면 안되었던 것이니, 이러한 매개의 수단이야말로 보편적인 인간의 감능으로서의 취미에 대해서도 올바른, 그러나 보편적 규칙에 의해서는 착시될 수 없는 기준이 되는 것이다.

후대에 와서는 그러한 [모방의] 본보기가 없어서는 곤란하게 될 것이다. 왜냐하면 후대는 점점 더 자연과 멀어져서, 마침내 자연의 항존적 범례가 없으면, 최고의 문화의 법칙적 속박과, 자기 자신의 가치를 자각하고 있는 자유로운 자연의 힘이나 진실성이 동일한 민족에 있어서 교묘히 합일한다는 것을 거의 이해할 수 없을는지도 모르기 때문이다.

그러나 취미는 결국 도덕적 이념이 감성화된 것을 판정하는 (이 양자에 관한 반성의 일정한 유비에 의하여) 능력이요, 취미가 단지 각자 각자의 개인적 감정에 대해서 뿐만 아니라 인류 일반에 대해서 타당하다고 단언하는 쾌는 바로 이러한 판정능력으로부터, 또한 도덕적 이념에서 나오는 감정(이것은 도덕적 감정이라고 일컬어진다)에 대한 보다 큰 감수성——이것도 그러한 판정능력에 기초를 둔 것이다——으로부터 유래하는 것이다. 그러므로 취미를 확립하기 위한 참된 예비학은 곧 도덕적 이념을 발견하고 도덕적 감정을 도야하는 데에 있다는 것이 명백해진다. 이는 감성이 이러한 도덕적 감성과 합치 조화될 때에만 진정한 취미가 일정불변의 형식을 취할 수 있기 때문이다.

---

1) 초판과 제2판에는 "하나의 속박"으로 되어 있다.

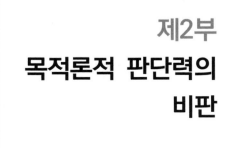

제2부
목적론적 판단력의
비판

§61.   267
자연의 객관적 합목적성에 관하여.

　우리는 선험적 원리들에서 보아, 특수한 법칙들에 따르는 자연의 주관적 합목적성을 상정하여, 인간의 판단력이 자연을 파악할 수 있고 그러한 특수한 경험들을 통합하여 자연의 한 체계를 이룰 수 있도록 할 충분한 이유를 가지고 있다. 그 경우에 우리는 자연의 많은 산물들 가운데에는, 마치 본래 우리의 판단력을 위해서 마련되거나 한 것처럼, 우리의 판단력에 꼭 적합한 종별적 형식들1)을 내포하고 있는 산물들도 있을 수 있다고 기대할 수가 있다. 그러한 형식들은 그 다양성과 통일성에 의해서 심의력들(판단력이 사용될 때에 유동하는)을 이를테면 강화하고 즐겁게 해주는 데 이바지하는 것이요, 그 때문에 우리는 그러한 형식들에 대해서 아름다운 형식이라는 명칭을 붙이는 것이다.

　그러나 자연의 사물들은 서로가 목적에 대한 수단이 되며, 따라서 그러한 사물들의 가능성 그 자체는 이런 종류의 [즉, 목적과 수단의] 인과성에 의해서만 충분히 이해될 수 있다는 사실에 대해서는, 우리는 그 근거를 감관의 대상들의 총괄로서의 자연이라는 보편적 이념 속에서는 전혀 찾을 길이 없다. 왜냐하면 268 상술한 주관적 합목적성의 경우에는 사물들의 표상은 우리의 내부에 있는 어떤 것이므로, 그 표상은 우리의 인식능력들[오성과 구상력]의 내적인 합목적적 조화에 적합하고도 유용한 것이라고 전혀 선천적으로 생각해도 무방했지만, 그러나 우리들의 목적도 아니요, 또한 자연(우리는 자연을 지성적 존재자라고 상정하지는 않는다)에 속하는 것도 아닌 목적이 어떻게 하여 자연의 일종의 특수한 인과성, 적어도 자연의 아주 고유한 합법칙성을 이룰 수가 있는가 또는 이루어야만 하는가는, 몇 가지의 근거를 들어서 선천적으로 추정될 수 있는 것이 전혀 아니기 때문이다. 그러나 그 뿐만이 아니라, 경험조차도 그러한 목적이 현실적으로 있다는 것을 우리들에게 입증하지 못한다. 입증할 수 있다고 한다면, 거기에는 반드시 궤변이 앞서 있음에 틀림 없을 것이니, 이러한 궤변은 목적의 개념을 사물의 자연적 본성 속에 되는대로 투입할 뿐이요, 그 개념을 객체와

---

　1) Kant는 "하나의 종별적 형식"이라고 쓴 것을 Erdmann이 "종별적 형식들"로 고쳤다.

객체의 경험적 인식으로부터 이끌어내는 것이 아니다. 따라서 이러한 궤변은 자연을 객관적 근거에서 인식하기 위해서 보다는, 오히려 우리의 내부에 있는 표상들을 결합하는 주관적 근거와의 유비에 의하여 자연을 이해하기 위해서 목적의 개념을 사용하는 것이다.

　그 위에 또 자연의 사물을 가능케 하는 원리로서의 객관적 합목적성은 자연의 개념과 필연적으로 연관되어 있는 것이 결코 아니고, 오히려 우리가 그것(자연)과 그 형식과의 우연성을 증명하기 위해서 주로 의거하는 것이 바로 이
269 객관적 합목적성인 것이다. 그리하여 예를 들어서, 새의 체격, 그 뼈 속의 공동, 운동하기 위한 날개와 방향을 잡기 위한 꼬리의 위치 등을 열거하는 경우에, 우리는 다음과 같이 말하는 것이다: 이러한 모든 것은, 자연에 있어서의 한갓된 동력인적 결합 *nexus effectivus*에서만 보고, 그 밖에 특수한 종류의 인과성, 즉 목적의 인과성(목적인적 결합 *nexus finalis*)의 도움을 빌지 않는다면, 극도로 우연적이라고. 다시 말하면 자연을 한갓된 기계적 조직이라고 본다면, 자연은 바로 그러한 목적의 원리에 따르는 통일에 마주치는 일이 없이 얼마라도 다른 방식으로 형성될 수가 있었을 것이요, 따라서 우리가 그러한 통일에 대한 근거를 자연의 개념의 밖에서 찾고자 기대하는 것은 좋으나, 그것을 조금이라도 자연의 개념 속에서 선천적으로 찾고자 기대해서는 안된다고.

　그럼에도 불구하고 목적론적 판정이 적어도 개연적으로는 자연의 탐구에 적용되는 것은 당연한 일이다. 그러나 이것은 다만 자연을 목적에 따르는 인과성과의 유비에 의하여 관찰과 탐구와의 원리들 아래에 끌어넣기 위해서일 뿐이요, 자연을 목적에 따르는 인과성에 의하여 설명한다고 참칭하려는 것이 아니다. 그러므로 목적론적 판정은 규정적 판단력에 속하지 않고, 반성적 판단력에 속한다. 그러나 자연에 있어서의 결합관계와 형식들이 목적에 따라 결정된다고 하는 사상은, 자연의 한갓된 기계적 조직에 따르는 인과성의 법칙들만으로는 충분치 못한 경우에, 자연의 현상들을 규칙 아래에 통합하기 위한 적어도 또하나의 원리인 것이다. 왜냐하면 우리가 들고 나오는 목적론적 근거에 있어서는, 우리는 마치 객체의 개념이 자연 속에 (우리들의 내부에가 아니라) 있거나 한 것처럼 생각하여, 그 객체의 개념에 객체에 관한 인과성을 귀속시키거나, 또는
270 오히려 우리는 그와 같은 인과성(그것을 우리는 우리의 내부에서 발견한다)과

의 유비에 따라 그 대상의 가능을 표상하고, 따라서 자연을 그 자신의 고유한
능력으로 인하여 기교적인 것이라고 생각하지만, 그에 반해서, 만일 우리가 자
연에 대해서 그와 같은 작용의 방식을 인정하지 않는 경우에는, 자연의 인과성
은 맹목적인 기계적 조직으로서 표상될 수밖에 없을 것이기 때문이다. 그와는
반대로 우리가 자연의 근저에 의도적으로 작용하는 원인을 인정한다면, 따라서
목적론의 근저에 표상——이 때 자연은 특수한 자연법칙들에 따라 이 현상에
속하는 것으로 생각될 수 있다——의 한갓된 판정만을 위한 통제적 원리뿐만
이 아니라 또한 자연의 산물을 그 원인으로부터 도출하는 구성적 원리까지도
인정한다면, 자연목적의 개념은 이미 반성적 판단력에 속하는 것이 아니라, 규
정적 판단력에 속하게 될 것이다. 그러나 그렇게 되면 자연목적의 개념은 사실
은 전혀 판단력에 특유하게 속하는 것(형식적 주관적 합목적성으로서의 미의
개념과 같이)이 아니라, 이성개념으로서 자연과학에 하나의 새로운 인과성을
도입하는 것이 될 것이다. 그러나 이러한 인과성을 우리는 단지 우리들 자신으
로부터 차용하여 다른 존재자에게 부여하면서도, 다른 존재자들을 우리들과 동
류라고는 생각하려고 하지 않을 것이다.

271   ◢ **제1편 목적론적 판단력의 분석론** ◣

§62.

실질적 합목적성과 구별되는, 단지 형식적인 객관적 합목적성에 관하여.

어떤 원리에 따라 그려지는 모든 기하학적 도형은 그 자신 하나의 다양하고 이따금 감탄을 받는 객관적 합목적성을 나타낸다. 즉, 그것은 많은 문제들을 유일한 원리에 따라 해결할 수 있으며, 또한 각문제를 무한히 다른 방식으로 해결하는 데에도 도움이 된다고 하는 합목적성이다. 이 경우에 합목적성은 분명히 객관적 지적이요, 단지 주관적 미감적이 아니다. 왜냐하면 이 합목적성은 그 도형이 우리가 의도하는 다수의 형태를 산출하는 데 적합하다는 것을 표명하는 것이며, 또 이성에 의해서 인식되는 것이기 때문이다. 그러나 이 합목적성은 대상 그 자체의 개념을 가능케 하는 것은 아니다. 다시 말하면 대상의 개념은 이러한 [합목적성의] 사용을 고려한다고 해서만 가능한 것이라고는 볼 수가 없다.

272   원과 같이 단순한 원형에도 많은 문제들을 해결할 수 있는 근거가 들어 있는데, 이러한 문제들을 하나하나 떼어서 해결하자면 여러 가지의 준비가 필요하겠지만, 그 해결은 이 원형의 무한히 많은 뚜렷한 특성들 중의 하나로서 이를테면 저절로 나오는 것이다. 예를 들어서 주어진 저변과 그 대각으로 하나의 삼각형을 작도하라는 것이 문제라면, 그 과제는 부정적이다. 다시 말하면 이 과제는 무한히 다양하게 해결될 수 있다. 그러나 원은 이 조건에 알맞는 모든 삼각형에 대한 궤적으로서 무한히 다양한 해결방식을 모두 포괄하고 있는 것이다. 혹은 또 두 직선이 서로 교차되게 하되, 하나의 직선의 두 부분으로 이루어지는 구형이 다른 직선의 두 부분으로 이루어지는 구형과 똑같도록 하라고 한다면, 이 과제의 해결은 일견 대단히 곤란한 듯이 보인다. 그러나 원의 내부에서 교차하며 각기 원주에 의해서 한정되어 있는 모든 직선은 저절로 이러한 비율로 분할되는 것이다. 또 다른 곡선도 이 곡선을 구성하는 규칙에 있어서는 전연 사유되지 않았던 다른 합목적적 해결을 시사한다. 모든 원추곡선은, 비록 그 개념을 규정하는 정의는 간단하지만, 그 자체만으로서나 또는 서로 비교할

때에나 많은 가능적 문제들을 해결할 수 있는 원리들을 풍부하게 내포하고 있는 것이다.——고대의 기하학자들이 이러한 지식이 대체 무엇에 소용이 있는가? 하는 편협한 사람들의 우문에 현혹되는 일이 없이, 이러한 종류의 선의 이러한 특성을 탐구했던 그 열의를 생각해 본다는 것은 진정한 기쁨이 아닐 수 273 없다. 예를 들면 그들은 아직 지상의 중력의 법칙을 알지 못하면서도 포물선의 특성을 탐구했는데, 만일 그들이 중력의 법칙을 알았더라면, 그것은 포물선의 특성을 무거운 물체의 탄도에 응용할 것을 (그 물체의 방향은 운동 중에 있어서 중력에 평행한다고 볼 수 있으므로) 그들에게 시사해 주었을 것이다. 또는 그들은 타원의 특성을 탐구했지만, 천체에도 중력이 있다는 것을 예상하지는 못했으며, 인력점으로부터의 여러 가지 거리에 있어서 작용하는 중력의 법칙도 또 이 법칙 때문에 천체는 자유롭게 운동하면서 이 [타원의] 궤도를 그리게 된다는 것도 알지는 못했었다. 이러한 점에서 그들은 그들 자신이 의식하지 못한 채 후손들을 위하여 연구하는 한편, 그들은 사물의 본질에 있어서의 합목적성에 기쁨을 느꼈던 것이다. 그러면서도 그들은 이 합목적성을 그 필연성에 있어서 완전히 선천적으로 표현할 수가 있었다. 그 자신이 이 학[기하학]의 거장이었던 플라톤은 우리가 일체의 경험을 떠나서 발견할 수 있는 사물의 그와 같은 근원적 성질에 관해서, 그리고 존재자들의 조화(여기에는 또한 수의 특성도 부가되는데, 음악에 있어서는 심의는 이 수와 함께 유동하는 것이다)를 그것들의 초감성적 원리로부터 이끌어 낼 수 있는 심의의 능력에 관해서 크게 감격하였거니와, 이러한 감격은 마침내 그로 하여금 경험개념을 넘어서서 이데아로 오르게 하였다. 그리고 이 이데아는 그에게는 오직 모든 존재자의 근원과 지적으로 합치함으로써만 설명할 수 있는 것으로 생각되었다. 아낙사고라스가 경험의 대상과 그 목적결합으로부터 추론했던 것을 플라톤이 인간의 정신에 내재하는 274 순수한 직관으로부터 도출하려고 생각하여, 기하학에 정통하지 못한 자를 그의 학원에 들이지 않았다고 하는 것은 조금도 놀라울 것이 없다. 왜냐하면 합목적적이며, 마치 우리의 사용을 위해서 의도적으로 그렇게 마련되기라도 한듯한 성질을 띤 것, 그럼에도 불구하고 우리의 사용을 고려함이 없이 사물들의 본질에 근원적으로 속한다고 생각되는 것, 바로 이러한 것의 필연성에 자연에 대해서 느끼는 커다란 감탄의 근거가 있기 때문이다. 그리고 자연이란 물론 우리의 밖에 있다기보다는 오히려 우리들 자신의 이성 안에 있는 것이다. 이 경우에 그러한 감탄이 오해로 말미암아 점점 열광에까지 높아진다고 할지라도, 그것은 아마 용서할만한 일일 것이다.

그러나 이러한 지적 합목적성은, 비록 그것이 객관적(미감적 합목적성과 같이 주관적이 아니고)이기는 하지만, 그럼에도 불구하고 그 가능성으로 보아서는 단지 형식적 합목적성(실질적 합목적성이 아니라)으로서 이해될 수 있다. 다시 말하면 그것은 그 근저에 어떤 목적을 놓을 필요가 없는, 따라서 목적론을 필요로 하지 않는 합목적성으로서 단지 일반적으로나마 충분히 이해될 수 있는 것이다. 원의 도형은 오성에 의하여 어떤 원리에 따라 규정된 직관이다. 즉, 나는 이 원리를 임의로 규정하여 개념으로서 그 근저에 놓거니와, 이러한 원리의 통일이, [이 원리와] 마찬가지로 표상에 지나지 않지만 그러나 선천적으로 우리들의 내부에서 발견되는 직관의 형식(공간)에 적용되면, 그 개념의 구성의 결과 나오는 많은 규칙들의 통일이 이 원리의 통일에 의해서 이해된다.

275 그리고 이 많은 규칙들은 여러 가지의 가능적 견지에서 합목적적이지만, 그러나 이러한 합목적성의 근저에는 어떤 목적이나 또는 합목적성의 다른 어떤 근거를 놓을 필요가 없다. 이것은 내가 어떤 한계 안에 포함되어 있는 외계의 사물들의 총괄에 있어서, 예를 들면 정원에 있어서, 수목, 화단, 통로 등이 질서 정연함을 발견하는 때와는 사정이 다르다. 이러한 것들을 나는 내가 어떤 임의의 규칙에 따라 구획을 지은 공간1)으로부터 선천적으로 추론하려고 생각할 수는 없다. 왜냐하면 이러한 것들은 인식될 수 있기 위해서는 경험적으로 주어져 있지 않으면 안되는 현존하는 사물들이요, 어떤 원리에 따라 선천적으로 규정된 나의 내부에 있는 한갓된 표상이 아니기 때문이다. 그러므로 후자의 (경험적인) 합목적성은 실재적인 것으로서 어떤 목적의 개념에 의존하는 것이다.

그러나 비록 사물들의 본질에 있어서 (그 사물들의 개념이 구성될 수 있는 한에 있어서) 지각되는 합목적성이라 할지라도, 그러한 합목적성을 감탄하게 되는 근거는 충분히 그리고 정당한 것으로서 통찰될 수 있다. 다양한 규칙들의 통일(하나의 원리에 의한)이 이러한 감탄을 환기하거니와, 이 다양한 규칙들은

---

1) 초판에는 "내가 임의로 구획을 지은 공간"으로 되어 있다.

모두가 통합적이요, 따라서 예를 들면 원과 같은 객체의 개념으로부터 나오는 것이 아니라, 오히려 이 객체가 직관에 있어서 주어질 것을 요구하는 것이다. 그러나 그 때문에 이 통일은 마치 규칙들에 관해서 우리들의 표상력과는 다른 외적 근거를 경험적으로 가지는 듯한 외관과, 그러므로 객체가 오성에 고유한 규칙에의 요구와 잘 합치하는 것도 그 자체에 있어서는 우연적이요, 따라서 그러한 합치는 단지 명확하게 그것을 노린 목적에 의해서만 가능한듯한 외관을 띠게 된다. 그런데 이러한 조화[객체와 규칙에의 요구와의 합치]는 이와 같은 모든 합목적성에도 불구하고 경험적으로 인식되지 않고 선천적으로 인식되기 때문에, 바로 이 조화는 저절로 우리들에게 다음과 같은 사실을 일깨워 주게 될 것이다: 즉, 객체는 공간을 규정함으로써만 (개념에 알맞게 활동하는 구상력을 매개로 하여) 가능했거니와, 이러한 공간은 나의 외부에 있는 사물들의 성질이 아니라, 나의 내부에 있는 표상방식에 지나지 않는다고 하는 사실, 그러므로 내가 어떤 개념에 적합하게 도형을 그릴 때에, 나는 이 도형 속에, 다시 말하면 나의 외부에 주어져 있는 것——그것이 그 자체로서 무엇이든——에 관한 나 자신의 표상방식 속에 합목적성을 끌어넣는 것이요, 외부에 주어져 있는 것으로부터 합목적성에 관하여 경험적으로[1] 배우는 것이 아니라고 하는 사실, 따라서 나는 이러한 합목적성을 위해서는 나의 외부의 객체 가운데 있는 어떠한 특수한 목적도 필요로 하지 않는다고 하는 사실이 그것이다. 그러나 이와 같은 숙려는 이미 이성의 비판적 사용을 요구하는 것이요, 따라서 대상을 그 특성에 따라 판정할 때에 그 속에 즉각 포함되어 있을 수는 없는 것이기 때문에, 그러한 판정이 나에게 직접 시사하는 것은 이질적인 여러 규정들이 하나의 원리로 결합된다(이 규칙들이 그 자체로서 가지고 있는 이종적인 요소에서 보아서조차도)는 것 뿐이다. 그리고 이 원리는 나의 개념의 외부에, 그리고 일반으로 나의 표상의 외부에 선천적으로 있는 특수한 근거를 필요로 하지는 않지만, 그러나 나는 그것을 진정한 원리로서 선천적으로 인식하는 것이다. 그런데 경탄은 표상과 표상에 의해서 주어진 규칙이 이미 심의의 밑바닥에 있는 원리와 결합될 수 없는 데에서 심의가 느끼는 충격이요, 따라서 이 충격은 과연 우

276

277

---

1) "경험적으로"는 초판에는 빠져 있다.

리가 옳게 보았는가 또는 옳게 판단했는가 하는 의혹을 불러 일으키는 것이다. 그러나 감탄은 이러한 의혹이 소멸되어도 언제나 재현되는 경탄이다. 따라서 감탄은 사물들(현상으로서의)의 본질 속에서 관찰된 상술한 합목적성의 아주 자연스러운 결과요, 또 그러한 한에 있어서 우리는 그것을 비난할 수도 없는 것이다. 왜냐하면, 감성적 직관의 그러한 형식(공간이라고 불리는)이 개념의 능력(오성)과 합치할 때에, 그것이 왜 바로 이렇게 합치하고 달리 합치하지 않는가 하는 것은 우리가 설명할 수 없는 일일 뿐만 아니라, 그 위에 또 그러한 합치는 우리의 심의를 확장하여, 감성적 표상을 넘어 서 있는 어떤 것을 말하자면 예감케 하는데, 아마도 그 가운데에, 비록 우리에게는 알려져 있지 않지만, 그러한 합치의 궁극적 근거가 들어 있을 것이기 때문이다. 단지 우리의 선천적 표상들의 형식적 합목적성만이 문제되는 경우에는, 우리는 물론 그와 같은 궁극적 근거를 알 필요가 없지만, 그러나 그 쪽을 바라다 보지 않을 수 없다는 것만으로도 우리는 그것을 우리에게 강요해 마지 않는 대상에 대하여 동시에 감탄을 느끼게 되는 것이다.

상술한 기하학적 도형이나 수의 특성은 여러 가지의 인식사용에 대하여 그
278 것들의 단순한 구성에서는 기대하기 어려운 일종의 선천적 합목적성을 지니고 있기 때문에, 우리는 그러한 특성을 항용 미라고 부르는가 하면, 또 예를 들어서 원의 특성이 이러저러한 방식으로 밝혀졌다고 한다면, 그 원의 이러저러한 아름다운 특성이라는 말을 한다. 그러나 우리가 그러한 특성이 합목적임을 아는 것은 미감적 판정, 즉 개념을 떠난 판정에 의한 것이 아니라, 개념에 따르는 지적 판정에 의한 것이다. 미감적 판정은 우리의 인식능력들의 자유로운 유동에 있어서의 한갓된 주관적 합목적성을 나타낼 뿐이지만, 지적 판정은 객관적 합목적성, 즉 온갖 (무한히 다양한) 목적에 대한 유용성을 분명히 인식시켜 주는 것이다. 우리는 그러한 특성을 수학적 도형의 미라기보다는 차라리 상대적 완전성이라고 불러야만 할 것이다. 지적 미라고 불러 보았자, 이 명칭도 역시 일반으로 알맞는다고 허용할 수는 없는 것이다. 왜냐하면 그러한 명칭을 허용한다면, 미라는 말이 일체의 확정된 의미를 상실하거나, 또는 지적 만족이 감성적 만족에 대한 일체의 우선권을 상실할 수밖에 없을 것이기 때문이다. 개념의 능력으로서의 오성과 개념을 현시하는 능력으로서의 구상력

과는 그와 같은 특성들의 증시에 의해서 스스로 강화되었음을 선천적으로 감지하는 것이므로(이러한 일은 이성이 도입하는 정밀성과 합쳐져서 이 증시의 세련이라고 불린다), 차라리 그와 같은 특성들의 증시가 아름답다고 불릴 수 있을 것이다. 왜냐하면 이 경우에는 적어도 만족은 비록 그 근거가 개념 속에 있다고 할지라도 주관적 만족이지만, 완전성은 객관적 만족을 수반하는 것이기 때문이다.

279

§ 63.
내적 합목적성과 구별되는 자연의 상대적 합목적성에 관하여.

경험이 우리의 판단력을 인도하여 객관적 현실적 합목적성의 개념, 다시 말하면 자연의 목적의 개념에 이르게 하는 것은, 원인과 결과와의 관계가 판정될 수 있는 경우뿐이다.* 그리고 우리는 결과의 개념을 그 원인의 인과성의 기초에 전제하고, 이 결과의 관념을 원인 그 자체의 근저에 있으면서 결과를 가능케 하는 조건이라고 봄으로써만, 그러한 원인과 결과와의 관계를 법칙적 관계로서 이해할 수가 있다. 그러나 이러한 일은 두 가지 방식으로 일어날 수 있으니, 즉 우리가 결과를 직접 기술의 산물로 간주함으로써 일어나거나, 또는 결과를 단지 다른 가능적 자연존재자의 기술을 위한 재료로 간주함으로써 일어나거나 두 가지 중의 하나요, 따라서 결과를 목적으로 간주함으로써 일어나거나, 또는 다른 원인의 합목적적 사용을 위한 수단으로 간주함으로써 일어나거나 두 가지 중의 하나이다. 후자의 합목적성은 유용성(인간에 대해서) 또는 유익성 (다른 모든 생물에 대해서)이라고 일컬어지며 단지 상대적이지만, 전자의 합목적성은 자연존재자의 내적 합목적성이다.

280

예컨대 하천은 식물의 성장에 유효한 온갖 토양을 함께 운반하여, 그것을 때로는 내륙에 또 흔히는 하구에 쌓아 올린다. 만조는 여러 해변에서 이 진흙을 육지 위에 끌어 올리거나 또는 그것을 해안에 쌓아 놓는다. 그리고 특히 인간

---

* 순수수학에 있어서 문제가 될 수 있는 것은 사물의 현실적 존재가 아니라 단지 사물의 가능성, 다시 말하면 그 개념에 대응하는 직관의 가능성뿐이요, 따라서 원인과 결과가 아니기 때문에, 결국 수학에서 말하는 모든 합목적성은 단지 형식적인 것으로 보아야 하고, 결코 자연목적으로 보아서는 안된다.

이 거기에 조력하여 간조가 그것을 다시 운반해가지 못하도록 하면, 비옥한 토지가 증대하여, 전에는 어개류가 서식했던 곳을 식물계가 점유하게 된다. 이와 같이 대부분의 육지의 확장은 자연 자신이 수행했으며, 자연은 아직도 서서히 나마 이 일을 계속하고 있다.[1]——그런데 여기에서 문제가 되는 것은, 이러한 일이 인간에 대하여 유용성을 내포하고 있다고 해서, 그것이 자연의 목적이라고 판정될 수 있는가 하는 것이다. 식물계 그 자체에 대한 유용성은 우리가 이를 고려할 수 없는 것이니, 이는 육지에 이익이 증대되는 만큼 반대로 해양생물에게는 이익이 상실되기 때문이다.

또는 어떤 자연사물이 다른 생물들을 위한 (이 생물들이 목적[2]으로서 전제되는 경우에) 수단으로서 유익성을 가진다고 하는 실례를 하나 든다면, 가문비나무[3]에게는 모래땅보다 더 번식하기에 좋은 땅은 없다. 그런데 태고의 바다는 육지로부터 퇴각하기에 앞서서 독일의 북부지방에 매우 많은 사질지대를 남

281 겼기 때문에, 모든 경작에 대해서 보통은 아무 쓸모 없는 이 땅 위에 확대한 가문비나무의 삼림이 무성하게 자랄 수 있었다. 어리석게도 그것을 근절했기 때문에, 우리는 자주 우리의 선조들을 비난하고 있는 것이다. 그런데 여기에서 문제가 될 수 있는 것은, 이러한 태고의 사층의 퇴적이 과연 그 위에 번성할 수 있었던 가문비나무의 삼림을 위한 자연의 목적이었느냐 하는 것이다. 이러한 삼림을 자연의 목적이라고 본다면, 우리는 그러한 모래도 역시 목적으로, 그러나 다만 상대적인 목적으로 용인하지 않으면 안된다는 것, 그리고 이 목적에 대해서 다시 태고의 해변과 그 퇴각은 수단이었다는 것만은 명백하다. 왜냐하면 목적결합의 상호 종속적인 항들의 계열에 있어서 각 중간항은 목적으로 (비록 궁극목적으로는 아니지만) 간주되지 않으면 안되며, 각 중간항에 대해서 그의 최근의 원인은 수단이기 때문이다. 마찬가지로 일단 소, 양, 말 등이 이 세상에 있어야만 했던 한, 지상에는 풀이 자라지 않으면 안되었고, 낙타가 번식해야만 했던 한, 사막에 수송나물류[4]도 자라지 않으면 안되었으며, 또는 이

---

1) 초판에서는 여기에서 단락이 바뀌어 다음의 "또는 어떤 자연사물이……"에로 이어진다.
2) 초판에는 "목적"이지만, 제2판과 제3판에는 "수단"이다.
3) 가문비나무: 전나무과에 딸린 상록 침엽 교목으로 북부 고산지대에 자생한다.
4) 수송나물: 명아주과에 속하는 1년생 초목으로 해변의 모래땅에 많이 난다.

리, 범, 사자가 있어야만 했던 한, 상술한 종류의 초식동물과 또 다른 종류의 초식동물도 많이 있지 않으면 안되었다. 따라서 유익성에 근거를 둔 객관적 합목적성은 사물 그 자체의 객관적 합목적성이 아니니, 이는 마치 [위의 예에서] 우리가 모래의 원인, 즉 바다의 근저에 하나의 목적을 인정하지 않는다면, 그리고 또 결과, 즉 모래를 기술작품으로 간주하지 않는다면, 모래는 그 자체만으로서는 바다라는 그것의 원인으로부터 나온 결과로서 파악될 수 없는 것과 같다. 그러한 합목적성은 단지 상대적인 합목적성이요, 그 합목적성이 귀속되는 사물 그 자체에게는 단지 우연적인 합목적성이다. 그리고 위에 든 실례들 282 가운데에서 여러 종류의 풀은 그 자체로서 보면 자연의 유기적 산물로서, 따라서 정교한 것으로서 판정되어야 하겠지만, 그러나 풀을 먹고 사는 동물과의 관계에서 보면 풀은 한갓된 천연 그대로의 물질로 간주될 뿐이다.

그러나 만일 그 위에 또 인간이 자기의 인과성이 자유롭다고 해서, 자연사물들은 자기의 흔히는 어리석은 의도(다채로운 새털을 자기의 의복의 장식품으로 쓰고, 색깔 있는 흙이나 식물의 즙액을 화장품으로 쓰듯이)에 더욱 유익한[1] 것이라고 생각하고, 또한 때로는 이성적인 의도에서 말은 타는 데에, 황소나 미노르카도[2]에서처럼 당나귀와[3] 돼지는 밭을 가는 데에 더욱 유익한 것이라고 생각한다면, 이 경우에도 우리는 하나의 상대적 자연목적(그러한 사용에 대한)을 결코 상정할 수가 없는 것이다. 왜냐하면 인간의 이성은 사물들을, 자연이 인간 자신에게 예정해 둔 것이 결코 아닌 인간 자신의 자의적인 착상과 합치시킬 줄을 알고 있기 때문이다. 다만 우리가 인간은 지상에 생존해야만 했다고 상정하는 경우에만, 적어도 인간이 동물로서, 그리고 이성적 동물로서조차 (아무리 낮은 정도에 있어서이든), 살아가는 데에 꼭 필요한 수단은 있는 것이다. 그러나 그 때에는 이러한 인간의 생존을 위해서 불가결한 자연사물들은 역시 자연목적으로도 간주되지 않으면 안될 것이다.

이상에서 우리가 용이하게 알 수 있는 것은, 한 사물로부터 직접 또는 간접으로 이익을 얻는 사물의 현존이 그 자체로서는 자연의 목적이라고 하는 조건 283

---

1) "더욱 유익한"이 초판에서는 "유익한"이다.
2) Minorka: 지중해 서부에 위치한 스페인령 도서.
3) "당나귀와"는 초판에는 없다.

하에서만, 외적 합목적성(한 사물의 다른 사물들에 대한 유익성)은 외적 자연
목적으로 간주될 수 있다고 하는 사실이다. 그러나 그것은 한갓된 자연고찰에
의해서 결정될 수 있는 것이 결코 아니므로, 상대적 합목적성은 비록 가설적으
로 자연목적을 지시하기는 하지만, 그래도 절대적인 목적론적 판단의 근거가
되지는 못한다고 하는 결론이 나온다.

추운 지방에서는 눈은 곡물의 싹을 상해로부터 보호한다. 또 눈은(썰매에 의
해서) 사람들의 교통을 편하게 한다. 랍란드1)인은 그 곳에서 이러한 교통을
실현시켜주는 동물(순록)을 가지고 있는데, 이 동물들은 자기 자신이 눈 밑에
서 뜯어내지 않으면 안되는 시든 이끼로 식물이 충분함에도 불구하고 쉽게 길
들며, 얼마든지 유지할 수 있을 자유를 자진해서 포기하는 것이다. 똑같은 한
대에 사는 다른 민족들2)에게는 바다는 동물들을 풍부히 간직하고 있는 저장고
이거니와, 이 동물들은 식료와 의류를 공급하며, 바다는 그들의 주거를 위하여
목재를 띄워 보내주는 외에도, 또 동물들은 그들의 움막을 따뜻하게 할 연료를
제공한다. 여기에는 자연이 하나의 목적에 대해서 가지는 참으로 많은 관계가
감탄할 만큼 모여 있다. 그리고 그 목적이란 곧 그리인린드3)인, 랍란드인, 사
모예드인,4) 야쿠우트인5) 등등인 것이다. 그러나 대체 왜 그런 곳에 인간이 살
지 않으면 안되는가 하는 이유는 우리가 알 수 없는 것이다. 그러므로 수증기
284 가 대기 중에서 눈이 되어 떨어지고, 바다에는 온난한 지방에서 자란 목재를
띄워보내는 조류가 있으며, 기름으로 충만한 커다란 해서동물이 있는 것은, 이
러한 모든 자연산물들을 만들어내는 원인의 근저에 어떤 가련한 피조물[인간]을
위한 이익이 도모된다는 관념이 깔려 있기 때문이라고 말한다면, 그것은 매우
대담하고도 방자한 판단일 것이다. 왜냐하면, 설사 이러한 자연의 유용성이 일
체 없다고 할지라도, 우리는 자연의 이러한 상태를 초래하기에는 자연원인만으
로도 충분하다는 점을 놓치지 않고 깨달을 것이기 때문이다. 아니 오히려 그러

---

1) Lappland: 유럽 최북부 지역.
2) "민족들"은 제3판의 추가이다. 따라서 초판과 제2판에서는 "다른 사람들"로 읽게 된다.
3) Grönland: 북미 북동방의 섬.
4) Samojede: 중앙시베리아 북빙해연안에 사는 몽고족.
5) Jakute: 동부시베리아에 사는 터키족.

한 소인을 자연에 요구하는 것만도, 그리고 그러한 목적을 자연에 기대하는 것
만도(그렇지 않아도 인간상호간의 극심한 불화만으로도 그들을 그처럼 황량한
지방에까지 이산시킬 수 있었을 것이기 때문에), 우리들 자신에게는 주제넘고
경솔한 일로 생각될 것이다.

§ 64.
자연목적으로서의 사물의 특유한 성격에 관하여.

　어떤 사물이 목적으로서만 가능하다고 함을 통찰하기 위해서는, 환언하면
그 사물의 기원의 인과성을 자연의 기계적 조직 속에서가 아니라, 그 작용능력
이 개념들에 의하여 규정되는 일종의 원인 속에서 찾지 않으면 안된다고 함을
통찰하기 위해서는, 다음과 같은 것이 요구된다: 즉, 그 사물의 형식은 한갓된
자연법칙에 따라 가능한 것이 아니라, 다시 말하면 감관의 대상들에 적용된 오
성에 의해서만 우리들에게 인식될 수 있는 그러한 자연법칙에 따라 가능한 것
이 아니라, 오히려 그 형식을 그의 원인과 결과에서 보아 경험적으로 인식하려 285
고 해도 이성의 개념들이 전제되어야 한다는 것이 그것이다. 이성은 비록 자연
산물의 산출과 관련이 있는 조건들만을 통찰하려고 할 때에도, 자연산물의 하
나하나의 형식에 관해서 그 형식의 필연성도 인식하지 않으면 안되지만, 그러
나 그럼에도 불구하고 이성은 그 주어진 형식에 관해서 이러한 필연성을 상정
할 수가 없기 때문에, 모든 경험적 자연법칙에도 불구하고 사물의 형식은 이성
과의 관계에 있어서는 우연성을 가진다. 이러한 우연성이 바로 자연산물의 인
과성을 상정하여, 마치 이 인과성은 바로 이 우연성 때문에 이성에 의해서만
가능한 것처럼 생각해야 하는 하나의 근거인 것이다. 그러나 이때 이러한 인과
성은 목적에 따라 행위하는 능력(의지)이다. 그리고 이 능력으로 인해서 가능한
것으로서만 표상되는 객체가 단지 목적으로서만 가능한 것으로 표상될 것이다.
　만일 누군가가 사람이 살지 않는 것으로 보이는 땅에서 하나의 기하학적 도
형, 이를테면 정육각형이 모래 위에 그려져 있는 것을 보았다고 가정한다면,
그의 반성은 그 도형의 개념에 도달하려고 노력함으로써, 그 개념을 산출하는
원리의 통일을 비록 막연하게나마 이성을 매개로 하여 깨달을 것이며, 그리하여

이 이성을 좇아서 모래나 가까운 바다, 바람 또는 그가 잘 알고 있는 발자국의
동물들, 그 밖의 이성이 없는 모든 원인이 그와 같은 형태[기하학적 도형]의 가
286 능의 근거라고 판정하지는 않을 것이다. 왜냐하면 이성에 있어서만 가능한 그
와 같은 개념과 일치할 수 있다는 우연성은 무한히 크므로, 그러한 우연성에
대해서는 자연법칙이란 마치 없는 것과 다름 없다고 그에게는 생각될 것이기
때문이다. 따라서 그와 같은 결과[기하학적 도형]에 대한 인과성을 내포하고 있
는 것도 단지 기계적으로만 작용하는 자연에 있어서의 원인이 아니라, 오직 그
러한 객체에 관한 개념뿐이다. 그리고 이 개념은 이성만이 부여할 수 있는 것
이요, 이성만이 그것을 대상과 비교할 수 있는 것이다. 따라서 그러한 결과는
자연목적은 아니지만, 어디까지나 목적으로, 다시 말하면 기술의 산물로 간주
될 수 있을 것이다(나는 인간의 발자국을 본다 *vestigium hominis video*).[1]

그러나 자연산물로서 인식되는 어떤 것을 또한 목적으로서도, 따라서 자연
목적으로서도 판정하기 위해서는, 여기에 전혀 모순이 없다고 한다면, 이미 그
이상의 것이 요구된다. 나는 잠정적으로 이렇게 말해 두고자 한다: '하나의 사
물이 스스로 (비록 이중의 의미에서이지만)[2] 원인이자 결과일 경우에, 그 사물
은 자연목적으로서 존재한다'고. 왜냐하면 여기에는 일종의 인과성이 있는데,
이 인과성은 자연의 근저에 하나의 목적을 인정하지 않으면 한갓된 자연의 개
념과 결합될 수 없는 것이지만, 그러나 그럴 경우에도 모순 없이 사유될 수는
있으나 개념적으로 파악될 수는 없는 것이기 때문이다. 우리는 자연목적이라는
이러한 이념의 규정을 철저히 분석하기에 앞서서, 그것을 먼저 하나의 실례에
의해서 해명하고자 한다.

첫째로 한 그루의 나무는 기지의 자연법칙에 따라 다른 나무를 낳는다. 그러
287 나 그 나무가 산출하는 나무는 동일한 류에 속하는 것이다. 그리하여 그 나무
는 류로 보면 자기 자신을 산출하는 것이니, 이 류 안에서 그 나무는 한편으로
는 결과로서, 다른 한편으로는 원인으로서, 자기 자신으로부터 끊임 없이 산출

---

1) 아리스티포스(Aristipos, c. 435~355 B.C., Kyrēnē 학파의 개조)가 항해중 풍랑을 만나 Rhodos
섬의 해안에 상륙하자, 사상에 그려진 기하학적 도형을 발견하고, 동행인에게 희망을 주기 위해 부르
짖은 말이다.
2) "(비록 이중의 의미에서이지만)"은 제2판과 제3판의 추가이다.

됨과 동시에 또 그 때마다 자기 자신을 산출하면서, 류로서 부단히 존속하는 것이다.

둘째로 한 그루의 나무는 또한 개체로서도 자신을 산출한다. 이러한 종류의 결과를 우리는 물론 성장이라고만 부를 뿐이지만, 그러나 이것은 성장이란 기계적 법칙에 따르는 다른 모든 양적 증대와는 전연 구별되며, 또 비록 명칭은 다르지만 일종의 생식과 같은 것으로 간주될 수 있다고 하는 의미로 해석되지 않으면 안된다. 나무가 자신에게 부가하는 물질을 이 식물은 미리 가공하여, 그의 외부의 자연의 기계적 조직이 공급할 수 없는 종별적으로 특유한 성질로 만든다. 그리하여 이 식물은 그 배합으로 보면 식물 자신의 산물인 질료에 의하여 발육해 나가는 것이다. 비록 이 질료는, 나무가 외부의 자연으로부터 받는 성분들에 관해서 본다면, 단지 추출물로만 간주될 수밖에 없지만, 그러나 이러한 천연 그대로의 질료를 분해하여 새로이 합성하는 데에 이런 종류의 자연존재자[식물]의 분해능력과 형성능력의 독창성이 있는 것이니, 일체의 기술이 그러한 자연존재자를 분석함으로써 얻는 요소로부터나 또는 자연이 그러한 자연존재자의 영양으로 공급하는 질료로부터 식물계의 그와 같은 산물들을 재구성하려고 시도해 보았자, 일체의 기술은 그러한 독창성에 무한히 미치지 못하는 것이다.

셋째로 이러한 생물[나무]의 한 부분의 유지는 다른 부분의 유지에 상호 의 **288** 존한다는 의미에서, 나무의 한 부분은 또한 자기 자신을 산출한다. 어떤 나뭇잎의 싹을 다른 나무의 가지에 접목하면, 이종의 나무줄기에 그 싹과 같은 종류의 식물이 나오며, 또 이것은 다른 나무줄기에 접지해도 마찬가지이다. 그러므로 우리는 동일한 나무에 있어서도 그 가지나 잎 하나하나를 단지 그 나무에 접목되었거나 또는 아접된 것으로, 따라서 자기 자신으로서 독립한 나무가 다른 나무에 부착 기생하는 데 지나지 않는 것으로 볼 수도 있다. 동시에 잎은 나무의 산물이기는 하지만, 그러나 거꾸로 나무를 유지하기도 한다. 왜냐하면 거듭해서 잎을 따내면 나무는 죽을 것이요, 나무의 성장은 줄기에 미치는 잎의 작용에[1] 의존하는 것이기 때문이다. 이 피조물이 상해를 입었을 경우에, 인접 부분의 유지에 필요한 한 부분의 결손은 나머지 부분에 의해서 보충되거니와,

---

1) 초판에는 "잎의 이러한 작용에"로 되어 있다.

이 피조물에 있어서 일어나는 자연의 이러한 자조행위, 그리고 어떤 부분이 결손이나 장해가 일어남으로 인해서 전혀 새롭게 형성되어, 현존하는 부분을 유지하여 변태적인 피조물을 낳아놓는 경우에, 성장 중에 나타나는 불구나 기형——이러한 것들은 유기적 피조물들의 매우 놀라운 특성에 속하는 것이지만, 여기에서는 다만 지나는 길에 언급해 두는 데 그치고자 한다.

289

§ 65.
자연목적으로서의 사물들은 유기적 존재자들이다.

전절에서 들어놓은 성격에 따르면, 자연산물이면서 동시에 단지 자연목적으로서만 가능하다고 인식되어야 하는 사물이란 자기 자신에 대하여 원인과 결과로서 교호적으로 관계하는 것이 아니면 안되는데, 그러나 이것은 다소 비본래적인 막연한 표현이므로, 이 표현은 어떤 명확한 개념으로부터 도출할 필요가 있다.

단지 오성에 의해서만 사유되는 한에 있어서의 인과결합은 언제나 하향적 계열(원인과 결과의)을 이루는 연결이다. 그리고 그 자신이 결과로서 원인으로서의 다른 사물들을 전제하는 사물들은 동시에 거꾸로 다른 사물들의 원인이 될 수가 없다. 이와 같은 인과결합을 우리는 동력인적 결합(*nexus effectivus*)이라고 부른다. 그러나 그와 반대로 이성개념(목적의)에 따르는 인과결합도 또한 사유될 수 있는데, 만일 이 인과결합도 계열로 간주될 수 있다면 그것은 하향적으로나 상향적으로나 의존관계를 가지게 될 것이요, 이 의존관계에 있어서는 일단 어떤 것의 결과라고 불린 사물도 상향적으로는 바로 그것의 원인이라고 일컬어져 마땅하다. 실천적인 영역(즉, 기술의)에 있어서는 그와 같은 연결
290 이 용이하게 발견되니, 예를 들면 가옥은 물론 임대료로 들어오는 돈의 원인이지만, 그러나 또 거꾸로 이 가능성 수입의 표상이 그 가옥을 건축한 원인이었던 것이다. 그와 같은 인과연결은 목적인적 연결(*nexus finalis*)이라고 불린다. 우리는 전자를 실재적 원인의 연결이라고 부르고, 후자를 관념적 원인의 연결이라고 부르는 것이 아마 더 적절할는지도 모른다. 왜냐하면 이렇게 명명할 경우에는, 이 두 종류의 인과성 이상은 있을 수 없다는 것이 동시에 이해되기 때문이다.

그런데 자연목적으로서의 어떤 사물에서 요구되는 것은, 첫째로 부분들이 (그 존재와 형식으로 보아서) 오로지 전체에 대한 관계에 의해서만 가능하다고 하는 것이다. 왜냐하면 사물 그 자신이 하나의 목적이요, 따라서 그 사물은 그 속에 포함되어 있어야 할 모든 것을 선천적으로 규정하지 않으면 안되는 어떤 개념 또는 어떤 이념 아래에 포괄되어 있기 때문이다. 그러나 한 사물이 이러한 방식으로만 가능한 것으로 사유되는 한, 그 사물은 하나의 기술작품에 지나지 않으며, 다시 말하면 그 사물의 재료(부분)와는 구별되는 어떤 이성적 원인의 산물에 지나지 않는다. 그리고 이 이성적 원인의 인과성(부분을 모아서 결합하는)은 이 인과성에 의하여 가능한 전체에 관한 그의 이념에 의해서 (따라서 그 사물의 외부에 있는 자연에 의해서가 아니라) 규정되는 것이다.

그러나 자연산물로서의 어떤 사물이 자기 자신과 자신의 내적 가능성 속에 목적에 대한 관계를 내포하고 있어야 한다면, 다시 말하면 단지 자연목적으로서만 가능하고, 그 사물의 외부에 있는 이성적 존재자에 관한 개념의 인과성이 없이도 가능해야 한다면, 그러기 위해서는 둘째로 그 사물의 부분들이 서로 그 형식의 원인이자 결과가 됨으로써, 이 각 부분이 결합하여 하나의 전체로 통일되어야 한다는 것이 요구된다. 왜냐하면 그래야만 거꾸로 (교호적으로) 전체의 이념이 다시 모든 부분들의 형식과 결합을 규정하는 일도 가능하기 때문이다. 그러나 이는 원인으로서 규정하는 것이 아니라――그렇게 되면 그 사물은 하나의 기술의 산물이 될 것이다――. 주어진 재료 속에 포함되어 있는 모든 다양한 것의 형식과 결합과의 체계적 통일을, 그 사물을 판정하는 사람에게 인식시켜주는 인식근거로서 규정하는 것이다.

그러므로 어떤 물체가 그 자체에 있어서 그리고 그 내적 가능성으로 보아서 자연목적으로 판정되어야 한다면, 그러한 물체에 대해서는 그 물체의 부분들이 모두가 그 형식으로 보나 그 결합으로 보나 서로를 교호적으로 산출하며, 그렇게 하여 하나의 전체를 독자적인 인과성에서 산출해야 한다는 것이 요구된다. 그리고 이 전체의 개념은 다시 거꾸로 (개념에 따라 그와 같은 산물[을 산출하기]에 적합한 인과성을 소유하고 있다고 할 존재자에 있어서) 어떤 원리에 따르는 전체의 원인일 수 있으며, 따라서 동력인의 연결은 동시에 목적인에 의한 결과로 판정될 수 있을 것이다.

　자연의 그와 같은 산물에 있어서는 각 부분은 오로지 다른 모든 부분에 의해서만 존재하며, 또한 다른 부분과 전체를 위해서 현존하는 것으로, 다시 말하면 도구(기관)로 생각된다. 그러나 이것만으로는 충분히 못하다(왜냐하면 각 부분

292 은 기술의 도구일 수도 있을 것이요, 그리하여 오직 목적 일반으로서만 가능한 것으로 표상될는지도 모르겠기 때문이다). 오히려 각 부분은 다른 부분들을 (따라서 각 부분이 다른 부분을 교호적으로) 산출하는 기관으로 생각된다. 그리고 이러한 기관은 기술의 도구일 수는 없고, 오직 도구에 대해서 (기술의 도구에 대해서조차) 일체의 질료를 공급하는 자연의 도구일 수 있을 뿐이다. 그리고 오직 그 때에만, 또 그 때문에만 그와 같은 산물은, 유기적이며 자기 자신을 유기화하는 존재자로서, 하나의 자연목적이라고 불릴 수 있는 것이다.

　시계에 있어서도 하나의 부분은 다른 부분을 움직이는 도구이지만, 그러나 하나의 톱니바퀴가 다른 톱니바퀴를[1] 산출하는 동력인인 것은 아니다. 즉, 하나의 부분은 다른 부분을 위해서 존재하기는 하지만, 그러나 다른 부분에 의해서 존재하는 것은 아니다. 그러므로 시계와 그 형식을 산출하는 원인도 자연(시계라는 이 물질의) 속에 내포되어 있는 것이 아니라, 그러한 자연의 밖에 있는 어떤 존재자 속에, 즉 자기의 인과성에 의하여 가능한 전체의 이념에 따라 작용할 수 있는 존재자 속에 내포되어 있는 것이다. 그런 까닭에 시계의 하나의 톱니바퀴가 다른 톱니바퀴를 산출하지 못하는 것과 마찬가지로,[2] 아니 그 이상으로, 하나의 시계가 다른 물질을 사용해서 (그것을 유기화해서) 다른 시계를 산출하지도 못한다. 따라서 시계는 빠져나간 부분을 스스로 대체하지도 못하며, 처음 만들 때의 그 부분의 결함을 나머지 부분의 보조로 보충하지도 못하며, 혹은 고장이 났을 때에, 말하자면 자신을 수선하지도 못한다. 그에 반해서 이러한 모든 것을 우리는 유기적 자연에게는 기대할 수 있다.――그러므로 유기적 존재자는 단지 기계에 불과한 것은 아니다. 왜냐하면 기계는 오로지

293 움직이는 힘만을 가지고 있기 때문이다. 오히려 유기적 존재자[3]는 자신 속에 형성하는 힘을 소유하고 있다. 더욱이 그러한 힘은 유기적 존재자가 그 힘을

---

1) 초판에서는 "톱니바퀴"가 빠져 있고, 따라서 여기는 "하나의 부분이 다른 부분들을"이라고 읽게 된다.
2) 초판에는 "그런 까닭에 시계의 하나의 톱니바퀴가 다른 톱니바퀴를 산출하지도 못하며"로 되어 있다.
3) 제2판에는 "유기적 존재자"가 "기계"로 되어 있으나 잘못일 것이다.

가지고 있지 않은 물질에게 나누어 주는 (물질을 유기화하는) 힘이요, 따라서 자신을 번식시키고 형성하는 힘이다. 그리고 이러한 힘은 운동능력(기계적 조직)만으로는 설명될 수 없는 것이다.

　유기적 산물들에 있어서의 자연과 그 능력에 관해서, 이 능력은 기술의 유비물이라고 부른다면, 그것은 너무나 부족한 주장이다. 왜냐하면 그 경우에는 우리는 자연 이외의 기술자(어떤 이성적 존재자)를 생각하게 되기 때문이다. 오히려 자연은 자기 자신을 유기화하는 것이요, 그의 유기적 산물의 모든 종에 있어서, 물론 전체적으로는 한결같은 범형에 따르지만 그러나 그때 그때의 사정에 따라 자기보존상 필요한 적절한 변경도 가해가면서, 자기 자신을 유기화하는 것이다. 오히려 우리는 그것을 생명의 유비물이라고 부르면, 아마 이러한 알길없는 특성에 한층 더 가까이 다가서게 될 것이다. 그러나 그 경우에는 우리는 한갓된 물질 그 자체에 대하여 그 본질과 모순되는 특성(물활론)을 부여하든가, 그렇지 않으면 물질에 대하여 하나의 이종적이면서도 물질과 공존하는 원리(하나의 영혼)를 병립시키든가 할 수밖에 없다. 그런데 후자의 경우에는, 그와 같은 산물이 하나의 자연산물이라고 한다면, 우리는 유기적 물질을 그러한 영혼의 도구로서 이미 전제하게 되고, 따라서 유기적 물질을 조금도 더 설명하지 못하게 되든가, 그렇지 않으면 영혼을 이 [유기적 물질이라는] 공작물의 기술자로 삼아서 이 산물을 자연(물체적 자연)으로부터 유리시킬 수밖에 없다. 294 그러므로 엄밀히 말하면, 자연의 유기적 조직은 우리가 알고 있는 그 어떠한 인과성과의 유비적 요소도 가지고 있지 않은 것이다.＊ 자연의 미는 대상의 외적 직관에 관한 반성과의 관계에 있어서만, 따라서 표면의 형식 때문에만, 대

＊ 거꾸로 어떤 결합이 상술한 직접적 자연목적과의 유비에 의해서 밝혀질 수도 있으나, 이 결합도 역시 현실에 있어서 보다는 오히려 이념 속에서 발견되는 것이다. 그리하여 최근에 하나의 큰 민족을 전면적으로 개조하여 하나의 국가를 만들려는 기도가 일어났을 때에,1) 행정권 등의 체제에 대해서나 국가전체의 체제에 대해서조차도 흔히 유기적 조직이라는 말이 매우 적절하게 사용되었다. 왜냐하면 각 구성원은 물론 그러한 전체 속에서 단지 수단에 불과한 것이 아니라 동시에 목적이기도 해야 하며, 또 전체의 가능을 위하여 협력함으로써 반대로 전체의 이념에 의하여 자기의 지위와 기능에 따라 규정되어야 하기 때문이다.

---

1) 불란서 혁명(1789)을 가리킨다.

상들에게 귀속시켜지는 까닭에, 당연히 기술의 유비물이라고 부를 수 있다. 그러나 오직 차연목적으로서만 가능하며 그 때문에 유기적 존재자라고 일커어지는 사물들이 가지고 있는 차연의 내적 완전성은, 우리에게 알려져 있는 물리적 능력의, 다시 말하면 자연의 능력의 어떠한 유비에 의해서도 사유할 수 없고 설명할 수 없는 것이다. 아니 우리들 자신이 가장 넓은 의미에 있어서의 자연에 속하지만, 그것은 인간의 기술에 정확하게 들어맞는 유비에 의해서조차도 결코 사유할 수 없고 설명할 수 없는 것이다.

그러므로 그 자신 자연목적으로서의 사물의 개념은 오성이나 이성의 구성적 개념은 아니지만, 그러나 반성적 판단력에 대한 통제적 개념일 수는 있다. 이 통제적 개념은 목적 일반에 따르는 우리의 인과성과의 근소한 유비에 의하여 이러한 종류의 대상들[유기체]에 관한 탐구를 지도하고, 이 대상들의 최고의 근거를 사색하기 위한 것이다. 물론 후자[유기체의 최고의 근거를 사색하는 일]는 자연이나 또는 자연의 그러한 근원적 근거를 알기 위한 것이 아니라, 오히려 우리의 내부에 있는 실천적 이성능력을 위한 것이니, 그 때문에 우리들은 저 합목적성의 원인을 바로 이 실천적 이성능력과의 유비에 있어서 고찰했던 것이다.

그러므로 유기적 존재자는, 비록 우리가 그것을 그 자체만으로서 그리고 다른 사물들과의 관계를 떠나서 고찰한다 할지라도, 어디까지나 자연의 목적으로서만 가능하다고 생각할 수밖에 없는 자연계 유일의 존재자이다. 따라서 유기적 존재자는 우선 목적——단 이 목적은 실천적 목적이 아니라 자연의 목적이다——의 개념에 대하여 객관적 실재성을 부여하고, 그렇게 함으로써 자연과학에 대하여 목적론에의, 다시 말하면 하나의 특수한 원리에 따라 그 객체를 판정하는 방식에의 근거를 부여하는 자연계 유일의 존재자이다. 그렇지 않고서는 우리의 목적론을 자연과학에 도입할 권리를 (우리는 그와 같은 종류의 인과성의 가능을 선천적으로 통찰할 수가 전혀 없기 때문에) 절대로 가지지 못할 것이다.

§ 66.
유기적 존재자에 있어서의 내적 합목적성을 판정하는 원리에 관하여.

이 원리는 동시에 유기적 존재자의 정의이기도 하거니와, 그것은 이러하다: 자연의 유기적 산물은, 그 안에서는 모든 것이 목적이면서 교호적으로 수단이기도 한 것이다. 이러한 유기적 산물에 있어서는 아무 것도 쓸데 없는 것이라 296 고는 없고, 무목적적인 것이라고는 없으며, 또 맹목적인 자연의 기계적 조직에 돌릴 수 있는 것이라고는 없다.

이 원리는 과연 그 기연으로 보면 경험으로부터, 즉 방법적으로 행해지고 관찰이라고 일컬어지는 경험으로부터 도출될 수 있지만, 그러나 이 원리가 그와 같은 합목적성에 관해서 언명하는 보편성과 필연성을 위해서는 이 원리는 단지 경험적 근거에만 기인하는 것일 수가 없고, 어떤 선천적 원리——비록 그것이 단지 통제적일 뿐이요, 상술한 [유기적 산물의] 목적이 오로지 판정자의 이념 속에만 있고 동력인 속에는 어디에도 없다고 할지라도——를 그 근저에 가지고 있지 않으면 안된다. 그러므로 우리는 상술한 원리를 유기적 존재자의 내적 합목적성을 판정하는 격률이라고 부를 수가 있다.

식물과 동물을 해부하는 사람들이, 동식물의 구조를 연구하기 위하여, 또 왜 그리고 어떠한 목적으로 그와 같은 부분들이 동식물들에게 주어졌으며, 왜 그 부분들의 그와 같은 위치와 결합이 동식물들에게 주어졌으며, 또한 왜 바로 이러한 내적 형식이 주어졌는가 하는 근거들을 이해하기 위하여, 위의 격률, 즉 '그와 같은 생물에 있어서는 아무 것도 쓸데 없는 것이라고는 없다'고 하는 격률을 절대적으로 필연적이라고 상정하고, 또 그 격률을 일반자연학의 원칙, 즉 '아무것도 우연히 일어나는 것은 없다'고 하는 원칙과 똑같이 주장한다는 것은, 주지의 사실이다. 실제로 그들은 일반적인 물리학적 원칙을 버릴 수가 없듯이, 이러한 목적론적 원칙도 버릴 수가 없는 것이다. 왜냐하면 물리학적 원칙을 버리는 경우에는 일반으로 어떠한 경험도 전혀 남지 않는 것과 마찬가지로, 목적 297 론적 원칙을 버리는 경우에는 우리가 일찍이 자연목적이라는 개념하에 생각했던 종류의 자연사물들을 관찰하기 위한 어떠한 실마리도 남지 않을 것이기 때문이다.

요컨대 이 [자연목적의] 개념은 사물의 또 하나의 질서에로 이성을 인도하는데, 이 질서는 이 경우에 이미 우리들을 만족시켜주지 못할 자연의 한갓된 기계적 조직의 질서와는 전연 다른 질서인 것이다. 자연산물의 가능의 근저에는 하나의 이념이 있어야 한다. 그러나 물질이 사물들의 수다성이요, 이 수다성이 그 자신만으로서는 합성의 일정한 통일을 부여하지 못하는 것과는 달리, 이 이념은 표상의 절대적 통일이기 때문에, 만일 이념의 그러한 통일이 합성물의 그와 같은 형식에 있어서의 인과성의 자연법칙을 선천적으로 규정하는 근거로서도 사용될 수 있어야 한다면, 자연의 목적은 자연의 산물 속에 있는 모든 것에 미치지 않으면 안된다. 왜냐하면, 우리가 일단 그와 같은 결과를 전체로서 자연의 맹목적인 기계적 조직을 넘어서서 하나의 초감성적인 규정근거에 관련시키는 경우에는, 우리는 이 결과도 역시 전적으로 이러한 [초감성적] 원리에 따라 판정하지 않으면 안되며, 그와 같은 사물의 형식이 부분적으로는 자연의 기계적 조직에 의존한다고 생각할 아무런 근거도 없기 때문이다. 만일 그렇게 생각한다면, 그 때에는 이종의 원리들이 혼합됨으로써 판정의 확실한 규칙이 전연 남지 않을 것이다.

298   예를 들면 동물체에 있어서는 많은 부분들이 한갓된 기계적 법칙들에 따르는 응결체로 이해될 수 있다는 것은 (가죽, **뼈**, 털과 같이) 언제나 있을 수 있는 일이다. 그러나 그것에 알맞은 물질을 모아서, 그 물질을 그와 같이 변개하고 형성하여[1] 알맞은 자리에 위치시키는 원인은 언제나 목적론적으로 판정되지 않으면 안될 것이니, 그 때문에 동물체에 있어서는 모든 것이 유기적인 것으로 간주되지 않으면 안되며, 또한 이 모든 것은 사물 그 자체[동물체]에 대한 어떤 관계에 있어서는 거꾸로 기관인 것이다.

---

1) "형성하여"는 초판에는 없다.

§ 67.
목적의 체계로서의 자연 일반의[1] 목적론적 판정의 원리에 관하여.

우리는 위에서 자연사물의 외적 합목적성에 관해서 다음과 같이 말한 바 있
다: 즉, 이 외적 합목적성은, 자연사물들을 동시에 자연목적으로 보아 그것들
의 현존재의 설명근거로 사용하고, 관념상 우연적으로 합목적적인 그 결과들을
궁극목적의 원리에 따라 그것들의 현존재의 근거로 사용할 수 있는 아무런 충
분한 권리도 부여하지 못한다고. 그리하여 하천은 내륙지방에서 민족들 사이의
교통을 촉진한다고 해서, 산악은 하천에 대하여 수원이 되고 또 이 수원을 보
존하기 위하여 비가 안오는 계절에 대비하여 눈을 저장한다고 해서, 또는 마찬
가지로 육지의 경사는 이러한 물을 빼서 육지를 건조하게 한다고 해서, 그러한
것들이 곧 자연목적으로 간주될 수 있는 것은 아니다. 왜냐하면, 비록 지구표
면의 이러한 형태가 식물계와 동물계의 발생과 유지에 매우 필요했다고 할지라 299
도, 이 형태는 그 자체로서는 그것의 가능을 위해서 우리가 목적에 따르는 인
과성을 상정하지 않을 수 없는 것이라고는 아무 것도 가지고 있지 않기 때문이
다. 바로 이것은 인간이 자기의 필요나 오락을 위해서 이용하는 식물들에 관해
서도 들어 맞는 말이요, 또 인간이 일부는 자기의 식품으로, 일부는 자기의 노
역에 아주 여러모로 사용하되, 대부분의 경우에는 없어서는 안될 동물들, 즉
낙타, 소, 말, 개 등에 관해서도 들어 맞는 말이다. 그 자체만으로서는 목적이
라고 보아야 할 아무 이유가 없는 사물에 관해서는 그 외적 관계는 단지 가설
[언]적으로만 합목적적이라고 판정될 수 있는 것이다.

하나의 사물을 그의 내적 형식 때문에 자연목적으로 판정하는 것은, 이 사물
의 현존을 자연의 목적이라고 간주하는 것과는 전연 별개의 일이다. 후자의 주
장을 하기 위해서는 우리는 가능적 목적의 개념을 필요로 할 뿐만 아니라, 자
연의 궁극목적(*scopus*)의 인식을 필요로 하거니와, 그러기 위해서는 우리의 모
든 목적론적 자연인식을 훨씬 넘어서는 어떤 초감성적인 것에 자연을 관련시킬
필요가 있다. 왜냐하면 자연 그 자신의 목적은 자연을 넘어서서 찾아지지 않으

---

1) Kant는 "에 관한"으로 쓴 것을 Erdmann이 "의"로 고쳤다.

면 안되기 때문이다. 한갓된 풀줄기 하나의 내적 형식이라도 그것의 기원이 단
지 목적의 규칙에 따라서만 가능하다는 것을 우리들 인간의 판정능력에 대하여
300 충분히 증명할 수가 있다. 그러나 우리가 이 점을 떠나서, 다른 자연존재자들
이 풀줄기를 사용한다는 점에만 주목하면, 따라서 내적인 유기적 조직의 고찰
을 그만두고, 풀은 가축에게, 또 이 가축은 인간에게 그의 현존의 수단으로서
필요하다고 하는 외적인 합목적적 관계에만 주목하면, 우리는 그렇다면 인간이
현존한다는 것은 대체 왜 필요한가를 알지 못하게 되며(이것은 우리가 예컨대
뉴홀랜드인1)이나 포이에를란트인2)을 염두에 두면, 그렇게 용이하게 대답할
수 없는 문제일 것이다), 그렇게 되면 우리는 결국 어떠한 정언적 [무조건적] 목
적에도 도달하지 못하고, 오히려 이와 같은 모든 합목적적 연관은 점점 더 앞
으로 나아가는 조건에 기인하는 것이 되고, 그 조건이 무조건적인 것(궁극목적
으로서의 어떤 사물의 현존재)이 되면 그것은 전혀 물리적-목적론적 세계고찰
의 밖에 놓여 있게 되는 것이다. 그러나 그 경우에는 그와 같은 사물은 자연목
적도 아니다. 왜냐하면 그것은 (또는 그것의 류 전체는) 자연산물이라고 볼 수
가 없기 때문이다. 그러므로 자연목적으로서의 물질이라는 개념을 필연적으로
수반하고 있는 것은, 유기체인 한에 있어서의 물질 밖에는 없는데, 이는 이러
한 물질의 특수한 형식이 동시에 자연의 산물인 까닭이다. 그런데 이 개념은
목적의 규칙에 따르는 하나의 체계로서의 전자연이라는 이념에 필연적으로 이
르며, 이성의 원리들에 따르는 자연의 모든 기계적 조직은 (적어도 이 이념으
로 자연현상을 음미해 보기 위해서는) 이 이념 아래에 종속시켜지지 않으면 안
된다. 이성의 원리는 단지 주관적 원리로서만, 다시 말하면 격률로서만 이 이
301 념에 종속되는데, 이 격률이란 곧 '세계의 모든 것은 무엇인가를 위하여 좋은
것이요, 세계에는 아무 것도 쓸데 없는 것이라고는 없다'고 하는 것이다. 그리
고 자연이 그의 유기적 산물들에 있어서 보여주는 실례는 우리에게, 자연과 자
연의 법칙들로부터는 전체로서 합목적적인 것만을 기대할 수 있는 권리를 준
것이다. 아니 그런 사명을 준 것이다.

---

1) Neuholländer: 오스트랄리아의 원주민.
2) Feuerländer: 남미 남단에 있는 티에라·델·푸에고(Tierra del Fuego)도에 사는 인디안.

이 원리가 규정적 판단력에 대한 원리가 아니라 단지 반성적 판단력에 대한 원리라는 것, 이 원리가 구성적이 아니라 통제적이라는 것은 자명하다. 그리고 우리가 이 원리에 의해서 얻는 것은, 자연사물을 이미 주어져 있는 규정근거와의 관계에서 새로운 법칙적 질서에 따라 고찰하고, 하나의 다른 원리, 즉 목적인의 원리에 따라, 그러면서도 자연의 기계적 인과성의 원리를 해치는 일이 없어, 자연학을 확장할 수 있는 하나의 실마리에 지나지 않는다는 것도 자명한 일이다. 더욱이 우리가 이 원리에 따라 판정하는 어떤 것이 의도적으로 자연의 목적인가 어떤가, 풀은 소나 양을 위해서 있으며, 소나 양, 그 밖의 자연사물들은 인간을 위해서 있는가 어떤가 하는 문제는 이 원리에 의해서는 결코 해결되지 않는다. 우리에게 불쾌하고 또 특수한 관계에 있어서는 반목적적인 사물들조차 이러한 측면에서 고찰한다는 것은 좋은 일이다. 그리하여 우리는 예를 들면 인간의 의복, 모발, 침대 속에 들어서 인간을 괴롭히는 해충은 현명한 자연의 배려에서 보면 청결을 위한 자극이요, 청결은 그 자체만으로서도 이미 건강을 유지하기 위한 중요한 수단이라고 말할 수도 있을 것이다. 또 혹은 모기와 다른 자충류는 아메리카의 황무지를 미개인들이 살기에 매우 어렵게 만들고 있지만, 그것은 그만큼이 원시인들에게는 습지를 간척하고, 통풍을 막는 밀림을 벌채하고, 또한 토지를 개간함으로써 그들의 거주를 동시에 더욱 건강에 좋게 만들기 위한 활동에의 자극이 된다고 할 수도 있을 것이다. 인간의 내부의 유기적 조직 속에 있으면서 인간에게는 반자연적인 것으로 보이는 것조차도, 그것을 이와 같이 다루면, 사물들의 목적론적 질서에의 흥미있는 전망, 때로는 교훈적이기도 한 전망을 주게 되는데, 우리는 그와 같은 원리없이 한갓된 물리적 고찰만으로는 이러한 전망에 이르지 못할 것이다. 촌충은 숙주의 생명기관의 어떤 결함을 이를테면 보상하기 위해서 인간과 동물에게 주어져 있다고 판단하는 사람들이 있는데, 그와 꼭 마찬가지로 나는 꿈은 (비록 우리는 꿈을 기억하는 일이 매우 드물지만, 꿈이 없는 잠은 결코 없다) 자연의 합목적적인 배려가 아닐까 하는 물음을 제기하고자 한다. 즉, 꿈은 신체의 모든 운동력이 이완되었을 때에 구상력과 구상력의 왕성한 활동을 매개로 하여 (구상력의 활동은 이러한 상태에 있어서는 대부분이 정서에까지 올라간다) 생명기관을 가장 내부에서 움직이게 하는 데에 이바지하는 것이기 때문이다. 그리고 구상력은 포식해서 이 운동이 한층 더 필요한 때에도 잠을 자면 더욱 더 활발하게 활동하는 것이 보통이요, 따라서 우리는 이러한 내면적인 운동력과 피로를 주는 불

303 안이 꿈 때문이라고 불평하지만(그러나 실제로는 꿈이 아마 치료수단일 것이다), 이러한 운동력과 불안이 없으면, 잠은 건강한 상태에 있어서조차도 아마 생명의 완전한 소멸일 것이다.

유기적 존재자가 우리들에게 시사하는 자연목적에 의하여 자연의 목적론적 판정이 일단 자연의 목적들의 일대체계라는 이념을 상정할 권리를 우리에게 준 이상, 자연의 미도, 다시 말하면 자연의 현상을 포착하고 판정할 때의 자연과 우리의 인식능력들의 자유로운 유동과의 합치도 역시, 인간을 하나의 항으로 하는 체계로서의 자연 전체에 있어서는 자연의 객관적 합목적성으로 간주될 수 있는 것이다. 우리는 자연이 유용한 것 이상으로 미와 매력을 그토록 풍부하게 나누어 주었다는 사실을 자연이 우리들을 위해서 베푼 하나의 호의*라고 볼

304 수 있으며,[1] 또 그 때문에 자연을 사랑할 수 있는데, 이것은 우리가 자연이 광대무변하기 때문에 경외의 염을 가지고 자연을 고찰하고, 이러한 고찰에 있어서 우리들 자신이 고귀해졌다고 느낄 수 있는 것과 마찬가지의 일이다.——마치 자연이 본래 이러한 의도에서 그의 장엄한 무대를 펼쳐놓고 꾸며놓기나 한 것처럼.

우리가 본절에서 말하려고 하는 것은 다음과 같은 것에 지나지 않는다: 즉, 우리가 일단 자연에서 목적인의 개념에 따라서만 우리들에게 사유될 수 있는

---

* 미학의 부문에서는,[2] 우리는 자연의 형식에서 전혀 자유로운 (관심을 떠난) 만족을 느끼기 때문에, 우리는 자연을 호의를 가지고 바라본다고 말했다. 왜냐하면 이러한 한갓된 취미판단에 있어서는 이 자연미가 어떠한 목적을 위해서 현존하는가, 즉 우리들에게 쾌감을 불러 일으키기 위해서 현존하는가, 또는 우리들과는 전연 관계없이 목적으로서 현존하는가 하는 점은 전혀 고려되지 않기 때문이다. 그러나 목적론적 판단에 있어서는 우리는 이 관계에도 주의한다. 그리고 이 경우에는 우리는 자연이 그토록 많은 아름다운 형태를 제시함으로써 우리의 도야를 촉진하려고 한 것을, 자연의 호의라고 볼 수 있는 것이다.

1) 이 부분은 Kant의 문장으로는 "우리는 그것[자연의 목적의 일대체계라는 이념]을 자연이 우리들을 위해서 베푼 하나의 호의, 즉 자연이 유용한 것 이상으로 미와 매력을 그토록 풍부하게 나누어 주었다고 하는 호의라고 볼 수 있으며,"라고 읽어야 할 것을 Vorländer가 위와 같이 고쳤다.
2) 본서 §5, §58을 참조.

산물들을 산출할 수 있는 능력을 발견한 이상, 우리는 한걸음 더 나아가서, 맹목적으로 작용하는 동력인의 기계적 조직을 넘어서서 자기의 가능성에 대한 어떤 다른 원리를 찾아낼 것을 반드시 필요로 하지 않는 산물들(또는 비록 합목적적이기는 하지만 그러한 산물들의 관계)까지도 목적의 체계에 속하는 것으로서 판정해도 좋다. 왜냐하면 전자의 [목적인의] 이념이 이미, 그 근거에 관해서 말한다면, 우리로 하여금 감성계를 넘어서게 하며, 그 때에는 초감성적 원리의 통일은 자연존재자의 어떤 종에게만 타당할 뿐 아니라, 체계로서의 자연 전체에게도 똑같이 타당하다고 보지 않으면 안되기 때문이다.

§ 68.
자연과학의 내적 원리로서의 목적론의 원리에 관하여.

하나의 학의 원리들은 그 학에 대하여 내적이어서 내속적 원리(*principia domestica*)라고 불리거나, 또는 그 학의 외부에 있을 수밖에 없는 개념 위에 기초를 두고 있어서 외래적인 원리(*peregrina*)이거나, 두 가지 중의 하나이다. 후자를 내포하고 있는 학은 보조명제들(*lemmata*)을 그 학설의 기초에 두고 305 있다. 다시 말하면 그러한 학은 어떤 개념을, 그리고 이 개념과 함께 [내용]배열의 근거를 다른 학으로부터 빌리고 있다.

어떠한 학도 그 자체만으로서 하나의 체계이다. 그리고 학에 있어서는 원리에 따라 건축하고 따라서 기교적으로 처리해가는 것만으로는 충분치 않고, 오히려 학은 그 자신 독립된 건축물로서 건축술적으로 연구되지 않으면 안되며, 또 그것은 다른 건축물의 증축물이나 그 일부분으로 다루어져서는 안되고, 하나의 전체로서 독자적으로 다루어지지 않으면 안된다. 물론 나중에 이 건물에서 저 건물에로 또는 교호적으로 내왕할 수 있는 통로가 건조되는 것은 무방하다.

그러므로 자연에 있어서의 합목적성을 설명하기 위하여 자연과학과 그 맥락 속에 신의 개념을 끌어 넣고,[1] 다음에는 다시 신이 존재한다는 것을 증명하기 위하여 이 합목적성을 이용한다면, 두 가지 학[자연과학과 신학]은 어느 것도 내

---

[1] 초판과 제2판에는 "끌어 들이고"로 되어 있다.

적으로 존립하지 못한다. 그리고 하나의 기만적인 순환논증이 두 학의 경계를 서로 교착시킴으로써 두 학을 모두 불확실하게 만든다.

　자연의 목적이라는 표현은 이러한 혼란을 이미 충분히 예방하여, 자연과학과 자연과학이 그 대상들을 목적론적으로 판정케 하는 유인을 신의 고찰과, 따라서 신학적 도출과 혼동하지 않도록 해준다. 그러니 우리는 자연의 목적이라
306 는 표현을 자연의 배려에 있어서의 신적 목적이라는 표현과 혼동한다거나, 또는 자연에 있어서의 상술한 합목적적 형식들을 결국에는 하나의 현명한 세계창조자로부터 도출하는 수밖에 없으므로, 신적 목적이라는 표현이 더 적절하고 경건한 혼에게 더 적합하다고 칭한다거나 하는 것을, 사소한 일로 보아서는 안된다. 오히려 우리는 조심스럽게 그리고 겸허하게 단지 바로 우리가 아는 만큼만을 언표하는 표현, 즉 자연의 목적이라는 표현에 그치지 않으면 안된다. 왜냐하면, 우리는 자연 그 자신의 원인을 문제삼기 이전에, 자연과 자연의 산출의 과정에 있어서, 기지의 경험법칙들에 따라 자연 가운데에 산출되는 산물들을 발견하거니와, 자연과학은 그 대상들을 이러한 경험법칙들에 따라 판정하지 않으면 안되며, 따라서 목적의 규칙에 따르는 그 대상의 인과성도 자연 그 자신 속에서 찾지 않으면 안되기 때문이다. 그러므로 자연과학은 자기의 한계를 뛰어넘어서, 그 개념에 어떠한 경험도 적합할 수 없는 것을 내속적 원리로서 자기 자신 속에 끌어 넣어서는 안된다. 그러한 것은 자연과학이 완성된 후에야 비로소 우리가 감히 논의할 자격이 있는 것이다.

　선천적으로 증시될 수 있고, 따라서 그 가능성에서 보아 경험의 협조가 전연 없이도 보편적 원리에서 통찰될 수 있는 자연의 성질들은, 비록 기교적 합목적성을 띠고 있다고 할지라도, 그러나 절대적으로 필연적이기 때문에, 자연의 목적론에는 전연 산입될 수가 없다. 자연의 목적론은 물리학에 속하는 방법이요,
307 물리학의 문제를 해결하기 위한 방법이다. 산술적, 기하학적 유비나 또한 보편적인 기계적 법칙들에 있어서 외견상 서로가 전혀 의존하지 않는 여러 가지의 규칙들이 하나의 원리 안에서 합일되어 있다는 것은 우리들에게는 기이하고 감탄할만하다고 생각될지 모르지만, 아무리 그렇게 생각될지라도, 그러한 유비나 법칙들은 그 때문에 물리학에 있어서의 목적론적 설명근거임을 요구할 권리를 내포하고 있는 것은 아니다. 그리고 설사 이러한 유비와 법칙들이 자연 일

반의 사물들의 합목적성에 관한 일반적 이론에 있어서는 함께 고찰할만한 가치
가 있을지라도, 그러나 이 일반적 이론은 다른 곳, 즉 형이상학에 속할 것이
요, 자연과학의 내적 원리를 이루지는 못할 것이다. 그러나 유기적 존재자들이
보여주는 자연목적의 경험적 법칙들의 경우에는, 목적론적 판정방식을 자연학
의 원리로 자연학의 대상들의 고유한 부류에 관해서 사용한다는 것은, 아마 허
용된 일일 뿐만 아니라 불가피한 일이기도 할 것이다.

   그런데 물리학이 엄밀하게 자기의 한계 안에 머무르기 위해서는, 물리학은
자연목적이 과연 의도적으로 자연목적인가 또는 무의도적으로 자연목적인가
하는 문제를 전적으로 도외시한다. 왜냐하면 그것은 자기와는 무관한 일(즉,
형이상학의 일)에 관여하는 것이 될 것이기 때문이다. 우리가 목적의 이념을
원리로서 받아들이지 않고서는 사유할 수 없는 자연법칙에 따라서만 유독 설명
할 수 있는 대상들, 그리고 이렇게 해서만 그 내적 형식으로 보아 내면적으로
나마 인식할 수 있는 대상들이 있다는 것만으로 충분하다. 그러므로 마치 우리   308
가 물리학에 전혀 속하지 않는 어떤 것, 즉 초자연적 원인과 같은 것을 우리의
인식근거 가운데에 혼입하려고 하는 듯한 월권의 혐의를 조금도 입지 않기 위
해서는, 목적론에 있어서 우리는 과연 자연에 관하여, 마치 자연에 있어서의
합목적성은 의도적인 것처럼 말하지만, 그러나 동시에 우리가 자연에 대하여,
다시 말하면 물질에 대하여 이러한 의도를 부여한다는 식으로 말한다. 그리고
그렇게 말함으로써 우리가 (아무도 스스로 생명이 없는 물질에 대하여 이 말의
본래적 의미에 있어서의 의도를 부여하지는 않을 것이므로, 이 점에 관해서 오
해가 일어날 여지는 없기 때문에) 지적하고자 하는 바는, 여기에서 이 [의도라
는] 말은 단지 반성적 판단력의 원리를 의미할 뿐이요 규정적 판단력의 원리를
의미하지는 않으며, 따라서 이 말은 인과성의 특수한 근거를 도입하려는 것이
아니라, 다만 이성의 사용에 대해서 기계적 법칙들에 따르는 연구방식과는 다
른 종류의 연구방식을 부가하여, 모든 특수한 자연법칙을 경험적으로 탐구하는
데조차도 이 기계적 법칙들에 따르는 연구방식이 불충분한 점을 보충하려는 것
에 지나지 않는다고 하는 사실이다. 그러므로 목적론이 물리학에 관계되는 한
에 있어서, 우리가 목적론에서 자연의 현명, 절약, 선견, 은혜에 관해서 이야
기하는 것은 아주 정당한 일이지만, 그렇다고 해서 자연을 하나의 오성적 존재

자로 생각하려는 것은 아니다(그것은 불합리한 일일 것이기 때문에). 그러나
우리는 또한 감히 자연의 위에 다른 오성적 존재자를 건설자로서 놓으려고 하
309 는 것도 아니다. 이것은 주제넘은* 일일 것이기 때문이다. 오히려 그러한 말
들을 씀으로써, 이성을 기교적으로 사용할 때의 우리들 자신의 인과성과의 유
비에 의하여, 자연의 일종의 인과성만이 표현되어야 하는데, 이는 우리가 자연
의 어떤 산물들을 연구할 때에 따르지 않으면 안되는 규칙을 염두에 두기 위함
이다.

　　그러나 왜 목적론은 보통 이론적 자연과학의 본래의 부문을 구성하지 않고,
신학에 대하여 예비학 또는 과도적 단계로서 관계되는 것일까? 이것은 자연의
기계적 조직에 따르는 자연의 연구를, 우리가 우리의 관찰이나 실험에 붙일 수
있는 것에, 그리하여 자연이나 마찬가지로 적어도 그 법칙의 유사성으로 보아
서 우리들 자신이 산출할 수 있는 것에 한정하기 위하여 그렇게 되는 것이다.
왜냐하면 우리는 우리가 개념에 따라 스스로 만들고 스스로 완성할 수 있는 것
밖에는 완전히 통찰하지 못하기 때문이다. 그러나 자연의 내적 목적으로서의
310 유기적 조직은 기술에 의해서 그와 유사한 것을 현시하려는 모든 능력을 무한
히 넘어선다. 그리고 합목적적이라고 간주되는 외적인 자연기구에 관해서는(예
를 들면 바람, 비 등등), 물리학은 물론 그러한 것의 기계적 조직을 고찰하기
는 하지만, 그러나 이 자연기구와 목적과의 관계가 그 원인에 필연적으로 속하
는 조건인 한, 이 관계는 물리학이 전혀 현시할 수 없는 것이다. 왜냐하면 이
러한 연결의 필연성은 전적으로 우리의 개념들의 결합에 관계되는 것이요, 사
물들의 성질에 관계되는 것이 아니기 때문이다.

＊주제넘다(vermessen)라는 독일어는 의미심장한 훌륭한 말이다. 우리가 자신의 힘(오성의)의 척도
를 숙고할 것을 잊어버리고 내리는 판단은 때로는 매우 겸손하게 들리는 일도 있지만, 그러나 사실은
큰 요구를 하고 있는 것이요, 매우 주제넘은 것이다. 창조와 유지의 활동 중에 있는 신의 지혜의 밑
바닥에 의도를 인정함으로써 신의 지혜를 찬양한다고 주장하는 대부분의 판단은 이 종류에 속하는
것인데, 이러한 의도는 본래 궤변가 자신의 지혜를 자랑하려는 것이다.

제2편　목적론적 판단력의 변증론

311

§69.
판단력의 이율배반이란 무엇인가.

규정적 판단력은 그 자신만으로서는 객체의 개념을 확립하는 어떠한 원리도 가지고 있지 않다. 그것은 자율성이 아니다. 왜냐하면 그것은 원리로서의 주어진 법칙들이나 개념들 아래에만 포섭을 하는 데 지나지 않기 때문이다. 바로 이 때문에 규정적 판단력은 또한 그 자신의 이율배반에 떨어질 위험도 없고, 그 자신의 원리들이 충돌할 우려도 없다. 그리하여 범주들 아래에 포섭하는 조건들을 내포하고 있는 선험적 판단력은 그 자신만으로서는 법칙정립적인 것이 아니라, 단지 감성적 직관의 조건들, 즉 오성의 법칙으로서의 주어진 개념에 실재성(적용)을 부여하기 위한 조건들을 지시하는 것에 지나지 않았다. 그래서 선험적 판단력은 이 점에 관해서 자기 자신과의 불일치에 (적어도 원리상으로는) 떨어질 수가 없었던 것이다.

그러나 반성적 판단력은, 아직 주어져 있지 않은 법칙 아래에, 따라서 실제 312 로는 대상들에 관한 반성의 원리에 지나지 않는 법칙 아래에 포섭을 해야만 한다. 이 때 이러한 반성을 위한 법칙이나, 또는 그때 그때 당면한 경우를 위하여 충분히 원리가 될 수 있을 객체의 개념은 객관적으로는 전혀 우리에게 없다. 그런데 인식능력의 어떠한 사용도 원리가 없이는 허용되어서는 안되므로, 반성적 판단력은 그와 같은 경우에 자기 자신에 대하여 원리가 될 수밖에 없을 것이다. 그러나 이 원리는 객관적인 것도 아니요, 또 그 [포섭하려는] 의도에 대하여 충분한 객체의 인식근거를 부여할 수 있는 것도 아니기 때문에, 그것은 인식능력의 합목적적 사용을 위한, 다시 말하면 어떤 종류의 대상들에 관하여 반성하기 위한, 단지 주관적인 원리가 되어야만 한다. 따라서 그와 같은 경우에 관해서 반성적 판단력은 자기의 격률들을 가지고 있으며, 그것도 경험에 있어서의 자연법칙들을 인식하기 위한 필연적인 격률들을 가지고 있어서, 판단력이 자연을 경험적인 자연법칙에 따라 단지 알기만 하기 위해서도 개념을 꼭 필요로 할 경우에는, 반성적 판단력은 그러한 격률을 매개로 하여 개념——비록 그것이 이성개념이지만——에 도달하는 것이다.——그런데 반성적 판단력의 이와 같은 필연적 격률들 사이에는 하나의 충돌이, 따라서 하나의 이율배반이 성립할 수 있거니와, 변증론은 이 위에 근거를 두는 것이다. 그리고 서로 충돌
313 하는 두 격률이 각각 인식능력의 본성 가운데에 그 근거를 가지고 있는 경우에는, 변증론은 자연적 변증론이라고 불릴 수 있으며, 또 그것은 하나의 불가피한 가상이다. 이 가상이 기만하는 일이 없도록, 우리는 비판에 있어서 그것을 폭로하고 해결하지 않으면 안된다.

§ 70.
이 이율배반의 제시.

이성은 외적 감관의 대상들의 총괄로서의 자연을 다루는 한, 법칙들 위에 기초를 둘 수 있거니와, 그 법칙들은 일부는 오성이 스스로 자연에 대하여 선천적으로 지정하는 것들이요, 일부는 오성이 경험 가운데에 나타나는 경험적 규정들을 통해서 무한히 확장할 수 있는 것들이다. 전자의 종류의 법칙들, 즉 물질적 자연 일반의 보편적 법칙들을 적용하기 위해서는 판단력은 반성의 특수한 원리를 필요로 하지 않는다. 왜냐하면, 그 경우에는 하나의 객관적 원리가 오성에 의하여 판단력에 주어져 있으므로, 판단력은 규정적이기 때문이다. 그러나 경험에 의해서만 우리에게 알려질 수 있는 특수한 법칙들에 관해서 본다면, 이 법칙들 사이에는 매우 큰 다양성과 이종성이 있을 수 있으므로, 판단력은 단지 자연의 현상에 있어서 하나의 법칙을 연구하고 그것을 탐지하기 위해서만이라도 자기 자신을 원리로 사용할 수밖에 없는데, 그 이유는, 판단력이 자연의 철두철미한 합법칙성에 따르는 일관된 경험적 인식을, 즉 경험적 법칙에 따르는 자연의 통일을 단지 기대만이라도 하려면, 판단력은 그와 같은 하나의 법칙을 실마리로서 필요로 하기 때문이다. 그런데 특수한 법칙의 이러한 통일이
314 우연적인 경우에는, 다음과 같은 일이 일어날 수 있다: 즉, 판단력은 그의 반성에 있어서 두 개의 격률에서 출발하는데, 그 하나는 한갓된 오성이 판단력에 대하여 선천적으로 시사해주는 격률이요, 다른 하나는 특수한 경험들이 이성을

활동시켜서 하나의 특수한 원리에 따라 물체적 자연과 자연법칙들을 판정케 함
으로써 환기되는 격률이다. 이 때에 이 두 가지 격률은 아마도 서로 병존할 수
없는 듯한 외관을 띠게 되며, 따라서 판단력을 그의 반성의 원리에 관해서 혼
란시키는 하나의 변증론이 출현한다고 하는 결과가 일어나는 것이다.

　판단력의 첫째의 격률은 정립이요, 그것은 곧 이러하다: 물질적 사물들과
그 형식들과의 모든 산출은 단지 기계적인 법칙들에 따라 가능한 것으로 판정
되지 않으면 안된다.

　둘째의 격률은 반정립이요, 그것은 이러하다: 물질적 자연의 약간의 산물들
은 단지 기계적인 법칙들에 따라 가능한 것으로 판정될 수 없다(이러한 산물들
의 판정은 전혀 다른 인과성의 법칙, 즉 목적인의 법칙을 필요로 한다).

　그런데 [자연의] 연구를 위한 이러한 통제적 원칙이 객체 그 자체의 가능에
관한 구성적 원칙으로 전화되면, 그것은 다음과 같이 될 것이다:

　정립: 물질적 사물들의 모든 산출은 단지 기계적인 법칙에 따라 가능하다.

　반정립: 물질적 사물들의 약간의 산출은 단지 기계적인 법칙에 따라서는 가　315
능치 않다.

　이러한 후자의 [정립과 반정립이라는] 형태에 있어서는, 즉 규정적 판단력에
대한 객관적 원리들로서는, 이 양 명제는 서로 모순될 것이며, 따라서 양 명제
중의 어느 하나는 필연적으로 거짓일 것이다. 그러나 그 경우에는 그것은 물론
하나의 이율배반이겠지만, 판단력의 이율배반이 아니라 이성의 입법에 있어서
의 충돌일 것이다. 그렇지만 이성은 이 원칙들의 어느 것도 증명할 수는 없다.
왜냐하면 우리는 단지 경험적인 자연법칙에 따르는 사물들의 가능에 관해서는
어떠한 선천적인 규정적 원리도 가질 수가 없기 때문이다.

　그에 반해서 맨먼저 제시한 반성적 판단력의 격률에 관해서 보건대, 그것은
실제로 전혀 모순을 내포하고 있지 않다. 왜냐하면, 만일 내가 '나는 물질적 자
연에 있어서의 모든 사상을, 따라서 자연의 산물로서의 모든 형식을 그 가능성
으로 보아, 단지 기계적인 법칙들에 따라 판정하지 않으면 안된다'고 말한다
면, 나의 이 말은 '그것들은 기계적 법칙들에 따라서만 (다른 모든 종류의 인과
성을 배제하고) 가능하다'는 의미가 아니기 때문이다. 오히려 이 말은 '나는 언
제나 그것에 관해서 자연의 한갓된 기계적 조직의 원리에 따라 반성해야 하며,

따라서 이 원리를 탐구의 기초로 삼지 않으면 본래적인 자연인식은 전혀 있을 수 없으므로, 가능한 한 이 원리를 탐구해야 한다'고 함을 피력하려는 것에 지나지 않는다. 그런데 이것은, 둘째 번의 격률이 그때 그때의 기회에, 즉 약간
316 의 자연형식의 경우에 있어서(그리고 이러한 자연형식을 기연으로 해서 전자연에 있어서까지도), 자연의 기계적 조직에 따른 설명과는 전혀 다른 하나의 원리를, 다시 말하면 목적인의 원리를 추구하여, 그러한 자연형식들에 관해서 반성하는 것을 방해하는 것이 아니다. 왜냐하면 첫째 번의 격률에 따르는 반성은 이 목적인의 원리에 의해서 폐기되는 것이 아니라, 오히려 가능한 한 첫째 번의 격률을 추구하라는 것이 요구되고 있기 때문이다. 또한 둘째 번의 격률은 자연의 기계적 조직에 따르면 그러한 자연형식들은 불가능하리라는 것을 언명하는 것도 아니다. 단지 여기에서 주장되고 있는 것은, 인간의 이성은 둘째 번의 격률을 따르는 때에는, 그리고 그렇게 해서는, 자연목적의 특별한 성질을 이루고 있는 것의 근거는 조금도 찾아낼 수 없겠지만, 그러나 아마도 자연법칙에 관한 또 다른 인식은 찾아낼 수 있으리라는 것 뿐이다. 이 경우에, 과연 우리가 알지 못하는 자연 그 자체의 내적 근거에 있어서는 동일한 사물에서 나타나는 물리적-기계적 결합과 목적결합이 하나의 원리 안에서 밀접하게 연관될 수 있지 않을까 하는 문제는 미결로 남아 있다. 다만 우리의 이성은 이 두 결합을 그와 같은 하나의 원리 안에서 합일시킬 수가 없다는 것과, 따라서 판단력은 (사물 자체의 가능의 객관적 원리에 따르는) 규정적 판단력으로서가 아니라, (주관적 근거에서 나오는) 반성적 판단력으로서, 자연에 있어서의 어떤 형식들에 대해서는 자연의 기계적 조직의 원리와는 다른 원리를, 그러한 형식들을 가능케 하는 근거로 생각하지 않을 수 없다는 것만이 확실할 뿐이다.

317   § 71.
위에 든 이율배반을 해결하기 위한 준비.

우리는 유기적 자연산물이 자연의 한갓된 기계적 조직에 의하여 산출될 수 없다는 것을 결코 증명할 수가 없다. 왜냐하면 우리는 특수한 자연법칙들 —— 이것은 단지 경험적으로만 인식되므로, 우리에게는 우연적인 것이다 ——의 무

한한 다양성을 그 내적인 제1근거에서 보아서 통찰할 수도, 그리하여 자연을 가능케 하는 완전히 충족한 내적 원리(이것은 초감성적인 것 속에 있다)에 도달할 수도 절대로 없기 때문이다. 그러므로 자연의 생산능력은, 목적의 이념에 따라 형성되고 결합된 것으로 판정되는 것에 대해서도, 단지 자연의 기계적 기능만을 필요로 한다고 믿어지는 것에 대해서나 똑같이, 충분한 것이 아닌가 어떤가, 그리고 실제로 본래의 자연목적으로서의 사물들(우리가 필연적으로 그렇게 판정할 수밖에 없는)에 대해서는 물질적 자연이나 그 가상적 기체 안에는 결코 내포되어 있을 수 없는 전혀 별종의 근원적 인과성이, 즉 하나의 건축술적 오성이 그 근저에 있는 것인가 어떤가, 이러한 문제에 관해서는 우리의 이성은 교시하는 바가 절대로 없다. 우리의 이성은, 인과성의 개념이 선천적으로 특수화[종별화]되어야 할 경우에, 이 인과성의 개념에 관해서는 매우 좁게 제한 되어 있는 것이다.──그러나 우리의 인식능력에 관한 한, 자연의 한갓된 기계적 조직이 유기적 존재자의 산출에 대해서 설명근거를 제공할 수 없다는 것도 마찬가지로 의심의 여지 없이 확실하다. 따라서 우리가 목적인에 따르는 사물들의 그처럼 명백한 결합에 대해서는 기계적 조직과는 상이한 하나의 인과성을, 즉 목적에 따라 행위하는 (오성적) 세계원인의 인과성을 생각하지 않을 수 없다고 하는 것은, 반성적 판단력에 대해서는 아주 정당한 원칙이다. 이 원칙이 규정적 판단력에 대해서는 아무리 성급하고 입증불가능한 것이라 할지라도, 반성적 판단력의 경우에 있어서는 이 원칙은 판단력의 한갓된 격률이니, 이 때에는 상술한 인과성의 개념은 한갓된 이념에 불과하므로, 우리는 이 이념에 대해서는 결코 실재성을 인정하려고 하지 않고, 오히려 그것을 단지 반성의 길잡이로 사용할 뿐이다. 그 때 이 반성은 모든 기계적 설명근거에 대해서 언제나 개방되어 있으며, 감성계로부터 잘못 이탈해 나가는 일이 없다. 규정적 판단력의 경우에 있어서는 이 원칙은 이성이 지정하고 판단력이 규정적으로 복종하지 않으면 안되는 객관적 원리일 것이다. 그러나 그 경우에는 판단력은 감성계를 넘어서서 초절적 영역에로 잘못 들어가서 헤매게 될 것이다.

그러므로 본래 물리적인 (기계적인) 설명방식의 격률과 목적론적인 (기교적인) 설명방식의 격률과의 사이에 이율배반이 성립하는 듯이 보이는 것은 모두가 다음과 같은 사정에 기인하는 것이다: 즉, 우리가 반성적 판단력의 원칙을

318

규정적 판단력의 원칙과 혼동하고, 또 전자의 자율성(특수한 경험법칙에 관한
319 우리의 이성사용에 대하여 단지 주관적으로만 타당하는)을 오성에 의해서 주어
진 (보편적 또는 특수적) 법칙에 따르지 않으면 안되는 후자의 타율성과 혼동
한다는 것이 그것이다.

§ 72.
자연의 합목적성에 관한 여러 가지의 체계들에 관하여.

우리가 자연의 어떤 사물들(유기적 존재자들)의 제1의 근원에 관한 연구에
까지 올라가지 않고, 그 사물들의 성질을 관찰에 의하여 알기 위해서, 하나의
길잡이를 요구하는 경우일지라도, 그러한 사물들과 그 가능에 관해서는 목적인
의 개념에 따라 판단되지 않으면 안된다고 하는 원칙의 정당성은, 아직 아무도
의심할 일이 없다. 그러므로 이 원칙은 단지 주관적으로만 타당한가, 다시 말
하면 단지 우리의 판단력의 격률에 지나지 않는가, 그렇지 않으면 자연의 객관
적 원리인가, 그리고 이 원리에 따라 자연에는 그 기계적 조직 (한갓된 운동법
칙에 따르는) 이외에 또 다른 종류의 인과성이, 즉 목적인의 인과성이 귀속하
고, 저 운동법칙(운동력)[1]은 단지 중간원인으로서만이 목적인 아래에 종속되
는 것인가 하는 것만이 문제가 될 수 있을 뿐이다.

그런데 우리는 이러한 문제 또는 과제를 사변에 대해서는 전적으로 미결정
미해결로 남겨 두어도 무방할 것이다. 왜냐하면, 우리가 한갓된 자연인식의 한
320 계 내의 사변으로 만족한다면, 인간의 힘이 미치는 한 자연을 연구하고, 자연의
가장 깊이 숨어 있는 비밀을 탐지하기 위해서는, 상술한 격률로 충분하기 때문
이다. 그러므로 만일 우리가 자연의 탐구를 (비록 우리는 이 탐구에 있어서 아
직도 그다지 진전을 보지는 못했지만) 포기하거나 또는 적어도 잠시 중단하고,
자연과학에 있어서의 저 이방인, 즉 자연목적의 개념이 우리를 어디에로 이끌
어가는가를 미리 탐색하려고 시도한다면, 우리가 상술한 목적인의 개념을 매개
로 하여 자연조차도 넘어서서, 목적인 그 자체를 원인의 계열에 있어서 최고점

---

1) Kant는 "(운동력의)"라고 쓴 것을 Erdmann이 고쳤다.

에 결부시킬 수 있으리라는 것은, 아마도 우리의 이성의 어떤 예감이거나 또는 자연이 우리에게 주는 말하자면 암시인 것이다.

그런데 여기에 이르면 물론 저 논의의 여지 없이 확실한 격률은 논쟁의 광범한 분야를 개시하는 과제에로 이행하지 않을 수 없을 것이다. 즉, 이 과제란, 자연에 있어서의 목적연결은 자연에 대한 특수한 종류의 인과성을 입증하는 것인가 어떤가, 또는 이 목적연결은 그 자체로서 그리고 객관적 원리의 면에서 보면, 오히려 자연의 기계적 조직과 같은 종류의 것이나 동일한 근거 위에 기초를 두고 있는 것이 아닌가 하는 것이다. 그러나 다만 이 근거는 많은 자연산물들에 있어서 우리가 탐구하기에는 너무나 깊이 숨어 있는 경우가 많기 때문에, 우리는 하나의 주관적 원리, 즉 기술의 원리를, 다시 말하면 이념에 따르는 인과성을 시험해 보고, 유비상 자연의 근저에 목적연결을 인정한다는 것만이 다를 뿐이다. 그리고 이러한 궁여지책은 많은 경우에는 성공하고, 약간의 경우에는 실패하는 것 같이 보이기도 하지만, 그러나 어떠한 경우에도 자연 그 321 자체의 한갓된 기계적 법칙에 따르는 인과성과는 상이한 하나의 특수한 작용방식을 자연과학 안에 도입할 권리를 우리에게 주는 것은 아니다. 자연의 산물들에 있어서 목적과 유사한 것이 발견되기 때문에, 우리는 자연의 활동방식(인과성)을 기교라고 부름으로써, 기교를 다시 의도적 기교(*technica intentionalis*)와 무의도적 기교(*technica naturalis*)로 구분하려고 한다. 전자는 목적인에 따르는 자연의 생산능력이 특수한 종류의 인과성으로 간주되지 않으면 안된다고 함을 의미하고, 후자는 이 특수한 인과성이 근본에 있어서는 자연의 기계적 조직과 전혀 동일한 종류의 것이요, 우리의 기술개념 및 그 규칙과의 우연적 합치는 자연을 판정하기 위한 주관적 조건에 지나지 않는데, 특수한 종류의 자연적 산출이라고 잘못 해석되고 있다고 함을 의미하는 것이다.

이제 우리가 목적인에 관한 자연설명의 여러 체계들을 논하는 경우에, 십분 주의하지 않으면 안될 것은, 그러한 체계들은 모두가 독단적으로는, 다시 말하면 의도적으로 작용하는 원인에 의해서이건 전혀 무의도적으로 작용하는 원인에 의해서이건 사물을 가능케 하는 객관적 원리에 관해서는 상충되지만, 그러나 그와 같은 합목적적 산물의 원인에 관하여 판단하기 위한 주관적 격률에 관해서는 서로 상충되지 않는다고 하는 점이다. 후자의 경우에 있어서는 이종의

322 원리들이라도 잘 합일될 수 있으나, 그에 반해서 전자의 경우에 있어서는 모순 대당적 원리들은 서로를 부정하여 양립할 수가 없을 것이다.

자연의 기교에 관한, 다시 말하면 목적의 규칙에 따르는 자연의 생산력에 관한 체계는 두 가지이다: 즉, 그것은 자연목적의 관념론의 체계이거나, 또는 자연목적의 실재론의 체계이다. 전자는 자연의 모든 합목적성은 무의도적이라고 하는 주장이요, 후자는 자연의 약간의 합목적성(유기적 존재자들에 있어서의)은 의도적이라고 하는 주장이다. 그리하여 후자의 주장으로부터는 결국 가설로서의 근거를 가지는 귀결, 즉 자연의 다른 모든 산물들을 자연 전체와의 관계에서 볼 때에도 자연의 기교는 의도적이요, 다시 말하면 목적이라고 하는 귀결도 이끌어내질 수 있을 것이다.

1. 그런데 합목적성(이 경우에는 언제나 객관적 합목적성을 의미한다)의 관념론은 자연이 산물들의 합목적적 형식을 규정함에 있어서 자연이 우발적이라고 보는 관념론이거나, 그렇지 않으면 숙명적이라고 보는 관념론이거나, 둘 중의 하나이다. 전자의 원리는 물질과 그 형식의 물리적 근거와의, 즉 운동법칙과의 관계에 관한 것이고, 후자의 원리는 물질과 물질 및 전자연의 초물리적 근거와의 관계에 관한 것이다. 우발성의 체계는 에피쿠로스나 데모크리토스에게 귀속되거니와, 그것은 문자 그대로 해석한다면 분명히 불합리하므로, 우리는 그것에 구애될 필요가 없다. 그에 반해서 숙명성의 체계(흔히 스피노자를 이 체계의 창시자라고 하지만, 아무리 보아도 그보다 훨씬 더 오래 된 체계인

323 것 같다)는 우리의 통찰이 미치지 못하는 어떤 초감성적인 것을 끌어대는 것인데, 이 체계는 그렇게 용이하게 논박될 수 없는 것이다. 그 이유는 근원적 존재자라고 하는 이 체계의 개념이 전혀 이해할 수 없는 것이기 때문이다. 그러나 이 체계에 있어서는 세계에 있어서의 목적결합은 무의도적이라고 상정되지 않으면 안되며(이 목적결합은 하나의 근원적 존재자로부터 도출되지만, 그러나 그의 오성으로부터, 따라서 그의 의도로부터 도출되는 것이 아니라, 그의 본성과 이 본성에서 유래하는 세계통일에서부터 도출되는 것이기 때문에), 따라서 합목적성의 숙명론은 동시에 합목적성의 하나의 관념론이라고 하는 것만은 명백하다.

2. 자연의 합목적성의 실재론도 또한 물리적 실재론이든가 또는 초물리적

실재론이든가, 두 가지 중의 하나이다. 전자는 자연에 있어서의 목적의 근거를 의도에 따라 행위하는 능력의 유비물 위에, 즉 물질의 생명 (물질 안에 있거나, 또는 생기를 넣어주는 내적 원리, 즉 세계영혼에 의하여 부여된) 위에 두며, 물활론이라고 일컬어진다. 후자는 자연에 있어서의 목적을 우주의 근원적 근거로부터, 즉 의도를 가지고 출산하는 (근원적으로 살아 있는) 오성적 존재자로부터 도출하는 것이요, 유신론이다.*

§ 73.

324

위에 든 체계들은 어느 것도 그 주장하는 바를 성취하지 못한다.

상술한 체계들은 모두가 무엇을 목적으로 하는 것인가? 그 체계들은 자연에 관한 우리의 목적론적 판단을 설명하고자 하는 것이지만, 이런 일을 함에 있어서 그 일부는 우리의 판단의 진리를 부인하고, 따라서 우리의 판단을 자연(기술로서 표상된)의 관념론이라고 선언하며, 또 다른 일부는 우리의 판단을 진이라고 승인하고, 목적인의 이념에 따르는 자연의 가능을 밝힐 것을 약속한다.

1. 그런데 자연에 있어서의 목적인의 관념론을 옹호하는 체계들은 한편으로는 과연 이 목적인의 원리에 대하여 운동법칙에 따르는 인과성(이 인과성에 의해서 자연사물들이 합목적적으로 현존한다)을 인정하지만, 그러나 이 인과성에 대하여 지향성을, 다시 말하면 이 인과성이 이와 같은 그의 합목적적 산출을 하도록 의도적으로 규정되어 있다고 함을, 또는 바꾸어 말하면 어떤 목적이 그 원인이라고 함을 부인한다. 이것은 에피쿠로스의 설명방식이거니와, 이에 의하면 자연의 기교와 한갓된 기계적 조직과의 구별은 전적으로 부정되고, 산출된

---

* 여기에서 알 수 있듯이, 순수이성의 대개의 사변적인 사항에 있어서는, 독단적 주장에 관한 한, 철학적 학파들은 어떤 문제에 관해서 가능한 모든 해결을 시도해 본 것이 보통이다. 그리하여 사람들은 자연의 합목적성에 관해서도, 때로는 생명 없는 물질이나 그렇지 않으면 생명 없는 신을, 또 때로는 생명 있는 물질이나 그렇지 않으면 생명 있는 신을 이 해결을 위하여 시험해 보았다. 우리에게 남아 있는 일은, 만일 필요하다면, 이러한 일체의 객관적 주장에서 떠나서, 우리의 판단을 단지 우리의 인식능력과의 관계에 있어서만 비판적으로 음미하여, 이 인식능력의 원리에 대하여 하나의 격률이 가지는 타당성을, 즉 독단적은 아니지만 그러나 확실한 이성사용을 위해서는 충분한 타당성을 부여하는 일 이외에는 없다.

325 산물들과 목적에 관한 우리의 개념들과의 합치에 대해서 뿐만 아니라, 따라서
기교에 대해서 뿐만 아니라, 운동법칙에 따르는 이러한 산출의 원인의 규정에
대해서조차, 따라서 이러한 원인의 기계적 조직에 대해서조차, 맹목적 우연이
설명근거로 상정되고, 그렇게 되면 아무 것도, 우리의 목적론적 판단에 있어서
의 가상마저도 설명되지 않으며, 따라서 이러한 판단에 있어서의 이른바 관념
론이라는 것도 결코 입증되지 못하고 만다.

   또 한편으로 스피노자는 자연의 목적의 가능근거를 묻는 일체의 물음에서
우리를 해방하고, 이러한 자연의 목적이라는 이념으로부터 일체의 실재성을 제
거하려고 한다. 그러기 위해서 그는 자연의 목적을 일반으로 산물로 간주하지
않고 하나의 근원적 존재자에 내속하는 우유성으로 간주하고, 이 존재자를 그
러한 자연사물들의 기체로 보아, 자연사물들에 관해서는 이 존재자에게 인과성
이 아니라 단지 존립성만을 부여한다. 그리고 (이 근원적 존재자와 이 근원적
존재자에 내속하는 우유성으로서의 모든 자연사물들의 무조건적 필연성 때문
에) 그는 자연형식에 대하여 일체의 합목적성에 필요한 근거의 통일을 보증하
지만, 그러나 동시에 목적의 통일을 생각할 수 있기 위해서는 반드시 필요한
자연형식의 우연성을 박탈한다. 그리고 자연사물들의 근원적 근거로부터 일체
의 오성을 제거하는 것과 마찬가지로, 이 우연성과 함께 일체의 의도적인 것을
제거하는 것이다.

   그러나 스피노자주의는 자신이 하고자 하는 바를 성취하지는 못하고 있다.
스피노자주의는 자연의 사물들의 목적연결(스피노자주의는 이 목적연결을 부인
하지는 않는다)의 설명근거를 제시하려고 하여, 자연사물들이 모두 내속되고
있는 주체의 통일만을 지적하고 있을 뿐이다. 그러나 우리가 스피노자주의에
326 대하여 세계의 존재자들이 이와 같은 방식으로 현존한다는 것을 용인한다 할지
라도, 그렇다고 해서 그와 같은 존재론적 통일이 곧 목적통일인 것도 아니고,
또 이 목적통일을 설명하는 것도 결코 아니다. 다시 말하면 목적통일은 전혀
특수한 종류의 통일이니, 이 통일은 어떤 주체 (근원적 존재자) 안에서의 사물
들(세계의 존재자들)의 결합으로부터 나오는 것이 전혀 아니고, 어디까지나 오
성을 가지고 있는 어떤 원인과의 관계를 수반하는 것이요, 따라서 이러한 사물
들이 하나의 단순한 주체 안에서 통일되어 있다고 할지라도, 결코 목적관계를

나타내는 것은 아니다. 즉, 우리가 이러한 사물들을 첫째로는 하나의 원인으로서의 실체의 내적 결과라고 생각하지 않고, 둘째로는 그러한 실체의 오성에 의한 원인으로서의 그 실체의 결과라고 생각하지 않는 한, 그렇다. 이러한 형식적 조건을 떠나서는 모든 통일은 한갓된 자연필연성이요, 설사 서로 무관계한 것으로 표상되는 사물들에 통일이 주어진다 할지라도, 그것은 맹목적 필연성이다. 그러나 이 학파가 사물들의 (사물 그 자신의 본질에 관한) 선험적 완전성이라고 부르고 있는 것에 의하면, 모든 사물들은 바로 그러한 사물이요 다른 사물이 아니기 위해서 필요한 일체의 것을 구유하고 있다고 하거니와, 만일 우리가 그러한 선험적 완전성이라고 하는 것을 자연의 합목적성이라고 부른다면, 그것은 개념 대신에 말을 가지고 하는 유치한 장난에 지나지 않는다. 왜냐하면, 모든 사물이 목적이라고 생각되어야만 한다면, 따라서 하나의 사물인 것과 하나의 목적인 것이 동일하다고 한다면, 특별히 목적으로서 표상될만한 것이라고는 결국 아무 것도 없기 때문이다.

이상으로 알 수 있듯이, 스피노자는 자연에 있어서의 합목적적인 것에 관한 327 우리의 개념을 일체를 포괄하는 (그러나 동시에 단순한) 존재자 안에 있는 우리의 자기의식에로 환원하여, 이 합목적적인 것의 형식을 단지 그러한 존재자의[1] 통일 속에서만 찾음으로써, 자연의 합목적성의 실재론이 아니라 단지 그 관념론만을 주장하려는 의도를 가지고 있었음에 틀림 없으나, 그러나 그는 이 의도를 마침내 성취할 수가 없었으니, 이는 기체의 통일이라는 한갓된 표상만으로는 단지 무의도적인 것에 지나지 않는 합목적성이나마 합목적성의 이념을 결코 성립시킬 수가 없기 때문이다.

2. 자연목적의 실재론을 주장할 뿐만 아니라 그것을 설명도 하려고 생각하는 사람들은, 특수한 종류의 인과성, 즉 의도적으로 작용하는 원인을 적어도 그 가능성의 점에서는 통찰할 수 있다고 믿고 있다. 그렇지 않다면 그들은 자연목적을 설명하려고 시도할 리가 없을 것이다. 왜냐하면 아무리 대담한 가설이라도 그것이 가설의 자격을 갖기 위해서는, 적어도 근거로서 상정되고 있는 것의 가능성이 확실하지 않으면 안되며, 또 그러한 것의 개념에 대해서는 그

---

1) Kant의 문장으로서는 "자연의"라고 읽어야 할 것은 Erdmann이 "존재자의"로 고쳤다.

객관적 실재성이 보증될 수 있지 않으면 안되기 때문이다.

그러나 생명 있는 물질(무생명, 타성 *inertia*이 물질의 본질적 성격을 이루는 것이기 때문에, 그러한 개념은 모순을 내포한 것이다)의 가능성이란 생각할 수 조차도 없는 것이다. 생명을 받은 물질의 가능성이나 하나의 동물로 간주되는 자연 전체의 가능성은, 단지 합목적성이 소규모의 자연의 유기적 조직에 있어서 경험상 우리에게 현시되는 한에 있어서만, (대규모의 자연의 합목적성이

328 라는 가설을 세우기 위해서) 겨우 사용될 수는 있으나, 결코 그 가능성이 선천적으로 통찰될 수는 없다. 그러므로 유기적 존재자들에 있어서의 자연의 합목적성을 물질의 생명으로부터 도출하고자 하면서, 이 생명을 다시 유기적 존재자들에 있어서만 인지한다면, 따라서 그와 같은 경험이 없이는 합목적성의 가능성이 이해될 수 없다면, 그것은 설명에 있어서 순환론법을 범한 것임에 틀림없다. 따라서 물활론은 자신이 약속하는 바를 성취하지 못하는 것이다.

마지막으로 유신론은 비록 근원적 존재자에게 일종의 오성을 귀속시킴으로써, 자연의 합목적성을 관념론으로부터 가장 잘 구출해 내고, 자연목적의 산출을 위하여 의도적인 인과성을 도입한다는 점에서는, 자연목적의 가능에 관한 다른 모든 설명근거보다 우월하지만, 유신론도 역시 목적론에 대한 관건으로서의 자연목적의 가능을 독단적으로 정초할 수는 없다.

왜냐하면 이 경우에는 목적통일의 근거를 자연을 넘어서서 일정한 방식으로 정립하는 것이 시인되기 위해서, 우선 물질에 있어서의 목적통일은 물질의 한갓된 기계적 조직에 의해서는 불가능하다는 것이 규정적 판단력에 대하여 충분히 증명되지 않으면 안될 것이기 때문이다. 그러나 우리가 드러내어 말할 수 있는 것은 다음과 같은 것을 넘지 못한다: 우리의 인식능력의 성질과 제한으로 보아서(우리는 이러한 물질의 기계적 조직에 관해서조차도 그 제1의 내적 근거

329 를 통찰하지 못하므로), 우리는 물질에서 특정한 목적관계들의 원리를 찾아서는 결코 안되고, 자연목적으로서의 자연산물의 산출을 판정하는 방식은 세계원인으로서의 최고의 오성에 의한 판정방식 이외에는 우리에게 남아 있지 않다. 그러나 이것은 규정적 판단력에 대한 근거가 아니라, 반성적 판단력에 대한 근거에 지나지 않으며, 따라서 객관적 주장이 될만한 자격을 절대로 가질 수 없는 것이다.

§ 74.
자연의 기교라는 개념을 독단적으로 다루는 것이 불가능한 원인은
자연목적을 설명할 수 없다는 데에 있다.

우리가 어떤 개념을 (비록 그 개념이 경험적으로 제약되어 있다고 할지라도) 독단적으로 처리하는 것은, 우리가 그 개념을 객체에 관한 다른 개념, 즉 이성의 원리를 구성하는 개념 아래에 포함되어 있는 것으로서 고찰하고, 그 개념을 이성의 원리에 따라 규정하는 경우의 일이다. 그러나 우리가 어떤 개념을 단지 비판적으로만 처리하는 것은, 우리가 그 개념을 단지 우리의 인식능력들과의 관계에 있어서만, 따라서 그 개념을 사유하기 위한 주관적 조건들과의 관계에 있어서만 고찰하고, 그 개념의 객체에 관해서 무엇인가를 결정하려고 기도하지 않는 경우의 일이다. 따라서 어떤 개념의 독단적 처리는 규정적 판단력에 대해서 합법칙적인 처리요, 비판적 처리는 단지 반성적 판단력에 대해서만 합법칙적인 처리인 것이다.

그런데 자연목적으로서의 사물의 개념은, 자연은 이성에 의해서만 사유할 330 수 있는 인과성 아래에 포섭하여, 객체에 관해서 경험에 있어서 주어진 것을 이 이성의 원리에 따라 판단하기 위한 개념이다. 그러나 이 개념을 규정적 판단력에 대하여 독단적으로 사용하기 위해서는, 우리는 이 개념의 객관적 실재성을 미리 확인해 주지 않으면 안될 것이다. 그렇지 않으면 우리는 자연사물을 이 개념 아래에 포섭할 수가 없을 것이기 때문이다. 그러나 자연목적으로서의 사물의 개념은 물론 경험적으로 제약된 개념, 다시 말하면 경험에 있어서 주어진 특정한 조건하에서만 가능한 개념이기는 하지만, 그러나 경험으로부터 추상될 수 있는 개념이 아니라, 대상을 판정함에 있어서 하나의 이성원리에 따라서만 가능한 개념이다. 따라서 이 개념은 그와 같은 원리이므로, 그의 객관적 실재성은 (다시 말하면 이 개념에 좇아서 어떤 객체가 가능하다고 하는 것은) 전혀 통찰될 수 없으며, 독단적으로 정초될 수 없는 것이다. 그리고 또 우리는 이 개념이 단지 객관적으로 공허한 궤변적인 개념(*conceptus ratiocinans*)에 지나지 않는지, 그렇지 않으면 이성개념, 즉 인식을 확립하며 이성에 의하여 확증되는 개념(*conceptus ratiocinatus*)인지도 알지 못하는 것이다.1) 그러므로 이 개념은 규정적 판단력을 위하여 독단적으로 다루어질 수는 없다. 다시 말하면 자연목적으로 간주된 자연의 사물들이 그 산출을 위하여 전혀 특수한 종류의 인과성(의도에 따르는 인과성)을 필요로 하는가 어떤가 하는 것은 결정될 수 없을 뿐만 아니라, 그러한 것은 문제가 될 수조차 없는 것이다. 왜냐 331 하면 자연목적의 개념은 그 객관적 실재성에서 보아서는 이성에 의해서 증명될 수 있는 것이 전혀 아니기 때문이다(다시 말하면 이 개념은 규정적 판단력에 대하여 구성적인 것이 아니라, 반성적 판단력에 대하여 단지 통제적인 것이다).

그러나 자연목적의 개념이 증명될 수 있는 것이 아니라고 함은 다음과 같은 이유에서 명백하다: 즉, 자연목적의 개념은 자연산물이라는 개념으로서는 자연 필연성을 자신 속에 내포하고 있지만, 또 동시에 바로 동일한 사물에 있어서 객체의 형식의 우연성(한갓된 자연법칙과의 관계에 있어서)을 목적으로서 포유하고 있다. 따라서 이 점에 아무런 모순도 없으려면, 자연목적의 개념은 자연에 있어서의 사물의 가능에 대한 근거를 포함하고 있지 않으면 안되지만, 또 이 자연 그 자체를 가능케 하는 근거와, 경험적으로 인식될 수 있는 자연이 아닌 (초감성적인) 어떤 것, 따라서 우리에게는 전혀 인식될 수 없는 어떤 것에 대해서 자연이 가지는 관계를 가능케 하는 근거도 포함하고 있지 않으면 안된다. 그래야만 우리가 자연사물의 가능을 결정하려고 할 때에, 자연사물이 자연의 기계적 조직의 인과성과는 다른 종류의 인과성에 따라 판정될 수 있는 것이다. 그러므로 객체가 이성에 의하여 고찰되는 한, 자연목적으로서의 사물의 개념은 (비록 반성적 판단력에 대해서는 경험의 대상에 관하여 내재적이지만) 규정적 판단력에 대해서는 초절적이요, 따라서 규정적 판단에 관해서는 이 개념에 객관적 실재성이 부여될 수가 없기 때문에, 여기에서 이해할 수 있는 것은, 332 우리가 자연목적의 개념이나 목적인에 의하여 결합되어 있는 하나의 전체로서의 자연의 개념을 독단적으로 처리하기 위하여 어떠한 체계를 구상한다 할지라도, 이러한 체계는 모두가 무엇인가를 객관적으로 긍정하는 결정을 내릴 수도 없고, 객관적으로 부정하는 결정을 내릴 수도 없다고 하는 사실이다. 왜냐하

---

1) 이 두 가지 개념의 구별에 관해서는 『순수이성비판』 "선험적 변증론, 제1편 순수이성의 개념에 관하여"(B. 368) 참조.

면, 사물들이 단지 개연적인 데 지나지 않는 개념 아래에 포섭되는 경우에는, 그 개념의 종합적 술어(예를 들면 이 경우에는, 우리가 사물들의 산출에 대하여 생각하고 있는 자연의 목적이 의도적인가 무의도적인가 하는)는 객체에 관해서 바로 그와 같은 (개연적인) 판단――그것이 긍정판단이든 부정판단이든 ――을 내릴 수밖에 없기 때문이다. 즉, 우리는 우리가 어떤 것에 관해서 판단을 내리고 있는지, 또는 아무 것에 관해서도 판단을 내리고 있지 않은지를 알지 못하는 것이다. 목적(기술의)에 의한 인과성의 개념은 물론 객관적 실재성을 가지고 있으며, 자연의 기계적 조직에 따르는 인과성의 개념도 마찬가지이다. 그러나 목적의 규칙에 따르는 자연의 인과성이라는 개념이나, 더욱이 경험에 있어서 우리에게 전혀 주어질 수 없는 존재자, 즉 자연의 근원적 근거로서의 존재자라는 개념은 과연 모순 없이 사유될 수는 있지만, 그러나 독단적 규정에 쓰여질 수는 없다. 왜냐하면, 그런 개념은 경험으로부터 이끌어내질 수도 없고, 또 경험을 가능케 하는 데에 필요하지도 않으므로, 그런 개념에는 어떤 것에 의해서도 그 객관적 실재성이 보증될 수 없기 때문이다. 그러나 설사 이러한 보증이 있을 수 있다고 할지라도, 어떻게 해서 나는 신적 기술의 산물이라고 명확하게 지시되는 사물들을 자연의 산물들 가운데에 산입할 수가 있을까? 원래 이러한 사물들을 자기의 법칙에 따라 산출할 수 없다고 하는 자연의 333 무능력때문에, 자연과는 상이한 원인에 호소할 필요가 있었던 것이 아닌가?

§ 75.
자연의 객관적 합목적성의 개념은 반성적 판단력에 대한 이성의 비판적 원리이다.

　내가 '자연의 어떤 사물들의 산출은, 또는 전자연의 산출조차도, 의도에 따라 활동하도록 스스로를 규정하는 원인에 의해서만 가능하다'고 말하는 것과, 또는 '나는 나의 인식능력의 특유한 성질에 따라 그러한 사물들의 가능과 그러한 사물들의 산출에 관해서 판단할 수 있지만, 이것은 내가 의도적으로 작용하는 하나의 원인을, 따라서 일종의 오성의 인과성과의 유비에서 보아서 생산적인 존재자를, 그러한 산출을 위해서 사유하는 경우에만 가능하다'고 말하는 것과는, 전연 별개의 것이다. 전자의 경우에는 나는 객체에 관해서 무엇인가를 결정하려고 하는 것이요, 따라서 상정된 개념의 객관적 실재성을 입증할 의무가 있다. 그러나 후자의 경우에는 이성이 단지 나의 인식능력의 사용을 인식능력의 특이성과 그 범위 및 그 한계의 본질적 조건에 맞도록 규정할 뿐이다. 그러므로 전자의 원리는 규정적 판단력에 대한 객관적 원칙이지만, 후자의 원리334 는 단지 반성적 판단력에 대한 주관적 원칙이요, 따라서 이성이 반성적 판단력에게 부과하는 이 판단력의 격률이다.

즉, 우리가 자연을 그 유기적 산물들에 있어서나마 부단한 관찰을 통하여 탐구하려고 하는 경우에는, 우리는 자연의 근저에 하나의 의도라는 개념을 반드시 인정하지 않을 수 없다. 그러므로 이 개념은 이미 우리의 이성의 경험적 사용에 대해서도 절대로 필요한 격률이다. 그러나 자연을 연구하기 위한 그와 같은 실마리가 일단 채용되고 확증된 이상, 우리가 상술한 판단력의 격률을 자연 전체에 관해서도 적어도 시험해 보지 않으면 안된다는 것은 명백한 일이다. 왜냐하면 그렇지 않으면, 자연의 기계적 조직의 내부를 꿰뚫어 보는 우리의 통찰력의 제한으로 말미암아, 우리에게는 숨겨져 있을 자연의 많은 법칙들이 이 격률에 의하여 발견될 수 있을는지도 모르기 때문이다. 그러나 이와 같은 사용에 관해서는 판단력의 저 격률은 유용하기는 하지만 불가결한 것은 아니다. 왜냐하면 전체로서의 자연은 유기적인 것(이 말의 위에서 언급한 가장 좁은 의미에 있어서)으로서는 우리에게 주어져 있지 않기 때문이다. 그와는 반대로, 자연의 산물들이 단지 의도적으로 이렇게 만들어져 있고 달리 만들어져 있지 않은 것으로 판정되지 않으면 안된다고 한다면, 이러한 자연의 산물들에 관해서는, 다만 그 내적 성질의 경험적 인식만이라도 얻기 위해서는, 반성적 판단력의 저 격률은 본질적으로 필요한 것이다. 왜냐하면 자연의 산물들이 유기적 사물들이335 라고 하는 사상마저도, 의도를 가진 산출이라는 사상이 그 사상과 결합되지 않고서는 불가능하기 때문이다.

그런데 우리가 어떤 사물의 현존이나 형식을 목적이라는 조건하에서 가능한 것으로 표상한다면, 그와 같은 사물의 개념은 그 사물의 우연성(자연법칙에서 본)의 개념과 불가분적으로 결합되어 있는 것이다. 그러므로 우리가 목적으로서만 가능하다고 생각하는 자연사물들도 역시 세계전체의 우연성에 대한 가장 중요한 증명이 되며, 또 이러한 자연사물들은, 세계전체가 세계의 밖에 있는 존재자, 더욱이 (그러한 합목적적 형식 때문에) 오성적인 존재자에 의존하고 있고, 세계전체가 그러한 존재자로부터 기원한다는 것의 유일한 증명근거이거니와, 이 증명근거는 상식에 대해서나 철학자에 대해서나 다같이 타당한 것이다. 따라서1) 목적론은 그의 탐구에 대한 해명의 완결을 일종의 신학에 있어서밖에는 찾지 못하는 것이다.

그러나 가장 완전무결한 목적론이라 할지라도 그것이 증명하는 것은 결국 무엇인가? 그것은 그와 같은 오성적 존재자가 있다는 것을 증명하기라도 하는가? 아니다. 우리가 그와 같은 세계의 어떤 의도적으로 작용하는 최고의 원인을 생각하지 않고서는,2) 우리는 우리의 인식능력의 성질상, 따라서 경험을 이성의 최고원리와 결합시킴으로써는 그와 같은 세계의 가능을 절대로 이해할 수 없다는 것 이상은 아무 것도 증명하지 못하는 것이다. 그러므로 우리는 '하나의 오성적인 근원적 존재자가 있다'고 하는 명제를 객관적으로는 입증할 수가 336 없고, 다만 자연에 있어서의 목적을 반성할 때의 우리의 판단력의 사용을 위하여 주관적으로만 입증할 수 있을 뿐인데, 이 자연에 있어서의 목적은 하나의 최고원인의 의도적 인과성이라는 원리 이외의 다른 원리에 따라서는 사유될 수 없는 것이다.

만일 우리가 이 최고의 명제를 독단적으로 목적론적 근거에서 입증하려고 한다면, 우리는 여러 곤란에 사로잡혀서, 거기에서 빠져나올 수가 없을 것이다. 왜냐하면 그 경우에는 이러한 추론의 근저에는 '세계에 있어서의 유기적 존재자는 의도적으로 작용하는 원인에 의해서만 가능할 뿐이다'라고 하는 명제가 놓여지지 않으면 안될 것이기 때문이다. 그러나 우리는 오직 목적의 이념하에서만 이러한 [유기적] 사물들의 인과결합을 추구하고, 이 인과결합을 그 합법칙성에 따라 인식할 수가 있기 때문에, 바로 이러한 것을 모든 사유하고 인식하는 존재자에게도 필연적인 조건으로서, 따라서 우리의 주관에 뿐만이 아니라 객체에도 딸린 조건으로서 전제할 수 있는 권리도 우리에게는 있을 것이라고 하는 점, 이 점을 우리는 이 경우에 불가피하게 주장하려고 함에 틀림 없을 것

---

1) 초판에는 "따라서" 대신에 "그리고"이다.
2) 초판에는 "생각할 수 없고서는"으로 되어 있다.

이다. 그러나 그러한 주장을 우리는 관철하지는 못한다. 왜냐하면 우리는 자연에 있어서의 목적을 의도적인 목적으로서 실제로 관찰하는 것이 아니라, 단지 자연의 산물들을 반성함에 있어서 이 [목적의] 개념을 판단력의 하나의 길잡이로서 덧붙여서 사유하는 것이므로, 자연에 있어서의 목적은 객체를 통해서 우리에게 주어져 있는 것이 아니기 때문이다. 뿐만 아니라 그와 같은 [목적의] 개념을 그의 객관적 실재성에서 보아서 마땅히 상정할 수 있는 것으로서 시인한다는 것은, 우리에게는 선천적으로 불가능한 일이기도 하다. 그러므로 어디까
337 지나 우리에게 남는 것은, 오로지 주관적 조건에만, 즉 우리의 인식능력에 적합한 반성적 판단력의 조건에만 기인하는 명제뿐인데, 이 명제를 객관적 독단적으로 타당한 것으로서 표현한다면, 그것은 '신이란 것이 있다'고 하는 명제가 될 것이다. 그러나 우리들 인간에게는[1] 다음과 같은 제한된 정식만이 허용될 뿐이다: '우리가 많은 자연사물의 내적 가능성을 인식하는 데 있어서조차도 그 근저에는 합목적성이 인정되지 않으면 안되는데, 우리가 이러한 합목적성을 사유할 수 있고 이해할 수 있자면, 우리는 그러한 자연사물들과 일반으로 세계를 하나의 오성적 원인의 (하나의 신의)[2] 산물로서 표상하는 수밖에는 없다.'

그런데 우리의 판단력의 불가피하게 필요한 격률 위에 기초를 둔 이 명제가, 모든 인간적 의도에 있어서 우리의 이성의 사변적 사용과 실천적 사용을 모두 완전히 만족시켜주는 것이라면, 우리가 이 명제는 [인간보다] 더 고차적인 존재자에게도 타당하다는 것을 증명할 수 없다고 해서, 즉 이 명제를 순수한 객관적 근거(이 근거는 유감스럽게도 우리의 능력을 넘어선 것이다)에서 증명할 수 없다고 해서, 우리가 받는 손실은 무엇인가를, 나는 알고 싶다. 요컨대 우리가 자연의 한갓 기계적인 원리들에 따라서는 유기적 존재자와 그 내적 가능을 결코 충분히 알 수 없으며, 설명할 수는 더욱 없다고 하는 것은, 아주 확실한 일이다. 뿐만 아니라 그것은 우리가 대담하게 다음과 같이 말할 수 있을 만큼 확
338 실한 일이다: '아마 언젠가는 뉴우튼과 같은 사람이 나타나서, 한 그루의 풀줄기의 산출조차도 자연법칙에 따라서, 즉 의도가 질서를 세워준 것이 아닌 자연

---

1) 초판에는 "인간으로서의 우리들에게는"으로 되어 있다.
2) "(하나의 신의)"는 제2판과 제3판의 추가이다.

법칙에 따라서 설명하리라고 예측한다거나 기대하는 것만도 인간에게는 불합리한 일이요, 오히려 우리는 이러한 통찰을 인간에게는 절대로 거부하지 않으면 안된다'고. 그러나 그 때에도, '만일 우리가 기지의 보편적 자연법칙들을 특수화[종별화]하는 자연의 원리에까지 침투해 들어갈 수 있다고 한다면, 유기적 존재자들의 산출의 근저에 하나의 의도를 인정하지 않더라도(따라서 자연의 한갓된 기계적 조직에 있어서도), 유기적 존재자들을 가능케 하는 충분한 근거는 자연 속에 숨겨져 있을 수가 전혀 없을 것이다'라고 우리가 판단한다면, 이것도 또 너무나 주제넘은 일일 것이다. 우리는 대체 어디에서 이것을 알게 된다는 말인가? 순수이성의 판단이 문제인 이 경우에는, [알 수 있을는지도 모른다고 하는] 개연성은 전연 도외시된다.——그러므로 우리는 '우리가 정당하게도 자연목적이라고 부르는 것의 근저에는 의도에 따라 활동하는 존재자가 세계원인으로서 (따라서 창조자로서) 있는가 어떤가'라고 하는 명제에 관해서는 객관적으로는 긍정적으로도 부정적으로도 전혀 판단을 내릴 수가 없다. 다만 확실한 것은, 우리가 적어도 우리들 자신의 자연적 본성이 통찰하도록 허용하고 있는 것에 따라 (우리의 이성의 제약과 한계에 따라) 판단을 내려야 한다면, 우리는 그러한 자연목적의 가능의 근저에 오성적 존재자 이외에는 아무 것도 절대로 놓을 수 없다고 하는 사실 뿐이다. 그리고 이것만이 우리의 반성적 판단력의 격률에 적합하고, 따라서 주관적이기는 하지만 그러나 인류에게 뿌리 깊이 부착되어 있는 근거에 합당한 것이다. 339

§ 76.
주 해.

다음의 고찰은 선험적 철학에 있어서 상론할 가치가 충분히 있는 것이지만, 여기에서는 단지 해명을 위한 삽화로서만 (여기에서 논술된 것의 증명을 위해서가 아니라) 언급해 두고자 한다.

이성은 원리의 능력이요, 그 극단적인 요구에 있어서는 무제약자에로 향한다. 그에 반해서 오성은 언제나 주어지지 않으면 안되는 일정한 조건하에서만 이성에게 봉사한다. 그러나 오성의 개념에게는 객관적 실재성이 주어지지 않으

면 안되는데, 이와 같은 오성의 개념이 없으면, 이성은 전혀 객관적으로 (종합
적으로) 판단을 내릴 수가 없으며, 또 이론적 이성으로서는 그 자신만으로서는
절대로 구성적 원리를 내포하지 못하고, 단지 통제적 원리를 내포할 뿐이다.
곧 알게 되겠지만, 오성이 뒤따를 수 없게 되면, 이성은 초절적이 되고, 물론[1]
(통제적 원리로서의) 정초된 이념 속에는 나타나지만 객관적으로 타당한 개념
속에는 나타나지 않는다. 그러나 오성은 이성과 보조를 맞출 수는 없지만, 객
체에 대한 타당성을 위해서는 꼭 필요한 것이겠는데, 이러한 오성은 이성의 그
와 같은 이념의 타당성을 단지 주관에만 제한하되, 그러나 동일한 류의 모든
주관에 대하여 보편적으로 제한한다. 다시 말하면 오성은 그와 같은 이념의 타
당성을, 우리의 (인간의) 인식능력의 본성으로 보아서, 또는 일반으로 우리가
유한적인 이성적 존재자 일반의 능력에 관해서 가질 수 있는 개념으로 보아서,
그렇게 밖에는 달리 생각될 수 없고 또 달리 생각되어서는 안된다고 하는 조건
340 에 제한하는 것이다. 그러나 그렇다고 해서 그와 같은 판단의 근거가 객체 속
에 있다고 주장하는 것은 아니다. 우리는 여기에서 몇가지 실례를 들고자 하는
데, 이 실례는 너무나 중요하고 또 까다롭기도[2] 하기 때문에, 여기에서 바로
그것을 이미 증명된 명제로서 독자에게 내밀 수는 없지만, 그러나 독자에게 사
색을 위한 소재를 제공하고, 또 여기에서 우리가 다루고 있는 특이한 문제에
대한 해명이 될 수는 있는 것이다.

　사물들의 가능성과 현실성을 구별하는 것은 인간의 오성에게는 불가피하게
필연적인 일이다. 그러한 구별의 근거는 주관 속에, 그리고 주관의 인식능력의
본성 속에 있다. 왜냐하면, 만일 이러한 인식능력을 행사하기 위해서 두 개의
전혀 이질적인 요소, 즉 개념에 대한 오성과 개념에 대응하는 객체에 대한 감
성적 직관이라는 두 요소가 필요하지 않다고 한다면, 그와 같은 구별(가능적인
것과 현실적인 것과의)은 없을 것이기 때문이다. 즉, 우리의 오성이 직관적이
라고 한다면, 우리의 오성은 현실적인 것 이외에는 어떠한 대상도 가지지 않을
것이다. 또 개념(단지 대상의 가능성에만 관계하는)과 감성적 직관(직관에 의

---

1) Kant는 "미리"라고 쓴 것을 Rosenkranz가 고쳤다.
2) "(또 까다롭기도)"는 초판에는 없다.

해서 어떤 것이 우리에게 주어지지만, 그로 해서 그것이 대상으로서 인식되는
것은 아니다)은 양자가 모두 없어질 것이다. 그러나 단지 가능적인 것과 현실
적인 것과의 우리의 모든 구별은, 전자는 사물의 표상이 우리의 개념 및 일반
으로 사유하는 능력과의 관계에서 정립됨을 의미하는 데 지나지 않지만, 후자
는 사물 자체가 (이 개념의 밖에)[1] 정립됨을 의미한다고 하는 사실에 기인한
다. 그러므로 가능적인 사물들과 현실적인 사물들과의 구별은 인간의 오성에
대하여 단지 주관적으로만 타당하는 구별이니, 요컨대 우리는 비록 어떤 것이
존재하지 않을지라도 그것을 의연히 사상 속에 가질 수가 있는가 하면, 또는
비록 우리가 아직 어떤 것의 개념을 가지고 있지 않을지라도 그것을 주어진 것
으로서 표상할 수가 있기 때문이다. 따라서 '사물들은 현실적이 아니고서도 가
능적일 수 있다'고 하는 명제, '따라서 한갓된 가능성으로부터 현실성이 추론될
수는 전혀 없다'고 하는 명제는, 인간의 이성에 대해서는 아주 정확하게 타당
하지만, 그렇다고 해서 이러한 구별이 사물들 자신 속에 있다고 하는 것을 증   341
명하는 것은 아니다. 왜냐하면 그러한 구별이 사물들 자신 속에 있다는 것은
위의 명제들로부터 추론될 수 없다고 하는 사실, 따라서 우리의 인식능력이 감
성적으로 제약된 것으로서 감관의 객체와도 관계하는 한, 그러한 명제들은 객
체에 관해서도 물론 타당하지만, 그러나 사물 일반에 관해서 타당하지는 않다
고 하는 사실, 이러한 사실은 어떤 무엇인가를 (근원적 근거를) 무조건적 필연
적으로서 현존하는 것으로서 상정하려는 이성의 부단한[2] 요구로 보아서 명백
한 일이기 때문이다. 그런데 이러한 근원적 근거에 있어서는 이미 가능성과 현
실성은 전혀 구별되지 않아야 하며, 또 그것의 이념에 대해서는 우리의 오성은
절대로 아무런 개념도 가지지 못하는 것이다. 다시 말하면 우리의 오성은 그러
한 것과 그것의 현존하는 방식을 어떻게 표상해야만 할까를 알 수가 없는 것이
다. 오성이 그것을 사유한다면(오성이 그것을 어떻게 사유하든 간에), 그것은
단지 가능적인 것으로서만 표상되고 있기 때문이다. 그러나 만일 오성이 그것
을 직관에 있어서 주어진 것으로서 의식한다면, 그것은 현실적인 것이요, 그

---

1) "(이 개념의 밖에)"는 제2판과 제3판의 추가이다.
2) 초판에는 "부단한" 대신 "소홀히 할 수 없는"으로 되어 있다.

경우에는 가능성에 관해서는 아무 것도 사유되고 있지 않은 것이다. 그러므로 절대적으로 필연적인 존재자라는 개념은 하나의 불가결한 이성이념이기는 하지만, 그러나 인간의 오성이 도달할 수 없는 하나의 개연적 개념인 것이다. 그러나 이 개념은 우리의 인식능력의 특유한 성질에 따르는 인식능력의 사용에 대해서 타당한 개념이요, 따라서 객체에 관해서 타당한, 그러므로 어떠한 인식하는 존재자에게 대해서나 타당한 개념이 아니다. 왜냐하면 나는 어떠한 인식하는 존재자에게 있어서나 사유와 직관을 그 존재자의[1] 인식능력의 행사의 두 가지 다른 조건으로서, 따라서 사물들의 가능성과 현실성의 조건으로서 전제할 수가 없기 때문이다. 이러한 구별이 일어나지 않는 오성이 있다면, 그런 오성에게는 '내가 인식하는 모든 객체는 존재한다(현존한다)'고 하는 말이 적용될 것이다. 그리고 실제로는 현존하지 않는 어떤 객체들의 가능성, 다시 말하면 그 객체가 현존하는 경우라면 그 객체의 우연성, 따라서 또한 이러한 우연성과 342 구별되어야 할 필연성은, 그와 같은 존재자의 표상 속에는 전혀 들어 올 수가 없을 것이다. 그러나 이 경우에 우리의 오성으로 하여금 자기의 개념들을 가지고 이성과 겨루기가 그토록 어렵게 하는 소이는, 이성이 객체에 속하는 것으로 보아 원리로 삼고 있는 것이, 인간의 오성으로서의 우리의 오성에게는 초절적이라고 (다시 말하면 오성의 인식의 주관적 조건들로 보아서[2] 불가능하다고) 하는 데에 있을 뿐이다.――그런데 이 경우에는 '객체의 인식이 오성의 능력을 넘어서는 때에는, 우리는 모든 객체를 인식능력의 행사의 주관적 조건들, 즉 우리의 (다시 말하면 인간의) 본성에 필연적으로 부착되어 있는 조건들에 따라 사유한다'고 하는 격률이 언제나 타당하다. 그리고 이렇게 해서 내려진 판단들이 (초절적 개념에 관해서도 사정은 그럴 수밖에 없지만) 객체를 그 성질 그대로 규정하는 구성적 원리일 수가 없다면, 그것은 결국 통제적 원리요, 인식능력의 행사에 있어서 내재적인, 그리고 인간의 의도에 적합한 확실한 원리임에 그치게 될 것이다.

이성은 자연의 이론적 고찰에 있어서 자연의 근원적 근거의 무조건적 필연

---

1) Kant는 "그 존재자들의"라고 복수로 썼으나 Windelband가 고쳤다.
2) Kant의 문장으로서는 "조건들에게는"이나 Erdmann이 고쳤다.

성이라는 이념을 상정하지 않을 수 없는 것과 마찬가지로, 실천적 고찰에 있어
서도 자기 자신의 (자연에 관한) 무조건적 인과성을 전제하는데, 이는 이성이
자기의 도덕적 명령을 의식하고 있기 때문이다. 그러나 이 경우에 의무로서의
행위의 객관적 필연성은, 행위의 근거가 자유에 (다시 말하면 이성의 인과성
에) 있지 않고 자연에 있다고 할 경우에, 행위가 [한갓된] 사건으로서 가지게 될
객관적 필연성[자연필연성]과 대립하며, 도덕적으로 단적으로 필연적인 행위는
물리적으로는 전연 우연적인 것으로 간주된다(다시 말하면, 필연적으로 일어나
야만 했을 일이 흔히 실제로는 일어나지 않는다는 사실이 인지된다). 그렇기   343
때문에 도덕적 법칙은 명령으로서 (그리고 도덕적 법칙에 맞는 행위는 의무로
서) 표상되지 않으면 안되고, 이성은 이러한 필연성을 존재(생기)에 의해서가
아니라 존재—당위에 의해서 표현하는데, 이것이 다만 우리의 실천적 능력의
주관적 성질에서 유래하는 것임은 명백한 일이다. 만일 이성이 감성(이성을 자
연의 대상들에 적용하는 주관적 조건으로서의)을 떠나서 이성 자신의 인과성에
서 고찰된다면, 따라서 도덕적 법칙과 완전히 합치하는 하나의 가상적 세계에
있는 원인으로서 고찰된다면, 그와 같은 일은 일어나지 않을 것이다. 이러한
가상적 세계에 있어서는 당위와 행동과의 사이에, 또는 우리들에게 의해서 가
능적인 것에 관한 실천적 법칙과 우리들에게 의해서 현실적인 것에 관한 이론
적 법칙과의 사이에, 아무런 구별도 없을 것이기 때문이다. 이러한 가상적 세
계에 있어서는 모든 것이 단지 (선한 것으로서) 가능적이라는 이유만으로도 곧
현실적일 것이다. 그러나 이러한 가상적 세계는, 그리고 이 가상적 세계의 형
식적 조건으로서의 자유조차도, 우리들에게는 하나의 초절적 개념이요, 이러한
개념은 객체와 객체의 객관적 실재성을 규정하는 구성적 원리가 될 수 없지만,
그럼에도 불구하고 후자[자유]는 우리의 (일부분은 감성적인) 본성과 능력과의
성질상 우리들에게 대해서나 또 그 밖에 감성계와 관계를 맺고 있는 모든 이성
적 존재자들———우리가 그러한 존재자들을 우리의 이성의 성질에 따라 표상할
수 있는 한에 있어서———에게 대해서나 하나의 보편적인 통제적 원리가 되는
것이다. 그리고 이 통제적 원리는 인과성의 형식으로서의 자유의 성질을 객관
적으로 규정하지는 않지만, 오히려 객관적으로 규정하는 것에 못지 않은 타당
성을 가지고, 그러한 [자유의] 이념에 따르는 행위의 규칙을 모든 사람에게 대

하여 명령이 되게 하는 것이다.

이와 마찬가지로 우리는 우리의 당면한 경우에 관해서도 다음과 같은 것을 인용할 수가 있다: 만일 우리의 오성이 보편으로부터 특수에로 나아가지 않으
344 면 안된다고 하는 성질의 것이 아니라면, 그리고 판단력이 특수를 포섭할 수 있는 하나의 보편적 법칙을 가지고 있지 않고서는 특수에 관해서 합목적성을 인식할 수가 없으며, 따라서 규정적 판단을 내릴 수가 없다고 하는 성질의 것 이 아니라면, 우리는 자연의 기계적 조직과 자연의 기교, 다시 말하면 자연에 있어서의 목적연결과의 사이에 아무런 구별도 찾을 수가 없을 것이다. 그러나 특수는 바로 그 본성상 보편에서 보면 어떤 우연적인 요소를 내포하고 있지만, 그럼에도 불구하고 이성은 특수한 자연법칙들을 결합함에 있어서 또한 통일을, 따라서 합법칙성을 요구하기도 한다(우연적인 것의 이와 같은 합법칙성이 합목 적성이라고 일컬어진다). 그러나 그와 같은 자연법칙의 우연적인 내용에서 보 면 특수한 법칙들을 보편적 법칙들로부터 도출한다는 것은 객체의 개념을 규정 함에 의하여 선천적으로 가능한 것이 아니다. 그러므로 자연의 산물들에 있어 서의 자연의 합목적성이라는 개념은 자연에 관한 인간의 판단력에 대해서는 필 연적인 개념이지만, 그러나 객체 그 자체의 규정에는 관계하지 않는 개념이요, 따라서 판단력에 대한 이성의 주관적 원리인 것이다. 그리고 이 원리는 통제적 인 것(구성적인 것이 아니라)으로서 우리들 인간의 판단력에 대해서는, 마치 그것이 객관적 원리인 것처럼, 필연적으로 타당한 것이다.

§ 77.
우리에게 자연목적의 개념을 가능케 하는 인간 오성의 특질에 관하여.

우리는 위의 주해에서 우리의 (그것도 상급의) 인식능력의 특질들을 들었거 니와, 우리는 자칫하면 이러한 특질들을 객관적 술어로서 사상 그 자체에 전용 하려는 유혹을 받는다. 그러나 이러한 특질들은 이념에 관한 것이니, 이 이념
345 에 적합한 대상은 경험에 있어서 주어질 수가 없으며, 따라서 이 이념은 경험 을 추구함에 있어서 단지 통제적 원리가 될 수 있을 뿐이었다. 자연목적의 개 념의 경우에도 사정은 다를 바 없으니, 그와 같은 술어를 가능케 하는 원인에

관해서 말한다면, 그 원인은 오직 이념에만 있을 수 있다. 그러나 이 이념에 따라 나오는 결과(산물 그 자체)는 자연 가운데에 주어져 있어서, 자연의 인과성이라는 개념은 목적에 따라 행위하는 존재자라는 개념으로 간주되어, 마치 자연목적의 이념을 이 자연목적의 구성적 원리로 삼고 있는 듯이 보인다. 그리고 이 점에서 이 자연목적의 이념은 다른 모든 이념과 구별되는 것이다.

이러한 구별의 본질은, 상술한 이념이 오성에 대한 이성원리가 아니라 판단력에 대한 이성원리요, 따라서 오로지 오성 일반을 경험의 가능적 대상에 적용하기 위한 원리라고 하는 데에 있다. 그것도 더욱이 그 판단이 규정적이 아니라 단지 반성적일 수밖에 없는 경우에, 따라서 대상이 경험에 있어서 주어질 수는 있지만, 그러나 이 대상에 관해서는 이 이념에 맞추어 규정적인 (하물며 완전히 적합한) 판단을 내릴 수가 결코 없고, 단지 반성할 수 있는 데 불과한 경우에 그렇다.

그러므로 여기에서 문제가 되는 것은, 판단력에 관한, 즉 판단력이 자연의 사물들을 반성할 때의, 우리의 (인간의) 오성의 특질이다. 그러나 그렇다고 한다면, 우리의 오성의 근저에는 인간의 오성과는 다른 어떤 가능적 오성이 있지 않으면 안된다(마치 순수이성비판에 있어서, 우리의 직관은 하나의 특수한 종 346
류의 것이라고, 즉 우리의 직관에 대해서는 대상들은 단지 현상으로 간주될 뿐이라고 생각해야만 했을 때에, 우리는 다른 하나의 가능적 직관을 생각하지 않을 수 없었던 것과 꼭 마찬가지로). 그래야만 우리는 다음과 같이 말할 수 있을 것이다: 우리는 우리의 오성의 특수한 성질상 어떤 자연산물들은 그 가능성에서 보아 의도적으로 그리고 목적으로서 산출되었다고 간주하지 않으면 안된다고. 그러나 그렇다고 해서 우리는 목적의 표상을 자기의 규정근거로서 가지는 하나의 특수한 원인이 현실적으로 존재한다는 것을 요구하는 것은 아니며, 따라서 인간의 오성과는 다른 (그보다 더 고차적인) 오성이라면, 자연의 기계적 조직에 있어서도, 다시 말하면 오로지 하나의 오성만이 그 원인으로서 상정되는 것이 아닌 인과결합에 있어서도, 자연의 그와 같은 산물들을 가능케 하는 근거를 찾을 수 있을는지 모른다고 함을 부인하는 것도 아니다.

따라서 여기에서 문제는 결국 우리의 오성과 판단력과의 관계에 귀착한다. 즉, 우리는 이 관계에서 우리의 오성의 성질상 어떤 우연성을 찾아내어, 이

우연성을 다른 가능적 오성과 구별되는 우리의 오성의 특질로 보는 것이 중요
한 일이다.

　이러한 우연성은 물론 판단력이 오성개념의 보편 아래에 포섭해야만 하는
특수에 있어서 발견된다. 왜냐하면 우리의 (인간의) 오성의 보편에 의해서는
347 특수는 규정되는 것이 아니기 때문이다. 그리고 서로 구별되면서도 하나의 공
통적 표징에 있어서 일치하는 사물들이 얼마나 다양하게 우리의 지각에 나타날
수 있는가 하는 것은 우연적인 일이다. 우리의 오성은 개념의 능력이요, 다시
말하면 논증적 오성이거니와, 이러한 오성에 대해서는 자연에 있어서 이 오성
에게 주어질 수 있고, 또 이 오성의 개념 아래에 포섭될 수 있는 특수가 어떤
종류의 것이며 얼마나 다종다양한 것인가 하는 것은 물론 우연적일 수밖에 없
다. 그러나 인식에는 또한 직관도 필요하다. 그리고 직관의 완전한 자발성의
능력이란 감성과 구별되고 감성에 전혀 의존하지 않는 인식능력일 것이요, 따
라서 가장 일반적인 의미에 있어서의 오성일 것이다. 그러므로 우리는 직관적
오성이라는 것도 (소극적으로, 즉 단지 논증적이 아닌 오성으로서)[1] 생각할 수
가 있는데, 이러한 오성은 보편으로부터 특수에로, 그리고 개별에로 (개념에
의하여) 나아가는 것이 아니며, 또 이러한 오성에 대해서는 특수한 법칙들에
따르는 자연의 산물들에 있어서 자연이 오성에 합치한다고 하는 상술한 우연성
이 일어나는 것도 아니다. 그러나 그러한 우연성이야말로 우리의 오성에 대해
서는 자연의 다양한 것을 통일하여 인식이 되도록 하는 일을 지난하게 만드는
것이다. 이러한 일을 우리의 오성은 단지 자연의 표징들과 우리의 개념능력과
의 극히 우연적인 합치에 의해서만 성취할 수 있지만, 그러나 직관적 오성은
그러한 일을 할 필요가 없는 것이다.

348　따라서 우리의 오성은 판단력에 대하여 다음과 같은 특유한 성질을 가진다:
즉, 우리의 오성에 의한 인식에 있어서는 보편에 의해서 특수가 규정되지 않으
며, 따라서 특수는 보편으로부터만 도출될 수 있는 것이 아니다. 그러나 그럼
에도 불구하고 자연의 다양성에 있어서의 이러한 특수는, 보편 아래에 포섭될
수 있기 위해서는, 보편에 (개념과 법칙에 의하여) 합치해야만 하는데, 이러한

---

1) "(소극적으로, 즉 단지 논증적이 아닌 오성으로서)" 제2판과 제3판의 추가이다.

합치는 그와 같은 사정하에서는 매우 우연적이요, 판단력에 대해서 일정한 원리가 없는 것일 수밖에 없다.

그럼에도 불구하고 자연의 사물들과 판단력과의 그와 같은 합치(우리는 이러한 합치를 우연적인 것으로, 따라서 단지 그러한 합치를 노리는 목적에 의해서만 가능한 것으로 표상한다)의 가능성을 적어도 생각할 수 있기 위해서는, 우리는 동시에 하나의 다른 오성을 생각하지 않으면 안된다. 그리고 이 오성과의 관계에 있어서, 더욱이 이 오성에 부여된 일체의 목적에 앞서서, 우리는 자연법칙과 우리의 판단력과의 그와 같은 합치, 즉 우리의 오성에 대해서는 오직목적이라는 결합수단을 통해서만 사유될 수 있는 합치를 필연적인 것으로 표상할 수 있는 것이다.

요컨대 우리의 오성은 그것이 예를 들어서 어떤 산물의 원인을 인식할 때에는 분석적—보편(개념)으로부터, 특수(주어진 경험적 직관)에로 나아가지 않으면 안된다고 하는 특성을 가지고 있다. 따라서 이 경우에 우리의 오성은 특수의 다양성에 관해서는 아무 것도 규정하는 바가 없고, 오히려 이러한 규정을 판단력이 경험적 직관(대상이 자연산물인 경우에)을 개념 아래에 포섭하는 데 349 에서 기대하지 않으면 안된다. 그러나 이제 우리는 또 하나의 오성을 생각할 수 있는데, 이 오성은 우리의 오성처럼 논증적인 것이 아니라 직관적인 것이므로, 종합적—보편(하나의 전체 그 자체의 직관)으로부터 특수에로, 다시 말하면 전체로부터 부분으로 나아가는 것이다. 따라서 이러한 오성과 이 오성이 가지는 전체의 표상과는, 전체의 일정한 형식을 가능케 하기 위하여 부분들을 결합함에 있어서 일어나는 우연성을 자신 속에 포유하고 있지 않다. 그러나 우리의 오성은 보편적으로 사유된 근거로서의 부분들로부터 귀결로서의 여러 가지 형식들, 즉 그러한 근거 아래에 포섭되어야 할 여러 가지의 가능적 형식들에로 나아가지 않으면 안되므로, 그러한 우연성을 가지지 않을 수 없다. 그에 반해서 우리의 오성의 성질에 따르면, 자연의 실재적 전체란 단지 부분들의 협동적 운동력의 결과로 간주될 뿐이다. 그러므로 우리가 우리의 논증적 오성에 알맞도록 전체의 가능을 부분들에 의존하는 것으로 표상하지 않고, 직관적 (원형적) 오성을 기준으로 하여 부분들의 가능을 (부분들의 성질과 결합에서 보아서) 전체에 의존하는 것으로 표상하려고 한다면, 이러한 일은 우리의 오성의

바로 그와 같은 특질로 보아서 불가능한 일이다. 즉, 전체가 부분들의 연결을
가능케 하는 근거를 내포하고 있는 것이 아니라(그것은 논증적 인식방식에 있
350 어서는 모순일 것이다), 단지 전체의 표상이 이 전체의 형식을 가능케 하는 근
거와 전체에 필요한 부분들의 연결을 가능케 하는 근거를 내포하고 있는 것에
지나지 않는다. 그러나 이 경우에 전체는 하나의 결과(산물)일 것이며, 이러한
결과의 표상이 그 결과를 가능케 하는 원인으로 간주되므로, 그리고 어떤 원인
의 규정근거가 단지 그 원인에서 나오는 간주되므로, 그리고 어떤 원인의 규정
근거가 단지 그 원인에서 나오는 결과의 표상에 지나지 않을 때에, 그러한 원
인의 산물이 곧 목적이라고 일컬어지므로, 여기에서 다음과 같은 결론이 나온
다: 우리가 자연의 산물들을 물질에 관한 자연법칙의 인과성과는 다른 종류의
인과성에 따라, 즉 단지 목적과 목적인의 인과성에 따라서만 가능한 것으로 표
상한다면, 그것은 단지 우리의 오성의 특수한 성질에서 나오는 귀결에 지나지
않는다고 하는 결론과, 그리고 이 원리는 이러한 산출방식에 따르는 그와 같은
사물들 그 자체(표상으로서 고찰된다고 할지라도)의 가능에 관계하는 것이 아
니라, 단지 그와 같은 사물들에 관해서 우리의 오성이 내릴 수 있는 판정에만
관계할 뿐이라고 하는 결론이 그것이다. 이 경우에 우리는 동시에 왜 우리가
자연학에 있어서는 자연의 산물들을 목적에 따르는 인과성에 의해서 설명하는
것으로는 좀체로 만족하지 못하는가 하는 이유도 통찰하게 된다. 즉, 그것은
우리가 그와 같은 설명에 있어서는 자연의 산출을 단지 그것을 판정하는 우리
의 능력에만, 다시 말하면 반성적 판단력에만 적합하게 판정할 것을 요구하고,
규정적 판단력을 위해서 사물들 그 자체에 적합하게 판정할 것을 요구하지 않기
때문인 것이다. 이 경우에 또한 그와 같은 원형적 지성 *intellectus archetypus*
이 가능하다고 함을 증명할 필요는 전혀 없고, 다만 우리는 형상을 필요로 하
351 는 우리의 논증적 오성(모형적 지성 *intellectus ectypus*)과 그와 같은 성질의
우연성을 원형적 지성과 대조할 때에 그와 같은 이념(원형적 지성 *intellectus
archetypus*이라는)에 이르게 된다는 것, 그리고 이 이념도 아무런 모순을 내
포하고 있지 않다는 것만을 증명하면 된다.

  그런데 우리가 물질의 전체를 그 형식에서 보아 부분들과 이 부분들이 스스
로 결합하는 힘이나 능력(이 부분들이 서로가 부가하는 다른 물질들도 함께 생

각해서)의 산물로서 고찰하는 경우에는, 우리는 이 전체의 기계적 산출방식을 표상하게 된다. 그러나 그와 같이 해서는 목적으로서의 전체에 관한 개념은 나오지 않는다. 이러한 전체의 내적 가능성은 어디까지나 전체에 관한 이념을 전제하는 것이요, 부분들의 성질과 작용방식조차도 이 이념에 의존하는 것이니, 우리는 유기체를 어쨌든 그와 같이 표상하지 않을 수 없는 것이다. 그러나 위에서 지적한 바와 같이, 여기에서 그와 같은 유기체의 기계적 산출은 불가능하다고 하는 결론이 나오지는 않는다. 왜냐하면 그러한 결론은 다음과 같이 말하는 것과 마찬가지일 것이기 때문이다: 즉, 다양한 것의 연결에 있어서의 그와 같은 통일을 표상한다는 것은, 통일의 이념이 동시에 통일을 산출하는 원인이 아니고서는, 다시 말하면 의도적인 산출이 없이는, 어떠한 오성에게나 불가능하다(다시 말하면 모순이다)라고. 그럼에도 불구하고, 만일 우리가 물질적 존재자를 물자체라고 보아도 좋다고 한다면, 그러한 결론이 실제로 나올 것이다. 왜냐하면 그런 경우에는 자연형성물의 가능근거가 되는 통일은 오로지 공간의 통일 뿐이겠지만, 그러나 공간은 산출의 실재적 근거가 아니라 단지 그 형식적 352 조건에 지나지 않기 때문이다. 물론 공간 속에서는 어떠한 부분도 전체와의 관계를 떠나서는 규정될 수 없다(따라서 전체의 표상이 부분들의 가능의 근저에 있다)고 하는 점에서, 공간은 우리가 찾고 있는 실재적 근거와 다소의 유사성을 가지고는 있다. 그러나 물질적 세계를 한갓된 현상으로서 고찰하고, 물자체로서의 어떤 것(현상이 아닌 어떤 것)을 기체로서 사유하되, 그러나 그러한 기체에 대하여 그에 대응하는 지적 직관(비록 이것은 우리들의 직관은 아니지만)을 인정한다는 것은 적어도 가능한 일이므로, 우리들 자신이 소속되어 있는 자연에 대한 하나의 초감성적인──비록 우리들에게는 인식될 수 없는 것이기는 하지만──실재적 근거가 성립하게 될 것이다. 따라서 그러한 자연에 있어서 우리는 감관의 대상으로서 필연적인 것은 기계적 법칙들에 따라 고찰하지만, 그러나 특수한 법칙들이나 이 특수한 법칙들에 따르는 형식들의 합치 및 통일, 즉 우리가 기계적 법칙에서 본다면 우연적인 것으로 판정할 수밖에 없는 형식들의 합치 및 통일은 이를 그러한 자연에 있어서 이성의 대상으로서 (아니 체계로서의 자연 전체로서) 동시에 목적론적 법칙들에 따라 고찰하게 될 것이다. 그리하여 우리는 자연을 두 가지의 원리에 따라 판정하게 될 것이요, 이 때 기

계적 설명방식과 목적론적 설명방식은 마치 서로 모순되기나 하는 것처럼, 전
자가 후자에 의하여 배제되는 일이 없을 것이다.

이로부터 또한 우리가 흔히 용이하게 추측할 수는 있었지만 확신을 가지고
353 주장하고 증명하기는 어려웠던 것도 이해될 수 있다. 즉, 그것은 과연 합목적
적 자연산물들을 기계적으로 도출하는 원리는 목적론적 원리와 병존할 수는 있
지만, 그러나 후자를 결코 불필요한 것으로 만들어 버릴 수는 없다고 하는 사
실이다. 다시 말하면 우리가 자연목적으로서 판정하지 않을 수 없는 어떤 사물
(유기적 존재자)에 관해서 우리는 물론 기계적 산출의 모든 법칙들, 즉 기지의
법칙들과 아직도 발견되어야 할 법칙들을 시험해 볼 수가 있으며, 또한 그러한
법칙들로 성공을 거두리라고 기대해도 좋지만, 그러나 그와 같은 산물의 가능
을 위해서는 우리는 반드시 기계적 산출과는 전혀 상이한 산출근거에, 즉 목적
에 의한 인과성에 의거하지 않으면 안되는 것이다. 그리하여 어떠한 인격적 이
성도 (그 정도로 보아서는 아무리 우월하다 할지라도, 그 질로 보아서는 우리
의 이성과 유사한 어떠한 유한적 이성도) 단 하나의 풀잎이라도 그 산출을 단
지 기계적인 원인에 의하여 이해하기를 바랄 수는 절대로 없다. 그와 같은 대
상의 가능을 위한 원인과 결과의 목적론적 결합은, 단지 경험을 실마리로 해서
만 그 가능을 연구하기 위해서조차도, 판단력에게는 전적으로 불가결한 것이
다. 그리고 현상으로서의 외적 대상들에 대해서는 우리는 목적에 관계되는 충
분한 근거를 도무지 찾을 수가 없다. 이 근거는 자연 가운데에 있는 것이지만,
우리는 도리어 그것을 단지 자연의 초감성적 기체에 있어서만 찾지 않으면 안
된다. 그러나 이러한 초감성적 기초에 관한 일체의 가능적 통찰은 우리들에게
354 는 차단되어 있는 것이다. 그렇다고 한다면 목적결합에 대한 설명근거를 자연
그 자체로부터 이끌어 낸다는 것은 우리들에게는 절대로 불가능한 일이요, 따
라서 그러한 목적결합의 최고의 근거를 세계원인으로서의 어떤 근원적 오성에
있어서 찾는다는 것은 인간의 인식능력의 성질로 보아서 필연적인 일이다.

§ 78.
자연의 기교에 있어서의, 물질의 보편적 기계적 조직의 원리와
목적론적 원리와의 합일에 관하여.

자연의 산출에 있어서의 그 기계적 조직을 돌보지 않는다거나 또는 자연의 산출을 설명함에 있어서 그것을 간과한다는 것은 이성에게는 한없이 중요한 일이다. 왜냐하면 자연의 이러한 기계적 조직을 떠나서는 사물들의 자연적 본성에 대한 어떠한 통찰에도 도달할 수가 없기 때문이다. 설사 우리가, 최고의 건축사가 자연의 형식들을 옛날부터 존재하는 그대로 직접 창조했다든가, 또는 자연의 형식들이 자연의 경과에 있어서 동일한 범형에 따라 연속적으로 자신을 형성해 가도록 예정해 놓았다고 함을 용인한다고 할지라도, 그로 해서 자연에 관한 우리의 인식은 조금도 진보되는 것이 아니다. 왜냐하면 우리는 그러한 [최고의] 존재자의 활동방식과, 그리고 자연존재자들을 가능케 하는 원리를 내포하고 있다고 할 그러한 [최고의] 존재자의 이념을 전혀 알지 못하며, 따라서 이 [최고의] 존재자로부터 출발해서, 이를테면 위로부터 아래에로 내려오면서 (선천적으로), 자연을 설명할 수는 없기 때문이다. 그러나 만일 우리가, 경험의 대상의 형식들에 있어서 합목적성이 발견되는 것으로 믿어진다고 해서, 이 합 **355** 목적성을 설명하기 위하여, 이러한 형식들로부터 출발하여, 따라서 아래로부터 위에로 올라가면서(후천적으로), 목적에 따라 작용하는 원인에 추급하려고 한다면, 우리는 전혀 동어반복의 설명을 하는 것이 될 것이며, 언어로써 이성을 기만하는 것이 될 것이다. 그리고 우리가 이러한 설명방식을 취함으로써 초절적인 것 속으로 빠져 들어가서, 자연인식[1]이 거기까지 우리를 따라올 수 없게 되면, 이성은 시적 몽상에 도취하게 되는데, 이것을 방지하는 일이야말로 바로 이성의 가장 중요한 사명임을 더 말할 필요도 없다.

또 다른 면에서 보면, 자연의 산물들에 있어서 목적의 원리를 간과하지 않는다는 것도 똑같이 필연적인 이성의 격률이다. 왜냐하면, 비록 이 원리가 자연의 산물들의 발생방식을 우리에게 더욱 잘 설명해 주는 것은 아니지만, 그러나

---

1) 초판과 제2판에는 "자연지식"으로 되어 있다.

이 원리는 자연의 특수한 법칙들을 탐구하기 위한 하나의 발견적 원리이기 때문이다. 이것은, 설사 우리가 자연 그 자체를 그러한 원리에 따라 설명하기 위해서 그러한 원리를 사용하려고 하지 않는다고 할지라도, 마찬가지이다. 비록 자연의 산물들이 의도적인 목적통일을 명백하게 현시하고 있다 할지라도, 그런 한에 있어서 우리는 그러한 산물들을 의연히 자연목적이라고 부르는 데 그칠 뿐이요, 다시 말하면 자연을 넘어서서 그러한 산물들의 가능근거를 찾지는 않기 때문이다. 그러나 결국 그러한 산물들의 가능에 관한 것이 문제가 될 수밖에는 없으므로, 그러한 산물들에 대해서는 자연 가운데에서는 발견되지 않는 특수한 종류의 인과성을 생각하는 것이 필요한데, 이는 자연원인의 기계적 조직이 그 자신의 인과성을 가지는 것과 마찬가지로 필연적인 일이다. 물질이 기계적 조직에 따라 취할 수 있는 형식들보다는 더 많은, 그리고 그것과는 다른

356 형식들을 받아들일 수 있기 위해서는 그 밖에 어떤 원인(따라서 이 원인은 물질일 수는 없다)의 자발성이 부가되지 않으면 안되며, 이 자발성이 없으면 그러한 형식들의 어떠한 근거도 제시될 수가 없기 때문이다. 물론 이성은 이와 같은 조치를 취하기에 앞서서 신중을 기하지 않으면 안되며, 따라서 이성은 자연의 모든 기교, 다시 말하면 자연의 산출적 능력이 우리의 한갓된 포착작용에 대하여 그 자신 형태의 합목적성을 보여준다(규칙 바른 물체들의 경우에 있어서처럼)고 하여, 그러한 능력을 목적론적이라고 단정하려 해서는 안되고, 오히려 그럴 때에도 이성은 언제나 그것을 단지 기계적으로 가능한 것으로 간주하지 않으면 안된다. 그러나 그 때문에 목적론적 원리를 전연 배제하고, 따라서 이성이 자연의 형식들의 가능을 그 형식들의 원리에 의하여 연구함에 있어서 합목적성이 별개의 종류의 인과성과 관계하는 것으로서 전혀 부정할 수 없을 만큼 명백히 나타나는 경우에도 언제나 한갓된 기계적 조직만을 따르려고 한다면, 이것은 반드시 이성을 공상에 빠뜨리고, 전연 생각할 수도 없는 자연능력이라는 환상 가운데에서 헤매도록 하는 것이니, 이는 자연의 기계적 조직을 전연 고려하지 않는 한갓된 목적론적 설명방식이 이성을 몽상에 빠뜨렸던 것과 다를 바 없다.

이 두 원리[기계적 원리와 목적론적 원리]는 하나의 원리를 다른 원리로부터 설명(연역)할 수 있는 원칙으로서 자연의 동일한 사물에 있어서 결합될 수 없다.

다시 말하면 이 두 원리는 규정적 판단력에 대한 자연통찰의 독단적 구성적 원
리로서 결합될 수는 없다. 예를 들어서 내가 구더기에 관해서 그것은 물질의　357
한갓된 기계적 조직의 (물질의 구성요소들이 부패에 의해서 분해될 때에, 물질
이 그 자신만으로서 일으키는 새로운 형성작용의) 산물로 간주될 수 있다고 상
정하는 경우에는, 나는 이 동일한 물질을 목적에 따라 작용하는 인과성으로 보
고, 이 동일한 물질로부터 동일한 산물을 이끌어 낼 수가 없다. 또 거꾸로 내
가 동일한 산물을 자연목적이라고 상정하는 경우에는, 나는 그 산물의 기계적
산출방식에 의거하여, 그러한 산출방식을 그 산물의 가능에 관하여 판정하기
위한 구성적 원리로 보고, 그렇게 하여 두 원리를 통합할 수가 없는 것이다.
왜냐하면 한 쪽의 설명방식은 다른 설명방식을 배제하기 때문이다. 이것은, 설
사 객관적으로는 그와 같은 산물의 가능의 두 근거가 유일한 근거에 기인하는
것이지만, 우리가 이 유일한 근거를 고려하지 않는다고 할지라도, 마찬가지이
다. 이러한 양 원리에 따라 자연을 판정하는 경우에 이 양자의 통합을 가능케
하는 원리는, 이 양 원리의 외부에 (따라서 또한 가능적인 경험적 자연표상의
밖에) 있으면서도 그러나 이 양 원리의 근거를 포함하고 있는 것 속에, 다시
말하면 초감성적인 것 속에 놓여 있지 않으면 안되며, 두 설명방식은 어느 것
이나 그것과 관련이 맺어지지 않으면 안된다. 그런데 우리는 이러한 초감성적
인 것에 관해서는 그것이 경험적 법칙들에 따르는 자연의 판정을 가능케 하는
근거라고 하는 막연한 개념 밖에는 가질 수가 없고, 그 밖에 어떠한 술어에 의
해서도 그것을 더 상세히 규정할 수가 없으므로, 이 양 원리의 통합은 주어진
법칙들에 따라 어떤 산물의 가능을 규정적 판단력에 대하여 설명(구명)하는 근
거에 달려 있는 것이 아니라, 단지 그러한 가능을 반성적 판단력에 대하여 해　358
명(해설)하는 근거에 달려 있는 것일 수밖에 없다고 하는 결론이 나온다.──
설명한다 함은 어떤 원리로부터 도출함을 의미하는 것이요, 따라서 우리는 이
원리를 분명히 인식할 수 있고 제시할 수 있지 않으면 안되기 때문이다. 그런
데 과연 자연의 기계적 조직의 원리와 목적에 따르는1) 자연의 인과성의 원리

---

1) "목적에 따르는"은 Erdmann이 추가한 것이요, Schopenhauer와 Rosenkranz는 "기교에 의한"
을 추가하려고 했다.

와는 하나의 동일한 자연산물에 있어서 유일의 상위원리에 연관되어 있으며, 이 상위의 원리에서 공통으로 유래하는 것이 아니면 안된다. 그렇지 않으면 이 두 원리는 자연의 고찰에 있어서 서로 양립할 수가 없을 것이기 때문이다. 그러나 이러한 [상위의] 원리는 [두 원리에] 객관적으로 공통되는 것이며, 따라서 두 원리에 의존하는 자연탐구의 격률의 결합까지도 정당화하는 것이지만, 만일 이 원리가 지시될 수는 있어도, 명확하게 인식될 수도 없고 당장의 사용을 위하여 제시될 수도 없는 성질의 것이라면, 그와 같은 원리로부터는 상술한 두 이질적 원리에 따라 가능한 자연산물의 가능에 관하여 어떠한 설명도, 다시 말하면 어떠한 분명하고 명확한 도출도 이끌어 낼 수가 없는 것이다. 그런데 한 편으로 기계적 도출과 또 한편으로 목적론적 도출과의 공통적 원리는 우리가 현상으로서의 자연의 근저에 인정해 두지 않으면 안되는 초감성적인 것이다. 그러나 이러한 초감성적인 것에 관해서 우리는 이론적 견지에서는 조금도 긍정적으로 규정된 개념을 가질 수가 없다. 그러므로 어떻게 해서 자연(그의 특수한 법칙에 따르는)이 이러한 초감성적인 것을 원리로 하여 우리에게 대하여 하
359 나의 체계를 이루며, 이 체계가 물리적 원인에 의한 산출의 원리에 따라서나 목적인의 원리에 따라서나 다같이 가능한 것으로 인식될 수 있는가 하는 것은, 결코 설명될 수 없는 것이다. 다만 우리가 기계적 조직의 원리(이 원리는 항상 자연존재자에게 대하여 권리를 주장하는 것이다)에만 따르고, 목적론적 원칙에는 의지하지 않으면, 그 가능을 사유할 수가 없는 자연의 대상들이 출현하는 일이 있는 경우에만, 우리는 자연산물을 판정하는 원리들 사이에 일어나는 것으로 보이는 모순에 부딪치는 일이 없이, 안심하고 이 두 원리를 좇아서 자연법칙들을 탐구해도 좋다(자연의 산물의 가능이 어느 편의 원리에 의해서 우리의 오성에게 인식될 수 있는가에 따라)고 하는 것이 전제될 수 있을 뿐이다. 왜냐하면 적어도 두 원리가 객관적으로도 하나의 원리에 있어서 통합될 수 있으리라(이 두 원리는 하나의 초감성적 근거를 전제하고 있는 현상들에 관계하는 것이므로)고 하는 가능성이 보증되어 있기 때문이다.

　그러므로 비록 자연의 기계적 조직도 자연의 목적론적 (의도적) 기교적 조직도 다같이 동일한 산물과 그 가능에 관해서, 특수한 법칙들에 따르는 자연의 하나의 공통적인 상위원리 아래에 종속될 수 있다고 할지라도, 이러한 원리는

초월적인 것이므로, 이러한 산물의 내적 가능이 목적에 따르는 인과성에 의해 360
서만 이해되는 경우에도 (유기적 물질들이 그러한 것처럼), 우리는 우리의 오성
의 제한으로 말미암아, 두 원리를 동일한 자연산출의 설명에 있어서 통합할 수
가 없다. 따라서 우리는 상술한 목적론의 원칙을, 즉 인간의 오성의 성질로 보
아서 자연의 유기적 존재자의 가능에 대해서는 하나의[1] 의도적으로 작용하는
원인 이외의 어떠한 다른 원인도 상정될 수가 없고, 또 자연의 한갓된 기계적
조직만으로는 이러한 자연의 산물을 설명하는 데 결코 충분치 못하다고 하는
원칙을 고수할 수밖에 없다. 그러나 우리는 그렇다고 해서 이 원칙에 의하여 그
러한 사물 그 자체의 가능에 관해서 어떤 결정을 내리려고 하는 것은 아니다.

　요컨대 이 목적론의 원칙은 규정적 판단력의 격률이 아니라 반성적 판단력
의 격률이요, 따라서 우리들에게 대하여 주관적으로만 타당할 뿐, 이러한 종류
의 사물 그 자체의 가능에 대하여 객관적으로 타당한 것이 아니다(이 경우에
두 가지 산출방식은 아마 하나의 동일한 근거에 있어서 연관을 가질 수 있을
것이다). 그리고 더 나아가서는 목적론적으로 사유된 산출방식에, 그와 동시에
나타나야 할 자연의 기계적 조직의 개념이 전연 부가되지 않는다면, 그러한 산
출은 도무지 자연산물로서 판정될 수가 없을 것이다. 그러므로 위의 격률은 사
물들을 자연목적으로서 판정함에 있어서 두 원리를 통합시키는 필연성을 띠고
있기는 하지만, 그러나 이것은 한 쪽의 산출방식을 다른 쪽의 산출방식과 전면
적으로나 또는 부분적으로 대치하기 위한 것은 아니다. 왜냐하면 (적어도 우리
들에게) 의도에 따라 가능한 것으로만 사유되는 것에 대신하여 기계적 조직을
상정할 수도 없으며, 또 기계적 조직에 따라 필연적인 것으로 인식되는 것 대
신에 어떤 목적을 규정근거로서 필요로 하는 우연성을 상정할 수도 없고, 다만 361
한 쪽의 산출방식(기계적 조직)을 다른 쪽의 산출방식(의도적인 기교적 조직)
에 종속시킬 수가 있을 뿐이기 때문이다. 그런데 이러한 종속은 자연의 합목적
성의 선험적 원리에 따라 충분히 일어날 수 있는 일이다.

　왜냐하면 목적이 어떤 사물들의 가능근거라고 생각되는 경우에는, 우리는
수단도 상정하지 않으면 안되는데, 이러한 수단의 작용법칙은 그 자체만으로서

---

1) "하나의"는 Erdmann의 추가이다.

는 목적을 전제하는 것이라고는 아무 것도 필요로 하지 않으며, 따라서 기계적
이지만, 그러면서도 의도적인 결과의 종속적 원인일 수가 있기 때문이다. 그러
므로 자연의 유기적 산물들에 있어서는 말할 것도 없지만, 또 우리가 무한히
많은 유기적 산물들에 이끌린 나머지, 특수한 법칙들에 따르는 자연원인들과
결합되어 있는 의도적인 것을 또한 (적어도 허용된 가설에 의해서) 자연 전체
(세계)에 대한 반성적 판단력의 보편적 원리로서도 상정하는 경우에는 더더구
나, 우리는 자연의 산출에 있어서의 기계적 법칙과 목적론적 법칙과의 대대적
인 그리고 보편적인 결합을 생각할 수가 있다. 그리고 이 때 우리는 그러한 자
연의 산출을 판정하는 원리들을 혼동하거나, 하나의 원리를 다른 원리로 대치
하는 일이 없는 것이다. 왜냐하면 목적론적 판정에 있어서는 물질은, 설사 물
질이 취하는 형식이 단지 의도에 따라 가능한 것으로만 판정되는 경우에도, 그
362 본성상 기계적 법칙들에 따라 그와 같은 표상된 목적에 수단으로서 종속될 수
도 있기 때문이다. 그러나 [이 두 원리가] 이와 같이 결합될 수 있는 근거는 어
느 한 쪽의 원리가 아니라 (기계적 조직도 목적결합도 아니라) 자연의 초감성
적 기초인 것 가운데에 있으며, 이러한 기체에 관해서는 우리는 아무 것도 인
식하지 못하므로, 우리의 (인간의) 오성에 대해서는 그와 같은 객체의 가능의
두 가지 표상방식은 함께 융합될 수가 없고, 우리는 그러한 가능을 목적인들의
연결에 따라 최고의 오성에 기인하는 것으로 판정할 수밖에 없다. 따라서 그렇
게 한다고 해서 목적론적 설명방식이 손실을 입는 것은 아니다.

　　그러나 자연의 기계적 조직이 자연에 있어서의 모든 궁극의도에 대한 수단
으로서 얼마만한 일을 하느냐 하는 것은 전혀 부정적이며, 우리의 이성에 대해
서는 영원히 확정될 수 없는 것이기도 하다. 그리고 자연 일반의 가능의 상술
한 가상적 원리로 보아서, 우리는 자연은 어디까지나 보편적으로 합치하는 두
가지의 법칙(물리적 법칙과 목적인의 법칙)에 따라 가능하다고 상정할 수도 있
다. 다만 우리는 이러한 일이 어떠한 방식으로 일어나는 것인가를 전혀 통찰할
수 없다 뿐이다. 그렇기 때문에 우리는 우리에게 가능한 기계적 설명방식이 어
디에까지 이르는가 하는 것도 알고 있지 못하다. 다만 확실한 것은, 우리가 기
계적 설명방식으로 아무리 진전을 본다고 해도, 이 설명방식은 우리가 일단 자
363 연목적이라고 인정하는 사물들에 대해서는 언제나 불충분하며, 따라서 우리는

우리의 오성의 성질상 이러한 [기계적] 근거들을 모두 목적론적 원리에 종속시키지 않으면 안된다고 하는 사실뿐이다.

　그런데 이 점에, 자연의 모든 산물과 생기를, 가장 합목적적인 것조차도, 우리의 능력(그 제한을 우리는 이러한 종류의 연구의 범위 안에서는 밝힐 수가 없지만)이 미치는 한, 기계적으로 설명해야 한다는 권리의 근거가 있으며, 또한 기계적 조직의 원리에 따르는 자연연구가 우리의 이론적 이성사용에 대해서 가지는 중요성에 비추어, 그처럼 가능한 한 기계적으로 설명해야 한다는 사명의 근거도 바로 그 점에 있는 것이다. 그러나 우리는 이 경우에, 우리가 이성의 목적이라는 개념하에서가 아니면 연구 그 자체를 위하여 거시할 수조차 없는 자연의 산물들과 생기들은, 그 기계적 원인에도 불구하고, 우리의 이성의 본질적 성질에 따라 결국 목적에 따르는 인과성에 종속시키지 않으면 안된다는 것을 결코 잊어서는 안된다.

364   **부   록**[1]

목적론적 판단력의 방법론

§79.
목적론은 자연학에 속하는 것으로 다루지 않으면 안되는가.

어떠한 학도 일체의 학의 체계적 집성 속에서 일정한 위치를 차지하지 않으면 안된다. 그것이 철학적 학인 경우에는, 이 학에는 체계적 집성의 이론적 부문이나 실천적 부문 안에 그 위치가 지정되지 않으면 안되며, 또 이 학이 이론적 부문에 자리 잡고 있는 것이며, 그것이 경험의 대상이 될 수 있는 것을 고찰하는 한, 자연학(따라서 물체론, 심리학, 일반우주론) 안에 그 위치가 지정되든가, 그렇지 않으면 신학 (경험의 일체의 대상의 총괄로서의 세계의 근원적 근거에 관한 학) 안에 그 위치가 지정되지 않으면 안된다.

그러면 이제 '목적론에는 어떠한 위치가 알맞은가?'하는 문제가 일어난다. 목적론은 (본래의 소위) 자연학에 속하는 것인가, 그렇지 않으면 신학에 속하는 것인가? 양자의 어느 하나가 아니면 안된다. 왜냐하면 어느 한쪽에서 다른 쪽에로의 이행과정이란 단지 체계의 접합과 조직을 의미할 뿐이요 체계 내에 있어서의 위치를 의미하는 것이 아니므로, 이러한 이행과정에는 어떠한 학도 속할 수가 없기 때문이다.

365   신학에 있어서 목적론이 매우 중요하게 사용될 수 있다고 할지라도, 목적론이 신학의 일부문으로서 신학 속에 속하는 것이 아님은 그 자체로서 명백한 일이다. 왜냐하면 목적론은 자연산출과 그 원인을 대상으로 하는 것이기 때문이다. 그리고 설사 목적론이 그러한 원인을 가리켜서 자연의 밖에 자연을 넘어서 서 있는 근거(신적 창시자)라고 한다 할지라도, 목적론은 이러한 일을 규정적 판단력에 대해서 하는 것이 아니라, (오직 세계에 있는 사물들의 판정을 인간

---

1) 이 "부록"이라는 표제는 초판에는 없다.

의 오성에 알맞게 통제적 원리로서의 그와 같은 이념에 의해서 지도하기 위하여) 단지 자연을 고찰하는 반성적 판단력에 대해서만 하는 것이다.

그러나 또한 목적론은 자연학에 속하는 것으로도 생각되지 않는다. 자연학은 자연의 결과에 관하여 객관적 근거를 제시하기 위해서, 한갓된 반성적 원리들만을 필요로 하는 것이 아니라, 규정적 원리들을 필요로 하는 것이기 때문이다. 또한 우리가 자연을 목적들 상호의 관계에 따라 고찰한다고 해서, 실제로 자연의 이론, 또는 자연의 동력인에 의한 자연의 현상의 기계적 설명이 얻는 바가 있는 것은 아니다. 자연의 산물들이 목적론적 개념에 따라 하나의 체계를 이루고 있는 한, 이러한 산물들에 있어서 자연의 목적들을 거시한다는 것은 본래 하나의 특수한 실마리에 따라 작성된 자연기술에 속하는 일에 지나지 않는다. 즉, 이 때 이성은 과연 하나의 훌륭한 교시적인 일, 실천적으로도 여러 가지 점에서 합목적적인 일을 수행하고는 있지만, 이러한 산물의 형식들의 성립 366과 내적 가능에 관해서는 아무런 해명도 하지 못하고 있는 것이다. 그러나 바로 이러한 해명이 이론적 자연학에게는 본래의 문제인 것이다.

그러므로 학으로서의 목적론은 전혀 이설에 속하는 것이 아니라, 단지 비판에만 속하되, 그것도 하나의 특수한 인식능력, 즉 판단력의 비판에만 속하는 것이다. 그러나 목적론은 선천적 원리들을 포유하고 있는 한, 어떻게 목적인의 원리에 따라 자연을 판단하지 않으면 안되는가 하는 방법을 제시할 수가 있으며, 또 제시하지 않으면 안된다. 그리하여 목적론의 방법론은 이론적 자연학에 있어서의 방법에 대해서, 그리고 이 자연학이 형이상학 가운데에서 신학의 예비학으로서 신학에 대하여 가질 수 있는 관계에 대해서도, 적어도 소극적인 영향을 미치는 것이다.

§80.
**어떤 사물을 자연목적으로서 설명할 때에는,
기계적 조직의 원리는 목적론적 원리 아래에 필연적으로 종속된다는 데 관하여.**

일체의 자연산물의 한갓된 기계적 설명방식만을 목표로 하는 [우리의] 권능은 그 자체로서는 전혀 무제한하다. 그러나 이 설명방식만으로 시종하려는 [우

리의] 능력은, 우리의 오성이 자연목적으로서의 사물들과 관계하는 한, 우리의
367 오성의 성질로 보아 매우 제한되어 있을 뿐만 아니라, 분명히 한계가 그어져
있다. 즉, 기계적 설명의 방법만으로는 판단력의 원리에 따라 자연목적으로서
의 사물들을 설명함에 있어서 전혀 아무 것도 달성될 수가 없으며, 따라서 우
리는 그러한 산물들의 판정을 언제나 동시에 목적론적 원리에 종속시키지 않으
면 안되는 것이다.

그러므로 자연산물들을 설명하기 위해서, 성공할 수 있는 개연성이 있는 데
까지는 어디까지나 자연의 기계적 조직을 추급해 간다는 것은 합리적인 일일뿐
더러 공적이기도 하다. 아니 이러한 기도를 포기한다 해도, 이 방도로는 자연
의 합목적성에 부닥치는 일이 그 자체로서 불가능하다는 이유로 포기하는 것이
아니라, 그것이 인간으로서의 우리들에게는 불가능하다는 이유로 포기한다면,
그것 역시 합리적인 일이요 공적이다. 그것이 가능하기 위해서는 감성적 직관
이외의 다른 직관과 자연의 가상적 기체에 관한 명확한 인식이, 즉 특수한 법칙
들에 따르는 현상의 기계적 조직의 근거까지도 제시할 수 있는 인식이 필요할
것이다. 그러나 이와 같은 것은 모두가 우리의 능력을 전적으로 넘어선 것이다.

따라서 자연연구자의 노력이 도로에 그치지 않기 위해서는, 그는 그 개념이
자연목적으로서 의심할 여지 없이 확립되어 있는 사물들(유기적 존재자들)을
판정함에 있어서 언제나 어떤 근원적인 유기적 조직을 그 근저에 놓지 않으면
안된다. 그리고 그는 이 근원적 유기적 조직이 자연의 기계적 조직 그 자체를
368 이용하여, 다른 유기적 형식들을 산출하거나, 또는 그 자신의 형식을 새로운
형태(그러나 이 새로운 형태는 언제나 상술한 목적으로부터 그리고 그 목적에
알맞게 나오는 것이지만)에로 발전시킨다고 생각하지 않으면 안된다.

비교해부학을 이용하여 유기적 자연물들의 위대한 창조를 점검해보고, 거기
에 하나의 체계와 유사한 것이 있는가, 그것도 산출원리로 보아서 그러한 것이
있는가 어떤가를 살펴 보는 것은 찬양할만한 일이다. 그렇게 하기 않으면 우리
는 한갓된 판정원리(유기적 자연물들의 산출에 대한 통찰에 관하여 아무런 해
명도 해주지 못하는)에 머물러, 무기력하게도 이러한 유기적 자연물의 분야에
있어서의 자연통찰에 대한 일체의 권리요구를 포기하지 않을 수 없게 되기 때
문이다. 그토록 많은 동물의 종류가 어떤 공통적 도식에 있어서 일치한다는

것, 이 도식은 그 동물들의 골격에 있어서 뿐만 아니라 그 밖의 다른 부분의
배열에 있어서도 그 근저에 놓여 있는 것처럼 보인다는 것, 그리고 그 기본구
조는 감탄할 만큼 단순하면서도, 어떤 부분은 단축하고 다른 부분은 신장함으
로써, 또는 어떤 부분은 안으로 말아넣고 다른 부분은 밖으로 펴냄으로써, 그
토록 다양한 종들을 산출할 수가 있었다는 것을 생각하면, 이러한 [동물의] 경
우에도 자연의 기계적 조직의 원리——이 원리가 없으면 일반으로 어떠한 자
연학도 있을 수 없다——를 사용하면 무엇인가 성취되는 바가 있지 않을까
하는, 희미하나마 한가닥 희망의 빛이 마음 속에 비쳐든다. 이러한 형식들은
온갖 차이를 가지고 있음에도 불구하고 하나의 공통적 원형에 따라 산출된 것
처럼 보이는 한, 이 형식들 간의 그와 같은 유비는, 이 형식들이 하나의 공통   369
적인 근원적 모태로부터 산출되어 현실적인 친근성을 가지고 있다는 추측을 강
하게 해주거니와, 이 친근성은 하나의 동물의 류가 다른 류에로 단계적으로 접
근함으로써, 목적의 원리가 가장 많이 입증되고 있는 것으로 보이는 동물의
류, 즉 인간으로부터 해파리(수모)[1]에까지 이르고, 또 해파리로부터 이끼(선태
류)와 돌옷(지의류)에까지도 이르며, 마지막에는 우리가 알고 있는 자연의 최
저의 단계, 즉 천연 그대로의 물질에까지 이르는 것이다. 그리고 이러한 천연
의 물질과 그 힘으로부터 기계적 법칙들(물질이 결정을 산출하는 작용을 할 때
에 따르는 법칙들과 똑같은)에 따라 자연의 전 기교가 나오는 것으로 보이지
만, 그러나 이 기교는 유기적 존재자에 있어서는 우리가 이해하기 어려운 것이
므로, 우리는 그것을 이해하기 위하여 하나의 다른 원리를 생각하지 않을 수
없다고 믿고 있는 것이다.

그런데 이 점에서 자연의 고고학자는 그들이 알고 있거나 또는 억측한 자연
의 온갖 기계적 조직에 따라, 자연의 최고의 변혁의 유적들로부터 피조물들의
저 대가족(위에서 말한 [유기체의 형식의] 전반에 걸쳐 연관되어 있는 친근성이
어떤 근거를 가진다고 한다면, 우리는 피조물들을 가족으로 표상하지 않을 수
없을 것이다)의 유래를 자유로이 더듬어 갈 수가 있다. 그는 바로 혼돈상태에
서 나온 (마치 하나의 거대한 동물처럼) 지구의 모태로 하여금 처음에는 보다

---

1) 해파리과의 강복동물.

　　덜 합목적적인 형식을 갖춘 생물들을 낳게 하고, 다시 이 생물들로 하여금 다른 생물들을, 즉 그들이 산출된 환경과 그들의 상호관계에 더 잘 적응하도록 만들어진 생물들을 낳게 할 수가 있다. 그리고 마침내 이 모태 자신은 경직되고 경화되어 자기의 소산을 그 이상 더 변종하지 않는 일정한 종으로 한정시켜
370 버렸으며, 따라서 그 다양[한 생물의 형식]은 그러한 풍요한 형성력의 활동이 끝날 때에 나타났던 상태대로 남아 있게 된 것이다[라고 그는 생각할 수 있을 것이다].──그러나 그렇게 한다 할지라도, 그는 이 목적을 위해서는 이 모든 생물들에게 합목적적으로 세워져 있는 유기적 조직을 이 보편적 모태에 귀속시키지 않으면 안된다. 그렇지 않으면 동식물계의 산물들의 목적형식은 그 가능의 면에서 전혀 생각할 수가 없을 것이기 때문이다.＊ 그러나 그렇게 되면, 그는 설
371 명근거를 더 멀리 밀어둔 데 지나지 않을 뿐이요, 동물계와 식물계의 산출을 목적인의 제약에 의존하지 않게 만들었다고 장담할 수는 없는 것이다.

　　유기적인 류의 어떤 개체들이 우연적으로 받는 변화에 관해서 생각해 볼지라도, 그 개체들의 그처럼 변이된 성격이 유전이 되어 생식력 속에 들어가 있음이 발견되는 경우에, 그러한 변화는 종의 자기보존을 위하여 그 종 속에 근원적으로 존재하는 합목적적 소질이 기회를 얻어 발전한 것이라고 밖에는 달리는 마땅한 판정이 내려질 수가 없다. 왜냐하면 어떤 유기적 존재자가 철두철미한 내적 합목적성을 가지고 있는 경우에, 자기와 같은 것을 생식한다는 것은,

---

＊ 이와 같은 종류의 가설은 이성의 대담한 모험이라고 부를 수 있을 것이다. 그리고 가장 총명한 자연연구자들 가운데에서조차도 그러한 모험이 시시로 머리에 떠오르지 않았던 사람은 거의 없을 것이다. 왜냐하면 이러한 모험은 천연 그대로의 무기적 물질의 기계적 조직에 의해서 유기적 존재자가 산출된다고 함을 의미하는 우연발생 *generatio aequivoca*[설]처럼 불합리한 것은 아니기 때문이다. 어떤 유기적인 것이 같은 종류의 유기적 존재자 가운데에서 종별상 그것과 구별되는 다른 유기체로부터 산출되는 데 지나지 않는 한, 우연발생은 의연히 가장 일반적인 의미에 있어서의 단일발생 *generatio univoca*일 것이다. 예를 들면 어떤 수서동물이 점차 소택동물로 발달하고, 그것이 다시 몇차례의 생식을 거친 후에는 육서동물로 발달하는 경우가 그렇다. 이러한 일은 선천적으로는, 즉 한갓된 이성의 판단에 있어서는 자기모순이 아니다. 그러나 경험은 이에 관한 실례를 보여주지 않는다. 경험에 의하면 오히려 우리가 알고 있는 모든 생식은 동종발생 *generatio homonyma*이요, 무기물질로부터의 산출과는 대립되는 단일발생 *generatio univoca*일 뿐만 아니라, 또한 유기적 조직 그 자체에 있어서 산출자와 같은 종류의 산물을 산출하는 것이기도 하다. 그리고 이종발생 *generatio heteronyma*은 자연에 관한 우리의 경험적 지식이 도달하는 범위 내에서는 어디에서도 찾아 볼 수 없다.

그와 같은 목적의 체계에 있으면서도 아직 미발전적인 근원적 소질에 속하지 않는 것은 아무 것도 생식력 속에 받아들이지 않는다고 하는 제약과 매우 밀접하게 결부되어 있기 때문이다. 이러한 원리에서 벗어나는 경우에는, 우리는 지금 어떤 종에 있어서 발견되는 형식의 많은 부분들도 역시 우연적인, 무목적적인 기원을 가지는 것이 아닌가 어떤가를 확실하게 알 수가 없는 것이다. 그리고 유기적 존재자의 번식에 있어서 보존되는 것은 어떠한 것도 비합목적적인 것으로 판정되어서는 안된다고 하는 목적론의 원리는, 그 때문에 그 적용이 매우 신뢰하기 어렵게 될 수밖에 없으며, 오로지 그 원종에 대해서만 (그러나 우리는 이미 원종을 알지 못한다) 타당하게 될 수밖에 없을 것이다.

흄은 그와 같은 일체의 자연목적에 대하여 하나의 목적론적인 판정원리, 다시 말하면 일종의 건축술적 오성을 상정할 필요가 있다고 생각하는 사람들에게 반대하여, 다음과 같은 이의를 내세운다[1]: 즉, 그와 같은 오성이 대체 어떻게 해서 가능한가, 다시 말하면 실행력도 동시에 갖추고 있는 오성을 가능케 하는 여러 가지의 능력과 특성들이 어떻게 해서 하나의 존재자에게 있어서 그처럼 합목적적으로 통합될 수 있었던 것일까를, 우리는 똑같은 권리를 가지고 반문할 수 있을 것이라고. 그러나 이러한 이론은 헛된 것이다. 왜냐하면 그 자신 속에 목적을 내포하고 있고, 이 목적에 의해서만 이해되는 사물의 최초의 산출에 관한 문제를 위요한 전 곤란은, 이 산물에 있어서 서로 외적인 다양한 것을 결합하는 근거의 통일이 무엇인가 하는 물음에 기인하는 것이기 때문이다. 여기에서 만일 이러한 근거가 단순한 실체로서의 산출적 원인의 오성 속에 있다고 한다면, 위의 문제는 그것이 목적론적인 것인 한 충분히 해답될 것이다. 그러나 만일 그 원인을 서로 외적인 다수의 실체들의 집합으로서의 물질에 있어서만 찾는다면, 물질의 형성의 내면적 합목적적 형식에 필요한 원리의 통일은 전연 없게 될 것이다. 그리고 우리의 오성이 단지 목적으로서만 이해할 수 있는 산출에 있어서는 물질의 독재권이란 한낱 무의미한 말에 지나지 않는 것이다.

그러므로 결국 물질의 객관적-합목적적 형식에 대하여 그 형식을 가능케 하

372

---

1) Hume, 『인간오성에 관한 연구』(*An Inquiry Concerning Human Understanding*), "XI 특수한 섭리와 미래의 상태에 관하여" 참조.

373 는 최고의 근거를 찾으면서도 그 근거에 대하여 바로 하나의 오성을 용인하려 하지 않는 사람들은, 그래도 즐겨 세계 전체를 일체를 포괄하는 유일의 실체로 보든가(범신론), 또는 (이것은 전술한 범신론의 보다 명확한 설명에 지나지 않는 것이지만) 유일의 단순실체에 내속되어 있는 다수의 규정들의 총괄로 보든가 (스피노자주의) 하게 되는데, 이것은 단지 [실체에서] 모든 합목적성의 그러한 조건, 즉 그 근거의 통일을 이끌어내기 위함이다. 그런데 이 경우에 그들은 과연 이 과제의 하나의 조건을, 즉 목적결합1)에 있어서의 통일의 조건을, 단순실체라는 한갓된 존재론적 개념에 의하여 만족시키고는 있지만, 그러나 다른 조건에 관해서는, 즉 단순실체와 이 단순실체의 결과인 목적과의 관계——이 관계에 의해서 상술한 존재론적 근거는 이 문제에 대하여 한층 더 상세히 규정되어야 한다——에 관해서는 아무 것도 논급하고 있지 않으며, 따라서 그들은 이 문제 전체에 해답을 하고 있는 것이 결코 아니다. 또한 만일 우리가 사물의 그러한 근원적 근거를 단순한 실체로서 표상하지 않는다면, 그리고 이 실체에 대해서는 이 실체에 근거를 둔 자연형식들의 종별적 성질에 대한, 즉 목적통일에 대한 이 실체의 특성을 하나의 지성적2) 실체의 특성으로서 표상하지 않는다면, 그리고 또 이 지성적 실체와 자연형식들과의 관계를 (목적으로서만 가능하다고 생각되는 일체의 것에 있어서 발견되는 우연성으로 인하여) 일종의 인과성의 관계로서 표상하지 않는다면, 상기한 문제는 절대로 해답될 수 없는 것으로 (우리의 이성에 대하여) 남을 것이다.

374

§ 81.
자연산물로서의 자연목적을 설명함에 있어서
기계적 조직이 목적론적 원리에 부수된다고 하는 데 관하여.

전절에 의하면, 자연의 기계적 조직은 그것만으로는 어떤 유기적 존재자의 가능을 생각하기에 충분치가 않고, 오히려 (적어도 우리의 인식능력의 성질상)

---

1) 초판과 제2판에는 "목적관계"로 되어 있다.
2) 초판에는 "가상적"으로 되어 있다.

의도적으로 작용하는 원인에 근원적으로 종속되지 않으면 안된다. 그와 마찬가지로, 만일 자연의 산물의1) 기계적 조직이 목적론적 근거에 부수되지 않는다면, 그러한 유기적 존재자의 한갓된 목적론적 근거만으로는 그러한 존재자를 동시에 자연의 산물로서 고찰하고 판정하기에 충분하지 못하다. 자연의 산물의 기계적 조직은 이를테면 의도적으로 작용하는 원인의 도구와 같은 것이지만, 그럼에도 불구하고 자연은 그의 기계적 법칙에 있어서도 이러한 의도적으로 작용하는 원인의 목적에 종속되어 있는 것이다. 전혀 다른 두 종류의 인과성의 그와 같은 합일의 가능성, 즉 보편적 합법칙성 가운데에 있는 자연과 자연을 어떤 특수한 형성——이러한 형식에 대한 어떠한 근거도 자연은 그 자체만으로서 내포하고 있지 않다——으로 한정하는 이념과의 합일의 가능성은 우리의 이성이 이해하지 못하는 것이다. 즉, 그러한 합일의 가능성은 자연의 초감성적 기체 안에 있으며, 이 기체에 관해서 우리가 긍정적으로 규정할 수 있는 것이라고는, 이 기체는 존재자 자체요, 우리는 그것의 현상만을 알 뿐이라고 하는 것 밖에는 아무 것도 없다. 그러나 그럼에도 불구하고, 이러한 자연(현상 *phaenomenon*)에 속하는 것으로 상정되고 자연의 산물로 상정되는 것은 모두 375 기계적 법칙에 따라 자연과 연결된 것으로도 생각하지 않으면 안된다고 하는 원리는, 의연히 그 효력을 잃지 않고 있는 것이다. 왜냐하면 이러한 종류의 인과성이 없으면, 유기적 존재자들은 자연의 목적이기는 하지만, 자연산물은 아닐 것이기 때문이다.

　그런데 이러한 [유기적] 존재자들의 산출에 관한 목적론적 원리가 상정된다면(그럴 수밖에는 없는 일이지만), 우리는 기회원인론이나 예정설의 어느 하나를 그러한 존재자들의 내적 합목적적 형식의 원인의 기초로 삼을 수 있다. 전자에 의하면, 최고의 세계원인은 자기의 이념에 따라, 생식의 기회가 있을 때마다 그 생식의 과정에서 혼합되는 물질에 대하여 직접 유기적 형성을 부여하게 될 것이다. 그리고 후자에 의하면, 이 최고의 세계원인은 이러한 자기의 지혜의 최초의 산물들 속에 소질만을 넣어주면, 이 소질에 의하여 하나의 유기적 존재자는 자기와 같은 것을 산출하고, 종은 자기 자신을 부단히 보존하며,

---

1) 초판에는 "자연의 산물의"가 "자연의"로 되어 있다.

또한 개체의 소멸은 그 개체를 파괴하는 데에 동시에 작용하는 그 개체의 자연적 본성에 의하여 연속적으로 보충된다고 할 것이다. 만일 우리가 유기적 존재자의 산출의 기회원인론을 받아들인다면, 그 경우에는 일체의 자연은 완전히 소멸할 것이며, 그와 함께 이러한 종류의 산물들의 가능에 관하여 판단하는 일체의 이성사용도 사라질 것이다. 그러므로 우리는, 철학에 관심을 가지는 사람이면 그 누구도 이러한 체계를 받아들이지 않을 것이라고 전제해도 좋을 것이다.

376   이제 예정설은 또 두 가지의 방식을 취할 수 있다. 즉, 예정설은 자기와 같은 것으로부터 산출된 각 유기적 존재자를 자기와 같은 것의 추출물로 보든가 그렇지 않으면 그 산출물로 본다. 생식을 한갓된 추출물로 보는 체계는 개체적 전생설 또는 개전설이라고 일컬어지며, 생식을 산출물로 보는 체계는 신생설이라고 불린다. 후자는 또 동적 전생설이라고도 불릴 수 있는데, 이는 생식자의 생산능력이 그 종족에게 부여된 내적인 합목적적 소질에 의하여 잠재적으로 *virtualiter* 미리 형성되어 있었고, 따라서 그 종별적 형식도 미리 형성되어 있었던 것이기 때문이다. 이에 맞추어 우리는 그와 대립되는 개체적 전생설을 내전설(또는 상자의 이론)이라고 부르는 것이 더 적절할는지도 모른다.

개전설의 옹호자들은 각 개체를 자연의 형성력에서 제외하여, 그것을 직접 창조자의 손으로부터 끌어내지만, 그러나 이러한 일이 기회원인론의 가설에 따라 일어난다고는 감히 주장하려고 들지 않았다.[1] 그 가설에 따르게 되면, 결국 교접이란 한낱 형식적인 일에 지나지 않을 것이요, 그러한 형식적인 일을 기회로 하여 최고의 오성적 세계원인이 그때 그때 직접 손을 써서 태아를 형성하고, 모태에게는 단지 이 태아의 발육과 영양만을 위임하기로 결심한 것이 될 377   것이다. [따라서] 개전설의 옹호자들은 전생설에 찬성한 것이다. 즉, 그들은 마치 이러한 형식들을 초자연적인 방식으로 발생시키는 일이 세계의 시초에 일어나는 것과 세계의 경과 중에 일어나는 것과는 동일한 것이 아닌 것처럼 생각한 것이다. 오히려 그때 그때의 창조가 있음으로 해서, 세계의 시초에 형성된 배가 그 발달에 이르기까지 장구한 시간을 통해서 자연의 파괴력의 해를 입지 않

---

1) 초판에는 "주장하려고 들지 않는다"로 되어 있다.

고 무사히 보존되기 위하여 필요한, 대단히 많은 초자연적 조치는 무용해질 것이며, 마찬가지로 언젠가는 실제로 발달하게 될 것들에 비하여 무한히 많은 수의 미리 형성된 그와 같은 [유기적] 존재자들, 그리고 이 존재자들과 똑같이 많은 수의 창조들도 그때 그때의 창조가 있음으로 해서 불필요해지고 무용해지겠지만, 그들은 마치 그것을 생각하지 못했던 것처럼 전생설에 찬성한 것이다. 그러나 그들은 이 점에서 일체의 자연설명을 필요로 하지 않는 완전한 초자연론에 빠지지 않기 위하여 적어도 어떤 역할을 자연에 맡기려고 했다. 과연 그들은 기형물(자연의 목적이라고는 도저히 생각할 수 없는)에서 감탄할만한 합목적성을 발견했을[1] 때에도, 그들의 초자연론을 고집했다. 하지만 이러한 합목적성은, 해부학자로 하여금 그것의 몰목적적 합목적성에 불쾌감을 일으키고, 비관적인 감탄을 느끼게 하기 위하여 만들어진 것에 지나지 않는다. 그러나 그들도 잡종의 산출을 전생설의 체계 속에 맞추어 넣을 수는 절대로 없었고, 애당초 그들이 배의 최초의 영양물이 된다고 하는 기계적 특성 이외에는 아무 것도 인정하지 않았던 수컷의 정자에 대하여, 다시 합목적적인 형성력을 더 인정하지 않을 수 없었다. 그렇지만 그들은 이러한 형성력을, 동일한 류의 두 생물에 의하여 산출되는 산물에 관해서는, 그 두 생물 중의 어느 것에게도 용인하려고 하지 않았던 것이다. 378

그에 반해서, 설사 우리가 신생설의 옹호자는 그들의 이론을 증명하기 위한 경험적 근거에 관해서 전생설의 옹호자보다 큰 이점을 가지고 있다는 것을 알지 못한다고 할지라도, 이성은 이미 애초부터 전자의 설명방식에 특별한 호의를 가지고 이끌려 갈 것이다. 왜냐하면 근원적으로 목적의 인과성에 따라서만 가능한 것으로 표상될 수 있는 사물들에 관해서는, 신생설은 자연을 적어도 번식에 관한 한 단지 개전하는 것으로서가 아니라 스스로 산출하는 것으로서 고찰하며, 그리하여 초자연적인 것을 되도록 최소한으로 사용하여 제1의 시초로부터 나오는 일체의 것을 자연에 내맡기기 때문이다(그러나 신생설은 이 제1의 시초에 관해서 무엇인가를 규정하지는 않는다. 자연학은 어떠한 원인의 연쇄를 가지고 그것을 시도하든, 일반으로 이 제1의 시초에서 좌절하는 것이다).

---

1) Kant는 "발견하는"으로 쓴 것을 Erdmann이 고쳤다.

이 신생설에 관해서는 궁중고문관 블루멘바하씨[1]보다도, 이 이론을 증명하고 또한 이 이론의 적용의 진정한 원리를 확립하기 위하여, 또 한편으로는 이 이론의 지나치게 월권적인 사용을 제한함으로써, 더 많은 공헌을 한 사람은 아

379 무도 없다. 그는 이러한 형성작용의 일체의 자연학적 설명방식을 유기적 물질로부터 시작하고 있다. 천연 그대로의 물질이 기계적 법칙에 따라 최초에 자기 자신을 형성했다든가, 무생물의 자연적 본성에서부터 생명이 나왔으며, 물질이 자기 자신을 보존하는 합목적성의 형식에 저절로 적응할 수 있었다든가 하는 것을, 그는 정당하게도 이성에 반하는 것이라고 단언하고 있다. 그러나 그와 동시에 그는 자연의 기계적 조직에 대해서도, 근원적인 유기적 조직이라는, 우리가 탐지할 수 없는 원리 아래에서, 규정하기는 어려우나 동시에 또한 오인할 수 없는 몫을 남겨주고 있다. 그리고 이러한 몫에 대한 물질의 능력이 유기체 속에 있는 경우에는, 그는 이러한 능력을 (물질에 보편적으로 내재하는 한갓된 기계적 형성력과 구별해서) 하나의 (이를테면 전술한 유기적 조직의 원리의 보다 높은 지도와 지시 아래에 예속되어 있는) 형성충동이라고 부르고 있는 것이다.

§ 82.
유기적 존재자들의 외적 관계에 있어서의 목적론적 체계에 관하여.

외적 합목적성이라 함은, 자연의 어떤 사물이 다른 사물에 대하여 목적에 대한 수단이 되는 경우의 합목적성을 의미한다. 그런데 내적 합목적성을 가지고 있지 않거나, 또는 자신의 가능을 위해서 내적 합목적성을 전제하고 있지 않은 사물들, 예를 들면 땅, 공기, 물 등도 외적으로는, 다시 말하면 다른 존재자들

380 과의 관계에 있어서는, 매우 합목적적일 수 있다. 그러나 후자의 다른 존재자들은 언제나 유기적 존재자, 즉 자연목적이 아니면 안된다. 그렇지 않으면 전자의 사물들도 수단으로 판정될 수 없을 것이기 때문이다. 그리하여 물이나 공기, 또는 땅은 산악의 퇴적을 위한 수단으로 간주될 수는 없다. 왜냐하면 산악

---

1) Johann Friedrich Blumenbach(1752–1840): 독일의 해부학자, 인류학자, Göttingen 대학교수. 이것은 Kant가 그의 저서 『형성충동과 생식행위에 관하여』(*Über den Bildungstrib und das Zeugungsgeschäft*, 1718)를 두고 한 말이다.

자체는 목적에 따라 자신을 가능케 하는 근거를 필요로 하는 것이라고는 전혀 아무 것도 내포하고 있지 않으며, 따라서 산악의 원인은 그러한 근거와의 관계에 있어서 수단(산악에 유용한)이라는 술어 아래에서 표상될 수는 결코 없기 때문이다.

외적 합목적성은 내적 합목적성의 개념과는 전혀 다른 개념이다. 내적 합목적성은 어떤 대상의 현실성 그 자체가 목적이냐 아니냐에 상관 없이 그 대상의 가능과 결부되어 있는 것이다. 우리는 유기적 존재자에 관해서는, '무엇을 위해서 그것은 존재하는가?'라고 물을 수 있지만, 그러나 단지 자연의 기계적 조직에서 나오는 결과만이 인식되는 사물들에 관해서는 그렇게 물을 수가 없다. 왜냐하면 전자에 있어서는 그것의 내적 가능을 위하여 이미 우리는 목적에 따르는 인과성을, 즉 하나의 창조적 오성을 표상하고 있고, 이 활동적 능력을 이 능력의 규정근거, 즉 의도에 연관시키고 있기 때문이다. 예외로, 유기적 조직의 내적 합목적성과 관련을 가지는 유일의 외적 합목적성이 있는데, 이 외적 합목적성은, 그와 같은 유기적 존재자는 어떠한 목적을 위하여 현존하지 않으면 안되었던가를 문제삼을 필요가 없음에도 불구하고, 수단과 목적과의 외적 관계에 있어서 성립하는 합목적성이다. 이것은 곧 자기의 종의 번식을 위해서 상호 381 관계하는 양성의 유기적 조직이다. 왜냐하면 여기에서는 우리는 개체의 경우에 있어서와 마찬가지로, '왜 그와 같은 [자웅의] 한 쌍이 현존하지 않으면 안되었던가?'라는 물음을 여전히 물을 수 있기 때문이다. 그 해답은 이러하다: '이 경우에 이러한 한 쌍에 의해서, 비록 단일체에 있어서의 유기적 전체가 이루어지는 것은 아니지만, 그러나 하나의 유기화하는 [유기체를 낳는] 전체가 비로소 이루어지는 것이다.'

그런데 어떤 사물이 무엇을 위해서 존재하는가 하는 것이 문제되는 경우에, 그 해답은 다음의 두 가지 중의 하나이다: 그 하나는, '그 사물의 현존재와 그 사물의 산출은 의도에 따라 작용하는 원인과 전혀 관계가 없다'고 하는 것인데, 이 경우에는 언제나 그것들이 자연의 기계적 조직에서 기원한다는 것을 의미한다. 또 다른 하나의 해답은, '그 사물(하나의 우연적 자연존재자로서의) 현존재에는 어떤 하나의 의도적 근거가 있다'고 하는 것인데, 우리는 이러한 생각을 유기적 사물의 개념으로부터 분리하기는 어렵다. 왜냐하면 우리는 아무래도 유기적 사물의 내적 가능성의 밑바닥에 목적인의 인과성과 이 인과성의 근저에 있는 이념을 인정하지 않으면 안되는 이상, 우리는 이러한 산물의 현존도 역시 목적이라고 밖에는 달리 생각할 수가 없기 때문이다. 어떤 결과의 표상이[1] 동시에 그 결과를 산출하기 위하여 작용하는 오성적 원인의 규정근거인 경우에, 그처럼 표상된 결과가 곧 목적이라고 일컬어지는 것이다. 따라서 이 경우에 우리가 주장할 수 있는 것은 다음의 두 가지 중의 하나이다: 그 하나는, '그와 같은 자연존재자의 현존의 목적은 그 자신 속에 있다. 다시 말하면 그러한 자연존재자는 단지 목적일 뿐만 아니라 또한 궁극목적이기도 하다'고

382 하는 주장이요, 다른 하나는, '이러한 궁극목적은 이 자연존재자의 밖에 있는 다른 자연존재자 안에 있다. 다시 말하면 이 자연존재자는 합목적적으로 현존하지만, 궁극목적으로서가 아니라 필연적으로 동시에 수단으로서 현재하는 것이다'라고 하는 주장이다.

그러나 우리는 전자연을 두루 조사해 볼 때에, 자연은 자연인 만큼, 그 속에는 창조의 궁극목적이라는 특권을 요구할 수 있는 존재자란 없다는 것을 알게된다. 그리고 우리는 그 위에 또, 아마도 자연에게는 최종목적일 수 있을는지모르는 것도, 우리가 그것에 생각할 수 있는 온갖 규정과 특성을 갖추어 준다고 해도, 결국 자연사물이요 결코 궁극목적일 수 없다는 것을, 선천적으로 증명할 수가 있다.

식물계를 바라보고 있으면, 우리는 처음에는 그것이 거의 어느 땅 위에나 퍼져 있다고 하는 그 한없는 다산성으로 말미암아, 그것을 자연이 광물계의 형성에 있어서 보여주는 것과 같은 자연의 기계적 조직의 한갓된 산물로 간주하고 싶은 생각이 들는지도 모를 것이다. 그러나 식물계에 있어서의 형언할 수 없이 현명한 유기적 조직을 더 상세히 알게 되면, 우리는 그러한 생각에 집착하지 않고, '이러한 피조물들은 무엇을 위해서 존재하는가?' 하는 물음을 발하게 된다. 우리가 이 물음에 대하여, '그것은 식물을 먹고 사는 동물계를 위해서이다. 그래서 동물계는 그토록 다양한 류를 이루어 지상에 퍼질 수가 있었던 것이다'라고 대답한다면, '그러면 무엇을 위해서 이러한 초식동물들은 존재하는가?'

---

1) 초판에는 "어떤 결과의 표상이" 대신에 "어떤 결과가"로 되어 있다.

하는 물음이 다시 일어난다. 그 대답은 아마 이러할 것이다: '생명을 가진 것만을 먹어야 살 수 있는 육식동물을 위해서이다.' 그러면 결국 문제는 '무엇을 위해서 이 육식동물과 상기한 자연계[식물계와 초식동물계]는 유용한가?' 하는 것 383 이 된다. 그것은 인간을 위해서요, 인간의 다양한 용도를 위해서이다. 인간의 오성은 이러한 모든 생물들을 다양하게 사용할 것을 인간에게 가르쳐 주는 것이다. 그리고 인간은 이 지구상의 창조의 최종목적이다. 왜냐하면 인간은 목적을 이해할 수 있고, 합목적적으로 형성된 사물들의 집합을 자기의 이성에 의하여 목적의 체계로 만들 수 있는 지상 유일의 존재자이기 때문이다.

우리는 훈작사 린네1)와 더불어 외견상 반대되는 것처럼 보이는 길을 걸어, 다음과 같이 말할 수도 있을 것이다: '초식동물이 존재하는 것은 식물계2)의 많은 종이 질식할 정도로 식물계가 무성하게 자라는 것을 조절하기 위함이요, 육식동물이 존재하는 것은 초식동물의 탐식을 제한하기 위함이요, 최후로 인간이 존재하는 것은 육식동물을 수렵하고 감소시킴으로써 자연의 산출력과 파괴력 사이에 일정한 균형이 세워지게 하기 위함이다'라고. 그렇다면 인간은 어떤 점에서는 목적으로서 매우 존중을 받을는지 모르지만, 그러나 다른 점에서는 수단의 지위 밖에는 차지하지 못할 것이다.

만일 우리가 지상의 생물들의 다양한 류에 있어서의, 그리고 합목적적으로 구성된 존재자로서의 이들 생물의 외적 상호관계에 있어서의 객관적 합목적성을 원리로 삼는다면, 이러한 [외적] 관계에 있어서도 또 어떤 유기적 조직을 생각하고, 목적인에 따르는 모든 자연계의 하나의 체계를 생각한다는 것은 이성 384 에 합당한 일이다. 그러나 이 경우에 경험은 이성의 격률에 분명히 모순되는 것 같이 보인다. 그와 같은 체계의 가능을 위해서 꼭 필요한 것은 자연의 최종목적이며, 또 우리는 자연의 최종목적을 인간 이외의 어디에도 세울 수가 없는데, 특히 그러한 자연의 최종목적에 관해서 이 모순은 더욱 분명한 것 같다. 왜냐하면 자연은 오히려 인간을 많은 동물의 류 중의 하나로 보아, 그 파괴력

1) Carl von Linné (1707-78): 스웨덴의 식물학자. 스웨덴 최초의 귀족과학자인 그는 지상식물의 분류를 처음으로 시도하여, 현대식물학의 시조라 불린다. 식물의 생활에 대한 180여 권의 저술을 남겼다.
2) Kant의 문장으로는 "식물들의"로 읽어야 할 것을 Erdmann이 고쳤다.

으로부터도 또 산출력으로부터도 인간을 조금도 제외하지 않고, 모든 것을 목적을 떠난 자연의 기계적 조직에 종속시켜버리기 때문이다.

지상의 자연존재자들을 하나의 합목적적 전체가 되도록 배열함에 있어서 의도적으로 갖추어지지 않으면 안될 제1요건은 아마도 그 자연존재자들의 서식처, 즉 그들이 생존해가기 위한 토지와 생활환경일 것이다. 그러나 모든 유기적 산출의 이러한 기초[적 요건]의 성질을 더욱 상세히 알아보면, 그것은 전혀 무의도적으로 작용하는 원인, 아니 산출과 질서와 목적을 조장하기는커녕 오히려 그것을 황폐케 하는 원인 이외에는 아무 것도 알려주는 것이 없다. 육지와 바다는 이 양자와 그리고 지상과 해중에 사는 모든 생물들이 태고부터 겪어온 무서운 황폐의 기념물들을 간직하고 있을 뿐만 아니라, 육지와 바다의 전구조, 즉 육지의 지층과 바다의 경계는 전적으로 혼돈상태에 있어서 활동하는 광폭한
385 자연력의 산물인듯한 외관을 보여 주고 있다. 오늘날에는 육지의 형태, 구조, 경사가 공중에 내리는 빗물을 받고, 다양한 종류의 지층들 사이의 수맥(여러 가지 [자연] 산물들을 위하여)을 이루며, 하천을 흐르게 하기에, 매우 합목적적으로 안배되어 있는 듯이 보일는지도 모르지만, 그러나 이러한 것들을 더 자세히 연구해 보면, 그것은 단지 일부는 화산의 폭발, 일부는 대홍수 또는 대양의 융기의 결과로서 성립한 것에 지나지 않음을 알게 된다. 그리고 이 점은 그와 같은 형태의 최초의 발생에 관해서도, 또 특히 이 형태가 그 이후에 받은 변형 및 그에 따른 최초의 유기적 산물들의 소멸에 관해서도 마찬가지이다.* 그런데 이러한 모든 생물들을 위한 서식처, (육지라는) 생지와 (바다라는) 모태가 그 산출의 하나의[1] 전적으로 무의도적인 기계적 조직만을 보여주는 데 지나지 않

---

* 자연기술에 대하여 일찍이 채용되었던 자연사라는 명칭이 계속해서 사용되어야 한다면, 이 자연사가 글자 그대로 표시하는 것은, 즉 지구의 태고 때의 상태의 표상은, 기술과 대비하여 자연의 고고학이라고 일컬어질 수 있을 것이다. 그러한 지구의 상태에 관해서는, 비록 우리는 어떠한 확실성도 기대해서는 안되지만, 그러나 상당한 근거를 가지고 추정을 해 볼 수는 있는 것이다. 그러면 기술에 조각된 돌과 같은 것들이 속하는 것처럼, 자연의 고고학에는 화석이 속하게 될 것이다. 그러한 자연의 고고학에 관한 연구는 지지부진한 것이 당연한 일이기는 하지만, 어쨌던 우리는 그러한 연구를 (지구이론이라는 명칭하에) 부단히 계속하고 있으므로, 이 명칭은 단지 가구적인 자연연구에 붙여진 것이 아니라, 자연 그 자신이 우리에게 권유하고 재촉하는 자연연구에 붙여진 명칭일 것이다.

---

1) "하나의"는 Vörlander의 추가이다.

는다면, 우리는 어떻게 그리고 어떠한 권리를 가지고 이러한 생물이라는 산물　386
에 대하여 [기계적 조직과는] 다른 기원을 요구하고 주장할 수가 있을 것인가?
저 자연황폐의 유적의 가장 면밀한 검토가 (캄페르[1])의 판단에 따르면) 입증한
다고 생각되는 것처럼, 비록 인간은 이러한 [자연의] 변혁의 와중에 휩싸이지
않았다고 할지라도, 인간은 다른 지상생물들에게 의존하고 있으므로, 다른 생
물들을 보편적으로 지배하는 자연의 기계적 조직이 용인되는 경우에는, 인간도
자연의 기계적 조직의 지배하에 함께 포괄되는 것으로 간주되지 않으면 안된
다. 설사 인간의 오성이 (적어도 대부분은) 인간을 자연의 황폐 가운데에서 구
출할 수 있었다고 할지라도, 그렇게 간주되지 않으면 안되는 것이다.

그러나 이와 같은 논거는, 이 논거를 세우게 된 의도가 내포한 것 이상의 것
을 증명하고 있는 것으로 보인다. 즉 그것은, 인간이 자연의 최종목적일 수가
없으며, 동일한 근거에서 지상의 유기적 자연사물들의 집합이 목적의 체계일
수도 없다고 함을 증명할 뿐만 아니라, 전에는 자연목적이라고 생각되었던 자
연산물들조차도 자연의 기계적 조직 이외의 다른 기원을 가지는 것이 아니라고
함을 증명하는 것으로 보인다.

그렇지만 위에서 유기적 자연존재자들의 기계적 산출방식과 목적론적 산출
방식의 원리들 사이의 이율배반을 해결함에 있어서, 우리는 다음과 같은 것을
알았다: 즉, 이 원리들은 특수한 법칙들에 따라 (그러나 이 법칙들의 체계적
연관을 해명할 열쇠를 우리는 가지고 있지 않다) [여러 형태를] 형성하는 자연에
관해서는 단지 반성적 판단력의 원리에 지나지 않는다. 요컨대 이 원리들은 유　387
기적 존재자들의 기원을 그 자체에 있어서 규정하는 것이 아니라, 단지 우리는
우리의 오성과 이성의 성질상 이러한 종류의 존재자에 있어서는 그 기원을 목
적인에 따르지 않고 달리는 생각할 수가 없다고 언명하는 것에 지나지 않는다.
그러므로 유기적 자연존재자들을 기계적으로 설명하려고 하는 최대한의 노력,
아니 대담한 시도가 우리에게 허용되어 있을 뿐만 아니라, 우리의 이성이 또한
우리에게 그렇게 하도록 요구하는 것이다. 그럼에도 불구하고 우리는 우리의
오성의 특수한 성질과 제한이라는 주관적 이유로 해서 (아마도 산출의 기계적

---

1) 본서 165면 각주 1) 참조.

조직은 목적에 의한 기원에 그 자체에 있어서 모순되리라는 이유에서가 아니라) 그러한 기계적 설명에 결코 성공하지 못하리라는 것을 알고 있는 것이다. 그리고 우리는 마지막으로 자연(우리의 외부와 내부에 있는)의 초감성적 원리에 있어서는 자연의 가능을 표상하는 이 두 방식이 반드시 합일될 수 있으리라는 것을 알았다. 왜냐하면 목적인에 따르는 표상방식은 우리의 이성사용의 주관적 조건에 지나지 않지만, 이 경우에 목적에 따르는 표상방식은 대상들이 단지 현상으로서 판정되기를 바랄 뿐만 아니라, 이러한 현상 그 자체를 현상의 원리와 함께 초감성적 기체에 관련시킬 것을 요구하며, 그렇게 함으로써 현상을 통일하는 어떤 법칙들이 가능함을 발견하려고 하는 것이기 때문이다. 그러나 이러한 법칙들은 목적(목적은 이성도 가지고 있는 것인데, 그것은 초감성적인 것이다)에 의해서 밖에는 달리 표상될 수가 없는 것이다.

388

§83.
목적론적 체계로서의 자연의 최종목적에 관하여.

　우리가 인간을 모든 유기적 존재자와 마찬가지로 자연목적으로서 판정할 뿐만 아니라, 또한 이성의 원칙들에 따르건대 이 지상에서는 인간이 자연의 최종목적이요, 이 최종목적과의 관계에서 그 밖의 모든 자연사물은 하나의 목적의 체계를 이루고 있다고 판정하는 데에는, 물론 규정적 판단력에 대해서는 아니지만 그러나 반성적 판단력에 대해서는, 충분한 이유가 있다고 함을, 우리는 앞의 절에서 지적하였다. 그런데 만일 인간과 자연과의 결합에 의해서 목적으로서 촉진되어야만 할 것이 인간 자신 속에 있지 않으면 안된다고 한다면, 그러한 목적은 인간 자신이 은혜로운 자연에 의해서 만족을 얻을 수 있다고 하는 종류의 것이 아니면 안되거나, 그렇지 않으면 그것은 인간이 자연을 (외적으로도 내적으로도) 사용할 수 있는 온갖 목적에 대한 유능성과 숙련성이다. 전자의 자연의 목적은 인간의 행복이요, 후자의 자연의 목적은 인간의 문화일 것이다.

　행복의 개념은 인간이 이를테면 자기의 본능으로부터 추상해 내고, 따라서 자기 자신 속에 있는 동물성에서 이끌어 내는 개념이 아니다. 그것은 어떤 상태의 한갓된 이념인 바, 인간은 [자기의 현실적인] 상태를 단지 경험적인 제약하

에서 (그것은 불가능한 일이지만) 이 이념에 합치시키려고 하는 것이다. 인간
은 이러한 이념을 스스로 입안하며, 그것도 구상력이나 감관과 얽혀 있는 자기 389
의 오성에 의해서 매우 여러 가지로 입안한다. 그 위에 또 인간은 매우 자주
오성을 변경하기도 한다. 그러므로 설사 자연이 인간의 자의에 전적으로 예속
되어 있다고 할지라도, 자연은 일정한 보편적 고정적 법칙을 세워서, 이러한
[행복이라는] 동요하는 개념에, 따라서 사람마다 임의로 내세우는 목적에 합치
할 수는 절대로 없을 것이다. 그러나 우리가 이 개념을 인류가 전반적으로 일
치하는 진정한 자연적 욕구에로 낮추려고 하거나, 그렇지 않으면 반대로 공상
적인 목적을 달성할 수 있는 숙련성을 한층 더 높이려고 할지라도, 인간이 행
복이라고 해석하고 있는 것, 그리고 실제로 인간 자신의 최종의 자연목적(자유
의 목적이 아니라)인 것은 인간에 의해서는 결코 도달되지 않을 것이다. 왜냐
하면 인간의 자연적 본성은 소유와 향락에 있어서는 어디에선가 멈추어서 만족
하도록 되어 있는 것이 아니기 때문이다. 또 한편으로는 자연이 인간을 그의
특별한 총아로 삼아서, 다른 모든 동물들보다 더 은혜를 베풀었다고 함은 당치
도 않은 일이요, 오히려 자연은 그의 파괴작용에 있어서, 즉 악역, 기아, 수재,
동해, 다른 크고 작은 동물들의 습격 등등에 있어서 인간을 다른 모든 동물들
과 마찬가지로 보호하지 않고 있는 것이다. 그 뿐만 아니라 인간에 있어서의
자연적 소질의 배리는 인간으로 하여금[1] 자신이 안출해 낸 고뇌 속에 떨어지 390
게 하며, 또 자기와 같은 인류 중의 다른 인간들을 지배의 압박, 전쟁의 만행
등에 의하여 곤경에 몰아넣고, 자기 자신은 힘이 자라는 한 자기와 같은 인류
를 파멸시키는 데 종사한다. 그러므로 우리의 외부의 자연이 아무리 자비롭다
할지라도, 그리고 자연의 목적이 우리 인류의 행복을 향해 있다 할지라도, 우
리의 내부의 자연적 본성이 이러한 자비로운 자연을 받아들이지 못하기 때문
에, 자연의 목적은 지상에 있어서의 자연의 체계 안에서는 달성되지 못할 것이
다. 따라서 인간은 언제나 자연목적의 연쇄 중의 한 항에 불과하다. 인간이 자
기 자신을 어떤 목적에 적응시키는 경우에는, 마치 자연이 인간을 자연의 소질

---

1) 초판에는 "인간에 있어서의 자연적 소질의 배리는 인간으로 하여금" 대신에 "자연적 소질의 배리
는 인간 자신으로 하여금"으로 되어 있다.

에 있어서 그러한 목적에 맞도록 규정해 놓은 것으로 생각되거니와, 이러한 여러 가지 목적에 관해서는 인간은 물론 원리이지만, 그러나 그 밖의 다른 항들의 기계적 조직에 있어서는 그 합목적성을 유지하기 위한 수단이기도 하다. 오성을 가진, 따라서 자기 자신 임의로 목적을 설정하는 능력을 가진 지상유일의 존재자로서는, 인간은 물론 자연의 주인이라는 칭호를 가지며, 또 우리가 자연을 하나의 목적론적 체계로 보는 경우에는, 인간은 그의 사명으로 보아 자연의 최종목적이기도 하지만, 그러나 이는 다음과 같은 조건하에서만, 즉 인간이 자연과 자기 자신 사이에 하나의 목적관계를 부여할 줄도 알고 또 그럴 의지도 가지고 있다고 하는 조건하에서만 그러하다. 그리고 그러한 목적관계는 자연에 의존하지 않고 스스로 충족한 것이며, 따라서 궁극목적일 수 있는 것이지만, 그러나 이 궁극목적은 자연 가운데에서 찾아서는 안되는 것이다.

　　그러나 우리가 적어도 자연의 그러한 최종목적을 인간의 어떤 점에 두어야
391 할 것인가를 알려면, 우리는 인간이 궁극목적이 되기 위하여 스스로 하지 않으면 안되는 일을 하도록 인간에게 준비시키기 위해서는 자연이 어떠한 일을 수행할 수 있는가를 탐구하여, 그것을 일체의 다른 목적들로부터, 즉 우리가 오로지 자연에게만 기대할 수 있는 사물들에 의하여 가능한 일체의 목적들로부터 분리하지 않으면 안된다. 지상의 행복은 후자의 종류[의 목적]에 속하며, 그것은 인간의 외부와 내부의 자연에 의하여 가능한 일체의 목적의 총괄을 의미한다. 그것은 지상에 있어서의 인간의 일체의 목적의 질료이며, 만일 인간이 그것을 그의 전 목적으로 삼는 경우에는, 이 질료는 인간으로 하여금 자기 자신의 현존에 하나의 궁극목적을 세울 수도, 또 그것에 합치할 수도 없게 만들 것이다. 그러므로 자연에 있어서의 인간의 모든 목적 가운데에서 남는 것은 오직 형식적 주관적 조건, 즉 유능성이라는 조건 뿐인데, 이 유능성이란 일반으로 자기자신 목적을 세우고 또 (자기의 목적규정에 있어서는 자연에 의존하지 않고) 자연을 자기의 자유로운 목적 일반의 격률에 알맞도록 수단으로서 사용하는 유능성을 말한다. 그리고 이것이 바로 자연이 자연의 밖에 있는 궁극목적에 관하여 수행할 수 있는 일이며, 따라서 이것이 자연의 최종목적으로 간주될 수 있다. 임의의 목적 일반에 대한 이성적 존재자의 (따라서 그의 자유에 있어서의) 유능성을 산출함이 곧 문화이다. 그러므로 문화만이 인류에 관한 한 자연

에 귀속시켜야 할 이유가 있는 최종목적일 수 있다(인간 자신의 지상의 행복이
나, 또는 단지 인간의 외부의 몰이성적 자연 속에 질서와 조화를 확립하는 가　392
장 중요한 도구가 된다는 것이 최종목적일 수는 없다).

　　그러나 모든 문화가 자연의 이러한 최종목적이 되기에 충분한 것은 아니다.
숙련성의 도야는 물론 목적 일반을 촉진하기 위한 유능성의 가장 중요한 주관
적 조건이기는 하지만, 그러나 자기의 목적을 규정하고 선택함에 있어서 의
지[1]를 촉진하는 데에는 충분치 못하다. 그러나 목적의 규정과 선택은 목적 달
성을 위한 유능성의 전범위에 본질적으로 필요한 것이다. 우리는 유능성의 이
러한 조건을 훈육(훈련)의 도야라고 부를 수가 있겠는데, 이것은 소극적이요,
의지를 욕망의 전제에서 해방하는 데에 그 본질이 있다. 이러한 욕망 때문에
우리는 어떤 자연물에 집착하여, 충동의 질곡에 몸을 내맡김으로써, 스스로 선
택을 할 수가 없게 되는 것이다. 그러나 이러한 충동은 우리의 내부의 동물성
의 사명을 등한히 한다든가 훼손하는 일이 없도록 하기 위하여 자연이 우리에
게 고삐 대신으로[2] 부여한 것이지만, 그럼에도 불구하고 우리는 이성[3]의 목
적이 요구하는데 따라 이 충동을 죄기도 하고 늦추기도 하며, 늘리기도 하고
줄이기도 할 수 있는 충분한 자유를 가지고 있다.

　　인류에 있어서 숙련성은 아마도 인간 상호간의 불평등에 의해서 밖에는 발
전될 수가 없을 것이다. 대다수의 사람들은 학문과 예술 등보다 덜 필수적인
문화의 부분에 종사하는 다른 사람들의 안락과 한가를 위하여 생활의 필수품을　393
이를테면 기계적으로 공급하되, 그것을 위해서 특별히 기술을 필요로 하지 않
으며, 또 그들은 후자에 의하여 압박과 쓰라린 노동만이 있고 향락이 없는 상
태에 놓이게 되지만, 그러나 상류계급의 문화의 많은 부분이 점차 이 계급 위
에도 보급되기 때문이다. 그러나 문화의 진보에 있어서도 (이러한 고도의 진보
는, 없어도 좋은 것에 대한 애착이 없어서는 안될 것을 이미 저해하기 시작하
는 경우에는, 사치라고 일컬어진다) 병폐가 양쪽에 똑같이 강력하게 발생하니,
즉 한 쪽[하류계급]에는 외부의 폭력에 의한 것이요, 다른 쪽[상류계급]에는 내부

---

1) 초판에는 "자유"로 되어 있다.
2) 초판과 제2판에는 "대신으로만"으로 되어 있다.
3) Erdmann은 "이성"을 "자연"으로 읽는다.

의 불만에 의한 것이다. 그러나 이러한 현저한 재난도 실은 인류의 자연적 소질의 발전과 결부되어 있는 것이요, 우리의 목적은 그렇지 않다 할지라도, 자연 자신의 목적은 바로 이 재난에 의해서 달성되는 것이다. 자연이 이러한 자신의 궁극의도를 달성할 수 있기 위한 유일한 형식적 조건은 인간 상호간의 관계에 있어서 성립하는 체제이니, 이러한 체제에 있어서는 상호 항쟁하는 자유의 남용에는 시민사회라고 일컬어지는 하나의 전체에 있어서의 합법적 권력이 대치되는 것이다. 왜냐하면 이러한 체제에 있어서만 자연적 소질은 최대의 발전을 기할 수 있기 때문이다. 그러나 설사 인간이 그러한 시민사회를 발견해 낼 수 있을 만큼 영리하고 그 권력에 자진해서 복종할 만큼 현명하다고 할지라도, 그러한 시민사회를 위해서는 다시 하나의 세계시민적 전체가, 다시 말하면 서로 상대방을 해치는 작용을 하는 위험 가운데에 놓여 있는 모든 국가들의 하나의 체계가 필요할 것이다. 이러한 세계시민적 전체가 없는 경우에는, 그리고

394 특히 권력을 장악하고 있는 국가들에 있어서 명예욕, 지배욕, 소유욕이 그와 같은 구상의 가능조차 저지하는 장해가 있을 때에는, 전쟁(전쟁에 있어서는 혹은 국가가 분열하여 더 작은 국가에로 해체하기도 하고, 혹은 하나의 국가가 다른 작은 국가들을 병합하여 더 큰 전체를 형성하려고 노력하기도 한다)이 불가피해진다. 전쟁은 인간의 무의도적인 (억제할 수 없는 격정에 의하여 자극된) 기도이면서도, 그러나 지고한 지혜의 깊이 숨은, 아마도[1] 의도적인 기도, 즉 여러 국가들의 자유에 관한 합법칙성과, 그에 의하여 도덕적으로 정초된 체계의 통일을 확립하지 못하면, 준비라도 하려는 기도이기도 하다. 또 전쟁은 인류에게 가장 무서운 고난을 가져다 주며, 전쟁을 위한 부단한 준비가 평화시에 괴롭히는 고난은 아마도 훨씬 더 큼에도 불구하고, 전쟁은 문화에 이바지하는 모든 재능을 최고도에까지 발전시키는 (그 사이에 국민의 행복이라는 안정된 상태에 대한 희망은 점점 멀어지지만) 또 하나의 동기인 것이다.

경향성의 훈련에 관해서 말한다면, 하나의 동물류라고 하는 우리의 규정에서 보면 자연적 소질은 경향성에 대하여 아주 합목적적이지만, 그러나 경향성은 인간성의 발전을 매우 어렵게 한다. 그래도 문화를 위한 이 제2의 요건에

---

1) "아마도"는 초판에는 없다.

관해서도 자연의 하나의 합목적적 노력이 나타나 있다. 즉, 그것은 우리로 하여금 자연 자신이 제공할 수 있는 것보다 더 높은 목적을 감수할 수 있게 하는 교화를 위한 노력이다. 취미의 세련이 그 이상화에까지 이르고, 학문상의 사치가 허영을 배양하는 영양이 되면, 그것이 낳아놓는 만족할 줄 모르는 다수의 경향성이 우리들에게 과중한 해악을 미친다는 것은 이론의 여지가 없는 일이다. 그러나 그에 반해서 우리들의 내부의 동물성에 더 많이 속하며, 우리들의 보다 높은 사명을 위한 교화에 가장 반하는 경향성들의 조야함과 광폭함(향락의 경향성들[1))을 점점 더 극복하고, 인간성의 발전에 자리를 내주려고 하는 자연의 목적도 또한 간과해서는 안된다. 미적 예술과 학문을 보편적으로 전달되는 쾌에 의해서, 그리고 사회에 대하여 세련과 순화를 줌으로써, 비록 인간을 도덕적으로 개선시키지는 못하지만, 그래도 인간을 개화시키거니와, 이러한 예술과 학문은 관능적 애착의 압제를 극복하고, 그렇게 함으로써 인간에게 이성만이 위력을 가져야 하는 지배권의 준비를 해주는 것이다. 한편 혹은 자연이 혹은 인간의 완강한 이기심이 우리들에게 입히는 해악은 동시에 정신력을 환기하고 고양하고 단련하여, 그러한 해악에 지지 않도록 해주며, 그리하여 우리들에게 우리들의 내부에 숨어 있는 보다 높은 목적에 대한 유능성을 감지시켜주는 것이다.*

395

---

* 인생의 가치가 단지 우리가 향수하는 것(모든 경향성의 총화라는 자연적 목적, 즉 행복)에 따라서만 평가된다면, 인생이 우리들에게 어떠한 가치를 가지는가 하는 것은 용이하게 결정될 수 있다. 그 가치는 영 이하로 떨어진다. 대체 동일한 조건하에서 인생을 새로이 시작하려고 할 사람이 누가 있겠으며, 또한 자신이 세웠다고는 하나(자연의 과정에 맞추어) 역시 향락만을 노리고 있는 새로운 계획에 따라 인생에 또 다시 발을 내디디려고 할 사람이 누가 있겠는가? 자연이 우리들과 공유하고 있는 목적에 따라 인생이 영위될 때에 그러한 인생의 내용은 우리가 무엇을 행하느냐(단지 향수하느냐가 아니라)에 있지만, 그러나 그 경우에도 우리들은 언제나 무규정적인 궁극목적을 위한 수단에 불과하다. 그러한 내용에서 보아 인생이 어떠한 가치를 가지는가는 위에서 지적하였다. 그러므로 아마 남는 것은, 우리가 단지 행할 뿐만 아니라, 자연에 전연 의존하지 않고 합목적적으로 행하는 일을 통해서, 우리가 우리의 인생 그 자체에 부여하는 가치 이외에는 없을 것이다. 그렇게 해서 자연의 현존조차도 이와 같은 조건하에서만 가치일 수 있는 것이다.

---

1) 제2판에는 "경향성들의"로 되어 있다.

396
§ 84.
세계의 현존재, 즉 창조 그 자체의 궁극목적에 관하여.

궁극목적이란 자신의 가능의 조건으로서 다른 어떤 것도 필요로 하지 않는 목적이다.

자연의 합목적성에 대하여 자연의 한갓된 기계적 조직이 그 설명근거로 상정되는 경우에는, 우리는 세계의 사물들은 무엇을 위하여 존재하는가를 물을 수가 없다. 왜냐하면 그 경우에 그와 같은 관념론적 체계에 따른다면 단지 사물들의 물리적 가능성만이 (이러한 사물들을 목적으로 생각함은 객체가 없는 한갓된 궤변에 지나지 않을 것이다) 문제가 되기 때문이다. 사물의 이러한 [합목적적] 형식이 우연이라고 해석되든 또는 맹목적 필연이라고 해석되든, 두 가지의 어
397 느 경우에나 위의 문제는 공허한 것이 될 것이다. 그러나 우리가 이 세계에 있어서의 목적결합을 실재적인 것으로 간주하고, 이 목적결합에 대하여 하나의 특수한 종류의 인과성, 즉 의도적으로 작용하는 원인의 인과성을 상정하는 경우에는, 우리는 '무엇을 위하여 이 세계의 사물들(유기적 존재자들)은 이러한 또는 저러한 형식을 가지고 있으며, 자연은 이 사물들을 다른 사물들에 대하여 이러한 또는 저러한 관계에 놓아 두었는가' 하는 물음에만 머물러 있을 수가 없다. 오히려 우리는 하나의 오성을 생각하고, 그것이 실제로 사물들에 있어서 발견되는 바와 같은 그러한 형식들을 가능케 하는 원인이라고 간주할 수밖에 없으므로, 바로 이러한 오성에 있어서도 이 생산적 오성을 이런 종류의 작용을 하도록 규정할 수 있었던 객관적 근거가 문제될 수밖에 없다. 그리고 그 경우에 이 객관적 근거가 이러한 사물들이 그 때문에 존재하는 궁극목적인 것이다.

나는 위에서, 궁극목적은 무조건적인 목적이기 때문에, 그것은 자연이 충분히 실현할 수 있고 그 이념에 따라 산출할 수 있는 목적이 아니라고 말했다. 왜냐하면 어떠한 것도 그것의 규정근거가 자연 그 자신 속에서 발견되는 것이면, 그 규정근거는 언제나 다시 제약되어 있는 법이요, 자연 (감각적 존재자로서의) 가운데에는 그렇지 않은 것이라고는 아무 것도 없기 때문이다. 그리고 이것은 단지 우리의 외부의 자연(물질적 자연)에 관해서만 타당한 것이 아니라, 또한 우리의 내부의 자연(사고하는 자연)에 관해서도 타당한 것이다. 물론

후자의 경우는 나는 나의 내부에 있어서 오직 자연인 것만을 고려하고 있음을 의미한다. 그러나 어떤 사물이 그 객관적 성질 때문에 어떤 오성적 원인의 궁극목적으로서 필연적으로 현존해야 하는 것이면, 그러한 사물은 목적들의 서열에 있어서 단지 자기의 이념 이외의 다른 어떤 조건에도 의존하고 있지 않은 398 종류의 것이 아니면 안된다.

그런데 이 세계에는 목적론적인 인과성을 가지는 유일한 종류의 존재자들이 있을 뿐이다. 다시 말하면 그들의 인과성은 목적에 향해 있으면서, 동시에 그 존재자들이 스스로 목적을 규정할 때에 따르지 않으면 안되는 법칙이 그들 자신에 의하여 무조건적이요 자연의 조건에 의존하지 않고 그 자체에 있어서 필연적인 것으로서 표상된다고 하는 성질의 것이다. 이러한 종류의 존재자가 곧 인간이다. 그러나 그것은 가상체로서 고찰된 인간이다. 이 유일한 자연존재자에 있어서 우리는 하나의 초감성적 능력 (자유) 뿐만 아니라 인과성의 법칙까지도, 이 능력이 최고의 목적으로서 세울 수 있는 이 인과성의 객체(세계에 있어서의 최고선)와 함께, 이 존재자 자신의 성질의 측면에서 인식할 수 있는 것이다.

그런데 도덕적 존재자로서의 인간(따라서 이 세계의 모든 이성적 존재자)에 관해서는, '무엇을 위하여(*quem in finem*) 그는 현존하는가'라고 더 물을 수가 없다. 인간의 현존재는 최고의 목적 그 자체를 자신 속에 가지고 있어서, 인간은 가능한 한 이 최고의 목적에 전자연을 예속시킬 수 있으며, 적어도 이 최고의 목적에 반해서는 자연의 어떠한 영향에도 복종해서는 안되는 것이다.— —그런데 세계의 사물들이 그 현존으로 보아서 의존적 존재자이어서, 목적에 따라 활동하는 어떤 지고한 원인을 필요로 한다면, 인간이야말로 창조의 궁극목적이다. 왜냐하면 인간이 없으면 상호 종속적인 목적들의 연쇄가 완결되지 못할 것이기 때문이다. 인간이 있어서만, 그리고 도덕성의 주체로서의 인간에 399 있어서만 목적에 관한 무조건적 입법은 성립하며, 따라서 이 무조건적 입법만이 인간으로 하여금 전자연이 목적론적으로 종속하는 궁극목적일 수 있게 하는 것이다.＊

＊ 이 세계의 이성적 존재자들의 행복이 자연의 목적일 수 있을는지도 모른다. 그리고 그렇다고 한다면 행복은 자연의 최종목적이기도 할 것이다. 적어도 우리는 왜 자연이 그렇게 마련되어 있어서는 안되는가를 선천적으로 통찰할 수는 없다. 왜냐하면 적어도 우리가 통찰할 수 있는 한에 있어서는, 이

400   § 85.
                       자연신학에 관하여.

   자연신학은 자연의 목적들(경험적으로만 인식될 수 있는)로부터 자연의 지고
한 원인과 그 특성을 추론하려는 이성의 시도이다. **도덕신학**(윤리신학)이라는
것이 있다면, 그것은 자연에 있어서의 이성적 존재자의 도덕적 목적(선천적으
로 인식될 수 있는)으로부터 자연의 지고한 원인과 그 특성을 추론하려는 시도
일 것이다.
   전자는 당연히 후자에 선행한다. 왜냐하면 우리가 이 세계의 사물들로부터
세계원인을 목적론적으로 추론하려고 하면, 자연의 목적들이 먼저 주어져 있지
않으면 안되며, 그런 연후에 우리는 이 자연목적에 대하여 궁극목적을 찾고,
그 다음에 궁극목적에 대하여 이 지고한 원인의 인과성의 원리를 찾지 않으면
안되기 때문이다.
   목적론적 원리에 따라 자연의 많은 탐구가 행해질 수 있고 또 행해지지 않
401 으면 안되지만, 우리는 자연의 여러 가지 산물들에 있어서 발견되는 합목적적

러한 [행복이라는] 결과는 자연의 기계적 조직에 의해서 충분히 가능할 것이기 때문이다. 그러나 도
덕성과 이 도덕성에 종속되는 인과성, 즉 목적에 따르는 인과성은 자연원인에 의해서는 절대로 불가
능하다. 왜냐하면 이 인과성이 [우리로 하여금] 행위하도록 규정하는 원리는 초감성적이요, 따라서
목적들의 서열에 있어서 유일한 가능적 원리이기 때문이다. 그리고 이 원리는 자연에 관해서는 단적
으로 무조건적이며, 그로 말미암아 이 원리만이 이 인과성의 주체로 하여금 창조의 궁극목적, 즉 전
자연이 종속되어 있는 궁극목적이라고 하는 자격을 가지게 한다.──그에 반해서 행복은, 전 절에서
경험의 증거를 들어 밝힌 바와 같이, 다른 피조물들보다 우월한 인간에 관해서는 자연의 목적조차도
아니다. 하물며 행복이 창조의 궁극목적일 수는 없다. 인간은 행복을 언제나 자기의 최종의 주관적
목적으로 삼을는지도 모른다. 그러나 내가 창조의 궁극목적에 관해서, '인간은 무엇을 위하여 현존하
지 않으면 안되었는가?'라고 묻는 경우에는, 최고의 이성이 그 자신의 창조를 위해서 필요로 할 객관
적인 지고한 목적이 문제되고 있는 것이다. 그런데 이 물음에 대답하여, '그러한 지고한 원인이 은혜
를 베풀 수 있는 존재자가 현존하기 위하여'라고 말한다면, 그것은 인간의 이성이 행복이라는 그의
가장 절실한 원망조차도 따르게끔 하는 조건에 (즉, 자기자신의 내면적인 도덕적 입법과의 합치에)
모순된다. 이것은 곧 행복이란 단지 조건부의 목적에 지나지 않으며, 따라서 인간은 도덕적 존재자로
서만 창조의 궁극목적일 수 있다고 함을 증명하는 것이지만, 그러나 또 인간의 상태에 관해서 말한다
면, 이것은 행복이란 인간의 현존재의 목적인 저 지고한 목적과 합치하는 데 비례하여 그 결과로서
거기에 부수되는 것에 지나지 않는다고 함을 증명하는 것이다.

작용의 가능의 근거를 물어야 할 이유를 가지는 것은 아니다. 그러나 만일 이러한 근거에 관해서 어떤 개념을 가지려고 할지라도, 우리는 그에 대해서 단지 다음과 같은 반성적 판단력의 격률 밖에는 그 이상의 어떠한 통찰도 절대로 가지지 못한다: 즉, 설사 우리에게 자연의 유기적 산물이 단지 하나 밖에는 주어져 있지 않다고 할지라도, 우리는 우리의 인식능력의 성질상 그 산물에 대하여 자연 그 자체의 원인(그것이 전자연의 원인이든 또는 자연의 이 [주어진 유기적 산물이라는] 부분만의 원인이든)이라는 근거, 즉 오성을 통하여 그 산물에 대한 인과성을 내포하고 있는 원인이라는 근거 이외에는 다른 어떠한 근거도 사유할 수 없다고 하는 것이, 반성적 판단력의 격률이다. 그리고 이것은 하나의 판정원리이거니와, 과연 우리는 이 판정원리에 의해서 자연사물들과 그 기원을 설명함에 있어서 조금도 진전을 보는 일은 없지만, 그러나 이 판정원리는 우리에게 자연을 넘어서서 약간의 전망을 열어주어, 그렇지 않으면 매우 공허한 것에 지나지 않을 근원적 존재자라는 개념을 아마도 더 상세히 규정할 수 있도록 해줄 것이다.

　이제 나는 '자연신학은 그것을 아무리 밀고 나간다 해도 창조의 궁극목적에 관해서는 아무 것도 우리들에게 드러내주는 것이 없다'고 확언하는 바이다. 왜냐하면 자연신학은 궁극목적에 대한 물음에까지도 도달하지 못했기 때문이다. 그러므로 자연신학은 과연 하나의 오성적 세계원인이라는 개념을, 우리가 목적에 따라 이해할 수 있는 사물들을 가능케 하는 개념, 즉 우리의 인식능력의 성질에만 주관적으로 적합한 개념으로서 시인할 수는 있지만, 그러나 이 개념을 이론적 견지에서도 실천적 견지에서도 더 이상 규정할 수는 없다. 그리고 자연 402 신학의 기도는 신학을 정초하려는 그 의도를 달성하지 못하고, 이 신학은 언제나 자연적 목적론에만 머무른다. 왜냐하면 자연신학에 있어서의 목적관계는 언제나 자연 속에서 제약되어 있는 것으로서만 고찰되며 또 고찰되지 않으면 안 되기 때문이요, 따라서 이 목적관계는 무엇을 위하여 자연 그 자체는 현존하는가 하는 목적(이 목적에 대한 근거는 자연의 밖에서 찾지 않으면 안된다)을 문제 삼을 수조차 전혀 없기 때문이다. 그럼에도 불구하고 저 지고한 오성적 세계원인이라는 확고한 개념은, 따라서 신학의 가능성은 이 목적이라는 특정한 이념에 달려 있는 것이다.

무엇을 위하여 이 세계의 사물들은 서로 유용한가, 무엇을 위하여 어떤 사물에 있어서의 다양한 것은 이 사물 그 자체에 유익한가, 그 뿐만 아니라, 어떤 사물들이 (목적으로서) 현존해야 한다는 조건하에서는 이 세계 안에 있는 어떤 것도 무익한 것이라고는 없고, 모든 것이 자연에 있어서의 무엇인가를 위하여 유익하다고 상정할 수 있는 근거를 우리는 어떻게 하여 가지는가, 이러한 문제에 당면하여 우리의 이성은 판단력에 대하여, 판단력이 목적론적으로 판정할 수밖에 없는 객체를 가능케 하는 원리를 자기의 능력 가운데에 가지고 있으나, 이 원리는 자연의 기계적 조직을 오성적 세계창시자의 건축술에 종속시키는 원리 이외의 다른 원리가 아니다. 그리하여 목적론적 세계고찰은 이러한 모든 문제를 매우 훌륭하게 그리고 지극히 경탄할 만큼 해결하는 것이다. 그러나 지성적 세계원인(최고의 예술가로서의)이라는 이 개념을 규정하기 위한 여건들, 따라서 원리들은 단지 경험적인 것에 지나지 않기 때문에, 이 원리들은 경험이 우리들에게 이 세계원인의 결과에 있어서 개시하는 것 이상의 다른 특성을 추
403 론케 하지는 못한다. 그리고 경험은 체계로서의 자연 전체를 포괄할 수 없으므로, 흔히 (외견상) [지성적 세계원인이라는] 저 개념에 모순되며 또 상호 모순되는 증명근거들에 부딪치지 않을 수 없다. 그러나 설사 우리가 이 전체계조차도, 이 체계가 한갓된 자연에 관한 것인 한에 있어서, 경험적으로 개관할 수 있는 능력을 가지고 있다 할지라도, 경험은 우리들을 자연을 넘어서서 자연의 현존 그 자체의 목적에로, 그리하여 저 지고한 지성이라는 특정한 개념에로 끌어올릴 수는 결코 없는 것이다.

우리가 자연신학이 해결해야 할 과제를 축소한다면, 그 해결은 용이한 것같이 보인다. 즉, 우리들이 생각하는 오성적 존재자가 하나만이 존재하든 다수가 존재하든, 그것은 다수의 매우 위대한 특성을 가지고는 있지만, 그러나 최대한의 목적과 합치하는 자연 일반을 정초하는 데에 필요한 모든 특성을 남김 없이 가지고 있지는 않은데도, 우리가 이러한 오성적 존재자에 대하여 모두 신성이라는 개념을 사용한다면, 혹은 우리가 어떤 이론에 있어서 증명근거가 미치지 못하는 결함을 자의적인 부가물에 의해서 보완하는 것을 아무렇지도 않게 생각하며, 우리가 많은 완전성을 (많다는 것이 우리들에게 무슨 소용이 있는가?) 상정할 수 있는 근거만을 가지고 있는 경우에, 곧 모든 가능적 완전성을 전제

할 수 있는 자격이 있다고 자부한다면, 자연적 목적론은 신학을 정초한다고 하
는 명예를 당당히 요구하게 된다. 그러나 우리가, 대체 무엇이 우리에게 그와
같은 보완을 하도록 하며, 또 그 위에 그와 같은 보완을 할 수 있는 권리를 주
는가를 밝히라는 요구를 받는 경우에는, 우리는 이성의 이론적 사용의 원리에
서 우리의 변명을 위한 근거를 찾아 보았자 헛된 일일 것이다. 이성의 이론적 **404**
사용은, 경험의 객체를 설명하기 위하여 이 객체에 귀속시키는 특성은 이 특성
의 가능을 위한 경험적 여건이 발견될 수 있는 것 이상의 것이어서는 안된다고
함을 철저히 요구하기 때문이다. 이것을 더 자세히 검토해 보면, 우리는 원리
최고존재자라는 이념은 [이론적 이성사용과는] 전혀 다른 이성사용(실천적 이성
사용)에 기인하는 것이요, 우리의 내부의 근저에 선천적으로 있는 것인데, 이
것이 우리들로 하여금 자연에 있어서의 목적의 근원적 근거에 관한 자연적 목
적론의 불충분한 표상을 신성의 개념에 이르기까지 보완하지 않을 수 없도록
한다는 것을 알게 될 것이다. 그리고 우리는 이러한 이념을, 또한 이 이념과
함께 신학을 자연적 세계화에 있어서의 이론적 이성사용에 의하여 성립시켰다
고 잘못 생각하는 일도 없을 것이며, 더구나 이 이념의 실재성을 증명했다고
오인하는 일도 없을 것이다.

　고대인들이 그들의 신들을 혹은 그 능력으로 보아 혹은 의도와 의향으로 보
아 매우 다종다양한 것으로 생각했지만, 그러나 모든 신들을, 그 주신조차도
제외하지 않고, 언제나 인간과 같이 제한된 것으로 생각했다고 하여, 우리는
그것을 크게 비난할 수는 없다. 왜냐하면 그들은 자연에 있어서의 사물들의 질
서와 경과를 고찰할 때에, 기계적인 것 이상의 어떤 것을 그 사물들의 원인으
로 상정하고, 그들이 초인간적이라고 밖에는 생각할 수 없었던 어떤 지고한 원
인들의 의도를 이 세계의 기계장치의 배후에 억측할 수 있는 충분한 근거를 발
견했기 때문이다. 그러나 그들은 세계에 있어서 선과 악, 합목적적인 것과 반 **405**
목적적인 것이 적어도 우리들의 통찰에 대해서는 서로 뒤섞여 있음을 알았지
만, 그럼에도 불구하고 그 근저에 은밀히 숨어있는 현명하고 자비로운 목적을
그들은 증명할 줄 몰랐고, 그러한 목적을 하나의[1] 최고로 완전한 창시자라는

---

1) 초판에는 "유일한"으로 되어 있다.

자의적인 이념을 위하여 감히 상정하지도 못했기 때문에, 그들이 수미일관 이성의 한갓된 이론적 사용의 격률에만 따랐던 한, 지고한 세계원인에 관한 그들의 판단도 달리는 내려질 수가 없었던 것이다. 자연학자이면서 동시에 신학자이고자 했던 또 다른 사람들은, 이성이 요구하는 자연사물들의 원리의 절대적 통일성을 하나의 존재자의 이념에 의해서 마련해 주는 데에서, 이성에 대한 만족을 찾으려고 생각했다. 유일한 실체로서의 이 존재자에 있어서는 자연사물들은 모두가 이 존재자에 내속하는 규정들에 지나지 않게 된다. 그리고 이러한 실체는 물론 오성에 의해서 세계의 원인이 되는 것은 아니지만, 그러나 주체로서의 이 실체 속에 세계존재자들의 모든 오성은 들어 있다는 것이다. 따라서 이 [실체로서의] 존재자는 목적에 따라 어떤 것을 산출하는 존재자는 아니지만, 그러나 이 존재자 안에서는 모든 사물들은 주체의 규정에 지나지 않으며, 이러한 주체의 통일성으로 인하여 목적과 의도 없이도 필연적으로 서로 합목적적 관계를 가지지 않을 수 없게 되는 것이다. 이처럼 그들은 합목적적으로 결합되어 있는 다수의 실체들의 통일을 성립시키기가 매우 어려웠기 때문에, 그러한 통일을 하나의 실체에의 인과적 의존관계 대신에 하나의 실체에 있어서의 이 406 실체들의 내속관계라는 통일에로 전화시킴으로써, 목적인의 관념론을 도입했던 것이다. 그 결과 이 체계는 내속적인 세계존재자의 측면에서 보면 범신론이요, 근원적 존재자로서의 유일한 자존적 주체의 측면에서 보면 (후의) 스피노자주의이거니와, 이 체계는 자연의 합목적성의 제1근거에 관한 문제를 해결했다기보다는, 오히려 이 문제를 무의미하다고 선언한 셈이다. 자연의 합목적성이라는 개념이 그의 모든 실재성을 박탈당하고, 사물 일반이라는 보편적인 존재론적 개념의 오해에 불과한 것이 되어 버렸기 때문이다.

그러므로 이성사용의 한갓된 이론적 원리(자연신학은 오로지 이 원리 위에 기초를 두고 있다)에 의해서는 우리가 자연을 목적론적으로 판정하는 데에 충분한 신성이라는 개념은 결코 도출될 수가 없다. 왜냐하면 그 경우에 우리가 할 수 있는 것은 다음의 두 가지 중의 하나이기 때문이다. 즉, [첫째로는] 우리가 일체의 목적론을 사물들의 인과결합을 판정함에 있어서의 판단력의 착각에 지나지 않는다고 단언하고, 자연의 한갓된 기계적 조직이라는 유일한 원리에로 도피하는 것인데, 이 경우에는 자연은 실체의 다양한 규정에 불과한 것이므로,

자연은 이 실체의 통일성 때문에 목적에 대한 하나의 보편적 관계를 내포하고 있는 것처럼 우리들에게 보일 뿐이다. 그렇지 않으면 [둘째로는] 우리가 이러한 목적인의 관념론 대신에 바로 이 특수한 종류의 인과성의 실재론의 원칙을 고집하려고 하는 경우인데, 그 경우에는 우리는 자연목적의 근저에 다수의 또는 유일의 오성적인 근원적 존재자를 인정하게 될 것이다. 그러나 이러한 실재론의 개념을 정초하기 위하여 우리가 가지고 있는 것이라고는 이 세계에 있어서 407 의 현실적 목적결합에서 얻은 경험적 원리 밖에 없다고 보면, 우리는 한편으로는 자연이 목적통일에 관하여 많은 실례에서 제시하고 있는 부조화를 거부할 방책을 찾을 수가 없고, 또 한편으로는, 우리가 유일한 지성적 원인이라는 개념을 한갓된 경험의 시인만을 받고 도출하는 한, 우리는 어떻게 해서든 (이론적으로든 실천적으로든) 유용한 그 어떤 신학을 위하여 이 개념을 그러한 경험적 원리로부터 충분히 명확하게 이끌어 낼 수가 결코 없는 것이다.

자연적 목적론은 과연 우리로 하여금 신학을 찾지 않을 수 없도록 만들기는 하지만, 그러나 우리가 경험에 의해서 자연을 아무리 깊이 탐색하고, 또 자연 가운데에서 발견되는 목적결합을 이성이념(이것은 자연적 과제에 대해서는 반드시 이론적인 것일 수밖에 없다)의 도움으로 아무리 구명한다 할지라도, 자연적 목적론이 신학을 만들어낼 수는 없다. '우리가 [자연의] 이러한 모든 질서의 근저에 하나의 위대한 오성, 우리로서는 헤아릴 수 없는 오성을 인정하고, 그로 하여금 이 세계를 의도대로 배열하게 한들, 자연이 우리에게 궁극의도에 관하여 아무 것도 말하는 바가 없고, 또 영원히 말할 수도 없다면, 그것이 무슨 소용이 있는가?' 하고 탄식하는 것도 당연한 일일 것이다. 그렇지만 이 궁극의도가 없이는 우리는 이러한 모든 자연목적의 어떠한 공통적 관계점을 찾을 수도 없으며, 한편으로는 목적들을 모두 하나의 체계 안에서 인식하기에 충분하고, 한편으로는 자연에 관해서 목적론적으로 반성하는 우리의 판단력에 대하여 기준이 될 수 있는, 그러한 자연의 원인으로서의, 지고한 오성을 이해하기에 충분한 목적론적 원리를 구성할 수도 없을 것이다. 그렇게 되면 나는 과연 산 408 재되어 있는 목적들에 대한 하나의 기술적 오성을 가질는지는 모르지만, 궁극목적에 대한 지혜를 가지지는 못할 것이다. 그러나 본래 기술적 오성의 규정근거를 내포하고 있는 것은 바로 이 궁극목적일 수밖에 없다. 그런데 궁극목적을

선천적으로 암시해 줄 수 있는 것은 오직 순수이성 뿐이다(왜냐하면 이 세계의
모든 목적은 경험적으로 제약되어 있어서, 우연적 의도로서의 이러한 목적이나
저러한 목적에 유익한 것만을 내포할 수 있을 뿐이요, 단적으로 유익한 것을
내포할 수는 없기 때문이다). 그리고 자연을 목적론적 체계로서 판정하기 위해
서는 나는 자연의 지고한 원인의 어떤 특성, 어떤 정도, 어떤 관계를 생각해
보지 않으면 안되는가를, 나에게 가르쳐주는 것도 궁극목적 뿐일 것이다. 그렇
다면 이 궁극목적이 없는 경우에는, 어떻게 하여 그리고 어떠한 권리를 가지고
나는 나의 보잘 것 없는 세계지를 토대로 하여 추정되는 저 근원적 오성이나,
자기의 이념을 실현하는 이 근원적 존재자의 위력이나, 그것을 실행하는 그의
의지 등에 관하여 내가 가지고 있는 매우 제한된 개념을 임의로 확장하고, 하
나의 전지무한한 존재자라는 이념에 이르기까지 보완해 갈 수가 있는 것일까?
만일 이것이 이론적으로 수행되어야 할 일이라고 한다면, 이것은 나 자신의 내
부에 전지를 전제하게 될 것이다. 그래야만 나는 자연의 목적들을 그의 전체적
연관에 있어서 통찰하고, 또 그 위에 다른 모든 가능적 [세계] 계획들을 생각할
수 있으며, 그것들과 비교하여 현재의 계획이 최선의 계획이라고 하는 판정이
틀림 없이 충분한 근거를 가지게 될 것이다. 왜냐하면 결과에 관한 이러한 완결
409 된 지식이 없이는, 나는 지고한 원인에 관한 명확한 개념을 추론하여 신학의 기
초를 확립할 수가 없기 때문이다. 그런데 이러한 개념은 모든 점에서 무한한 지
성이라는 개념, 다시 말하면 신성의 개념에 있어서만 찾을 수 있는 개념이다.

그러므로 우리는 자연적 목적론을 가능한 한 확장한다 할지라도, 위에서든
원칙에 따라 아마도 다음과 같이 말할 수 있을 것이다: 우리는 우리의 인식능
력의 성질과 원리에 따라, 우리에게 알려진 합목적적 질서 가운데에 있는 자연
을 하나의 오성의, 즉 자연이 종속하고 있는 오성의 산물이라고 밖에는 달리
생각할 수가 없다고. 그러나 이 오성이 자연의 전체와 이 전체의 산출에 관해
서 어떤 궁극의도를 가졌었는가 어떤가 (가졌다고 한다면, 그것은 감성계의 자
연 가운데에 있지는 않을 것이다) 하는 문제는, 이론적 자연연구가 우리들에게
밝혀줄 수 있는 것이 결코 아니다. 저 지고한 원인은 언제나 하나의 궁극목적
에 따라 자연의 근원적 근거인가, 오히려 자기의 본성의 한갓된 필연성에 의하
여 어떤 형식을 산출하도록 규정되어 있는 오성으로 말미암아서 (우리가 동물

의 경우에 있어서 기술본능이라고 부르는 것과의 유비에 따라) 자연의 근원적
근거인 것이나 아닌가 하는 문제는, 자연에 관한 지식이 아무리 많아도 미해결
로 남는 것이다. 이 후자의 경우에는 그렇다고 해서 지고한 원인에게 지혜만이
라도 귀속시킬 필요가 있다는 것은 아니며, 그 산물의 완전성을 위해서 요구되
는 다른 모든 특성과 결부되어 있는 최고의 지혜를 귀속시킬 필요가 있다는 것
은 더욱 아니다.

　그러므로 자연신학은 하나의 오해된 자연적 목적론이요, 신학에 대한 준비 410
(예비학)로서만 유용할 뿐이다. 그리하여 자연신학은 그것이 의거할 수 있는 별
도의 원리가 더 부가됨으로써만 이러한 의도를 성취할 수 있을 뿐이요, 그 명칭
이 암시하고 있듯이 그 자체로서 이러한 의도를 성취할 수 있는 것은 아니다.

§ 86.
윤리신학에 관하여.

　세계의 사물들의 현존재와 세계 그 자체의 현존을 숙고할 때에, 아무리 범상
한 오성도 벗어날 수가 없는 하나의 판단이 있다: 즉, 온갖 다양한 피조물들이
아무리 대규모의 기술적 기구를 가지고 있고, 또 아무리 서로 합목적적으로 얽
혀진 다양한 연관을 가지고 있다 할지라도, 이 다양한 피조물들은, 아니 그 뿐
만 아니라 이러한 피조물들의 그토록 많은 체계[계통]들 ——이것들을 우리가
각기 별개의 세계[계]라고 부르는 것은 옳지 않다—— 을 통합한 전체조차도,
만일 그들 가운데에 인간(이성적 존재자 일반)이 없다면, 아무런 목적도 없이
존재하게 될 것이라고 하는 판단, 다시 말하면 인간이 없으면 삼라만상은 하나
의 황무지에 지나지 않으며[1] 헛되고 궁극목적이 없게 될 것이라고 하는 판단
이 그것이다. 그렇다고 해서, 이를테면 마치 세계를 고찰할 수 있는 어떤 사람
이 존재하기 위해서 그러한 것처럼, 인간의 인식능력(이론이성)과 관계해서만,
이 세계의 인간 이외의 모든 피조물의 현존재는 비로소 그 가치를 획득하는 것
은 아니다. 왜냐하면, 만일 이러한 세계고찰이 인간에게 궁극목적을 가지지 않

---

1) "하나의 황무지에 지나지 않으며"는 제2판과 제3판의 추가이다.

411 은 사물들만을 표상시켜 준다면, 세계가 인식된다고 해서 거기에서 이 세계의
현존재에 어떤 가치가 발생할 리는 없기 때문이다. 따라서 거기에는 이미 세계
의 어떤 궁극목적이 전제되고 있지 않으면 안될 것이요, 이러한 궁극목적과 관
계해서 세계고찰 그 자체도 하나의 가치를 가지게 될 것이다. 또한 우리는 쾌
나 쾌의 총계의 감정과 관계해서 창조의 궁극목적을 주어진 것으로 생각하는
것도 아니다. 환언하면 우리는 안녕, 향락(그것이 육체적인 것이든 정신적인
것이든), 한마디로 말해서 행복에 의하여 창조의 절대적 가치를 평가하는 것도
아니다. 왜냐하면 인간이 현존하고 있는 한, 인간은 행복을 그 자신의 궁극목
적으로 삼는다고 하는 사실만으로는, '그러면 인간은 대체 무엇을 위하여 현존
하는가, 또 그러면 인간은 자기의 현존을 자기에게 쾌적하게 할 어떠한 가치를
스스로 가지는가' 하는 것이 이해되지 않기 때문이다. 그러므로 자연이 목적의
원리에 따르는 하나의 절대적 전체로서 고찰되는 경우에, 왜 자연은 인간의 행
복에 합치하지 않으면 안되는가를 설명하는 이성적 근거를 가지기 위해서는,
인간은 창조의 궁극목적으로서 이미 전제되어 있지 않으면 안된다.──따라서
욕구능력만이 남게 되는데, 그러나 이것은 인간을 자연에 (감성적 충동에 의하
여) 의속시키는 욕구능력도 아니요, 인간의 현존재의 가치가 그가 감수하고 향
락하는 것에 달려 있다고 하는 의미에 있어서의 욕구능력도 아니다. 오히려 인
간만이 자기 자신에게 가치를 부여할 수 있거니와, 이 가치의 본질은 그가 무
엇을 행하는가, 그가 자연의 한 항으로서가 아니라 자기의 욕구능력의 자유에
있어서 어떻게 그리고 어떠한 원리에 따라 행위하는가 하는 데에 있다. 다시
412 말하면 이러한 욕구능력의 자유가 곧 선의지이거니와, 이 선의지에 의해서만
인간의 현존재는 하나의 절대적 가치를 가질 수 있고, 이 선의지와의 관계에
있어서만 세계의 현존재는 하나의 궁극목적을 가질 수 있는 것이다.

또한 건전한 인간이성[상식]의 가장 범상한 판단도, 만일 그 판정을 이 문제
에만 돌려서 그것을 시도해 볼 기연을 주면, '인간은 도덕적 존재자로서만 창
조의 궁극목적일 수 있다'고 하는 판단과 완전히 일치하는 것이다. 사람들은
이렇게 말할 것이다: '이러한 인간이 많은 재능을 가지고 있고, 그 위에 또 그
재능을 가지고 대단한 활동을 하여, 공공사회에 유익한 영향을 미치고, 따라서
자기의 행운에 관해서나 타인의 이익에 관해서나 큰 가치를 가지고 있다 한들,

그가 선의지를 소유하고 있지 않다면, 그것이 무슨 소용이 있는가?'라고. 그러
한 인간은 그의 내면을 고찰해 보면 경멸의 대상이 될만한 인물이다. 창조가
결코 궁극목적이 없는 것이어서는 안된다고 한다면, 그러한 인간도 인간으로서
역시 창조에 속하지만, 그러나 도덕적 법칙의 지배하에 있는 이 세계에 있어서
는 악한 인간인 만큼, 도덕적 법칙에 따라 자기의 주관적 목적(행복)을 상실하
지 않을 수 없는 것이다. 그런데 이 주관적 목적은 그의 현존이 궁극목적과 양
립할 수 있는 유일한 조건인 것이다.

그런데 우리가 이 세계에 있어서 목적서열을 발견하고, 또 이성이 불가피하
게 요구하는 바와 같이, 단지 조건부의 것에 지나지 않는 목적들을 하나의 무
조건적이며 지고한 목적, 다시 말하면 궁극목적에 종속시킨다면, 우리는 무엇
보다도 먼저, 그 경우에는 현존하는 한에 있어서의 자연의 어떤 목적(자연의 413
내부에 있는)이 문제가 아니라, 자연이 그의 모든 기구를 갖추고 현존하는 목
적이 문제요, 따라서 창조의 최종목적이 문제이며, 이 최종목적에 있어서도 궁
극목적(다시 말하면 최고의 오성을 규정하여 세계존재자들을 산출케 하는 근
거)이 성립될 수 있기 위한 유일의 지고한 조건이 본래 문제라고 하는 점을 용
이하게 알게 된다.

이제 우리는 인간이 도덕적 존재자로서만 창조의 목적임을 승인하므로, 우
리는 우선 세계를 목적에 따라 연관되어 있는 하나의 전체로 볼 수 있는, 따라
서 목적인의 체계로 볼 수 있는 근거를, 또는 적어도 주요조건을 갖는다. 그리
고 우리는 특히 우리의 이성의 성질상 우리에게 필연적인 관계, 즉 자연목적과
오성적 세계원인과의 관계에 대하여 목적의 왕국에 있어서의 지고한 근거로서
의 이러한 제1원인의 본질과 특성을 생각하고, 그리하여 이 제1원인의 개념을
규정하기 위한 하나의 원리를 갖는다. 그러나 이것은 자연적 목적론이 능히 할
수 없는 일이었으니, 자연적 목적론은 그러한 지고한 근거에 관하여 단지 막연
한, 그리고 그 때문에 이론적 사용에도 실천적 사용에도 쓸모 없는 개념들을
유발할 수 있는 것에 지나지 않았다.

근원적 존재자의 인과성이라는 이와 같이 명확한 원리에서, 우리는 근원적
존재자를 단지 자연에 대하여 입법적인 지성으로서만 생각할 것이 아니라, 또
한 도덕적인 목적의 왕국에 있어서의 입법적인 수령으로서도 생각하지 않으면

414 안될 것이다. 이 근원적 존재자의 통치하에서만 가능한 최고선에 관해서는, 즉
도덕적 법칙하에 있는 이성적 존재자들의 현존에 관해서는, 우리는 이 근원적
존재자를 전지하다고 생각하지 않으면 안될 것이니, 이는 곧 심의의 가장 깊은
내면(이것이 이성적 존재자들의 행위의 본래의 도덕적 가치를 이루는 것이다)
까지도 근원적 존재자에게 숨겨져 있지 않도록 하기 위함이다. 또 우리는 이
근원적 존재자를 전능하다고 생각하지 않으면 안될 것이니, 이는 곧 근원적 존
재자가 전자연을 이 최고목적에 적합하게 만들 수 있기 위함이다. 그리고 우리
는 이 근원적 존재자를 전선함과 동시에 정의롭다고 생각하지 않으면 안될 것
이니, 이는 곧 이 두 가지 특성이 (이것이 결합하여 지혜가 된다) 도덕적 법칙
하에 있어서의 최고선으로서의 세계의 지고한 원인이라는 인과성의 조건을 이
루는 것이기 때문이다. 그리하여 또 우리는 영원성, 편재성 등과 같은 그 밖의
모든 선험적 특성들(선과 정의는 도덕적 특성이다)[1])도 이 근원적 존재자에 있
어서 생각하지 않으면 안될 것이니, 이러한 것은 그와 같은 궁극목적과의 관계
에 있어서 전제되는 것들이다.――이와 같이 해서 도덕적 목적론은 자연적 목
적론의 결함을 보완하여, 비로소 신학을 정초하는 것이다. 만일 자연적 목적론
이 도덕적 목적론으로부터 남몰래 빌어오는 것이 없고, 수미일관한 윤리적 진
행만을 따른다면, 이 자연적 목적론이 그 자신 단독으로 정초할 수 있는 것은
어떠한 명확한 개념도 가질 수 없는 귀신론에 지나지 않을 것이기 때문이다.

415 그러나 이 세계의 어떤 존재자들의 도덕적 목적규정을 이유로 하여 세계를
신성으로서의 지고한 원인과 관련시키는 원리는, 자연적 목적론의 증명근거를
보완함으로써만, 따라서 이 증명근거를 반드시 기초로 삼음으로써만, 이러한
일을 하는 것은 아니다. 이 원리는 또한 그 자체만으로서도 그 일을 하기에 충
분하며, [우리의] 주의를 자연의 목적에로, 그리고 자연의 형식의 배후에 숨어
있는 이해할 수 없을 만큼 위대한 기술의 탐구에로 돌려서, 순수실천이성이 제
공하는 이념들을 자연목적들에 비추어서 부수적으로 확증하는 것이다. 왜냐하
면 도덕적 법칙하에 있는 세계존재자라는 개념은 하나의 선천적 원리요, 인간
은 반드시 이 원리에 따라 자신을 판정하지 않으면 안되기 때문이다. 더 나아

---

1) "(선과 정의는 도덕적 특성이다)"는 제2판과 제3판의 추가이다.

가서는, 일반으로 의도적으로 작용하며, 어떤 목적을 향한, 하나의 세계원인이 있다면, 그러한 도덕적 관계는 자연적 법칙에 따르는 관계와 마찬가지로 필연적으로 창조를 가능케 하는 조건일 수밖에 없다(요컨대 저 오성적 원인이 하나의 궁극목적도 가진다고 할 경우에)고 하는 사실을, 이성은 또한 선천적으로도 하나의 필연적인 원칙으로, 즉 사물들의 현존을 목적론적으로 판정하는 데에 이성 자신에게 필연적인 원칙으로 보는 것이다. 이제 문제는 다만, 과연 우리는 목적에 따라 활동하는 지고한 원인에 대하여 궁극목적을 귀속시킬 수 있는 그 어떤 근거, 이성(그것이 사변적 이성이든 실천적 이성이든)에 대해서 충분한 어떤 하나의 근거를 가지고 있는가 어떤가 하는 데에 귀착될 뿐이다. 왜냐하면 우리가 그러한 근거를 가지는 경우에는, 우리의 이성의 주관적 성질로 보 416 아서, 그리고 우리가 다른 존재자들의 이성을 어떻게 생각하든, 이 궁극목적이 도덕적 법칙하에 있는 인간 이외의 다른 것일 수 없다고 함은, 우리에게는 선천적으로 확실하다고 간주될 수 있는 일이지만, 그에 반해서 물리적 질서 가운데에 있는 자연의 목적들이 선천적으로 인식될 수는 전혀 없으며, 더구나 자연이 그러한 목적 없이는 현존할 수 없다고 함은 도저히 통찰될 수 없는 일이기 때문이다.

주   해.

어떤 사람이 자기의 심의가 도덕적 감정과 조화되는 순간에 있다고 가정해 보라. 만일 그가 아름다운 자연에 둘러 싸여서 자기의 현존재를 조용히 그리고 즐겁게 향수하고 있다면, 그는 그것을 누구에겐가 감사하고 싶은 욕구를 자신 속에 느낄 것이다. 또는 그가 다른 때에 똑같은 심의상태에 있으면서, 자신이 자발적인 희생에 의해서만 완수할 수 있고 또 완수하고자 하는 여러 의무에 몰려 있음을 알고 있다고 하자. 그러면 그는 이 의무를 수행함으로써 동시에 자기에게 내려진 명령을 이행했으며, 어떤 원수에게 복종했다고 하는 요구를 자신 속에 느낄 것이다. 또는 그가 경솔하게도 자기의 의무에 반하는 짓을 하였으되, 그 때문에 그가 다른 사람에게 책임을 져야만 하게 되지는 않았다고 하자. 그러나 그 때에는 준엄한 자책이 자신 속에서 발언을 하게 될 것이요, 그것은 마치 그가 그 일에 관하여 변명을 들려주지 않으면 안될 재판관의 목소리와도 같을 것이다. 한마디로 말하면 그는 자기가 현존하는 목적에 대하여, 이 목적에 따라 자기와 세계의 원인이 될 수 있는 존재자를 가지기 위해서, 하나의 도덕적 지성을 필요로 하는 것이다. 이러한 감정들의 배후에 여러 가지 동기들을 꾸며내려고 함은 헛된 일이다. 왜냐하면 이러한 감정들은 가장 순수한 도덕적 심정과 직접 연관되어 있기 때문이다. 감사, 복종, 공순(마땅히 받아야 할 징벌에의 굴복)은 의무에 대한 특수한 심의상태요, 이 경우에 자기의 도덕적 심정을 확장하고 싶어하는 심의는 이 세계에는 존재하지 않는 대상을 자발적으로 생각해 내어, 가능하면 그와 같은 대상에 대해서도 자기의 의무를 다해 보이려고 하는 까닭이다. 그러므로 그와 같은 존재자의 현존에 대한 순수한 도덕적 요구를 표상한다는 것은 적어도 가능한 일이요, 또한 그 근거는 도덕적 심성 가운데에 있거니와, 이러한 존재자의 아래에서 우리의 도덕성은 한층 더 강력해지거나, 그렇지 않으면 (적어도 우리의 표상에서 보면) 한층 더 넓은 범위, 즉 도덕의 실행을 위한 하나의 새로운 대상을 획득하는 것이다. 다시 말하면, 이론적 증명이나 더구나 이기적 관심을 전연 고려하지 않고, 모든 외래적 영향으로부터 떠난 순수한 도덕적 근거(물론 이것은 단지 주관적인 근거이지만)에서, 그 자체만으로서 입법적인 순수실천이성의 상찬만을 기대하여, 이 세계의 밖에 하나의 도덕적─입법적 존재자를 상정한다는 것은 가능한 일이다. 그리고 비록 그와 같은 심의의 상태는 자주 일어나거나 오래 남는 것이 아니고, 지속적인 효과를 남기지 않고 덧없이 살아지든가 또는 그러한 환영 가운데에서 표상되는 대상에 관하여 다소의 반성도 함이 없이, 그리고 그러한 대상을 명료한 개념으로 파악하려는 노력도 함이 없이 지나가 버리는 것이라고 할지라도, 그러나 그러한 심의상태에 대한 근거, 즉 우리의 내부에 있는 도덕적 소질은, 세계고찰에 있어서 자연원인에 의한 세계의 합목적성으로 만족하지 않고, 세계고찰의 근저에 도덕적 원리에 따라 자연을 지배하고 있는 하나의 지고한 원인을 인정하는 주관적 원리로서, 명백하여 오인될 수 없는 것이다.──여기에 다시 다음과 같은 사정이 부가된다: 즉, 우리는 하나의 보편적 최고목적을 향하여 노력하라는 도덕적 법칙의 강요를 받고 있지만, 그러나 우리들 자신과 자연 전체는 그러한 목적에 도달할 능력이 없다고 우리는 느끼고 있다. 그러나 우리는 단지 이 목적을 향하여

노력하는 한에 있어서만, 오성적 세계원인(그러한 것이 존재한다면)의 궁극목적   418
에 합치되어 있다고 판단해도 좋은 것이다. 그리하여 이러한 [세계] 원인1)을 상
정할 그 이상의 근거는 없지만, 실천이성의 순수한 도덕적 근거는 있다(그것을
상정한다는 것은 아무런 모순 없이 가능한 일이므로). 그러나 이것은 우리가 그
러한 노력을 그 효과에 있어서2) 전혀 공허한 것으로 간주하고, 그렇게 함으로
써 그 노력을 둔화시킬 위험에 떨어지지 않도록 하기 위한 것이다.

　이상의 모든 것을 여기에서 요약하여 말한다면, 결국 다음과 같은 것에 지나
지 않는다: 즉, 공포는 과연 최초로 신들(귀신들)을 낳아놓을 수 있었지만, 그
러나 이성은 그의 도덕적 원리를 매개로 하여 최초로 신의 개념을 산출할 수
있었다(보통 그러하듯이, 사람들이 자연의 목적론에 있어서는 매우 무지했거
나, 또는 목적론에 있어서 서로 모순되는 현상들을 충분히 확증된 원리에 의하
여 조정하기가 곤란했기 때문에, 대단히 회의적이었던 때에 있어서 조차도 그
러했다). 그리고 인간의 현존재의 내면적 도덕적 목적규정이 자연의 지식에 결
여되어 있던 것을 보충하였다. 요컨대, 모든 사물들의 현존재의 궁극목적에 관
해서는 윤리적 원리 이외의 어떠한 원리도 이성에게 만족을 주지 못하거니와,
인간의 현존재의 내면적 도덕적 목적규정은 모든 사물들의 현존재의 이러한 궁
극목적에 대하여, 전자연을 저 유일한 의도(이 의도에 대하여 자연은 도구에
지나지 않는다)에 종속시킬 수 있는 특성을 가진 지고한 원인(다시 말하면 신
성으로서의 지고한 원인)을 생각하도록 지시함으로써, 자연의 지식의 결함을
보충하는 것이다.

§ 87.
신의 현존재의 도덕적 증명에 관하여.

　자연적 목적론3)이라는 것이 있는데, 이것은 우리의 이론적인 반성적 판단력
에 대하여, 오성적 세계원인의 현존재를 상정하기에 충분한 증명근거를 제공해

---

1) 제2판에는 "원인"이 "원인들"로 되어 있다.
2) "그 효과에 있어서"는 초판에는 없다.
3) 초판에는 "목적론" 대신 "신학"으로 되어 있다.

419 주는 목적론이다. 그러나 우리는 우리들 자신의 내부에서, 그리고 그보다 더 많이는 자유(자기의 인과성의)를 부여받은 이성적 존재자 일반이라는 개념에 있어서 도덕적 목적론이라는 것도 발견하는데, 우리들 자신의 내부에 있어서는 목적관계가 이 목적관계의 법칙과 함께 선천적으로 규정될 수 있고, 따라서 필연적인 것으로서 인식될 수 있기 때문에, 이 도덕적 목적론은 이 내적 합법칙성을 설명하기 위하여 우리들의 외부에 어떠한 오성적 원인도 필요로 하지 않는 것이다. 이는 마치 우리가 도형들의 기하학적 특성(온갖 가능적 기술행사에 대한)에 있어서 합목적적인 것을 발견할 때에, 이 도형들에게 이러한 합목적적인 것을 나누어주는 어떤 최고의 오성을 찾을 필요가 없는 것과 마찬가지이다. 그러나 이 도덕적 목적론을 어쨌든 세계존재자로서의, 따라서 이 세계 안에서 다른 사물들과 결합되어 있는 존재자로서의 우리들에 관계한다. 그리고 이러한 다른 사물들은 목적이든가 또는 대상이든가 두 가지 중의 하나요, 또 대상이라면 이 대상에 관해서 우리들 자신은 궁극목적인데,[1] 이러한 사물들에 대하여 우리의 판정을 내리라고 우리에게 지시하는 것이 바로 동일한 도덕적 법칙인 것이다. 그런데 이 도덕적 목적론은 우리들 자신의 인과성과 여러 목적과의 관계 뿐만 아니라, 우리들 자신의 인과성과 우리들이 이 세계에서 의도하지 않으면 안되는 하나의 궁극목적과의 관계까지도 다루며, 또 동시에 세계와 그러한 도덕적 목적 및 이 목적의 실현의 외적 가능성(이에 대해서는 어떠한 자연적 목적론도 우리를 지도할 수가 없다)과의 상호관계도 다룬다. 그러므로 이제 이러한 도덕적 목적론으로부터 다음과 같은 필연적인 물음이 나온다: 즉, 도덕적

420 목적론은 자연을 도덕적 내면적 입법 및 그 가능적 실현과의 관계에 있어서도 합목적적인 것으로 표상하기 위하여, 우리의 이성적 판정으로 하여금 이 세계를 초월하도록 강요하며, 또 자연과 우리의 내부의 도덕적인 것과의 관계에 대해서 하나의 지고한 오성적 원리를 찾도록 강요하는가 어떤가 하는 물음이 그것이다. 따라서 도덕적 목적론이 있다는 것은 틀림 없다. 그리고 이것은 한편으로는 자유의 법칙정립과 필연적으로 관련을 가지며, 또 한편으로는 자연의

---

1) 초판에는 "목적이든가…… 궁극목적인데"가 "목적이든가 또는 이 사물들에 관해서 우리들 자신은 궁극목적이든가 두 가지 중의 하나인데"로 되어 있다.

법칙정립과 필연적으로 관련을 가지는데, 이는 시민적 입법이 우리는 그 집행
권을 어디에서 찾아야 할 것인가 하는 물음과 관련을 가지는 것과 마찬가지이
며, 따라서 일반으로 이성이 사물들의 어떤 합법칙적 질서, 즉 단지 이념에 따
라서만 가능한 질서를 실현하기 위한 원리를 제시해야 할 모든 경우에 관련이
있는 것과 마찬가지이다.──우리는 이 도덕적 목적론 및 이것과 자연적 목적
론과의 관계에서 출발하여 신학에 이르는 이성의 진전을 먼저 논하고, 다음에
이러한 추론방식의 가능성과 유효성에 관해서 고찰하여 보고자 한다.

　　우리가 어떤 사물들의 (또는 그 사물의 형식만의) 현존재를 우연적인 것으로
생각하고, 따라서 그것을 다른 어떤 것을 원인으로 해서만 가능한 것으로 상정
하는 경우에는, 우리는 이 인과성에 대하여 지고한 근거를, 따라서 제약된 것
에 대하여 무제약적인 근거를 자연적 질서에 있어서 찾을 수 있거나, 아니면
목적론적 질서에 있어서 찾을 수 있다(동력인적 결합 *nexu effectivo*에 따라
서나 또는 목적인적 결합 *nexu finali*에 따라서). 다시 말하면 우리는 다음과　421
같이 물을 수 있다: 즉, '지고한 산출적 원인은 어떠한 것인가, 또는 이 원인의
지고한 (단적으로 무제약적인) 목적, 환언하면 이 원인이 그의 이러한 산물들
또는 일반으로 그의 모든 산물들을 산출하는 궁극목적은 무엇인가?'라고. 물론
이러한 물음에 있어서는, 이 원인은 목적의 표상을 가질 수 있으며, 따라서 하
나의 오성적 존재자요, 또는 적어도 그러한 존재자의 법칙들에 따라 행위하는
자라고 우리들에게는 생각되지[1] 않으면 안된다고 하는 것이 전제된다.

　　그런데 우리가 후자의 [목적론적] 질서에 따라간다면, 다음과 같은 것은 가장
범상한 인간이성[상식]조차도 즉각 찬동을 표하지 않을 수 없는 하나의 원칙이
다: 이성이 선천적으로 지시하지 않으면 안되는 하나의 궁극목적이 반드시 성
립해야 한다면, 그것은 도덕적 법칙 아래에 있는 인간(모든 이성적 세계존재
자) 이외의 다른 것일 수 없다*고 하는 것이 그것이다. 왜냐하면 (누구나가 그　422

---

* 나는 구태여 '도덕적 법칙 아래에 있는'이라고 말한다. 도덕적 법칙에 따르는 인간, 다시 말하면
도덕적 법칙에 알맞게 처신하는 인간이 창조의 궁극목적인 것은 아니다. 왜냐하면 이 후자의 표현을
사용하면, 우리는 우리가 아는 것 이상의 것을 말하게 될 것이기 때문이다. 즉, 그것은 인간이 도덕적
법칙에 언제나 맞도록 행동하게 하는 것도 세계창시자의 위력에 달린 것이라고 하는 주장이 된다. 그

---

1) 초판에는 "표상되지"로 되어 있다.

렇게 판단하는 일이지만) 만일 세계가 전연 생명이 없는 존재자들로 이루어졌
다거나, 또는 일부분은 생명이 있지만 그러나 이성이 없는 존재자들로 이루어
졌다고 한다면, 그러한 세계에는 가치에 관해서 조금이라도 이해하고 있는 존
재자란 현존하지 않을 것이므로, 그와 같은 세계의 현존재는 전혀 가치를 가지
지 않을 것이기 때문이다. 그에 반해서, 이성적 존재자들이 있기는 하지만, 그
러나 그들의 이성이 사물들의 현존재의 가치를 자연과 그들(그들의 안녕)과의
관계에만 정립할 수 있을 뿐이요, 그러한 가치를 근원적으로 (자유에 있어서)
423 스스로 만들 수가 없다고 한다면, 그와 같은 이성적 존재자들의 현존재는 언제
나 몰목적적일 것이기 때문에, 이 세계에는 (상대적) 목적은 있지만, (절대적)
궁극목적은 없을 것이다. 그러나 도덕적 법칙들은 어떤 것을 목적으로서 무조
건, 따라서 궁극목적이라는 개념이 요구하는 바와 똑같이, 이성에게 대하여 지
정해 준다고 하는 특이한 성질을 가지고 있다. 그러므로 목적관계에 있어서는
자기 자신에게 지고한 법칙일 수 있는 그와 같은 이성의 현존만이, 바꾸어 말
하면 도덕적 법칙 아래에 있는 이성적 존재자들의 현존만이 세계의 현존재의
궁극목적이라고 생각될 수 있다. 그에 반해서 만일 그렇지 않다면, 이 세계의

러나 이것은 자유와 자연(자연에 관해서만 우리는 하나의 외적 창시자를 생각할 수 있다)에 관하여
하나의 개념을, 즉 자연의 초감성적 기체에 대한 통찰과, 이 기체는 자유에 의한 인과성이 이 세계에
서 가능케 하는 것과 같다고 하는 것에 대한 통찰을 내포하고 있지 않으면 안되는 개념을 전제하는
것이지만, 이러한 통찰은 우리의 이성의 통찰을 훨씬 넘어선 것이다. 도덕적 법칙 아래에 있는 인간
에 관해서만 우리는 우리의 통찰의 제한을 넘어서지 않고도, 그러한 인간이 세계의 궁극목적이라고
말할 수 있다. 이것은 또한 세계과정에 관해서 도덕적으로 반성하는 인간이성의 판단과도 완전히 일
치한다. 우리는 고약한 악한이 그의 범행이 마땅히 받아야 할 형벌을 죽을 때까지 받지 않고 있는 것
을 보기만 해도, 악에 있어서도 현명한 목적관계의 자취를 인지할 수 있다고 믿는다. 자유의 인과성
에 관한 우리의 개념에 의하면 선행이나 악행은 우리에게 달린 것이다. 그러나 우리는 선행에 대한
기연도 선행과 악행의 양자에 대한 결과도 도덕적 법칙에 따라 정해져 있다고 하는 점에 세계통치의
최고의 지혜가 있다고 생각한다. 이 점에 본래 신의 영광이 있다. 그러므로 신의 영광이 신학자들에
게 창조의 최종목적이라고 불리는 것도 부적당한 것은 아니다.——그 밖에도 또 주의해 두어야 할 것
은, 우리가 창조라는 말을 사용하는 경우에, 그것은 우리가 여기에서 말한 것, 즉 세계나 세계의 사물
들(실체들)의 현존재의 원인을 의미하는 것에 지나지 않는다고 하는 사실이다. 이것은 이 말의 본래
의 개념에 필연적으로 따르는 의미이기도 하다(실체의 현실화가 창조이다 *actuatio substantiae est
creatio*). 그러므로 이 말은 자유롭게 작용하는, 따라서 오성적인 원인(이러한 원인의 현존재를 우리
는 무엇보다도 먼저 증명하려고 하는 것이다)을 이미 전제하고 있는 것은 아니다.

현존재의 원인 속에는 전혀 어떠한 목적도 없든가, 또는 이 세계의 현존재의 근저에는 궁극목적이 없는 목적들만이 있든가, 두 가지 중의 하나이다.

　도덕적 법칙은 우리의 자유를 사용하는 데 있어서의 이성의 형식적 조건으로서, 실질적 조건으로서의 어떤 목적에 좌우됨이 없이, 그 자체만으로서 홀로 우리에게 의무를 지워준다. 그러나 도덕적 법칙은 그래도 우리에게 하나의 궁극목적을 규정해 주고, 그것도 선천적으로 규정해 주고, 이 궁극목적에 도달하려고 노력해야 할 의무를 우리에게 과해 준다. 그리고 이 궁극목적이 곧 자유에 의해서 가능한, 이 세계에 있어서의 최고선이다.

　인간이 (그리고 우리의 개념에서 보는 한 모든 유한한 이성적 존재자도) 상술한 [도덕] 법칙 아래에서 자기의 궁극목적을 정립할 수 있는 주관적 조건은 곧 행복이다. 따라서 이 세계에서 가능한 최고의 자연적 선, 그리고 우리의 힘이 자라는 한 궁극목적으로서 촉진되어야 할 자연적 선은 행복이지만, 그러나 이것은 행복될만한 자격이 있음을 의미하는 것으로서의, 인간과 도덕의 법칙과의 일치라고 하는 객관적 조건하에 성립하는 행복이다. 424

　그러나 도덕적 법칙에 의해서 우리에게 과해지는 궁극목적의 이러한 두 가지 요건을, 우리가 한갓된 자연원인에 의하여 결합된 것으로, 그리고 상술한 궁극목적의 이념에 적합한 것으로 표상한다는 것은, 우리의 모든 이성능력에 비추어 보아도 불가능한 일이다. 그러므로 우리가 우리의 자유에 자연의 인과성 이외의 다른 인과성(수단의 인과성)을 결부시키지 않는다면, 우리의 힘을 사용함으로써 실현될 그와 같은 목적의 실천적 필연성이라는 개념은 그러한 목적의 실현의 자연적 가능성이라는 이론적 개념과 합치하지 않는다.

　따라서 우리는 도덕적 법칙에 맞추어 궁극목적을 설정하기 위해서는 하나의 도덕적 세계원인(하나의 세계창시자)을 상정하지 않으면 안된다. 그리고 궁극목적이 필연적인 한, 그만큼 (다시 말하면 동일한 정도로, 그리고 동일한 근거에서) 도덕적 세계원인도 필연적으로 상정되는 것이다. 즉, 신이 있다는 것도 필연적으로 상정되는 것이다. *

＊ 이러한 도덕적 논증은 신의 현존성에 관하여 객관적으로 타당한 증명을 제공하려는 것도, 회의적 신앙가에게 신이 존재한다는 것을 증명하려는 것도 아니고, 만일 그가 도덕적으로 수미일관한 사유

*   *   *

425   이 증명에 논리적으로 정확한 형식을 맞추어 주기는 용이한 일이거니와, 이러한 증명이 의미하는 바는, '신의 현존재를 상정하는 것은 도덕적 법칙의 타당성을 승인하는 것과 마찬가지로 필연적이요, 따라서 전자[1][신의 현존재]를 납득할 수 없는 사람은 자신을 후자[1][도덕적 법칙]에 따른 책임에서 벗어나 있다고 판단해도 좋다'고 하는 것이 아니다. 아니다! 그럴 경우에는 후자[1][도덕적 법칙]의 준수에 의하여 실현되어야 할, 이 세계에 있어서의 궁극목적(도덕적 법칙의 준수와 조화 일치되는, 이성적 존재자들의 행복, 즉 최고의 세계선)을 성취하려는 의도만은 포기될 수밖에 없을 것이다. 모든 이성적 존재자는 자신이 그래도 의연히 도덕의 준칙에 엄격하게 속박되어 있음을 인식하지 않으면 안될 것이다. 왜냐하면 도덕의 법칙은 형식적이요, 목적(의욕의 질료로서의)을 고려

426   하지 않고 무조건 명령하는 것이기 때문이다. 그러나 실천이성이 세계존재자들에게 지정하는 궁극목적의 하나의 요건은 이 세계존재자들(유한한 존재자들로서의)의 자연적 본성에 의하여 그들 속에 설정된 불가항의 목적이요, 이성은 다만 이 목적이 불가침의 조건으로서의 도덕적 법칙에 지배되거나, 혹은 또 도덕적 법칙에 따라 보편화되기를 바랄 뿐이며, 그리하여 이성은 도덕과 일치하는 행복의 촉진을 궁극목적으로 삼을 뿐이다. 그런데 (세계존재자들에 관해서 말한다면) 우리의 힘이 미치는 한 이 궁극목적을 촉진한다는 것은 도덕적 법칙이 우리에게 명령하는 바다. 이러한 노력이 가져오는 결과야 어떠하든 좋다. 의무를 완수한다는 것은 성실한 의지의 형식에 있는 것이요, 성공을 가져오는 중간원인에 있는 것이 아니다.

그러므로 가령 어떤 사람이 한편으로는 매우 칭찬을 받아온 사변적 논증[신의 현존재에 관한]의 약점 때문에, 또 한편으로는 자연과 감성계에 있어서 그에

를 하려고 한다면, 그는 이 명제의 상정을 그의 실천이성의 격률 가운데에 받아들일 수밖에 없다고 함을 증명하려는 것이다.──또한 이 논증이 주장하려는 것은, 모든 이성적 세계존재자의 행복을 그들의 도덕성에 따라 상정함이 도덕을 위하여 필연적이라고 하는 것이 아니라, 그러한 상정이 도덕에 의해서 필연적이라고 하는 것이다. 따라서 그것은 도덕적 존재자들에게 주관적으로 충분한 논증이다.[2]

---

1) "전자…후자…후자…"가 초판과 제2판에서는 "후자…전자…전자"로 잘못되어 있다.
2) 이 주는 제2판에서 처음으로 붙여진 것이다.

게 나타나는 여러 가지 불규칙성 때문에 감동을 받아서, '신은 존재하지 않는다'고 하는 명제를 확신하게 되었다고 가정하자. 그러나 만일 그가 그 때문에 의무의 법칙을 단지 허구적인 것, 타당하지 않는 것, 구속력이 없는 것으로 생각하고, 그것을 기탄 없이 위반하려고 결심하고자 한다면, 그는 자기 자신의 눈에도 무가치한 자로 보일 것이다. 그와 같은 인간은, 비록 그가 처음에는 의심했던 것에 관하여 후에는 확신을 가질 수 있게 된다 할지라도, 그런 사유방식을 가지는 한, 그 때에도 여전히 무가치한 자에 지나지 않을 것이다. 설사 그가 자기의 의무를 결과에서 보면 더 요구할 수 없을 만큼 아주 면밀하게 이행했다 할지라도, 그것이 의무를 존중하는 심정이 없이, 공포에서 또는 보수를 바라는 의도에서 이행한 것이라면, 마찬가지다. 반대로, 그가 신앙가로서 자기 427 의 의무를 자기의 의식에서 보아서 정직하게 그리고 사욕 없이 준수하지만, 그럼에도 불구하고 그가 '신은 존재하지 않는다'고 언젠가는 확신할 수 있을 경우를 시험삼아 가정해 볼 때마다, 그는 곧 모든 도덕적 책임에서 해방된다고 믿는다면, 그의 내면적 도덕적 심정은 틀림 없이 그다지 좋은 상태는 아닐 것이다.

그러므로 우리는, '신은 존재하지 않으며 또한 (도덕성의 객체에 관해서는 결국 같은 결과에 귀착하기 때문에) 내세도 존재하지 않는다'고 확신하고 있는 성실한 사람(이를테면 스피노자와 같은)[1]을 생각해 볼 수 있다 그러한 사람은 자기가 행동으로 존중하고 있는 도덕법칙에 의하여 자기 자신의 내면적 목적이 규정되고 있음을 어떻게 판정할까? 그는 도덕적 법칙을 준수하는 데에서 현세에 있어서나 내세에 있어서나 자신을 위한 어떤 이익이 나올 것을 요구하지는 않는다. 오히려 그는 사욕을 떠나서, 저 신성한 [도덕적] 법칙이 자기의 전력을 경주케 하는 선만을 행하려고 할 뿐이다. 그러나 그의 노력에는 한계가 있다. 그리고 그는 과연 자연으로부터 때때로 우연한 협조를 기대할 수는 있지만, 그러나 목적에 대한 합법칙적 합치,[2] 즉 불변적 규칙(그의 격률이 내면적으로 그러하며 또 그러하지 않으면 안되듯이)에 따라 일어나는 합치를 기대할 수는 결코 없다. 그래도 그는 이 목적을 실현하는 것이 자신의 절박한 의무임을 통

---

1) "(이를테면 스피노자와 같은)"은 제2판과 제3판의 추가이다.
2) 초판에는 "목적에 대한 자연의 합법칙적 합치"로 되어 있다.

428 감하는 것이다. 그 사람 자신은 성실하고 온화하고 친절할지라도, 그의 주위에
는 언제나 기만과 폭력과 질투가 횡행할 것이다. 그리고 그는 자기 이외에 또
성실한 사람들을 발견하겠지만, 이들도 행복을 누릴 자격이 충분히 있음에도
불구하고, 그런 것에는 유의하지 않는 자연에 의하여, 지상의 다른 동물들과
같이 궁핍, 질병, 불시의 죽음이라는 온갖 재액에 부닥치게 될 것이며, 또 앞
으로도 언제나 이 상태가 계속되어, 마침내 넓은 묘혈이 그들을 모두 (성실하
건 불성실하건 이 경우에는 마찬가지이다) 삼켜버리고, 스스로 조화의 궁극목
적이라고 믿을 수 있었던 그들을 그들이 처음에 나왔던 물질이라는 목적 없는
혼돈의 나락 속으로 던져버리게 될 것이다.——그러므로 이러한 선의의 사람
들은 자기가 도덕적 법칙을 준수하면서 염두에 두었던, 그리고 염두에 두어야
만 했던 목적을 물론 불가능한 것으로서 포기하지 않을 수 없을 것이다. 그렇
지 않고, 만일 그가 이 때에도 자기의 도덕적 내면적 사명의 부름소리에 충실
하려고 한다면, 그리고 만일 그가 도덕적 법칙이 순종하라고 그에게 직접 불어
넣는 존경의 염을, 이 존경의 높은 요구에 상응하는 유일의 이상적 궁극목적이
공허하다고 해서, 약화시키려고 하지 않는다면(존경의 염을 약화시킨다는 것은
도덕적 심정에 손상을 입히지 않고서는 일어날 수 없는 일이다), 그는 하나의
도덕적 세계창시자의, 다시 말하면 신의 현존재를 상정하지 않을 수 없는 것이
다. 그리고 이러한 상정은 그 자체에 있어서 적어도 모순되는 것이 아니기 때
문에, 그는 실천적 견지에서, 다시 말하면 적어도 그에게 도덕적으로 지정된
429 궁극목적의 가능을 이해하기 위해서, 이러한 상정을 할 수가 있는 것이다.

§ 88.
도덕적 증명의 타당성의 제한.

　실천적 능력으로서의 순수이성은 곧 우리의 인과성의 자유로운 사용을 이념
(순수이성개념)에 의해서 규정하는 능력이거니와, 이러한 순수이성은 도덕적
법칙 속에 우리의 행위의 통제적 원리를 내포하고 있을 뿐만 아니라, 또한 도
덕적 법칙을 통해서 동시에 주관적-구성적 원리도 부여하는데, 이러한 구성적
원리는 이성만이 사유할 수 있는 객체, 그리고 이 세계에서 도덕적 법칙에 따

르는 우리의 행위를 통해서 실현되어야만 하는 객체의 개념 속에 내포되어 있다. 그러므로 도덕적 법칙에 따라 자유가 사용될 때의 궁극목적의 이념은 주관적-실천적 실재성을 가진다. 우리는 전력을 다하여 세계의 최고선을 촉진하도록 이성에 의하여 선천적으로 규정되어 있는데, 이 세계의 최고선이란 이성적 세계존재자들의 최대의 복지가 그들에게 있어서의[1] 선의 최고의 조건과 결합되는 데에, 다시 말하면 보편적 행복이 합법칙적 도덕과 결합되는 데에 성립하는 것이다. 이러한 궁극목적에 있어서는 한 쪽의 가능성, 즉 행복의 가능성은 경험적으로 제약되어 있지만, 다시 말하면 자연의 성질에 (자연이 이러한 목적에 합치하는가 합치하지 않는가에) 달려 있어서, 이론적 견지에서 보면 개연적 430 이지만, 그 다른 쪽, 즉 도덕에 관해서는 우리는 자연의 협력으로부터 자유요, 따라서 도덕의 가능성은 선천적으로 확립되어 있으며, 독단적으로 확실하다. 그러므로 이성적 세계존재자들의 궁극목적이라는 개념이 객관적 이론적 실재성을 가지기 위해서는, 우리가 선천적으로 우리에게 세워진 목적을 가지고 있다는 것 뿐만 아니라, 또한 창조, 다시 말하면 세계 그 자체도 그 현존에서 보아 하나의 궁극목적을 가지고 있다는 것이 필요하다. 그리고 만일 이것이 선천적으로 증명될 수 있다면, 이것은 궁극목적의 주관적 실재성에 대해서 그 객관적 실재성을 더 추가하는 것이 될 것이다. 왜냐하면 창조가 일반으로 하나의 궁극목적을 가지고 있다면, 우리는 이 궁극목적이 도덕적 목적(도덕적 목적만이 목적이라는 개념을 가능케 한다)과 일치함에 틀림 없다고 밖에는 달리 생각할 수가 없기 때문이다. 그런데 우리는 이 세계에서 과연 목적들을 발견한다. 그리고 자연적 목적론은 목적들을 많이 제시하기 때문에, 우리가 이성에 따라 판단한다면, 결국 우리는, 자연에는 목적이 없는 것이라고는 아무것도 없다고 하는 것을, 자연의 탐구의 원리로 상정할만한 근거를 가지는 정도이다. 그러나 자연의 궁극목적을 우리가 자연 그 자체 안에서 찾는다는 것은 헛된 일이다. 그러므로, 궁극목적의 이념이 이성 속에만 있듯이, 궁극목적은 그 객관적 가능성의 면에서 보더라도 이성적 존재자들 속에서만 찾을 수 있고, 또 찾지 않으면 안되는 것이다. 그런데 이성적 존재자들이 가지고 있는 실천이성은 이러한

---

1) 초판과 제2판에는 "그들에게 있어서의" 대신 "세계의 최고선에 있어서의"로 되어 있다.

431 궁극목적을 제시해 줄 뿐만 아니라, 우리가 창조의 궁극목적을 생각할 수 있는
유일한 조건에 관해서 이 개념을 규정해 주기도 한다.

그런데, 창조의 궁극목적이라는 개념의 객관적 실재성은 순수이성의 이론적
요구에 대해서도 충분히 입증될 수 있는 것이 아닐까, 즉 규정적 판단력에 대
해서 확연히 입증될 수는 없다 할지라도, 이론적–반성적 판단력의 격률에 대
해서는 충분히 입증될 수 있는 것이 아닐까 하는 것이 문제이다. 이것은 유일
한 목적이라는 이념을 매개로 하여 도덕적 목적을 자연목적과 결합시켜야 할
임무를 떠맡고 있는 사변적 철학에 대해서 우리가 요구할 수 있는 최소한의 일
이다. 그러나 이러한 적은 일도 사변적 철학이 수행할 수 있는 것을 훨씬 초과
하는 것이다.

이론적–반성적 판단력의 원리에 따르면 우리는 다음과 같이 말할 수 있을
것이다: 우리가 자연의 합목적적 산물들에 대해서 자연의 지고한 원인을 상정
할 근거를 가지고 있고, 또 자연의 현실성에 관한 이 지고한 원인의 인과성(창
조)이 자연의 기계적 조직에 필요한 것과는 다른 종류의 것, 즉 어떤 오성의
인과성으로 생각되지 않으면 안된다고 한다면, 우리는 또한 이 근원적 존재자
에게 자연의 어디에나 있는 목적들을 귀속시킬 뿐만 아니라, 하나의 궁극목적
도 귀속시킬 수 있는 충분한 근거를 가진다. 그리하여 우리는 비록 그와 같은
존재자의 현존재를 입증하지는 못하지만, 그러나 적어도 (자연적 목적론에 있
432 어서 그러했듯이) 우리가 그와 같은 세계의 가능을 목적에 의해서만 이해할 수
있을 뿐 아니라, 단지 우리가 그와 같은 세계의 현존의 근저에 하나의 궁극목
적을 인정함으로써만도 이해할 수 있다고 함을 확신하게 되는 것이다.

그러나 궁극목적은 단지 우리의 실천이성의 개념이요, 자연을 이론적으로
판정하기 위한 경험의 소여에서 추론될 수도 없고, 또 자연의 인식에 적용될
수도 없다. [궁극목적이라는] 이 개념은 오로지 도덕적 법칙에 따르는 실천이성
에 대해서 밖에는 사용될 수가 없다. 그리고 창조의 궁극목적은 세계의 성질,
즉 우리가 오직 [도덕적] 법칙에 따라서만 명확하게 지시할 수 있는 것에 합치
하는, 다시 말하면 우리의 순수실천이성의 궁극목적에 합치하는, 그것도 이 이
성이 실천적인 한에 있어서 합치하는 성질이다.——그런데 도덕적 법칙은 실
천적 의도에서, 즉 우리의 힘을 이 궁극목적의 실현에 경주하기 위하여, 이 궁

극목적을 우리에게 부과하거니와, 우리는 이러한 도덕적 법칙에 의해서 궁극목적의 가능성(실행가능성)1)을 상정하고, 따라서 또한 (자연이 우리의 힘이 미치지 않는 그 실행가능성의 조건에 협조하지 않으면, 궁극목적의 실현은 불가능할 것이기 때문에) 이 궁극목적과 합치하는 사물들의 자연적 본성을 상정할 수 있는 근거를 가지는 것이다. 따라서 우리는 하나의 세계가 있으면 창조의 궁극목적도 있다고 생각할 수 있는 도덕적 근거를 가지는 것이다.

그런데 이것은 아직도 도덕적 목적론에 출발하여 신학에 이르는, 다시 말하 433 면 도덕적 세계창시자의 현존재에 이르는 추론이 아니라, 이같은 방식으로 규정되는 창조의 궁극목적에 이르는 추론에 지나지 않는다. 이제 이러한 창조에 대해서는, 다시 말하면 하나의 궁극목적에 맞는 사물들의 현존에 대해서는, 첫째로 오성적 존재자가 상정되지 않으면 안되지만, 그러나 둘째로 (우리가 목적이라고 판정하지 않을 수 없었던 자연의 사물들의 가능성에 대해서처럼) 오성적 존재자가 상정될 뿐만 아니라, 동시에 도덕적인 존재자가 세계창시자로서 상정되지 않으면 안되고, 따라서 신이 상정되지 않으면 안된다2)고 하는 것, 이것이 제2의 추론이다. 그리고 이 추론은 그 성질상 실천이성의 개념에 따르는 판단력에 대해서만 내려지는 추론이요, 본래 그러한 추론으로서 규정적 판단력에 대해서가 아니라, 반성적 판단력에 대해서 내려지는 추론임이 명백한 것이다. 왜냐하면, 비록 우리들에게 있어서는 도덕적-실천적 이성은 기교적-실천적 이성과 그 원리상 본질적으로 구별되어 있지만, 지고한 세계원인이 지성으로서 상정된다면, 이 지고한 세계원인에 있어서도 그러한 구별이 있지 않으면 안된다는 것, 그리고 궁극목적을 위해서는 단지 자연의 목적들을 위해서 필요한 것과는 다른 특수한 종류의 인과성이 이 세계원인에게 필요하다는 것을, 우리는 감히 통찰한다고 참칭할 수가 없기 때문이며, 따라서 우리는 우리의 궁극목적에 있어서 창조(결과로서의)의 궁극목적을 상정할 수 있는 도덕적 존재를 가질 뿐만 아니라, 창조의 근원적 존재로서의 도덕적 존재자를 상정할 수 있는 도덕적 존재도 가진다는 것을, 우리는 감히 통찰한다고 참칭할 수가

---

1) 이 괄호는 Erdmann이 붙인 것이다.
2) 초판과 제2판에는 "않으면 안되었다"로 되어 있다.

434 없기 때문이다. 그러나 우리는 아마 다음과 같이 말할 수는 있을 것이다: 우리
의 이성능력의 성질상, 우리는 도덕적 법칙과 그 객체에 관계하는, 그리고 이
러한 궁극목적 속에 존재하는, 그러한 합목적성의 가능을, 세계창시자이자 통
치자요 또 동시에 도덕적 입법자인 하나의 존재자를 떠나서는, 전혀 이해할 수
가 없다고.

　　그러므로 최고의 도덕적-입법적 창시자의 현실성은 단지 우리의 이성의 실
천적 사용에 대해서만 충분히 입증되고 있을 뿐이요, 그러한 창시자의 현존재
에 관해서 어떤 것이 이론적으로 규정된 것은 아니다. 왜냐하면 이성은 그렇지
않아도 그 자신의 입법에 의해서 우리에게 목적을 과하고 있고, 이 목적을 가
능케 하기 위하여 하나의 이념을 필요로 하는데, 세계에 관해 한갓된 자연개념
에만 따르면 이성은 그 목적을 준수할 수가 없다고 하는 데에서 나오는 장애는
이 이념에 의하여 (반성적 판단력에 대해서는 충분히) 제거되기 때문이다. 그
리하여 자연을 설명하고 지고한 원인을 규정하기 위하여 이론적 견지에서 이
이념에게 실재성을 부여할 수 있는 수단이 사변적 인식에게는 전혀 없음에도
불구하고, 이 이념은 그 때문에 실천적 실재성을 획득하게 되는 것이다. 이론
적-반성적 판단력에 대해서는 자연적 목적론이 자연의 목적에서 충분히 하나
의 오성적 세계원인을 증명하였다. 실천적 판단력에 대해서는 이러한 일을 도
435 덕적 목적론이, 실천적 견지에서 창조에 대하여 부여하지 않을 수 없는 궁극목
적이라는 개념에 의해서, 수행하는 것이다. 그런데 도덕적 세계창시자로서의
신이라는 이념의 객관적 실재성은 물론 자연적 목적만으로는 입증될 수 없지
만, 그러나 그럼에도 불구하고 만일 자연적 목적의 인식이 도덕적 목적[1]의
인식과 결부된다면, 자연적 목적은 될 수 있는 한 원리들의 통일을 추구해야
한다고 하는 순수이성의 격률 때문에 중대한 의의를 가지는 것이다. 그리하여
자연적 목적은 이 [신이라는] 이념이 이론적 견지에 있어서는 판단력에 대하여
이미 가지고 있는[2] 실재성에 의해서 이 이념의 실천적 실재성을 보강해 주는
것이다.

---

1) Erdmann은 "목적"을 "궁극목적"으로 읽는다.
2) Kant가 "준비하고 있는"이라고 쓴 것을 Hartenstein이 "이미 가지고 있는"으로 고쳤다.

그런데 자칫하면 일어나기 쉬운 하나의 오해를 막기 위하여, 여기에서 다음과 같은 점을 주의해 두는 것이 꼭 필요하다: 첫째로 우리는 최고의 존재자의 이러한 특성들을 유비에 의해서만 사유할 수 있을 뿐이다. 최고존재자의 본성에 관해서 경험이 그와 유사한 것을 우리에게 보여줄 수가 없다면, 우리는 어떻게 하여 그 본성을 탐구하려고 할 것인가? 둘째로 우리는 최고의 존재자를 그 본성을 통해서1) 단지 사유할 수 있을 뿐이요, 그 본성에 따라 인식하고 그 본성을 최고의 존재자에게 말하자면 이론적으로 귀속시킬 수는 없다. 왜냐하면 그와 같은 일은 지고한 세계원인이 그 자체에 있어서 무엇인가를 통찰하기 위한 우리의 이성의 사변적 의도에 있어서 규정적 판단력에게나 필요할 것이기 때문이다. 그러나 여기에서 문제되는 것은, 우리는 우리의 인식능력의 성질상 이 최고의 존재자를 어떻게 이해하지 않으면 안되는가, 그리고 순수실천이성이 그러한 모든 전제를 떠나서 우리에게 전력을 다해서 실현하도록 선천적으로 부과하는 목적에 대하여 역시 실천적 실재성만을 부여하기 위해서는, 다시 말하면 436 의도된 결과만을 가능한 것으로 생각할 수 있기 위해서는, 과연 우리는 최고의 존재자의 현존을 상정하지 않으면 안되는가 어떤가 하는 것 뿐이다. 어쨌든 그 [최고의 존재자라는] 개념은 사변적 이성에게는 초절적인 것일는지도 모른다. 또한 이 개념에 의하여 사유된 존재자에게 우리가 귀속시키는 특성들도, 객관적으로 사용되면 그 속에 하나의 의인관을 숨겨 가지고 있을는지도 모른다. 그러나 이러한 특성들을 사용하는 의도도 또한 우리가 도달할 수 없는 이 최고존재자의 본성을 이 특성들에 의해서 규정하려는 것이 아니라, 우리들 자신과 우리의 의지를 이 특성들에 의해서 규정하려는 것이다. 우리는 어떤 원인을 우리가 그 결과에 관해서 (그러나 이 결과에 대한 원인의 관계의 점에서만) 가지는 개념에 따라 명명하지만, 그렇다고 해서 이 원인의 내적 성질을, 오직 그와 동일한 원인들에 의해서만 우리에게 알려지며 경험을 통해서 주어지지 않으면 안되는 특성들에 의하여, 내적으로 규정하려고 하는 것은 아니다. 예를 들면, 실제로 신체의 운동이 일어나고 있고, 또 그 원인이 심령의 표상들 속에 있기 때문에, 우리는 심령에게 다른 여러 특성 중에서 특히 기동력 *vis locomotiva*도

---

1) Kant는 "이 유사한 것을 통해서"라고 쓴 것을 Erdmann이 "그 본성을 통해서"라고 고쳤다.

귀속시키지만, 그렇다고 해서 우리가 운동력들을 알게 되는 (즉, 색인1), 압박,
충돌, 따라서 언제나 하나의 연장을 가진 존재자를 전제하는 운동에 의하여)
유일한 방식을 심령에게 귀속시키려고 하지는 않는다.──그와 꼭 마찬가지로
우리는 필연적인 도덕적 궁극목적의 가능성과 그 실천적 실재성의 근거, 다시
말하면 그 실행가능성의 근거를 내포하고 있는 어떤 것을 상정하지 않을 수 없
437 을 것이다. 그러나 우리는 이것을, 이것에서 기대되는 결과의 성질에서 보아,
도덕적 법칙에 따라 세계를 지배하는 현명한 존재자라고 생각할 수가 있을 것
이요, 따라서 우리의 인식능력의 성질에 따라, 자연과는 구별되는 사물들의 원
인이라고 생각하여, 우리의 모든 인식능력을 넘어선 이러한 존재자와 우리의
실천이성의 객체와의 관계만을 표현할 수밖에 없을 것이다. 그러나 그렇다고
해서 우리는 우리에게 알려진 이러한 종류의 유일한 인과성을, 즉 하나의 오성
과 의지를 이론적으로 이 존재자에게 귀속시키려고 하는 것은 아니다. 아니 그
뿐만 아니라 우리에게 대하여 궁극목적인 것에 관하여 이 존재자에 있어서 사
유된 인과성을 이 존재자 자신 속에 있는 인과성으로 보아, 그것을 자연(그리
고 자연의 목적규정 일반)에 관한 인과성과 구별하려고 하는 것도 아니다. 오
히려 우리는 이러한 구별을 우리의 인식능력의 성질에 대해서 단지 주관적으로
필연적인 것으로서, 그리고 객관적 규정적 판단력에 대해서가 아니라 반성적
판단력에 대해서 타당한 것으로서 상정할 수 있을 뿐이다. 그러나 실천적인 문
제에 관해서 말한다면, 우리의 인식능력의 성질로 보아 어떤 방식으로만 가능
하다고 우리에게 생각될 수 있는 것을 목적으로 하여 그것에 맞도록 행위하라
고 하는, 그러한 통제적 원리(영리나 현명에 대한)는 동시에 구성적이요, 다시
말하면 실천적으로 규정적이다. 그렇지만 이 동일한 원리도 사물의 객관적 가
능성을 판정하는 원리로서는 결코 이론적-규정적 원리(즉, 우리의 사유하는
438 능력에 속하는 유일한 종류의 가능성이 객체에도 속한다고 함을 의미하는)가
아니라, 반성적 판단력에 대한 통제적 원리에 지나지 않는 것이다.

---

1) "색인"은 초판에는 빠져 있다.

주　해.

　　이 도덕적 설명은 새로이 발견된 증명근거라고 할 것은 없고, 기껏해야 새로이 구명된 증명근거에 지나지 않는다. 왜냐하면 이 증명은 인간의 이성능력이 최초에 싹트기 이전에 이미 이성능력 속에 있었고, 이 이성능력이 계속해서 개발됨에 따라 점점 더 발전하는 것이기 때문이다. 인간이 자연의 합목적성을 아직도 무관심하게 보아 넘기고, 자연을 이용하되 그 때 자연의 통상적인 과정 이외의 다른 것은 생각해 보지도 않았던 시대에, 인간이 정 부정에 관하여 반성하기 시작하게 되자, 다음과 같은 판단이 불가피하게 나타날 수밖에 없었다: '설사 한 인간이 그의 생애를 마칠 때까지 적어도 외견상으로는 그의 덕행에 대해서는 행복을 얻지 못했고, 그의 범행에 대해서는 벌을 받지 않았다고 할지라도, 그가 정직하게 행동했는가 거짓되게 행동했는가, 또는 정당한 짓을 했는가 난폭한 짓을 했는가 하는 것은 결말에 있어서는 결코 마찬가지일 수가 없다'고 하는 판단이 그것이다. 이것은 마치 그들이 자기의 내부에서 '결말은 반드시 다르지 않으면 안된다'고 외치는 소리를 듣는 것과도 같다. 따라서 비록 막연한 표상이기는 했지만, 그들이 추구해야 할 의무가 있다고 느꼈던 어떤 것에 관한 표상이 [그들의 내부에] 숨겨져 있었음에 틀림 없었다. 그러나 그러한 결말은 이 표상과는 전혀 부합되지가 않았고, 또 그들이 세계의 과정을 일단 사물들의 유일한 질서라고 보는 한, 그들은 또 그들의 심의의 그러한 내면적 목적규정을 이 표상과 일치시킬 줄 몰랐다. 그런데 그들은 그와 같은 불규칙성 (이것은 우리가 아마 자연판정의 원리로 삼고 싶어 할 맹목적 우연보다도 훨씬 더 인간의 심의에 대하여 격분을 일으켜 주는 것이다)이 제거될 수 있는 방법 439 을 여러 가지로 조잡하게나마 생각했겠지만, 그러나 그들은 도덕적 법칙에 따라 세계를 지배하는 지고한 원인 이외에, 자연과 그들의 내면적 도덕법칙을 합치시킬 수 있는 다른 원리를 결코 생각해 낼 수가 없었다. 그들의 내부에는 의무로서 과해진 궁극목적이 있고, 그들의 외부에는 자연이 있거니와, 자연에는 전연 궁극목적이 없음에도 불구하고 그러한 궁극목적이 자연에 있어서 실현되어야만 할진대, 그러한 궁극목적과 자연과는 서로 모순되기 때문이다. 그런데 그러한 세계원인의 내적[1] 성질에 관해서는 그들은 여러 가지 무의미한 것을 안출해 낼 수도 있었다. 그러나 세계통치에 있어서의 그러한 도덕적 관계는 언제나 동일한 것이었으니, 이것은 가장 미개한 이성에게도, 이 이성이 실천적 이성이라고 간주되는 한, 보편적으로 이해되는 것이지만, 그에 반해서 사변적 이성은 그러한 미개한 이성과 도저히 보조를 같이 할 수가 없는 것이다.――또한 십중팔구는 이러한 도덕적 관심에 의해서 처음으로 자연에 있어서의 미와 목적에 대한 주의가 환기되었을 것이다. 그리고 이 경우에 자연은 저 [세계원인이라는] 이념을 강화하는 데에 크게 이바지했지만, 그러나 이 이념을 정초할 수는 없었고, 더구나 도덕적 관심을 저버릴 수는 없었다. 왜냐하면 자연의 목적들의 탐구조차도 궁극목적과의 관계에 있어서만 직접적 관심을 획득하게 되는데, 이러한 직접적 관심은 자연에서 나올 이익을 고려하지 않고 자연을 감탄하는 데에 대대적으로 나타나는 것이기 때문이다.

§ 89.
도덕적 논증의 효용에 관하여.

440　초감성적인 것에 대한 우리의 모든 이념에 관하여 이성을 그 실천적 사용의 조건에 맞도록 제한함은 신의 이념에 관한 한 극히 명백한 효용을 가진다: 즉, 이러한 제한은 신학이 **신지학**에로 (이성을 혼란시키는 초절적 개념에로) 잘못 올라간다든가, 또는 **귀신론**(최고의 존재자에 관한 의인관적 표상방식)에 떨어진다든가 하는 것을 방지하며, 종교가 무술(다른 초감성적 존재자와 서로 감정과 영향을 주고 받을 수 있다고 믿는 광신적 망상)이나 우상숭배(도덕적 심정 이외의 다른 수단에 의해서 최고의 존재자의 호의를 살 수 있다고 믿는 미신적 망상)에 빠지는 것을 방지한다.＊

＊ 어떠한 종교라도 최고의 존재자를 생각하되, 그 특성으로 보아 인간이 행할 수 있는 일이 이 최고의 존재자의 의지에 맞을 수 있는 조건, 그리고 그 자체만으로서 유효한 조건은 도덕성과는 다른 어떤 것일 수 있다고 생각한다면, 그러한 종교는 의연히 실천적 의미에 있어서의 우상숭배인 것이다. 왜냐하면 우리가 이론적 견지에서는 이 [최고의 존재자라는] 개념을 아무리 순수하게 그리고 감성적

---

1) "내적"은 제2판과 제3판의 추가이다.

만일 우리가 감성계를 넘어서 있는 것에 관하여 궤변을 농하는 허영과 불손
이 최소의 것만이라도 이론적으로 (그리고 인식을 확장하면서) 규정하는 것을
용인한다면, 그리고 만일 우리가 신의 현존재와 성질, 신의 오성과 의지, 이 441
양자의 법칙들과 이 법칙들로부터 유래하여 세계에 영향을 미치는 여러 특성들
을 통찰할 수 있다고 자부하는 것을 허용한다면, 우리는 어디에서 그리고 어떤
자리에서 이성의 이러한 참월에 한계를 그으려고 하는 것인가를 나는 알고 싶
다. 왜냐하면 그러한 통찰들이 어디에서든 나오고 보면, 바로 그 곳에서는 또
더 많은 통찰이 (흔히 생각하듯이, 자기의 사색을 긴장시키기만 한다면) 기대
될 수 있는 것이기 때문이다. 그러나 [이성의] 그와 같은 요구에 제한을 가해야
한다면, 그러한 제한은 어떤 원리에 따라서 가해지지 않으면 안될 것이요, 말
하자면 단지 그러한 요구의 시도가 모두 지금까지 실패로 끝났다는 것을 우리
가 알고 있다는 이유에서만 제한이 가해져서는 안될 것이다. 왜냐하면 그러한
것은 더 좋은 결과가 나올 가능성을 반증하는 것이 못되기 때문이다. 그러나
이 경우에 가능한 원리는, 초감성적인 것에 관해서는 절대로 아무 것도 이론적
으로 (단지 소극적으로밖에는) 규정될 수 없다고 상정하는 원리이든가, 그렇지
않으면 우리는 이성은 아무도 모를 만큼 광대한 지식을 우리와 우리의 후손을
위하여 보존하고 있는 미발굴의 광갱을 자신 속에 간직하고 있다고 상정하는
원리이든가, 이 두 가지 중의 하나 밖에 없다.──그러나 종교에 관해서 말한
다면, 환언하면 입법자로서의 신과의 관계에 있어서의 도덕에 관해서 말한다
면, 만일 신에 관한 이론적 인식이 그보다 선행되지 않으면 안된다고 한다면,
도덕은 신학에 따를 수밖에 없을 것이요, 따라서 이성의 내적 필연적 입법 대
신에 하나의 지고한 존재자의 외적 자의적 입법이 도입될 뿐만 아니라, 이러한
입법에 있어서는 이 지고한 존재자의 본성에 대한 우리의 통찰이 지니는 일체 442
의 결함이 도덕적 준칙에까지 미쳐서, 종교를 비도덕화하고 그릇된 방향으로
끌어넣을 수밖에 없을 것이다.

심상에서 떠나서 파악했다고 할지라도, 그 경우에는 이 개념은 실천적 견지에서는 하나의 우상[1]으
로서, 다시 말하면 그의 의지의 성질로 보아서는 의인관적으로 표상되고 있기 때문이다.

[1] "우상"(Idol)이 초판에서는 "이상"(Ideal)으로 되어 있다.

　　내세의 희망에 관해서는, 만일 우리가 우리의 사명에 관한 이성판단(따라서 실천적 관점에 있어서만 필연적인 것 또는 받아들일 가치가 있는 것으로 간주되는 이성판단)의 길잡이를 얻기 위하여 그것을, 도덕적 법칙의 지시에 따라 우리들 스스로가 완수하지 않으면 안될 궁극목적 대신에, 우리의 이론적 인식능력에게 물어본다면, 이 점에 있어서 심리학은 위에서 신학이 그러했던 것처럼 우리들 사유하는 존재자에 관하여 다음과 같은 소극적인 설명밖에는 더 하지 못한다: 즉, 사유하는 존재자의 내감의 어떠한 활동과 현상[심리현상]도 유물론적으로 설명될 수 없다는 것, 따라서 이러한 내감현상의 독립적 본성과 그 인격성의 사후의 존속 여부에 관해서는 우리의 이론적 인식능력 전체에 의한 사변적 근거에서도 확장적 규정적 판단은 우리에게는 절대로 불가능하다는 것이 그 설명이다. 따라서 이 경우에는 모든 것이, 우리의 현존재를 실천적-필연적인 관점에서1) 목적론적으로 판정한다는 것과, 우리의 [사후의] 존속을 이성이 우리에게 절대적으로 부과한 궁극목적[의 실현]을 위하여 필요한 조건으로서 상정한다는 것에 맡겨져 있으므로, 여기에 동시에 다음과 같은 효용(이 효용은 처음 볼 때에는 손실인 것처럼 생각되지만)이 나타난다: 즉, 신학이 우리에게 443 는 신지학이 될 수 없는 것과 마찬가지로, 합리적 심리학은 결코 우리의 인식을 확장해 주는 학으로서의 심령학이 될 수가 없을뿐더러, 또 한편으로는 유물론에도 떨어지지 않는다는 것이 보증되어 있다. 오히려 합리적 심리학은 내감의 인간학, 다시 말하면 생명 속에 있는 우리의 사유하는 자기에 관한 지식에 지나지 않으며, 또한 이론적 인식으로서도 어디까지나 경험적인 것에 지나지 않는다. 그에 반해서 우리의 영원한 현존[사후의]의 문제에 관해서는, 합리적 심리학은 전혀 이론적 학이 아니고, 도덕적 목적론의 유일한 추론에 의거하는 것이요, 또한 이 심리학의 전사용도 우리의 실천적 사명으로서의 도덕적 목적론 때문에만 필연적인 것이다.

---

1) Kant는 "실천적인 필연적 관점에서"라고 쓴 것을 Vorländer가 "실천적-필연적 관점에서"로 고쳤다.

§90.
신의 현존재의 목적론적1) 증명에 있어서의 의견의 종류에 관하여.

증명이 (대상의 관찰이나 실험에 의한 증명에 있어서처럼) 증명되어야 할 대상의 직접적인 경험적 현시에 의해서 행해지는 것이든, 또는 이성에 의해서 원리들로부터 선천적으로 행해지는 것이든, 그 어떤 증명에나 맨먼저 요구되는 것은, 증명이란 설득시키는 것이 아니라 확신시킨다거나 또는 적어도 확신시키려고 노력해야 한다는 것이요, 다시 말하면 그 증명근거나 추론은 찬동을 단지 444 주관적으로 (직감적으로) 규정하는 근거(한갓된 가상)가 아니라, 객관적으로 타당한 것이며 인식의 논리적 근거이어야 한다는 것이다. 왜냐하면 만일 그렇지 않다면 이성은 농락은 당하지만 승복하지는 않기 때문이다. 자연적 신학에 있어서는 아마도 선한 의도에서이기는 하겠지만, 그러나 그 약점을 고의로 은폐해가면서 증명을 해 가거니와, 이 증명은 그러한 류의 사이비 증명에 속하는 것이다. 즉, 이 때 우리는 목적의 원리에 따르는 자연사물들의 근원에 관한 다수의 증거를 끌어내어, 인간이성의 단지 주관적인 근거, 곧 인간이성에게 특유한 성향을 이용하고 있는 것이니, 이 성향이란, 모순을 범하지 않고 가능하기만 하다면, 많은 원리들 대신에 단 하나의 원리를 생각하고, 또 이 원리 가운데에 어떤 개념을 규정하기 위한 약간의 또는 다수의 요건이 들어 있기만 하면, 그 밖의 다른 요건들도 덧붙여 생각함으로써, 사물의 개념을 임의로 보완하려고 하는 성향인 것이다. 더 말할 나위도 없이, 우리가 자연에 있어서 우리에게 하나의 오성적 원인을 암시해주는 산물들에 그렇게도 많이 부딪친다면, 왜 우리는 그와 같은 다수의 원인들 대신에 차라리 유일한 원인을 생각하려고 하지 않을 것인가, 그리고 그 위에 또 이 유일한 원인에 있어서 이를테면 한갓 위대한 오성이나 위력 등이 아니라, 오히려 전지, 전능을 생각하려고 하지 않을 것인가, 한마디로 말한다면 이 유일한 원인을 일체의 가능적 사물들에 대하여 충분한, 그와 같은 특성들[전지, 전능이라는]의 근거를 내포하고 있는 원인으로 생각하려고 하지 않을 것인가? 그 뿐만 아니라 왜 우리는 이 유일 전능한

---

1) Kant는 "도덕적"이라고 쓴 것을 Rosenkranz가 고쳤다.

445 근원적 존재자에게 자연법칙과 자연산물을 위하여 필요한 오성을 귀속시킬 뿐
만 아니라, 그것을 도덕적 세계원인으로 보아 최고의 도덕적 실천이성을 귀속
시키려고 하지 않을 것인가? 왜냐하면 이 [근원적 존재자라는] 개념이 이렇게 완
성됨으로써 자연통찰에 대해서나 도덕적 지혜에 대해서나 다같이 충분한 하나
의 원리가 제시되며, 그와 같은 이념의 가능성에 대해서 다소나마 근거가 있는
이론이 나올 수도 없기 때문이다. 그런데 이 경우에 동시에 심의의 도덕적 동
기가 발동하고, 이 도덕적 동기에 활발한 관심이 강력한 설득력(도덕적 동기는
또한 이러한 설득력도 마땅히 가짐직하다)과 함께 부가된다면, 거기에서 이 증
명이 객관적으로 충분하다는 데에 관한 설득과 (이 증명이 사용되는 대부분의
경우에 있어서) 유리하기도 한 하나의 가상[착각]이 나오거니와, 이러한 가상은
이 증명의 논리적 엄밀성에 관한 일체의 음미를 전혀 무시할 뿐만 아니라, 마
치 불경스러운 회의가 그러한 음미의 저의이기나 한 것처럼, 그러한 음미에 대
해서 혐오와 반감을 품는 것이다.──이제 우리가 [이 증명의] 통속적 유효성만
을 고려하는 한, 이러한 증명에 대하여 반대할 여지는 없다. 그러나 이 증명이
이러한 논증 속에 포함되어 있는 두 가지의 이질적 부분으로, 즉 자연적 목적
론에 속하는 부분과 도덕적 목적론에 속하는 부분으로 분열하는 것은 막을 수
도 없고 또 막아서도 안된다. 왜냐하면 이 두 부분이 함께 융합[혼동]되어 있으
면, 이 증명의 본래의 핵심이 어디에 있는가, 또 이 증명의 타당성이 아무리
예리한 음미에 대해서도 견뎌낼 수 있기 위해서는 (우리가 어느 하나의 부분에
있어서는 우리의 이성의 통찰의 약점을 시인하지 않을 수 없는 경우일지라도)
446 이 증명은 어느 부분이 어떻게 개조되지 않으면 안 될 것인가 하는 것이 분명
해지지 않기 때문이다. 그러므로 그와 같은 [이질적인 두 부분의] 혼동이 낳아놓
을 수 있는 가상이 아무리 유리한 것이라 할지라도 그 정체를 폭로하고, 단지
설득에 속하는 것을 확신에로 인도하는 것과 (이 양자는 단지 정도상으로만이
아니라 종류상으로도 구별되는 찬동의 규정이다) 분리함으로써, 이러한 증명에
있어서의 심의상태를 어디까지나 순수하게 개진하고, 이 증명을 가장 엄격한
음미에 부칠 수 있도록 하는 것이, 철학자에게는 (그가 솔직해야 한다는 자기
에게 대한 요구에 조금도 개의하지 않는다고 할지라도) 의무인 것이다.

　　그러나 확신을 목표로 하는 증명도 다시 두 종류가 있을 수 있으니, 그것은

대상이 그 자체에 있어서 무언인가를 결정해야 하는 증명이든가, 그렇지 않으면 대상이 우리들에게 필연적인 판정의 이성적 원리에서 보아 우리들(인간 일반)에게 대하여 무엇인가를 결정해야 하는 증명이든가이다(진리에 의한 $\kappa\alpha\tau'$ $\dot{\alpha}\lambda\eta\vartheta\varepsilon\iota\alpha\nu$ 증명이든가 또는 인간에 의한 $\kappa\alpha\tau'\dot{\alpha}\nu\vartheta\rho\omega\pi o\nu$ 증명이든가인데, 후자의 '인간에 의한'이라는 말은 '인간 일반에 대하여'라는 일반적 의미로 해석된다). 전자의 경우에는 증명은 규정적 판단력에 대하여 충분한 원리 위에 기초를 두고 있고, 후자의 경우에는 단지 반성적 판단력에 대하여만 충분한 원리 위에 기초를 두고 있다. 후자의 경우에는 증명이 단지 이론적인 원리들에만 의거하는 것이면, 그 증명은 결코 확신을 일으키려고 노력할 수가 없다. 그러나 447 그 증명이 하나의 실천적 이성원리(따라서 보편적 필연적으로 타당하는 원리)를 기초로 하고 있으면, 그 증명은 순수한 실천적 견지에서 충분한 확신, 다시 말하면 도덕적 확신을 요구해도 무방하다. 그러나 어떤 증명이 단지[1] 확신에 이르는 도상에서 행해지고 있는 경우에는, 다시 말하면 그 증명이 확신을 위한 객관적 근거들을 내포하고 있다고는 하되, 이 객관적 근거라는 것들이 아직 확실성에 이르기에는 충분하지 못하지만, 그렇다고 해서 단지 판단의 주관적 근거로서만 설득에 이바지하는 것만은 아닌, 그런 종류의 근거들에 불과한 경우에는, 그 증명은 아직 확신시키지는 못하고, 확신을 일으키려고 노력하는 것이다.

그런데 모든 이론적 증명근거는 다음 중의 어느 하나에 대하여 충족한 것이다: 1. 논리적으로 엄밀한 이성추론에 의한 증명에 대하여; 또는 이것이 아닌 경우에는, 2. 유비에 의한 추론에 대하여; 또는 이것도 있을 것 같지 않으면, 또 3. 개연적인 억견에 대하여; 그것도 아니면 마지막으로, 최소한의 것이지만, 4. 단지 가능적인 설명근거의 상정, 즉 가설에 대하여. ——그런데 나는 다음과 같이 단언하는 바이다: 근원적 존재자는 이 개념의 전내용에 합당한 의미로는 신, 즉 도덕적 세계창시자요, 따라서 이 세계창시자에 의해서 동시에 창조의 궁극목적이 제시되는 것이겠는데, 이러한 근원적 존재자의 현존에 관한 명제가 증명되어야 할 경우에는, 이론적 확신을 일으키려고 노력하는 모든 증명근거는 최고의 의견에서 최저의 의견에 이르기까지의 위에 든 종류의 어떠한 448

---

1) "단지"는 제2판과 제3판의 추가이다.

의견도 일으킬 수가 없다고.

1. 보편에서 특수에로 나아가는, 논리적으로 정당한 증명에 관해서는, 비판[1])에서 다음과 같은 것이 충분히 밝혀졌다: 즉, 자연을 넘어서서 찾지 않으면 안되는 존재자의 개념에는 우리에게 가능한 어떠한 직관도 대응하지 않으므로, 따라서 그 개념 자체는 종합적 술어에 의해서 이론적으로 규정되어야 하는 한 우리에게는 언제나 개연적이므로, 그러한 존재자의 인식(우리의 이론적 지식의 범위를 조금이라도 확장해줄)은 절대로 성립하지 않으며, 또 사물의 자연적 본성에 관한 보편적 원리 아래에는 초감성적 존재자라는 특수한 개념이 포섭되어 전자로부터 후자가 추론될 수는 전혀 없는데, 이는 전자의 보편적 원리가 오로지 감관의 대상으로서의 자연에만 타당하기 때문이다.

2. 우리는 과연 서로 이종적인 두 가지의 사물들에 관해서, 그것들이 서로 이종적이라고 하는 바로 그 점에 착안하여, 그 중의 하나를 다른 것과의 유비*

---

* 유비(질적인 의미에 있어서의)란 [다른 두 가지 사물들에 있어서의] 이유와 귀결 (원인과 결과) 사이의 관계의 동일성, 유사한 귀결들의 이유를 내포하고 있는 사물들 또는 특성들이 그 자체에 있어서는 (다시 말하면 이 관계를 떠나서 보면) 종별적 차이를 가지고 있음에도 불구하고 성립되는 한에 있어서의 동일성이다. 그리하여 우리는 동물들의 기술적 행동을 인간의 기술적 행동과 비교하여, 우리가 알지 못하는 전자에 있어서의 그 결과의 근거를, 우리가 알고 있는 인간의 유사한 결과의 근거(이성)로 미루어서, 이성의 유비물로 생각하며, 또 그렇게 함으로써 동시에, 동물의 기술적 능력의 근거는 본능이라고 불리며, 실제로 이성과는 종별적으로 구별되지만, 그러나 그 결과에 대해서는 (해리의 건축을 인간의 건축과 비교해 보면) [이성과] 유사한 관계를 가진다고 함을 명시하려고 한다.──그러나 그 때문에 나는 인간이 그의 건축에 이성을 사용한다고 해서 해리도 그와 같은 이성을 가지고 있다고 추론하고, 또 그것을 유비에 의한 추론이라고 부를 수는 없는 것이다. 그렇지만 동물의 유사한 활동방식을 (우리는 그 근거를 직접 인지할 수는 없다) 인간의 활동방식 (우리는 그 근거를 직접 의식하고 있다)과 비교해 보면, 우리는 아주 정당하게 유비에 의하여, 동물들도 표상에 따라 행동하고(데카르트가 주장하는 것처럼, 기계가 아니고), 그 종별적 차이에도 불구하고 류에서 보면 (생명있는 존재자로서는) 인간과 동일하다고, 추론할 수가 있다. 그렇게 추론할 수 있는 권능을 주는 원리는, 동물을 상술한 규정에서 보아서 인간──우리가 동물과 인간을 외면적으로 그 행동의 면에서 서로 비교하는 한에 있어서의 인간으로서의──과 함께 동일한 류에 산입할 수 있는 근거가 동일하다고 하는 데에 있다. 그것은 동일한 근거 *par ratio*인 것이다. 마찬가지로 나는 지고한 세계원인이 이 세계에 낳아놓은 합목적적 산물들을 인간의 기술작품들과 비교하여, 이 지고한 세계원인의 인과성을 하나의 오성의 유비에 의하여 사유할 수는 있지만, 그러나 이 세계원인에게 이 오성 속에 있는 특성

1) 여기에서 "비판"이라 함은 『순수이성비판』을 말한다. 선험적 변증론, 제2편, 제3장, 제4절 "신의 현존성의 존재론적 증명의 불가능에 관하여"(B. 620 이하) 참조.

에 의하여 사유할 수는 있지만, 그러나 그것들이 서로 이종적인 점을 근거로 449
하여 그 중의 하나로부터 유비에 의하여 다른 것을 추론할 수는 없다. 다시 말
하면 그 중의 하나의 종별적 구별의 표징을 다른 것에 전용할 수는 없다. 그리 450
하여 나는 물체 상호간의 인력과 척력에 있어서 작용과 반작용은 동등하다고
하는 법칙과의 유비에 의하여, 법의 법칙에 따르는 공공체의 성원들의 사회적
관계도 생각해 볼 수 있으나, 전자의 종별적 규정들(물질적인 인력과 척력)
을 후자에 전용하여, 그 규정들을 시민들에게 귀속시킴으로써 국가라고 일컬어
지는 하나의 조직을 구성할 수는 없다.──그와 마찬가지로 우리는 자연목적
으로서의 세계의 사물들을 보건대 근원적 존재자의 인과성을, 우리가 기술작품
이라고 부르는 일정한 산물들의 형식의 근거로서의 어떤 오성과의 유비에 의하
여, 사유해도 무방하겠지만(왜냐하면 우리는 세계의 자연사물들에 관하여 이
[근원적 존재자라는] 개념을 일정한 원리에 따라 사용하지 않으면 안되거니와,
그처럼 근원적 존재자의 인과성을 사유함도 우리의 인식능력이 이 개념을 이론
적으로 또는 실천적으로 사용하기 위한 것에 지나지 않기 때문이다), 그러나
우리는 세계존재자들 가운데에서 기술적인 것으로 판정되는 결과의 원인에는
오성이 귀속되지 않으면 안된다고 하는 사실로부터, 자연 그 자체를 보건대 자 451
연과 완전히 구별되어 있는 존재자에게도 우리가 인간에게서 인지하는 것과 동
일한 인과성이 귀속된다고 하는 사실을, 유비에 의하여 추론할 수는 결코 없
다. 왜냐하면 이것은 그 결과에 관해서 감성적으로 제약된 원인과 초감성적인
근원적 존재자 그 자체가 서로 다르다고 하는 바로 그 점에 관계되는 문제인
데, 이 점은 그러한 근원적 존재자의 개념에 있어서 사유되고 있는 것이요, 따
라서 그 개념에 전용될 수 있는 것이 아니기 때문이다. ──나는 신적 인과성
을 하나의 오성(이 능력을 우리는 감성적으로 제약된 인간 이외의 어떠한 존재

들이 있다는 것을 유비에 의하여 추론할 수는 없다. 왜냐하면 이 경우에는 그와 같은 추론법을 가능
케하는 원리, 즉 최고의 존재자를 인간과 함께 (그들 쌍방의 인과성에 관해서) 동일한 류에 산입할
동일한 근거 *paritas rationis*가 바로 결여되어 있기 때문이다. 세계존재자들의 인과성은 언제나 감
성적으로 제약되어 있거니와(오성에 의한 인과성이 그러하다), 그러한 인과성은, 사물 일반이라는 유
개념 이외에는 어떠한 유개념도 세계존재자들과 공유하고 있지 않은 하나의 존재자[최고의 존재자]
에게 전용될 수 없는 것이다.

자에게 있어서도 알지 못한다)과의 유비에 의해서만 사유해야 한다고 하는 바
로 그 점에, 근원적 존재자에게는 본래적인 의미에 있어서의 이러한 [인간의]
오성을 귀속시키지 말라고 하는 금령이 들어 있는 것이다.*

3. 억견은 선천적 판단에 있어서는 전혀 일어날 여지가 없고, 오히려 선천적
판단에 의해서는 어떤 것이 아주 확실한 것으로서 인식되든가 그렇지 않으면
전혀 아무 것도 인식되지 않든가 두 가지 중의 하나이다. 그러나 우리의 출발
452 점인 (여기에서는 세계에 있어서의 목적들이 우리의 출발점이다) 주어진 증명
근거들이 경험적인 것일지라도, 우리는 그러한 증명근거들을 가지고는 감성계
를 넘어서서 억견을 가질 수가 없으며, 또 그와 같은 대담한 판단에 대해서는
개연성에의 요구를 조금도 승인할 수가 없다. 왜냐하면 개연성은 근거의 일정
한 계열에 있어서 가능한 확실성의 일부분이요(이 계열에 있어서 개연성의 근
거가 [확실성의] 충분한 근거와 비교되는 것은 부분이 전체와 비교되는 것과 같
다), 그러한 불충분한 근거가 보충되어 충분한 근거가 될 수 있지 않으면 안되
기 때문이다. 그러나 이 주어진 증명근거들은 동일한 하나의 판단의 확실성의
규정근거로서 동종의 것이 아니면 안된다. 만일 그렇지 않다면, 그것들이 모두
합쳐져서 하나의 양(확실성은 그러한 양이다)을 이루지 못할 것이기 때문이다.
그러므로 이러한 증명근거들의 일부분은 가능적 경험의 한계 안에 있고, 다른
부분은 일체의 가능적 경험의 밖에 있을 수는 없다. 따라서 단지 경험적인 증
명근거들은 어떠한 초감성적인 것에도 이르게 해주지 못하며, 또 그러한 증명
근거들의 계열에 있어서의 결함은 그 무엇에 의해서도 보충될 수가 없으므로,
이러한 경험적 증명근거들에 의하여 초감성적인 것과 그것의 인식에 도달하려
고 시도해 보았자 거기에는 조금도 접근하지 못하며, 따라서 경험으로부터 이
끌어낸 논증에 의하여 초감성적인 것에 관한 판단을 내려 보았자 거기에는 어
떠한 개연성도 성립하지 않는다.

4. 어떤 것이 주어진 현상의 가능을 설명하기 위한 가설의 구실을 하자면, 적
어도 그것의 가능성이 완전히 확실하지 않으면 안된다. 가설의 경우에 있어서는

---

* 이 [근원적 존재자라는] 개념에서 나오는 이론적 및 실천적 귀결에 관해서 보자면, 우리는 이 존재
자와 세계와의 관계를 표상함에 있어서 이 금령으로 말미암아 잃는 것은 조금도 없다. 이 존재자가
그 자체에 있어서 무엇인가를 탐구하려고 하는 것이 무용 무익한 호기심인 것이다.

나는 현실성의 인식(이러한 인식은 개연적이라고 일컬어지는 억견에 있어서는 아 　453
직 주장되는 것이지만)을 단념하는 것으로 충분하며, 그 이상을 포기할 수는 없
다. 적어도 내가 어떤 설명의 근거로 삼고 있는 것의 가능성은 의심의 여지가 없
는 것이 아니면 안된다. 만일 그렇지 않으면, 공허한 몽상에 끝이 없을 것이기 때
문이다. 그러나 일정한 개념들에 따라 규정되는 하나의 초감성적 존재자의 가능
성을 상정한다면, 그것은 완전히 근거 없는 전제가 될 것이다. 이러한 존재자에
대해서는 인식에 있어서 직관에 좌우되는 요소에서 보아 인식의 필요한 조건 중
의 어떠한 조건도 주어져 있지 않으며, 따라서 한갓된 모순율(이것은 사유의 가능
성을 증명할 수 있을 뿐이요, 사유된 대상 그 자체의 가능성을 증명할 수 있는 것
은 아니다)만이 이러한 초감성적 존재자의 가능성의 기준으로서 남기 때문이다.

　이상의 성과를 요약하면 다음과 같다: 신성으로서의 근원적 존재자의 현존
재 또는 불멸적 정신으로서의 영혼의 현존성에 대해서는, 최소한도의 의견만이
라도 내놓기 위한, 이론적 견지에서의, 증명은 인간의 이성에게는 절대로 가능
하지 않다. 그리고 이것은 아주 명백한 이유, 즉 초감성적인 것의 이념을 규정
하기 위한 소재가 우리에게는 전연 없다고 보니, 우리는 이 소재를 감성계에
있는 사물들로부터 얻어올 수밖에 없겠는데, 그러나 그와 같은 소재는 저 [초감
성적인] 객체에는 절대로 적합지 않으며, 따라서1) 감성계의 일체의 규정을 떠
나버리면 비감성적인 어떤 것이라는 개념 밖에는 더 남는 것이 없는데, 이 비　454
감성적인 어떤 것은 감성계의 최종근거를 내포하고 있지만, 이 최종근거는 비
감성적인 어떤 것의 내적 성질에 관해서는 어떠한 인식(개념의 확장으로서의)
도 구성하지 못한다고 하는 이유에 기인하는 것이다.

§ 91.
실천적 신앙에 의한 의견의 종류에 관하여.

　우리가 단지 어떤 것이 우리에게 대하여 (우리의 표상력의 주관적 성질에 따
라) 인식의 객체(*res cognoscibilis*)가 될 수 있는 방식에만 주의해 보면, 그

---

1) 초판과 제2판에는 "따라서"는 "그러나"로 되어 있다.

경우에 개념은 객체와 대조되지 않고, 단지 우리의 이 인식능력 및 이 인식능력이 주어진 표상을 (이론적 견지에 있어서나 또는 실천적 견지에 있어서나) 사용할 수 있는 방식과 대조될 뿐이다. 그리하여 어떤 것이 인식될 수 있는 존재자인가 아닌가 하는 문제는 사물 그 자체의 가능에 관한 문제가 아니라 사물에 대한 우리의 인식의 가능에 관한 문제인 것이다.

그런데 인식될 수 있는 사물들에는 다음의 세 가지 종류가 있다: 억견의 사상(*opinabile*) [억견을 가질 수 있는 것], 사실의 사상(*scibile*)[알 수 있는 것], 신앙의 사상(*mere credibile*) [단지 믿을 수 있는 것].

1. 한갓된 이성이념의 대상들을 이론적 인식에 대해서는 그 어떤 가능적 경험에 있어서도 전연 현시될 수 없거니와, 그런 한에 있어서 이성이념의 대상들은 또한 인식될 수 있는 사물들이 전혀 아니요, 따라서 우리는 이런 대상들에 455 관해서는 억견을 가질 수조차도 없다. 선천적으로 억견을 가진다는 것은 이미 그 자체로서 불합리한 일이요, 순전한 몽상에로 직행하는 것에 지나지 않기 때문이다. 그러므로 우리의 선천적 명제는 확실하든가, 그렇지 않으면 의견을 위하여 필요한 것을 전연 내포하고 있지 않든가, 둘 중의 하나다. 따라서 억견의 사상은 언제나 적어도 그 자체로서는 가능한 경험인식의 객체(감성계의 대상)이지만, 그러나 이 경험인식은 우리가 소유하고 있는 정도의 인식능력에 의해서는 우리에게는 불가능한 것이다. 그리하여 최근의 물리학자들이 말하는 에에테르는 다른 모든 물질들을 침투하고 있는 (다른 물질들과 속속들이 혼합되어 있는) 탄력성 유동체이거니와, 이것은 한갓된 억견의 사상에 지나지 않지만, 그러나 어쨌든 외관이 최고도로 예민해지면 지각될 수 있을는지도 모를 성질의 것이다. 그러나 그것은 어떠한 관찰이나 실험에 있어서 현시될 수 있는 것은 결코 아니다. 다른 유성들의 이성을 가진 거주자들을 상정하는 것도 억견의 사상이다. 왜냐하면, 만일 우리가 이 유성들에 접근해 갈 수 있다면——이것은 그 자체로서는 가능한 일이다,——우리는 그러한 주거자들이 있는가 없는가를 경험에 의해서 확증하게 될 것이기 때문이다. 그러나 우리는 이 유성들에 그처럼 접근해 가는 일이 결코 없을 것이요, 그리하여 그것은 억견에 그치고 마는 것이다. 그렇지만 신체가 없이 사유하는 순수한 정신들이 물질적 우주 안에 존재한다고 하는 억견을 가진다는 것은(즉, 그와 같은 정신들이라고 주장되고 있

는 어떤 현실적[1] 현상들을 우리가 거부하는 것이 정당한 일이라면), 허구라 일컬어지는 것이요, 그것은 전혀 억견의 사상이 아니라, 우리가 사유하는 존재 자로부터 물질적인 것을 모두 제거하고 그에게 사유작용만을 남겨둘 때에 잔존 하는 한갓된 이념에 불과한 것이다. 그러나 그 경우에 과연 사유작용(우리는 사유작용을 인간에게 있어서만, 다시 말하면 신체와 함께 인지할 뿐이다)이 잔 존하는가 어떤가를 우리는 확증할 수가 없다. 그와 같은 사물이란 궤변적 존재 자(*ens rationis ratiocinantis*)요, 이성적 존재자(*ens rationis ratiocinatae*) 가 아니다. 그러나 후자에 관해서는 그 개념의 객관적 실재성을 적어도 이성의 실천적 사용에 대해서 충분히 명시한다는 것은 가능한 일이다. 왜냐하면 이성 의 실천적 사용은 필당연적으로 확실한 그의 특유한 선천적 원리들을 가지고 있어서, 그 [이성적 존재자라는] 개념을 오히려 요구하기 (요청하기) 때문이다.

456

2. 어떤 개념의 객관적 실재성이 (순수이성에 의해서이든 또는 경험에 의해 서이든, 그리고 전자의 경우에는 순수이성의 논리적 소여로부터이든 또는 그 실천적 소여로부터이든, 그것은 물은 바 아니지만, 그러나 어느 경우에나 그 개념에 대응하는 직관을 매개로 하여) 증명될 수 있는 경우에, 그러한 개념의 대상은 사실(*res facti*)*이다. 양의 수학적 특성(기하학에 있어서의)이 그러한 것이다. 왜냐하면 이러한 특성은 이론적 이성사용에 대하여 선천적으로 현시될 수 있는 것이기 때문이다. 더 나아가서 경험(자신의 경험이든 또는 증언을 매 개한 타인의 경험이든)에 의하여 명시될 수 있는 사물들이나 그 성질들도 마찬 가지로 사실의 사상이다.──그러나 자못 주목할만한 일은, 어떤 이성이념(이 것은 그 자체로서는 직관에 있어서 이시될 수 없는 것이요, 따라서 그 가능성 이 이론적으로 증명될 수도 없는 것이다)조차도 사실의 사상 가운데에 들어간 다는 것이다. 그것은 곧 자유의 이념이거니와, 이 이념의 실재성은 일종의 특 수한 인과성으로서 (이러한 인과성의 개념은 이론적으로 고찰하면 초절적일 것

457

---

* 나는 여기에서 사실이라는 개념을 이 말의 보통의 의미 이상으로 확장하는 것이 당연한 일이라고 생각한다. 사물과 우리의 인식능력과의 관계가 문제인 경우에는, 이 말을 단지 현실적 경험에만 제한 해서 쓴다는 것은 필요한 일이 아니요, 더구나 실행할 수조차도 없는 일이다. 사물들을 단지 일정한 인식방식의 대상들로서만 논하기 위해서는, 단지 가능적인 경험만으로 이미 충분하기 때문이다.

1) "현실적"은 초판에는 빠져 있다.

이다) 순수이성의 실천적 법칙에 의해서, 그리고 이 법칙에 좇아서, 현실적 행위에 있어서, 따라서 경험에 있어서 명시되는 것이다.——이것은 순수이성의 모든 이념들 가운데에서, 그 대상이 사실이요, 또 사실의 사상 *scibilia* [알 수 있는 것] 가운데에 함께 산입되지 않으면 안되는, 유일한 이념이다.

3. 순수실천이성의 의무에 맞는 사용과의 관계에 있어서는 (귀결로서이든 또는 근거로서이든) 선천적으로 사유되지 않으면 안되지만, 그러나 이성의 이론적 사용에 대해서는 초절적인 대상들은, 한갓된 신앙의 사상에 불과하다. 이 세계에서 자유에 의하여 실현되어야 할 최고선이 그러한 것이다. 최고선이라는 개념의 객관적 실재성은 우리에게 가능한 경험에 있어서는, 따라서 이론적 이성 458 사용에 대해서는 충분히 증명될 수 없지만, 그러나 이 개념의 사용은 그 목적을 가능한 한 잘 실현하기 위하여[1] 실천적 순수이성이 명령한 바요, 따라서 가능한 것으로 상정되지 않으면 안된다. 이러한 명령된 결과는, 이 결과를 가능케 하는 유일한 조건, 우리가 생각할 수 있는 유일한 조건과 함께, 신의 현존재 및 영혼의 불멸과 함께, 신앙의 사상(*res fidei*)이요, 더욱이 모든 대상들 가운데에서 그렇게 불릴 수 있는 유일한 대상이다.* 비록 우리가 다른 사람들의 경험으로부터 증언에 의하여 배울 수 있는 것도 우리가 믿을 수밖에 없지만, 그러나 그렇다고 해서 그것이 그 자체로서 신앙의 사상인 것은 아니다. 왜냐하면 그 증인들 가운데의 어느 한 사람에게는 그것은 어쨌든 자신의 경험이요 사실이었으며, 혹은 그러한 것으로서 전제되기 때문이다. 그 뿐만 아니라 이러한 (역사적 신념의) 과정을 통하여 지에 도달한다는 것은 가능한 일이 아니면 안된다. 그리하여 역사와 지리학[2]의 대상들은, 우리의 인식능력의 성질상 적어도 일반으로 지의 대상이 될 수 있는 일체의 것과 마찬가지로, 신앙의 사상에 속하는 것이

---

* 그러나 그렇다고 해서 신앙의 대상은 신앙개조는 아니다. 만일 신앙개조가 그것을 고백해야 할 (내적으로나 또는 외적으로) 의무를 우리에게 지워줄 수 있는 신앙의 사상을 의미하는 것이요, 따라서 자연신학은 그와 같은 신앙개조를 내포하고 있지 않다고 한다면, 왜냐하면, 신앙의 사상은 신앙의 사상임으로 해서 (사실의 사상과 같이) 이론적 증명 위에 기초를 둘 수 있는 것이 아니므로, 그것은 자유로운 의견이요, 또한 그러한 자유로운 의견으로서만 주관의 도덕성과 합치할 수 있기 때문이다.

---

1) 초판에는 "이개념의 사용은……실현하기 위하여"가 빠져 있다.
2) "와 지리학"은 제2판과 제3판의 추가이다.

아니라 사실의 사상에 속하는 것이다. 요컨대 순수이성의 대상들만이 신앙의 사상일 수 있다. 그러나 그것은 한갓된 순수사변적 이성의 대상으로서 그러한 459 것이 아니다. 왜냐하면 그 경우에 사변적 이성의 대상들이 우리에게 가능한 저 [이론적] 인식의 사상에, 다시 말하면 그러한 인식의 객체에 산입될 수 조차 없다는 것은 확실하기 때문이다. 그것은 이념들이요, 다시 말하면 그 객관적 실재성이 이론적으로 보증될 수 없는 개념들이다. 그에 반해서 우리가 실현해야 할 최고의 궁극목적은 우리로 하여금 스스로 창조의 궁극목적이 될 자격을 가질 수 있도록 해주는 유일의 것이거니와, 그것은 곧 실천적 관계에 있어서는 우리에게 대하여 객관적 실재성을 가지는 하나의 이념이요 또한 사상이다. 그러나 우리는 이론적 견지에서는 이 개념에 대하여 이와 같은 객관적 실재성을 부여할 수가 없기 때문에, 그것은 순수이성의 한갓된 신앙의 사상에 지나지 않는다. 그리고 동시에 이 개념과 함께 신[의 존재성]과 [영혼의] 불멸도, 우리가 우리의 자유를 합법칙적으로 사용함으로써 나올 수 있는 저 결과[최고선]의 가능을 우리의 (인간의) 이성의 성질에 따라 생각할 수 있는 유일의 조건으로서, 신앙의 사상인 것이다. 그러나 신앙의 사상에 있어서 성립하는 의견은 순수한 실천적 견지에 있어서의 의견이요, 다시 말하면 도덕적 신앙이다. 그리고 이 도덕적 신앙은 이론적 이성인식에 대해서는 아무 것도 증명하는 것이 없고, 단지 자기의 의무의 준수를 목표로 하는 실천적 순수이성인식에 대해서만 증명을 하며, 따라서 사변도 또는 자애의 원리에 따르는 실천적인 영리의 규칙도 전혀 확장하는 일이 없다.1) 모든 도덕법칙의 지고한 원리[자유]가 하나의 요청이라면, 동시에 이러한 도덕법칙의 최고의 객체의 가능성도, 따라서 우리가 이러한 가능성을 460 생각할 수 있는 조건[신의 현존재와 영혼의 불멸]도 역시 그 원리에 의해서 함께2) 요청되는 것이다. 그런데 그 때문에 이러한 조건의 인식은 이러한 조건의 현존재와 성질에 관한 이론적 인식의 종류로서의 지가 되는 것도 또 억견이 되는 것도 아니고, 단지 우리의 이성의 도덕적 사용에 대한 실천적 관계, 그리고 그것을 위해서 명령된 관계에 있어서의 상정이 되는 데 지나지 않는 것이다.

---

1) 초판에는 "따라서 사변을 전혀 확장하는 일이 없다"로 되어 있다.
2) 초판과 제2판에는 "그 원리에 의해서 동시에"로 되어 있다.

자연적 목적론은 우리에게 자연의 목적들을 그렇게도 풍부하게 보여주고 있거니와, 설사 우리가 외견상 이러한 자연목적들을 기초로 하여 오성적 세계원인이라는 명확한 개념을 확립할 수 있다고 할지라도, 이러한 존재자의 현존재는 신앙의 대상은 아닐 것이다. 왜냐하면, 이러한 존재자는 나의 의무를 완수하기 위해서 상정되는 것이 아니라, 단지 자연을 설명하기 위해서만 상정되는 것이므로, 그것은 우리의 이성에 가장 적합한 억견과 가설에 지나지 않을 것이기 때문이다. 그런데 자연적 목적론은 결코 신이라는 명확한 이념에는 이르지 못하고, 오히려 이 개념은 도덕적 세계창시자라는 개념에 있어서만 발견되는 것이다. 왜냐하면 이 도덕적 세계창시자만이 우리에게 궁극목적을 지시해주기 때문이다. 그리고 우리는 도덕적 법칙이 우리에게 궁극목적으로서 과하는 것, 따라서 우리에게 의무로 지워주는 것에 맞도록 처신하는 한에 있어서만, 우리들 자신을 그러한 궁극목적이라고 생각할 수 있는 것이다. 따라서 신이라는 개념은, 우리의 의무의 객체와, 즉 우리의 의무의 궁극목적에 도달할 가능성의

461 조건으로서의 객체와 관계함으로써만, 우리의 의견에 있어서 신앙의 사상으로 간주될 수 있는 특권을 획득한다. 그러나 그에 반해서 [신이라는] 이 동일한 개념은 그 개념의 객체를 사실의 사상이라고 주장할 수는 없다. 왜냐하면, 비록 의무의 필연성은 실천이성에 대하여 아주 명백하지만, 그러나 의무의 궁극목적에 도달한다는 것은, 이 궁극목적이 전적으로 우리의 힘이 미치는 범위 안에 있는 것이 아닌 한, 이성의 실천적 사용을 위해서만 상정된 것이요, 따라서 의무 그 자체만큼 실천적으로 필연적인 것은 아니기 때문이다.＊

＊ 도덕적 법칙은 궁극목적을 촉진하고 명하지만, 그러나 이러한 궁극목적이 의무의 근거는 아니다. 왜냐하면 의무의 근거는 도덕적 법칙 속에 있고, 도덕적 법칙은 형식적 실천적 원리로서, 욕구능력의 객체(의욕의 질료)를 도외시하고, 따라서 그 어떤 목적도 도외시하고, 정언적으로 지도하는 것이기 때문이다. 나의 행위의 이러한 형식적 성질(나의 행위가 보편타당성의 원리 아래에 종속된다는 것)에 있어서만 나의 행위의 내면적 도덕적 가치는 성립하거니와, 이러한 형식적 성질은 전적으로 우리의 힘이 미치는 범위 안에 있다. 그리고 나는 내가 도덕적 법칙에 맞도록 촉진해야 할 의무를 지고 있는 목적들이 가능한가 또는 수행불가능한가를(거기에는 단지 나의 행위의 외면적 가치만이 성립하기 때문에), 완전히 나의 힘이 미치는 범위 안에 있지는 않은 일로 보아, 그것을 전혀 도외시하고, 단지 나의 행위에 속하는 것만을 주목할 수가 있다. 그렇지만 모든 이성적 존재자들의 궁극목적(의무1))

---

1) 제2판에는 "의도"로 되어 있다.

신앙(행위 *actus*로서가 아니라 태도 *habitus*로서의)은 이론적 인식이 도달 462
할 수 없는 것을 참이라고 생각하는 데[의견]에 성립하는 이성의 도덕적 태도이
다. 그러므로 신앙은, 최고의 도덕적 궁극목적의 가능을 위한 조건으로서 필연
적으로 전제되어야 하는 것을 그러한 궁극목적에 대한 책무 때문에 참이라고
상정하는 심의의 확고부동한 원칙이다.* 물론 이 필연적으로 전제되어야 하는
것의 가능은 우리에게는 통찰될 수 없지만, 그러나 그 불가능도 마찬가지로 통 463
찰될 수 없는 것이다. 신앙(단적으로 그렇게 불리는)은, 어떤 의도를 촉진하는
것이 의무인 때에 그 의도의 도달에 대해서 가지는 신뢰이다. 그러나 그 의도가

와 일치해서 가능한 한에 있어서의 행복)을 촉진하려는 의도는 바로 의무의 법칙에 의하여 과해져 있
는 것이다. 그러나 사변적 이성은 이러한 의도의 수행가능성을 (우리를 자신의 신체적 능력의 측면에
서도 또 자연의 협력의 측면에서도) 전혀 통찰하지 않는다. 오히려 사변적 이성은, 우리가 이성적으
로 판단할 수 있는 한, 신[의 현존재]과 [영혼의] 불멸을 상정하지도 않고, 한갓된 자연(우리의 내부
와 우리의 외부에 있는)에게 그러한 원인으로부터 우리의 선행의 그러한 성과를 [거두어주리라고] 기
대함은 선의에서 나온 것이기는 하지만 근거없고 헛된 기대라고 간주할 수밖에 없다. 또한 만일 사변
적 이성이 이러한 판단에 관해서 완전한 확신을 가질 수가 있다면, 사변적 이성은 도덕적 법칙 그 자
체를 실천적 관점에 있어서의 우리의 이성의 한갓된 기만이라고 볼 수밖에 없는 것이다. 그러나 사변
적 이성도 이와 같은 일은 결코 일어날 수 없고, 반대로 그러한 [신과 불멸이라는] 이념들의 대상은
자연을 넘어 서 있지만, 그러한 이념들은 모순 없이 사유 될 수 있다고 함을 충분히 확신하고 있으므
로, 사변적 이성은 자기모순에 빠지지 않기 위해서, 자기자신의 실천적 법칙과 이 법칙에 의해서 과
해진 과제에 대해서는, 따라서 도덕적 관점에서는, 그러한 이념들이 실재적인 것임을 승인하지 않을
수 없을 것이다.
* 신앙은 도덕적 법칙의 약속에 대한 하나의 신뢰이다. 그러나 이 약속은 도덕적 법칙 속에 내포되
어 있는 것이 아니라, 내가 그 속에 투입하는 것, 그것도 도덕적으로 충분한 근거에서 투입하는 것이
다.1) 왜냐하면, 이성이 동시에 궁극목적의 도달가능성을 비록 불확실하게나마 약속하지 않는다면,
그리하여 우리의 이성이 그러한 궁극목적의 도달가능성을 사유할 수 있는 유일한 조건[신과 불멸]을
참이라고 생각하는 의견도 정당화하지 않는다면, 궁극목적은 이성의 어떠한 법칙에 의해서도 명령될
수가 없기 때문이다. 신앙 *fides*이라는 말이 이미 이러한 것도 표현하고 있다. 다만 어떻게 해서 이
말과 이 특수한 이념이 도덕철학 속에 들어왔는가 하는 것만이 의심스럽게 생각될지도 모른다. 이
이념은 최초에 기독교와 함께 도입된 것이며, 이것을 받아들인다는 것은 아마도 기독교용어의 부가
적인 모방에 지나지 않는 것처럼 보이는지도 모르겠기 때문이다. 그러나 이 놀라운 종교가 극히 단순
한 그의 논술에 있어서, 철학이 지금까지 제공해줄 수 있었던 것보다 훨씬 더 명확하고 더 순수한 도
덕의 개념들을 가지고, 철학을 풍부하게 한 것은, 이것이 유일의 경우는 아니다. 그러나 이러한 개념
들은 일단 주어지면, 이성에 의해서 자유롭게 시인되고 그러한 것으로서 채용되는 것이니, 철학은 아
마 스스로 이러한 개념에 상도하여, 그것을 도입할 수가 있었으며, 또 도입해야만 했을 것이다.

---

1) "그러나 이 약속은……투입하는 것이다"는 제2판과 제3판의 추가이다.

수행될 수 있다는 가능성은 우리에게는 통찰될 수 없다(따라서 우리가 생각할 수 있는 단 두 가지의 조건들[신의 현존재와 영혼의 불멸]의 가능성도 우리에게는 통찰될 수 없다). 그러므로 가능적 지(知)나 또는 억견의 대상이 아닌 특수한 대상에 관계하는 신앙은 전적으로 도덕적이다(전자의 경우, 즉 가능적 지(知)나 억견의 대상에 관계하는 경우에는, 특히 역사적 사상에 있어서는, 그것은 경신이라고 일컬어져야 할 것이요, 신앙이라고 일컬어져서는 안될 것이다). 이러한 신앙은 어떤 것을 참이라고 생각하는 자유로운 의견이지만, 그러나 그것은 이론적 규정적 판단력에 대한 독단적 증명이 발견될 수 있는 것에 관한 의견도 아니고, 우리가 의무로 생각하고 있는 것에 관한 의견도 아니고, 바로 우리가 자유의 법칙에 따르는 어떤 의도를 위하여 상정하는 것에 관한 자유로운 의견이다. 그러나 그것은 억견과도 같이 충분한 근거가 없는 것이 아니라, 이성 속에
464 (비록 이성의 실천적 사용에 관해서 뿐이지만) 이성의 의도에 대하여 충분한 근거를 가지는 것이다. 왜냐하면, 이러한 신앙이 없으면, 도덕적 심의는 증명(도덕성의 객체의 가능에 관한)을 요구하는 이성이념과 충돌할 경우에 확고부동한 태도를 견지하지 못하고, 실천적 명령과 이론적 회의 사이에서 동요하기 때문이다. 쉽사리 믿지 않는다고 함은 증언 일반을 믿지 않겠다고 하는 격률을 고집함을 말한다. 그러나 불신이라 함은, 상술한 이성이념[신과 불멸]에는 그 실재성의 이론적 근거가 없다고 하는 이유로 그 타당성을 모두 거부하는 사람을 두고 말하는 것이다. 그러므로 그러한 사람은 독단적으로 판단하고 있는 것이다. 그런데 독단적 불신은 심적 태도를 지배하는 도덕적 격률과 양립할 수가 없다(왜냐하면 몽상 이외의 아무 것도 아니라고 인정되는 목적을 추구하라는 것은 이성이 명령할 수 없는 일이기 때문이다). 그러나 회의적 신앙은 충분히 도덕적 격률과 양립할 수 있다. 이러한 회의적 신앙에게는 사변적 이성이 제시하는 근거들에 의한 확신이 결여되어 있다는 것은 단지 장해에 불과하므로, 사변적 이성의 제한을 비판적으로 통찰하면, 이러한 장해로부터 행위에 미치는 영향을 제거하고, 이 장해 대신에 유력한 실천적 의견을 내세울 수가 있는 것이다.

*   *   *

우리가 철학에 있어서 어떤 실패한 시도 대신에 다른 원리를 내세우고, 이 원리에 영향력을 부여하려고 한다면, 그러한 시도가 어떻게 해서, 그리고 왜

실패할 수밖에 없었던가를 통찰한다는 것은 크나큰 만족이 될 것이다.　465

　신, 자유, 영혼의 불멸은 형이상학이 그 해결을 자기의 최종 유일의 목표로 삼고 만반의 준비를 갖추고 있는 과제이다. 그런데 자유에 관한 이설은 실천철학에 대하여 소극적 조건으로서만 필요하지만, 그에 반해서 신과 영혼의 성질에 관한 이설은 이론철학에 속하는 것으로, 그 자체만으로 별도로 설명되지 않으면 안되며, 나중에 이 양자가 도덕적 법칙(이것은 자유의 조건하에서만 가능하다)이 명령하는 바와 결합됨으로써 종교가 성립된다고 믿어져왔다. 그러나 이러한 시도가 실패로 끝날 수밖에 없었다는 것은 곧 알 수 있는 일이다. 왜냐하면 사물 일반이나 필연적 존재자의 현존이라는 한갓된 존재론적 개념으로부터는 하나의 근원적 존재자라는 개념, 즉 경험에 있어서 주어질 수 있고 따라서 인식에 이바지할 수 있는 술어에 의하여 규정된 개념은 절대로 만들어질 수 없기 때문이다. 그러나 또 자연에 있어서의 자연적 합목적성에 관한 경험 위에 기초를 둔 개념도 도덕에 대하여, 따라서 신의 인식을 위하여 충분한 증명을 부여할 수가 없었다. 그와 마찬가지로 경험(이것은 우리가 이 생에 있어서만 가지는 것이다)에 의한 영혼의 지식[심리학]도 영혼의 정신적 불멸적 성질에 관한 개념을, 따라서 도덕에 대하여 충분한 개념을 제공할 수는 없었다. 신학과　466 심령학을 사변적 이성의 학을 위한 과제라고 본다면, 그 개념은 우리의 모든 인식능력에 대하여 초절적이기 때문에, 이 두 학은 경험적 소여와 술어에 의하여 성립할 수 있는 것이 아니다.──신과 영혼(그 불멸에 관한)이라는 두 개념을 규정할 수 있는 술어는, 비록 그 자신은 초감성적 근거에서만 가능하다 할지라도, 경험에 있어서 자기의 실재성을 증명하지 않으면 안되는 술어들 뿐이다. 왜냐하면 그래야만 이 술어들은 전혀 초감성적인 존재자에 대한 어떤 인식을 가능케 할 수 있기 때문이다. ──그런데 이와 같은 개념으로 인간의 이성 가운데에서 찾을 수 있는 유일한 개념은, 도덕적 법칙의 지배하에 있는, 아울러서 이성이 도덕적 법칙에 의하여 지정하는 궁극목적의 지배하에 있는 인간의 자유의 개념이다. 그리고 도덕적 법칙과 궁극목적 중에서 전자는 신과 영혼의 양자를 가능케 하기 위한 필연적 조건을 내포하고 있는 특성들을 자연의 창시자에게 귀속시키는 데 알맞고, 또 후자는 이 특성들을 인간에게 귀속시키는 데 알맞다. 그리하여 바로 이 [자유의] 이념으로부터, 이 이념이 아니었으면 우리에게는 완전히 은폐되어 있을 존재자들[신과 영혼]의 현존과 성질이 추론될 수 있는 것이다.

그러므로 단지 이론적인 길만을 따라 신과 불멸을 증언하려고 하는 의도가 실패로 돌아가는 이유는, 초감성적인 것에 관해서는 이 길(자연개념의 길)을 따라가서는 어떠한 인식도 전혀 가능하지 않다고 하는 데에 있다. 그에 반해서 도덕적인 길(자유개념의 길)을 따라가면 그 일에 성공한다고 하는 데에는 다음
467 과 같은 이유가 있다: 이 경우에는 그 근저에 있는 초감성적인 것(자유)이, 바로 이 초감성적인 것으로부터 나오는 일정한 인과성의 법칙에 의하여, 다른 초감성적인 것(도덕적 궁극목적과 이 목적의 수행가능의 조건들[신과 불멸])을 인식하기 위한 소재를 제공할 뿐만 아니라, 또한 자기의 실재성을 행위에 있어서 사실로서 입증하는 것이다. 그러나 바로 그 때문에 이 초감성적인 것은 단지 실천적 견지(종교가 필요로 하는 유일한 견지도 바로 실천적 견지이다)에서만 타당한 증명근거 이외에는 다른 어떠한 타당한 증명근거도 부여할 수가 없는 것이다.

어쨌든 이 경우에 다음과 같은 점은 의연히 주목할만한 것이다: 즉, 신, 자유, 불멸이라는 세 개의 순수이성이념 가운데에서 자유의 개념만이, 자연에 있어서 초감성적인 것의 객관적 실재성을 (이 초감성적인 것에 있어서 사유되는 인과성을 매개로 하여) 이 이념이 자연 안에 낳아놓을 수 있는 결과에 의하여 증명하고, 또 그렇게 함으로써 다른 두 개의 이념[신과 불멸]과 자연과의 결합을 가능케 하며, 다시 세 개의 이념을 모두 서로 결합시켜 하나의 종교가 될 수 있도록 하는, 유일한 초감성적 개념이다. 그리하여 우리의 내부에 있는 초감성적인 것의 이념을 규정하고, 그렇게 함으로써 다시 우리의 외부에 있는 초감성적인 것의 이념도 규정하여, 단지 실천적 견지에서만이라도 가능한 인식이 되도록 할 수 있는 원리를, 우리는 우리의 내부에 가지고 있는 것이다. 그러한 이러한 인식은 한갓된 사변철학(이 철학은 자유에 관해서도 단지 소극적인 개념 밖에는 부여할 수가 없었다)이 절망하지 않을 수 없었던 인식이다. 따라서
468 자유개념(모든 무조건적-실천적 법칙의 기초개념으로서의)은 이성을 확장하여 자연개념의 한계를 넘어서게 할 수 있으나, 모든 자연개념(이론적 개념)은 이 한계 안에 희망을 잃고 속박되어 있을 수밖에 없을 것이다.

목적론에 대한 총주.

신의 현존재를 단지 실천적으로 순수한 이성1)에 대한 신앙의 사상으로서만 증명하는 도덕적 논증은 철학에 있어서의 그 밖의 다른 논증들 사이에서 어떠한 순위를 주장하는가 하는 것이 문제가 되는 경우에는, 철학의 전재산은 용이하게 개산되며, 이러한 개산에 있어서 여기에는 선택의 여지란 없고, 이성의 이론적 능력은 공평한 비판의 앞에서는 자기의 일체의 요구를 자진하여 포기하지 않으면 안된다고 하는 것이 분명해진다.

의견이 완전히 무근거한 것이어서는 안될진대, 모든 의견은 무엇보다도 먼저 사실 위에 정초되지 않으면 안된다.2) 그러므로 증명에 있어서는, 사실에서 이끌어낸 결론이 이러한 사실 위에 정초될 수 있는 것은 이론적 인식에 대한 지(知)로서인가, 또는 단지 실천적 인식에 대한 신앙으로서인가 하는 유일한 구별만이 일어날 수 있다. 모든 사실은 자연개념에 속하거나 또는 자유개념에 속하거나, 둘 중의 하나이다. 그리고 자연개념은 자기의 실재성을 감관의 대상들에 있어서 증명하는데, 이 대상들은 일체의 자연개념에 앞서서 주어진 (또는 주어질 수 있는) 것들이다. 또 자유개념은 자기의 실재성을 이성의 인과성에 의해서, 이 인과성으로 해서 감성계에 나타날 수 있는 어떤 결과를 보아, 충분히 입증하는데, 이 인과성은 이성이 도덕적 법칙에 있어서 반드시 요청하는 것이다. 그런데 자연개념(단지 이론적 인식에만 속하는)은 형이상학적이요, 완전히 선천적으로 사유될 수 있거나, 또는 물리학적이요, 다시 말하면 후천적으로, 그리고 일정한 경험에 의해서만 사유될 수 있거나, 둘 중의 하나이다. 그 469 러므로 형이상학적 자연개념(일정한 경험을 전제하지 않는)은 존재론적이다.

그런데 하나의 근원적 존재자라는 개념으로부터 신의 현존재를 이끌어 내는 존재론적 증명은, 존재론적 술어, 즉 그것에 의해서만 신의 현존재가 남김 없이 규정된다고 생각될 수 있는 술어로부터 절대적-필연적 현존재를 추론하는 증명이든가, 또는 그 어떤 사물이든간에 그 사물의 현존재의 절대적 필연성으

---

1) 초판에는 "실천적인 순수이성"으로 되어 있다.
2) 초판과 제2판에는 "모든 의견은 무엇보다도……정초되지 않으면 안된다"가 "그것[철학]은 모든 의견을 무엇보다도 먼저 사실 위에 정초하지 않으면 안된다"로 되어 있다.

로부터 근원적 존재자의 술어를 추론하는 증명이든가, 두 가지 중의 하나다. 왜냐하면, 근원적 존재자가 파생적인 것이 아니기 위해서는, 근원적 존재자라는 개념에는 그의 현존재의 무제약적 필연성과 또 (이러한 필연성을 표상하기 위하여) 그의 개념1)에 의한 남김 없는 규정이 필요하기 때문이다. 그런데 이 두 가지의 요건은 가장 실재적인 존재자의 존재론적 이념이라는 개념에 있어서 발견되는 것으로 믿어져왔다. 그리하여 두 가지의 형이상학적 증명이 나오게 된 것이다.

그 하나는 단지 형이상학적 자연개념을 기초로 하는 (본래의 존재론적 증명이라고 불리는) 증명인데, 이 증명은 가장 실재적인 존재자라는 개념으로부터 그 존재자의 단적으로 필연적인 현존을 추론하는 것이었다. 왜냐하면, 만일 가장 실재적인 존재자가 현존하지 않는다면, 그에게는 하나의 실재성이, 즉 현존이 결여되어 있을 것이(라고 이 증명은 말하고 있)기 때문이다. ──또 다른 증명(이것은 형이상학적–우주론적 증명이라고도 불린다)은 어떤 하나의 사물의 현존의 필연성(우리에게는2) 자기의식 가운데에 하나의 현존재가 주어져 있으므로, 이러한 필연성은 어디까지나 용인되지 않으면 안된다)으로부터 가장 실재적인 존재자로서의 그 사물의 철저한 규정을 추론하는 것이었다. 왜냐하면 현존하는 일체의 것은 철저히 규정된 것이 아니면 안되지만, 그러나 절대로 필연적인 것(즉, 우리가 그러한 것으로서, 따라서 선천적으로 인식해야 한다고 하는 것)은 그것의 개념에 의하여 철저히 규정되어 있지 않으면 안되며, 또 그러한 것은 가장 실재적인 사물의 개념 속에서만 찾아 볼 수 있다고, [이 증명은] 말하기 때문이다. 여기에서 이 두 추론에 있어서의 궤변을 폭로할 필요는 없다. 그것은 이미 다른 곳에서3) 해두었다. 다만 여기에서 주의해 둘 것은, 비록 그와 같은 증명들이 온갖 변증론적 견강부회에 의해서 옹호된다고 할지라도, 그것들은 학파를 넘어서 일반사회에 유포되어, 한갓된 건전한 오성[상식]에게 조금이라도 영향을 미칠 수 있는 것이 결코 아니라고 하는 점이다.

---

1) 초판에는 "개념"이 "한갓된 개념"으로 되어 있다.
2) 초판에는 "나에게는"으로 되어 있다.
3) 『순수이성비판』, 선험적 변증론, 제2편, 제3장, 제4절 "신이 현존재의 존재론적 증명의 불가능에 관하여"(B 620ff.)와 제5절 "신의 현존재의 우주론적 증명의 불가능에 관하여" (B 63 Ⅱ 이하) 참조.

오직 경험적일 수밖에 없음에도 불구하고 감관의 대상의 총괄로서의 자연의
한계를 넘어선다고 하는 자연개념을 기초로 하는 증명은, 자연의 목적에 의한
증명[목적론적 증명]일 수밖에 없다. 자연의 목적이라는 개념은 물론 선천적으로
주어지는 것이 아니라, 단지 경험에 의해서만 주어질 수 있는 것이지만, 그러
나 이 개념은 우리가 사유할 수 있는 일체의 개념 가운데에서 초감성적인 것에
알맞은 유일한 개념인 자연의 근원적 근거라는 개념, 즉 세계원인으로서의 최
고의 오성이라는 개념을 약속하는 것이다. 또 이러한 것을 이 증명은 실제로
반성적 판단력의 원리들에 따라, 다시 말하면 우리의 (인간의) 인식능력의 성
질에 따라 완전히 성취하기도 한다.――그러나 이 증명이 과연 이 동일한 [경
험적] 소여로부터 지고한 존재자라는 개념을, 다시 말하면 그 무엇에도 의존하
지 않은 오성적 존재자라는 개념을 신이라는 개념으로서도, 다시 말하면 도덕
적 법칙 아래에 있는 세계의 창시자라는 개념으로서도, 따라서 세계의 현존재
의 궁극목적이라는 이념에 대해서 충분히 규정된 개념으로서도 제공할 수 있는
가 어떤가 하는 것은 문제이며, 우리는 전자연인식[1]을 위하여 근원적 존재자
라는 이론적으로 충분한 개념을 요구할 수도 있고, 또는 종교에 대한 실천적
개념을 요구할 수도 있지만, 이러한 모든 것은 이 문제에 달려 있는 것이다.
　　자연적 목적론으로부터 이끌어 낸 이러한 논증은 존중할만한 것이다. 이 논
증은 상식에 대해서도 극히 세심한 사색가에 대해서와 똑같이 확신시킬 수 있
는 효과를 가지고 있다. 그리고 라이마루스[2]는 그의 탁월한 저서에서 이러한　471
논거를 그의 특유한 철저성과 명료성을 가지고 상론하고 있거니와, 이와 같은
사람은 그 때문에 불멸의 공적을 거두었던 것이다.――그러나 무엇에 의해서
이 증명은 그토록 강력한 영향을 우리의 심의에 미치며, 특히 냉정한 이성에
의한 판정에 있어서 (자연의 불가사의한 일로 인해서 일어나는 심의의 감동과
고양은 설득에 넣을 수 있을 것이기에 말이다) 침착하고 전혀 허심탄회한 동의

---

1) 제2판에는 "전자연지식"으로 되어 있다.
2) Hermann Samuel Reimarus (1694-1768): 독일의 계몽기의 신학자. 그는 이신론적 입장에서
　성서를 비판하고, 종교를 이성의 기초 위에 확립하려고 했다. Kant가 여기에서 지적하고 있는 그의
　저서는 『자연적 종교의 가장 중요한 진리에 관한 논고』(*Abhandlungen von den vornehmsten
　Wahrheiten der natürlichen Religion*, 1754)이다.

를 일으키는 것일까? 자연적 목적이라고 해서 모두가 세계원인 속에 깊이 모를 오성이 있음을 시사하는 것은 아니다. 자연적 목적은 그것을 시사하기에 충분한 것이 못된다. 왜냐하면 자연적 목적은 의문을 품는 이성의 요구를 만족시켜주지 못하기 때문이다. (이성은 이렇게 묻는다:) 저 모든 기술적 자연사물들은 무엇을 위해서 존재하는가, 인간은 자연에 있어서 우리가 생각할 수 있는 최종목적이요, 또 우리는 언제까지나 그러한 인간이 아니면 안되는데, 그러한 인간 그 자신은 무엇을 위해서 존재하는 것인가, 이 자연 전체는 무엇을 위해서 존재하는가, 그리고 그토록 위대하고 다양한 기술의 궁극목적은 대체 무엇인가? 향락한다거나 관조하고 관찰하고 감탄한다는 것이 (이것도 거기에 그친다면 특수한 종류의 향락에 지나지 않는다) 세계와 인간 자신이 존재하는 최종의 궁극목적이요, 그러한 것을 위해서 세계와 인간은 창조되었다고 하는 것으로는, 이성을 만족시킬 수가 없다. 왜냐하면 이성은 유독 인간만이 자신에게 부여할 수 있는 하나의 인격적 가치를 인간과 인간의 현존재가 궁극목적이 될 수 있는 유일한 조건으로서 전제하기 때문이다. 이 인격적 가치(이것만이 하나의 명확한 개념을 가질 수 있다)가 결여될 때에 자연의 목적은 인간의 물음에 만족을 주지 못하는데, 이는 특히 자연의 목적은 더없이 충족한 (그리고 바로 그 때문에 유일하며, 본래의 의미에서 그렇게 불려야 할 최고의) 존재자로서의 최고의 존재자에 관한, 그리고 어떤 하나의[1] 오성이 세계의 원인으로서 따르는 [도의적] 법칙들에 관한 명확한 개념을 부여할 수가 없는 까닭이다.

472   그러므로 우리가 마치 자연적-목적론적 증명은 동시에 신학적 증명인 것처럼 확신하게 된다는 사실은, 우리가 자연의 목적들을 최고의 오성을 입증하는 그만큼의 경험적 증명근거들이라고 보아, 이러한 자연의 목적이라는 이념들을 이용하는 데에[2] 기인하는 것이 아니다. 오히려 이 추론에는 어떤 인간에게나 내재하고 있어서 그를 마음 속 깊이 감동시키는 도덕적 증명근거가 모르는 사이에 혼입되어 있는 것이다. 그리하여 이 도덕적 증명근거에 따라 우리는 자연의 목적에 있어서 그토록 불가해하게 기술적으로 자기를 계시하는 존재자에게

---

1) 초판에는 "그의 [최고의 존재자의]"로 되어 있다. Erdmann과 Windelband로 그렇게 읽는다.
2) Kant는 "이념들을 위하여 노력하는 데에"라고 쓴 것을 Hartenstein이 이같이 고쳤다.

하나의 궁극목적도, 따라서 지혜도 (비록 자연의 목적들을 지각함으로써 그렇게 할 권리를 가지는 것은 아니지만) 귀속시키고, 그렇게 하여 이 자연적−목적론적 논증에 아직도 부착되어 있는 결함을 임의로 보완하는 것이다. 그러므로 사실은 도덕적 증명근거만이 확신을 가지게 해주며, 또한 누구나가 진심으로 동의를 느끼는 도덕적 관점에서만 확신을 가지게 해준다. 그러나 자연적−목적론적 증명근거는 세계를 고찰함에 있어서 심의를 목적에의 길로 인도하고, 또 그렇게 함으로써 하나의 오성적 세계창시자에로 인도한다는 공적만은 가지고 있다. 왜냐하면 목적에 대한 도덕적 관계, 신학적[1] 개념으로서의 그와 같은 입법자와 세계창시자라는 이념은, 비록 이 개념이 순진한 부가물에 불과하다 할지라도, 이 [자연적−목적론적] 증명근거에서 저절로 전개되는 것으로 보이기 때문이다.

보통의 논술에서는 이것으로 끝을 맺어도 무방하다. 왜냐하면 보통의 건전한 오성[상식]은 여러 가지 원리들을 혼합하지만, 실제로는 그 중의 어느 하나의 원리로부터만 유일의 올바른 결론을 이끌어내게 되는데, 이러한 분리가 많은 성찰을 요하는 경우에는, 이 여러 가지 원리들을 서로 이종적인 것으로서 구별하기란 이 오성에게는 일반으로 어렵기 때문이다. 그러나 신의 현존재에 관한 도덕적 증명근거는 본래 단지 자연적−목적론적 증명을 완전한 증명이 되도록 보완하는 데 지나지 않는 것은 아니다. 오히려 그것은 자연적−목적론적 증명으로 해서 결여되는 확신을 보상하는 하나의 특수한 증명인 것이다. 즉, 자연적−목적론적 증명이 실제로 수행할 수 있는 일이란, 자연의 근거를 판정하고, 또 경험에 의해서만 우리에게 알려지는 자연의 우연적인, 그러나 경탄할 만한 질서를 판정함에 있어서 이성을 인도하여, 목적에 따라 자연의 근거를 내포하고 있는 어떤 원인(그것을 우리는 우리의 인식능력의 성질상 오성적 원인이라고 생각할 수밖에 없다)의 인과성에 주목하도록 하고, 그렇게 하여 이성으로 하여금 도덕적 증명을 더욱 받아들이기 쉽게 만드는 것 밖에는 아무 것도 없다. 왜냐하면 그러한 인과성의 개념[2]에 필요한 것은, 자연개념이 포함하고

473

---

1) 제2판에는 "이론적"으로 되어 있다.
2) Erdmann은 "그러한 인과성의 개념"을 "도덕적 증명"이라고 읽는다.

있고 또 알려줄 수 있는 모든 것과는 본질적으로 구별되므로, 근원적 존재자의 개념을 신학에 대하여 충분히 제시하고 그의 현존을 추론하기 위해서는, 전술한 자연개념과는 전혀 독립적인 하나의 특수한 증명근거와 증명을 필요로 하기 때문이다.――그러므로 가령 우리가 이 세계에서 자연적 목적론을 위한 소재를 전혀 발견하지 못한다 하더라도, 또는 애매한 소재 밖에는 발견하지 못한다고 하더라도, 도덕적 증명(이것은 물론 신의 현존재를 이성의 실천적인 관점, 그러나 또한 소홀히 할 수 없는 관점에서 증명할 뿐이다)은 의연히 그 힘을 잃지 않을 것이다. 우리는 이렇게 생각할 수도 있다: 이성적 존재자들이 유기적 조직의 뚜렷한 흔적은커녕 단지 천연 그대로의 물질의 한갓된 기계적 조직의 결과만을 나타내는 그러한 자연에 둘러싸여 있고, 그 때문에, 그리고 단지 우연적으로만 합목적적인 형식들과 관계들마저 변화하기 때문에, 오성적 창시자를 추론할 아무런 근거도 없는 것 같이 보인다고 한다면, 그런 경우에는 자연적 목적론을 유발할 기연도 없을 것이다. 그러나 그럼에도 불구하고 이성은 이
474 때 자연개념의 아무런 지도도 받지 않지만, 자유개념과 이 자유개념 위에 기초를 두고 있는 도덕적 이념에서, 하나의 실천적으로 충분한 근거, 즉 이 도덕적 이념에 알맞는 근원적 존재자의, 다시 말하면 신성으로서의 근원적 존재자의 개념을 요청하고, 또 자유와 자유의 법칙에 맞는 궁극목적으로서의 자연을 (우리들 자신의 현존재까지도) 요청할 수 있는, 그것도 실천이성의 피치 못할 명령을 고려하여 요청할 수 있는 충분한 근거를 발견할 것이다.――그러나 현실적 세계에는 그 안에 있는 이성적 존재자에게 자연적 목적론을 위한 풍부한 소재가 있다는 사실은(이러한 사실은 꼭 필연적인 것은 아니지만), 자연이 이성이념(도덕적 이념)과의 어떤 유비물을 제시할 수 있는 한, 도덕적 논증에 대해서는 바람직한 확증이 된다. 왜냐하면 오성을 가진 지고한 원인이라는 개념(그러나 오성을 가졌다는 것만으로는 신학에게는 아직 충분하지 않지만)은 그로해서 반성적 판단력에 대해서는 충분한 실재성을 획득하기 때문이다. 그러나 지고한 원인이라는 개념은 도덕적 증명의 기초로서 필요한 것은 아니다. 또 도덕적 증명은, 그 자신만으로서 단독으로는 전혀 도덕성을 지시하지 않는 이 개념을, 유일한 원리에 따라 전개되어나가는 추론에 의하여 보완함으로써 하나의 증명이 되도록 하기 위해서 사용되는 것도 아니다. 자연과 자유라는 아주 이종

적인 두 원리는 서로 다른 두 증명방식을 보여줄 수 있을 뿐이다. 그리하여 도
덕적 증명을 자연으로부터 이끌어 내려고 하는 시도는 증명되어야 할 것에 대
해서 불충분하다는 것이 분명해지는 것이다.

만일 자연적－목적론적 증명근거가 소기의 증명에 충분한 것이라면, 그것은
사변적 이성에 대해서 매우 만족을 주는 일일 것이다. 왜냐하면 자연적－목적
론적 증명근거는 하나의 신지학(요컨대 신의 본성과 신의 현존에 관한 이론적
인식이 세계의 상태의 설명과 동시에 도덕적 법칙의 규정에 충분한 것이면, 우
리는 그러한 이론적 인식을 신지학이라고 부르지 않으면 안될 것이다)을 성립
시킬 수 있다는 희망을 줄 것이기 때문이다. 그와 마찬가지로, 만일 심리학이
영혼의 불멸에 관한 인식에 도달할 수 있도록 하는 데에 충분한 것이라면, 심
리학은 사변적 이성에게 똑같이 환영받는 심령학을 가능케 할 것이다. 그러나   475
이 양자는 주제넘은 호기심에게는 제아무리 기꺼운 것이라 할지라도, 사물의
자연적 본성의 지식에 기초를 둔 것이 아니면 안되는 이론의 견지에서는 이성
의 요망을 충족시키지 못하는 것이다. 그러나 신지학은 신학으로서, 심령학은
인간학으로서, 양자가 모두 도덕적 원리 위에, 다시 말하면 자유의 원리 위에
기초를 둔 것이요, 따라서 [이성의] 실천적 사용에 합당한 것이라면, 이 양자는
과연 그들의 객관적인 궁극의도를 보다 잘 성취하지 않을까 하는 것은 별개의
문제요, 우리는 이 문제를 여기에서 더 이상 추구할 필요가 없는 것이다.

그러나 자연적－목적론적 증명근거는 이러한 의도를 위하여 충분히 규정된
근원적 존재자라는 개념을 부여하지도 않고, 또 부여할 수도 없으며, 오히려
우리는 이 개념을 전적으로 다른 곳에서 끌어오거나, 또는 그 결함을 임의의
부가물로서의 개념에 의하여 보족하지 않으면 안되기 때문에, 자연적－목적론
적 증명근거는 신학을 위하여 충분한 것이 못된다. 여러분은 자연형식들과 또
그들의 상호관계의 위대한 합목적성으로부터 하나의 오성적 세계원인을 추론
하되, 그러나 어떤 정도의 이러한 오성을 추론하는 것일까? 확실히 여러분은
최고의 가능적인 오성을 추론한다고는 감히 호언할 수가 없을 것이다. 왜냐하
면 그러기 위해서는 여러분은, 여러분이 이 세계에서 그 증거들을 인지하고 있
는 오성보다도 더 위대한 오성은 사유할 수가 없다는 것을 통찰할 필요가 있을
것이기 때문이다. 그러나 이것은 여러분 자신에게 전지를 인정함을 의미할 것

이다. 그와 꼭 마찬가지로 여러분은 세계의 크기로부터 그 창시자의 지극히 큰 위력을 추론하겠지만, 그러나 이러한 추론이 여러분의 이해력에 대하여 상대적인 의식 밖에는 못가진다는 것, 그리고 여러분은 여러분이 알고 있는 한에 있어서의 세계의 크기와 비교하기 위한 일체의 가능적인 것을 인식하고 있는 것이 아니므로, 여러분은 [여러분의] 그토록 작은 척도에 의해서는 창시자의 전능을 추론할 수가 없다는 것, 그리고 그 밖에 또 그와 같은 것들을, 여러분은 겸허하게 시인할 것이다. 그런데 여러분은 그렇게 해서는 근원적 존재자라는, 신

476　학에 유용한 명확한 개념에 도달하지 못한다. 왜냐하면 이 개념은 오직 어떤 오성과 결합될 수 있는 완전성들의 전체라는 개념에 있어서만 발견될 수 있을 뿐인데, 한갓 경험적인 소여는 여러분이 그 개념에 도달하는 데에 전혀 도움이 될 수가 없기 때문이다. 그러나 그와 같은 명확한 개념이 없으면, 여러분은 유일한 오성적인 근원적 존재자를 추론할 수는 없고, (어떤 목적을 위해서이든) 그와 같은 존재자를 단지 상정할 수 있을 뿐이다.──그런데 여러분이 (이성은 그에 대해서 근거 있는 반론을 펴지 못하므로) '그토록 많은 완전성이 발견되는 경우에는, 모든 완전성이 어떤 유일한 세계원인에 있어서 합일되어 있다고 상정해도 좋을 것이다'라고 임의로 덧붙여 말한다면, 우리는 물론 그것은 용인할 수 있을 것이다. 왜냐하면 이성은 그처럼 규정된 원리를 가지고 있으면 이론적으로도 실천적으로도 더 유리하기 때문이다. 그러나 여러분은 그래도 근원적 존재자라는 이 개념을 여러분이 증명한 것이라고 자찬할 수는 없는 것이다. 여러분은 그 개념을 보다 더 유리한 이성사용을 위해서 상정한 데 불과하기 때문이다. 그러므로 여러분의 정당한 추론의 연쇄를 회의하는 것은 모독이라고 주장하고, 이러한 모독에 대하여 비탄과 무력한 분노를 터뜨린다는 것은, 모두가 헛된 과장이요, 그것은 여러분의 논증에 대해서 자유롭게 토로되는 의문을 사람들이 신성한 진리에 대한 회의라고 간주해주는 것을 좋아하며, 그리하여 신성한 진리를 빙자하여 여러분의 논증의 천박함이 간과되기만을 바라는 것이다.

　그에 반해서 도덕적 목적론은 자연적 목적론에 못지 않은 확고한 기초를 가진 것이요, 오히려 우리의 이성과 불가분적인 원리들 위에 선천적으로 근거하고 있음으로 해서 더 우월하다 하겠거니와, 이러한 도덕적 목적론은 신학을 가능케 하기 위해서 필요한 것에, 즉 도덕적 법칙에 따르는 세계원인으로서의 지

고한 원인이라는, 따라서 우리의 도덕적 궁극목적을 만족시켜주는 원인이라는, 명확한 개념에 이르는 것이다. 그리고 그러기 위해서는, 그러한 지고한 원인에 귀속되는 자연적 특성으로서 다름아닌 전지, 전능, 편재 등등이 필요한데, 이러한 특성은 무한한 도덕적 궁극목적과 결부된 것으로서, 따라서 이 궁극목적 477 에 합당한 것으로서 사유되지 않으면 안된다. 그리하여 도덕적 목적론은 신학에 유용한, 유일한 세계창시자라는 개념을 전혀 단독으로 부여할 수가 있다.

　그와 같이 해서 신학은 또한 직접 종교에, 다시 말하면 신의 명령으로서의 우리의 의무의 인식에 이르는 것이다. 왜냐하면 우리의 의무와 이 의무에 있어서 이성이 우리에게 과하는 궁극목적과의 인식이 신의 개념을 처음으로 명확하게 낳아놓을 수 있었으며, 따라서 신의 개념은 이미 그 기원에 있어서 이 존재자에 대한 책무와 불가분적이기 때문이다. 그에 반해서, 설사 근원적 존재자의 개념이 한갓 이론적인 도정(즉, 한갓된 자연의 원인으로서의 근원적 존재자라는)을 밟아서도 명확하게 발견될 수 있다 할지라도, 나중에 근본적인 증명에 의해서 이 존재자에게 도덕적 법칙에 따르는 인과성을 귀속시키자면 큰 곤란이 따를 것이며, 임의의 부가물을 더 보충하지 않고 그렇게 하기란 아마도 전혀 불가능한 일일 것이다. 그러나 도덕적 법칙에 따르는 인과성이 없이는 그러한 이른바 신학적 개념은 종교에 대한 기초가 될 수는 없는 것이다. 비록 어떤 종교가 이러한 이론적 도정을 밟아서 확립될 수 있다고 할지라도, 그러한 종교는 심정(종교의 본질적 요소는 심정에 있다)의 점에서 보면, 신의 개념이나 신의 현존재에 관한 (실천적) 확신이 도덕의 근본이념으로부터 나온다고 하는 종교와는 현실적으로 구별될 것이다. 왜냐하면, 만일 우리가 세계창시자의 전능, 전지 등등을 다른 곳으로부터 우리에게 주어진 개념으로서 전제한 다음에, 우리가 가지고 있는 의무라는 개념을 우리와 그러한 세계창시자와의 관계에 적용하기만 해야 한다면, 이러한 의무의 개념은 속박과 강제된 복종이라는 외관을 강하게 띠지 않을 수 없을 것이기 때문이다. 그에 반해서, 도덕적 법칙에 대한 478 존경이 전혀 자유롭게, 우리들 자신의 이성의 준칙에 따라, 우리에게 우리의 사명의 궁극목적을 제시해 주는 경우에는, 우리는 이 궁극목적과 합치하고 그 실현과 조화하는 하나의 원인을, 감수적인 공포와는 전적으로 구별되는 진정한 경외를 가지고, 우리의 도덕적 전망 속에 함께 받아들이고, 그 원인에 기꺼이

복종하는 것이다.＊

　일반으로 신학을 가진다는 것이 도대체 왜 우리에게 중요한 일인가 하는 것이 문제가 된다면, 신학은 우리의 자연지식²⁾이나 일반으로 그 어떤 이론의 확장 또는 수정을 위해서 필요한 것이 아니라, 단지 종교를 위해서만, 다시 말하면 이성의 실천적 사용, 특히 그 도덕적 사용을 위해서만 주관적 견지에서 필요하다는 것이 명백해지는 것이다. 그런데 신학의 대상의 명확한 개념에 이르는 유일한 논증은 그 자신 도덕적이라고 하는 사실이 밝혀진다면, 그러한 논증이 신의 현존재를 단지 우리의 도덕적 사명에 대해서만, 다시 말하면 실천적 견지에서만 충분히 입증할 뿐이라는 사실과, 사변은 이 논증에 있어서 자기의 강점을 실증하는 것도 또는 이 논증에 의해서 자기의 영역의 범위를 확장하는 것도 결코 아니라고 하는 사실이 승인된다 해도, 그것은 우리에게 의아한 느낌을 주지 않을 뿐만 아니라, 우리는 또한 이러한 증명근거에 기인하는 의견이 신학의 궁극목적을 위하여 충분하다는 점에 관해서도 아무런 아쉬움을 느끼지 않을 것이다. 또한 만일 우리가 도덕적 논증에서 범주는 신의 인식을 위해서 사용되고 있지만, 그러나 이론적 견지에서 (우리가 헤아릴 수 없는 신의 본성 그 자체가 무엇인가 하는 데 관해서)가 아니라, 오직 실천적 견지에서만 사용되고 있다는 것을 안다면, 여기에서 주장된 신학의 가능에 관한 의아심이나, 또는 신학의 가능과 사변적 이성의 비판이 범주에 관해서 주장한 것, 즉 범주는 감관의 대상들에 적용될 때에만 인식을 성립시킬 수 있고, 초감성적인 것에 적용되면 결코 인식을 성립시킬 수 없다고 주장한 것과의 사이의 이른바 모순도 사라질 것이다.──이성을 그 자신의 한계 안으로 퇴각시키는 비판의 교설

479

＊ 사려깊은 심의의 사람이면 세계의 이성적 창시자를 명료하게 표상하기 전에 미¹⁾에 대한 감탄과 아울러 매우 다양한 자연의 목적에 의한 감동을 느낄 수 있거니와, 이러한 감탄과 감동은 종교적 감정과 유사한 것을 지니고 있다. 그러므로 이러한 감탄과 감동이 한갓된 이론적 고찰이 일으킬 수 있는 것보다 훨씬 더 많은 관심과 결부되어 있는 감탄을 불어넣을 때에는, 그것들은 먼저 도덕적 판정방식과 비슷한 판정방식에 의해서 도덕적 감정(우리가 알지 못하는 원인에 대한 감사와 숭경의)에 작용하고, 따라서 도덕적 이념을 환기함으로써 심의에 작용을 미치는 것 같이 보인다.

1) 초판에는 "미들"로 되어 있다.
2) 초판에는 "자연인식"으로 되어 있다.

은 매우 필요한 것이면서도 맹목적인 독단논자의 불만을 샀기에, 이 기회에 그러한 교설에 대한 오해를 불식하기 위하여, 나는 여기에 그에 관한 다음과 같은 해명을 추가하는 바이다.

내가 어떤 물체에 동력을 인정하고, 따라서 그 물체를 인과성의 범주에 의해서 사유하는 경우에, 나는 그렇게 함으로써 동시에 그 물체를 인식한다. 다시 말하면 나는 객체 일반으로서의 그 물체의 개념을, 감관의 대상으로서의 그 물체에 그 자신만으로서 (인과성이라는 관계를 가능케 하는 조건으로서) 귀속하는 것에 의해서, 규정하는 것이다. 왜냐하면, 내가 그 물체에 인정하는 동력이 척력이라면, (내가 그 물체의 척력을 받는 다른 물체를 그 물체에 병치시키지 않는다 할지라도) 그 물체에는 공간상의 장소, 그리고 또 연장, 다시 말하면 그 물체 자신이 점유하고 있는 공간, 그 밖에 또 공간이 그 물체의 각부분의 척력으로 충만되어 있다는 것, 마지막으로 이러한 충만의 법칙(물체의 각부분의 척력의 정도[1])는, 그 물체의 연장이 증대되고, 그 물체가 동일한 부분들을 가지고 이 척력으로 충만시키는 공간이 증가되는 것과 반비례해서 감소될 수밖에 없다고 하는)이 귀속되기 때문이다.──그에 반해서, 내가 어떤 초감성적 존재자를 제1원동자라고 생각하고, 따라서 그것을 동일한 세계규정(물질의 운동이라는)에 관한 인과성의 범주에 의해서 사유하는 경우에는, 나는 그러한 초 480 감성적 존재자를 공간상의 어떤 장소에 있는 것으로 생각해서도 안되고, 또 연장을 가진 것으로 생각해서도 안된다. 아니 나는 그것을 시간 속에 있다든가 다른 존재자들과 동시에 현존한다고 생각해서도 안되는 것이다. 그러므로 나는 이러한 존재자가 근거가 되어 운동을 가능케 하는 조건이 무엇인가를 나에게 이해시켜 줄 수 있는 규정이란 전혀 가지고 있지 않다. 따라서 나는 그러한 존재자를 원인(제1원동자로서의)이라는 술어만으로는 조금도 인식하지 못하고, 세계에 있어서의 운동의 근거를 포유하고 있는 어떤 것에 관한 표상만을 가질 뿐이다. 그리고 운동의 원인으로서의 이 어떤 것과 운동과의 관계는 원인인 동물의 성질에 속하는 것을 그 이상 더 나에게 암시해주지 않으므로, 그러한 관계는 원인의 개념을 전연 공허하게 만들어 버리는 것이다. 그 이유인 즉, 단지

---

1) Kant는 "근거"라고 쓴 것을 Schöndörffer가 "정도"로 고쳤다.

감성계에 있어서만 자기의 각체를 찾을 수 있는 술어들을 가지고서는 나는 물론 이 술어들의 근거를 내포하고 있음에 틀림 없는 어떤 것의 현존재에로 나아갈 수는 있지만, 그러나 초감성적 존재자로서의 이 어떤 것의 개념, 즉 그러한 술어들을 모두 거부하는 개념의 규정에로 나아갈 수는 없기 때문이다. 그러므로 내가 인과성의 범주를 제1원동자라는 개념에 의해서 규정하면, 이 인과성의 범주에 의해서는 나는 '신은 무엇인가'를 조금도 인식하지 못하는 것이다. 그러나 만일 내가 세계질서를 기연으로 삼아서, 제1원동자의 인과성을 지고한 오성의 인과성으로서 사유할 뿐만 아니라, 제1원동자라는 개념을 이같이 규정함으로써 지고한 오성을 인식하기도 한다면, 아마도 더욱 성공을 거두게 될 것이다. 왜냐하면 그 경우에는 공간과 연장이라는 귀찮은 조건이 탈락되기 때문이다. —— 물론 세계에 있어서의 위대한 합목적성[1]을 보게 되면, 우리는 그 합목적성에 대한 하나의 지고한 원인과 이 원인의 인과성을 하나의 오성에 의한 것이라고 생각하지 않을 수가 없다. 그러나 그렇다고 해서 우리가 이 지고한 원인에게 오성을 귀속시킬 수 있는 권능을 가지는 것은 전혀 아니다(예를 들면, 우리는 신의 영원성을 모든 시간에 있어서의 현존재라고 생각할 수 있는
481 권능을 가지는데, 이는 우리가 그렇게 생각하지 않으면 하나의 양으로서의, 다시 말하면 지속으로서의 한갓된 현존재도 전혀 이해할 수가 없을 것이기 때문이다. 또 혹은 우리는 신의 편재를 모든 장소에 있어서의 현존재라고 생각하는데, 이는 상호 외적인 [병존하는] 사물들에 대한 [신의] 직접적인 현전을 이해하기 위함이다. 그럼에도 불구하고, 우리는 이러한 [신의] 규정들 중의 어느 하나를 신에 관해서 인식된 어떤 것으로 보아 그것을 신에게 귀속시켜서는 안되는 것이다). [그와는 반대로] 내가 단지 의도적 합목적성에 의해서만 설명될 수 있는 어떤 산물들에 관한 인간의 인과성을 규정하되, 그 인과성을 인간의 오성이라고 생각한다면, 나는 거기에 머무를 필요가 없고, 이 술어를 인간의 숙지된 특성으로서 인간에게 귀속시키고, 그렇게 함으로써 인간을 인식할 수가 있다. 왜냐하면, 인간의 감관에는 직관들이 주어지고, 이 직관들은 오성에 의해서 하나의 개념 아래에로, 그리하여 하나의 법칙 아래에로 통합된다는 것, 이 개념

---

1) 초판에는 "목적결합"으로 되어 있다.

은 공통적 징표만을 (특수를 배제하고) 내포하고 있으며, 따라서 논증적이라는
것, 주어진 표상들을 의식 일반 아래에로 통합하기 위한 규칙들은 직관들보다
도 먼저 의식 일반에 의해서 주어진다는 것 등등을, 나는 알고 있기 때문이다.
그러므로 나는 이 특성을 그대로 인간에게 귀속시키고, 그러한 특성에 의해서
인간을 인식하는 것이다. 그런데 내가 하나의 초감성적 존재자(신)를 지성이라
고 생각하고자 한다면, 이것은 나의 이성사용의 어떤 견지[실천적 견지]에 있어
서는 허용될 뿐만 아니라, 또한 불가피한 것이기도 하다. 그러나 초감성적 존
재자에게 오성을 귀속시키고, 오성을 이 초감성적 존재자의 특성이라고 보아
오성에 의해서 이 초감성적 존재자를 인식할 수 있다고 자부하는 것은, 결코
허용되지 않는다. 왜냐하면 그럴 경우에는 나는 내가 오성을 알 수 있는 상기
한 일체의 조건을 버리지 않으면 안되고, 따라서 인간을 규정하기 위해서만 사
용되는 술어는 초감성적 객체에는 전혀 적용될 수가 없으며, 그러므로 그렇게
규정된 원인에 의해서는 '신은 무엇인가'는 전혀 인식될 수가 없기 때문이다.
그리고 이것은 모든 범주에 관해서도 마찬가지이니, 범주는 가능적 경험의 대
상에 적용되지 않으면, 이론적 견지에 있어서의 인식에 대하여 전혀 의의를 가　482
질 수가 없는 것이다.――그러나 오성과의 유비에 따라 나는 어떤 다른 견지
[실천적 견지]에서는 초감성적 존재자조차도 생각할 수 있다, 아니 생각하지 않
을 수 없다. 그러나 생각한다고 해서 초감성적 존재자를 이론적으로 인식하고
자 하는 것은 물론 아니다. [우리가 그처럼 초감성적 존재자를 생각하지 않을 수 없
는 것은,] 곧 초감성적 존재자의 인과성의 이와 같은 규정이 세계에 있어서의
어떤 결과, 즉 도덕적-필연적이지만, 그러나 감성적 존재자로서는 실현할 수
없는 의도를 내포하고 있는 결과에 관계되는 경우의 일이다. 왜냐하면 그 경우
에는 신과 신의 현존재에 관한 인식(신학)이 신의 인과성의 특성과 규정, 즉 단
지 유비에 따라서만 신에 관해서 사유된 데 지나지 않는 특성과 규정에 의해서
가능하며, 또 이러한 인식은 실천적 관계에 있어서, 그리고 또한 이 관계(도덕
적 관계로서의)를 고려해서만 일체의 필요한 실재성을 가지기 때문이다. ――
그러므로 윤리신학이라는 것은 틀림 없이 가능하다. 왜냐하면 도덕은 신학이
없이도 물론 자신의 규칙을 가지고 존립할 수 있지만, 바로 이 규칙이 과하는
궁극목적에 관해서 이성을 무력하게 하지 않는 한, 신학이 없이는 이 궁극목적

을 가지고 존립할 수가 없기 때문이다. 그러나 (순수이성의) 신학적 윤리학이라는 것은 불가능하다. 왜냐하면 이성이 근원적으로 스스로 부여하지도 않으며, 또 순수한 실천적 능력으로서의 이성이 준수되도록 돌보아주지도 않는 법칙은, 도덕적 법칙일 수가 없기 때문이다. 그와 마찬가지로 신학적 자연학이라는 것도 무의미한 것에 지나지 않을 것이다. 왜냐하면 그것은 자연법칙을 제시하지 않고, 최고의 의지의 지령을 논술할 것이기 때문이다. 그에 반해서 자연적 (본래는 자연적―목적론적) 신학이라는 것은 적어도 본래의 신학의 예비학의 구실을 할 수 있다. 즉, 자연적 신학은 자연목적의 풍부한 소재를 보여주어, 그러한 자연목적들을 고찰함으로써 자연이 제시할 수 없는 궁극목적의 개념에 도달할 기연을 주기 때문이다. 따라서 자연적 신학은 이성의 최고의 실천적 사용에 대하여 신의 개념을 충분히 규정하고 있는 신학의 필요를 감지시켜 줄 수는 있지만, 그러한 신학을 성립시켜 주고, 그러한 신학을 자신의 증거 위에 충분히 정초해 줄 수는 없는 것이다.

부 록

판단력비판 제1서론

I.
체계로서의 철학에 관하여.

1

철학이 개념에 의한 이성인식의 체계라면, 철학은 이미 그것만으로도 순수이성의 비판과는 충분한 구별된다. 순수이성의 비판은 물론 이성인식의 가능에 관한 철학적 연구를 그 내용으로 하고 있기는 하지만, 그러나 그러한 체계에 한 부문으로서 속하는 것이 아니라, 우선 그러한 체계의 이념을 입안하고 음미하는 것이다.

체계를 구분하자면, 우선 그 형식적 부문과 실질적 부문으로만 구분할 수가 있다. 전자(논리학)는 단지 사유의 형식을 규칙들의 체계로서 파악하며, 후자(실재적 부문)에 있어서는 대상들이 사유되므로, 이 부문은, 개념에 의한 대상들의 이성적 인식이 가능한 한에 있어서, 그러한 대상들을 체계적으로 고찰하는 것이다.

그런데 철학의 이러한 실재적 체계 그 자체는 이론적 철학과 실천적 철학으로 구분될 수밖에 없다. 이러한 구분은 철학의 객체들의 근원적 구별과 또 어떤 학이 내포하고 있는 그 학의 원리들의 본질적 차이——이것도 객체의 근원적 구별에 기인하는 것이다——에 따른 구분이다. 그리하여 그 한 부문은 자연철학이요 다른 부문은 도덕철학이 아니면 안되거니와, 이들 중에서 전자는 경험적 원리도 내포할 수 있으나, 후자는 (자유는 절대로 경험의 대상이 될 수 없으므로) 선천적인 순수원리 밖에는 결코 내포할 수가 없다.

그러나 실천적이라고 간주되어야만 하는 것, 그 때문에 실천적 철학에 끌어넣어야 마땅하다고 하는 의미에 있어서 실천적이라고 간주되어야만 하는 것에 관해서는 학의 취급방식에 대해서조차 대단히 불리한 하나의 커다란 오해가 지배하고 있다. 사람들은 정략과 국가경제, 가정의 규칙과 교제의 규칙, 심신의 건강과 섭생을 위한 준칙을 (왜 모든 생업과 기술까지도 넣지 않을까?) 실천철학에 넣을 수 있다고 믿어왔다. 왜냐하면 이러한 것들은 모두가 실천적 명제들의 총괄을 내포하고 있기 때문이다. 그러나 실천적 명제는 표상방식으로 보면 과연 사물들의 가능과 그 규정들을 내포하는 이론적 명제와 구별되지만, 그렇다고 해서 내용상으로도 구별되는 것은 아니다. 자유를 법칙들의 아래에서 고

2

찰하는 것만이 [진정한] 실천적 명제이다. 그 밖의 실천적 명제들은 모두가 사물들의 자연적 본성에 속하는 것에 관한 이론을, 우리가 어떻게 하여 일정한 원리에 따라 그러한 사물들을 산출할 수가 있는가 하는 데에 적용한 것에 지나지 않는다. 다시 말하면 사물들의 가능성이 자의적인 행위(이것은 자연원인에도 속한다)에 의해서 표상된 것에 지나지 않는다. 그리하여 '어떤 주어진 중량과 평형을 이를 주어진 힘에 맞먹는 지렛대의 비를 구하라'고 하는 역학문제의 해답은 과연 실천적 정식으로서 표현되어 있으나, 그러나 이 정식이 내포하고 있는 것은 다음과 같은 이론적 명제에 지나지 않는다: '중량과 힘이 평형을 이루고 있는 경우에, 지렛대의 길이는 중량과 힘에 역비례한다.' 다만 이러한 비례관계는 그 성립으로 보면 어떤 원인——그 규정근거가 이러한 비례관계의 표상이다——(우리의 선택의지)에 의하여 가능한 것으로서 표상되고 있을 뿐이다. 이러한 사정은 단지 대상의 산출에만 관계하는 모든 실천적 명제가 마찬가지이다. 자기의 행복을 촉진하라는 준칙이 주어졌으며, 예를 들어서 그 행복을 감수하기 위해서는 자기 자신으로서 해야 할 일이 무엇인가 하는 것만이 문제라고 한다면, 그러한 행복을 가능케 하는 내적 조건은 주관의 자연적 본성에 속하는 것으로서 표상된다. 즉, 그것은 분수를 아는 것과 격정을 누르기 위하

3　여 경향에 중용을 지키는 것 등이다. 그리고 또 동시에 이러한 [마음의] 평형을 낳아놓는 방식은 우리들 자신에 의하여 가능한 인과성으로서 표상되며, 따라서 일체가 우리들 자신의 자연적 본성(원인으로서의 우리들 자신)에 관한 이론에 연관되는 객체의 이론으로부터의 직접적인 결론으로서 표상된다. 따라서 이 경우에 실천적 준칙은 [표현의] 정식으로 보아서는 물론 이론적 준칙과 구별되지만 내용으로 보아서는 구별되지 않으며, 이유와 그 귀결과의 이러한 결합을 통찰하기 위해서 특수한 종류의 철학을 필요로 하지는 않는다.——한마디로 말하면, 자연이 내포할 수 있는 것을 원인으로서의 [우리의] 선택의지로부터 도출하려는 모든 실천적 명제는 어느 것이나 자연의 인식으로서의 이론적 철학에 속하고, 자유에 법칙을 부여하는 실천적 명제만이 내용상 이론적 철학과 종별상으로 구별되는 것이다. 그러므로 전자의 실천적 명제는 자연철학의 실천적 부문을 형성하고, 후자의 실천적 명제만이 하나의 특수한 실천적 철학의 기초가 된다고, 우리는 말할 수가 있다.

주 해.

철학은 그 부문에 따라 정확하게 규정한다는 것은 매우 중요한 일이다. 그리고 그러한 목적을 위해서는 단지 결론에 불과하든가 또는 그 결론을 주어진 사례에 적용한 것에 불과한 것, 즉 특수한 원리를 필요로 하지 않는 것을, 하나의 체계로서의 철학의 구분지 가운데에 넣지 않는 것이 중요하다.

실천적 명제는 그 원리로 보아서 이론적 명제와 구별되든가, 또는 그 결론으로 보아서 구별되든가, 두 가지 중의 하나이다. 후자의 경우에는 실천적 명제는 학의 특수한 한 부문을 이루는 것이 아니라, 이론적 부문에서 이끌어 내진 특수한 종류의 결론으로서 이 이론적 부문에 속하는 것이다. 그런데 자연법칙에 의한 사물의 가능은 자유법칙에 의한 사물의 가능과 그 원리로 보아서 본질적으로 구별된다. 그러나 이러한 구별의 본질은, 후자에 있어서는 그 원인이 의지 가운데에 있으나, 전자에 있어서는 그 원인이 의지의 밖에, 즉 사물들 그 자체 가운데에 있다고 하는 점에 있는 것은 아니다. 오성은 대상이 한갓된 자연법칙으로서의 원리에 따라 가능하다는 사실을 통찰하고 있거니와, 만일 의지 4 가 따르는 원리가 오성이 통찰하고 있는 그러한 원리와 다른 것이 아니라면, 선택의지의 인과성에 의하여 대상이 가능하다고 하는 내용의 명제는 실천적 명제라고 일컬어질 수 있을는지도 모르지만, 그러나 그러한 명제는 그 원리로 보아서는 사물의 자연적 본성에 관한 이론적 명제들과 전연 구별되지 않을 뿐만 아니라, 오히려 그러한 명제는 그 자신의 원리를 이론적 명제로부터 빌려서 객체의 표상을 현실에 있어서 현시하지 않으면 안되는 것이다.

그러므로 단지 표상된 객체의 가능(자의적 행위에 의한)에만 관계하는 실천적 명제들은 완벽한 이론적 인식의 적용에 지나지 않으며, 학의 특수한 부문을 이룰 수는 없다. 독립된 학으로서의 실천적 기하학이란 무의미한 것이다. 아무리 많은 실천적 명제가 이러한 순수한 학 가운데에 포함되어 있다고 할지라도, 그리고 그 대부분의 명제가 문제이어서 그 해답에 대한 특수한 지시를 필요로 한다고 할지라도, 그러한 실천적 기하학이란 무의미한 것이다. '주어진 직선과 주어진 직각을 가지고 정방형을 구성하라'고 하는 과제는 하나의 실천적 명제이지만, 그러나 이론에서 도출되는 순수한 결론인 것이다. 또한 측량술(agrimensoria)

도 결코 실천적 기하학이라는 명칭을 참칭하거나 기하학 일반의 특수한 한 부문이라고 일컬어질 수 있는 것이 아니라, 기하학의 주석, 즉 기하학의 실제에의 응용에 들어가는 것이다.*

경험적 원리들에 의거하는 자연의 학에 있어서조차도, 즉 본래의 물리학에 있어서조차도, 숨은 자연법칙을 발견하기 위한 실천적 장치가 실험물리학이라는 명칭하에 자연철학의 일부문으로서의 실천적 물리학(이것도 마찬가지로 무의미한 것이다)이라고 불린다는 것은 결코 정당한 일일 수 없다. 왜냐하면 우리가 실험을 할 때에 따르는 원리는 언제나 그 자신 자연의 지식으로부터, 따라서 이론으로부터 얻어지는 것이 아니면 안되기 때문이다. 바로 이러한 것은, 우리의 내부에 일정한 심의상태를 자의로 일으키는 일(예를 들면 구상력을 활동시키거나 억제하는 심의상태, 또는 경향성을 만족시키거나 약화시키는 일)에 관한 실천적 준칙에도 그대로 들어맞는다. 인간의 자연적 본성에 관한 철학의 특수한 부문으로서의 실천적 심리학이란 없다. 기술에 의해서 인간의 심의상태를 가능케 하는 원리는 우리가 이를 우리의 자연적 본성의 성질에 의해서 우리의 규정을 가능케 하는 원리로부터 빌어오지 않으면 안되며, 또 비록 전자의 원리가 실천적 명제라고 할지라도, 그러한 원리는 결코 경험적 심리학의 실천적 부문을 이루는 것은 아니다. 왜냐하면 그러한 명제는 특수한 원리를 가지는 것이 아니라, 단지 경험적 심리학의 주석에 속할 뿐이기 때문이다.

일반으로 실천적 명제가 (그것은 순수하게 선천적일 수도 있고 또는 경험적일 수도 있다) 우리의 선택의지에 의한 어떤 객체의 가능을 직접 언명하는 것이면, 그러한 실천적 명제는 언제나 자연의 지식과 철학의 이론적 부문에 속한다. 다만 어떤 행위의 형식을 (법칙 일반에 따라) 표상함으로써만, 그리고 그러

* 이 순수하고 또 바로 그 때문에 숭고하기도 한 학[기하학]은, 그것이 초등기하학으로서는 그 개념을 구성하기 위해서 단지 두 가지나마 도구, 즉 컴퍼스와 자를 사용한다고 할 때, 다소나마 그 품위가 손상되는 것 같이 생각된다. 그러나 기하학은 이러한 구성만을 기하학적이라고 부르고, 그에 반해서 고등기하학의 구성은 기계적이라고 부른다. 후자의 개념구성을 위해서는 더 복잡한 기계가 필요하기 때문이다. 그러나 초등기하학의 도구라고 하는 것도 실제의 도구(컴퍼스와 자 circinus et regula)를 의미하는 것은 아니다. 이러한 도구는 결코 수학적으로 정확하게 기하학적 도형을 그릴 수는 없을 것이다. 오히려 이러한 도구는 선천적인 구상력의 가장 단순한 현시방식을 의미하는 것에 지나지 않아야 할 것이다. 그리고 그러한 선천적 구상력에는 어떠한 기구도 필적할 수가 없는 것이다.

한 행위에 의해서 객체를 실현할 수단은 고려함이 없이, 직접적으로 그 행위의 규정을 필연적인 것으로서 서술하는 실천적 명제만이, 그것의 특유한 원리들을 (자유의 이념에 있어서) 가질 수 있으며, 또 가지지 않으면 안된다. 그리고 비록 이러한 실천적 명제가 바로 이 원리들 위에 의지의 객체의 개념(최고선)을 확립한다고 할지라도, 이 객체는 귀결로서 단지 간접적으로만 실천적 준칙(이것이 이제야 도덕적 준칙이라고 일컬어지는 것이다)에 속할 뿐이다. 또한 그러한 객체의 가능성은 자연의 지식(이론)에 의해서는 통찰될 수가 없다. 그러므로 오직 이러한 실천적 명제만이 실천적 철학이라는 명칭하에 이성인식의 체계의 특수한 일부문에 속하는 것이다.

실행에 관한 그 밖의 모든 명제는, 그것이 어떠한 학에 들어가든, 애매성이 6 우려된다면, 그것을 실천적 명제라고 부르는 대신에 기교적 명제라고 불러도 좋을 것이다. 왜냐하면 그러한 명제는 우리가 실현되기를 바라는 것을 성취하는 기술에 속하기 때문이다. 그리고 기술이란 이론이 완벽한 경우에는 언제나 그 귀결에 지나지 않으며, 어떤 종류의 지시라는 독립적인 부문이 아니다. 그리하여 숙련의 모든 준칙은 기교*에 속하며, 따라서 자연의 이론적 지식의 귀결로서 이 이론적 지식에 속하는 것이다. 그러나 우리는 앞으로 자연의 대상들이 때로는 마치 기술에 근거해서 가능한 것처럼만 판정되는 경우에도 이 기교

＊ 이 곳에서 나는『도덕형이상학원론』에서 범한 오류를 정정하고자 한다.[1] 나는 숙련의 명법에 관해서 그것은 단지 조건부로만 명령할 뿐이요, 그것도 단지 가능적 목적, 다시 말하면 개연적 목적이라는 조건하에서만 명령한다고 말한 다음에, 그러한 실천적 준칙을 개연적 명법이라고 불렀으나, 이러한 표현에는 확실히 모순이 있다. 나는 그것을 기교적이라고, 다시 말하면 기술의 명법이라고 불렀어야만 했을 것이다. 실용적 명법 또는 영리의 규칙은 현실적인 목적, 그러면서도 주관적으로는 필연적인 목적이라는 조건에서 명령하거니와, 이것도 역시 기교적 명법에 들어가기는 한다(영리란 자유로운 인간을, 그리고 그 가운데에서도 특히 그들이 가지고 있는 자연적 소질과 경향까지도, 자기의 의도를 위하여 사용할 수 있는 숙련이 아니고 무엇인가?). 그러나 우리가 자타의 밑바닥에 깔고 있는 목적이, 즉 자신의 행복이 단지 임의적인 목적에 속하는 것이 아니라고 하는 사실은, 이러한 기교적 명법이라는 특수한 명명을 정당화한다. 왜냐하면 이 때의 과제는 기교적 명법의 경우에 있어서처럼, 단지 어떤 목적이 어떻게 하여 달성될 수 있는가 하는 것을 밝혀야 할 뿐만 아니라, 또한 이 목적 자체(행복)를 결정하는 것이 무엇인가 하는 것도 규정해야 하는데, 이것은 일반적인 기교적 명법의 경우에는 기지의 것으로 전제되지 않으면 안되기 때문이다.

---

1)『도덕형이상학원론』414면 이하 참조.

라는 말을 사용하게 될 것이다. 그리고 그 경우에는 판단은 이론적인 것도 아
니고 또 (방금 말한 의미에 있어서) 실천적인 것도 아니다. 그러한 판단은 객체
의 성질에 관해서나, 객체를 산출하는 방식에 관해서나 아무 것도 규정하는 바
가 없고, 자연 그 자체를, 단지 기술과의 유비에 의해서만, 그것도 대상과의
객관적 관계에 있어서가 아니라 우리의 인식능력과의 주관적 관계에 있어서,
판정하는 것이기 때문이다. 그런데 이 경우에 우리는 이러한 판단 그 자체를
기교적이라고 부르지는 않겠지만, 그러나 이 판단이 판단력의 법칙들 위에 기
초를 둔 것인 이상 그러한 판단력을 기교적이라고 부르고, 또 그러한 판단력에
따르는 자연도 기교적이라고 부르게 될 것이다. 그러나 이러한 기교는 [대상을]
객관적으로 규정하는 명제를 내포하고 있지 않으므로, 이설적 철학의 일부문을
이루는 것이 아니라, 단지 우리의 인식능력의 비판의 일부문을 이루는 것이다.

7

II.
철학의 기초가 되는 상급의 인식능력의 체계에 관하여.

철학의 구분이 문제가 아니라, 개념에 의한 우리의 선천적 인식능력(상급의)
이 문제인 경우에는, 다시 말하면 단지 사유하는 능력이라는 면에서만 본 순수
이성의 비판이 문제인 경우에는(이 경우에는 순수한 직관방식은 고려되지 않는
다), 사유능력의 체계적 지시는 세 부분으로 나누어진다: 즉, 첫째로는 보편(규
칙)을 인식하는 능력인 오성이요, 둘째로는 특수를 보편 아래에 포섭하는 능력
인 판단력이요, 셋째로는 특수를 보편에 의하여 규정하는 (특수를 원리들로부
터 도출하는) 능력, 다시 말하면 이성이다.

순수한 이론이성의 비판은 일체의 선천적 인식의 원천(따라서 이론이성에
있어서 직관에 속하는 것의 원천도)을 구명하는 데 전념했거니와, 그것은 자연
의 법칙을 부여하는 것이었다. 그리고 실천이성의 비판은 자유의 법칙을 부여
하는 것이었다. 그리하여 전철학에 대한 선천적 원리들은 이제 남김 없이 논구
된 것으로 생각된다.

그러나 오성은 선천적으로 자연의 법칙을 부여하고, 그에 반해서 이성은 자
유의 법칙을 부여한다면, 유비에 따라 다음과 같은 것이 기대될 수 있다: 양

능력의 연관을 매개하는 판단력도 그들 양 능력과 마찬가지로 그러한 매개작용을 위한 그의 특유한 선천적 원리들을 제공하며, 아마도 철학의 특수한 한 부문을 확립할 것이다. 그러나 그럼에도 불구하고 체계로서의 철학은 두 부문[자연철학과 도덕철학]으로밖에는 나누어질 수가 없다.

　　그러나 판단력은 특수하지만 전혀 자립적이 아닌 인식능력이므로, 오성처럼 어떤 대상의 개념을 부여하는 것도 아니며, 이성처럼 어떤 대상의 이념을 부여하는 것도 아니다. 왜냐하면 판단력은 단지 다른 데에서 부여된 개념아래에 포섭하기만 하는 능력이기 때문이다. 그러므로 만일 근원적으로 판단력으로부 8 터 나오는 개념 또는 규칙이 있다고 한다면, 그것은 자연이 우리의 판단력에 따르는 한에 있어서의 자연의 사물들에 관한 개념일 수밖에 없을 것이며, 따라서 주어진 특수한 법칙들을 아직 주어진 일이 없는 보다 더 보편적인 법칙들 아래에 포섭하는 우리의 능력에 자연이 따르도록 마련되어 있다고 밖에는 달리 우리가 이해할 수 없는 자연의 성질에 관한 개념일 수밖에 없을 것이다. 바꾸어 말하면, 그것은 자연을 인식하는 우리의 능력을 위한 자연의 합목적성의 개념일 수밖에 없을 것이다. 그리고 그것은 우리가 특수를 보편 아래에 포함된 것으로서 판정하고 특수를 자연의 개념 아래에 포섭할 수 있기 위해서 필요한 것이다.

　　그런데 그와 같은 개념은 경험적 법칙들에 따르는 체계로서의 경험에 관한 개념이다. 비록 경험은 경험 일반의 가능의 조건을 내포하고 있는 선험적 법칙들에 따라 하나의 체계를 이루기는 하지만, 그러나 특수한 경험에 속하는 자연의 형식들의 무한한 다양성과 크나큰 이질성은 경험적 법칙들에 의하여 가능하므로, 이러한 (경험적) 법칙들에 따르는 체계라는 개념은 오성과는 전연 무관한 것일 수밖에 없으며, 따라서 그러한 [체계라는] 전체의 가능은 물론이요, 더구나 그 필연성은 이해될 수 없는 일이다. 그러나 그럼에도 불구하고 불변적인 원리들에 따라 철두철미하게 연관지어져 있는 특수한 경험은 또한 경험적 법칙들의 이러한 체계적 연관을 필요로 한다. 이는 판단력이 특수를 보편——이것도 아직 경험적인 것이지만——아래에 포섭하여, 마침내 최상의 경험적 법칙들과 이 법칙들에 알맞은 자연형식들에 이를 때까지 포섭을 계속할 수 있고, 따라서 특수한 경험들의 집합을 경험의 체계로 간주할 수 있기 위해서이다. 이

9 러한 전제가 없이는 특수한 경험들의 어디까지나 합법칙적인 연관,* 다시 말
하면 경험적 통일은 성립할 수가 없기 때문이다.

　그 자체로서는 (일체의 오성개념에서 보면) 우연적인 이러한 합법칙성을 판
단력은 (오로지 자기 자신에게만 유리하도록) 자연에 관해서 추정하고 자연에
대해서 전제하거니와, 이러한 합법칙성이 곧 우리가 자연에 대해서 부득이 상
정하지 않을 수 없는 자연의 형식적 합목적성이다. 그러나 이러한 자연의 형식
적 합목적성에 의해서 자연의 이론적 인식이나 자유의 실천적 원리가 정초되는
것은 아니지만, 그럼에도 불구하고 자연을 판정하고 자연을 탐구하기 위한 하
나의 원리가, 즉 특수한 경험들에 대하여 보편적 법칙들을 찾기 위한 하나의
원리가 주어진다. 그리하여 우리는 이 원리에 따라 그러한 보편적 법칙들을 세
워, 상술한 체계적 연결을 이룩하지 않으면 안된다. 이러한 체계적 연결은 연
관성이 있는 경험에는 필수적인 것이요, 그 때문에 우리는 그것을 선천적으로
상정해야 할 이유를 가지는 것이다.

　그러므로 근원적으로 판단력으로부터 나오며 판단력에 특유한 개념은 기술
로서의 자연이라는 개념이요, 바꾸어 말하면 특수한 자연법칙들에 관한 자연의
기교라는 개념이다. 그리고 이 개념은 이론을 정초하는 것도 아니고, 또 논리
학과 마찬가지로 객체나 객체의 성질에 관한 인식을 내용으로 하는 것도 아니
고, 단지 경험적 법칙들에 의하여 가능하게 되는 자연의 탐구를 진보시키기 위

　＊ 경험 일반의 가능은 곧 종합판단으로서의 경험적 인식의 가능이다. 따라서 경험은 단지 지각들을
비교하는 데에서 분석적으로 도출될 수 있는 것이 아니다(보통은 그렇게 믿고 있지만). 왜냐하면(객
체를 인식하기 위하여) 두 가지의 다른 지각을 하나의 객체의 개념에 있어서 결합시키는 것이 곧 종
합이거니와, 이러한 종합은 현상들을 종합적으로 통일하는 원리들에, 다시 말하면 현상들을 범주 아
래에 포섭시키는 원칙들에 따르지 않고 달리는 경험적 인식, 즉 경험을 가능케 할 수가 없기 때문이
다. 그런데 이러한 경험적 인식들은, 이 인식들이 필연적으로 공유하고 있는 것(즉, 상술한 자연의
선험적 법칙들)에 따라, 일체의 경험의 분석적 통일을 이루기는 하지만, 그러나 하나의 체계로서의
경험의 종합적 통일을 이루는 것은 아니다. 이러한 종합적 통일이란, 경험적 법칙들이 가지고 있는
차이에서 보더라도(그리고 이 경우에 경험적 법칙들의 다양성은 무한에 이를 수 있다), 이 경험적 법
칙들을 하나의 원리 아래에 결합시키는 것이다. 그런데 모든 특수한 경험에 관해서 범주가 되는 것은
곧 자연의 합목적성, 즉 판단력이라는 우리의 능력에 대한 자연의 적합성(자연의 특수한 법칙들에 관
해서도)이요, 이러한 합목적성에 의하여 자연은 단지 기계적인 것으로서 뿐만 아니라 기교적인 것으
로서도 표상되는 것이다. 그것은 범주와 같이 종합적 통일을 객관적으로 규정하지는 물론 못하지만,
그러나 자연의 탐구에 길잡이가 될만한 원칙들을 주관적으로 부여하는 개념이다.

한 하나의 원리를 부여하는 것에 지나지 않는다. 그러나 이 때문에 자연에 관한 지식이 어떤 특수한 객관적 법칙으로 더 풍부해지는 일은 없고, 다만 판단력을 위한 하나의 격률이 확립되어, 자연을 이 격률에 따라 관찰하고 자연의 형식을 그것과 대조하도록 할 뿐이다.

그런데 자연과 자유와의 인식의 이설적 체계로서의 철학은 이러한 일로 해서 어떤 새로운 부문을 획득하는 것은 아니다. 기술로서의 자연이라는 표상은 한갓된 이념이요, 이 이념은 우리의 자연탐구에 대하여, 따라서 단지 주관에 대하여, 경험적 법칙들 그 자체의 집합 속에 가능한 한 하나의 체계 속에 있는 것과 같은 연관을 넣어 주기 위한 원리의 구실을 하거니와, 이는 우리가 자연이 이러한 우리의 요구에 대하여 어떤 관계를 가진다고 보기 때문이다. 그에 반해서 자연의 기교라는 우리의 개념은 자연을 판정함에 있어서의 발견적 원리로서 우리의 인식능력의 비판에 속할 것이요, 이 비판은, 우리가 자연을 그와 같이 표상할 수 있는 어떠한 기연을 가지고 있는가, 이 이념은 어떠한 기원을 가지는 것인가, 그것은 선천적인 원천 속에서 발견될 수 있는 것인가 어떤가, 또한 그 이념의 사용의 범위와 한계는 어떠한 것인가 하는 문제들을 알려 주는 것이다. 한마디로 말한다면 그와 같은 연구는 부문으로서는 순수이성의 비판의 체계에 속하고, 이설적 철학의 체계에는 속하지 않는다.

III.
인간의 심의의 모든 능력의 체계에 관하여.

우리는 인간의 심의의 모든 능력을 예외 없이 세 개의 능력으로 환원할 수가 있다: 즉, 인식능력, 쾌 불쾌의 감정, 욕구능력이 그것이다. 과연 사유방식이 철저하기 때문에 다른 점에 있어서는 온갖 상찬을 마땅히 받을만한 철학자들도 이 [심의능력의] 차이만은 단지 외관상의 차이에 지나지 않는다고 언명하고, 모든 능력을 한갓된 인식능력에로 환원하려고 시도해 왔다. 그러나 그처럼 다양한 능력들을 하나로 통일시키려는 이러한 시도가 진정한 철학적 정신에서 기도된 것이라 하더라도, 그것이 헛된 일임은 아주 용이하게 밝혀질 수 있으며, 또 우리가 얼마 전부터 이미 통찰한 바이었다. 표상들은 단지 객체에, 그

10

리고 표상들의 의식의 통일에만 관계하여 인식이 되는 한, 그러한 표상들 사이
에는 언제나 하나의 큰 구별이 있으며, 마찬가지로 표상의 객관적 관계와 표상
이 단지 주관에 대해서만 가지는 관계와의 사이에는 큰 구별이 있다. 표상의
객관적 관계의 경우에 있어서는 표상은 동시에 이러한 객체의 실현의 원인으로
간주되어 욕구능력에 산입되며, 그 주관적 관계의 경우에 있어서는 표상은 그
자체만으로서 자기 자신의 현존을 주관 속에 단지 보존할 수 있는 근거가 되
며, 그런 한에 있어서 표상은 쾌의 감정과의 관계에 있어서 고찰된다. 이러한
후자의 관계는, 설사 그것이 인식을 규정근거로서 전제한다고 할지라도, 절대
로 인식이 아니며, 또 인식을 제공하지도 않는다.

11   어떤 대상의 인식과 그 대상의 현존에서 느끼는 쾌 불쾌의 감정과 사이의
연결, 또는 대상을 산출하는 욕구능력의 규정은 물론 경험적으로 충분히 인지
될 수 있다. 그러나 이러한 연관은 선천적인 원리에 근거를 둔 것이 아니므로,
그런 한에 있어서 이 심의력들은 단지 집합을 이룰 뿐이요 체계를 이루지는 못
한다. 그런데 과연 쾌의 감정과 다른 두 능력들 사이에 하나의 선천적 연결을
찾아낸다는 것은 성공할 수 있는 일이며, 또 우리가 어떤 선천적 인식을, 즉
자유의 이성개념을 이 이성개념의 규정근거로서의 욕구능력과 연결짓는 경우
에는, 이러한 객관적 규정 속에서 동시에 의지규정 가운데에 내포되어 있는 쾌
의 감정을 주관적으로 발견한다는 것도 성공할 수 있는 일이다. 그러나 이렇게
해서 인식능력이 쾌나 불쾌를 매개로 하여 욕구능력과 결합되어 있는 것은 아
니다. 왜냐하면 쾌나 불쾌는 욕구능력에 선행하는 것이 아니라, 욕구능력의 규
정에 뒤따라서 비로소 일어나는 것이든가, 또는 아마도 의지가 이성 자신에 의
하여 그처럼 규정될 수 있다는 데 대한 감각에 지나지 않는 것이든가, 둘 중의
하나이기 때문이다. 따라서 쾌나 불쾌가 그와 같은 감각에 지나지 않는다면,
그것은 특수한 감정도 아니며, 또한 심의의 특성 가운데에서 특수한 구분을 필
요로 하는 특유한 감수성도 아닌 것이다. 그런데 심의능력 일반을 분석해 보
면, 욕구능력의 규정과는 관계 없이 오히려 욕구능력의 규정근거가 될 수 있는
쾌의 감정이 주어져 있음은 부정할 수 없지만, 그러나 이 쾌의 감정이 다른 두
능력과 연결되어 하나의 체계가 되기 위해서는, 이 쾌의 감정은 다른 두 능력
12 과 마찬가지로 단지 경험적 근거에만 의거하는 것이 아니라, 선천적 원리에도

의거하는 것이 아니면 안된다. 그리하여 하나의 체계로서의 철학이라는 이념을 위해서는, (비록 하나의 이설은 아니지만 그러나) 경험적으로 확립된 것이 아닌 한에 있어서의 쾌 불쾌의 감정의 비판도 또한 필요하게 될 것이다.

그런데 개념에 따르는 인식능력은 그 선천적 원리들을 순수오성 (자연에 관한 오성의 개념) 속에 가지고 있으며, 욕구능력은 그것을 순수이성 (자유에 관한 이성의 개념) 속에 가지고 있거니와, 거기에는 또 심의의 특성 일반 가운데에 하나의 중간적 능력 또는 감수성, 즉 쾌 불쾌의 감정이 남아 있다. 이것은 마치 상급의 인식능력 가운데에 하나의 중간적 능력인 판단력이 남아 있는 것과 같다. 그렇다면 판단력이 쾌 불쾌의 감정에 대해서 [오성이나 이성의 경우와] 마찬가지로 선천적 원리들을 포함하고 있으리라고 추정하는 것보다 더 자연스러운 일이 있을까?

이러한 연결의 가능성에 관해서는 아직 아무것도 확정된 것이 없지만, 그러나 여기에는 이미 쾌의 감정에 대한 판단력의 혹종의 적합성이 있어서, 그러한 적합성이 쾌의 감정에 대하여 규정근거의 구실을 하거나, 또는 이러한 규정근거를 쾌의 감정 속에 발견하게 된다. 그러나 이러한 것은, 개념에 의한 인식능력의 구분에 있어서 오성과 이성은 각각 자기의 표상을 객체에 관계시켜서 객체에 관한 개념을 획득하지만, 판단력은 오로지 주관에만 관계하며, 그 자신만으로서는 대상에 관한 어떠한 개념도 산출하지 못한다고 하는 사실이 명확하게 알려지는 한에 있어서의 일이다. 그와 마찬가지로 심의력 일반의 일반적 구분에 있어서 인식능력과 욕구능력은 표상의 객관적 관계를 내포하고 있으나, 그에 반해서 쾌 불쾌의 감정은 단지 주관을 규정하는 감수성에 지나지 않는다. 그러므로 판단력이 언제나 그 자신만으로서 어떤 것을 규정해야만 한다면, 그 어떤 것은 쾌의 감정 이외의 다른 것일 수는 없을 것이며, 또 거꾸로 쾌의 감정이 언제나 선천적 원리를 가져야만 한다면, 그러한 선천적 원리는 판단력 속에서만 발견될 수 있을 것이다.

13   Ⅳ.
판단력에 대한 하나의 체계로서의 경험에 관하여.

우리는 순수이성의 비판에서, 경험의 일체의 대상의 총괄로서의 자연 전체는 선험적 법칙들에 따르는, 즉 오성 자신이 선천적으로 부여하는 (즉, 여러 현상들이 하나의 의식 속에 결합되어 경험을 이루는 한에 있어서, 그러한 현상들에 대하여) 법칙들에 따르는 하나의 체계를 이룬다고 하는 사실을 보았다. 바로 그 때문에, 객관적으로 고찰하여 경험 일반이 가능한 것과 마찬가지로, 보편적 및 특수적 법칙들에 따르는 경험도 (이념에 있어서) 가능적인 경험적 인식들의 하나의 체계를 이룸에 틀림 없다. 왜냐하면 자연의 통일이 그것을 요구하기 때문이다. 그리고 이 요구는 모든 현상의 이러한 총괄 속에 포함되어 있는 일체의 것을 남김 없이 결합시키는 원리에 따른 요구이다. 그런 한에 있어서 이제야 오성의 선험적 법칙들에 따르는 경험 일반은 체계로 간주될 수가 있고, 한갓된 집합으로 간주될 수가 없는 것이다.

그러나 이로부터, 경험적 법칙들에 따르는 자연도 인간의 인식능력이 파악할 수 있는 하나의 체계라고 하는 결론, 그리고 자연의 현상들이 하나의 경험 속에서 남김 없이 체계적으로 연관지어진다는 것이 인간에게 가능하며, 따라서 체계로서의 이러한 경험 자체가 인간에게 가능하다고 하는 결론은 나오지 않는다. 왜냐하면 경험적 법칙들은 매우 다양하고 이종적이므로, 여러 지각들을 그 때 그 때 발견된 특수한 법칙들에 따라 하나의 경험에로 결합한다는 것은 우리들[인간]에게도 물론 부분적으로는 가능한 일일는지 모르지만, 그러나 이러한 경험적 법칙들 그 자체를 하나의 공통적 원리 아래에 친근한 것끼리 통일한다는 것은 전연 불가능한 일일 것이기 때문이다. 다시 말하면, 그러한 일이 그 14 자체로서는 가능하다 (적어도 오성이 선천적으로 결행할 수 있는 한에 있어서는) 해도, 이러한 경험적 법칙들과 또한 이 경험적 법칙들에 적합한 자연형식들의 다양성과 이종성은 무한히 클 것이며, 따라서 설사 우리가 선험적 법칙들에 따라 하나의 체계를 전제하지 않을 수 없다고 할지라도, 그러한 다양성과 이종성은 우리에게 생경하고 혼돈된 집합을 보여줄 뿐이요, 그러한 체계의 극히 작은 흔적조차도 보여주지 않을 것이다.

시간과 공간에 있어서의 자연의 통일과 우리에게 가능한 경험의 통일과는 동일한 것이다. 왜냐하면 전자는 한갓된 현상들(표상방식들)의 총괄이요, 또 이 총괄은 그의 객관적 실재성을 오로지 경험에 있어서만 가질 수 있거니와, 우리가 자연의 통일을 (당연히 그래야만 하는 일이지만) 하나의 체계로 생각하면, 그러한 경험도 경험적 법칙들에 따르는 체계 그 자체로서 가능한 것이 아니면 안되기 때문이다. 그러므로 경험적 법칙들의 이종성과 자연형식들의 이질성이 그처럼 무한하다는 것은 마음에 걸리는 일이었지만, 그러나 그러한 이종성과 이질성이 자연에 귀속되는 것이 아니며, 오히려 특수한 법칙들의 친화성에 의하여 더욱 보편적인 법칙 아래에 포섭되어, 경험적 체계로서의 하나의 경험이 될 수 있는 자격을 가지게 된다는 것은, 하나의 주관적으로 필연적인 선험적 전제인 것이다.

그런데 이러한 전제가 곧 판단력의 선험적 원리이다. 왜냐하면 판단력은 특수를 보편 (그 개념이 주어져 있는) 아래에 포섭하는 능력일 뿐만 아니라, 또한 거꾸로 특수에 대하여 보편을 찾아내는 능력이기도 하기 때문이다. 그러나 오성은 자연에 대한 그의 선험적 입법에 있어서 가능적인 경험적 법칙들의 일체의 다양성을 사상한다. 즉, 오성은 그의 선험적 입법에 있어서 단지 경험 일반의 가능의 조건들만을 그 형식의 면에서 고찰할 뿐이다. 그러므로 오성에 있어서는 특수한 자연법칙들의 친화성의 상술한 원리는 발견될 수가 없다. 그러나 동일한 보편적 자연법칙들 아래에 있는 특수한 법칙들은 서로 상이한 요소를 15 가지고 있지만, 그럼에도 불구하고 판단력은 이러한 상이한 요소에 따르는 특수한 법칙들을 역시 경험적이기는 하지만 그러나 보다 높은 법칙들 아래에 포섭시키지 않으면 안되므로, 판단력은 그러한 원리를 자신의 활동의 기초로 삼지 않을 수 없다. 자연형식들이 서로 합치되어, 경험적이기는 하지만 그러나 보다 높은 공통적 법칙이 된다면, 판단력은 그것을 전혀 우연적인 것으로 간주할 것이며, 그러한 자연형식들 사이를 암중모색함으로써 특수한 지각들이 요행히 하나의 경험적 법칙이 될 수 있는 자격을 가지게 되었다 하더라도, 그것은 한층 더 우연적인 일일 것이다. 그러나 다양한 경험적 법칙들이 전체적인 연관을 이루어 하나의 가능적 경험에 있어서의 자연인식의 체계적 통일을 이룰 수 있다고 함은, 하나의 선천적 원리에 의하여 그러한 형식을 자연 속에 전제하지 않는다면, 훨씬 더 우연적인 일일 것이다.

일반으로 유포되어 있는 모든 정식들, 즉 자연은 최단거리를 취한다 ──자연은 헛된 일을 하지 않는다 ──자연은 다양한 형식들에 있어서 비약을 하지 않는다(형식의 연속성 continuum formarum)──자연은 종에 있어서는 풍요하지만 그러나 류에 있어서는 인색하다 등등의 정식들은, 판단력이 체계로서의 경험을 위하여, 따라서 판단력 자신의 필요를 위하여 하나의 원리를 확립하려고 하는 선험적 발언 이외의 아무 것도 아니다. 오성도 이성도 그와 같은 자연법칙을 선천적으로 정초할 수는 없다. 왜냐하면 단지 형식적인 자연법칙들(이러한 형식적 법칙들에 의하여 자연은 경험 일반의 대상이 된다)에 있어서는 자연이 우리의 오성에 따른다는 것은 충분히 이해가 되지만, 그러나 특수한 법칙들과 그 다양성 및 이종성에 관해서는 자연은 우리의 입법적 인식능력의 모든
16 제한으로부터 해방되어 있기 때문이다. 그리고 판단력 자신의 사용을 위하여, 경험적-특수적인 것으로부터 똑같이 경험적이지만 보다 보편적인 것에로 언제나 높이 올라가서 경험적 법칙들을 합일시키려는 것이 판단력의 한갓된 전제요, 이러한 전제가 상술한 원리를 확립하는 것이다. 경험을 의지해서는 우리는 그와 같은 원리를 결코 기술할 수도 없다. 왜냐하면 그러한 원리의 전제하에서만 경험들을 체계적으로 수행할 수가 있기 때문이다.

V.
반성적 판단력에 관하여.

판단력은 주어진 표상에 의하여 가능한 개념을 찾기 위해서 이 주어진 표상을 어떤 원리에 따라 반성하는 한갓된 능력이거나, 또는 그 근저에 있는 개념을 주어진 경험적 표상에 의하여 규정하는 능력이거나, 둘 중의 하나라고 볼 수 있다. 전자의 경우에는 판단력은 반성적 판단력이요, 후자의 경우에는 규정적 판단력이다. 그런데 반성한다(숙고한다)고 함은 곧 주어진 표상을 그 표상에 의하여 가능한 개념에 관하여 다른 인식능력과 비교하고 대조하거나, 또는 자기의 인식능력과 비교하고 대조하거나, 둘 중의 하나를 말한다. 반성적 판단력은 판정능력(facultas dijudicandi)이라고도 불리는 것이다.

　　반성작용(이것은 동물에게 있어서조차도 일어난다. 다만 동물에게 있어서는 본능적으로, 즉 반성에 의해서 도달될 개념과 관련해서가 아니라, 반성에 의해서 규정될 경향성과 관련해서 일어날 뿐이지만)은 우리들에게 있어서는 규정작용이나 마찬가지로 하나의 원리를 필요로 한다. 그러나 규정작용에 있어서는 그 근저에 있는 개념, 즉 객체의 개념이 판단력에 대하여 규칙을 지정하며, 따라서 이 개념이 원리를 대신한다.

　　자연의 주어진 대상에 관한 반성의 원리는, 모든 자연사물들에 대해서는 경험적으로 규정된 개념이 발견된다고 하는 것이다.* 그리고 이것은 자연의 산물들에는 우리가 인식할 수 있는 보편적 법칙에 따라 가능한 하나의 형식이 언제나 전제될 수 있다고 하는 것과 똑같은 의미이다. 왜냐하면, 만일 우리가 그러한 것을 전제해서는 안되며, 우리가 경험적 표상들을 다룸에 있어서 이러한 원리를 기초로 삼지도 않는다고 한다면, 일체의 반성작용은 되는 대로의 맹목적인 것이 될 것이며, 따라서 그러한 표상들이 자연과 조화되리라는 근거 있는 기대도 사라질 것이기 때문이다.

17

＊이 원리는 첫 눈으로 보아서는 종합적 선험적 명제라는 외관을 전혀 띠고 있지 않고, 오히려 동어반복적이며 한갓된 논리학에 속하는 것처럼 보인다. 왜냐하면 논리학은 우리가 어떻게 하여 하나의 주어진 표상을 다른 표상들과 비교할 수 있으며, 또 우리가 어떻게 하여 그 표상이 다른 여러 가지 표상들과 공유하고 있는 것을 하나의 징표로서 추출하여 보편적으로 사용함으로써 하나의 개념을 만들 수 있는가를 가르쳐 주는 것이기 때문이다. 그러나 비교되고 있는 대상들은 각 객체와 형식에 있어서 많은 것을 공유하고 있지만, 과연 자연이 이 비교되고 있는 대상들 이외의 또 다른 많은 것들을 각 객체에 대해서 보여주지 않으면 안되는가 어떤가에 관해서는, 논리학은 아무것도 가르쳐주는 바가 없다. 오히려 논리학을 자연에 적용할 수 있도록 하는 이러한 조건이, 곧 자연을 우리의 판단력에 대한 하나의 체계로서 표상할 수 있도록 하는 원리인 것이다. 그리고 이 원리에 있어서 다양한 것은 류와 종으로 구분되어, [우리에게] 나타나는 모든 자연형식을 비교에 의하여 개념(다소라도 보편성을 가지는)에로 환원할 수 있도록 한다. 그런데 물론 순수오성은 (그러나 이것도 역시 종합적 원칙에 의해서) 자연의 모든 사물들을 선천적 개념(범주)에 따르는 하나의 선험적 체계 속에 포함되어 있는 것으로서 사유하라고 가르친다. 그러나 경험적 표상 그 자체에 대해서까지도 개념을 찾는 판단력(반성적 판단력)은 그 위에 또 이러한 일을 위하여 다음과 같은 것을 상정하지 않으면 안된다: 즉, 자연은 그의 무한한 다양성에 있어서 그것을 류와 종으로 구분하여 두었으며, 이 구분이 우리의 판단력으로 하여금 자연형식들을 비교하여 조화를 발견할 수 있도록 하며, 똑같이 경험적이지만 보다 보편적인 개념에로 높이 올라감으로써 경험적인 개념들과 그 개념들 상호간의 연관에 도달할 수 있도록 하는 것이다. 다시 말하면 판단력은 경험적 법칙들에도 따르는 자연의 체계를 전제한다. 그것도 선천적으로, 따라서 하나의 선험적 원리에 의해서 전제하는 것이다.

18   일반으로 경험개념(특수한 경험적 규정을 가지지 않은)은 보편적 자연개념들
아래에서 비로소 가능하거니와, 이러한 보편적 자연개념들에 관해서는 반성은
자연 일반의 개념에 있어서, 다시 말하면 오성에 있어서 이미 그것들을 지시하
고 있다. 그리하여 판단력은 반성의 특수한 원리를 필요로 하지 않고, 단지 반
성을 선천적으로 도식화하고 이 도식들을 모든 경험적 종합에 적용하는 것이
다. 그리고 이러한 종합이 없으면 어떠한 경험판단도 전혀 불가능할 것이다.
이 점에서 판단력은 그 반성에 있어서 동시에 규정적이요, 판단력의 선험적 도
식론은 판단력에게는 동시에 주어진 경험적 직관을 포섭하는 규칙의 구실을 하
는 것이다.

    그러나 주어진 경험적 직관에 대해서는 어떤 개념들이 우선 발견되어야 하
거니와, 이러한 개념들은 하나의 특수한 자연법칙을 전제하며, 이 자연법칙에
따라서만 특수한 경험은 가능하게 된다. 그런데 그와 같은 개념들을 위해서는
판단력은 자신의 반성에 특유한, 그러나 똑같이 선험적인 원리를 필요로 한다.
그러나 우리는 판단력에게 또다시 기지의 경험적 법칙을 지시하여, 반성을 우
리가 이미 그 개념을 가지고 있는 경험적 형식들과의 한갓된 비교에로 일변시
킬 수는 없다. 왜냐하면, 만일 자연이 (이것은 틀림 없이 생각할 수 있는 일이
다) 자기의 경험적 법칙들의 차이가 큼으로 해서 자연형식들 속에 매우 큰 이
종성을 부여한 결과, 그러한 자연형식들 가운데에서 종과 류와의 조화와 단계
적 질서를 찾아내려는 모든 비교, 또는 적어도 대부분의 비교가 헛된 일이 된
다고 한다면, 어떻게 해서 우리가 여러 지각들을 비교함으로써 여러 가지의 자
연형식들에 공통적인 것에 관한 경험적 개념에 도달하기를 기대할 수 있을까
하는 것이 문제가 되기 때문이다. 경험적 표상들 일체의 비교는 경험적 법칙들
과 이 법칙들에 적합한 종적 형식들, 그러나 이 법칙들을 비교함으로써 다른
법칙들과 류적으로도 합치하는 형식들을 자연사물들에 있어서 인식하기 위한
것인데, 이러한 일체의 비교는 반드시 다음과 같은 것을 전제한다: 자연은 자
연의 경험적 법칙에 관해서도 우리의 판단력에 알맞은 어떤 절약과 우리가 파
악할 수 있는 어떤 동일한 형식[제일성]을 지켜 왔다고 하는 것이 그것이다. 그
리고 이러한 전제는 판단력의 선천적 원리이므로 일체의 비교에 선행하는 것이
아니면 안된다.

그러므로 반성적 판단력은 주어진 현상들을 일정한 자연사물들에 관한 경험적 개념 아래에 포섭시키기 위해서, 이 주어진 현상들을 도식적으로 다루지 않고 기교적으로 다룬다. 말하자면 마치 도구와 같이 오성과 감관의 지도하에 단지 기계적으로 다루는 것이 아니라, 자연을 하나의 체계 속에 합목적적으로 정 19 리하는 보편적인, 그러나 동시에 부정적인 원리에 따라 기술적으로 다루는 것이다. 이를테면 자연의 특수한 법칙들이 (이 법칙들에 관해서는 오성은 아무런 발언도 하지 못한다) 하나의 체계로서의 경험의 가능에 적합한 가운데 우리의 판단력에 유리하도록 다루는 것이다. 이러한 전제가 없다면, 우리는 다양한 가능적 특수적 법칙들의 미로에서 올바로 길을 찾기를 바랄 수가 없을 것이다. 그러므로 판단력은 스스로가 선천적으로 자연의 기교를 그의 반성의 원리로 삼지만, 그렇다고 해서 이 자연의 기교를 설명하고 더 상세히 규정할 수 있는 것은 아니며, 그를 위해서 보편적 자연개념들(물자체의 인식에서 나오는)의 객관적 규정근거를 가지고 있는 것도 아니다. 오히려 판단력은 단지 자기 자신의 주관적 법칙에 따라서, 즉 자기의 필요에 따라서, 그러면서도 동시에 자연법칙 일반과 합치하면서 반성을 할 수가 있을 뿐이다.

반성적 판단력의 원리에 의해서 자연은 경험적 법칙들에 따르는 체계로서 사유되거니와, 그러나 이 원리는 단지 판단력의 논리적 사용을 위한 원리에 지나지 않는다. 즉, 이 원리는 그 기원으로 보면 물론 하나의 선험적 원리이지만, 그러나 다만 다양한 자연을 선천적으로 경험적 법칙들의 아래에서 하나의 논리적 체계가 될 수 있는 자격이 갖추어져 있는 것으로 간주하기 위한 원리에 지나지 않는다.

체계의 논리적 형식의 본질은 단지 주어진 보편적 개념들(이 경우에는 그러한 보편적 개념은 곧 자연 일반이라는 개념이다)을 구분하는 데에 있다. 그리고 이러한 구분은 우리가 차이성을 가진 특수(이 경우에는 경험적인 것)를 보편 아래에 포함된 것으로서 어떤 원리에 따라 사유함으로써 가능하다. 그런데 이를 위해서는, 우리가 경험적으로 처리하여 특수로부터 보편으로 올라가는 경우에는, 다양한 것을 분류하는 일, 다시 말하면 각각 일정한 개념 아래에 들어와 있는 여러 등급을 서로 비교하는 일이 필요하다. 그리고 이 여러 등급이 공통적 징표를 가졌다는 점에서 남김 없이 매거되었다면, 그것을 보다 높은 등급

(류) 아래에 포섭하는 일이 필요하다. 이렇게 해서 마침내 우리는 전 분류의 원
20 리를 내포하고 있는 (따라서 최상류가 되는) 개념에 도달한다. 그에 반해서 만
일 우리가 보편적 개념으로부터 시작해서, 완벽한 구분에 의하여 특수한 개념
에로 내려간다면, 이러한 활동은 주어진 개념 아래에 있는 다양한 것을 특수화
[종별화]하는 것이라고 일컬어진다. 이 경우에는 최상류로부터 하위의 류(아류
또는 종)에로, 그리고 종으로부터 아종에로 진전되는 것이다. 우리는 (보통의
언어사용에 있어서처럼) 어떤 보편 아래에 있는 특수를 특수화[종별화]하지 않
으면 안된다고 말하는 대신에, 오히려 보편적 개념 아래에 있는 다양한 것을
인증함으로써 이 보편적 개념을 특수화[종별화]한다고 말하는 것이 더 정확한
표현이다. 왜냐하면 류는 (논리적으로 보아서) 이를테면 질료 또는 천연 그대
로의 기체요, 이것을 자연은 여러 가지 규정을 가함으로써 특수한 종과 아종으
로 가공하기 때문이다. 그리하여 우리는 자연은 어떤 원리(또는 체계의 이념)
에 따라 자기 자신을 특수화[종별화]한다고 말할 수 있다. 이것은 법률학자들이
어떤 조야한 소재의 특수화를 운위하는 경우에, 그들이 사용하는 이 말의 용법
을 유추하여 따른 것이다.*

　　이제 만일 반성적 판단력이 자연은 어떤 원리에 따라 자신의 선험적 법칙들
을 스스로 특수화[종별화]한다는 것을 전제하지 않는다면, 반성적 판단력은 그
본성상 전 자연을 그 경험적 차이에 따라 분류하려고 꾀할 수가 없다고 함은
명백하다. 그런데 이 원리는 [자연이] 판단력 자신의 능력에 적합하다고 하는
원리 이외의 다른 것일 수가 없다. 그리고 판단력의 능력이란 헤아릴 수 없이
다양한 사물들 속에서 그 사물들의 충분한 친근관계를 가능적 경험적 법칙에
따라 발견하여, 그것을 경험적 개념 (등급) 아래에 포섭시키고, 이 경험적 개념
을 보편적 법칙 (보다 고차적인 류) 아래에 포섭시키며, 그렇게 함으로써 자연
의 경험적 체계에 도달할 수 있는 능력이다. ──그런데 그와 같은 분류가 보
통의 경험인식이 아니라 하나의 기술적 인식인 것과 마찬가지로, 자연도 그와
21 같은 원리에 따라 특수화[종별화]된다고 생각되는 한 기술로 간주된다. 따라서
판단력은 필연적으로 자연의 기교의 원리를 선천적으로 갖추고 있거니와, 이러한

＊아리스토텔레스학파도 류를 질료라고 부르고, 종차를 형상이라고 불렀다.

자연의 기교는 선험적 오성법칙에 따르는 자연의 법칙정립과는 다음과 같은 점에서 구별된다: 즉, 후자에 있어서는 그 원리가 법칙으로서 주장될 수 있으나, 전자에 있어서는 그 원리가 단지 필연적 전제로서 주장될 수 있을 뿐이다.*

그러므로 판단력의 특유한 원리는 이러한다: 자연은 판단력을 위한 어떤 논리적 체계의 형식에 맞도록, 자신의 보편적 법칙을 경험적 법칙에로 특수화[종별화]한다.

이제 여기에 자연의 합목적성의 개념이, 그것도 이성의 개념으로서가 아니라 반성적 판단력의 특유한 개념으로서 나온다. 목적은 객체 속에 세워지는 것이 전혀 아니고, 오로지 주관 속에 세워지는 것이요, 그것도 주관의 한갓 반성하는 능력 속에 세워지는 것이기 때문이다. ——어떤 것의 현존재가 바로 그것의 표상을 전제하는 것 같이 보일 때에, 그러한 것을 우리는 합목적적이라고 부르는 것이다. 그러나 자연법칙은 마치 판단력이 자기 자신의 필요를 위해서 구상하기라도 한 것 같은 성질을 띠고 있으며 또 그렇게 상호 관련되어 있어서, 그러한 자연법칙은 자신의 표상을 자신의 근거로서 전제하고 있는 사물들의 가능과 유사성을 가진다. 따라서 경험적 법칙들에 의하여 자연의 형식들을 특수화[종별화]함에 있어서, 판단력은 자기의 원리에 의하여 자연의 합목적성을 생각하는 것이다.

그러나 이렇게 해서 합목적적이라고 생각되는 것은 이러한 자연의 형식들 그 자체가 아니라, 단지 자연의 형식들 상호의 관계뿐이며, 또 이 형식들이 매우 다양함에도 불구하고 경험적 개념들의 어떤 논리적 체계에 꼭 맞아 들어 간다고 하는 점 뿐이다.——그런데 만일 자연이 이러한 논리적 합목적성 이상의 아무 것도 우리에게 보여주지 못한다 할지라도, 우리는 보편적 오성법칙들에 따라서는 그러한 합목적성의 어떠한 근거도 제시할 수가 없기 때문에, 우리는

---

* 린네[1]는 하나의 돌을 발견하여 그것을 화강암이라고 명명하였는데, 이 때 만일 그가 이 돌이 외관상 똑같은 다른 돌과 그 내적 성질로 보아 구별될 수 있으리라고 생각할 수밖에 없었으며, 따라서 그는 언제나 오성에 대해서는 말하자면 고립된 개개의 사물들만을 발견하리라고 기대할 수는 있었으나, 유개념과 종개념 아래에 포섭될 수 있는 그 사물의 등급을 발견하리라고 기대해서는 안되었다고 한다면, 그는 과연 자연의 체계를 구상하려고 생각할 수가 있었을까?

1) 본역서 313면 각주 1) 참조.

물론 이 점에 관해서 자연을 감탄할만한 이유를 가지게 될 것이다. 그러나 이러한 감탄은 선험철학자라면 몰라도 그 밖의 다른 사람은 하기가 어려울 것이며, 또 선험철학자라도 이러한 합목적성이 구체적으로 in concreto 증명되는 특정한 경우를 들 수 있는 것이 아니라, 단지 그것을 일반적으로 생각하지 않을 수 없는 데 불과한 것이다.

22

VI.
각기 특수한 체계를 이루는 자연형식들의 합목적성에 관하여.

자연이 경험적인 자연법칙들에 있어서 경험적 인식의 한 체계로서의 가능적 경험에 필요한 만큼 자기 자신을 특수화[종별화]한다는 것——이것이 자연의 형식이거니와, 이러한 형식은 논리적 합목적성, 즉 자연은 어떤 경험의 전체 속에 있는 경험적 개념들의 가능적 연관에 관하여 판단력의 주관적 조건에 합치한다고 하는 합목적성을 내포하고 있다. 그러나 [이로 해서] 논리적 합목적성이 자연의 산물들에 있어서의 실재적 합목적성으로 쓰인다고 하는 다시 말하면 개별적 사물들을 체계의 형식으로 산출하는 데에 쓰인다고 하는 결론이 나오는 것은 아니다. 왜냐하면 개별적 사물들은 직관에서 보면 언제나 한갓된 집합에 지나지 않으나, 그럼에도 불구하고 논리적 구분의 체계에 있어서 다른 법칙들과 연관을 가지는 경험적 법칙들에 따라 가능할 것이기 때문이다. 이 때 개별적 사물들의 특수한 가능을 위해서는 본래 그 위에 세워진 개념이 그러한 가능의 조건으로서 상정될 필요가 없으며, 따라서 그러한 사물들의 근저에 놓여 있는 자연의 합목적성이 상정될 필요도 없다. 그와 같이 해서 우리는 토양, 암석, 광물 등을 일체의 합목적적인 형식을 떠나서 한갓된 집합들로서 보지만, 그럼에도 불구하고 그러한 집합들을 가능케 하는 내적 특성과 인식근거에서 보면 그것들은 서로 유사하여, 경험적 법칙들 아래에서는 자연의 한 체계에 있어서의 사물들로 분류될 수 있는 것이다. 그러나 이 때 체계의 형식이 그러한 사물들 그 자체에 있어서 명시되는 것은 아니다.

그러므로 자연형식들의 절대적 합목적성이란, 어떤 것이 그것의 가능의 근저에 우리의 판단력 가운데 있는 그것에 관한 이념이 놓여 있지 않으면 안된다

23

고 하는 성질을 가지고 있을 때, 그러한 것의 외적 형태나 또는 내적 구조를 의미한다. 왜냐하면 합목적성이란 우연적인 것 그 자체의 합법칙성이기 때문이다. 자연은 집합으로서의 자연의 산물에 관해서는 기계적으로, 한갓된 자연으로서 처리해 나간다. 그러나 체계로서의 자연의 산물에 관해서는, 예를 들면 결정형성, 온갖 꽃들의 형태나 또는 식물과 동물의 내적 구조에 관해서는 기교적으로, 다시 말하면 동시에 기술로서 처리해 나간다. 자연존재자들을 판정하는 이 두 가지의 방식은 반성적 판단력에 의해서만 구별된다. 규정적 판단력이 (이성의 원리 아래에 있는) 객체들 그 자체의 가능에 관해서는 반성적 판단력에게 용인하지도 않으며, 또 일체를 기계적 설명방식에로 환원하려고만 하는 일을, 이 반성적 판단력은 능히 수행할 수 있으며, 또한 아마도 수행하지 않으면 안되는 것이다. 요컨대 현상의 설명은 객관적 원리에 따르는 이성의 할 일이요 기계적이지만, 그 대상에 관한 반성의 주관적 원리에 따라 그 대상을 판정하는 규칙은 기교적이다. 그러면서도 양자는 충분히 양립할 수 있다.

그런데 자연의 보편적 법칙들을 특수화[종별화]함에 있어서 성립하는 자연의 합목적성이라는 판단력의 원리는, 그 원리로부터 그 자신 합목적적인 자연형식들의 산출을 추론할 수 있을 만큼 넓은 범위에 미치는 것은 결코 아니다(왜냐하면 판단력은 자연의 체계를 요청할 이유를 가지거니와, 경험적 법칙에 따르는 이러한 자연의 체계는 합목적적 자연형식들이 없어도 가능하기 때문이다.) 그리고 이러한 합목적적 자연형식들은 오로지 경험에 의해서만 주어지지 않으면 안된다. 그럼에도 불구하고 우리는 필경 특수한 법칙들에 따르는 자연의 근저에 합목적성의 원리를 설정해둘 이유를 가지고 있기 때문에, 경험이 우리에게 자연의 산물들에 있어서 합목적적 형식들을 보여주는 경우에는, 언제나 합목적적 형식들을 자연의 근저에 있는 것과 똑같은 근거에 말미암은 것이라고 생각할 수가 있으며, 또 그것이 허용되는 것이다.

비록 이러한 근거 그 자체는 초감성적인 것 가운데에 있으며, 우리에게 가능 24 한 자연통찰의 범위를 벗어나 있을지 모르지만, 우리는 경험 속에서 자연형식들의 합목적성을 찾아서 이 합목적성을 위하여 자연의 합목적성이라는 하나의 선험적 원리를 판단력 가운데에 준비해 둠으로써, 이미 얻은 바가 있는 것이다. 그리고 이러한, 선험적 원리는, 비록 그것이 그러한 자연형식들의 가능을 설명하는 데에는 충분치 못하지만, 그러나 적어도 합목적성의 개념처럼 특수한 개념을 자연과 자연의 합법칙성에 대하여 적용하는 것을 허용하는 것이다. 이 때 물론 이 특수한 개념은 객관적 자연개념일 수가 없고, 단지 하나의 심의능력[판단력]과 자연과의 주관적 관계에서 얻은 것에 지나지 않지만.

VII.
자연의 기교라는 이념의 근거로서의 판단력의 기교에 관하여.

위에서 지적한 바와 같이, 판단력은 기계적 자연필연성 이외에 또한 자연에 있어서 합목적성도 생각하는 것을 비로소 가능케 할 뿐만 아니라, 그것을 필연적이게끔 한다. 만일 이러한 합목적성을 전제하지 않는다면, 경험적 법칙들에 따르는 특수한 [자연]형식들의 완벽한 분류에 있어서 체계적 통일을 기할 수가 없을 것이다. 그리하여 맨먼저 밝혀진 것은, 합목적성이라는 이 원리는 자연을 구분하고 특수화[종별화]하는 주관적 원리에 지나지 않으므로, 자연산물의 형식들에 관해서는 아무 것도 규정하는 바가 없다고 하는 사실이다. 따라서 그렇게 되면 이러한 합목적성은 단지 개념에만 머무를 것이며, 경험에 있어서의 판단력의 논리적 사용의 근저에는 과연 경험적 자연법칙으로 보아 자연의 통일이라는 하나의 격률이 자연의 객체에 관한 이성사용을 위해서 놓여 있기는 하겠지만, 그러나 이러한 특수한 종류의 체계적 통일에 의해서는, 환언하면 목적의 표상에 따르는 체계적 통일에 의해서는 자연에 있어서의 어떠한 대상도 이 대상의 형식에 관하여 이 형식에 대응하는 산물로서 주어지지는 않을 것이다.—

25 —그런데 자연의 산물의 형식을 목적이라고 본다면, 이러한 형식에 관한 자연의 인과성을 나는 자연의 기교라고 부를 것이다. 이 자연의 기교는 자연의 기계적 원리에 대립되거니와, 기계적 원리는 자연의 다양한 것을 합일하는 방식의 근저에 있는 개념이 없이도 다양한 것을 결합함으로써 성립하는 자연의 인과성이다. 그리고 이는 우리가 하나의 목적을 지향한 효과를 그 목적의 근저에 있는 이념이 없이도 거둘 수 있는 어떤 기중기, 예를 들면 지렛대나 경사면을 기계라고는 부르겠지만, 기술작품이라고는 부르지 않으리라는 것과 거의 마찬가지의 일이다. 왜냐하면 이러한 것들은 물론 목적을 위해서 사용될 수는 있지

만, 그러나 목적과의 관련에 있어서만 가능한 것들은 아니기 때문이다.

그런데 여기에서 맨먼저 문제가 되는 것은, '어떻게 하여 자연의 기교는 자연의 산물들에서 지각되는가?' 하는 것이다. 합목적성이라는 개념은 경험의 구성적 개념도 아니고, 객체에 관한 경험적 개념에 속하는 현상의 규정도 아니다. 그 개념은 범주가 아니기 때문이다. 우리는 우리의 판단력에 있어서 이 합목적성을 지각하는데, 이는 우리의 판단력이 직관을 어떤 개념(어떠한 개념인가는 부정이다)에로 환원하기 위하여 주어진 객체의 경험적 직관에 관해서 반성하든, 또는 경험개념이 내포하고 있는 법칙들을 공통적 원리에로 환원하기 위하여 경험개념 그 자체에 관해서 반성하든, 어쨌든 주어진 객체에 관해서 단지 반성만 하는 한에 있어서의 일이다. 따라서 판단력은 본래 기교적이다. 그리고 자연은 판단력의 그러한 활동에 합치하고 그러한 활동을 필연적이게끔 하는 한에 있어서만 기교적인 것으로 표상된다. 우리는 곧 반성적 판단력의 개념, 즉 표상들의 합목적성을 내적으로 지각할 수 있도록 하는 개념이 어떻게 하여 이 개념 아래에 포함되어 있는 것으로서의 객체의 표상에도 적용될 수 있는가 하는 것을 밝히게 될 것이다.*

요컨대 모든 경험적 개념에는 자발적 인식능력의 세 가지 활동이 필요하다: 1. 직관의 다양한 것을 포착하는 일(apprehensio), 2. 이 다양한 것의 의식을 하나의 객체의 개념에 있어서 총괄하는 일, 다시 말하면 그러한 의식을 종합적으로 통일하는 일(apperceptio comprehensiva), 3. 이 개념에 대응하는 대상을 직관에 있어서 현시하는 일(exhibitio)이 그것이다. 첫째 활동에는 구상력 26이 필요하며, 둘째 활동에는 오성이 필요하고, 셋째 활동에는 판단력이 필요하거니와, 경험적 개념이 문제가 되는 경우에는, 이 판단력은 규정적 판단력이 될 것이다.

그러나 어떤 지각을 한갓 반성하기만 하는 경우에는, 개념의 능력으로서의 오성을 위해서 일정한 개념을 반성하는 일이 문제가 아니라, 일반으로 지각에 관한 규칙을 반성하는 일만이 문제이기 때문에, 여기에서 우리가 알 수 있는

---

* 우리가 사물들 속에 목적인을 투입하는 것이요, 그것을 이를테면 사물들의 지각으로부터 끄집어내는 것이 아니라고 하는 말들을 흔히 한다.

것은, 구상력과 오성이 어떤 주어진 지각에 있어서 현실적으로 가지는 관계와 비교해 보면, 양자는 판단력 일반에 있어서 서로 대립적인 관계에 있을 수밖에 없으므로, 단지 반성적인 판단에 있어서는 구상력과 오성은 그러한 대립적인 관계에 있어서 고찰된다고 하는 사실이다.

경험적 직관에 있어서 주어진 객체의 형식이, 그 객체의 다양한 것을 구상력에 있어서 포착하는 일과 오성의 어떤 개념(그것이 어떠한 개념인가는 미정이지만)을 현시하는 일과가 합치한다고 하는 성질을 가지는 경우에는, 한갓된 반성에 있어서 오성과 구상력은 상호 조화를 이루어 자신의 맡은 일을 촉진하게 된다. 그리하여 그 대상은 단지 판단력에 대해서만 합목적적인 것으로서 지각되며, 따라서 합목적성 그 자체도 단지 주관적인 것으로 간주될 뿐이다. 합목적성을 위해서는 객체에 관한 어떠한 규정된 개념이 필요한 것도 아니요, 또이 합목적성에 의해서 어떠한 규정된 개념이 산출되는 것도 아니요, 따라서 그 판단 자신은 인식판단이 아니기 때문이다. ——그와 같은 판단은 **미감적** 반성판단이라고 일컬어진다.

그에 반해서 경험적 개념들과 경험적 법칙들이 자연의 기계적 조직에 따라 이미 주어져 있으며, 판단력이 그러한 오성개념을 이성이나 체계를 가능케 하
27 는 이성의 원리와 비교하는 경우에, 이러한 형식이 그 대상에 있어서 발견되면, 합목적성은 객관적으로 판정되고 있는 것이요, 사물은 자연목적이라고 일컬어진다. 먼저는 사물들은 단지 부정적–합목적적 자연형식들로서만 판정되었었기 때문이다. 자연의 객관적 합목적성에 관한 판단은 **목적론적**이라고 일컬어진다. 그것은 인식판단이기는 하지만, 그러나 반성적 판단력에만 속할 뿐이요 규정적 판단력에는 속하지 않는다. 왜냐하면 일반으로 자연의 기교는 형식적인 것이든 실재적인 것이든 사물과 우리의 판단력과의 관계에 지나지 않으며, 자연의 합목적성이라는 이념은 우리의 판단력에 있어서만 발견될 수 있고, 또 이 이념은 단지 우리의 판단력과의 관련에 있어서만 자연에 부여되는 것이기 때문이다.

VIII.
판정능력의 미감론[미학]¹⁾에 관하여.

　미[직]감적 표상방식이라는 말이 현상으로서의 대상의 인식을 위한, 그러한
대상과 표상과의 관계를 의미하는 것으로 이해되면, 이 말은 조금도 애매하지
가 않다. 왜냐하면 그 경우에 미[직]감적인 것이라는 말은, 그러한 표상에는 감
성의 형식(주관이 어떻게 촉발되는가 하는)이 필연적으로 속하며 그 때문에 이
감성의 형식은 불가피하게 객체(그러나 단지 현상으로서의)에 전용된다고 함을
의미하기 때문이다. 그 때문에 선험적 감성론이 인식능력에 속하는 학으로서
있을 수 있었던 것이다. 그러나 오래 전부터 어떤 표상방식을 어떤 표상이 인
식능력과 관계하는 것이 아니라 쾌 불쾌의 감정과 관계한다고 하는 의미에 있
어서도 미[직]감적이라고, 다시 말하면 감성적이라고 일컫는 것이 습관이 되어
왔다. 그런데 우리는 이러한 쾌 불쾌의 감정([미감적이라든가 감성적이라는] 이 명
칭에 알맞은)을 감각(우리의 [심의]상태의 변양)이라고도 부르는 것이 상례가
되었다. 왜냐하면 우리에게는 [그것을 표현할] 다른 말이 없기 때문이다. 그렇지
만 이 감각은 객관적 감각, 즉 그 규정이 대상의 인식을 위해서 사용될 수 있
는 객관적 감각이 아니라(왜냐하면 어떤 것을 쾌감을 가지고 직관한다든가 그　28
렇지 않으면 인식한다는 것은, 단지 표상과 객체와의 관계가 아니라 표상과 주
관의 감수성과의 관계이기 때문이다), 대상의 인식에는 전혀 아무런 기여도 하
지 못하는 감각이다. 감정의 모든 규정은 단지 주관적 의미밖에는 가지지 못한
다고 하는 바로 이 이유 때문에, 마치 인식능력의 감성론이 성립하는 것처럼
감정의 미[직]감론이 학으로서 성립할 수는 없는 것이다. 그러므로 미[직]감적
표상방식이라는 말이 혹은 쾌 불쾌의 감정을 일으키는 표상방식으로 이해되는
가 하면, 또 혹은 우리들로 하여금 단지 현상으로서의 대상을 인식하게 하는
감성적 직관을 포함하고 있는 한에 있어서의 인식능력에만 관계하는 표상방식
으로 이해된다면, 이 말 가운데에는 언제나 피치 못할 애매성이 남는다.

　그럼에도 불구하고 이러한 애매성은, 만일 우리가 미[직]감적이라는 말을 직

---

　1) "미감론[미학]"(Ästhetik) 및 "미[직]감적"(ästhetisch)에 관해서는 본역주 5면 각주 1) 참조.

412   판정능력의 미감론에 관하여

관에 관해서도, 더구나 오성의 표상들에 관해서도 사용하지 않고, 오직 판단력의 활동에 관해서만 사용한다면, 제거될 수가 있다. 미[직]감적 판단이란, 만일 우리가 그것을[대상의] 객관적 규정을 위하여 사용하려고 한다면, 현저한 모순에 빠지게 될 것이므로, 우리는 이 말을 사용함에 있어서 오해할 염려가 없을 것이다. 왜냐하면 직관은 감성적일 수는 있지만, 그러나 판단작용은 절대로 오성(넓은 의미로 취한)에만 속하며, 따라서 미[직]감적으로 또는 감성적으로 판단한다고 함은, 그것이 대상의 인식이어야 하는 한, 그 자체가 하나의 모순이기 때문이다. 그 경우에는 감성이 오성의 하는 일에 개입하고, (뒤바꿈의 오류 vitium subreptionis에 의하여) 오성에게 그릇된 방향을 정해주게 되는 것이다. 오히려 객관적 판단은 언제나 오성에 의해서만 내려지며, 그런 한에 있어서 미[직]감적이라고는 일컬어질 수가 없다. 그러므로 인식능력에 관한 우리의 29 선험적 감성론은 물론 감성적 직관을 문제삼을 수는 있었지만, 어디에서도 미감적 판단을 문제삼을 수는 없었다. 왜냐하면 선험적 감성론이 다루는 것은 객체를 규정하는 인식판단뿐이므로, 그 판단은 모두가 논리적이 아니면 안되기 때문이다. 그러므로 객체에 관한 미감적 판단이라는 명칭에 의해서 곧 알게 되는 것은, 어떤 주어진 표상이 과연 객체에 관계되고 있기는 하지만, 그러나 이 판단에 있어서는 그 표상은 객체를 규정하는 것이 아니라, 주관과 주관의 감정을 규정하는 것으로 이해된다고 하는 사실이다. 왜냐하면 판단력에 있어서는 오성과 구상력은 상호 대립된 관계에 있어서 고찰되고, 또 이러한 관계는 물론 처음에는 객관적으로, 즉 인식에 속하는 것으로서 고찰될 수 있지만(판단력의 선험적 도식론에 있어서 그러했던 것처럼), 그러나 이 두 인식능력의 어느 하나가 다른 것을 동일한 표상에 있어서 촉진하기도 하고 저지하기도 하며, 그렇게 함으로써 심의상태를 촉발하는 한에 있어서, 우리는 이 두 인식능력의 바로 동일한 관계를 단지 주관적으로만 고찰하고, 따라서 감각할 수 있는 관계로서 고찰할 수도 있기 때문이다(이것은 다른 인식능력을 고립적으로 사용할 때에는 일어나지 않는 일이다). 그런데 비록 이러한 감각은 객체의 감성적 표상은 아니지만, 그러나 이 감각은 주관적으로는 판단력에 의한 오성개념들의 감성화와 결부되어 있으므로, 이 감각은 판단력의 어떤 작용에 의하여 촉발되는 주관의 상태의 감성적 표상으로서 감성에 넣을 수가 있으며, 또 비록 판단작용(즉, 객관적인)은 오성(상급의 인식능력 일반으로서의)의 활동이요 감성의 활동이 아니지만, 판단은 (그 규정근거로 보아서가 아니라 그 주관적 결과로 보아서) 미감적이라고, 다시 말하면 감성적이라고 부를 수가 있는 것이다.

어떠한 규정적 판단이나, 그 판단의 술어는 주어진 객관적 개념이기 때문에, 논리적 판단이다. 그러나 주어진 개별적 대상에 관한 단지 반성적인 판단은 미감적 판단일 수가 있는데, 이는 주어진 직관에 대하여 어떠한 개념도 준용하고 있지 않는 판단력이 (주어진 대상과 다른 대상과의 비교에 아직 주목하기 전에) 구상력(단지 대상을 포착하는)을 오성(개념 일반을 현시하는)과 대조하여, 30 이 두 인식능력 간의 하나의 관계를, 즉 판단력 일반의 객관적 사용을 위한 주관적인 단지 감각할 수만 있는 조건(즉, 이 두 능력 상호 간의 조화)을 이루는 관계를 지각하는 경우에 그렇다. 그러나 미감적 감관판단이라는 것도 가능한데, 즉 이것은 판단의 술어가 전혀 인식능력에 속하는 것이 아니기 때문에, 그 술어가 전혀 객체의 개념일 수 없는 경우에 가능한 것이다. 예를 들면 '이 포도주는 쾌적하다'고 하는 판단이 그렇다. 이 경우에는 술어는 대상이 직접 쾌의 감정에 관계하고 있음을 표현하는 것이요, 표상이 인식능력에 관계하고 있음을 표현하는 것이 아니기 때문이다.

그러므로 미감적 판단이란 일반으로 그 술어가 결코 인식(객체에 관한 개념)일 수 없는 판단(비록 인식 일반을 위한 주관적 조건들을 내포하고는 있지만)이라고 언명할 수 있을 것이다. 그와 같은 판단에 있어서는 그 규정근거는 감각이다. 그러나 결코 객체의 개념이 될 수 없는 감각이라고 하는 것은 단 하나밖에는 없다. 그 감각이 곧 쾌와 불쾌의 감정이다. 이 감각은 단지 주관적인 것이요, 그에 반해서 다른 모든 감각은 인식에 사용될 수 있는 것이다. 그러므로 미감적 판단은 쾌 불쾌의 감정과 직접 결부되어 있는 감각 가운데에 그 규정근거가 있는 판단이다. 미감적 감관판단에 있어서는 쾌 불쾌의 감정은 대상의 경험적 직관에 의하여 직접 산출되는 감각이지만, 그러나 미감적 반성판단에 있어서는 그것은 판단력의 양 능력, 즉 구상력과 오성과의 조화된 유동을 주관 속에 일으키는 감각이다. 이 때 주어진 표상에 있어서 구상력의 포착능력과 오성의 현시능력은 상호 촉진하는 것이요, 그와 같은 경우에 이 [두 능력의 상호 촉진의] 관계는 이러한 한갓된 형식에 의하여 감각을 일으키게 되는데, 이

감각이 곧 판단의 규정근거가 되는 것이다. 그 때문에 이 판단은 미감적이라고
31 일컬어지는 것이요, 또 주관적 합목적성으로서 (개념을 떠나서) 쾌의 감정과
결부되어 있는 것이다.

미감적 감관판단은 실질적 합목적성을 내용으로 하지만, 미감적 반성판단은
형식적 합목적성을 내용으로 한다. 그러나 전자는 인식능력에는 전혀 관계하지
않고, 직접 감관을 통해서 쾌의 감정에 관계하므로, 단지 후자만이 판단력의
특유한 원리 위에 기초를 둔 것으로 간주될 수 있다. 즉, 어떤 주어진 표상에
관한 반성이 쾌의 감정(판단의 규정근거로서의)에 선행하는 경우에는, 주관적
합목적성은 그 결과에 있어서 감각되기 이전에 사유된다. 따라서 미감적 판단
은 그런 한에 있어서, 즉 그 원리로 보아서 상급의 인식능력에, 그것도 더욱이
판단력에 속한다. 그리하여 판단력의 주관적이면서도 그러나 보편적인 조건들
아래에 대상의 표상이 포섭되는 것이다. 그러나 판단의 단지 주관적 조건은 그
판단의 규정근거에 관한 어떠한 규정된 개념도 허용하지 않기 때문에, 이 규정
근거는 쾌의 감정에 있어서 밖에는 주어질 수가 없으나, 그렇게 되면 미감적
판단은 언제나 반성판단이다. 그에 반해서 판단력 가운데에서 함께 작용하는
인식능력들[구상력과 오성]과 그 표상과의 비교를 전제하지 않는 판단은 미감적
감관판단이요, 이 미감적 감관판단도 주어진 표상을 (그러나 판단력과 판단력
의 원리를 매개로 하지 않고) 쾌의 감정에 관련시킨다. 이 [두 가지 미감적 판단
의] 차이를 결정하는 표징은 본론에서 비로소 제시될 수 있거니와, 그 표징은
그 판단이 보편적 타당성과 필연성을 요구하는가 어떤가에 있다. 왜냐하면, 만
일 미감적 판단이 그러한 표징을 띠고 있으면, 이 판단은 그 규정근거가 단지
쾌 불쾌의 감정 그 자체에만 있을 뿐 아니라, 동시에 상급의 인식능력들의 규
칙에도, 그리고 특히 이 경우에는 판단력의 규칙에도 있지 않으면 안된다고 함
32 을 요구하기 때문이다. 그러므로 판단력은 반성의 조건들에 관하여 선천적으로
입법적이요, **자율성**을 입증한다. 그러나 이 자율성은 (이론적 자연법칙들에 관
한 오성의 자율성이나 실천적 자유법칙들에 관한 이성의 자율성과 같이) 객관
적으로, 다시 말하면 사물들이나 가능성 행위의 개념에 의하여 타당한 것이 아
니라, 단지 주관적으로만, 즉 감정에서 나온 판단에 대해서만 타당한 것이다.
그리고 이러한 판단도 보편타당성을 요구할 수 있는 한, 자신의 기원이 선천적

원리들 위에 기초를 두고 있음을 입증하는 것이다. 이러한 입법을 우리는 본래 자기자율성이라고 부르지 않으면 안될 것이다. 판단력은 자연이나 자유에 대하여 법칙을 부여하는 것이 아니라, 오로지 자기 자신에 대해서만 법칙을 부여하며, 따라서 판단력은 객체의 개념들을 산출하는 능력이 아니라, 단지 다른 데에서 자기에게 주어진 개념들과 현전하는 사례들을 비교하고, 이러한 결합을 가능케 하는 주관적 조건들을 선천적으로 제시하는 능력에 지나지 않기 때문이다.

바로 이러한 점으로부터 다음과 같은 의문도 이해될 수 있다: 왜 판단력은 단지 반성적인 판단력으로서 자기 자신만으로서 (객체의 개념을 그 근저에 두지 아니하고) 행하는 어떤 활동에 있어서, 자기 자신의 규칙을 의식하면서 주어진 표상을 그 규칙에 관련시키지 않고, 반성을 직접 감각에만, 즉 다른 모든 감각과 마찬가지로 항상 쾌 불쾌를 수반하는 감각에만 관련시키는가 (이러한 일은 다른 상급의 인식능력에 관해서는 일어나지 않는다) 하는 의문이 그것이다. 왜냐하면 결국 이 규칙 자체가 단지 주관적인 것에 지나지 않으며, 또한 그 규칙과의 합치도 역시 단지 주관에 대한 관련만을 표현하는 것에 있어서만, 즉 판단의 표징과 규정근거로서의 감각에 있어서만 인식될 수 있을 뿐이기 때문이다. 그러므로 이 판단은 미감적이라고도 일컬어지며, 따라서 우리의 모든 판단은 상급의 인식능력의 순서에 따라 이론적 판단, 미감적 판단, 실천적 판단으로 구분될 수 있다. 이 경우에 미감적 판단이란 반성판단만을 의미하며, 이 반성판단만이 상급의 인식능력으로서의 판단력의 원리에 관계한다. 그에 반해서 미감적 감관판단은 내감이 감정인 한에 있어서 이 내감에 대한 표상의 관계만을 직접 다룰 뿐이다.

주　　해.　　　　　　　　33

그런데 여기에서 특히 쾌란 대상의 완전성의 감성적 표상이라고 하는 설명을 자세히 음미해 볼 필요가 있다. 이러한 설명에 따른다면, 미감적 감관판단이나 반성판단은 언제나 객체에 관한 인식판단일 것이다. 왜냐하면 완전성이란 대상의 개념을 전제하는 규정이기 때문이다. 그러므로 이 규정에 의해서는 대상에 완전성을 귀속시키는 판단은 다른 논리적 판단들과 전혀 구별되지 않는다. 구별된다면, 흔히 사람들이 주장하고 있듯이, 이를테면 개념에 부착되어 있는 혼란(이 혼란을 사람들은 부당하게도 감성이라고 부르려고 한다), 그러나 절대로 판단들을 종별적으로 구별할 수는 없는 혼란에 의해서만 구별될 뿐이다. 만일 그렇지 않다면, 무한히 많은 오성판단들뿐만 아니라 이성판단들조차도 미감적이라고 일컬어지지 않으면 안될 것이다. 왜냐하면 이러한 판단들에 있어서는 객체는, 예를 들면 정 부정에 관한 판단과 같이, 혼란한 개념에 의하여 규정되기 때문이다. 무엇이 정의냐 하는 데 관한 판명한 개념을 가지고 있는 사람들은 (철학자들조차도) 드물기에 말이다.* 완전성의 감성적 표상이란 하나의 명백한 모순이요, 따라서 다양한 것이 하나로 조화되는 것을 완전성이라고 일컬어야 한다면, 그러한 조화는 개념에 의하여 표상되지 않으면 안되며, 그렇지 않으면 그러한 조화는 완전성이라는 명칭을 가질 수가 없을 것이다. 만일 우리가 쾌와 불쾌는 오성(자기의 개념을 의식하고 있지 못한)에 의한 사물들의 한갓된 인식 이외의 아무 것도 아니라고 주장하고, 또 쾌와 불쾌는 우리들에게는 한갓된 감각이라고밖에는 생각되지 않는다고 주장한다면, 이러한 쾌와 불쾌에 의한 사물들의 판정은 미감적(감성적)이라고 불려서는 안되고, 언제나 지적이라고 불리지 않으면 안될 것이다. 그리고 감각은 결국 하나의 (비록 자기 자신의 활동을 충분히 의식하고 있지는 못하지만) 판단하는 오성에 지나지 않을 것이며, 미감적 표상방식은 논리적 표상방식과 종별적으로 구별되지

34

---

* 우리는 일반으로 이렇게 말할 수 있다: 어떤 질이 그 정도의 한갓된 증감에 의해서 다른 어떤 질에로라도 이행한다면, 그러한 질에 의해서는 사물들은 결코 종별적으로 상이한 것으로 간주되어서는 안된다고. 그런데 개념의 판명과 혼란을 구별하는 경우에는, 오로지 그 개념에 향한 주의력의 다변에 따라 그 표징을 의식하는 정도만이 문제가 된다. 따라서 그런 한에 있어서 하나의 표상방식은 다른 표상방식과 종별상 상이한 것이 아니다. 그러나 직관과 개념과는 서로 종별적으로 구별된다. 왜냐하면 양자는 상호 이행하는 일이 없기 때문이다. 즉 양자의 의식이, 그리고 양자의 표징의 의식이 아무리 증감할지라도, 상호 이행하는 일은 없는 것이다. 개념(예를 들면 정의라는 개념과 같은)에 의한 표상방식이 아무리 판명하지 않다고 하더라도, 그것은 그러한 표상방식의 기원이 오성 속에 있다는 데에 관해서는 의연히 개념의 [직관과의] 종별적 구별을 남기며, 또 직관이 아무리 판명하다 하더라도, 그것은 직관을 조금도 개념에 접근시키지 못하는 것이다. 왜냐하면 직관의 표상방식은 감성 안에 그 자리를 차지하고 있는 것이기 때문이다. 또한 논리적 판명성과 미감적 판명성과도 천양의 차이가 있다. 그리하여 비록 우리가 대상을 전혀 개념에 의하여 표상하지 않을지라도, 다시 말하면 그 표상이 직관으로서 감성적일지라도, 미감적 판명성은 성립하는 것이다.

않을 것이다. 그리하여 양자의 경계를 명확하게 그릴 수는 없으므로, 이러한 명칭의 차이는 아무런 쓸모도 없게 될 것이다. (세계의 사물들에 관한 이러한 신비적 표상방식은 개념 일반과 구별되는 어떠한 직관도 감성적인 것으로서 인정하지 않거니와, 그럴 경우에는 이 신비적 표상방식에 대해서는 아마 직관적 오성 이외에는 아무 것도 남지 않게 될 것이다. 그러나 이러한 신비적 표상방식에 관해서는 여기에서는 아무 것도 언급하지 않기로 한다.)

또 다음과 같은 물음을 제기하는 사람이 있을는지도 모른다: 자연의 합목적성이라는 우리의 개념은 완전성이라는 개념이 의미하는 것과 동일한 것을 의미하지 않는가, 따라서 주관적 합목적성의 경험적 의식이나, 또는 어떤 대상들에서 느끼는 쾌의 감정은 완전성의 감성적 직관이 아닌가, 어떤 사람들은 쾌 일반을 그렇게 설명할 수 있다고 주장하고 있지 않은가?

나는 [이러한 물음에 대해서] 다음과 같이 대답한다: 완전성이란 다가 모여서 일을 이루는 한에 있어서 이 다의 한갓된 완비성으로서 하나의 존재론적 개념이거니와, 이 개념은 합성된 것(하나의 집합에 있어서의 다양한 것의 병렬관계에 의해서나, 또는 동시에 하나의 계열에 있어서의 이유와 귀결로서의 다양한 것의 종속관계에 의해서)의 총체성(전체성)의 개념과 동일한 것이요, 따라서 이 개념은 쾌 불쾌의 감정과는 조금도 관계가 없다고. 어떤 사물의 다양한 것을 그 35 사물의 개념에 관련시키는 경우의 그 사물의 바로 이러한 완전성이란 형식적인 것에 지나지 않는다. 그러나 내가 어떤 하나의 완전성(어떤 하나의 사물에는 그 사물의 완전성이라는 동일한 개념으로 불리는 많은 완전성이 있을 수 있다)에 관하여 운위하는 경우에는, 하나의 목적으로서의 어떤 것에 관한 개념이 언제나 그 근저에 놓여 있으며, 다양한 것이 하나로 조화된다고 하는 상술한 존재론적 개념은 이러한 목적에 적용되는 것이다. 그러나 이러한 목적은 반드시 실천적 목적, 즉 객체의 현존에 관한 쾌를 전제하거나 포함하고 있는 목적이어야 할 필요는 없다. 이러한 목적은 기교에도 속할 수가 있으며, 따라서 [그 경우에는] 이 목적은 단지 사물들의 가능에만 관계하는 것이요, 그 사물에 있어서의 다양한 것이 그 자체로서는 우연적으로 결합될 때의 합법칙성이다. 하나의 정육각형이 가능하다고 할 때에 우리가 필연적으로 생각하는 합목적성이 하나의 실례가 될 수 있을 것이다. 그 때 여섯 개의 똑같은 직선이 하나의 평면상에서 전연 등각을 이루어 접합한다는 사실은 전혀 우연적인 일이다. 왜냐하면 이러한 합법칙적인 결합은 원리로서 그러한 결합을 가능케 하는 하나의 개념을 전제하는 것이기 때문이다. 그런데 자연의 사물들에 있어서 관찰되는 (특히 유기적 존재자들에 있어서) 이와 같은 객관적 합목적성은 객관적이며 실질적인 것으로 생각되며, 또 필연적으로 자연의 목적(현실적인 목적이나 또는 자연에 귀속되는 것으로 상상된 목적)이라는 개념을 수반하거니와, 우리는 이 자연의 목적이라는 개념과의 관계에 있어서 사물들에게 완전성도 귀속시키는 것이다. 그리고 이러한 사물들에 관한 판단은 목적론적 판단이라고 일컬어지며, 전혀 쾌의 감정을 수반하지 않는데, 이는 마치 일반으로 한갓된 인과결합에 관한 판단에 있어서는 전혀 쾌를 찾아서는 안되는 것과 마찬가지의 일이다.

　그러므로 일반으로 객관적 합목적성으로서의 완전성의 개념은 쾌의 감정과 아무런 관계도 없으며, 또 쾌는 완전성의 개념과 전혀 아무 관계도 없다. 완전성의 판정에는 필연적으로 객체의 개념이 필요하지만, 그에 반해서 쾌에 의한 판정에는 그러한 개념은 전혀 필요치 않고, 한갓된 경험적 직관이 쾌를 줄 수 있다. 그에 반해서 어떤 객체의 주관적 합목적성의 표상은 쾌의 감정과 동일하다고조차 할 수 있으며(거기에는 목적관계라는 추상적 개념도 필요치 않다), 따라서 주관적 합목적성과 객관적 합목적적과의 사이에는 현격한 차이가 있는 것이다. 왜냐하면, 주관적으로 합목적적인 것이 객관적으로도 합목적적인가 하는 문제를 위해서는, 실천적 철학에 관해서뿐만 아니라, 자연의 기교이든 또는 기술의 기교이든 기교에 관해서도 매우 광범한 탐구가 필요하기 때문이다. 다시 말하면 어떤 사물에서 완전성을 발견하기 위해서는 이성이 필요하고, 쾌적함을 발견하기 위해서는 한갓된 감관만이 필요하며, 또 사물에 있어서 미를 찾기 위해서는 주어진 표상에 관한 한갓된 반성(일체의 개념을 떠나)만이 필요하기 때문이다.

　그러므로 미감적 반성능력은 단지 대상의 주관적 합목적성에 관해서만 (완전성에 관해서가 아니라) 판단을 한다. 따라서 이 때 문제되는 것은, 그 경우에 감각된 쾌 또는 불쾌를 매개로 해서만 판단을 하는가, 그렇지 않으면 이 쾌 불쾌에 관해서조차 판단을 하여, 그 판단이 동시에 대상의 표상에는 쾌 또는 불쾌가 결합되어 있지 않으면 안된다고 함을 규정하는가 하는 것이다.

　위에서 이미 언급한 바와 같이, 이 문제는 여기에서는 아직 충분히 해결될 수가 없다. 이러한 종류의 판단들이 어떤 선천적 규정근거로부터 도출될 수 있다는 자격을 주는 보편성과 필연성을 띠고 있는가 어떤가 하는 문제는, 본론에 있어서의 이러한 종류의 판단들의 해명에서 비로소 밝혀지지 않으면 안되는 것이다. 이 경우에 판단은 물론 쾌 불쾌의 감각을 매개로 하지만, 그러나 또한 동시에 이 쾌 불쾌의 감각을 주어진 표상과 결합시키는 규칙의 보편성에 관해서는 선천적인 인식능력(특히 판단력)에 의해서 무엇인가를 규정할 것이다. 그에 반해서 만일 이 판단이, 미감적 감관판단(이것은 인식판단도 아니고 반성판단도 아니다)의 경우에 있어서와 마찬가지로, 표상과 감정과의 관계(인식원리의 매개가 없는) 밖에는 내포하고 있지 않다면, 모든 미감적 판단은 단지 경험적인 분야에 들어가게 될 것이다.

또 여기에서 다음과 같은 것을 미리 주의해 두어도 좋을 것이다: 인식으로부터 쾌 불쾌의 감정에로의 이행은 대상의 개념(이 개념이 인식과 관계하고 있는 한)에 의해서는 일어날 수 없다는 것, 따라서 우리는 일찍이 실천이성판단에서[1] 주의했던 것처럼, 어떤 주어진 표상이 심의에 미치는 영향을 선천적으로 규정하려고 기대해서는 안된다는 것이 그것이다. 우리는 실천이성비판에서, 의욕의 보편적 합법칙성의 표상은 동시에 의지를 규정하며, 그렇게 함으로써 경외의 감정을 불러 일으키는 것이 아니면 안된다는 것을, 우리의 도덕적 판단 속에 내포되어 있는, 그것도 선천적으로 내포되어 있는 법칙이라고 말하였지만, 그러나 그럼에도 불구하고 이 감정을 개념으로부터 도출할 수는 없었던 것이다. 그와 마찬가지로 미감적 반성판단도 그것을 분석해보면 그 안에 내포되어 있는, 그리고 선천적 원리에 기인하는 개념, 즉 객체의 형식적 주관적 합목적성을 우리에게 제시해 줄 것이며, 이러한 합목적성의 개념은 쾌의 감정과 근본에 있어서는 동일한 것이지만, 그러나 어떠한 개념으로부터도 도출될 수 없는 것이다. 그럼에도 불구하고 표상력이 어떤 대상에 관한 반성에 있어서 심의를 촉발하는 경우에는, 이 표상력은 이러한 합목적성의 가능 일반과 관계를 가지는 것이다.

이러한 감정이 감관적 감각에 수반되는 것인가, 또는 반성에 부수되는 것인가, 또는 의지규정에 수반되는 것인가 하는 구별을 도외시하고, 이것을 일반적

37

1) 『실천이성비판』 127면 이하 참조.

으로 고찰하면, 이러한 감정의 설명은 선험적인 것일 수밖에 없다.* 그 설명의
내용은 이러하다: 쾌란 어떤 표상이 자기 자신과 조화를 이루고 있는 심의의

---

* 경험적 원리로서 사용되는 개념들이 순수한 선천적 인식능력과 친근관계에 있다고 추측할만한 이
유가 있는 경우에는, 그러한 개념들에 대하여 하나의 선험적 정의를 시도해 본다는 것은 유익한 일이
다. 그 경우에 우리는 마치 수학자와 같은 방법을 취한다. 수학자는 자기의 과제의 경험적 소여를 미
결로 남겨두고 그 소여의 한갓된 종합을 순수산술학의 표현으로 완화함으로써, 그 과제의 해결을 매
우 용이하게 만드는 것이다. 그러나 사람들은 내가 욕구능력을 그와 같이 설명한 데 대하여 (실천이
성비판. 서언 16면) 다음과 같은 이의를 제기하였다: 욕구능력은 자기의 표상에 의하여 이 표상의
대상을 실현하는 원인이 될 수 있는 능력이라고 정의될 수는 없다. 왜냐하면 한갓된 원망도 역시 욕
구이겠지만, 우리는 이러한 욕구가 그 객체를 산출할 수 없다는 것을 알고 스스로 분수를 지키기 때
문이다. 그러나 이러한 것은 욕구능력이 자기 자신과 모순되는 경우에도 욕구능력의 규정이 있다고
하는 것 이상의 아무 것도 증명하는 바가 없다. 이것은 물론 경험적 심리학에게는 기여한 현상이다
(이를테면 편견이 오성에 대하여 미치는 영향이 윤리학에게는 주목할만한 일인 것처럼). 그러나 이러
38   한 현상은 객관적으로 고찰된 욕구능력의 정의, 즉 욕구능력은 어떤 무엇인가에 의해서 자기의 규정
에서 벗어나기 이전에 그 자체에 있어서 무엇인가 하는 정의에 대하여 영향을 미쳐서는 안된다. 실제
로 인간은 자신이 어떤 것은 달성할 수가 없다든가, 어떤 것은 절대로 불가능하다고 확신하고 있으면
서도, 바로 그것을 가장 강렬하게 그리고 집요하게 욕구하는 일이 있다: 예를 들면 이미 일어난 일을
일어나지 않았다면 하고 바란다든지, 우리에게 괴로운 시간이 더 빨리 경과하기를 애타게 욕구한다
든지 하는 등등이다. 흔히는 소설에 의하여, 또 때로는 이와 비슷한 비밀스러운 표상들, 즉 초인적
완전성과 광신적 쟁복에 관한 표상들에 의하여 배양되는 그와 같은 공허한 환상적 욕구에 대하여 힘
껏 경계함은 도덕에 대해서도 중요한 조목이다. 그러나 우리의 마음을 부풀게 하기도 하고 위축시키
기도 하는 그와 같은 공허한 욕망과 동경이 심의에 미치는 효과, 심의력이 지칠대로 지침으로써 일어
나는 심의의 초췌함조차도, 우리의 심의력은 욕구의 객체를 실현하려고 실제로 여러번 되풀이하여
객체의 표상에 의하여 긴장이 되지만, 그러나 그때마다 심의를 자기의 무능력의 의식 속에 빠뜨린다
고 하는 사실을 충분히 입증하는 것이다. [그리고 보면] 왜 자연은 공허한 원망과 동경과 같은 (이것
은 확실히 인간의 생활에 있어서 큰 역할을 하고 있다) 무익한 힘의 낭비를 하는 소질을 우리들 안에
39   마련해 두었는가 하는 문제의 연구는, 인간학에 대해서도 중요하지 않은 과제일 수가 없다. 내가 보
기에는 자연은 이 점에 있어서도 다른 모든 점에 있어서와 마찬가지로 현명하게 조치를 취해둔 것
같이 생각된다. 왜냐하면, 만일 우리가 우리의 능력이 객체를 산출하기에 충분하다는 것을 확신하기
전에는 객체의 표상에 의해서 힘을 소비하는 일이 없도록 정해져 있다고 한다면, 우리의 힘은 아마
대부분이 사용되지 않은 채 남을 것이기 때문이다. 보통은 우리는 우리의 힘을 시험해 봄으로써만 비
로소 그 힘을 알게 되기에 말이다. 그러므로 자연은 우리가 우리의 능력을 알기 이전에 힘의 규정을
객체의 표상과 결부시켜 놓았던 것이다. 그리하여 우리의 능력은 심의 그 자신에게 당초에는 공허한
원망과 같이 보였던 바로 이러한 노력에 의하여 처음으로 발휘되는 일이 많다. 그런데 이러한 본능을
제한하는 것은 지혜의 의무이지만, 그러나 이러한 본능을 근절한다는 것은 지혜가 결코 할 수 있는
일도 아니며, 또 지혜가 결코 요구하는 일도 아니다.1)

---

1) 본역서 15면의 원주 참조.

상태이거니와, 쾌는 이 상태를 단지 스스로 유지하는 (왜냐하면 표상에 있어서
상호 촉진하는 심의력들[구상력과 오성]의 상태는 자기 자신을 유지하는 것이기
때문에) 근거이거나, 또는 그 표상의 객체를 산출하는 근거이거나, 두 가지 중
의 하나이다. 전자인 경우에는, 주어진 표상에 관한 판단은 미감적 반성판단이
다. 그러나 후자인 경우에는, 그 판단은 미감적-감수적 판단이거나 또는 미감
적-실천적 판단이다. 여기에서 우리는 다음의 사실을 용이하게 알 수 있다:
쾌 또는 불쾌는 인식방식이 아니기 때문에, 그것은 그 자체만으로서는 전혀 설
명될 수가 없고, 따라서 통찰되어야 하는 것이 아니라, 느껴져야만 하는 것이
다. 그러므로 우리는 쾌 불쾌를 단지 어떤 표상이 이 감정을 매개로 하여 심의
력들의 활동에 미치는 영향에 의해서만 겨우 설명할 수 있을 뿐이다.

IX.
목적론적 판정에 관하여.

38

나는 자연의 형식적 기교를 직관에 있어서의 자연의 합목적성이라는 의미로
이해하고, 자연의 실재적 기교를 개념에 따르는 자연의 합목적성이라는 의미로
이해한다. 전자는 판단력에 대하여 합목적적인 형태를, 다시 말하면 형식을 부
여하거니와, 이 형식의 표상에 있어서 구상력과 오성은 저절로 상호 조화를 이
루어 하나의 개념을 가능케 하는 것이다. 후자는 자연목적으로서의 사물의 개
념을 의미한다. 다시 말하면 이러한 사물의 내적 가능은 하나의 목적을 전제하
며, 따라서 그 사물을 산출하는 인과성의 근저에 조건으로서 놓여 있는 하나의
개념을 전제하는 것이다.

직관의 합목적적 형식들을 판단력은 스스로 선천적으로 제시하고 구성할 수
가 있는데, 이는 곧 판단력이 [직관의 다양을] 포착하기 위하여 그러한 형식들을
안출하되, 그 형식들이 어떤 개념을 현시하기에 알맞도록 안출하는 경우의 일
이다. 그러나 목적, 다시 말하면 자신이 자기의 대상들(결과로서의)의 인과성
의 조건으로 간주되는 표상은, 판단력이 [직관의] 다양을 이 목적과 조화시키기
위한 조건들을 문제삼기 이전에, 일반으로 어디에서부터인가 주어지지 않으면
안된다. 따라서 이 목적이 자연목적인 경우에는, 어떤 자연사물들은 마치 그것

들이 어떤 원인의 산물이며, 또 이 원인의 인과성은 객체의 표상에 의해서만 규정될 수 있는 것처럼 간주될 수 있지 않으면 안된다. 그러나 우리는 어떻게 해서 그리고 얼마나 여러 가지의 방식으로 사물들이 그 자신의 원인에 의하여 가능한가를 선천적으로 규정할 수가 없고, 그러기 위해서는 경험법칙들이 필요하다.

자연의 사물들에 있어서의 합목적성은 자연의 사물들(자연목적으로서의)을 가능케 하는 근거로 간주되거니와, 이러한 합목적성에 관한 판단은 목적론적 판단이라고 일컬어진다. 그런데 미감적 판단 그 자체는 선천적으로 가능한 것이 아니지만, 그러나 체계로서의 경험이라는 필연적 이념 가운데에는 우리의 판단력에 대한 자연의 형식적 합목적성이라는 개념을 내포하고 있는 선천적 원리가 주어져 있어서, 이 원리에 의하여 미감적 반성판단들이 선천적 원리 위에 기초를 둔 판단으로서 가능하다는 것이 선천적으로 밝혀지는 것이다. 자연은 그 선험적 법칙들로 보아서 필연적으로 우리의 오성과 합치할 뿐만 아니라, 그 선험적 법칙들에 있어서도 판단력 및 판단력의 능력과, 즉 구상력에 의하여 자연의 형식들을 경험적으로 포착함에 있어서 경험적 법칙들을 현시하는 능력과 합치한다. 이것은 물론 단지 경험을 위해서만 그러한 것이지만, 그러나 이 때 자연의 형식적 합목적성이 후자의 합치(판단력과의)의 점에서 필연적인 것으로서 입증되는 것이다. 그러나 목적론적 판정의 객체로서의 자연은 이성이 목적에 관해서 가지는 개념에 따라, 이성의 인과성에서 보아, 이성과도 일치하는 것으로 사유되어야만 한다. 이것은 오직 판단력에게만 요구될 수 있는 것 이상의 것이다. 판단력은 물론 직관의 형식에 대해서는 약간의 선천적 원리들을 내포할 수 있지만, 그러나 사물의 산출에 관한 개념에 대해서는 그러한 원리들을 내포할 수가 없기 때문이다. 그러므로 판단력을 그 자체만으로서 단독으로 보면, 실재적 자연목적이라는 개념은 전적으로 판단력의 분야를 넘어 서 있는 것이다. 그리하여 하나의 독립적인 인식력으로서의 판단력은 구상력과 오성이라는 두 인식능력이 일체의 개념에 앞선 하나의 표상에 있어서 상호 관계하고 있음을 고찰하고, 그렇게 함으로써 (구상력에 의하여) 대상을 포착함에 있어서 이 두 인식능력에 대한 대상의 주관적 합목적성을 지각하지만, 자연목적으로서의 사물들의 목적론적 합목적성은 단지 개념에 의해서만 표상될 수 있으므로,

이 목적론적 합목적성에 있어서는 판단력은 오성을 이성(이성은 경험 일반을 위해서는 필요하지 않다)과 관계를 맺게 하여 사물들을 자연목적으로서 표상하지 않으면 안되는 것이다.

자연형식들에 관한 미감적 판정은 대상의 개념을 근거로 삼지 않고도 직관 40의 한갓된 경험적 포착에 있어서, 즉 단지 판단력의 주관적 조건들과의 관계에 있어서만도, 자연의 어떤 현존하는 대상들이 합목적적임을 알 수 있었다. 그러므로 미감적 판정은 객체의 개념을 필요로 하지 않으며, 또 객체의 개념을 산출하지도 않는 것이었다. 그 때문에 미감적 판정은 또한 자연의 대상들을 객관적 판단에 있어서 자연목적이라고 언명하지 않고, 단지 주관적 관계에 있어서 표상력에 대하여 합목적적이라고만 언명했던 것이다. 우리는 형식의 이러한 합목적성을 형상적 합목적성이라고 명명하고, 이러한 합목적성에 관한 자연의 기교를 또한 추상적 기교(technica speciosa)라고 명명할 수가 있다.

그에 반해서 목적론적 판단은 객체의 개념을 전제하며, 객체의 가능을 원인과 결과와의 결합의 법칙에 따라 판단한다. 그러므로 자연의 이러한 기교는 성형적이라고 불릴 수가 있겠지만, 이 말은 이미 보다 일반적인 의미로, 즉 자연미와 자연의 의도에 대해서도 널리 사용되고 있는 것이다. 그러므로 만일 원한다면, 이 기교는 자연의 유기적 기교라고 일컬어도 좋을 것이다. 그렇게 되면 이 표현은 결국 합목적성의 개념을 단지 표상방식에 대해서 뿐만 아니라 사물 그 자체의 가능에 대해서도 나타내게 될 것이다.

그러나 이 절에 있어서 가장 본질적이며 가장 중요한 것은 아마 다음과 같은 증명일 것이다: 자연에 있어서의 목적인의 개념은 자연의 목적론적 판정을 보편적 기계적 법칙에 따르는 판정과 구별하거니와, 이 개념은 단지 판단력에만 속할 뿐이요 오성이나 이성에는 속하지 않는 개념이다. 다시 말하면, 자연목적이라는 개념은 객관적 의미에 있어서도 자연의 의도로서 사용될 수 있을 것이므로, 그와 같은 사용은 이미 사변적인 사용이요 절대로 경험에 기초를 둔 것이 아니다. 경험은 물론 목적들을 시현할 수는 있지만, 그러나 이러한 목적들이 동시에 의도이기도 하다는 것은 무엇에 의해서도 증명할 수가 없다. 따라 41서 이러한 경험에 있어서 목적론에 속하는 것은 오로지 경험의 대상과 판단력과의 관계만을, 정확히 말하면 경험의 대상과 판단력의 원칙——이 원칙에 의해서 판단력이 자기 자신에 대하여 (자연에 대해서가 아니라) 입법적이다. 즉 반성적 판단력으로서 입법적이다——과의 관계만을 내포하는 것이다.

우리가 객체를 가능케 하는 근거를 이성에 귀속시키는 한, 목적이나 합목적성이라는 개념은 물론 이성의 개념이다. 그러나 자연의 합목적성, 또는 자연목적으로서의 사물들의 개념은 원인으로서의 이성을 그러한 사물들과 관계시키는 것이다. 그러나 우리는 이 관계에 있어서 이성이 그러한 사물들을 가능케 하는 근거임을 경험에 의하여 알지는 못한다. 왜냐하면 오직 기술의 산물에 있어서만 우리는 객체에 관한 이성의 인과성을 인식할 수 있기 때문이다. 그리고 그 때문에 기술의 산물들은 합목적적이라든가 또는 목적이라고 일컬어지는 것이며, 또 이러한 기술의 산물들에 관해서 이성을 기교적이라고 부르는 것은 우리들 자신의 능력의 인과성에 관한 경험에 적합한 일이다. 그러나 자연도 이성이나 마찬가지로 기교적인 것으로 표상하면 (그리하여 자연에 합목적성뿐만 아니라 목적까지도 귀속시키면), 그러한 자연이란 우리가 경험에 있어서 찾아볼 수 없는 하나의 특수한 개념이요, 따라서 판단력만이 이 개념을 대상들에 관한 자신의 반성 속에 넣어놓고, 이 개념이 지시하는대로 특수한 법칙들에 따라, 즉 [자연이라는] 하나의 체계를 가능케 하는 법칙들에 따라 경험을 행하는 것이다.

요컨대 우리는 자연의 모든 합목적성을 자연적인 것(자발적 자연의 형식적 목적 Forma finalis naturae spontanae)으로 볼 수 있든가, 그렇지 않으면 의도적인 것(intentionalis)으로 볼 수 있든가, 두 가지 중의 하나이다. 한갓된 경험은 전자의 표상방식을 취할 권리 밖에는 없다. 후자의 표상방식은 자연목적으로서의 사물이라는 상술한 개념 위에 부가되는 하나의 가설적 설명방식이다. 자연목적으로서의 사물에 관한 전자의 개념은 근원적으로 반성적 판단력 42 (비록 미감적 반성적 판단력이 아니라, 논리적 반성적 판단력이지만)에 속하고, 후자의 개념은 규정적 판단력에 속한다. 전자의 개념에는 물론 이성도 필요하지만, 그러나 그것은 단지 원리들에 따라 행해져야 하는 경험을 위해서만 (따라서 이성의 내재적 사용에 있어서) 필요한 데 지나지 않으나, 후자의 개념에는 초절적인 것에도 마구 올라가는 이성(초월적으로 사용되는)이 필요하다.

우리는 인과적 결합관계에 있는 자연을 우리의 능력이 미치는 한 자연의 한갓된 기계적 법칙들에 따라 경험에 있어서 탐구하려고 노력할 수가 있으며, 또 노력해야만 한다. 왜냐하면 이러한 기계적 법칙들 속에 진정한 물리학적 설명 근거들이 들어 있으며, 또 이러한 설명근거들의 연관이 곧 이성에 의한 학적인 자연지식을 이루는 것이기 때문이다. 그러나 우리는 자연의 산물들 가운데에는 매우 광범한 특수한 유들이 있음을 알고 있거니와, 이러한 유들은 동력인의 결합을 자기 자신 속에 내포하고 있어서, 우리가 그러한 유들의 내적 가능성에 적합한 원리에 따라 단지 경험만이라도, 다시 말하면 관찰만이라도 행하고자 하는 경우에는, 우리는 그러한 동력인적 결합의 근저에 목적의 개념을 놓지 않을 수가 없다. 만일 우리가 이러한 산물들의 형식과 그 가능을 단지 기계적 법칙들에 따라 판정하려고 한다면, 이러한 기계적 법칙들에 있어서는 결과의 관념이 그 원인을 가능케 하는 근거라고 생각되는 것이 아니라, 그와 반대로 생각되지 않으면 안되기 때문에, 이러한 자연사물들의 종별적 형식에 관해서 단지 하나의 경험개념조차, 즉 우리로 하여금 원인으로서의 이러한 자연사물들의 내적 소질에서 출발하여 그 결과에 이르도록 해줄 수 있는 하나의 경험개념조차 획득하는 것이 불가능할 것이다. 왜냐하면, 이러한 기계[기계적 법칙에 따르는 한, 자연사물은 기계로서 고찰된다]의 부분들이 각각 단독으로 이 기계를 가능케 하는 독립적 근거를 가지는 것이 아니라, 단지 모든 부분들이 합쳐져서 이 43 기계를 가능케 하는 하나의 공통적 근거를 가지는 한에 있어서만, 이러한 기계의 부분들은 그 부분들에 있어서 나타나는 결과의 원인이 되기 때문이다. 그런데 전체가 그 부분들의 인과성을 가능케 하는 원인이라고 함은 물리적-기계적 원인의 본성에 전혀 반하는 일이요, 오히려 전체의 가능을 부분들에 의해서 이해하기 위해서는 부분들이 먼저 주어지지 않으면 안된다. 또 더 나아가서는 하나의 전체라는 표상이 부분들의 가능에 선행한다면, 이러한 특수한 표상은 하나의 한갓된 이념에 불과하며, 또 이 이념이 인과성의 근거로 간주되는 경우에는, 이 이념은 목적이라고 일컬어진다. 그러므로 그와 같은 자연의 산물들[유기적 산물들]이 존재한다면, 그러한 산물들을, 즉 그러한 산물들의 형식과 인과성을 목적의 원리에 따라 명확하게 표상하지 아니하고, 그러한 산물들의 성질과 그 성질의 원인을 단지 경험에 있어서나 탐구한다는 것은 (하물며 그러한 것들을 이성에 의하여 설명한다는 것은) 불가능한 일임이 명백하다.

그런데 그와 같은 경우에 자연의 객관적 합목적성이라는 개념은 단지 객체에 관한 반성을 위해서만 사용될 뿐이요, 목적의 개념에 의한 객체의 규정에 사용되는 것이 아니라는 것과, 따라서 자연산물의 내적 가능에 관한 목적론적 판단은 단지 반성적인 판단이요, 규정적 판단이 아니라는 것도 명백하다. 그리하여 예를 들면, 우리가 '안구 속에 있는 수정체는 광선의 제2굴절에 의하여 어떤 한 점에서 발하는 광선을 다시 안구의 망막상의 한 점으로 집중시키는 목적을 가지고 있다'고 말한다면, 그것은 '안구가 산출될 때에 자연의 인과성에 있어서 하나의 목적의 표상이 사상되었는데, 그 이유는 그와 같은 [목적의] 관념이 안구의 상기한 부분에 관한 연구를 지도하는 원리가 되고, 또한 그러한 연구의 결과를 촉진하기 위하여 우리가 고안해낼 수 있는 수단을 위해서도 사용된다고 하는 데에 있다'고 하는 말과 같은 의미에 지나지 않는다. 그런데 이렇게 말한다고 해서 자연에 목적의 표상에 따라 작용하는, 다시 말하면 의도적으로 작용하는 원인이 귀속되는 것은 아직 아니다. 만일 자연에 의도적으로 작용하는 원인이 귀속되는 것이라고 한다면, 그것은 규정적 목적론적 판단이 될 것이며, 또한 그러한 판단으로서 초월적 판단이 될 것이다. 이러한 판단은 자연의 한계를 넘어서 있는 인과성을 제기하는 것이기 때문이다.

그러므로 자연목적의 개념은 오로지 반성적 판단력이 경험의 대상들의 인과결합을 추구하기 위하여 가지고 있는 자기 자신을 위한 하나의 개념에 지나지 않는다. 어떤 자연형식들의 내적 가능을 설명하는 목적론적 원리에 의해서는, 과연 그러한 자연형식들의 합목적성이 의도적인 것인가 또는 무의도적인 것인가 하는 문제는 규정되지 않고 남는다. 이 양자 중의 어느 하나를 주장하는 판단이 있다면, 그 판단은 이미 한갓된 반성적 판단이 아니라, 규정적 판단일 것이며, 또한 자연목적이라는 개념도 이미 내재적 (경험적) 사용을 위한 한갓된 판단력의 개념이 아니라, 자연을 넘어서서 설정된, 의도적으로 작용하는 원인이라는 이성의 개념과 결부되어 있을 것이다. 그리고 우리가 이 경우에 긍정적인 판단을 내리려고 하든 또는 부정적인 판단을 내리려고 하든, 그러한 이성의 개념의 사용은 초월적인 것이다.

X.

45

기교적 판단력의 원리의 탐구에 관하여.

생기하는 것에 대하여 단지 그 설명근거만을 찾아내야 할 경우에, 이 근거는 경험적 원리이든가, 또는 선천적 원리이든가, 또는 양자의 합성이든가, 이 세 가지 중의 하나일 수 있는데, 이것을 우리는 물체계에 있어서 일어나는 일의 물리적-기계적 설명에서 볼 수가 있다. 이러한 설명은 그 원리를 일부분은 보편적 (합리적) 자연과학에서, 또 일부분은 경험적 운동법칙들을 포함하고 있는 자연과학에서 찾고 있는 것이다. 이와 유사한 것은 우리가 우리의 심의 가운데에서 일어나는 일에 대한 심리학적 설명근거들을 찾는 경우에도 성립한다. 다만 다른 점은, 내가 의식하고 있는 한, 이에 대한 원리는 모두가 경험적이요, 그 가운데 단 하나의 원리만이, 즉 모든 변화의 항존성의 원리만이 (단지 하나의 차원 밖에는 가지지 않는 시간이 내적 직관의 조건이기 때문에) 예외라고 하는 것 뿐이다. 이 원리는 변화의 지각의 근저에 선천적으로 놓여 있는 것이지만, 그러나 우리는 이것을 설명을 위해서는 거의 무시할 수가 있다. 왜냐하면 일반적 시간론은 순수공간론(기하학)처럼 하나의 전체를 위한 충분한 소재를 공급하는 것이 아니기 때문이다.

그러므로 만일 우리가 취미라고 부르고 있는 것이 사람들 사이에 처음에 어떻게 해서 일어나게 되었는가, 이러한 취미의 대상들이 다른 대상들보다도 훨씬 더 사람들의 마음을 빼앗았으며, 또 장소와 집단의 사정 여하를 불문하고 46 미에 관한 판단을 널리 유행시켰던 것은 무엇 때문인가, 또 취미가 성장하여 급기야 사치에까지 이를 수 있었던 것은 어떠한 원인에 의한 것인가 하는 등등의 문제를 설명하는 것이 중요한 일이라고 한다면, 그와 같은 설명의 원리들은 대부분이 심리학(그와 같은 경우에 심리학이라고 하면 언제나 경험적 심리학을 의미하는 데 지나지 않는다)에 있어서 찾아지지 않으면 안될 것이다. 그리하여 도덕학자들은 심리학자들에게, 단지 부유한 생활(또는 다른 모든 의도)을 위한 수단을 가지고 있다는 데에만 절대적 가치를 인정하되, 그 수단을 결코 사용하지는 않겠다고 결심하는 인색한의 기묘한 현상이나, 또는 명예는 한갓된 명성속에 있다고 믿을 뿐이요, 그 이상은 아무런 의도도 가지지 않은 명예욕을 설

명해달라고 요구하는데, 이는 도덕학자들이 그들의 준칙을 심리학자들의 설명
에 맞출 수 있도록 하기 위함이다. 그런데 이러한 준칙은 도덕적 법칙 그 자체
의 준칙이 아니라, 도덕적 법칙의 영향에 맞서는 장해를 제거하기 위한 준칙이
다. 그러나 이 경우에 우리는 다음과 같은 점을 승인하지 않을 수 없다: 심리
학적 설명은 물리적 설명과 비교해서 매우 군색하다는 점, 심리학적 설명은 끝
없이 나가도 결국 가설적인 것이요, 따라서 우리는 [위에 든] 세 가지의 상이한
설명근거에 대해서 제 4의 역시 그럴듯한 설명근거를 아주 용이하게 안출할 수
47 가 있다는 점, 그러므로 이러한 종류의 많은 자칭 심리학자들은 연극이나 시적
표상에서, 그리고 자연의 대상들에 의해서 환기되는 모든 흥분과 감동에 관해
서는 그 원인을 지적할 줄을 알며, 또한 그들의 그러한 기지를 철학이라고 부
르고 있지만, 그러나 그들은 물체계의 극히 범상한 자연사상을 학적으로 설명
하라면, 아무런 지식도 보여주지 못할 뿐만 아니라, 아마도 그럴 수 있는 능력
조차도 보여주지 못할 것이라는 점이 그것이다. 심리학적으로 관찰한다(버어
크[1])가 미와 숭고에 관한 그의 저서에서 한 것처럼)는 것, 따라서 체계적으로
결합되어야 할 장래의 경험규칙들을 위한 재료를 수집하되 그러나 그것을 이해
하려고 하지는 않는다는 것이 아마 경험적 심리학의 유일한 진정한 책임이요,
따라서 경험적 심리학이 언젠가는 철학적 학의 지위를 요구할 수 있으리라는
것은 어려운 일일 것이다.

　그러나 어떤 판단이 스스로 보편타당적이라고 주장하고, 따라서 그 주장에
있어서 필연성을 요구하는 경우에, 이러한 자칭의 필연성이 객체에 관한 선천
적 개념에 기인하는 것이든, 또는 그 근저에 선천적으로 있는 개념을 위한 주관
적 조건에 기인하는 것이든, 우리가 그와 같은 판단의 요구를 승인하여, 그 판
단의 기원을 심리학적으로 설명함으로써 그 요구의 정당성을 시인한다면, 그것
은 불합리한 일일 것이다. 왜냐하면 그러한 행위는 자기 자신의 의도에 반하게
될 것이며, 또 시도했던 [심리학적] 설명이 완전히 성공한다해도, 이 설명은, 우
리가 그 판단의 경험적 기원을 지시할 수 있다고 하는 바로 그 이유로 해서, 그
판단이 필연성을 절대로 요구할 수 없다고 함을 증명하게 될 것이기 때문이다.

---

1) 본역서 132면 각주 1) 참조.

그런데 미감적 반성판단은 (우리는 이 판단을 앞으로 취미판단이라는 명칭 48
하에 분석하게 될 것이다) 바로 위에서 말한 종류의 판단이다. 이 판단은 필연
성을 요구하지만, 그러나 '누구나가 그렇게 판단한다'고 언명하는 것이 아니라
——그렇게 주장한다면, 이 판단은 경험적 심리학이 설명해야 할 과제가 될 것
이다——, '우리는 그렇게 판단하여야 한다'고 언명하는 것이다. 그리고 이러
한 언명은 '이 판단은 그 자신만으로서 선천적 원리를 가지고 있다'고 하는 것
과 같은 의미이다. 그와 같은 원리는 필연성을 요구하는 것이기 때문에, 만일
그와 같은 원리에 대한 관계가 이러한 판단 속에 내포되어 있지 않다면, 우리
는, 관찰이 증명하고 있듯이, 어떤 판단은 실제로 보편타당하기 때문에, 그 판
단은 보편적으로 타당해야 한다고 주장할 수가 있다고 상정할 수밖에 없을 것
이며, 또 거꾸로 누구나가 어떤 방식으로 판단한다는 사실에서, 누구나가 그렇
게 판단해야만 한다는 결론이 나온다고 상정할 수밖에 없을 것이다. 그러나 이
것은 분명히 불합리한 일이다.

그런데 물론 미감적 반성판단에는, 그것이 전연 개념 위에 기초를 둘 수가
없고, 따라서 일정한 원리로부터 도출될 수도 없다고 하는 곤란이 있다. 왜냐
하면, 만일 그렇지 않다면, 이 판단은 논리적 판단일 것이기 때문이다. 그러나
합목적성이라는 주관적 표상은 어디까지나 목적이라는 [객관적] 개념이어서는
안되는 것이다. 그렇지만 선천적 원리에 대한 관계는, 판단이 필연성을 요구하
는 경우에는, 언제나 성립할 수 있고 또 반드시 성립하지 않으면 안된다. 여기
에서 문제되는 것은 그러한 요구와 그러한 요구의 가능 뿐이다. 그리하여 한편
으로는 바로 이러한 요구가 이성비판을 유발하여, 비록 불명확하나마 그 근저 49
에 있는 원리 그 자체를 탐구하게 되고, 또 이 이성비판도 그러한 원리를 찾아
내는 데 성공할 수 있으며, 비록 그 원리가 결코 객체에 관한 명확한 개념을
제공할 수는 없다 할지라도, 그 원리를 판단의 근저에 주관적으로, 그리고 선
천적으로 놓여 있는 원리로서 승인하는 데 성공할 수 있는 것이다.

*　　　　*　　　　*

그와 마찬가지로, 비록 우리가 목적론적 판단에 있어서는 자연의 목적을 오로지 경험에 의해서만 발견할 수가 있으며, 경험이 없이는 그러한 종류의 사물들[자연목적으로서의 사물들]이 가능하다는 것도 인식할 수가 없지만, 우리는 그러한 목적론적 판단이 하나의 선천적 원리 위에 기초를 둔 것이요, 그러한 원리가 없이는 불가능하다는 것을 승인하지 않으면 안된다. 즉, 목적론적 판단은 어떤 자연산물들의 가능의 근저에 일정한 목적의 개념을 두고 있거니와, 비록 목적론적 판단은 이 목적의 개념을 객체의 표상과 결부시키기는 하지만(이러한 것은 미감적 판단에 있어서는 일어나지 않는 일이다), 그럼에도 불구하고 목적론적 판단은 미감적 판단과 마찬가지로 언제나 반성적 판단에 지나지 않는다.

50 목적론적 판단은, 이러한 객관적 합목적성에 있어서는 자연이 (또는 자연을 통해서 어떤 다른 존재자가) 사실상 의도적으로 활동한다고 하는 주장을, 다시 말하면 자연 또는 자연의 원인에 있어서 어떤 목적에 관한 사상이 그 인과성을 규정한다고 하는 주장을 감히 하려고 들지는 전연 않는다. 목적론적 판단이 주장하려고 하는 바는, 우리가 그와 같은 객체의 가능을 인식하기 위해서는, 그리고 이러한 객체에 관하여 하나의 개념을, 즉 체계적으로 행해져야만 하는 경험에 있어서 자연의 기계적 법칙들에 대하여 하나의 연관을 지어줄 수 있는 개념을 획득하기 위해서는, 우리는 단지 이러한 유비(원인과 결과와의 관계)에 따라서만 자연의 기계적 법칙들을 이용하지 않으면 안된다고 하는 것이다.

목적론적 판단이란 있는 그대로의 자연산물의 개념을 있어야만 할 자연산물과 비교하는 것이다. 그리고 이 경우에 그러한 자연산물의 가능에 관한 판정의 근저에는 그보다 선천적으로 선행하는 하나의 개념(목적의)이 놓이는 것이다. 기술의 산물들에서 그 가능을 그와 같은 방식을 표상한다는 것은 어려울 것이 없다. 그러나 자연의 산물에 관해서 그 산물이 어떤 것이어야만 했다고 생각하고, 또 그 산물을 과연 그 산물이 실제로도 그러한가 어떤가에 따라 판정한다는 것은, 경험(이 경우에 경험은 사물이 무엇인가 하는 것만을 가르쳐 줄 뿐이다)으로부터는 이끌어내질 수 없었던 원리를 이미 전제하고 있는 것이다.

51 우리가 눈을 통해서 볼 수 있다는 것을 우리는 직접 경험한다. 또 마찬가지로 이러한 눈의 가능적 사용의 조건들을 내용으로 하고 있는 그 외부구조와 내부구조, 따라서 기계적 법칙들에 따르는 그 인과성도 우리는 직접 경험한다.

또 나는 돌을 이용하여, 그 위에서 어떤 것을 깨뜨린다든가 또는 그 위에 건축
을 한다든가 하는 등등의 일을 할 수도 있다. 그리고 [이 때] 이러한 결과들은
또한 목적으로서 그 원인에 대하여 관련지어질 수도 있다. 그러나 나는 그렇다
고 해서 '그 돌은 건축을 위해서 쓰여져야만 했다'고는 말할 수가 없다. [그러
나] 다만 눈에 관해서만은 나는 '눈은 보기 위해서 쓰여지는 것이어야만 했다'
고 판단한다. 그리고 비록 눈의 모든 부분의 형상, 성질, 그리고 그 구성은 단
지 기계적인 자연법칙에 따라 판정하면 나의 판단력에 대해서는 전연 우연적이
지만, 그러나 나는 눈의 형식과 구조에 있어서 눈은 이러이러하게 형성되어야
한다는 하나의 필연성을, 즉 하나의 개념[목적의]에 따르는 필연성을 사유하는
것이다. 이 때 이 개념은 이러한 기관을 형성하는 원인보다 선행하는 것이요,
또 이 개념이 아니면 이러한 자연산물의 가능은 어떠한 기계적 자연법칙에 의
해서도 나에게 이해되지 않는다(그러나 상술한 돌의 경우에는 그렇지가 않다).
그런데 이와 같은 당위는 물리적–기계적 필연성과는 판명하게 구별되는 하나
의 필연성을 내포하고 있다. 물리적–기계적 필연성에 따르면 하나의 사물은
(그 사물의 선행하는 관념[목적의]이 없이) 작용하는 한갓된 동력인의 법칙에   52
의해서만 가능하다. 그리고 미감적 판단의 필연성이 심리학적 법칙에 의해서
규정될 수 없는 것과 마찬가지로, 이와 같은 당위는 한갓된 물리적 (경험적) 법
칙에 의해서 규정될 수가 없고, 반성적인 한에 있어서의 판단력 속에서 그 자
신의 특유한 선천적 원리를 요구하는 것이다. 그리하여 목적론적 판단은 바로
이러한 원리의 지배하에 있는 것이요, 또 그 타당성과 제한도 이러한 원리에
의하여 규정되지 않으면 안되는 것이다.

그러므로 자연의 합목적성에 관한 판단들은, 미감적인 것이든 또는 목적론
적인 것이든, 모두가 선천적 원리의, 그것도 오로지 판단력에만 특유하게 속하는
원리의 지배를 받는다. 왜냐하면 이러한 판단들은 단지 반성적 판단이요, 규정적
판단이 아니기 때문이다. 바로 그 때문에 이러한 판단들도 역시 순수이성(가장
넓은 의미의)의 비판에 속하지만, 그러나 규정적 판단이 반성적 판단 보다도
더욱 그러한 비판을 필요로 한다. 규정적 판단은 제멋대로 방임해두면 이성을
추리로 유인하여, 이러한 추리가 초절적인 것으로 빠져들어갈는지도 모르기 때
문이다. 그에 반해서 반성적 판단은, 자기의 원리에서 보아 자신을 오로지 경험

에만 제한하고 그렇게 함으로써 모든 사람에게 대한 필연적 타당성의 요구를
파괴하는 일이 없도록 방비하기 위해서만도, 수고스러운 연구를 요하는 것이다.

53

XI.
판단력비판을 순수이성비판의 체계 속에 끌어들이는 체계집성적 서론.

논술의 모든 서론은 계획하고 있는 학설에로 끌어들이는 서론이거나, 또는
그 학설 자체를 그 학설이 한 부분으로서 속해 있는 체계에로 끌어들이는 서론
이거나, 두 가지 중의 하나이다. 전자는 학설보다 앞서는 것이고, 후자는 그
학설이 공통적 원리들에 의하여 서로 관련을 맺고 있는 여러 학설들의 총괄 속
에서 그 학설의 위치를 원칙에 따라 지시해 주기 위하여, 당연히 그 학설의 결
론이 되어야 하는 것에 지나지 않을 것이다. 전자는 예비적 서론이요, 후자는
체계집성적 서론이라고 일컬을 수가 있다.

예비적 서론은 보통의 서론이거니와, 이 서론은 논술된 학설에 필요한 예비
지식을 다른 기존 학설이나 학으로부터 원용함으로써, 논술된 학설에의 이행을
가능케 하기 위한 준비를 갖추는 것이다. 이러한 예비적 서론이 새로이 나타나
는 학설에 특유한 원리들(내속적인 것 domestica)을 다른 학설에 속하는 원리
들(외래적인 것 peregrinis)과 신중히 구별하는 것을 목표로 하는 경우에는,
그 서론은 여러 학의 한계규정에 이바지한다. 그리고 이러한 신중함이란 아무
리 권장해도 지나칠 수가 없는 것이니, 이러한 신중함이 없이는 특히 철학적
인식에 있어서는 철저성을 기대할 수가 없기 때문이다.

54 그러나 체계집성적 서론이란 이를테면 서론과 관계 깊은 교설이나 새로이
나타나는 학설을 준비하는 교설을 전제하는 것이 아니라, 하나의 체계의 이념
을 전제하는 것이니, 체계는 그러한 이념에 의해서 비로소 완벽해지는 것이다.
그런데 그와 같은 체계는 연구의 도중에 발견된 다양한 것을 긁어 모으고 주워
모음으로써 가능한 것이 아니라, 우리가 어떤 종류의 인식들의 주관적 또는 객
관적 원천들을 남김 없이 지시할 수 있는 경우에만, 완벽한 구분의 선천적 원
리를 동시에 내포하고 있는 전체에 관한 형식적 개념에 의하여 가능한 것이다.
그러므로 우리는 체계집성적 서론이 그렇게도 유용함에도 불구하고 별로 흔하

지 않은 이유가 무엇인가를 쉽게 이해할 수가 있다.

　　본서에서 그 특유한 원리가 탐구되고 구명되어야 할 능력(판단력)은 매우 특수한 종류의 능력이어서, 그 자신만으로서는 전혀 아무런 인식도 (이론적 인식도 실천적 인식도) 낳지 못하며, 선천적 원리를 가지고 있음에도 불구하고 객관적 이설로서의 선험철학의 한 부문이 되지도 못하고, 다만 다른 두 상급의 인식능력들(오성과 이성)을 결합시키는 것에 지나지 않는다. 그러므로 이설을 가질 수는 없고 단지 비판만을 가질 수 있는 그와 같은 능력의 원리들을 규정함에 있어서, 다른 경우라면 반드시 필요한 순서를 버리고, 그러한 규정의 간단한 체계집성적 서론을 미리 약술하고, 그렇게 하여 예비적 서론과 체계집성적 서론을 통합병용한다는 것은, 나에게 허용될 수 있는 일일 것이다. 그리고 이 때 체계집성적 서론이란 정확히 말하면 순수이성의 학의 체계에로 들어가는 서론이 아니라, 선천적으로 규정될 수 있는 모든 심의의 능력들이 심의의 하나의 체계를 이루는 한에 있어서, 이러한 심의의 능력들의 비판에로 들어가는 데 지나지 않는 서론인 것이다.

　　판단력을 개념에 의한 순수한 인식능력들의 체계에로 끌어들이는 서론은 전적으로 판단력에 특유한 그 선험적 원리에 의거하는 것이다. 그 원리는 이러하다: 자연은 선험적 오성법칙들(자연 일반으로서의 자연을 가능케 하는 원리들)의 특수화[종별화]에 있어서, 다시 말하면 자연의 다양한 경험적 법칙들에 있어서, 이러한 법칙들을 구분하는 체계의 이념에 따라, 경험적 체계로서의 경험을 가능케 하기 위한 조처를 취한다.――이 원리는 무엇보다도 먼저 객관적으로는 우연적이지만 그러나 주관적으로는 (우리의 인식능력에 대해서는) 필연적인 합법칙성의 개념을, 다시 말하면 자연의 합목적성의 개념을, 그것도 선천적으로 부여한다. 그런데 비록 이 원리는 특수한 자연형식들에 관해서는 아무 것도 규정하는 바가 없고, 그러한 특수한 자연형식들의 합목적성은 언제나 경험적으로 주어지지 않으면 안되지만, 그러나 이러한 형식에 관한 판단은, 판단력에 대한 주어진 표상의 주관적 합목적성을 경험적 합법칙성 일반 가운데에 성립하는 자연의 합목적성이라는 상술한 판단력의 선천적 원리와 관련시킴으로써, 단지 반성적 판단으로서 보편성과 필연성을 요구할 수가 있다. 그리하여 미감적 반성적 판단은 하나의 선천적 원리에 의거하는 것으로 간주될 수가 있을 것이며(비록 이 판단은 규

55

56

정적 판단은 아니지만), 또 이 판단에 있어서의 판단력은 상급의 순수인식능력들의 비판에 있어서 하나의 위치를 차지할 권리를 가질 수 있게 될 것이다.

그러나 자연의 합목적성(실천적 합목적성과는 본질적으로 구별되는 하나의 기교적 합목적성으로서의)이라는 개념이 있는 그대로의 자연 대신에 우리가 차연으로부터 만들어내는 것을 사취하는 데 불과한 것이어서는 안된다면, 이 개념은 일체의 독단적 철학(이론적 철학 및 실천적 철학)과는 무관한 개념이요, 오로지 판단력의 상기한 원리 위에만 기초를 두고 있는 개념이다. 그리고 이러한 판단력의 원리는 경험적 법칙들에 선행하며, 판단력이 경험적 법칙들을 통합하여 하나의 체계로 통일하는 것을 비로소 가능케 하는 것이다. 그러므로 이로써 반성적 판단력의 두 가지 사용 (미감적 판단력과 목적론적 판단력의) 중에서 일체의 객체의 개념에 선행하는 판단만이, 따라서 미감적 반성적 판단만이 다른 인식능력과 섞이지 않은 판단력에 있어서 자신의 규정근거를 가진다는 것을 알 수가 있다. 그에 반해서 비록 자연 목적이라는 개념은 판단 그 자체에 있어서는 규정적 판단력의 원리로서가 아니라 반성적 판단력의 원리로서만 사용되기는 하지만, 그러나 이 자연목적이라는 개념에 관한 목적론적 판단은 이
57 성이 경험적 개념들과 결합됨으로써만 내려질 수 있을 뿐이다. 그러므로 자연에 관한 목적론적 판단의 가능은 용이하게 밝혀질 수가 있으니, 그 판단의 근저에 판단력의 특수한 원리를 놓을 필요는 없다. 왜냐하면 이 판단력은 단지 이성의 원리에만 따르기 때문이다. 그에 반해서 미감적이지만 그러나 선천적 원리 위에 기초를 둔 한갓된 반성의 판단, 다시 말하면 취미판단의 가능은, 이 판단이 실제로 보편타당성을 요구할 수 있는 권리가 있다는 것이 증명될 수 있는 경우에는, 특유한 선험적 원리의 능력(오성이나 이성과 같이)으로서의 판단력의 비판을 어디까지나 필요로 하며, 또 이러한 비판에 의해서만 순수인식능력들의 체계속에 들어갈 수 있는 자격을 얻는다. 그리고 그 이유는, 미감적 판단은 자기의 대상에 관한 개념을 전제하지 않음에도 불구하고 대상에 대하여 합목적성을 부여하되, 그것도 보편타당하게 부여하는 것이요, 따라서 그러기 위해서는 원리가 판단력 그 자신 속에 있지 않으면 안된다고 하는 데에 있다. 그에 반해서 목적론적 판단은 이성이 목적결합의 원리 아래에 두는 객체의 개념을 전제하는데, 이는 다만 판단력이 자연목적이라는 이 개념을 규정적 판단

에 있어서가 아니라, 단지 반성적 판단에 있어서 사용하기 위함이다.

그러므로 본래 오직 취미에 있어서만, 더욱이 자연의 대상들에 관한 취미에 있어서만, 판단력은 자기의 특유한 원리를 가지는 능력으로서 드러나며, 또 그 때문에 판단력은 상급의 인식능력들의 일반적 비판에 있어서 하나의 위치를 요구하는 근거 있는 주장을 하는 것이다. 우리는 판단력이 이러한 요구를 하리라고는 아마 믿지 못했을 것이다. 그러나 스스로 선천적으로 원리들을 정립하는 판단력의 능력이 일단 주어져 있으면, 이 능력의 범위를 규정하는 것도 필요하며, 또 이와 같은 비판의 완벽을 기하기 위해서는 판단력의 미감적 능력이 목적론적 능력과 함께 하나의 능력 속에 포함되어 있고 또 동일한 원리에 의거하는 것으로서 인식되어야 할 필요가 있다. 왜냐하면 자연의 사물들에 관한 목적론적 판단도 미감적 판단과 마찬가지로 반성적 판단력(규정적 판단력이 아니라)에 속하기 때문이다. 58

그러나 취미비판은 보통은 단지 취미 그 자체의 향상과 확립을 위해서만 사용되지만, 이 취미비판이 선험적 견지에서 논구되는 경우에는, 그것은 우리의 인식능력들의 체계에 있어서의 빈 틈을 메꿈으로써, 모든 심의력들의 완벽한 체계를 내다 볼 수 있는 놀랍고도 매우 유망하다고 생각되는 전망을 열어주는 것이다. 그러나 이는 심의력들이 그 규정에 있어서 단지 감성적인 것에만 관계하지 않고, 초감성적인 것에도 관계하되, 그러나 가차 없는 비판이 심의력의 초감성적 사용에 대하여 설정해놓은 경계석의 위치를 바꾸어 놓지 않는 한에 있어서의 일이다. 내가 이러한 [심의력들의] 체계적 결합의 개요를 여기에서 미리 성작해 놓으면, 아마도 독자가 이하의 연구[본론]의 연관을 그만큼 더 쉽게 개관하는 데에 도움이 될 수 있을 것이다. 그러나 이러한 개요는 물론 본절 전체가 그러하듯이 본래 본론의 마지막에 위치해야만 옳을 것이다.

요컨대 심의의 능력들은 모두가 다음의 세 능력에로 환원될 수 있다: 59

인식능력
쾌 불쾌의 감정
욕구능력

그러나 이러한 모든 능력들이 사용될 때에는 그 근저에 비록 언제나 인식이 있는 것은 아니지만(왜냐하면 인식능력에 속하는 표상은 개념을 떠난 직관, 즉 순수직관이나 경험적 직관일 수도 있기 때문이다), 그래도 언제나 인식능력이 있다. 그러므로 원리들에 따르는 인식능력이 문제되는 한, 다음과 같은 상급의 인식능력들이 심의력 일반에 병치된다:

> 인식능력 ⋯⋯⋯⋯⋯⋯⋯ 오성
> 쾌 불쾌의 감정 ⋯⋯⋯⋯ 판단력
> 욕구능력 ⋯⋯⋯⋯⋯⋯⋯ 이성

오성은 인식능력에 대하여, 판단력은 다만 쾌 불쾌의 감정에 대하여, 또 이성은 단지 욕구능력에 대하여 각각 특유한 선천적 원리를 내포하고 있다는 것은 분명한 일이다. 이러한 형식적 원리들은 혹은 객관적인 필연성을 확립하고, 혹은 주관적인 필연성을 확립하는가 하면, 또 혹은 주관적임으로 해서 동시에 객관적 타당성을 가지는 필연성을 정초하기도 하다. 그리고 이에 따라 이러한 원리들은 각 원리에 병치되는 상급의 능력들에 의하여 이들 각 원리에 대응하는 심의력들을 규정한다:

> 인식능력 ⋯⋯⋯⋯⋯⋯ 오성 ⋯⋯⋯ 합법칙성
> 쾌 불쾌의 감정 ⋯⋯ 판단력 ⋯⋯ 합목적성
> 욕구능력 ⋯⋯⋯⋯⋯ 이성 ⋯⋯⋯ 동시에 법칙인 합목적성(구속성)

60   마지막으로 이 형식들을 가능케 하는 상술한 선천적 근거들에는 또한 다음과 같은 것이 그 근거의 산물들로서 덧붙는다:

심의의 능력	상급의 인식능력	선천적 원리	산물
인식능력 ⋯⋯⋯⋯ 오성 ⋯⋯⋯⋯⋯⋯⋯ 합법칙성 ⋯⋯⋯⋯⋯⋯ 자연
쾌 불쾌의 감정 ⋯ 판단력 ⋯⋯⋯⋯⋯⋯⋯ 합목적성 ⋯⋯⋯⋯⋯⋯ 기술
욕구능력 ⋯⋯⋯⋯ 이성 ⋯⋯⋯⋯⋯⋯⋯⋯ 동시에 법칙인 ⋯⋯⋯ 도덕 합목적성(구속성)

그러므로 **자연**은 그 합법칙성의 근거를 인식능력으로서의 오성의 선천적 원리에 두고, **기술**은 그 선천적 합목적성에 있어서 판단력에 순응하여 쾌 불쾌의 감정에 관계하며, 마지막으로 **도덕**(자유의 산물로서의)은 합목적성의 형식의 이념 아래에 있거니와, 이러한 합목적성의 형식은 욕구능력에 관한 이성의 규정근거로서 보편적 법칙이라는 자격을 갖추고 있는 것이다. 이렇게 해서 심의의 각 기본능력에 특유한 선천적 원리들로부터 나오는 판단들이 이론적 판단, 미감적 판단, 실천적 판단이다.

그리하여 자연과 자유에 관계하여 각기 자기의 특유한 선천적인 규정적 원리들을 가지고 있으며, 그 때문에 이설적 체계로서의 철학의 두 부문(이론적 부문과 실천적 부문)을 이루는 심의력들[오성과 이성]의 하나의 체계가 발견되는 것이다. 그리고 그와 동시에 하나의 특유한 원리에 의하여 양 부문을 연결하는 판단력을 매개로 하는 하나의 이행, 즉 이론적 철학의 감성적 기체로부터 실천적 철학의 가상적 기체에로의 이행도 또 하나의 능력(판단력이라는)의 비판을 통해서 발견되는 것이다. 그런데 이 능력은 [양 부문을] 연결하는 데에만 이바지할 뿐이요, 따라서 그 자체만으로서는 물론 인식을 제공한다든가 이설을 위하여 어떤 기여를 한다든가 할 수는 없다. 그러나 이 능력의 판단은 미감적 판단(그 원리는 단지 주관적인 것에 지나지 않는다)이라고 불리어지거니와, 그것은 논리적 판단이라는 명칭하에 객관적 원칙을 가지고 있지 않으면 안되는 다른 모든 판단(그것이 이론적 판단이든 실천적 판단이든)과는 구별되기 때문에, 매우 특수한 종류의 판단이요, 그리하여 이 판단은 감성적 직관을 자연의 이념과 관련시키는 것이다. 자연의 합법칙성은 자연과 어떤 초감성적 기체와의 관계를 떠나서는 이해될 수 없기 때문이다. 그러나 이 점에 관해서는 본론에서 증명이 될 것이다. 61

우리는 전자의 종류의 판단[미감적 판단]에 관한 이 능력[판단력]의 비판을 감성론(이를테면 감관론)이라고 부르지 않고, 미감적 판단력의 비판이라고 부르게 될 것이다. 왜냐하면 감성론이라는 말은 이론적 인식에 속하는, 그리고 논리적 (객관적) 판단에 소재를 공급하는 직관의 감성을 의미하는 일도 있어서, 그 의미가 너무 광범하기 때문이다. 그 때문에 우리는 이미 감성론이라는 말을 오로지 인식판단에 있어서 직관에 속하는 술어만을 나타내는 말로 규정해 놓았던 것이다.1) 그러나 판단력이 객체의 표상을 개념에 관련시키지 않고, 따라서 판단을 인식에 관련시키지 않는다(전혀 규정적이 아니고 단지 반성적이다)고 하는 이유로, 판단력을 미감적이라고 부른다면, 그것은 오해의 우려가 없다.
62 왜냐하면, 직관은 감성적(미감적)이지만, 그러나 논리적 판단력에 대해서는 직관은 객체의 인식이 되기 위하여 우선 개념에로 높여지지 않으면 안되나, 미감적 판단력의 경우에는 그러한 일이 없기 때문이다.

XII.
판단력의 비판의 구분.

어떤 종류의 인식의 범위를 체계로서 나타내기 위하여 그 범위를 구분한다는 것은 중요한 일이면서도 또한 곤란한 일이기도 한데, 그러나 이러한 중요성은 충분히 통찰되지 못하고 있고, 또 그 곤란성은 흔히 오해되고 있다. 그와 같은 가능적 전체에 대한 부분들이 이미 남김 없이 주어져 있다고 간주되는 경우에는, 구분은 한갓된 비교에 따라 기계적으로 행해지고, 따라서 전체는 집합이 된다(이를테면 굴출한 이주자들끼리 경찰을 무시하고 각기 자기의 의도대로 토지를 나누어 가질 경우에, 도시가 집합이 되는 것과 거의 마찬가지로). 그러나 부분의 규정에 앞서서 어떤 원리에 따라 전체의 이념이 전제될 수 있고 또 전제되어야만 하는 경우에는, 구분은 틀림 없이 학적으로 행해질 것이요, 따라서 이렇게 해야만 전체는 하나의 체계가 되는 것이다. 이 후자의 요구는 선천적 인식(자기의 원리를 가진 이 선천적 인식은 주관의 어느 하나의 특수한 입법적 능력에 기인하는 것이다)의 범위가 문제되는 경우에는 언제나 일어난다. 왜냐하면 그 경우에는 이러한 법칙들을 사용하는 범위는 이 능력의 특유한 성질에 의하여 선천적으로 규정되어 있으며, 또 부분의 수나 부분과 인식된 전체와의 관계도 이 능력의 성질로 해서 마찬가지로 선천적으로 규정되어 있는 것
63 이기 때문이다. 그러나 동시에 전체 그 자체를 만들어 보고, 또 다만 비판의 규칙에 따라서나마 미리 전체를 그의 모든 부분에 있어서 완전히 현시해보지

---

1) 『순수이성비판』 감성론, 및 본역서 5면 각주 1) 참조.

않고서는, 우리는 근거 있는 구분을 할 수가 없다. 그래야만 전체를 나중에 하나의 이설(이러한 인식능력의 본성으로 보아서 이설이 일반으로 있을 수 있는 한에서)의 형식으로 체계화하자면, 특수에의 주도한 적용과 세련된 정밀성을 거기에 더하는 일만이 필요하게 되는 것이다.

그런데 판단력(이 능력은 비록 선천적 원리 위에 기초를 두고 있기는 하지만, 그러나 이설을 위한 소재를 제공할 수는 결코 없는 능력이다)의 비판을 구분하기 위해서는, 다음과 같은 구별이 그 기초가 되지 않으면 안된다: 자신의 선천적 원리를 가지는 것은 규정적 판단력이 아니라, 단지 반성적 판단력뿐이라는 것, 전자는 다른 능력(오성)의 법칙 아래에서 단지 도식적으로만 활동하고, 후자만이 (자신의 법칙에 따라) 기교적으로 활동한다는 것, 그리고 후자의 활동은 자연의 기교의 원리를, 따라서 자연에 선천적으로 전제되지 않으면 안되는 합목적성의 개념을 기초로 하고 있거니와, 이 합목적성은 물론 반성적 판단력의 원리에 따라 단지 주관적인 것으로서만, 다시 말하면 이 능력 자신과 관계하는 것으로서만 이 능력에 의하여 필연적으로 전제되는 것이기는 하지만, 그러나 이 합목적성은 또한 가능적인 객관적 합목적성의 개념, 다시 말하면 자연목적으로서의 자연의 사물들의 합법칙성의 개념을 수반하기도 한다는 것이 그것이다.

단지 주관적으로만 판정된 합목적성은 그러므로 개념 위에 기초를 둔 것이 64 아니요, 또 그것이 단지 주관적으로만 판정되고 있는 한, 개념 위에 기초를 둘 수도 없거니와, 이러한 합목적성이 곧 쾌 불쾌의 감정에 대한 관계요, 이러한 합목적성에 관한 판단이 곧 미감적 판단(동시에 미감적으로 판단하는 유일한 가능적 방식)이다. 그러나 이 감정이 단지 객체의 감관적 표상이지만, 다시 말하면 객체의 감각에만 수반되는 것이면, 미감적 판단은 경험적이요, 따라서 특수한 수용성을 필요로 하지만 특수한 판단력을 필요로 하지는 않는다. 그리고 나아가서는 만일 판단력이 규정적 판단력이라고 상정된다면, 목적의 개념이 그 근저에 있지 않으면 안될 것이며, 따라서 그 합목적성은 객관적 합목적성으로서, 미감적으로 판정되는 것이 아니라, 논리적으로 판정되지 않으면 안될 것이다. 그렇기 때문에 특수한 능력으로서의 미감적 판단력이라고 하면 필연적으로 반성적 판단력 이외의 다른 판단력으로 간주되어서는 안될 것이며, 또 쾌의 감정(이것은 주관적 합목적성의 표상과 동일한 것이다)은 객체의 경험적 표상에 있어서의 감각에 딸려 있는 것으로 간주되어서도 안되고, 또 객체의 개념에 딸려 있는 것으로 간주되어서도 안되며, 따라서 쾌의 감정은 판단력이 경험적 직관으로부터 개념 일반에로 올라가기 위해서 하는 반성과 그 반성의 형식(이것은 판단력의 특유한 활동이다)에 부착되어 있는 것으로, 그리고 선천적 원리에 따라 반성적 판단력과 결부되어 있는 것으로 간주되지 않으면 안될 것이다. 그러므로 반성적 판단력의 감성론[미학]이 이 능력의 비판의 한 부문이 될 것이
65 고, 마찬가지로 동일한 능력의 논리학이 목적론이라는 명칭하에 이 비판의 다른 부문을 이루는 것이다.[1] 그러나 이 양 부문의 어느 경우에나 자연 그 자체는 그 산물에 있어서 기교적인 것으로, 다시 말하면 합목적적인 것으로 고찰되지만, 전자의 경우에는 주관의 한갓된 표상방식의 견지에서 주관적으로 고찰되고, 후자의 경우에는 대상 그 자체의 가능의 점에서 객관적 합목적적인 것으로 고찰된다. 우리는 다음에 [본론에서] 현상에 있어서의 형식의 합목적성이 곧 미요, 미의 판정능력이 곧 취미라고 하는 것을 알게 될 것이다. 그런데 여기에서, 미감적 판단력과 목적론적 판단력으로 나누어지는 판단력비판의 구분은 단지 취미론과 물리적 목적론(세계의 사물들을 자연목적으로서 판정하는)만을 포함하지 않으면 안될 것이라고 하는 결론이 나오는 것으로 생각될는지도 모른다.

그러나 우리는 모든 합목적성을, 그것이 주관적인 것이든 객관적인 것이든, 내적 합목적성과 상대적 합목적성으로 구분할 수 있는데, 전자는 대상 자체의 표상에 근거를 가지는 것이요, 후자는 단지 대상의 표상의 우연적 사용에 근거를 둔 것이다. 이에 따르면 첫째 경우에는 대상의 형식이 이미 그 자체만으로서, 다시 말하면 개념을 떠난 한갓된 직관에 있어서, 반성적 판단력에 대하여 합목적적인 것으로 지각될 수 있으며, 따라서 그 경우에는 주관적 합목적성이 사물과 자연 그 자체에 귀속되는 것이다. 그러나 둘째 경우에는 객체는 그것이
66 지각될 때의 반성에 대하여 그 형식의 규정에 맞는 합목적적인 것을 그 자체에 있어서 조금도 가지고 있지 않을는지도 모르지만, 그러나 그럼에도 불구하고

---

1) 『판단력비판』에 있어서의 미감론[미학]과 목적론과의 구분은 『순수이성비판』에 있어서의 감성론과 논리학과의 구분에 대응한다.

그 객체의 표상이 선천적으로 주관 속에 있는 합목적성에 적용되어 합목적성의 감정(이를테면 주관의 심의력들이 초감성적으로 규정되는 데에서 느껴지는 것과 같은)을 환기하게 되면, 이 표상이 하나의 미감적 판단의 기초가 될 수 있는데, 이 미감적 판단도 하나의 선천적 원리(물론 단지 주관적 원리이지만)와 관계하지만, 그러나 전자의 판단과 같이 주관에서 본 자연의 합목적성과 관계하는 것이 아니라, 단지 어떤 감성적 직관이 그 형식상 한갓된 반성적 판단력을 매개로 하여 합목적적으로 사용될 수 있다는 것과 관계할 뿐이다. 그러므로 전자의 판단은 자연의 대상들에게 미를 귀속시키고, 후자의 판단은 숭고를 귀속시키되, 양자가 모두 주관적 합목적성을 고려해서만 객체의 개념을 떠나서 단지 미감적 (반성적) 판단에 의해서만 그렇게 하지만, 그러나 후자의 판단에 대해서는 자연의 어떠한 특수한 기교도 전제될 수가 없을 것이다. 왜냐하면 후자의 판단의 경우에는 단지 표상의 우연적 사용만이, 그것도 객체의 인식을 위한 사용이 아니라, [전자의 경우에 느껴지는 것과는] 다른 또하나의 감정, 즉 심의력의 소질 속에 있는 내적 합목적성의 감정을 위한 사용만이 문제이기 때문이다. 그럼에도 불구하고 자연에 있어서의 숭고에 관한 판단은 반성적 판단력의 미감[미학]의 구분에서 제외되지 않을 것이다. 왜냐하면 이 판단도 객체의 개념에 의거하지 않는 주관적 합목적성을 표현하는 것이기 때문이다.

　자연의 객관적 합목적성에 관한, 다시 말하면 자연목적으로서의 사물들의 가능에 관한 판단은 오직 이 사물들의 개념에 따라서만 내려지는 판단이요, 다시 말하면 미감적으로 (쾌 불쾌의 감정에 관해서) 내려지는 것이 아니라 논리적으로 내려지는 판단이며, 따라서 목적론적 판단이라고 일컬어지거니와, 이러한 자연의 객관적 합목적성에 관해서도 사정은 마찬가지이다. 객관적 합목적성은 객체의 내적 가능을 근거로 하거나, 또는 객체의 외적 결과의 상대적 가능을 근거로 하거나, 두 가지 중의 하나이다. 전자의 경우에는 목적론적 판단은 어떤 사물 그 자신 속에 있는 목적(사물에 있어서의 다양한 것은 서로 목적과 수단으로서의 상호관계를 가지고 있으므로)에 따라 그 사물의 완전성을 고찰하고, 후자의 경우에는 자연객체에 관한 목적론적 판단은 오직 그 객체의 유용성에만, 즉 다른 사물들 속에 있는 어떤 목적과의 합치에만 관계한다.

　이에 따라 미감적 판단력의 비판은 첫째로 취미(미의 판정능력)의 비판을 내포하고, 둘째로 정신적 감정——대상들에서 숭고를 표상하는 능력을 나는 우선 그렇게 불러둔다——의 비판을 내포한다.——목적론적 판단력은 합목적성에 관한 그의 표상을, 감정을 매개로 해서가 아니라 개념을 통해서, 대상에 관련시키는 것이기 때문에, 이 판단력 속에 포함되어 있는 능력들, 즉 내적 합목적성의 능력과 상대적 합목적성의 능력(그러나 두 경우에 모두 객관적 합목적성의 능력이다)을 구별하기 위해서 특수한 명칭이 필요하지는 않다. 왜냐하면 목적론적 판단력은 자기의 반성을 어디까지나 이성에 (감정에가 아니라) 관련시키기 때문이다.

또 주의해 두어야 할 것이 있다: 우리가 기술(이 말의 본래적 의미에 있어서)이라고 부르는 것은 자연에 있어서의 기교요, 인간의 표상력의 인과성에 있

68 어서의 기교가 아니다. 그리고 우리가 자연을 기교적(또는 성형적)인 것으로 고찰하는 경우에는, 비록 우리는 자연의 인과성과 기술의 인과성을 똑같이 표상하지 않을 수 없는 유비 때문에 자연의 조처를 기교적이라고, 다시 말하면 마치 기술적이라고 불러도 무방하지만, 그러나 본서에서는 기술에 관해서 판단력의 통제적 개념으로서의 합목적성이 탐구되고 있는 것이요, 예술미나 예술의 완전성의 원리가 추구되고 있는 것이 아니다. 왜냐하면 여기에서 문제되고 있는 것은 한갓된 반성적 판단력의 원리요, 규정적 판단력의 원리(이것은 인간의 모든 예술작품의 근저에 있는 것이다)가 아니며, 따라서 규정적 판단력에게 있어서는 합목적성은 무의도적인 것으로 고찰되어야 하며, 그 때문에 합목적성은 단지 자연에만 귀속할 수 있기 때문이다. 예술미의 판정은 나중에 자연미에 관한 판단의 근저에 있는 원리에서 나온 한갓된 귀결로서 고찰되지 않으면 안될 것이다.

그러므로 자연에 관한 반성적 판단력의 비판은 두 부문으로, 즉 자연의 사물들에 관한 미감적 판정능력의 비판과 목적론적 판정능력의 비판으로 이루어지게 될 것이다.

제1부는 두 장을 내포하게 될 것이니, 그 중에서 제1장은 취미의 비판, 즉 미의 판정의 비판이 될 것이요, 제2장은 정신적 감정(대상에 관한 한갓된 반성에 있어서 느끼는)의 비판, 즉 숭고의 판정의 비판이 될 것이다.

제2부도 마찬가지로 두 장을 내포하는데, 그 중에서 제1장은 자연목적으로

서의 사물들을 그 내적 가능에 관해서 판정하는 원리들을 다루게 될 것이요, 제2장은 그 상대적 합목적성에 관한 판단의 원리들을 다루게 될 것이다.[1]

이 두 부는 각각 두 편에 있어서 판정능력의 분석론과 변증론을 포함하게 될 것이다.

분석론도 똑같이 두 주요부분으로 나누어져서, 먼저 자연의 합목적성이라는 개념의 해명을 수행하고, 그 다음에 그 개념의 연역을 수행하게 될 것이다.

---

1) 본론에 있어서 이 두 장이 실제로 구분되어 있지는 않다.

해 설

『판단력비판』의 성립.

　주지하는 바와 같이 『판단력비판』은 『순수이성비판』 및 『실천이성비판』과
함께 Kant의 3대비판서 중의 하나요, 더욱이 양자를 매개하여 비판철학의 전
체계를 완결하려는 의도에서 쓰여진 Kant 만년의 대작이다. 따라서 Kant의
수 많은 저작 가운데에서도 『판단력비판』의 성립의 경위는 특히 그의 전비판
철학의 구상과 관련하여 우리의 흥미를 끄는 문제라 하겠다.
　이 최후의 비판서가 세상에 나온 것은 1790년 봄이요, 따라서 1781년의
『순수이성비판』보다는 근 10년 뒤의 일이다. 그러나 그 성립의 자취를 더듬어
보기 위해서는 우리는 『순수이성비판』의 구상에까지 거슬러 올라가지 않으면
안된다. 1770년의 취직논문 『가감계와 가상계의 형식과 원리』(*De mundi
sensibilis atque intelligibilis forma et principiis*) 이후로 Kant는 10년간
의 침묵기에 들어가면서 Marcus Hertz에게 보낸 1771년 6월 7일부의 편지
가운데서 장차 『순수이성비판』으로서 탄생하게 될 저작을 「감성과 이성의 한계」
(Die Grenzen der Sinnlichkeit und der Vernunft)라는 표제하에 구상하고
있으며, 거기에는 "감성계에 대하여 규정된 기본개념들과의 법칙들의 관계, 그
리고 취미론, 형이상학 및 도덕의 본질을 이루는 것의 구상"이 포함될 것이라
고 예고하고 있다. 이어서 그는 1772년 2월 21일부의 역서 Hertz에게 보낸
편지 가운데에서 "감정, 취미, 판정력의 원리들과 그것들이 일으킨 결과, 즉 쾌
적, 미, 선에 관해서 나로서는 아주 만족할 만큼 이미 오래전에 구상했으며,
이제 나는 감성과 이성의 한계라는 표제를 붙이게 될 저작을 계획한 것입니다"
라고 쓰고 있다. 그리고 이 저작의 내용으로서는 이론적 부문에 「현상학 일반」
과 「형이상학」이 포함되고, 실천적 부문에 「감정, 취미 및 감성적 욕망의 일반
적 원리」와 「도덕성의 제1근거」가 포함될 예정이었다. 이로써 보건대 『순수이
성비판』의 최초의 계획 가운데에는 이미 『실천이성비판』은 물론이요, 현재의
『판단력비판』의, 적어도 미감적 판단력에 관한 일부분의 구상이 포함되어 있었
음을 알 수 있다.

　　그러나 불과 3개월 이내에 출판할 예정이었던 이 「감성과 이성의 한계」의 제1부는 그 후 10년간의 끈질긴 사색을 거쳐서 1781년에 비로소『순수이성비판』이라는 새로운 표제로 그 완성을 보게 되거니와, 일단 이 제1비판이 성립하자 그 후로는 Kant의 위대한 저술이 연달아 쏟아져 나온다. 그리하여 1787년에는『순수이성비판』의 제2판이 세상에 나왔을 뿐만 아니라『실천이성비판』――이것은 1788년에 출판되었다――의 원고가 완성되었다. 이에 Kant는 Schütz에게 보낸 1787년 6월 25일부 서간에서『실천이성비판』의 원고를 다음 주에는 인쇄에 부치려고 한다고 말하고, 곧 「취미의 비판의 기초」(Grundlage der Kritik des Geschmacks)에 착수할 계획임을 밝히고 있다. 이것이 장차 우리의『판단력비판』으로 완성을 보게 될 그의 제3의 비판적 노작임은 더 말할 필요도 없거니와, 이렇게 해서 Kant는 최초에 「감성과 이성의 한계」라는 하나의 저작에 있어서 총괄적으로 다루려고 계획했던 전비판철학의 체계를 각각 독립된 3비판서로 나누어 다루게 된 것이다.

　　그러나 과연 취미의 비판이란 가능한 것일까? 미와 숭고에 관한 우리의 판단은 단지 경험적으로만 타당한 것이 아닐까? 이 점에 관해서 Kant는 적지않은 동요를 겪었던 것 같다. 이미 전비판기인 1764년에 쓰여진『미와 숭고의 감정에 관한 고찰』(*Beobachtungen über das Gefühl des Schönen und Erhabenen*)에 있어서 Burke류의 심리학적-경험적 미학에 시종했던 Kant는 「감성과 이성의 한계」의 최초의 계획에도 불구하고『순수이성비판』의 초판에 이르기까지 이 문제에 관해서는 단연 부정적이었다. 그는 그 초판의 한 각주에서 이렇게 말한다: "독일인들은 다른 국민들이 취미의 비판이라고 일컫는 것을 나타내기 위해서 현금 Ästhetik이라는 말을 사용하고 있는 유일한 국민이다. 이것은 탁월한 분석가 Baumgarten이 미의 비판적 판정을 이성원리들 아래에 넣어 그 규칙을 학에로 높이려고 한 그릇된 희망을 품었던 데에 기인한다. 그러나 이러한 노력은 헛된 일이다. 왜냐하면 그러한 규칙이나 표준은 그 원천으로 보아서 단지 경험적이요, 따라서 결코 우리의 취미판단이 의거하지 않으면 안될 선천적 법칙이 될 수가 없고, 오히려 우리의 취미판단이 그러한 법칙의 정당성의 본래의 시금석이 되기 때문이다. 그 때문에 이러한 명칭을 다시 사용하지 말고 그것을 참된 학인 교설[감성론]을 위해서 보류함이 좋다." (『순수이성비판』A21 A., B35 A.) 그처럼 취미에 관해서는 선천적인 원리가 발견될 수 없다고 한다면, "쾌 불쾌의 감정은 사물의 표상력이 아니라, 전인식력의 밖에 있는 것이므로, 우리의 판단이 쾌 불쾌에 관계하는 것인 한, 우리의 판단의 요소는, 따라서 실천적 판단의 요소는 단지 선천적인 순수인식만을 문제로 삼는 선험철학 속에는 총괄되지 않는다"(A801 A., B829 A.)고 할 것이다. 그러나 Kant의 이러한 견해는 『순수이성비판』제2판에 와서는 주목할만한 수정을 받는다. 즉, 제2판은 위에 인용한 초판의 각주에서 "그 원천"을 "그 주요한 원천"으로, "선천적 법칙"을 "일정한 선천적 법칙"으로 고침으로써 그 표현을 완화하는 한편, 이 각주의 말미에 "그렇지 않으면 이 명칭을 사변철학과 함께 사용하여 Ästhetik을 때로는 선험적 의미로 때로는 심리학적 의미로 취함이 좋다"고 하는 구절을 덧붙였던 것이다.

　이러한 수정은 Kant가 『순수이성비판』초판 당시에는 취미의 선천적 원리의 발견을 단념하고 있었으나, 제2판이 나올 무렵에 와서는 그 가능을 확신하기에 이르렀음을 말해주는 것이라 하겠다. 그리고 이러한 확신은 제2판에 이어서 쓰여진 『실천이성비판』에 있어서도 이미 나타나 있으니, 거기에서는 다음과 같은 구절이 우리의 주목을 끄는 것이다: "그러나 우리들에게 우리들 자신의 인식력들을 감지시켜주는 판단력의 이러한 활동은 행위와 행위의 도덕성 그 자체에 대한 관심은 아니다. 이러한 활동은 단지 사람들이 즐겨 그와 같은 판정을 하고, 덕, 즉 도덕적 법칙에 따르는 심성에 대하여 미의 형식을 부여하도록 할 뿐이다. 이 미의 형식은 우리가 감탄은 하되 그렇다고 해서 짐짓 구하는 것은 아니다. 그것을 바라보고 있으면 주관적으로 우리의 표상력들의 조화의 의식이 일어나고, 우리의 전인식능력(오성과 구상력)이 강화되었음을 느끼게 되고, 다른 사람들에게 전달될 수 있는 만족이 일어나는 일체의 것이 그렇다. 그러나 이 경우에 객체의 현존은 우리에게 무관계한 것이다……"(『실천이성비판』 286-7면) 이것은 Kant가 장차 『판단력비판』의 「미의 분석론」에 있어서 전개할 내용과 거의 같은 것을 선취하여 간결하게 표현한 것이라고도 하겠거니와, 그러나 그가 취미판단의 선천적 원리의 발견을 가장 명확하게 알린 것은 이 제2비판이 간행되기 직전에 Reinhold에게 보낸 1787년 12월 28일부 편지에서의 일이다. 거기에서 그는 이렇게 쓰고 있다: "나는 지금 취미의 비판(Kritik des Geschmacks)의 저술에 종사하고 있는데, 종래의 것과는 다른 종류의 선천적 원리들을 발견하였습니다. 심의능력은 셋이 있습니다. 인식능력, 쾌 불쾌의 감정, 욕구능력이 그것입니다. 첫째의 능력에 대해서는 나는 순수(이론)이성비판에 있어서, 그리고 셋째의 능력에 대해서는 실천이성비판에 있어서 선천적 원리를 발견하였습니다. 나는 둘째의 능력에 대해서도 선천적 원리를 탐구했었으나, 한때 그러한 원리의 발견을 불가능하다고 생각했었습니다. 그러나 앞에서 고찰한 능력들의 분석이 나로 하여금 인간의 심의에 있어서 발견하게 해준 체계적인 것(des Systematische)이……이제 나에게 철학의 세 부문을 인식할 수 있게 해 주었습니다. 그 세 부문은 각각 그 선천적 원리들을 가지고 있어서, 사람들은 그것을 매거하여 그렇게 해서 가능한 인식들의 범위를 확실히 규정할 수가 있습니다──이것은 곧 이론철학, 목적론, 실천철학입니다만, 그 가운데서 물론 중간의 것이 선천적 규정근거에 관해서 가장 빈약한 것입니다."

그처럼 Kant가 취미판단에 있어서 종래와는 다른 종류의 선천적 원리들을 발견하였다고 하는 것은 우리의 『판단력비판』의 성립에 있어서 결정적인 일이었다고 해야 할 것이다. 그러기에 그는 이 편지에서 「취미의 비판」이라는 표제를 가지게 될 이 새로운 저작의 원고를 다음 해 부활절까지는 완성할 생각임을 덧붙였던 것이다. 그러나 이 「취미의 비판」의 부활절까지 완성되지는 않았었다. 그것은 물론 그 동안 3년간에 두 차례나 맡았던 대학총장직이나 더해가는 노쇠라는 외적 이유 때문만이 아니라, 표제의 변화가 말해주고 있듯이, 그의 새로운 구상 때문이었던 것이다. Kant는 Reinhold에게 보낸 1789년 5월 12일부 편지 가운데에서 "취미의 비판을 그 일부로 하는 나의 판단력비판"을 미카엘제(9월 29일)에는 출판할 생각이라고 밝히고 있거니와──여기에서 우리는 처음으로 『판단력비판』이라는 표제에 접하게 된다──그 때 이미 그의 「취미의 비판」의 구상은 보다 광범한 「판단력의 비판」의 구상으로 확대되어 있었던 것이다. 다시 말하면 그는 1787년말경에 도달했던 취미의 주관적 선천적 원리를 그 동안에 다시 판단력──논리적-규정적 판단력이 아니라 목적론적-반성적 판단력이지만──의 원리로서 파악하게 되었으며, 이와 관련해서 미학에 있어서 문제되는 주관적-형식적 합목적성과 아울러 자연의 고찰에 있어서 성립하는 객관적-실질적 합목적성이 동일한 반성적 판단력의 원리임을 밝혀내게 되었던 것이다. 『비판력비판』의 출판보다 2년 앞서서 쓰여진 『철학에 있어서의 목적론적 원리의 사용에 관하여』(*Über den Gebrauch teleogischer Prinzipien in der Philosophie*, 1788)는 이러한 그의 목적론적 사색의 결과이기도 했던 것이다. 그리고 이렇게 해서 현재의 『판단력비판』의 제1부에는 「감성과 이성의 한계」 이래로 오랫동안 구상되어온 「취미의 비판」이 "미감적 판단력의 비판"이라는 표제로 들어가게 되었고, 제2부에는 자연목적론이 새로운 부문으로서 "목적론적 판단력의 비판"이라는 표제하에 들어가게 되었던 것이다.

그처럼 Kant의 "전비판적 업무"를 완결하는 『판단력비판』은 장장 20년에 걸친 전비판기의 사색을 거쳐서 성립된 것이다. 그러나 이 저작은 Reinhold에게 예고했던대로 1789년 가을에는 출판되지 않았다. 아마 그동안에 Kant는 Eberhard의 비판철학공격에 대한 논박을 작성하기 위하여 부득이 이 일을 늦추지 않으면 안되었을 것이다. 그의 서간에 의하면 출판사 Lagarde와 출판 교섭이 성립된 것이 겨우 그 해 가을의 일이요, 원고를 전부 보낸 것은 다음 해 3월이다. 이렇게 해서 『판단력비판』은 Lagarde(백림)와 Friederich(리바우)의 두 출판사에 의해서 1790년 부활절에 비로소 햇빛을 보게 되었다.

『판단력비판』의 내용.

기술한 바와 같이 『판단력비판』은 한편으로는 미학, 또 한편으로는 목적론이라는 얼핏 보아 서로 관계가 먼 것으로 생각되는 두 부문을 그 내용으로 하고 있을 뿐만 아니라, 또 전자는 미와 숭고, 후자는 자연목적으로서의 유기체와 목적의 체계로서의 자연이라는 두 가지 문제들을 각각 내포하고 있어서, 그 전체적 구성이 다른 두 비판서에 비하여 다소 복잡한 데가 있다. 따라서 본서의 내용을 간단히 개관해 두는 것이 이러한 전체적 구성을 통일적으로 파악하는 데에 도움이 될 것이다.

본서는 8면에 걸친 간단한 "서언"을 뺀다면, 1) 58면을 헤아리는 상세한 "서론", 2) 거의 반을 차지하는 "미감적 판단력의 비판"과, 3) 전체의 2/5를 점하는 "목적론적 판단력의 비판"으로 나누어 볼 수 있다.

Kant 철학의 전체계를 이해하는 데에 매우 중요한 부분이기도 한 이 서론은 그의 전체계에 있어서 『판단력비판』이 차지하는 위치, 그리고 특히 오성과 이성의 중간에 위치하여 양자를 매개하는 판단력의 역할, 인식과 욕구의 중간 항으로서의 쾌 불쾌의 감정의 위치를 천명하고, 뒤에 나올 두 부문, 즉 미감적 부문과 목적론적 부문을 결합하는 원리로서 자연의 합목적성의 개념을 도입한 다. 이 개념은 그처럼 『판단력비판』 전체를 일관하는 원리이지만, 여기에서 다 루어지는 두 가지 판단력, 즉 미감적 판단력과 목적론적 판단력은 규정적 판단 력이 아니라 반성적 판단력이므로, 이 원리는 결국 구성적 원리가 아니라 통제 적 원리임을 주의할 필요가 있다. 그리고 이 합목적성의 종류에 따라 본서의 내용은 분류되는 것이니, 미감적 판단력의 원리는 주관적 합목적성인 데 반하 여 목적론적 판단력의 원리는 객관적 합목적성이요, 전자는 다시 구상력과 오 성과의 유동에 기인하는 합목적성으로서의 미와, 구상력과 이성과의 유동에 기 인하는 합목적성으로서의 숭고로 나누어지며, 후자는 내적 합목적성(완전성)으 로서의 유기적 존재자와 외적 상대적 합목적성으로서의 자연의 목적론적 체계 가 대응한다.

　본문에서는 제1부와 제2부의 구성이 대체로 선행하는 두 비판서의 구성에 준하여 각각 분석론 변증론 방법론으로 구분되어 있다. 그러나 제1부에 있어서 는 분석론은 다시 "미의 분석론"과 "숭고의 분석론"으로 나누어지고, 여기에 "순수한 미감적 판단의 연역"이 이어져 있는 데 반하여, 방법론은 변증론의 부 록으로 짧게 다루어지고 있다. 그리고 "미의 분석론"은 제1비판의 범주론에서 유래한 성질 분량 관계 양상의 계기로 나누어 미의 본질을 분석하고 있는가 하 면, "숭고의 분석론"은 제1비판의 원칙론이나 이념론의 구분에 따라 숭고를 수 학적 숭고와 역학적 숭고로 분류하여 고찰하고 있다. 제2부에 있어서는 분석론 과 변증론이 거의 비슷한 분량을 차지하고 있는 데 반해서, 제1부에 있어서와 는 달리 방법론에 보다 많은 지면이 할당되어, 기계론과 목적론과의 관계, 목 적론과 신의 이념과의 관계가 상세히 논술되고 있다.

　미감적 판단력의 비판. Kant의 선험적 방법은 선천적으로 가능한 인식에 관 계하는 것이거니와, 미학의 문제도 "선천적 종합판단은 어떻게 하여 가능한 가?"라는 비판철학의 일반적 물음을 미학이라는 특수한 영역에 적용한 것에 지 나지 않는다. 그런만큼 Kant미학의 주제는 개개의 미적 현상을 경험적 심리학적으로 서술하는 데에 있는 것이 아니라, 이론적 인식판단이나 실천적 의지의 동기와는 다른 미감적 태도, 즉 취미판단이란 어떠한 것인가를 밝히는 데 있다. 이를 위해 Kant는 미의 영역에 대하여 고유한 인간심의의 상태, 즉 감정을 체계적으로 확보하고, 판단력이 오성과 이성을 매개하는 중간항인 것처럼 감정이 인식과 욕구를 결합시키는 중간항임을 밝힌다. 그런데 이러한 감정의 특징은 무엇보다도 그것의 순수한 주관성에 있으며, 그 때문에 감정은 객관적 지각으로서의 감각과는 구별된다. 따라서 미에 관한 순수한 감정으로서의 취미에는 객관적 원리란 있을 수가 없다. 이 점에서 순수한 감정은 한갓된 향수의 감정(쾌적한 것에 관한 감관취미)이나 선에 대한 도덕적 감정과는 원칙적으로 다르다. 미학에서 문제되는 감정이란 오직 "취미에 있어서의 쾌감"이요, 일체의 관심과 개념을 떠난 것이면서도 보편적이요 직접적인 만족이다. 이것은 우리의 심의력 일반의, 자세히 말하면, 미에 있어서는 구상력과 오성의, 숭고에 있어서는 구상력과 이성의 자유로운 유동에서 일어나는 것이므로, 오성에 의하여 개념적으로 고정시킬 수 없는 것이지만, 그럼에도 불구하고 자유로운 유동이라는 이 심의상태는 보편적으로 전달될 수 있는 것이다.

　여기에 미의 분석론은 연역론을 필요로 하게 된다. 왜냐하면 미에 관한 미감적 판단, 즉 취미판단은 비록 통제적이기는 하지만 선천적인 원리를 가지고 있는 한, 그것은 어떻게 하여 필연성과 보편타당성을 요구할 수 있는가 하는 것이 밝혀지지 않으면 안되기 때문이다. 취미판단은 그 근거가 주관 속에 있음에도 불구하고 실제로 "다른 사람들에게도 똑같은 만족을 기대하며", "모든 사람들에게 동의를 요구하는 것이다." 그렇다면 취미판단의 기초에는 어떠한 보편적 원리가 있지 않으면 안될 것이다. Kant는 그것을 미감적 공통감(sensus communis)에서 찾는다. 이것은 모든 사람들이 우리의 미감적 판단에 동의해야 한다고 요구하는 것이요, 따라서 "범례적 타당성"(exemplarische Gültigkeit)을 갖는 것이다. 다시 말하면 이 공통감은 구성적이 아니라 통제적 성격을 띤 하나의 이상적 규범이요 이념이다. 그러나 이 미감적 이념은 이론적 이념과는 다르다. 후자는 직관에 있어서 증시할 수 없는 이성개념이지만, 전자는 개념에 의하여 설명할 수 없는 이념, 다시 말하면 개념에로 환원하여 말로 표현할 수가 없는 구상력의 직관이요, 무한한 것의 현시이다. 이 이념은 초감성적인 가상적 기본을 근거로 하고 있거니와, 우리의 모든 능력은 최후의 근거로서의 이 기체에 있어서 합류하여, 우리의 가상적인 자연적 본성이 우리에게 과하는 최종목적을, 즉 "이성을 이성 자신과 합치 조화시킨다"고 하는 목적을 성취하는 것이다. Kant에 의하면 이러한 점을 간과하고서는 미학의 원리는 이해할 수 없다고 한다.

　연역론은 이상과 같은 연역론 본래의 과제 이외에도 이 미학의 원리를 개개의 예술에 적용함으로써 특색있는 예술론을 전개하고 있을 뿐만 아니라, 또한 미감적 이념을 산출하여 예술에 규칙을 부여하는 독창적 능력으로서의 천재의 문제를 다루고 있다. 그러나 우리는 이에 관한 상론을 피하는 대신, 여기에서는 다만 예술이 자연에 대립하는 기술 일반 가운데에서 파악되고 있다――독일어의 〈Kunst〉는 〈기술〉과 〈예술〉을 다같이 의미하는 말이다――는 점을 주의하고, Kant에 의한 예술의 분류를 도시하는 데 그치고자 한다.

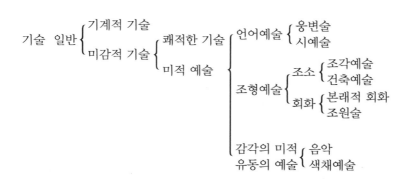

　마지막으로 "미감적 판단력의 변증론"이 미감적 판단, 즉 취미판단이 이율배반의 제시와 그 해결을 내용으로 하고 있음은 더 말할 필요도 없다. 이 이율배반은 "취미판단은 개념을 근거로 하고 있지 않다"고 하는 정립과 "취미판단은 개념을 근거로 하고 있다"고 하는 반정립이 대립하는 데에 성립하지만, 이 경우의 개념은 객체의 규정적 개념이 아니라 주관의 통제적 개념, 즉 "인간성의 초감성적 기체라고 간주될 수 있는 것에 관한 개념"이라고 봄으로써 이 이율배반은 해결된다. 그리고 변증론은 "취미의 방법론"이라는 제1부 마지막 절에 앞

서서 "도덕성의 상징으로서의 미에 관하여"라는 일절로 끝나거니와, 여기에서
는 자연과 자유가 미에 있어서 결합되고, 이론적 능력과 실천적 능력이 취미능
력에 의하여 초감성적인 것에 있어서 통일된다고 하는 『판단력비판』 본래의
문제가 논의되고 있다.

목적론적 판단력의 비판. 미감적 판단력의 영역이 예술이었다면, 목적론적
판단력의 영역은 자연기술이요 유기적 자연과학이다. 그러나 이 영역은 한갓된
자연계와는 달리 기계적 인과의 원리만으로는 충분치 못한 영역이다. 유기체의
생명이 원자력학으로 남김없이 환원될 수도 없고 자연형식이 운동량에도 해소
될 수도 없는 일이다. 그리하여 Kant는 "아마 언젠가는 뉴턴과 같은 사람이
나타나서, 한 그루의 풀줄기의 산출조차도 자연법칙에 따라서, 즉 의도가 질서
를 세워준 것이 아닌 자연법칙에 따라서 설명하리라고 예측한다거나 기대하는
것만도 인간에게는 불합리한 일"이라고 단정한다. 여기에 기계적 인과성을 넘
어선 새로운 종류의 법칙성이 요구되지 않을 수 없거니와, 그것이 곧 자연의
목적론적 질서의 상정이요, 통제적 원리로서의 합목적성의 이념이다. 그러나
이것은 목적을 사물 그 자체 안에 있는 것으로 생각한 Aristoteles나 Schola
학파의 낡은 목적론의 부활을 의미하는 것일 수는 없다. Kant의 새로운 목적
론은 규정적 판단력의 객관적 원리가 아니라 반성적 판단력의 격률, 즉 주관적
원리요, 자연을 도출하고 설명하는 원리가 아니라 자연을 판정하는 원리이니,
그처럼 새로운 합목적성의 이념이 반성적 판단력의 원리라는 점에 있어서 그것
은 미감적 합목적성과 결합될 수 있는 것이기도 하다.

그러나 미감적 판단력의 원리가 주관적 형식적 합목적성이었던 데 반하여,
목적론적 판단력의 원리는 객관적 실질적 합목적성이다. 이 합목적성이 객관적
실질적이라고 불리는 것은 그 근거가 주관 속에 있지 않다는 의미에서가 아니
라, 단지 그것이 미감적 합목적성과는 달리 직접 자연의 객체에 관계하는 것이
기 때문이다. 제2부의 분석론이 다루고 있는 것은 바로 이러한 객관적 실질적
합목적성이거니와, 이것은 앞에서 이미 언급한 바와 같이, 자연사물을 그 자신
목적으로 보느냐 또는 다른 것의 합목적적 사용을 위한 수단으로 보느냐에 따
라 내적 합목적성과 외적 상대적 합목적성으로 구별된다. 전자는 자연목적으로
서의 유기적 존재자에 있어서 찾을 수 있는 합목적성이니, 유기적 존재자란

"그 안에서는 모든 것이 목적이면서 교호적으로 수단이기도 한 것"이기 때문이다. 그리고 후자는 "목적의 체계로서의 자연"에 있어서 성립하는 합목적성이니, 이것은 곧 자연의 목적이라는 관점에서 보면 전체로서의 자연은 목적의 체계로 간주될 수 있다고 하는 원리인 것이다. 우리는 이 원리에 입각하여 반드시 기계적 원인 이상의 다른 원인을 필요로 하지 않는 자연산물들까지도 목적의 체계에 속하는 것으로 판정하게 되는 것이다.

그러나 목적론적 원리와 기계론적 원리는 필연적으로 대립하여, 여기에 목적론적 판단력의 이율배반이 성립한다. 변증론은 이 이율배반을 "물질적 사물들의 모든 산출은 단지 기계적인 법칙에 따라 가능하다"고 하는 정립과 "물질적 사물들의 약간의 산출은 단지 기계적 법칙에 따라서는 가능치 않다"고 하는 반정립과의 대립으로서 제시하고, 이 제시된 이율배반을 전자는 규정적 판단력의 구성적 원리요 후자는 반성적 판단력의 통제적 원리라고 봄으로써 해결한다. 가령 역학의 보편적 운동법칙은 수학적−물리학적 대상을 구성하고 산출하고 설명하는 것이다. 이러한 기계론적 설명방식, 즉 원인과 결과의 동력인적 결합(nexus effectivus)을 떠나서는 본래적인 자연인식은 불가능하다. 그에 대해서 목적론적 판정방식, 즉 목적인적 결합(nexus finalis)은 대상을 판정하고 과학적 문제설정과 관찰에 대하여 유용한 관점을 찾아주는 이른바 발견적 원리의 구실을 하는 것이요, 결코 기계론적 설명방식을 부정 배제하는 것이 아니다. 그러면서도 이 두 원리는 자연의 기교라고 하는 초감성적 가상적 이념에 있어서 서로 통합되는 것이다.

변증론에 이어서 방법론은 이 두 원리의 관계를 한층 더 상세히 논한다. Kant는 자연목적의 설명에 있어서는 어디까지나 기계론적 원리가 목적론적 원리에 종속되고 거기에 부수되어야 한다는 점을 강조한다. 그리고 그 경우에 목적론은 자연의 기교의 배후에 지고한 지적 세계원인으로서의 신을 상정하지 않을 수 없게 되지만, 그러나 이러한 상정은 자연학에 속하는 것일 수는 없다. 자연의 목적에서 신을 추론하려는 이른바 자연적 목적론도 단지 자연신학을 정초할 수 있을 뿐이요, 이것은 한낱 귀신론에 지나지 않는다. 도덕적 목적론에 의해서 정초되는 윤리신학의 입장에 이르러서 비로소 이 근원전 존재자는 신앙의 대상으로서의 참된 신일 수 있는 것이다. 그리고 자연적 목적론에 있어서는 인간은 자연의 최종목적이라고나 할 수 있었으나, 도덕적 목적론에 있어서는 도덕적 법칙하에 있는 인간만이 창조의 궁극목적일 수 있음이 명확해진다. 여기에 신학은 도덕에 종속되는 것이요, 종교는 도덕적 의무를 신의 명령으로서 인식하는 것이라고 하는 Kant의 기본입장이 분명히 드러나 있다고 하겠거니와, 목적론적 판단력의 비판은 그처럼 의연히 실천이성의 우위의 입장을 견지하면서, 목적론적 원리를 자연의 기계적 조직의 원리와 양립할 수 있는 반성적 판단력의 통제적 원리로서 다룸으로써, 미감적 판단력의 비판에 있어서와 마찬가지로 자연의 영역과 자유의 영역, 『순수이성비판』과 『실천이성비판』의 매개라고 하는 『판단력비판』 본래의 과제를 성취하였던 것이다.

『판단력비판 제1서론』에 관하여.

Kant는 『판단력비판』의 서론을 두 번 썼다. 처음 것은 『판단력비판』이 완성되기 직전, 즉 1789년말에서 익년초에 쓴 것으로 추측된다. 그는 출판사 Lagarde에 보낸 1790년 1월 21일부 서간 가운데에서 본문원고의 전반을 보낸다는 것을 알리면서 이 서론은 더 단축해야 하겠다고 말하고 있으며, 또 동년 3월 9일부 서간에서는 본문원고의 남은 부분의 발송을 알리면서 이 서론은 너무 장황하기 때문에 단축하지 않으면 안되겠다고 쓰고 있다. 이 서론이 이른바 『판단력비판 제1서론』이다. 그러나 Kant는 그 후 이 제1서론을 단축하는 대신 현재의 서론을 다시 썼다. 이 두 서론의 분량으로 보면 대체로 3대 2로 단축되었다.

그 후 이 『제1서론』이 출판된 경위는 이러하다. 당시 Kant는 자기의 유능한 제자 중의 한 사람인 Jacob Sigismund Beck(Buek가 Johann Sigismund라고 한 것은 잘못이다)가 자기의 비판철학의 발췌본을 계획하고 있음을 알고, 이 『제1서론』도 거기에 임의로 사용하라고 보내주었다. 그리하여 Beck는 그의 『칸트교수의 제비판서의 해설부 발췌』 제2권 (*Erläuternder Auszug aus den kritischen Schriften des Herrn Prof. Kant*, Bd. Ⅱ, Riga 1794)에 이 『제1서론』의 발췌를 넣었는데, 그나마도 "판단력비판 서론에 대한 주해" (*Anmerkungen zur Einleitung in die Kritik der Urteilskraft*)라는 잘못된 표제하에 전체의 약 2/5만을 넣었다. 그 후 다시 F. Ch. Starke는 Beck의 발췌를 그대로 그의 『칸트 소저작집』(*Kleine Schriften Kants*, Bd. Ⅱ, Leipzig 1833) 속에 "철학 일반 및 특히 판단력비판에 관하여(1794)" (*Über Philosophie überhaupt und über die Kritik der Urteilskraft insbesondere, 1794*)라는 표제를 붙여서 수록했다. (여기에서 1794년이라고 한 것은 『제1서론』이 성립한 해가 아니고, Beck의 발췌본이 출판된 해이다.) 이것이 기연이 되어서 그 후 Beck의 발췌는 Rosenkranz–Schubert (1838), Hartenstein(1838, 1868), Erdmann(1880) 등의 Kant전집에 수록되고, 그것이 "철학 일반에 관하여"(*Über die Philosophie überhaupt*)라는 더 짧아진 명칭으로 널리 유포되기에 이르렀다.

　Beck가 가지고 있던 원고는 (이것은 2초판 68면으로 Kiesewetter의 손으로 쓰여진 것을 Kant가 정정한 것으로 추측된다) Beck가 Rostock대학의 교수가 된 (1799) 후로 동료교수 Francke의 손에 넘어갔다가 Francke의 사후에는 Rostock대학 도서관의 소장이 되었다. 이미 1889년에 Dilthey는 그의 논문 『로스토크의 칸트 수고』(*Die Rostocker Kanthandschriften*)에서 이 원고의 의의를 지적한 바도 있거니와, 그 후 Otto Buek는 Rostock대학 도서관에서 이 원고를 찾아내어 그것을 그대로 옮겨써서 Cassirer판 『칸트저작집』(*Kants Werke*, Hg. von Ernst Cassirer, 11 Bde, Berlin 1912–1922)의 제2권(1922)에 수록하였다. 이렇게 해서 처음으로 『제1서론』은 완전한 모습으로 세상에 나오게 되었다. 그러나 그 후 Gerhard Lehmann은 이에 만족하지 않고 다시 Rostock의 원고에서 Kant가 가필한 부분까지도 조사하여 Vorländer판, 즉 철학문고판(Philosophische Bibliothek Bd. 39b, Leipzig 1927)으로 출판하였다. 본역서가 대본으로 삼은 것은 그것의 제2판(Hamburg 1970)이다.

『판단력비판』의 출판, 번역 및 참고서.

　『판단력비판』은 Kant 생존시에 3판이 나왔다:
　1) *Critik der Urtheilskraft von Immanuel Kant*, Berlin und Libau,

bey Lagarde und Friederich. 1790.

2) ──, Zweyte Auflage. Berlin, bey F.T. Lagarde, 1793.

3) ──, Dritte Auflage. Berlin, bey F.T. Lagarde, 1799.

제2판에 있어서는 초판의 오식을 바로잡은 것 외에 여러 곳이 가필되어 있다. 그러나 제2판과 제3판은 거의 같다. (본역서에 있어서는 개정된 곳의 중요한 것만을 역주에서 표시했다.)

4) 그 밖에도 Kant의 생존시에 세 가지 복제본이 나왔으니, a) Frankfurt und Leipzig 1792, b) ──1794, c) 개정증보판 2권 Cräty 1797이 있다.

Kant 사후에는 다음의 여러 전집으로 출판되었다:

5) Rosenkranz-Schubert판 전집 제4권 Leipzig, Leop, Voss 1838.

6) Hartenstein판 전집 제7권 Leipzig, 1839.

7) Hartenstein판 전집 제5권 Leipzig, 1867.

8) Kirchmann판 철학문고 제9권 Berlin 1869(1872).

9) Reclam판 Karl Kehrbach간행 Leipzig, 1878.

10) Benno Erdmann간행 Berlin 1880(1884).

11) K. Vorländer판 철학문고 제39권 Leipzig, 1902(1924).

12) Akademie판 W. Windelband간행 제5권 Berlin 1908.

13) Cassirer판 Otto Buek간행 제5권 Berlin 1914.

『판단력비판 제1서론』의 출판에 관해서는 위에서 언급된 것 이외에 다음의 것을 들어둔다:

1) Heinrich Schmidt, *Kritik der Urteilskraft, Anhang: Erste Einleitung in die Kritik der Urteilskraft*, Leipzig 1925.

2) Gerhard Lehmann, *Erste Einleitung in die Kritik der Urteilskraft nach der Handschrift herausgegeben*, Leipzig 1927.

3) Gerhard Lehmann, *I. Kants Gesammelte Schriften* (Akademie-Ausgabe) Bd. XX. 1942.

4) Wilhelm Weischedel, I Kants Werke in sechs Bänden, Bd. V, Darmstadt 1957. (Unter dem Titel: Erste Fassung der Einleitung in

die Kritik der Urteilskraft).

『판단력비판』의 번역서로는 다음의 것들이 있다:

1) J. H. Bernard, *Kant's Critique of Judgement*, London 1892(1914).

2) J. C. Meredith, *I. Kant, The Critique of Judgement*, Oxford 1928 (1952).

3) 大西克禮역, 『판단력비판』, 岩波書店 1932.

4) 坂田德男역, 『판단력비판』, 상·하, 三笠書房 1942-1944.

5) 篠田英雄역, 『판단력비판』, 상·하, 岩波文庫 1964.

6) 原佑역, 『판단력비판』, 理想社 1965.

『제1서론』의 번역서는 다음과 같다:

1) H. Kabir, *I. Kant, On Philosopy in General*, Calcutta 1935.

2) L. Guillermit, *Première introduction à la critique de la faculté de juger* (1789), Paris 1967.

3) 일역으로는 『판단력비판』의 일역중 5)와 6)에 포함되어 있다.

끝으로 참고서적을 몇가지 들어준다:

1) H. Cohen, *Kants Begründung der Ästhetik*, Berlin 1889.

2) W. Frost, *Der Begriff der Urteilskraft bei Kant*, Halle 1906.

3) A. Stadler, *Kants Teleologie und ihre erkenntnistheoretische Bedeutung*, Berlin 1874(1912).

4) A. Baeuler, *Kants Kritik der Urteilskraft. Ihre Geschichte und Systematik*, Bd. I., Halle 1923(1967).

5) M. Souriau, *Le jugement réfléchissant dans la philosophie critique de Kant*, Paris 1926.

6) H. W. Cassirer, *A Commentary on Kaint's Critique of Judgement*, London 1936(1970).

7) W. Biemel, *Die Bedeutung von Kants Begründung der Ästhetik*

für die Philosophie der Kunst, Köln 1959.

8) M. Liedtke, *Der Begriff der reflektierenden Urteilskraft in Kants Kritik der reinen Vernunft*, Hamburg, 1964.

9) L. Schärfer, *Kants Metaphysik der Natur*, Berlin 1966.

10) A. H. Trebels, *Einbildungskraft und Spiel: Untersuchung zur Kritikder ästhetischen Urteilskraft*, Köln 1967.

11) K. Düsing, *Die Teleologie in Kants Weltbegriff*, Bonn 1968.

12) J. D. MacFarland, *Kant's Concept of Teleology*, Edinburgh 1970.

색　인

1. 항목의 배열은 가나다순에 따랐다.
2. 숫자는 원판의 면을 표시한다. 단 『제1서론』의 원판의 면을 나타낼 때에는 숫자 앞에 E자를 붙였다.
3. 숫자 뒤의 A.는 원주를, f.는 다음 면에의 계속을 나타낸다.
4. ~표는 당해사항의 반복이요 =표는 그 정의이며, →표는 참조해야 할 면 또는 사항을 지시한 것이다.
5. 사항의 설명문이 복잡한 것은 ①②③으로 나누고 그것을 다시 ⓐⓑⓒ로 세분한 것도 있다. 그러나 이러한 분류는 반드시 엄밀한 기준에 따른 것은 아니다.

인명 색인

사항 색인

[ㄱ]

가설(Hypothese) =단지 가능적인 설명 근거의 상정 447 452f.

가족(Familie) 인식능력이라는 ~ XXIf; 피조물들의 ~ 369.

가치(Wert) 인간은 자기의 인격적 존재에 대하여 절대적 ~를 부여한다 13 410ff. 422f. 461A. 471; 감각과 쾌의 ~ 164; 인생의 ~는 합목적적으로 행하는 일을 통해서 부여된다 395A.; 궁극목적과 관계해서만 세계고찰은 ~를 가진다 411; 행위의 내면적 도덕적 ~와 외면적 ~ 461A.

감각(Empfindung) ~은 감정의 순수한 주관적 규정이거나 객관적 감관지각이다 8f.; →XLIIf. 4 E30ff. E64; ~은 대상의 표상의 질료적 (실재적) 요소이다 XLIII XLIVf. 39 153 157 205; ~은 보편적으로 전달될 수 있는 만큼만 가치를 가진다 164; 미감적 판단의 질료로서의 ~ 43 →214; ~의 순수성과 단순성 40f.; ~의 유동 211-213; ~들의 교체되는 자유로운 유동 223f.; 쾌적한 ~ 212; 동물적 ~, 신체적 ~ 228; 감관의 ~ →별항.

감관의 감각(Sinnenempfindung) 감각이 지각의 실재적인 것으로서 인식에 관계될 때에 이것을 ~이라고 한다 153 → 114 119 129 134 153.

감관적 가상(Sinnenschein) ~의 예술 207.

감관적 직관(Sinnenanschauung) 207.

감관적 진실(Sinnenwahrheit) ~의 예술 207.

감관적 취미(Sinnengeschmack) →취미.

감관적 판단(Sinnenurteil) →판단.

감동(Rührung) =생명력이 순간적으로 저지되었다가 더욱 강렬하게 넘쳐흐름으로써 일어나는 쾌적의 감각 43; ~은 순수한 취미판단에 속하지 않는다 37f. 39 43; ~은 숭고의 감정과 결부되어 있다 43 80; 대등한 ~과 우아한 ~ 122; ~은 운동이다 123; ~과 종교 123 478A.; →130 214 229.

감상성(Empfindelei) 122.

감성(Sinnlichkeit) ① [이론적 의미] 93 98ff. 115 341 343; ② [도덕적 의미] 114 116 120f. 125 411.

감성계(Sinnenwelt) [도덕계에 대하여] XIX LIVA. 93f. 100 304 409 426.

감성론(Ästhetik) →미감론.

감성적인 것(das Sinnliche) [초감성적인 것에 대하여] 자연개념의 영역은 ~이다 XIX.

감수적(pathologisch) 쾌적은 ~으로 제약된 만족을 수반한다 14; 쾌적이라는 ~근거 37; 쾌에 관한 미감적-~ 판단과 미감적-실천적 판단 E37.

감정(Gefühl) ① 쾌 불쾌의 ~ →쾌; ~은 주관적, 감각은 객관적이다 9; ② 도덕적 ~ LVII 112f.; 실천적 이념에 대한 ~ 114 115 116 154; 도덕적 ~은 도덕적 이념에서 나온다 263; 도덕적 ~과 종별상 구별되는 미에 대한 ~ 165ff. → 263f. 342 478A.; 도덕적 이념에 대한 존경의 ~ 228; 종교적 ~ 478A.; ③ 아름다운 자연에 대한 ~ 173; 구상력과

오성과의 조화의 ~ (내적 감관의 ~) 47;
취미의 ~ 228 →취미; 정신적 ~ XLVIII
228 E67f.; 인간의 전체적 생의 촉진의
~ 223f.; 건강의 ~ 123 223ff. 228;
숭고한 것에 대한 ~ →숭고; 섬세한 ~
113; 합목적적 상태의 내적 ~ 161.

감탄(Bewunderung) =참신함이 사라져
도 그치지 않은 경탄 122; =의혹이 소멸
되어도 재현되는 경탄 277; 미에 대한
~ 478A.; 숭고에 대한 ~ 76; 자연에
대한 ~ 274; 목적론적 고찰에 있어서의
~ 402.

강제력(Gewalt) 102 105 116f. 120 →
위력.

개념(Begriff) =직선의 다양을 총괄하는
통일의 표상 145; ~은 어떤 특정한
사상이다 192f.; ~에는 오성이 대응한
다 380; 직선들은 오성에 의해서 ~ 아
래에로 통합되며 따라서 ~은 논증적
이다 481; 객관적 ~ 223; 초월적 ~과
내재적 ~ 240; 구성적 ~과 통제적
~294f.; 객관적으로 공허한 궤변적인
~(conceptus ratiocinans)과 인식을
확립하며 이성에 의해서 확증되는
~(conceptus ratiocinatus) 330; →
XVI 309 340 348 481 E26 E44f.; →
오성~, 이성~, 자연~, 자유~.

개연성(Wahrscheinlichkeit) ~은 근거
의 일정한 계열에 있어서 가능한 확실성
의 일부분이다 452 →451; 순수이성의
판단에서는 ~은 도외시된다 338.

개연적(problematisch) ~ 개념 341
448; 행복의 가능성은 ~이다 430.

개전설(Evolutionstheorie) 376.

개체(Individuum) 287.

거대한(kolossalisch) 89.

건강(Gesundheit) 12 123; ~의 감정 →
감정.

건전한 이성(gesunde Vernunft), 건전한
(보통의) 오성 (인간오성) (gesunder
[gemeiner] Verstand[Menschenver
stand]=상식 64 111 116 155f. 160
260 335 410 412 421 470 472.

건축사(Architekt) 최고의 ~ 354 →402.

건축술(Architektonik) 오성적 세계창시
자의 ~ 402; ~적 오성 317 372.

건축예술(Baukunst) 42 207f.

격률(Maxime) 자연의 합목적성의 개념은
판단력의 주관적 ~이다 XXX XXXIV
XXXVIII 296 301 319 332ff. 360; 보
통의 인간오성의 ~ 158ff.; 오성의 ~
160; 이성의 ~ 160 248 300; 실천적
~ 168f.; 선의 ~의 체계 124.

격식(Schulform) ~과 예술과의 관계
180 186.

격정(Leidenschaft) 정서와 구별되는 ~
121A.; →165.

결정(화)(Kristallisation) 249-251 369.

결정형상(drusichte Konfiguration) 250.

겸허(Demut) 108f. 123.

경신(Leichtgläubigkeit) 463.

경외(Achtung) =우리의 능력이 이념에
부적합하다고 하는 감정 96; →15 36
76 83 120 123 228 303 428 E37.

경탄(Verwunderung) =기대 이상으로
참신함을 표상할 때에 일어나는 정서

122; 경악에 가까운 ~ 177; ~은 심의
가 느끼는 충격이다 277; →감탄.
경향성(Neigung) 감관의 인상은 ~을 규
정한다 8; 쾌적한 것이 ~을 낳아놓는다
10; 자연적 ~ 163.
경험(Erfahrung) =자연의 인식 XXX; ~
법칙에 따르는 자연의 체계로서의 ~
XXXIII E8 →VIII XXVII 267 E13ff.
E39; 연관지어진 하나의 전체로서의 ~
XXXIIIff. →313; ~의 가능 XXXf.
E9A.; 가능적 ~ XVII XXXIIf. XXXV
XLVI LIII 452 454 482; 가능적 ~과
현실적 ~ 456A.; 방법적으로 행해지는
~ (관찰) 296; 도덕적 ~ 457; ~ 일반
[특수적 ~에 대립하는] XXXV E8; ~의
한계를 넘다 36; ~ 개념의 지반 XVIf.;
~개념은 입법적이 아니다 XVII; ~판단
의 성립 147 →XLVIf.; ~인식일반
XXXVI.
경험론(Empirismus) 취미의 비판의 ~
246.
경험적(empirisch) ~원리 XXIIA. XXXf.;
~ 소여 XXIIA.; ~ 개념 XXIX XXX XL
330; ~ 인식 XXXIf. 331 E22f.; ~ 법
칙 XXXIII; ~ 인간학 129; 취미의 ~ 근
거 246; ~으로 인식되는 자연 331.
계기(Moment) 취미판단의 네 ~; 성질
3-16; 분량 17-32; 관계 32-61; 양상
62-68 4A.; 숭고의 대상의 판정의 ~
79.
계기(Sukzession) 동일한 사물의 규정의
~ XXXII.
계몽(Aufklärung) 158f. 158A.

계승(Nachfolge) 창시자의 산물이 다른
사람에게 미치는 영향은 ~이다 139; 천
재의 산물은 ~의 범례이다 200.
고고학(Archäologie) 자연의 ~ 385A.;
~자 369.
고대인(die Alten) ~의 작품들 138.
고루한(borniert) 159.
고삐(Leitfaden) 충동은 자연이 우리에게
~ 대신으로 부여한 것이다 392 →실마리.
고상한(edel) 122f.
고전적(Klassisch) 138; ~ 모범 186.
고통(Schmerz) 223 →쾌락.
곤충(Insekt) ~의 아름다운 형태 166.
공간(Raum) =직관의 선천적 형식 XLIII
→274 277; ~은 나의 내부에 있는 표상
방식이다 276 →XLII; ~은 산출의 실재
적 근거가 아니라 형식적 조건이다 352;
물체는 ~을 점유한다 479; 초감성적 존
재자는 ~ 속에 있지 않다 480; →42 99
116 207; 순수~론으로서의 기하학
E45.
공동체(공공체)(gemeines Wesen) 262
450.
공상(Phantasie) 122.
공순(Demütigung) 417.
공인증(Anthropophobie) 126 →인간공
포, 인간혐오증.
공통감(Gemeinsinn, sensus communis)
=무엇이 만족을 주는가를 감정에 의해서
규정하는 주관적 원리 64; ~은 외감이
아니라, 인식능력들의 자유로운 운동에
서 나오는 결과를 의미한다 64f.; ~은
공통적 오성(상식)과 구별된다 64 →

161; ~의 자유로운 사용 197f.; ~의
자유 199 259 262; ~의 자유로운 유동
205f. 215 217 221 253; ~의 자유로운
합법칙성 69; ⑥ [예술에 있어서의 ~]
~은 창조적이다 194; ~은 언어에 의하
여 규정된 개념 이상의 것을 사유케 된다
195; ~과 미감적 상징 196; 천재와 ~
198; 시예술에 있어서의 ~215ff.; 언어
예술에 있어서의 ~ 205f.; 조형예술에
있어서의 ~ 207 210 211A. 221; ⑦
취미판단과 ~ 69 73; ⑧ [숭고와 ~] ~
의 수학적 정조와 역학적 정조 80; ~의
확장의 극한(수학적)과 ~의 위력의 극한
(역학적) 116; 숭고에 의한 ~의 확장
83; ~의 이념에 부적합하다는 감정 88
93 95ff. 110 115 118 242; ⑨ [~의
무제한성] ~은 무한히 진행하려고 한다
85 94; 무제한한 ~ 96 124; 무구속적
~ 126; ⑩ 생산적 능력으로서의 ~
193; 생산적 자발적 ~ 69; 꿈과 ~ 302.
구성(Konstruktion, Konstruieren) 개념
의 ~ 138 241; 개념의 ~을 위한 도구
E4A.
구성력(konstitutiv) [통제적에 대하여]
→원리.
구속성(Verbindlichkeit) E59f.
구토(Ekel) ~ 상상에 기인한다 189.
국가(Staat) 294A. 393f. 450.
군인(Krieger) ~에 대한 존경 106.
군주제국가(monarchischer Staat) ~는
신체로서 표상되기도 하고 기계로서 표
상되기도 한다 256.
궁극목적(Endzweck) ① ~은 무조건적

이며 지고한 목적이다 397 412; ~이란
자신의 가능의 조건으로서 다른 것을 필
요로 하지 않는 목적이다 396; 자유개념
에 따른 결과가 ~이다 LV; ~의 이념은
주관적−실천적 실재성을 갖는다 429;
우리가 실현해야 할 최고의 ~은 실천적
객관적 실재성을 갖는 이념이다 459; ~
의 객관적 이론적 실재성의 증명은 사변
적 철학이 수행할 수 없는 일이다 430f.;
~은 실천이성이 지정하는 것이다 LVI
425f. 430f.; ~을 선천적으로 암시하는
것은 순수이성뿐이다 408; ~은 실천이
성의 개념이다 432; 이성은 도덕과 일치
하는 행복의 촉진을 ~으로 삼는다 426;
② [~과 도덕적 법칙] 도덕적 법칙은 우
리에게 ~을 규정해주고, 그것에 도달하
려고 노력해야 할 의무를 과한다 423
426 432 460 461A.; ③ [~과 인간] 도
덕성의 주체로서의 인간은 창조의 ~이
다 398f. 412 421f. 439 →390 423f.;
도덕적 법칙에 따르는 인간은 창조의 ~
이다 422A.; →428 430ff.; ④ [~과
자연] ~은 초감성적인 것과 관계한다
299; ~은 자연 가운데에서 찾아서는 안
된다 390 430 439; 자연은 ~을 제시할
수 없다 482; ~은 자연을 이론적으로
판정하는 원리가 아니다 432; ⑤ ~과
윤리신학 410−416; ~과 도덕적 목적론
419−424; ~과 최종목적 381f.
권리(Recht) 사람들의 ~(행복과는 다른)
123.
궤변(Vernünftelei) 268 306A. 440; ~적
원리 106.

으로는 설명할 수 없다 293; 자연의 ~만으로는 자연의 산물을 설명하는 데 충분치 못하다 316 360 374; ④ [~의 원리와 목적론] 자연목적의 설명에는 ~이 목적론적 원리에 부수된다 374-379; 유기체의 설명에는 ~이 목적론에 종속된다 361ff. 366 373; 우리의 이성은 양 원리를 동일한 사물에 있어서 합일시킬 수는 없다 316 354-363; 양 원리의 통합의 근거는 초감성적인 것이다 357-359 362; 우리는 ~의 제1의 내적 근거조차 통찰하지 못한다 329 334.

　(Mechanik) [기교에 대하여] 자연의 기교와 한갓된 ~과의 구별 324f.

기관(Organ) =도구; 유기체의 각 부분은 다른 부분을 산출하는 ~이다 291f.; 신체의 기관들 225.

기교(Technik) 자연의 산물의 형식을 목적이라고 본다면, 이 형식에 관한 자연의 인과성을 자연의 ~라 한다 E24f.; 자연의 대상들이 기술에 근거해서 가능한 것처럼 판정되는 때에는 ~라는 말을 사용한다 E6; 자연의 ~ XLIX 56 77 322 324f. 329 343f. 356; 자연의 전~는 천연의 물질과 그 힘으로부터 나오는 것 같다 369; 의도적 ~와 무의도적 ~ 321; 형상적 ~ E40.

기교적(technisch) [기계적에 대하여] = 목적론적 318; ~ 자연 270 E9A. E18 E23 E51; 이성의 ~ 사용 309; ~ 판단력의 원리 E45ff.; 규정적 판단력은 도식적으로 활동하고 반성적 판단력은 ~으로 활동한다 E63; ~ 명제 E6; ~ 명법 E6A.; ~ 실천적 →실천적.

기교적 조직(Technizismus) 359f. →기교.

기도(Gebet) XXIIA.

기독교(Christentum) 462A.

기동력(vis locomotiva) 436.

기본적 척도(Grundmaß) =제1의 척도 86f. 94.

기쁨(Frohsein) 103.

기술(Kunst) ① 기술 일반 173-176 ⓐ [자연과 구별되는 ~] ~은 자유(이성)에 의한 생산이다 174 →XLIX LVIII 76 173 176 180 188 286 289; ~의 원리는 이념에 따른 원리이다 320; 신적 ~의 산물 332; ⓑ [학과 구별되는 ~] ~은 실천적이요 이론적이 아니며, 기교요 이론이 아니다 175 → XXVIII 175A. 261 284 E67; ⓒ [수세공과 구별되는 ~] ~은 자유로운 유희요 수세공은 노동이다 175f. 206; ② [미감적 ~] 대상의 현실화를 위한 ~은 기계적 ~이요, 쾌의 감정을 의도로 하는 ~은 미감적 ~이다 177f. →179 180 E60; 미감적 ~은 쾌적한 ~이거나 미적 예술이다 178; 기계적 ~ 180 186 191 253; 쾌적한 ~ 178 213 225 230 253; →예술.

기술본능(Kunstinstinkt), 기술적 오성(Kunstverstand) 408f. →448A.

기술의 산물(Kunstprodukt) →예술의 산물, 기술작품.

기체(Substrat) 자연의 초감성적~ LIVA. LVI 94 244f. 353 362 374 387 421A.; 현상의 초감성적 ~ 237 241 352; 주관의 모든 능력의 초감성적 ~

단위(Einheit)　96.

당위(Sollen)　판단에 있어서의 ～(어떻게 판단이 내려져야 하는가) XXXI; 미감적 판단에 있어서의 ～ 63 67f.; 도덕적 ～ 343.

대수학(Algebra)　85; ～적 기호 255.

대양(Ozean)　77 118f.

덕(Tugend)　241 438; ～의 자율 139.

도구(Werkzeug)　=무관 291; 기관은 기술의 ～가 아니고 자연의 ～이다 292; 기계적 조직은 의도적으로 작용하는 원인의 ～이다 374; 기하학의 ～ E4A.

도덕(Moral)　～과 신학과의 관계 441f. 482.

　(Sitten)　의 준칙 425; 자유의 산물로서의 ～ E60.

도덕성(Moralität)　～에의 소질 125; ～의 힘 125; ～의 원리 259; ～의 주체 399; ～의 객체 427 464; →339A. 424A. 458A.

　(Sittlichkeit)　～의 진정한 성질 116; ～의 이념 125 139; ～의 불멸적 근원적 이념 125 136; ～의 양식 126; ～의 상징으로서의 미 254-260; ～의 법칙과의 일치 424; ～의 가능성은 선천적으로 확립되어 있다 430; ～과 기독교 462A.

도덕신학(Moraltheologie)　=이성적 존재자의 도덕적 목적으로부터 자연의 지고한 원인을 추론하려는 시도 400 →426ff.; ～과 윤리신학 400 410; →신학.

도덕적(moralisch)　～ 가치 414 461A.; ～ 감정 154 165 170 416 478A.; ～

격률 464; ～ 관계 415 439; ～ 궁극목적 436 462; ～ 근거 417f. 432f. 462A.; ～ 기초 154; ～ 동기 445; ～ 명령 342; ～ 목적 400 430; ～ 목적규정 415 418; ～ 목적론 414 419f. 433; ～ 사명 171 478; ～ 선 13 120 167; ～ 성격 165; ～ 성향(심성) 16 167 417 427f. 462 464; ～ 세계원인 →세계원인; ～ 소질 154 417; ～ 신앙 459 463; ～-실천적 XIIIff. XVf. 433; ～ 심의 16 416f. 427f. 464; ～ 심정 416 427f.; ～ 요구 417; ～ 원리 116 417; ～ 원칙 121; ～으로 정초된 국가의 관계 394; ～ 이념 214 228 474; ～인 목적의 왕국 413f.; ～ 입법 399A.; ～ 입법자 434; ～ 전망 478; ～ 존재자(신) 433 (인간) 398 412 424A.; ～ 증명근거 472; ～ 지성 416; ～ 지혜 445; ～ 창시자(신) 434; ～ 태도 462; ～ 판단 36 170 256; ～ 판정방식 478A.; ～-필연적 결과 482; ～ 행위 154 342; ～ 확신 447; 선과 정의는 ～ 특성이다 414; 선한 ～ 관심 169 260 →관심; 신의 현존재의 ～ 논증 424A. 439ff. 468 478f.; 신의 현존재의 ～ 증명 429 472; 이성의 ～ 사용 478; 인간성의 최종목적은 ～ 선이다 165; 행위의 ～ 성질 154.

　(sittlich)　～ 법칙 16; ～ 사명 428; ～ 선 60 259; ～ 원리(=자유의 원리) 475; ～ 이념 59f. 263f.; ～ 준칙 442; ～ 취미 16; ～ 판정 260; 선천적 ～ 개념 36.

도덕적 법칙(moralisches Gesetz, Sitten-gesetz, sittliches Gesetz) ~은 자유 사용에 있어서의 이성의 형식적 조건이다 423; ~은 형식적이요 무조건 명령한다 425; ~은 형식적 실천적 원리로서 정언적으로 지도한다 461A.; ~은 자유의 조건하에서만 가능하다 465; ~의 지고한 원리는 하나의 요청이다 459; ~에 대한 존경 477f.; ~과 궁극목적 →궁극목적; ~하에 있는 세계(인간) 412 414ff. 421 423; →XXV LIVA. 120 125 154 241 343 412ff. 417 419ff. 424ff. 434 462A. 477f. 482.

도덕적 훈계(Sittenvorschrift) 진부한 ~ 123.

도덕철학(Moralphilosophie) [자연철학에 대하여] =실천철학 또는 이성의 입법 XII.

도덕학(Sittenlehre) XIII.

도식(Schema) [상징에 대하여] 순수오성 개념의 실재성을 명시하기 위해서 필요한 직관은 ~이다 254; ~은 개념의 직접적 현시이다 256; 수개념에 대해서 구상력은 ~을 제공한다 90; 구상력은 자연을 이념에 대한 ~으로 다룬다 110; 심의 능력은 자연을 초감성적인 것의 ~으로 사용한다 215; 많은 동물의 종류의 공통적 ~ 368.

도식론(Schematismus) 판단력의 객관적 ~ 30 →117 E18f.; 선험적 ~ E18 E29.

도식적(schematisch) ~ 직관방식 255 255A. E63.

도식화(Schematisieren) 구상력의 ~

146; 판단력의 ~ 255 E18.

도안(Zeichnung) 10 42 49.

도야(Kultur) 숭고에 관한 판단은 ~를 필요로 한다 111; 미감적 ~ 214; 음악은 ~이기보다는 향락이다 218; 심의력들의 ~ 262; 도덕적 감정의 ~ 264; 숙련성의 ~와 훈육의 ~ 392 →394; → 문화, 교화.

독단론자(Dogmatiker) 비판의 교설에 대한 ~의 불만 479.

독단적(dogmatisch) 자연목적은 ~으로 정초될 수 없다 328 330; ~ 규정 332; ~ 원리 356; ~ 주장 323A.; 개념의 ~ 사용 330; ~ 증명 336 463; 개념의 ~ 처리와 비판적 처리 329ff.; ~ 관계 321; ~ 판단 464; ~ 불신 469; ~ 타당성 323A.; →비판적.

독재권(Autokratie) 물질의 ~이란 무의미한 말이다 372.

독창성(Originalität) =특유성 201; ~은 천재의 특성이다 182 186; 기지나 익살의 ~ 228.

동감(Sympathie) 12 127 → 반감.

동력(bewegende Kraft) 479.

동력인적 결합(Verbindung der wirkenden Ursachen, nexus effectivus) 269 289 291 420f. E42; →목적인적 결합.

동물(Tier) ~과 인간과의 비교 448A.; ~에 있어서의 반성 E17.

동물계(Tierreich) 370f. 382f.

동물성(Tierheit) 우리의 내부의 ~ 392 395.

동어반복적(tautologisch) 335 E17A.

동의(Beistimmung) 취미판단은 모든 사
람들에게 보편적 ~를 요구한다 20 23
26 63 66f. 114 151A.

동일한 근거(par ratio) 448A.

동일한 형식(제1성)(Gleichförmigkeit) 자
연사물의 ~ XXXVI E18.

뒤바꿈의 오류(vitium subreptionis) E28.

[ㄹ]

로빈손 이야기(Robinsonade) 127.

[ㅁ]

마르스(Mars) [로마신화] 190.

만족(Wohlgefallen) ① 세 가지 ~(쾌적,
미, 선에 관한)의 비교 14-16; ② [쾌적
에 관한 ~] 대상의 현존과 결합되어 있
는 ~은 관심이다 5; 쾌적에 관한 ~은
관심과 결합되어 있다 7-10; 쾌적에 관
한 ~은 감각에 기인한다 11; 쾌적은 감
수적으로 제약된 ~을 수반한다 14; ③
[미에 관한 ~] ⓐ 취미판단을 규정하는
~은 관심과 무관하다 5-7; 미에 관한
~은 대상에 관한 반성에 의거한다 11;
일체의 관심을 떠나서 ~을 주는 것이 미
이다 16-17; 미에 관한 ~은 개념을 전
제하지 않는다 51 68; ⓑ 숭고에 관한
~은 쾌보다도 감탄이나 경외를 내포한
다 76; 숭고에 관한 ~도 보편타당적이
며 무관심적이며 주관적이며 필연적이
다 79; ⓒ 미에 관한 ~은 적극적이며
숭고에 관한 ~은 소극적이다 117; 두
가지 ~이 모두 보편적으로 전달될 수 있
다 126; ③ [선에 관한 ~] 선에 관한 ~

은 관심과 결합되어 있다 10-14; 선에
관한 ~은 이성의 관심이 찬동을 강요하
는 것이다 15; 선에 관한 ~은 형식적
완전성에 관한 ~이다 69; 순수하고 무
조건적인 지적 ~의 대상은 도덕적 법칙
이다 120; ④ [지적 ~] 궁극목적은 객체
에 관한 지적 ~을 수반한다 LVI; 선은
개념에 의해서만 보편적 ~의 객체로서
표상된다 21; 지적 ~과 실천적 ~ 223;
미감적 ~과 지적 ~과의 결합 51 →120.

망원경(Teleskop) 84.

명법(Imperativ) 개연적, 실용적, 기교적
~ E6A.

명예욕(Ehrsucht, Ehrbegierde) 394
E46.

명제(Satz) 간접적으로 확실한 ~와 직접
적으로 확실한 ~; 증명가능한 ~와 증명
불가능한 ~ 241; 실천적 ~와 이론적 ~
E2ff.

모방(Nachahmung) ~은 학에 있어서만
가능하고 예술에 있어서는 불가능하다
183-185; 학습은 ~이다 183; ~은 모
의와 구별된다 201.

모범(Muster) 182; ~적 200f. 263 264
→천재.

모순대당적(kontradiktorisch-entgegen
gesetzt) ~ 원리들 322.

모순률(Satz des Widerspruchs) LVIIA.
453.

모의(Nachäffung) 201 →모방.

모조(Nachmachung) 185.

모태(Mutterschoß, Gebärmutter) 369.

모형(Ektypon, Nachbild) =미감적 이념

의 표현인 형태 207 →원형.

모형적 지성(intellectus ectypus) =형상을 필요로 하는 논증적 오성 350f.; →원형적 지성.

목적(Zweck) ① 하나의 객체의 개념은 그 개념이 이 객체의 현실성의 근거를 포유하고 있는 한에 있어서 ~이라고 일컬어진다 XXVIII; ~이란 어떤 개념이 대상의 원인(즉, 그 실재적 근거)으로 간주되는 한에 있어서 그 개념의 대상이다 32; ~이란 그 개념이 대상 그 자체를 가능케 하는 근거로 간주될 수 있는 것을 의미한다 45; 어떤 원인의 규정근거가 그 원인에서 나오는 결과의 표상에 지나지 않을 때에 그러한 원인의 산물이 ~이라고 일컬어진다 350; 어떤 결과의 표상이 동시에 그 결과를 산출하기 위하여 작용하는 오성적 원인의 규정근거인 경우에, 그처럼 표상된 결과가 ~이다 381; 자신이 자기의 대상의 인과성의 조건으로 간주되는 표상이 ~이다 E38; 전체라는 이념이 인과성의 근거로 간주되는 경우에 이 이념은 ~이라고 일컬어진다 E43; ② [자연의 ~과 자유의 ~] ⓐ 자연의 ~ 152f. 247 322; 자연의 객관적 ~ LI; 자연의 내적 ~과 외적 ~ 45 51 248 282 310; 자연의 상대적 ~ 282; 우리의 내부에서 찾아야 하는 자연의 ~ 170f.; 자연의 최종~ 382 384 388-395; 초감성적 기체와의 관련에 있어서 모든 인식능력을 조화시키는 것이 자연의 최종 ~이다 243; 자연의 최종 ~으로서의 인간 390; 자연의 최종 ~으로서의

문화 392; 자연의 최종 ~으로서의 행복 399A.; →152f. 247 279 283f. 310 322 389f. 393 400 415; ⓑ 자유의 ~ 245 389; ③ [~의 여러 종류] 선천적 ~ LII; 만족의 근거로서의 ~ 34; 객관적 ~과 주관적 ~ LI 34f. 399A.; 인간의 본질적 보편적 ~ 55f.; ~의 계열 281; 정언적 (무조건적) ~ 300; 신적 ~ 306; 이성의 ~ 329; ~의 인과성 350; ~의 원리는 발견적 원리이다 355; 창조의 최종~으로서의 인간 383; ~의 체계 383; ~의 질료 391; ~의 질서 399A.; 객관적인 지고한 ~ 399A.; 인간의 현존재의 지고한 ~ 399A.; 상대적 ~과 절대적 ~ 423; 자발적 자연의 형식적 ~ E41; →자연~, 궁극~, 의도.

목적결합(Zweckverbindung, Zweckverknüpfung) 281 316 320 325 343 362 367 373 406f.

목적규정(Zweckbestimmung) 391.

목적론(Teleologie, Zwecklehre) ① ~은 하나의 특수한 원리(목적의 원리)에 따라 자연의 객체를 판정하는 방식이다 295 →295ff.; ~의 원리는 자연과학의 내적 원리이다 304-310 →328; ~은 자연과학의 본래의 부문이 아니다 309 →295, 365f.; ~의 근저에는 통제적 원리만이 있고[구성적 원리는 없다 270 343 365; ~은 이설에 속하지 않은 판단력의 비판에만 속한다 366; ~은 반성적 판단력의 논리학이다 E65; ~은 신학의 예비학이요 신학의 일부문이 아니다 309 365 →335 482; ② 자연적 ~은

이론적인 반성적 판단력에 대하여 오성적 세계원인의 현존재를 상정하기에 충분한 증명근거를 제공해주는 ~이다 418f.; 자연적 ~은 세계의 사물들을 자연목적으로서 판정하는 것이다 E65; 자연적 ~은 신의 개념에 이르지 못한다 460; →402 403f. 409 413f. 418ff. 430 432 434ff. 473 476; ③ 도덕적 ~은 자유를 부여받은 이성적 존재자 일반이라는 개념에 있어서 발견된다 419; 도덕적 ~은 자연적 ~의 결함을 보충하여 신학을 정초한다 414; 도덕적 ~은 자연적 ~ 보다 더 우월하여, 우리의 도덕적 궁극목적을 만족시켜주는 원인이라는 개념에 이른다 476; →420 445 465 477.

목적론적(teleologisch) =의도적 359; ~ 문제 XXIIIA. 372; ~ 자연인식 299; ~ 원칙 296f. 359f.; ~ 원리 251 353f. 360ff. 366f. 375 400; ~ 근거 269 336 374; ~ 세계고찰 300 402; ~ 질서 302; ~설명근거 307; ~ 설명방식 352 356 362; ~ 법칙 352 361; ~ 도출 358; ~ 기교적 조직 359; ~ 산출방식 360 386; ~ 생산원리 375; ~ 개념 365; ~ 인과성 398; ~ 체계 388ff. 408; ~ 원리와 기계적 원리 353 354–363 374–379; 신의 현존재의 ~ 증명 443–454; 그 자연적 ~ 증명 473–475; 그 도덕적 ~ 증명 476–477; ~ 판정 269 307 361 402 406 415 442 →판정; ~ 판단 →판단; ~ 판단력 →판단력.

목적의 왕국(Reich der Zwecke) 413f.

목적인(Endursache) ① ~은 결과가 그 원인의 원인이기도 한 인과결합이다 289f.; ~은 자연의 기계적 설명의 원리와는 다르다 316 → E40; ~을 자연사물의 현존재의 설명근거로 사용할 수 없다 298 E40; ~에 따르는 표상방식은 이성 사용의 주관적 조건이다 387; ~은 기계적 인과성을 해치는 일이 없이 자연학을 확장할 수 있다 301; ② [~과 유기체] 유기적 존재자는 ~의 개념에 따라 판단되지 않으면 안된다 314 319; 유기적 존재자에 있어서는 동력인의 연결은 동시에 ~에 의한 결과라고 판정된다 291; ③ [~과 자연] ~이라는 초감성적 원리는 체계로서의 자연 전체에도 타당하다 304; ~의 체계로서의 세계 413; ~의 이념에 따르는 자연의 가능 324; ~에 의한 산출 321 359; ~에 의한 자연설명의 체계들 321ff.; ④ ~의 인과성 350 381; ~의 법칙 314; ~의 연결은 우리의 개념의 결합에만 관계하고 사물들의 성질에는 관계하지 않는다 310 E25A.; ~의 개념론 405f.

목적인적결합(Verbindung der Endursachen, nexus finalis) 34 269 289ff. 420f. →332 373; →동력인적 결합.

목적통일(Zweckeinheit) →통일.

몰정서성(Affektlosigkeit, 무감동 apatheia) ~은 숭고하다 121f.

몰형식적(formlos) 숭고는 ~ 대상에 있어서도 볼 수 있다 75.

몸짓(Mimik) 공간에 있어서의 형태의 유희로서의 ~ 42; ~의 기호 256.

149f. →취미판단; ~는 인간에게만 타당하다 15; ~의 학이란 없다 176 261; ~의 분석론 3-73; ② [자유~와 부용~] 자유~는 대상의 개념을 전제하지 않으나 부용~는 개념과 그에 따른 대상의 완전성을 전제한다 48f.; ③ [자연~와 예술~] 자연~는 형식적 주관적 합목적성의 현시이다 L; 자연~는 자연을 판정할 때의 자연과 인식능력들의 자유로운 유동과의 합치이다 303; 자연~가 예술~보다 우월하다 168 171f.; 예술~에 대한 관심은 도덕적 선과 무관하지만 자연~에 대한 관심은 선한 심령이 표징이다 166; 자연~의 판정에는 취미가 필요하고 예술~의 가능에는 천재가 필요하다 187f.; 자연~는 아름다운 사물이며 예술~는 사물에 관한 아름다운 표상이다 188ff.; 예술~의 판정은 자연~에 관한 판단의 원리에서 나온 귀결로서 고착된다 E68; →76f. 166ff. 188ff. 202f. 204 242 439; ④ [~와 숭고] 미감적 판단은 ~에 관계할 뿐만 아니라 숭고에도 관계한다 XLVIII; 내적 합목적성에 관한 판단은 자연의 대상에 ~를 귀속시키고, 상대적 합목적성에 관한 판단은 숭고를 귀속시킨다 E66; ~는 대상의 형식에 관계하지만, 숭고는 몰형식적 대상에 관계하며, ~는 오성개념의 현시이지만, 숭고는 이성개념의 현시이다 75; ~와 숭고에 관한 만족은 분량으로 보면 보편타당적이며, 성질에서 보면 무관심적이며, 관계에서 보면 주관적 합목적성이며, 양상에서 보면 필연적이라는 점에서

일치한다 79 →74; ④ [~와 쾌적 및 선] 14-16 →35 44ff. 47 50 69 113 246; ~와 선과의 결합 51 →169f. 171; ~는 도덕적으로 선한 것의 상징이다 258; 의무에서 하는 행위의 ~ 114; ⑥ [~의 여러 종류] 막연한 ~와 고정된 ~ 55; 자연 그대로의 무규칙적인 ~와 규칙적인 ~ 72; 지적 ~ 119 278; 기하학적 도형의 미 277f; 마음씨의 ~ 122; 인간형태의 ~ 59 119; ~와 숭고의 감정 129.

미감론(Ästhetik) 판단력의 선험적 ~ 118 E27f.; 판정능력의 ~과 인식능력의 감성론 E27ff.; 감정의 ~E28f.; ~은 감관론이다 E61; 반성적 판단력의 ~ E64.

미[직]감적(ästhetisch) [논리적과 대립한다] ~ 판정 VIIf. L 29 102 115f. 120 126 134 158 278; 표상의 ~ 성질 XLII; 자연의 합목적성의 ~ 표상 XLIIf. 84 →119; ~ 판단 (→취미판단) XLIV XLVIIf. LVII 5 23 46 47f. 53 63 74 89f. 118f. 134f. E28 E29f. E57 E61; ~ 감관판단과 ~ 반성판단 E31ff.; ~ 판단은 (개념이나 감각을 떠나서) 판정에만 관계한다 180 247 303A.; ~ 표징 195f.; ~ 이념 192ff. 204ff. 228 239ff.; ~ 근거 444; ~ 만족 →만족; ~ 합목적성 →합목적성.

미신(Aberglaube) ~이란 자연이 그 규칙에 따르지 않는다고 생각하는 것이다 158; 종교는 ~와 구별된다 109.

미학(Ästhetik) →미감론.

[ㅂ]

바보(Pinsel) 183.

반감(Antipathie) 127 →동감.

반목적인 것(das Zweckwidrige) 합목
적적인 것과 ～ 405.

반성(Reflexion) =숙고 E16; 동물에 있
어서의 본능적 ～작용 E16; 판단력은 ～
하는 능력이다 E16; 자연에 관한 반성
XXXV–XXXVII E17f.; 대상의 형식에
관한 ～ XLV; 미감적 판단력의 ～ 118;
판단력의 ～ 133 E18; 대상들에 관한 ～
312 E17 E17A.; ～ 판단 E26; ～적 판
단력 →판단력.

발견적 원리(heuristisches Prinzip) 목적
의 원리는 ～이다 355.

발생(generatio) 단일～(generatio uni
voce), 동종～(g.homonyma), 우연～(g.ae
quivoca), 이종～(g.heteronyma) 370A.

방법(Methode) =논리적 방식(modus
logicus) 202 →교수법, 수법.

방법론(Methodenlehre) 취미의 ～ 261–
264; 목적론적 판단력의 ～ 364–482.

번식(Fortpflanzung) 377f. 381.

범례적(exemplarisch) ～ 필연성 62f.;
～ 타당성 67.

범신론(Pantheismus) =세계전체를 일
체를 포괄하는 유일의 실체로 보는 것
373 405f.

범주(Kategorie) =보편적 자연개념
XXXIX; =선천적 개념 E17A.; 순수～
XXIIIA. →147; 자연법칙들은 ～들에
기초를 두고 있다 XXXII; ～는 감관의
대상들에 적용된다 479–481; 현상들을

～ 아래에 포섭시키는 원칙에 따르지 않
고는 경험은 불가능하다 E9A.; 합목적
성이라는 개념을 ～가 아니다 E25.

범형적(exemplarisch) ～ 모범 182 →천재,
범례적.

법칙(Gesetz) =필연적 법칙 XXXII
XXXV; 경험적 ～ XXVIff. XXXIff.
E8f. E8A. E13ff.; 선험적 ～ XXVI
E13; 기계적 ～ 298 307f. 352 361
369 374 E50f.; 목적론적 ～ 352ff.;
이론적 ～ 343; 화학적 ～ 252; 절약의
～, 자연에 있어서의 연쇄의 ～ XXXI;
자연의 ～ → 자연 ～; 실천적 ～ → 실천적;
도덕적 ～ →도덕적; 자연의 ～과 자유의
～ E7 E32.

법칙정립(Nomothetik) 도덕적 목적론은
자유의 ～ 및 자연의 ～과 필연적 연관을
가진다 420; 자연의 기교는 자연의 ～과
구별된다 E21; ～적 311.

변덕스러운(launisch) 230.

변론술(Rednerkunst, ars oratoria) 216
217A.

변증론(Dialektik) 선천적 보편적 판단들
의 대립이 ～의 내용이다 231; 미감적
판단력의 ～은 취미의 비판의 ～이다
232; 미감적 판단력의 ～ 231–260; 목
적론적 판단력의 ～ 311–363; ～은 이
율배반 위에 기초를 두는 것이다 312;
자연적 ～ 313; 판정능력의 ～ E68.

변증술(Dialektik) 설득 기만하는 기술로
서의 웅변술은 ～이다 216 →217A.

변화(Veränderung) 물체의 변화 XXIX.

보조명제(Lehnsatz, lemma) 305.

보편(das Allgemeine) =규칙, 원리, 법칙 XXVI; ~과 특수 XXVf. 346ff. E7; 분석적 ~과 종합적 ~ 348f.

보편성(Allgemeinheit) 자연에 대한 원리들의 ~을 발견하려는 것은 오성의 불가결한 요구이다 XXXVIII; 미에 대한 취미의 주관적 ~ 23-26; →134f.; 감관의 취미의 상대적 ~ 20.

보편타당성(Allgemeingültigketi) 취미판단의 ~ →취미판단; 논리학의 객관적 ~ 23f. →134f.

복수욕(Rachgier, Rachgierde) 121A. 223.

본능(Instinkt) 동물의 ~ XIII 174; 인간의 ~ 388; 동물에 있어서의 기술 ~ 409 449A.; ~의 제한 E39A.

분노(Zorn) ~는 미감적으로 숭고하다 122.

분량, 량(Quantität) 취미판단의 제2계기로서의 ~ 17-32; 논리적 ~과 미감적 ~24f.; 만족은 숭고에 있어서는 ~과 결부되어 있다 75 →79; 쾌적한 감각은 ~에 의해서만 이해될 수 있다 113.

분류(Klassifikation) E19f. E24.

분석론(Analytik) 미감적 판단력의 ~ 3-230; 미의 ~ 3-73; 숭고의 ~ 74-131 →234; 목적론적 판단력의 ~ 271-310; 판정능력의 ~ E68.

분석적(analytisch) ~ 구분 LVIIA.; ~ 도출 E8A.; →종합적.

불란서인(Franzose) 203A.

불란서혁명(französische Revolution) 294A.

불멸(영혼의)(Unsterblichkeit) ~은 이론적 문제가 아니고 442f. 453 461A.; 신앙의 사상이다 459 465ff. 474.

불손(Vermessenheit) 440 →주제넘은.

불신(Unglaube) 464.

불쾌(Unlust) =표상의 상태를 그 표상과 반대되는 것에로 규정하는 근거를 포유하고 있는 표상 33 →쾌.

비극(Trauerspiel) 124 214.

비율(Proportion) 기하학적 직선의 ~ 272.

비판(Kritik) ① 순수이성~; [광의의] 순수이성~은 순수오성의 ~, 순수판단력의 ~, 순수이성의 ~의 세 부문으로 성립된다 XXV; [협의로는] 순수이성 일반의 가능과 한계의 연구이다 III XX; 순수이성~에서 오성은 소유영역을 가진다 V; →VI XXXI LII LVII 30 147 346 448 470 E1 E7 E13 E53; ② 실천이성~; 이성에게는 실천이론~에서 그 소유영역이 지정되었다 V →XXIIIA. 36 E7 E37A.; ③ 판단력~; 판단력~의 과제 Vf. 149; 판단력~은 미감적 판단력의 ~(1-264)과 목적론적 판단력의 ~(265-482)으로 구분된다 L E62ff.; →XXLIIf. E61 E67f.; ④ 취미~; 취미 ~의 기초는 심적 상태의 보편적 전달가능성이다 27; 취미~은 기술 또는 학이다 144; 취미~의 원칙들 158; 취미의 ~의 변증론 232; 취미의 ~의 경험론과 관념론 246ff; 취미의 ~의 관건 27; →30f. 45 131 158 E67f.; →이설.

비판적(kritisch) ~논구 X; 우리의 판단의 ~ 음미 323A.; 개념의 ~ 처리 329;

반성적 판단력에 대한 이성의 ~ 원리
333.

[ㅅ]

사교성(Geselligkeit) 29f. 162 178 262.
사랑(Liebe) 숭고는 ~ 보다도 경외를 환
기한다 120; →115 129.
사명(Bestimmung) 주관의 ~ 118; 우리
의 도덕적 ~ 171 442; 우리의 초감성적
~ 98 115 154.
사변(Spekulation) 319 459 478.
사변적(spekulativ) ~ 의도 435; ~ 인식
434 ~ 철학 431; ~ 이성 436 439
461A. 479; 이성의 ~ 사명 435.
사상(Sache) [이념에 대해서] =가능적
인식의 용체 458; 의견의 ~, 사실의 ~
신앙의 ~의 구분 454ff.
사상(Gedanke) 공허한 ~=어떠한 객체
도 없는 ~ 240.
사상개진의 방법(Art des Vortrags) 201
→방법, 방식.
사상유희(Gedankenspiel) 223 →유동.
사실(Tatsache) 어떤 개념의 객관적 실재
성이 증명될 수 있으면, 그 개념의 대상
은 ~이다 456 →454 457; 자유의 이념
은 ~의 사상에 산입되는 유일한 이념이
다 457; 자유는 자기의 실재성을 행위에
있어서 ~로서 증명한다 467.
사유방식(Denkungsart) 편견 없는 ~
158; 활달한 ~ 158f.; 일관성 있는 ~
158 160; →심적 태도.
사유하다(denken) [인식하다에 대하여]
480f.

서진법(Tetraktik) 91.
사치(Lexus) 393 395 E46.
사행유희(Glücksspiel) 223f.
사회(Gesellschaft) 126 163 393; ~로
부터의 격리고립 126f.
사회적 관계(Gemeinschaft) 공공체의 성
원들의 ~ 450.
산물(Produkt) ~은 하나의 결과이다
350; 기술적 ~ 186 276; 자연의 ~ →
자연~; 유기적 ~ →유기적 조직.
산술학(Arithmetik) 순수~ XXIIA. E37A.
=크기의 오성적 평가 91; ~적 유비 307.
산출(Erzeugung) 자연산물의 ~ 285; 기
계적 ~ 351 353 370A. 386; 유기적
~ 317 375 384; 목적론적 ~ 375 386;
물질적 사물 일반의 ~ 314 317f.; 유기
체의 ~ 368; ~의 원리 368; 최초의 ~
385; 의도적인 ~ 333 335; 류의 ~
287; 종의 ~ 368; 개체의 ~287; 개개
의 부분의 ~ 288; 동식물계의 ~ 370f.;
풀주기의 ~ 338.
산출물(Produkt) [추출물에 대하여] 376
→추출물.
삼분법(Trichotomie) LVIIA.
상류계급(höhere Klasse) 393.
상식 →건전한 이성.
상자의 이론(Einschachtelungstheorie)
376 →내전설.
상징(Attribut) 예술에 있어서의 ~ 190;
미감적 ~과 논리적 속성 195f. →속성.
  (Symbol) [도식에 대하여] ~은 개념
의 간접적 현시이다 256; 단지 반성에
대한 ~ 257; →미, 도덕성.

상징적(symbolisch) [도식적에 대하여] 유비에 의한 ~ 표상 256A. 256f.; 감성화로서의 표현은 도식적이든가 ~이다 255; 신에 관한 일체의 인식은 ~이다 257.

새(Vogel) ~의 아름다운 형태 166; ~의 노래소리 72f. 172f.

색(채)(Farbe) 39ff.; 오일러의 ~의 설명 40; 단순한 ~과 혼합~ 39ff.; ~들은 자극에 속한다 42; ~은 이념을 가지게 한다 172.

색도(Farbenleiter) 212f.

색채예술(Farbenkunst) 211-213.

생리학적(physiologisch) 미감적 판단의 ~ 해명 128f.; 취미의 ~ 규칙들 144.

생명(Leben) ~력 43 75 124 129; ~력의 촉진 또는 저지 75 129; ~원리 129; ~감 41 129; 물질의 ~ 323 327-329.

생식(Begattung) 375f.

　(Zeugung) 287; ~력 371.

서론(Einleitung) 예비적 ~과 체계집성적 ~ E53ff.

선(한 것)(gut, das Gute) ① ~은 이성을 매개로 해서 한갓된 개념에 의하여 만족을 주는 것이다 10 →21 246; ~은 존중되고 시인되며 객관적 가치가 부여되는 것이다. 15; ~은 객관적 합목적성을 전제한다 44; ~은 모든 이성적 존재자 일반에게 타당하다 15; ② 간접적 ~과 직접적 ~ 10-13; ③ 쾌적, 미, ~ 10-15; ④ 도덕적 ~은 최고의 관심을 수반한다 13; 인간성의 최종목적은 도덕적 ~이다 165; 지적인 도덕적을 미감적으로 판정

하면 숭고하다고 표상된다 120; ⑤ 최고선 398 414 423f. 457 E5; 최고의 자연적 ~은 행복이다 424; →세계선.

선율(Melodie) 219.

선천적(a priori) ~으로 입법적 XVII XXV; ~ 격률 XXX; ~ 원리 XXX XXXV; ~인 인식원천 XXXI; ~ 직선 XXXII; 취미판단의 ~ 근거 35 161; 판단의 ~ 근거 232A.; 위에서 아래에로 내려오면서 (~으로) 자연을 설명할 수 없다 354.

선험적(transzendental) [형이상학적에 대하여] ① ~ 원리는 우리의 인식 일반의 선천적 보편적 조건을 표시하는 원리이다 XXIX; ~ 법칙은 경험 일반의 가능의 조건을 내포하고 있는 것이다 E8; 자연의 합목적성의 원리는 ~ 원리이다 XXXf. LI 267 361; ② 목적의 ~ 규정 32; ~ 견지 IX; ~ 법칙 XXVI; ~ 술어 XXX; ~ 완전성 326; ~ 원칙 LI; ~ 이념 245; ~ 이성개념 235; ~ 인식원리 XXXIV; ~ 자유 →자유; ~ 판단 311; ~ 판단력 XXVI XXXII 234 311; ~ 합목적성 XXXVI; 자연의 합목적성의 ~ 개념 XXXIV; 자연의 합목적성의 ~ 연역 XXXI; 종합적 ~ 명제 E17A.; 취미의 ~ 비판 144 232; 취미의 ~ 해명 131; 판단력의 ~ 미학 118.

선험철학(Transzendentalphilosophie) 미감적 판단은 ~에 들어간다 113; ~의 일반적 문제 149; ~자[논리학자에 대하여] 21.

설교(Predigt) 123 191 217A.

280A.; ~자 XXIIIA. 138.

수학적(mathematisch) ~ 숭고 79ff. → 115 116; 음악에 있어서의 ~ 특성 212 →219f.

숙련(성)(Geschicklichkeit) ~의 규칙은 기계적−실천적 규칙에 속한다 XIIIf.; ~은 인간 상호간의 불평등에 의해서 발전된다 392f.

숙명론(Fatalismus) 합목적성의 ~ 323; 자연규정의 ~ (스피노자에 있어서의) 322f.; →324ff.

순수(rein) =선천적으로 입법적인 XVII; ~개념 IV XXX; ~범주 XXIIIA.; ~산술학 XXIIIA.; ~오성 XXV; ~오성개념 →오성개념; ~이성 →이성; ~인지능력 XVIIA. XXV; ~판단력 XXV; ~한 감각 40f.; ~한 판단 151A.

순환논증(Diallele) 기만적인 ~ 305.

숭고(한 것)(das Erhabene) ① [어의]= 일체의 비교를 넘어서서 절대적으로 큰 것 80f. →8 84f. 105 115; ② [자연에 있어서의 ~] 자연이 미감적 판단에 있어서 ~하다고 판정되는 것은 자연이 우리의 힘을 불러 일으키기 때문이다 105; ~성은 자연의 사물 가운데에 있지 않고 우리의 심의 가운데에 있다 109 →76 78 94ff. 104 132; ~는 심적 태도에 관계한다 124 132; ③ [~와 쾌 불쾌] ~에 관한 쾌는 불쾌를 매개로 하여 가능하다 75 102 →97 100f.; ④ [~와 구상력, 이성] ~의 판정에 있어서는 판단력은 구상력을 이성과 관계시킨다 112 → 94f. 98f. 101 115f.; ⑤ [~와 감성적

인 것] 75 115; ⑥ [~와 이념] ~는 이념에 관계한다 75 77 84 93 115; ⑦ [~에 관한 만족] 분량으로 보면 보편적이며 79 82; 성질로 보면 무관심적이며 79 96ff. 소극적이며 117; 관계에서 보면 주관적 합목적적이며 79 81ff. 90 100f.; 양상에서 보면 필연적이다 79 110−113; ⑧ [~와 미] 미감적 판단은 취미판단으로서 미에 관계할 뿐만 아니라 정신적 감정에서 나온 판단으로서 ~에도 관계한다 XLVIII →E67f.; ~와 미의 일치 74; ~와 미와의 상위 75f.; ⑨ [수학적 ~와 역학적 ~] 수학적 ~ 80−102; 역학적 ~ 102−131; ⑩ [~의 분석론] 74−131; ⑪ [여러 가지의 숭고한 것들] 자연의 ~ 93 104f. 117 132; 기술의 산물들에 있어서의 ~ 89; 심정의 ~ (자기 자신의 사명에 대한 경외) 97 105 108; 신의 ~ 107; 종교의 ~ 108; 전쟁의 ~ 107; 별빛 찬연한 하늘의 ~ 118; 대양의 ~ 118f.; 인간의 형태의 ~ 119; 정서와 몰정서성의 ~121f.; 미국에서 하는 행위의 합목적성의 ~ 114.

시간(Zeit) ~은 직관의 선천적인 형식적 조건이다 XXXII →99; 초감성적 존재자는 ~ 속에 있지 않다 480 →116; ~은 하나의 차원만을 가진다 E45; 일반~론 E45; ~의 계기는 내관의 조건이다 99f.; ~구분 212.

시예술(Dichtkunst) ~은 이성이념을 감성화한다 194; 미감적 이념의 능력이 유감없이 발휘되는 것은 ~이다 194; ~과

실례(Beispiel) =경험적 개념의 실재를 증시하는 직관 254; ~에 있어서의 생생한 제시 217.

실마리(Leitfaden) 합목적성은 자연의 경험과 탐구를 위한 ~이다 XXXVI 293 301 313 353 365; 목적론적 원칙은 자연사물들을 관찰하기 위한 ~이다 297 353 365; 자연학을 확장하기 위한 반성적 판단력의 ~이다 301 313 318f. 334 336.

실재론(Realismus) ① 미감적 합목적성의 ~ 246f.; 자연의 합목적성의 ~252; 취미판단의 ~ 247; ② 자연목적의 ~ 322 327; 자연의 합목적성의 ~ 324 327; 목적론적 ~ 251; 목적인의 ~ 406.

실재성(Realität) 객관적 ~ 295 327 330f. 339 343 430f. 456 459 467; 목적의 ~ 253; 실천적 ~ →실천적; 이론적 ~ 430; 자연의 합목적성의 ~ 406; 자유의 이념의 ~ 457; 주관적 ~ 430.

실재적(real) 표상의 ~ 요소 XLIII; 경험적 표상에 있어서의 ~인 것 4; ~ 근거 352; 가장 ~인 존재자 469.

실천적(praktisch) ~ 입법 XII; ~ 원칙 XII; ~ 규칙 E1ff.; ~ 법칙 18 62 343 457 468; ~준칙 XXI; ~ 소여 456; 이념 95 112; ~ 신앙 454ff.; ~인 영리의 규칙 459; ~ 합목적성 →합목적성; 기계적~ ~ [도덕적-실천적에 대하여] XII-XVI 433 E56; ~ 이성능력 295 429 440; 기교적 명제로서의 ~ 명제 E6; ~ 사용 LIII 243 244 413 475 478; ~ 이성사용 XIX XXI 243f. 404

434 439 462 475 478 482; 개념의 ~ 사용 413 450; 인식능력의 ~ 사용 LIII; 우리의 능력들의 모든 활동은 ~인 것에 귀착된다 8; 철학의 ~ 부문 XIV-XV; ~ 철학 →철학.

실체(Substanz) 우유성들의 담지자로서의 ~ 257; 하나의 원인으로서의 326; 단순~ 326 372f. 405f.; 단순~는 존재론적 개념이다 373; 지성적 ~ 373; 다수의 ~들 372 405f. 421A.

실험(Experiment) XIV 309 443.

심령학(Pneumatologie) 443 466 475.

심리학(Psychologie) 경험적 ~ 112 E5 E37A. 46f.; 합리적 ~은 내감의 인간학이다 443; ~과 심령학 442f. 474f.; 실천적 ~이란 없다 E5.
　(Seelenlehre) 364; ~은 사유하는 존재자에 관하여 소극적인 설명만을 한다 442.

심리학적(psychologisch) ~ 관찰 66 E47; ~ 규칙 144; ~ 방법 XXXI; ~ 설명 27 30 129 E47.

심의력(Gemütskraft) ~들의 유동 192; ~들의 관계 253; 미적 예술에 대한 예비학은 ~들을 도야하는 데에 있다 262.

심의상태. 심적 상태(Gemütszustand) 28f. 51f. 65 94f. 99 230 E5.

심의의 능력(Vermögen des Gemüts) LVIII E59f.

심의 자세. 심적 태도(Denkungsart) 숭고는 ~에 관계를 가진다 124; 도덕적으로 선한 ~ 167.

십진법(Dekadik) 91.

미적 ～이 도덕적 이념과 결합되지 않는
다면, 오락을 위해서만 이바지 될 뿐이다
214; 미적 ～에는 수법만이 있고 교수법
은 없다 261; 미적 ～에의 예비학은 인문
적 학예에 의한 심의력의 도야에 있다
262; 미적 ～의 모범 182 185f.; 미적
～의 구분(언어～, 조형～, 감각의 미적
유동의 ～) 204-213; 여러 미적 ～의 결
합 213-215; 여러 미적 ～의 미감적 가
치의 비교 215-222.

예술가(Künstler)　～와 학자 184f.; ～의
훈련 190; ～에 대한 도덕적 비난 165f.;
최고의 ～로서의 지성적 원인(=신) 402.

예술미(Kunstschönheit)　→미.

예술의 산물(Kunstprodukt)　[자연의 산
물에 대하여] XLVIIf. 286 290f.
448A.; ～에는 고심의 흔적이 없어야 한
다 180 206 E25.

예술작품(Kunstwerk)　→예술의 산물.

예정설(Prästabilismus)　375; 두 가지의
～ 376.

예정하다(prädeterminieren)　354.

예지(Intelligenz)　～로서의 인격 56 →
지성.

오성(Verstand)　① 상급의 인식능력으로
서의 ～ LVIII E54 E59f.; 개념의 능력
으로서의 ～ XLIV 48 74 155 278 347;
～은 직관의 다양을 개념에 의하여 통일
한다 28 65 481 E25; 자연개념에 의한
입법은 ～에 의하여 수행된다. XVII E7;
～의 개념에는 객관적 실재성이 주어지
지 않으면 안된다 339; ～의 보편적 법칙
은 자연법칙이다 XXXVIII; ～은 보편

(법칙)을 인식하는 능력이다 E7; ～은 보
편에서 특수에로 나아간다 347-349;
② [～과 합목적성] ～은 목적을 설정하
는 능력이다 390; ～은 취미판단을 규정
하는 능력이다 48; 미감적 판정에 있어
서의 ～ 115; ③ [우리의 ～] 우리의 ～은
논증적이다 347-351; 논증적 ～은 형
상을 필요로 한다 350; ～의 격률 159f.
314; 건전한 인간의 오성 →상식: ～과
이성과의 관계 XVIIf. XXI XXVI 339
342; ～과 구상력과의 관계 →구상력;
～과 구상력의 자유로운 유동 →유동;
④ [인간의 ～과 다른 오성] XXVII 345;
직관적 ～ XXVII 340 341f. 345f. 347
349f. E34; 감성적으로 판단하는 ～
48; 가상적 ～ 345f.; 건축술적 ～ 317
372; 근원적 ～ 354 408; 우리로서는
헤아릴 수 없는 위대한 ～ 407; 기술적
～ 408f.; 세계원인으로서의 최고～ 329
362 470 480; 창조적 ～ 380; 생산적
～ 397.

오성개념(Verstandesbegriff)　235 242
347; 순수～ =범주 XXIV XXIX; ～은
증시할 수 있는 것이다 240; ～은 이성개
념과 구별된다 240; ～은 경험이 대응하
며 내재적이다 240.

완전성(Volkommenheit)　① 내적 객관
적 합목적성이 대상의 ～이다 44f. 132
→188; 질적 ～과 양적 ～ 45; ～의 한갓
된 형식을 표상한다는 것은 모순이다
46; ～은 객관적 만족을 수반한다 279;
자연의 내적 ～은 자연의 능력이나 인간
의 기술의 유비에 의해서 사유할 수 없다

294; ~은 존재론적 개념이다 E46; ②
[~과 미] 미는 혼란한 ~이 아니다 45
47 52 69 236; 취미판단은 ~과 무관하
다 45 52 69 132 E67; 취미판단의 근저
에 있는 것은 ~이 아니다 49 238
E34f.; 예술미의 판정에는 ~이 고려되
어야 한다 188; 부용미는 대상의 ~을
전제한다 48; 기하학적 도형의 미는 상
대적 ~이다 278; ③ 인격 가운데에 있
는 인간성만이 ~의 이상을 가질 수 있다
56; 신의 ~ 476.

요청(Postulat) 459; ~하다 459 460
474.

욕구(Begehrung) XXIIIA.

욕구능력(Begehrungsvermögen) ~이
란 자기의 표상에 의해서 그 표상의 대상
을 실현하는 원인이 될 수 있는 능력이다
XXIIIA. E37A.; 심적 능력은 인식능
력, 쾌 불쾌의 감정, ~이다 XXIII LVIII
E59f.; ~의 선천적 원리는 이성의 개념
에 있다 VIII; 이성에 의하여 규정된 ~
은 의지이다 14; 상급의 ~과 하급의 ~
XXV; →의지.

우발성(Kasualität) 322 →숙명론.

우상(Idol) 440A. →우상숭배.

우상숭배(Abgötterei, Idololatrie) =도
덕적 심정 이외의 수단에 의해서 최고 존
재자의 호의를 살 수 있다고 믿는 미신적
망상 440; 실천적 의미의 ~ 440A.

우수(Betrübnis) 128.

우연(Zufall) 자연의 설명근거로서의 맹
목적 ~ 325 396 438.

우연성(Zufälligkeit) 자연과 그 형식과의

~ 268 285 325 331 →347; 세계 전체
의 ~ 335; 목적의 ~ 335 373; 취미판
단의 내적 ~ XLVI.

우연성(zufällig) 경험적 규칙들은 ~이다
XVII XXXIII; 도덕적으로 필연적인 행
위는 물리적으로는 ~이다 342.

우유성(Akzidenz) 325.

우의(Allegorie) 예술에 있어서의 ~ 190.

운동(Bewegung) ~은 연장을 가진 존재
자를 전제한다 436 →479f.; ~법칙
XXXVIII 319 322 E45; 구상력에 있어
서의 객관적 ~과 주관적 ~ 99f.; ~의
근거로서의 존재자 480f.
   (Motion) 내적 ~으로서의 감동 123f.;
   내적 ~으로서의 정서 224f.

우주(Weltgebäude) ~의 체계적 구분
96.

우주론(Weltwissenschaft) 일반~ 364.

웃음(Lachen) =긴장된 기대가 갑자기 무
(無)에로 전화하는 데에서 일어나는 정
서 225 →225-230.

웅변가(Redner) 206.

웅변술(Beredsamkeit, Beredtheit) 177
205 216f. 217A.

원(Kreis) 272 274.

원동자(Beweger) 제1 ~로서의 초감성적
존재자 479f.

원리(Prinzip) ① 선천적 ~ III XII XXX
113; 판단력의 선천적 ~ 144; 취미판
단의 선천적 ~ XLVII; 사상 일반의 형
식의 ~ XI; 개념에 의한 사물의 이성적
인식의 ~ XI; 자연과학의 내적 ~ 307;
초감성적 ~ XV 304; 선험적 ~ →선험

적; 목적인의 ~ 316; 경험적 ~ XXIIA.
XXXf.; 형이상학적 ~ XXIXf.; 소극적
~ XII; ② [주관적 ~와 객관적 ~] 취미
의 주관적 ~ XLVII 143ff. 259 312
316; 도덕의 객관적 ~ 259 →312; 인
식능력의 합목적적 사용을 위한 주관적
~ 312; 주관적 판단력으로서의 취미의
포섭의 ~ 146; ③ [반성적 ~와 규정적
~] 365 437; 구성적 ~ IV V 260 270
301 342 344f. 429 437; 통제적 ~ IV
V 270 294ff. 301 339 342ff. 365 429
437; 내재적 ~ 342; 발견적 ~ 355;
④ [도덕적 법칙의 ~] 도덕적-실천적 ~
와 기술적-실천적 ~ XIIIf.; 도덕적 법
칙의 주관적 구성적 ~ 429; 도덕적 법칙
의 규정적 실천적 ~ 437; ⑤ [학의 ~]
내속적 ~ (principia domestica)와 외
래적 ~(principia peregrina) 304 306
E53.

원망(Unwille) 121A.

원망(Wunsch) XXIIIA. E37A.

원인(Ursache) '모든 변화는 그 ~을 가진
다'는 보편적 자연법칙 XXXII; 초감성적
인 ~은 근거를 의미한다 LIV LIVA.; ~
의 개념은 직관에 있어서 증시된다 240;
실재적 ~의 연결(동력인적 연결)과 관념
적 ~의 연결(목적인적 연결) 289f.; 동
력인과 목적인 289 291 381 E42; 자
연~ LVA.; 기계적~ 319 353 363; 중
간~ 319; 의도에 따라 작용하는 ~ 333
335 374 397 421 E44; 산출적 ~ 292
372 421; 지성적 ~ 407; 초자연적 ~
308; 이성적 ~ 290; 오성적 ~ 337 398
419 422A. 444; 오성을 가지고 있는 ~
326; 지고한 ~ 335 408f. 415 417f.
421 480; 세계~ →세계.

원추곡선(Kegelschnitt) 272f.

원칙(Grundsatz) 실천적 ~ XII; 선험적
~ LI; 도덕적 ~ 121; 보편적 자연학의
~ 296f.; 목적론적 ~ 296f. 360; 구성
적 ~과 통제적 ~ 314; 규정적 판단력에
대한 객관적 ~과 반성적 판단력에 대한
주관적 ~ 333f.

원형(Archetypon, Urbild) =미감적 이
념 207 262 368 →모형.

원형적 지성(intellectus archetypus) =
직관적 오성 350 351 →모형적 지성.

위력(Macht) =큰 장애를 압도하는 능력
102; 자연의 ~ 102ff.; 도덕적 법칙의
~ 120; 심의의 ~ 121.

유(Gattung) ~와 종 XXXVff. XL →
E15 E17A. E18ff. E20 E21A. E42;
최상~ E20; 동물의 ~368f.; 류의 존속
287 383; ~의 다양 383; 동물의 ~로서
의 인간 56 384; 동일한 ~의 모든 주관
339; →종.

유기적(organisiert) ① [~ 산물] 자연의
~ 산물은 그 안에서는 모든 것이 목적이
면서 교호적으로 수단이기도 한 것이다
295f.; 자연의 ~ 산물은 정교한 것이다
282; →293f. 301 317f. 334f. 361
386 401; ② [~ 존재자] 각 부분이 다른
모든 부분에 의해서만 존재하며, 다른 부
분과 전체를 위해서 현존하는 것으로 생
각되는 자연의 산물이 ~ 존재자이다.
291f.; ~ 존재자는 형성하는 힘을 가지

고 있다 292f.; ～ 존재자는 자연의 목적
으로서만 가능한 자연계 유일의 존재자
이다 295; ～이며 자기 자신을 유기화하
는 존재자 292; →294ff. 307 317ff.
328 337f. 353 367 370A. 371 374f.
380 386ff. 397 E35 E43; ③ ～ 피조물
288; ～ 물질 293 379; ～형식 367f.;
～ 형성 375; ～ 자연사물 386; ～ 기교
E40.

유기적 조직(Organisation) 자연의 ～은
우리가 알고 있는 어떠한 인과성의 유비
적 요소도 가지고 있지 않다 294; 자연
의 내적 목적으로서의 ～은 기술의 모든
능력을 무한히 넘어선다. 309f.; 국가체
제의 ～ 294A. →256; 내적인 ～ 300;
인간의 ～ 302; 근원적 ～ 367 379; ～
의 내적 합목적성 380; 상호관계하는 양
성의 ～381; 모든 생물에게 합목적적으
로 세워져 있는 ～ 370 →370A.; →기
계적 조직.

유기체(organisiertes Wesen) XLIX LII
251f.; ～의 기계적 산출은 불가능하다
351.

유동(Spiel) ① 인식능력들의 자유로운 ～
XXXI LVII 278 303; 심의력들의 ～
192 267; ⓐ [미에 관해서는] 구상력과
오성과의 ～ 28f. 32 37 47 71 95 99
112 116 146 179 198f. 202f. 205f.
215f. 217 221 242; ⓑ [숭고에 관해서
는] 구상력과 이성과의 ～ 95 99 112;
② [자유미에 있어서의] 구상력의 자유
로운 ～ 50 72 73 205f. 252; ③ 형태의
～과 감각의 ～과의 구분 42 205 211ff.

220f. 223f.; 표상력들의 한갓된 주관
적 ～ 65; 이념과의 ～205 210; 시예술
에 있어서의 ～ 215f. 217; 공통감이란
자유로운 ～의 결과이다 64; 음악에 있
어서의 사상의 218; 조형예술에 있어서
의 ～ 221; ④ 구상력의 ～과 오성의 일
(활동) 116 175f. 205. →유희.

유물론(Materialismus) 심리현상의 ～적
설명 442.

유비(Analogie) 시각적 현시의 ～ 57; 예
술 및 자연과 도덕성과의 ～ 256ff.; 산
술적 기하학적 ～ 307; 자연목적과의 ～
294A.; 자연형식들 간의 ～ 368f.; 오성
과의 ～에 따라 초감성적 존재자를 생각
할 수 있다 482.

유비에 의한 추리(Analogieschluß) 447
448A. 448-451.

유성(Planet) 다른 ～들의 거주자 445;
～계는 은하계에 대한 단위이다 96.

유신론(Theismus) ～은 자연에 있어서의
목적을 오성적 존재자로부터 도출하는
자연의 합목적성의 실재론이다 323; ～
은 자연목적의 산출을 위하여 의도적인
인과성을 도입한다 328.

유용성(Nützlichkeit) 외적 객관적 합목
적성은 대상의 ～이다 44f. →E67.
　(Nutzbarkeit) ～은 상대적 합목적
성이다 279f.

유용한 것(das Nützliche) =무엇을 위하
여 선한 것 10.

유익성(Zurtäglichkeit) ～은 상대적 합목
적성이다 280; ～은 외적 객관적 합목적
성이다 281-283; →유용성, 합목적성.

유태인(Jude)　124.

유파(Schule)　[천재에 대하여] ~는 규칙들에 따른 방법적 교도이다 200; →학파.

유희(Spiel)　감각의 자유로운 활동은 사봉~, 음악~, 사상~로 구분된다 223; →유동.

윤리신학(Ethikotheologie)　410ff. →482; →도덕신학.

윤리학(Ethik)　신학적 ~은 불가능하다 482.

은하계(Milchstraβensystem)　96.

은혜(Gunst)　~는 유일한 자유로운 만족이다 15; →호의.

음계(Tonleiter)　212.

음악(Musik, Tonkunst)　① [~의 본질] =시간에 있어서의 청감각의 미적 유동 42 211ff. 220 225; ~은 감각을 통해서 말을 하여 심의를 내면적으로 움직이게 한다 218; ~은 도야이기보다는 향락이다 218; ~은 일시적 인상의 예술이다 221; ② [예술에 있어서의 ~의 위치] 심의의 자극과 감동의 면에서는 ~은 시예술 다음이지만, 심의의 계발의 면에서는 ~은 가장 낮은 위치를 점한다 218-221; ③ ~에 있어서의 수학적 형식 212 219; ④ 조형예술과 ~과의 비교 221; ~은 다른 사람의 자유를 침해한다 221 222A.; 식사 중의 ~은 자유로운 대화를 조장해 준다 178.

음절(Artikulation)　205.

의인류(Anthropomorphismus)　257 436; ~ 적 표상방식 440 440A.

의도(Absicht)　자연의 ~ 308 →자연목적

→322 325 333ff. 381; 도덕적-필연적 ~ 482.

의무(Pflicht)　~에서 하는 행위의 합법칙성은 숭고한 것, 아름다운 것으로도 표상된다 114 →342f. 416f.; ~로서의 행위의 객관적 필연성 342f.; ~의 이행 416f. 426; ~의 실천적 필연성 461; ~의 근거는 도덕적 법칙에 있다 461A.; ~와 신앙개조 458A.; 신의 명령으로서의 ~의 인식 477.

의지(Wille)　=이성(이성의 원칙 8, 개념 33)에 의하여 규정된 욕구능력 14; ① [~와 자유개념] 자유개념과 관계하는 ~의 원리가 법칙이다 XIV; ② [~와 목적] 목적의 표상에 좇아 행위하도록 규정되는 욕구능력이 ~이다 33; 목적의 능력으로서의 ~ 133; 목적에 따라 행위하는 능력이 ~이다 285; ③ [~의 객체] 선은 ~의 객체이다 13f.; 욕구능력의 자유가 선~이다 411f.

이념(Idee)　① =이성개념 54; ~의 원천은 이성이다 102; 이성은 ~의 능력이다 112; 가장 일반적인 의미에 있어서의 ~이란 일정한 원리에 따라 어떤 대상에 관계하되, 인식이 될 수는 없는 표상이다. 이러한 ~은 주관적 원리에 따라 직관에 관계하거나(=미감적), 객관적 원리에 따라 개념에 관계한다(=이성~) 239; ② [이성~] ~은 우리의 이론적 인식능력에 대해서는 초절적이다 IV; 이성~은 인식이 될 수 없다 239f.; ~은 통제적 원리로 사용된다 IV 339 345; ~에 의해서는 우리의 이론적 인식은 확장되지 않는다

XIX 454; 우리의 내부에 있는 초감성적
인 것의 무규정적 ~ 238 →241; 이성~
은 증시할 수 없다 240; 이성~은 어떠한
직관도 감당할 수 없는 개념이다 193 →
115 240f.; ~에 적합한 대상은 경험에
있어서 주어질 수 없다 345; 이성~은
객관적 실재성을 가지지 않는다 169
194 459 →XIX; 미의 ~으로서의 이성~
56; 숭고에 관한 ~ 77 94f. 97f. 110
115f.; 현상의 무한성이라는 ~93; ⓐ
[지적 ~] 지적 ~의 능력(이성) 194; 절
대적으로 필연적인 존재자라는 개념은
불가결한 이성~이지만 개연적 개념이다
341; ~은 순수이성개념이다 429; 신
자유 불멸이라는 순수이성~ 467; ⓑ
[도덕적~] 실천적 ~95 112; 도덕적 ~
125 228 474 478A.; (단적으로 선한
것의) ~ 114; 종교의 ~과 사회적 관심
의 ~ 123; 자유의 ~은 그 근원을 캐낼
수 없다 125; 도덕적 ~과 예술 214; 선
험적 자유라는 이성~ 241; 인간성의
~97; 자유의 ~은 사실의 사상 가운데에
들어간다 457; 우리의 내부에 있는 초감
성적인 것의 ~과 우리의 외부에 있는 초
감성적인 것의 ~ 467; ⓒ [목적론적~]
이성적 원인의 인과성에 의하여 가능한
전체에 관한 ~ 290f.; 이 ~은 표상의
절대적 통일이다 297; 목적의 ~ 307
336; 자연목적의 ~ 345; ③ [미감적 ~]
미감적 ~은 인식이 될 수 없다 240; 미
감적 ~은(개념에 의하여) 설명할 수 없
는 구상력의 표상이다 192ff. 240 242;
미감적 ~은 어떠한 개념도 감당할 수 없

는 표상이다 192f.; 미감적 ~은 이성~
의 대립물이다 193 →254; ~은 취미의
최고의 전형이요 원형이다 54 207; 천
재는 미감적 ~들을 표현하는 데 있어서
발휘된다 199 242; 미감적 ~의 표현
209A. →규준이념, 이데아.

이데아(Idee) 플라톤의 ~ 273.

이론(Theorie) [기교에 대하여] 175.

이론적(theoretisch) 철학의 ~ 부문과 실
천적 부문 IX LII E3; ~ 인식 III XX
LII 468 474f. E4; ~ 철학과 실천적 철
학 X XIf. E1; 이성의 ~ 사용 III XIX
403ff. 457; 오성의 ~ 사용 244; 인식
능력의 ~ 사용 LIII; 원리의 ~ 사용
XXI; 개념의 ~ 사용 413 450; ~ 명제
와 실천적 명제 E2ff.; ~ 능력 175
468; ~ 판정 VIIIf. 432; ~ 지식 448
462 482; ~ 도정 477; ~ 고찰 478A.

이상(Ideal) =어떤 이념에 적합한 개별적
존재자의 표상 54; 미의 ~ 53-61; 미
의 ~은 구상력의 ~이다 54; 인간의 형
태의 ~은 도덕적인 것의 표현에 있다
59f.; 예술에 있어서는 ~이 고려되어야
한다 261.

이상적(idealisch) ~ 궁극목적 428; ~
규범 67; →관념적.

이설(Doktrin) XX LII E12 E63; ~적
X E6 E9 E61; 목적론은 ~에 속하는
것이 아니라 비판에 속한다 366.

이성(Vernunft) =원리의 능력 339 →
III; ① [이론~] 이론~은 이론적 사용에
있어서의 ~이다. III; ~은 오성 판단력
과 함께 상급의 인식능력이다 III XXI

XIII; 자유에 의한 ~ LIIIf. LIVA. 36
282 398 419 422A.; 이성의 ~ 468-
330 467; 궁극목적을 위한 ~ 433 437;
선택의지의 ~ E4; ④ 신적 ~ 451; 세계
원인의 ~ 318; 세계를 지배하는 현명한
존재자에 있어서 사유된 ~ 437.
인문적 학예(humaniora) 262.
인식(Erkenntnis) ① 경험적 ~ XXXVIII
XLVII E8A.; 경험적 ~의 대상 XXXII;
② 이론적 ~ IV XII XV XVII XIX XXI
XXIV LIV 454; 이론적 ~의 능력
XXIV; 이론적 ~의 근거, 원리 XI; ③
실천적 ~ LIII 468; 신의 ~ 257; ④
~될 수 있는 것들: 억견의 사상, 사실의
사상, 신앙의 사상 454-460; ⑤ 선천적
~원천 XXXI; 이론적 ~판단과 실천적
~판단 134-146; 선천적 종합적 ~판단
147.
인식능력(Erkenntnisvermögen), 인식
력(Erkenntniskraft) IIIf. XXIIff. →
VIII XXIIA.; 세 개의 상급의 ~ XXff.
XXX-II LVIII E10 E59; 상급의 ~
221 243 258 344 473; 상급의 ~의 우
아한 품위 221; ~의 제한 339 →341;
~과 객체와의 관계 454; ~의 자유로운
유동 28f. 151 151A. 160f.
일(Geschäft) [유동에 대하여] 오성의 ~
205 →활동.
일반적(general) [보편적에 대하여] 23.
입법(Gestzgebung) ① 자연개념에 의한
이론적 ~ XVIIf. XXI; 자유개념에 의한
실천적 ~ XII XVIIf.; 오성의 ~하에 있
는 자연개념의 영역과 이성의 ~하에 있

는 자유개념의 영역과는 커다란 심연에
의하여 단절되어 있다 LIII; 판단력에 의
한 양~의 결합 LIVff.; 판단력의 ~(자
기자율성) XXXVII E32; ② 이성의 내
적 도덕적 ~ 399A. 420 441; 목적에
관한 무조건적 ~ 399; ③ 시민적 ~
420; →법칙정립.
입법자(Gesetzgeber) 오성적 ~=신 472.
입법적(gesetzgebend) ~인 개념 XVI;
경험개념은 ~이 아니다 XVII; 오성은
자연에 대하여 ~이며 이성은 자유에 대
하여 ~이다 LIII.

[ㅈ]
자극(Anreiz, stimolos) 14.
　(Reiz) 순수한 취미판단은 ~과 무관
하다 37f. →130 155 214; ~은 미와
결합될 수 있다 38; 색채와 음악이 가지
는 ~ 42f. 163 172; 음악의 ~
218-220; 아름다운 자연의 ~ 166
171f.; 향락에 있어서의 ~ 178; 쾌적은
~의 다소에 의해서 판정된다 113.
자기(Selbst) 우리의 사유하는 ~ 443.
자기모멸(Selbstverachtung) 123.
자기의식(Selbstbewußtsein) 327.
자기자율(성)(Heautonomie) =자기 자신
에 대한 입법, 반성적 판단력의 원리
XXXVII E32; →XXXIII.
자발성(Spontaneität) 오성의 ~ XXXVIII
직관의 ~ 347; 원리의 ~ 356; 인식능
력의 유동에 있어서의 ~ LVII.
자애(Selbstliebe) ~의 원리 459.
자연(Natur) ① 현상의 총체로서의 ~ IV

자연미(Naturschönheit) [예술미에 대하여] L 76 77 153ff. 294 E68 →미.

자연법칙(Naturgesetz) ① ~은 감성적 조건에 의거한다 XV; ~에 따라서만 특수한 경험은 가능하다 E18; 특수한 ~과 보편적 ~ XXXVIIff. 267 308 313; ② [특수한 ~] 286 308 334; 특수한 ~의 다양성 XXXVIII 317 →355 358; 특수한 ~은 경험적으로 인식된다 317; 특수한 경험적 법칙에는 보편적 ~에 의해서 규정되지 않는 것이 남는다 XXV-II; 특수한 ~에 따르는 자연 XXXVI 267; 특수한 ~을 발견하는 데 필요한 격률 334; 경험적 ~313 E39; ③ [보편적 ~] 보편적 ~에 의해서 자연 일반은 사유될 수 있다 XXXII; 보편적 ~은 범주에 기초를 두고 있다 XXXII; 선험적 ~으로 보아서 자연은 우리의 오성과 합치하고, 경험적 ~에 있어서 판단력과 합치한다 E39; 보편적 ~에 의해서 사물의 인식이 무엇인가를 안다 XXXIX; →법칙.

자연사(Naturgeschichte) 385A.

자연산물(Naturprodupt) LIf. 270 285ff. 290 300 306 321 334 345 350 360f. 365 370; ~을 류와 종으로 분류한다 XXXVI; 유기적 존재자로서의 ~ 292; 자연목적과 ~ 331.

자연원인(Naturursache) 284 361 437 →원인.

자연의 능력(Naturvermögen) 294.

자연적 소질(Naturanlage) 인간의 ~의 배리 389f.; ~의 발전 393f.

자연철학(Naturphilosophie) ~으로서의 이론적 철학 XII E1.

자연학(Naturlehre, Physik) XXIII; 일반적 ~ 296; ~과 목적론 364ff. 신학적 ~은 무의미한 것이다 482.

자연학적(physisch) ~ 설명방식 379.

자연형식(Naturform) 77 248 316 369 415 →형식.

자유(Freiheit) ① 구상력의 ~ 146 161 199 262 →구상력; 인식능력(구상력과 오성)의 유동에 있어서의 ~ 179 191 259f.; 초감성적 능력으로서의 ~ 398 467; ~는 사변적 철학에 의해서는 소극적으로만 규정된다 467 →465; ~의 이념은 그 근원을 캐낼 수 없다 125; ~와 자연필연성 LIVA; ② 의지의 ~=보편적 이성법칙에 따르는 의지의 자기자신과의 일치 256 →418; 도덕적 법칙에 따른 ~의 사용 429 466 →LIVA. 120; ~의 실천적 법칙 LIII 464 E3 37 E9; 순수이성이성으로서의 ~ LIVA.; ~의 이념은 선천적으로 주어진다 134 E1; ~는 이성의 무조건적 인과성이다 342 →174; ~는 자기의 실재성을 자연 안에 낳아놓을 수 있는 자기의 결과에 의하여 증명한다 467 →457; ~는 모든 이성적 존재자에게 통제적 원리이며 가상적 세계의 형식적 조건이다 343; ③ 정치적 ~ 262f.

자유개념(Freiheitsbegriff) [자연개념에 대해서] XIff. XIV XIX LIIIff. 466f. 468f. 472f.; ~은 그 목적을 생성계에 있어서 실현해야만 한다 XIX →XXXIV XLV 468; ~의 영역 LIIIf.; ~은 자기의 실재성을 이성의 인과성에 의해서 입

적 300.

정치가(Staatsmann) ~아 장군과의 비교 106f.

제자(Lehrling) 184.

조각예술(Bildhauerkunst) 190 195 205 207f.

조건(Bedingung) 보편적 ~ IV XXIX XLVIf.; 형식적 ~ XXXII 114 391 393; 주관적 ~ XLVII 155 329 391f. 423; 실질적 ~ 423; 필연적 ~ 66; → 취미판단. 판단력.

조광(Wahnwitz) 126.

조소(Plastik) 198; ~에는 조각예술과 건축예술이 속한다 207.

조원술(Lustgärtnerei) 71 209 209A.

조원예술(Gartenkunst) 42.

조화(Harmonie) 음악적 ~ =화음 219; (플라톤에 있어서의)존재자들의 ~ 273.

조화적(harmonisch) 99; =주관적 합목적적 155

조형예술(bildende Kunst) 207-211; 모든 ~에 있어서 본질적인 것은 도안이다 42; ~은 감관적 진실의 예술이든가 감관적 가상의 예술이다 207; ~은 음악보다 우월하다 221.

존립성(Subsistenz) 325.

존엄(Würde) 인간성의 ~ 123.

존재론적(ontologisch) ~ 개념 406 465; ~ 근거 373; ~ 술어 XXIX 469; 신의 현존재의 ~ 증명 469; ~ 이념 469; ~ 통일 ~ 326.

존재와 존재당위(Sein und Sein-Sollen) 343.

존재자(Wesen) ① 사물이라는 존재자 274f. 277; 자연의 ~ 384; ② 감성적 ~ LV; 이성적 ~ 423 425; 이성적 세계~ 429f.; 도덕적 ~로서의 인간 390 398 399A.; ③ 최고의 436 440 440A.; 초감성적 ~ 440 448 466 480ff.; 자연목적을 가능케 하는 근거로서의 지성적 ~ 223 335 338f.; 자연을 넘어서서 찾지 않으면 안되는 ~ 448; 필연적 ~ 465; 근원적 ~ 465; 도덕적 오성적 ~로서의 신 433ff.; ④ 유기적 ~ →유기적.

종(Art, Spezies) 다양한 ~ 368; 더 변종하지 않는 일정한 ~ 369f.; ~의 자기보존 371 375; →류.

종교(Religion) ① ~는 신의 명령으로서의 우리의 의무의 인식이다 477; ~는 입법자로서의 신과의 관계에 있어서의 도덕이다 441; ~는 주관적 견지에서의 이성의 실천적 도덕적 사명이다 478; ~의 본질적 요소는 심정에 있다 477; ② ~와 미신 102f. 108f.; 신에 대하여 비굴한 아함을 권장하는 ~적 설교 123; ~와 우상숭배 440-440A.; ~와 도덕성 339; 유태민족의 ~ 125; 정부에 의한 ~의 악용 125; ③ ~적 감정 →감정.

좌우상칭(Symmetrie) 70f.

주랑(Säulengang) 43.

주제(Thema) 음악의 ~ 219.

주제넘은(vermessen) 309A. 338 →불손.

준칙(Vorschrift) 도덕적-실천적 ~과 기계적-실천적 ~ XVf.; 의무의 ~ 123; 이론적 ~과 실천적 ~ E3.

중력(Schwere) ~이 법칙 273.

[ㅊ]

찬동(Beifall) 취미판단에 있어서의 ~의
규칙 63f. →442 472.

찬송가(geistliche Lieder) 222A.

창조(Schöpfung) ~의 궁극목적은 인간
이다 422A. 430f.; ~의 궁극목적이라
는 특권을 요구할 수 있는 존재자는 없다
382; 인간은 ~의 최종목적이다 383.

척력(abstossende Kraft) 479.

천재(Genie) ① ~는 미감적 이념의 능력
이다 242; ~는 생득적인 심의의 소질을
통해서 예술에 법칙을 부여한다 181 →
182 200 242; 천재는 예술에 대한 재능
이다 187 199 →181ff. 262; ② 천재의
어원 182; ~는 자연의 천부의 재능이다
185; ~는 자연의 총아이다 200; ③ ~
의 특성은 독창성, 범형성, 자연성이다
182f. →186f. 199f.; ~는 모방정신에
대립된다 183-185; ~는 위대한 두뇌와
대립된다 183ff.; ④ ~를 이루는 심의의
능력은 구상력과 오성이다 192-202; ~
에 있어서는 자연은 하나의 심의력을 위
하여 모든 심의력의 정상적인 균형에서
떠나 버린다 59A.

천체(Himmelskörper) 273.

철학(Philosophie) ① ~은 개념에 의한
사물의 이성적 인식의 원리를 포함한다
XI; =개념에 의한 이성인식의 체계 E1;
=자연과 자유와의 인식의 이설적 체계
E9; ② [~의 구분] ~의 체계는 형식적
부문과 실재적 부문으로 구분된다 E1;
~은 자연~으로서의 이론~과 도덕~으
로서의 실천~으로 구분된다 XII E1; ~
은 오성과 이성의 입법에 따라 이론~과
실천~으로 구분된다 XXI; 도덕~
463A. 465 482; 자연~ E3; 사변적 ~
은 도덕적 목적을 자연목적과 결합시켜
야 한다 431 →467; ③ [~의 영역]
XVI-XX; ~이 도달하는 범위는 선천적
개념들이 적용되는 범위이다 XVI; ~은
자연개념의 영역과 자유개념의 영역을
가진다 XVII; ④ 순수~은 증명은 하지
만 중시는 할 수 없다 241.

철학적(philosophisch) ~ 학파 323A.;
~학 364.

체계(System) ① 학의 ~ 364; 순수철학
의 ~ VI; ② 특수한 자연법칙에 따르는
경험의 ~ XXVII E8; 경험적 원리들 상
호간의 ~적 종속관계 XXVII; 경험들의
집합과 ~ E8f.; ③ 인식능력의 ~ E7f.;
심의능력의 ~ E10-12; 인식의 범위의
~ E62; ④ 판단력에 대한 ~로서의 경
험 E13ff.; 목적의 ~ 388; 목적론적 ~
408; 자연의 합목적성의 ~ 322f.
E22ff.; 자연목적의 관념론과 실재론의
~ 322; 우발성의 ~와 숙명성의 ~ 322;
유기적 존재자들의 목적론적 ~ 379-
387; ⑤ 모든 국가들의 하나의 ~ 393f.

체계적 집성(Enzyklopädie) 학의 ~ 364;
체계집성적 서론 E53ff. →서론.

초감성적(übersinnlich) 감성적인 것의
~ 사용 114 E58; 심의의 ~ 사명 115;
우리의 ~ 사명의 감정 98; 주관의 ~ 성
질 36; ~ 개념 240; ~ 규정근거 297;
~ 근거 359; ~ 기체 →기체; ~ 능력
85 92 120 126; ~ 세계 XIXf.; ~ 원리

XV 273 304 387; ~인 근원적 존재자
448 451; ~ 자연 126; ~ 직관 93.

초감성적인 것(das Übersinnliche) ① ~
의 세 개의 이념 245 →467; ⓐ 자연의
기체로서의 ~ VIIIf. XVIIIf. LIVA.
317; ⓑ 자연의 주관적 합목적성의 원리
로서의 ~ 115f. 123 238; ⓒ 자유의
목적의 원리로서의 ~ XIX LIII 439f.;
② 자연의 근거에는 ~이 있다. XX; ~
의 이념을 경험의 대상이 가능의 근저에
놓아야 한다 XIX; ~은 감성적인 것을
규정할 수 있다 LIV; ③ ~으로서의 자
유 LIII 467; 자유개념은 ~의 분야이다
XIX; 자유의 근거는 ~이다 259; 자유
의 개념만이 ~의 객관적 실재성을 증명
한다 467; 도덕적 준칙들은 ~에 의거한
다 XV; ~에 관해서는 이성을 그 실천적
사용의 조건에 맞도록 제한해야 한다
439f.; ④ ⓐ와 ⓑ와의 통일의 근거
XX; ~ 속에서 우리의 모든 선천적 능력
의 합일점을 찾아야 한다 239; ~에 있어
서 이론적 능력은 실천적 능력과 결합 통
일되어 있다 259; 기계적 도출과 목적론
적 도출과의 공통적 원리는 자연의 근저
에 있는 ~이다 358 374; ⑤ 판단력은
자연사물을 불가인식적인 ~과 관계시키
는 원리를 자신으로부터 이끌어낸다
VIII →277; 일체의 감성적 직관의 근저
에는 ~이 있다 235; ⑥ 물자체는 ~이다
XVIII; ~의 근거는 이론적으로나 실천
적으로나 인식되지 않는다 XX; ~에 관
해서는 아무것도 이론적으로 규정될 수
없다 441; ~은 선험적 이성개념이다

235f.

초물리적(hyperphysisch)   전자연의 ~
근거 322.

초월적(transzendent)   ~ 개념 240; ~
원리 359.

초자연론(Hyperphysik)   377.

초절적(überschwenglich)   이념은 이론
적 인식능력에 대해서 ~이다 IV; ~ 개
념 342; ~인 것 98f. 342 457.

총괄(Zusammenfassung, comprehensio,
apperceptio comprehensiva)   ① ~은
다양한 것의 의식을 종합적으로 통일하
는 일이다 E25; 구상력의 두 가지 작용
은 포착과 ~이다 87; 모든 현상을 하나
의 전체의 직관 속에 ~한다고 하는 이념
96f.; ~은 구상력의 하나의 주관적 운동
이다 99f.; 세계전체를 유일의 단순실체
에 내속된 다수의 규정들의 ~로 본다
373; ② 논리적 ~과 미감적 ~ 91; 지적
~과 미감적 ~ 101f.; 지적 ~의 원천은
이성이다 101f.

총체성(Totalität)   92 119.

최고도(Maximum)   ~라고 하는 이념 54.

추(Häβlichkeit)   189; ~한 대상들 190.

추출물(Edukt)   [산출물에 대하여] 자기와
같은 것의 ~ 376-378 →287.

취미(Geschmack)   ① [감관적 ~와 반성
적 ~] 전자는 쾌적에 대한 ~요 후자는
미에 관한 ~이다 22f.; 쾌적한 것에 관
해서는 누구나 자기 나름의 ~를 가진다
19 130; ② [반성적 ~] ~는 미를 판정
하는 능력이다 3A. E65; ~는 쾌에 의하
여 (개념을 떠나서) 판단하는 능력이다

XLV →LI 160f. 238; ~는 관심을 떠나서 만족에 의하여 판정하는 능력이다 16; ~는 주어진 표상과 결합되어 있는 감정들의 전달가능성을 선천적으로 판정하는 능력이다 160-161 →141 191; ~는 대상을 구상력의 자유로운 합법칙성과 관련하여 판정하는 능력이다 69; ~는 도덕적 이념이 감성화된 것을 판정하는 능력이다 263; ③ [~의 원리] ~의 객관적 원리는 없다 53 143f. 237f.; ~는 판단력 일반의 주관적 원리이다 145; ~의 원리란 자유롭게 활동하는 구상력이 합법칙적으로 활동하는 오성과 합치하는 한에 있어서 구상력을 오성 아래에 포섭하는 원리이다 146; ~의 주관적 원리는 그 원천이 알려져 있지 않다 238; ~의 원리에 관한 경험론과 이성론 246f.; ~에 있어서만 판단력은 특유한 원리를 가진다 E57; ④ [~의 전형] ~의 최고의 전형은 자기 자신 속에서 스스로 만들어내지 않으면 안되는 이념이다 53f.; ~의 전형은 사어와 고전어로 쓰여진 것이어야 한다 54A.; ⑤ [~의 개발] IX 395; ~는 천재를 훈련한다 203; ~는 우리의 판정능력을 감관적 향수로부터 도덕적 감정으로 이행케 한다 164; ~판단은 ~ 그 자체의 향상과 확립을 위해서 사용된다 E58; ~의 검열 130; ~의 비판 →비판; ⑥ 도덕상의 ~는 만족의 대상들을 연구할 뿐이요 대상에 집착하지 않는다 16; ~는 가능적인 것을 지향한다 258 →246ff. ⑦ ~의 이율배반 →이율배반.

취미론(Geschmackslehre) E65.
취미의 명수(Virtuose des Geschmacks) =예술가 165.
취미판단(Geschmacksurteil) ① ~은 미감적 판단이요 논리적 판단, 즉 인식판단이 아니다 3f. 14 18 34 47 63f. 135f. 145 147 152 235 246 E48; 쾌적에 관한 ~과 미에 관한 ~ 22 39 49; ~과 도덕적 판단과의 유비와 구별 169f.; ~과 목적론적 판단과의 구별 245 303A.; ② ~의 제1계기: 성질 3-16; 제2계기: 분량 17-32; 제3계기: 관계 32-61; 제4계기: 양상 62-68; ③ ~은 선천적 원리에 기인한다 XLVII 35ff. E57; →254; ~은 선천적 종합판단이다 148f.; ④ ~은 주관적 근거에 기인한다 4 18 46 151A.; ~은 단칭적 개별적 판단이다 24 135 141 150 235ff.; 그러나 (주관적) 보편성을 요구한다 XLVI 18 148 156 232f.; 필연성을 요구한다 62ff.; 그러나 이것은 주관적인 보편적 필연성이다 66f.; ~은 보편적 동의를 요구한다 22f. 26 136ff. 149 151A.; ⑤ ~은 감정에 기초를 두고 있다 67 146; ~은 공통감을 전제한다 65 156; ~의 주관적 조건은 주어진 표상에 의해서 일어나는 심적 상태의 보편적 전달가능성이다 27; ~은 쾌가 모든 사람에게 타당하다고 언명한다 35; ~의 규정근거는 주관적 합목적성의 형식이다 38 151; ~의 규정근거는 인간성의 초감성적 기체라는 개념 가운데에 있다 236f.; ⑥ ~은 일체의 관심과 무관하다 5f. 16 18 161; 쾌적이나

선과 무관하다 7-14; 개념과 무관하다
31f. 34 66; 자극과 감동에 무관하다
37f.; 완전성의 개념에 무관하다 44-48
51f.; 목적의 개념을 전제하지 않는다
49f. 71; ⑦ ~의 연역 133-136; ~의
특성 136-142; ~은 개념에 의해서 규
정되지 않는다 145; ~은 개념에 의해서
증명될 수 없다 236; ~에 있어서는 오성
은 판단과 대상의 표상을 이 표상이 주관
에 대하여 가지는 관계에 따라 규정하는
능력으로서 필요하다 48.

측량술(Feldmeßkunst, agrimensoria)
XIV 175 E4.

측정(Messung) 공간의 ~ 99; 사물들의
~ 100.

치환(뒤바꿈)(Subreption) 경외의 ~ 97.

친근성(Verwandtschaft) 물질 간의 ~
251; 자연형식들의 ~ 368f.

친화성(Affinität) 내면적 ~ 166; 특수한
자연법칙들의 ~ E14f.

[ㅋ]

쾌락(Vergnügen) 누구나 ~이 되는 목표
를 추구한다 8; 만족과 ~은 다르다 10
222; 향락은 강렬한 ~이다 10; ~은 향
수의 만족이다 163; 일체의 ~은 신체적
감각이다(에피쿠로스) 223 228; 감각의
자유로운 유동은 ~을 준다 223; ~은 인
간이 전체적 생의 촉진의 감정에 있다
222f.; ~ 일반 222ff.

쾌와 불쾌(Lust und Unlust) ① [심의능
력에 있어서의 ~의 위치] ~는 인식능력
과 욕구능력과의 중간항이다 V XXIII-

XXIV LVIII 164 E10ff. E31f. E59f.;
② [~의 감정의 발생] 구상력이 주어진
표상에 의하여 무의도적으로 오성에 일
치될 때 쾌가 일어난다 XLIV E30; 인식
능력들의 조화가 쾌의 근거이다 LVII; ~
는 인식이 될 수 없다 XLIII; ~는 대상의
형식을 반성하는 데에서 일어난다 XLIVf.
155 E64; 주관의 인식력들의 유동에 있
어서 성립하는 형식적 합목적성의 의식
이 쾌이다 37; ~는 미에 관한 만족과 필
연성으로 결합되어 있다 62; ③ [~의 대
상] ~의 대상은 반성적 판단력에 대하여
합목적적이다 XLIV E35f. E64; 쾌의
대상은 쾌적한 것, 아름다운 것, 숭고한
것, 선한 것 중의 하나이다 113; 쾌적은
향수의 쾌요, 선은 도덕적 감정에 있어서
의 쾌요, 미에 관한 쾌는 반성의 쾌요,
숭고에 관한 쾌는 초감성적 사명의 감정
을 전제하는 것이다 149 154-155; ④
[숭고와 ~] 숭고에 관한 감정은 소극적
쾌감이다 75f.; 숭고한 대상에 관한 쾌
감은 불쾌감을 매개로 해서 가능하다
102; ⑤ [~의 보편성] 취미판단에 있어
서 쾌감은 보편타당성을 갖는다 150; 미
에 대한 쾌의 감정은 보편적으로 전달될
수 있다 156 →179; ⑥ [~의 이율배반]
~의 감정에 대해서는 판단력의 미감적
사용에 관한 이성의 이율배반이 있다
244; ⑦ 쾌의 총계 411.

쾌적(Annehmlichkeit) ~은 향락이다
12; ~은 동물에게도 타당하다 15 →19
37 153; 색과 음악의 ~ 40; ~은 취미의
원리가 아니다 238; ~에는 한갓된 감관

만이 필요하다 E36.

쾌적한 것(das Angenehme) =감각에 있어서 감관에 만족을 주는 것 7; ~은 관심과 결합되어 있다 7ff.; ~은 쾌락을 준다 10 15; ~은 직접적으로 쾌감을 준다 12; ~과 선한 것과의 구별 11f.; ~과 선한 것과 아름다운 것과의 구별 14-16 →246; ~은 감수적으로 제약된 만족이다 14; ~의 판단은 개인에게 국한되어 있다 18 →231f. 욕망의 동기로서의 ~ 113.

크기(량)(Größe, quantum) ~는 동종적인 것의 다(多)이다 81; 상대적 ~와 절대적 ~ 81f. 87 92; 자연에는 절대적 ~는 없다 116; ~의 개념은 선천적인 공간직관에 있어서 주어질 수 있다 240; ~의 표상에는 총괄이 필요하다 90; ~의 판정에는 척도의 ~가 필요하다 81; 단위의 ~ 81; 평균적 ~ 82; 실천적 영역에 있어서의 ~ 82f.; 객체의 ~는 몰형식적인 것으로서도 만족을 수반할 수 있다 83 →숭고; ~의 판정 →~의 평가.

크기의 평가(Größenschätzung) 수개념에 의한 ~는 수학적이지만, 직관에 있어서의 ~는 미감적이다 85; 수학적인 ~에는 최대의 것은 없지만, 미감적인 ~에는 최대의 것이 있다 86f. →숭고; 크기의 논리적 평가가 82 91 100f.; 크기의 수학적 평가 93; 크기의 오성적 평가 93f. 101; 크기에 관한 순수한 지적 평가 93; 크기의 오성적 평가=산술학 91; 이성에 의한 평가 97.

크다(groß) ~고 하는 것과 어떤 크기이다

라고 하는 것과는 다른 개념이다 80; ~는 판단력의 개념이다 81.

[ㅌ]

타당성(Gültigkeit) 논리적 ~ XLII; 도덕적 법칙의 ~ 425; 선천적 ~ XLVI.

타원(Ellipse) 273.

타율(성)(Heteronomie) 취미의 ~ 137 →253; 이성의 ~ 158; 경험적 법칙의 ~ 258; 규정적 판단력의 ~ 319; →자율(성).

통일(Einheit) ① 경험의 ~ XXXIII; 특수한 자연법칙에 따르는 경험의 ~ XX-VII; 경험적 법칙에 따르는 자연의 ~ XXXIII 313 E14; 법칙적 ~ XXXIIIf. 313; 특수한 자연법칙의 ~314; 특수한 자연법칙과 자연형식과의 ~352; 자연형식의 근거의 ~ 325; ② 자연에 있어서의 다양의 ~ XXVI 347; 다양한 자연은 소수의 원리하에 ~ 된다 XXXI; 다양의 종합적 ~ 147; 원리에 의한 다양의 ~ 372; 다양한 것의 형식과 결합과의 체계적 ~ 291; ③ 류와 종에 관한 원리의 ~ XXXVII XXXIXf.; ④ 목적에 의한 ~ 325f. 328 407; 목적결합에 있어서의 ~ 373; 의도적인 목적 ~ 355; ⑤ 다양한 감성의 ~ 40; 취미판단에 있어서의 주관적 ~ 31; 실체에 있어서의 우유성의 ~ 325 406; 주관의 존재론적 ~ 325f.; 기체에 있어서의 357; 이론적 능력과 실천적 능력과의 초감성적인 것에 있어서의 ~ 259; 종합적 ~ LVIIA. E9A.; 체계적

~ XXXIV.

통제적(regulativ) [구성적에 대하여] → 원리.

특성적인 것(das Charakteristische) 얼굴의 ~ 59A.

특수(das Besondere) 판단력은 ~를 보편 아래에 포함된 것으로서 사유하는 능력이다 XXVf. 347ff. E7; →보편.

특수화(종별화)(Spezifikation) 자연의 ~의 법칙 XXXVIf.; 자연의 주관적-합목적적 ~의 원리 XLI: 자연은 보편적 자연법칙을 ~한다 338 E20 E20-23 E55.

[ㅍ]

판단(Urteil) ① 이론적, 미감적, 실천적 ~의 구분 E32 E60; 논리적(이론적) ~과 미감적 ~ 4 5 24 26 74 140 142 145 147f.; 도덕적 ~ 21 25 170; ② 미와 숭고에 관한 ~은 규정적 ~이 아니고 반성적 ~이다 74; 규정적 ~과 반성적 ~ XLVIII 74 83 147 331 344f.; 주관적 ~과 객관적 ~ 23f. 64 140 142; ③ 미감적 ~과 목적론적 ~ XLIV XLVIIf. LVII 5 23 46 47 53 63 74 89 119 132 189 283 303A. 324 E27 E38ff. E50f.; ④ 선천적 ~과 경험적 ~ 147 150; 감관적 ~과 이론적 ~ 24f. 147f.; 전칭~과 단칭~ 24 26 142 150; 종합~ 148; ⑤ 이성적 ~과 이성적 논의가 들어 있는 ~ 232A.; 취미~ →별항.

판단력(Urteilskraft) ① ~은 건전한 오

성이다 VII; ~은 판단하는 능력이다 145; =특수를 보편 아래에 포함된 것으로서 사유하는 능력 XXV 346 E7; ~은 상급의 인식능력으로서 오성과 이성의 중간항이다 XXL LVIII E7 E59; ~은 자연개념과 자유개념을 매개하는 자연의 합목적성의 개념을 제공한다 LV LVII; ~은 쾌 불쾌의 감정에 대해서 선천적 구성적 원리를 내포한다 LVI; ~은 구상력을 오성에 순응시키는 능력이다 203; ~은 경험적 직관을 개념 아래에 포섭한다 349 →VII; ~의 하는 일은 개념의 현시, 즉 개념에 그것과 대응하는 직관을 병치시키는 일이다 XLIX; ~은 철학체계의 한 부문이 아니라 비판에 속한다 VI X; ② [미감적 ~과 목적론적 ~] VIII IX XLVIII LII 79 152 248 252; ⓐ 미감적 ~은 형식적(주관적) 합목적성을 쾌 불쾌의 감정에 의하여 판정하는 능력이다 L-LIII; 미감적 ~은 개념을 떠나서 형식을 판정하는 데에서 만족을 발견하는 능력이다 168; 미감적 ~은 구상력과 오성과의 합치를 요구한다 145; 미감적 ~의 주관적 근거에 기인하는 판단은 보편적 동의를 요구한다 151A. 152; 미감적 ~의 형식적 조건 114 151A.; 미감적 ~의 분석론 68-131; 미감적 ~의 연역론 131-230; 미감적 ~의 변증론 231-264; ⓑ 목적론적 ~은 자연의 실재적(객관적) 합목적성을 오성과 이성에 의하여 판정하는 능력이다 L-LIII; 목적론적 ~은 반성적인 ~의 원리들에 따라 활동하는 반성적 ~ 일

반이다 LII; 목적론적 ~은 철학의 이론적 부문에 속한다 LII; 목적론적 ~의 분석론 271-310; 목적론적 ~의 변증론 311-363; 목적론적 ~의 이율배반 311-319; 목적론적 ~의 방법론 364-395; ③ [규정적 ~과 반성적 ~] 보편이 주어져 있는 경우에, 특수를 보편 아래에 포섭하는 ~은 규정적이며, 특수만이 주어져 있고, 이 특수에 대하여 보편을 찾아내야 할 경우에는, ~은 반성적이다 XXVI; ~은 개념을 찾기 위하여 주어진 표상을 반성하는 능력이거나, 개념을 주어진 표상에 의하여 규정하는 능력이거나이다 E16; 규정적 ~은 주어진 법칙이나 개념 아래에 포섭하는 데 지나지 않는다 311; 반성적 ~은 주어져 있지 않은 법칙 아래에 포섭을 해야만 한다 312; 반성적 ~은 특수에서 보편에로 거슬러 올라가야 한다 XXVII; 반성적 ~은 자연을 반성하기 위하여 자기 자신에게 법칙을 지정한다 XXXVII; 반성적 ~은 자연의 기계적 조직의 원리와는 다른 원리를 자연형식을 가능케 하는 근거로서 생각하지 않을 수 없다 316; 반성적 ~의 격률 160 401; 이론적-반성적 ~ 418 431 435; 실천적-반성적 ~ 435; ④ 선험적 ~ 311; 경험적 ~ 63; 자유로운 ~ 119; 논리적 ~ 145 152 E62; 지적 ~ 160 168; 변증론적 ~ 231f.; 사변적 ~ 231.

판명성(Deutlichkeit) 논리적 ~과 미감적 ~ E33A.

판정(Beurteilung) ① 미감적 ~은 자연이나 예술에 있어서의 미와 숭고에 대한 ~이다 VIIf.; 미감적 ~은 인식에는 기여하는 바가 없다 VIII; 주관적-미감적 ~ 29; 도덕적 선의 미감적 ~ 120; →L 102 115f. 126 155 278; ② 목적론적 ~은 규정적 판단력에 속하는 것이 아니라 반성적 판단력에 속한다 269f.; → 278 295ff. 303 307 361 402 406 415 442; ③ 이성적 ~ 420; 이론적 ~ 432; 논리적 ~ VIII-X.

판정능력(Beurteilungsvermögen, facultas dijudicandi) 반성적 판단력은 ~이다 E16.

편견(Vorurteil) =이성의 타율성에 기울어지는 경향 158.

평등(Gleichheit) (정치적) ~ 262f.

평화(Friede) 장구한 ~는 국민의 심적 자세로 저열하게 한다 107.

평형(Gleichgewicht) 기관들의 ~의 회복 225; 중량과 힘의 ~ E2; 마음의 ~ E3.

포물선(Parabel) 273.

포섭(Subsumtion) 규정적 판단력은 ~만을 할 뿐이다 XXVI XXXII E7; 취미는 구상력을 오성 아래에 ~하는 원리를 포유하고 있다 146; 자연목적의 개념은 자연을 이성의 인과성을 아래에 ~한다 330.

포착(Auffassung, apprehensio) 대상의 형식의 ~ XLIV; 일체의 개념에 앞선 ~ XLVIII; ~은 무한히 진행한다 87; 전진적인 ~ 93; 직선의 포착 98; 계속적 ~ 99; 직선의 다양의 ~ E25f.

적 없는 ~이다 L 35 37 44 46f. 61 69 132 134 144 170 247; 미감적 ~은 자유로운 판단력의 ~이다 119 →118 207f. 252; 미감적 무조건적 ~ 242; 자연 및 예술의 ~의 관념론과 실재론 246-248; 주관적 ~ 200 E32 E37 E41 E64ff.; 형상적 ~ E40; ③ [목적론적 ~] 자연의 ~의 논리적 표상 XLVIII-LIII →267-270; 자연의 객관적 ~은 개념에 의해서만 인식된다 44; 논리적 ~ E21 E22 E67; 자연목적으로서의 사물들의 물적론적 ~ E39; 자연의 객관적 ~은 기계적 조직의 인과성만으로는 충분하지 못할 때에 자연의 현상들을 규칙 아래에 통합하기 위한 또 하나의 원리이다 269 →E52; 유기적 존재자에 있어서의 객관적 ~ 328; 자연의 ~의 개념은 판단력의 주관적 원리(격률)이다 XXXIV →XXXVIIf. 333-339 344; 자연의 객관적 ~의 원리는 통제적 원리이다 344; 자연의 형식적 객관적 ~과 실질적 ~과의 구별 271-279 →E31; 기하학적 ~으로서의 지적 ~ 271 274; 자연의 객관적 ~의 관념론과 실재론 319-323; →자연목적, 목적론; ④ 자연의 외적 상대적 객관적 ~(유용성, 유익성)과 내적 절대적 객관적 ~ (완전성) 44 279-283 298-300 379f. →E22; 유익성에 근거를 둔 객관적 ~은 상대적 우연적이다 281f.; ⑤ [실천적 ~] 실천적 ~은 기술과 도덕의 ~이다 XXVIII E56; 실천적 ~은 형이상학적 원리이다 XXX; 도덕적 감정은 법칙적인 ~을 현시한다 154; 도덕적 법칙에

관계하는 ~의 가능은 도덕적 입법자 없이는 이해될 수 없다 434; 최고의 ~의 이념 60; 순수한 지적 ~ 123 →273; 세계에 있어서의 위대한 ~ 480; 기교적 ~ 306.

합목적적(zweckmäßig) 구상력이 주어진 표상에 의하여 무의도적으로 오성에 일치되고 쾌의 감정이 일어나면, 그 대상은 ~이다 XLIV; 구상력과 오성과의 주관적 ~인 조화 155; 가설적으로 ~ 299.

합법칙적(Gesetzmäßigkeit) 구상력의 자유로운 ~ 69; 오성의 ~ LVIII 69 146 200 203 E59; 자연의 철두철미한 ~ 313; 목적에 따르는 자연의 ~ 268; 법칙 없는 ~ 69; 국가들의 자유에 관한 ~ 394.

합치(Zusammenstimmung) 구상력과 오성과의 ~ 160f. →239; →유동, 균형; 자연이 우리의 오성에 ~한다고 함은 우연적이다 XXXVI XXXVIII 347f.; 우리의 모든 인식능력의 ~ 242f.

해명(Exposition) =구명 358; 미감적 판단의 선험적 ~과 생리학적(경험적) ~ 228; 취미판단의 ~ 245; ~과 연역의 구별 131ff. E68.

해부학(Anatomie) 240; 비교~ 368.

할부학자(Anatomiker) 241 377.

해학(Scherz) 225 →웃음.

행복(Glückseligkeit) ① ~은 동요하는 개념이다 389 391; ~은 경험적으로 제약되어 있고 개연적이다 429f.; ~은 모든 경향성의 총화이다 395A.; ~은 인간의 어떤 상태의 이념이다 388; ② [~과

형식적(formal) ~ 조건 114 145 151A.
326 343; 사물의 표상에 있어서의 ~인
요소 46; 취미판단의 주관적 ~ 조건
145 150; ~ 법칙 XV 461A.; ~ 원리
LIV; 판정의 ~ 실천적 원리로서의 도덕
적 법칙 461A.; 행위의 ~ 성질 461A.;
~ 합목적성 →합목적성.

형이상학(Metaphysik) 체계로서의 ~
VI; 자연의 ~과 도덕의 ~ X; 합목적성
에 관한 일반적 이론은 ~에 속한다 307;
신 자유 불멸은 ~의 최종의 과제이다
465; →366.

형이상학적(metaphysisch) ~ 원리 [선
험적 원리에 대하여] XXIXf.; ~ 지혜의
경구 XXXI; ~ 자연개념 468f.; 신의
현존재의 ~ 증명 469.

형태(Gestalt) ~와 유희 42; 합목적적 ~
E38; 꽃 새 곤충의 아름다운 ~ 166f.;
지구표면의 ~ 298.

호의(Gunst) 자연이 우리들을 위해서 베
푼 하나의 ~ 303 303A. → 은혜.
(Wohlwollen) 127.

화강암(Granit) E21A.

화음(Harmonie) 219.

화학적 법칙(chemisches Gesetz) 252.

활동(Geschäft) [유동에 대하여] 법칙에
따르는 ~ 116 →일.

회개(Reue) 123.

회교(Mohammedanismus) 125.

회의론(Skeptizismus) 65f.

회의적 신앙(Zweifelglaube) 464.

회화(Malerei) 42 195 198 207 208ff.
222; ~예술은 본래적인 ~와 조원술로
구분된다 208f.; 넓은 의미의 ~ 210;
조형예술 중에서는 ~가 우선한다 222.

후천적(a posteriori) =감관에 의해서 주
어지는(경험적) 246; 취미판단의 ~ 근
거 246; 자연의 합목적성을 아래로부터
위로 올라가면서(~으로) 설명함은 이성
을 기만하는 것이다 355.

훈련(Disziplin) 의지의 ~ 392; 경향성의
~ 394.

희화(Karikatur) =한 개인의 특징의 과
장 59A.

힘(Kraft) 움직이는 ~과 형성하는 ~ 293
→436 479f.; 천연의 물질의 ~ 369.

역자 약력

이석윤

충남 출생
서울대학교 문리과대학 철학과 졸업
동 대학원 철학과 졸업
전 충남대학교 문과대학 교수
전 동국대학교 문과대학 교수

보정판
판단력비판

초판발행	1974년 7월 15일
보정판 발행	2017년 5월 25일
중판발행	2024년 8월 20일

지은이	Immanuel Kant
옮긴이	이석윤
펴낸이	안종만·안상준

편 집	배근하
기획/마케팅	임재무
표지디자인	권효진
제 작	고철민·김원표

펴낸곳	(주) **박영사**
	서울특별시 금천구 가산디지털2로 53, 210호(가산동, 한라시그마밸리)
	등록 1959. 3. 11. 제300-1959-1호(倫)
전 화	02)733-6771
f a x	02)736-4818
e-mail	pys@pybook.co.kr
homepage	www.pybook.co.kr
ISBN	979-11-303-0375-8 93190

정 가   29,000원